THOMAS GERGEN

Die Nachdruckprivilegienpraxis Württembergs im 19. Jahrhundert und ihre Bedeutung für das Urheberrecht im Deutschen Bund

D1717611

Schriften zur Rechtsgeschichte

Heft 137

Die Nachdruckprivilegienpraxis Württembergs im 19. Jahrhundert und ihre Bedeutung für das Urheberrecht im Deutschen Bund

Von

Thomas Gergen

Duncker & Humblot · Berlin

Die Rechts- und Wirtschaftswissenschaftliche Fakultät
der Universität des Saarlandes hat diese Arbeit im Jahre 2005
als Habilitationsschrift angenommen.

Bibliografische Information der Deutschen Nationalbibliothek

Die Deutsche Nationalbibliothek verzeichnet diese Publikation in
der Deutschen Nationalbibliografie; detaillierte bibliografische Daten
sind im Internet über http://dnb.d-nb.de abrufbar.

ISSN 0720-7379
ISBN 978-3-428-12519-7

Gedruckt auf alterungsbeständigem (säurefreiem) Papier
entsprechend ISO 9706 ♾

Internet: http://www.duncker-humblot.de

Vorwort

Die vorliegende Arbeit ist die überarbeitete Version meiner Habilitationsschrift, die ich im Dezember 2004 bei der Rechts- und Wirtschaftswissenschaftlichen Fakultät der Universität des Saarlandes eingereicht habe. Im Mai 2005 konnte ich das Habilitationsverfahren abschließen und erhielt die venia legendi für Deutsche und europäische Rechtsgeschichte, Bürgerliches Recht, Urheberrecht, Rechtsvergleichung und Kirchenrecht.

Schon früh hat mein Lehrer Professor Dr. Elmar Wadle in mir das Interesse am geltenden Urheberrecht und seiner Geschichte geweckt. Nach einer juristischen Dissertation in der Rechtsgeschichte des Mittelalters durfte ich mich der Privatrechtsgeschichte der Neuzeit widmen. In dieser Arbeit legte ich besonderen Wert auf die quellennahe Arbeit aus dem Archiv. Dabei war für mich das Württembergische Hauptstaatsarchiv in Stuttgart der Hauptarbeitsort. Die Arbeit mit den Aktenbeständen des Ministeriums des Innern und des Königlich Geheimen Rates förderte eine neue Sicht der Entwicklung des Urheberrechts in Württemberg zutage. Württemberg musste deshalb soviel Aufmerksamkeit geschenkt werden, weil es im Deutschen Bund eine Sonder- bzw. Außenseiterrolle spielte, die es im Folgenden zu charakterisieren gilt.

Besonderen Dank schulde ich Herrn Professor Dr. Elmar Wadle für die intensive Betreuung des gesamten Habilitationsverfahrens. Das Zweitgutachten lieferte dankenswerterweise Herr Professor Dr. Filippo Ranieri.

Frau Anneliese Austgen, die das Sekretariat des Lehrstuhls von Professor Wadle über 25 Jahre betreute, half bei Textbearbeitung und Formatierungen, Frau Assessorin iur. Regine Meiser schließlich beim Korrekturlesen.

Ihnen allen gebührt meine aufrichtige Verbundenheit.

Saarbrücken, im Juni 2007 *Thomas Gergen*

Inhaltsverzeichnis

2. Teil

Die Rahmenbedingungen für den Nachdruckschutz
in Württemberg

3. Teil

Entstehungs- und Wirkungsgeschichte des Rescripts von 1815   152

4. Teil

**Die württembergische Antrags- und Bescheidungspraxis
für Druckprivilegien**   **249**

5. Teil

Württemberg und die Urheberrechtsentwicklung
im Deutschen Bund   316

Fazit

**Der *sehr langsame* Abschied Württembergs
von den Nachdruckprivilegien** 393

Gang der Untersuchung

A. Aufgabenstellung

Das württembergische Hauptstaatsarchiv in Stuttgart verwahrt Aktenbestände, deren Bedeutung für die Entwicklung des Urheberrechtes von der wissenschaftlichen Forschung bislang überhaupt noch nicht gewürdigt wurde. Jahrhundertelang stellte Württemberg wie die meisten anderen deutschen Territorialstaaten im Alten Reich lediglich Einzelprivilegien zum Schutz gegen den Nachdruck aus.

Mit dem „Rescript" vom 25. Februar 1815 ging das Königreich Württemberg bei der Vergabe von Privilegien gegen den Nachdruck unterdessen eigene Wege. Das „Rescript" von 1815 schuf nämlich einen allgemeineren Rahmen für die künftige Privilegienerteilung und wurde mehrere Jahrzehnte lang angewendet. Die aus der Erteilungspraxis der Privilegien angefallenen Akten bieten eine seltene Gelegenheit für die Forschung; mehrere hundert Vorgänge können Aufschluss darüber geben wie ein Vergabeverfahren für Privilegien ablief und welche Hintergründe und Motive für die Entscheidung maßgeblich waren. Dabei bot die Vielzahl der Anträge und Vorgänge die Möglichkeit, den bisherigen Forschungsstand zum „Privilegiensystem" neu zu beurteilen und zu korrigieren.

B. Forschungsstand

Bisherige Forschungsarbeiten kämpften bei der Untersuchung der Privilegienvergabe mit der Schwierigkeit, dass ein Privileg grundsätzlich nur für den Einzelfall Geltung beanspruchen kann, mithin Verallgemeinerungen erschwert. Daraus ergab sich das wissenschaftliche Desiderat, eine hinreichend große Zahl aussagekräftiger Akten auszuwerten und zu vergleichen. Da solche Detailstudien bislang fehlten, waren allgemeine und zugleich überzeugende Aussagen zur Praxis des älteren Privilegienwesens stark erschwert. Bisherige Untersuchungen bezogen sich durchweg auf die kaiserlichen Privilegien im Alten Reich, während die späten „Privilegiensysteme" so gut wie unbeachtet blieben. Zwar gibt es für einzelne Staaten im Deutschen Bund brauchbare Ansätze, die in dieser Untersuchung selbstverständlich Erwähnung finden werden. Der reiche württembergische Bestand ist aber bis heute noch nicht gesichtet worden. Daraus ergab sich die Aufgabe dieser Habilitationsschrift, die beschriebene Forschungslücke zu schließen.

C. Quellenlage

Im württembergischen Hauptstaatsarchiv in Stuttgart liegen die einschlägigen Akten des Ministeriums des Innern E 146, deren Büschel-Nummern 5113 bis 5468 Hauptquellen für die württembergische Privilegien-, aber auch für die Zensurpraxis darstellen. Die Akten des Königlichen Geheimen Rats ergänzen die Akten insoweit, als sie für die Vorarbeiten des Rescripts von 1815 betreffend das Verbot des Büchernachdrucks wertvolle Hinweise enthalten.

Erkenntniserweiternd sind ferner die Akten des Ministeriums der Auswärtigen Angelegenheiten (Abt. Neuere Staatsverträge) sowie die königlichen Kabinettsakten, Gesetze und Verordnungen (1806-1904). Die Akten des württembergischen Kultusministeriums sowie die Berichte des „Königlichen Studienrates" wurden 1944 im Zweiten Weltkrieg ein Opfer der Flammen und konnten bedauerlicherweise nicht konsultiert werden. Allerdings gelangten systematisch Abschriften dieser Berichte in die Akten, die beim Ministerium des Innern geführt wurden.

Die gedruckten amtlichen Verlautbarungen wie die Regierungsblätter, die amtlichen Hof- und Staatshandbücher sowie die Landtagsprotokolle erlauben darüber hinaus zuverlässige Schlüsse.

D. Aufbauskizze der Arbeit

Der erste Teil (Der Schutz gegen Büchernachdruck: Allgemeine Grundlagen) behandelt die Fundamente, ohne weder den besonderen Bezug zum Schutz gegen Nachdruck noch die einschlägige württembergische Rechtsentwicklung aus den Augen zu lassen. Das erste Kapitel beleuchtet Begriff, Arten und Inhalt von Privilegien generell und mit besonderer Berücksichtigung der Diskussion des ausgehenden 18. Jahrhunderts. Dazu werden die zeitgenössische Literatur herangezogen und hier vornehmlich Autoren wie Pütter, Moser, Lobethan, von Martini, Fredersdorff, Glück, Klüber, Gros, von Rotteck und Sibeth. Darüber hinaus dienen jüngere Darstellungen von Mohnhaupt, Gieseke, Wadle, Klippel sowie Lieb als Ausgangsbasis; hierzu gibt das Literaturverzeichnis am Ende nähere Auskunft. Das zweite Kapitel zeichnet die Bemühungen um ein einheitliches Urheberrecht in den Anfangsjahren des Deutschen Bundes nach, wobei sowohl die theoretische Diskussion als auch die Gesetzgebung Badens und Preußens als Vorbilder zur Sprache kommen. Das dritte Kapitel widmet sich dem „Sonderfall" Württemberg, das mit seiner frühen Festlegung auf ein durch das Rescript von 1815 gesteuertes Privilegienwesen mehr als zwei Jahrzehnte lang den Übergang zu einem gesetzlichen Schutz bremste, der durch die fortschrittlicheren Vorgaben des Deutschen Bundes seit 1832 nicht mehr aufzuhalten war. Württemberg galt neben Österreich als „Bedenkenträger" zu diesem gewissermaßen von außen erzwungenen Prozess der Urheberrechtsreform.

Der zweite Teil schildert die Rahmenbedingungen für den Nachdruckschutz in Württemberg im Allgemeinen. Das erste Kapitel entfaltet die Entwicklung Württembergs in politischer und wirtschaftlicher Hinsicht und bietet Einzelheiten zum verfassungsrechtlichen Status des Königreichs. Vermittelt durch § 3 der württembergischen Verfassung von 1819 problematisiert die Darstellung die „gemeinnützigen Anordnungen" auf Bundesebene, zu denen der Wiener Schlussakte zufolge auch die Umsetzung des Artikels 18d der Bundesakte gehörte. Die Frage, unter welchen verfassungsrechtlichen Bedingungen das Königreich die Bundesbeschlüsse von 1832, 1837 und 1845 umsetzen konnte, wird verzahnt mit der innerwürttembergischen Diskussion um den Nachdruckschutz, die insbesondere im Zeitraum 1820-1824 sehr lebendig war. Das zweite Kapitel befasst sich mit der starken Verankerung Württembergs in der Tradition des Privilegienwesens, namentlich auf wirtschaftlichem Gebiet, und dessen Folgen für die Behandlung des Nachdruckschutzes: Bis zur Anpassung an die Vorgaben des Bundes nach 1836 dominierte das mit der Zensur verkoppelte Privilegiensystem. Anschließend soll der einschlägige Aktenbestand vorgestellt und nach Inhalt und Zuschnitt charakterisiert werden, wobei die Geltungsdauer der Privilegien sowie die ablehnenden Bescheide besonders eingehend beobachtet werden.

Der dritte Teil der Arbeit nimmt sich die primäre Rechtsgrundlage für die Privilegienerteilung vor, nämlich das „Rescript" vom 25. Februar 1815 (Die Entstehungs- und Wirkungsgeschichte des Rescripts von 1815). Ein Blick auf die fundamentalen Veränderungen im Buch- und Verlagswesen seit dem späteren 18. Jahrhundert, auf die Zunahme der Buchproduktion und auf die Ausweitung des Nachdrucks im süddeutschen Raum, allen voran auf Württemberg, bietet als erstes Kapitel die Ausgangsbasis für eine genauere Darstellung des württembergischen Weges der Verknüpfung von Zensur und Privilegienwesen (zweites Kapitel). Diese Verbindung von Zensur und Privilegienwesen, die bis in die Zeit des Übergangs zur allgemeinen Gesetzgebung in den späteren 1830er Jahren erhalten blieb, bestimmte die Privilegienvergabe maßgeblich. Die Zensurverordnung verlangte eigene Behörden, namentlich das „Ober-Censur-Collegium" (bis 1817) und im Anschluss daran, nach der Einführung der Preßfreiheit im Jahre 1817, den „Geheimen Rat" sowie den „Königlichen Studienrat"; mit dem Studienrat kannte die Folgezeit eine Behörde, die dank ihrer „Mehrfachfunktion" (sie war auch Schulaufsichtsbehörde) gut geeignet erschien, die Privilegienvergabe fachlich zu begleiten. Das dritte Kapitel beschreibt die Entstehung des „Rescripts" im Kontext des Wiener Kongresses. Die bisher unbekannten Entwürfe werden ebenso vorgestellt wie der Kampf der am Nachdruck interessierten Verleger gegen jede sie störende Maßnahme im Deutschen Bund. Die Analyse wendet sich anschließend, im vierten Kapitel, der Privilegienvergabe selbst zu. Dabei setzt sie schon vor Erlass des „Rescripts" ein und schildert die Praxis der Jahre danach. Die zuerst behandelten Anträge setzten für die Zukunft der Bearbeitung Maßstäbe, denen spezielles Augenmerk zukommen wird.

Der vierte Teil (Die württembergische Antrags- und Bescheidungspraxis für Druckprivilegien) untersucht detailliert die Akten, um im ersten Kapitel den „Hauptmotiven" für die Privilegienerteilung auf die Spur zu kommen. Es stellte sich heraus, dass Hinterbliebenenversorgung, Bildungswert und Preispolitik sowie das Preis-Leistungs-Verhältnis hier die zentralen Stichworte liefern. Im zweiten Kapitel rücken die Auslegungsprobleme um das „Debitiren", um den Schutz von Ausgaben und Auszügen sowie die analoge Anwendung des Rescripts auf Werke der Kunst und Musik in den Vordergrund.

Der fünfte Teil (Die Einflüsse anderer Staaten des Deutschen Bundes auf das württembergische Urheberrecht) widmet sich im ersten Kapitel vorab der Frage, welchen Einflüssen die württembergische Privilegienpraxis und dann die Gesetzgebung der Jahre 1836, 1838 und 1845 durch die rechtliche Entwicklung in den übrigen Staaten des Deutschen Bundes und im Bund selbst ausgesetzt war. Einen Perspektivwechsel nimmt das zweite Kapitel vor, in dem es die Abwehrversuche Württembergs gegen die Vereinheitlichungstendenzen im Deutschen Bund beschreibt. Das Einlenken Württembergs wurde durch die 1868/69 einsetzende Reichsgesetzgebung erzwungen und konnte nur noch den Schlussakzent für die württembergische Politik setzen.

Im „Fazit" erscheint als Ergebnis der Untersuchung die isolierte und eigensinnige Nachdruckprivilegienpraxis Württembergs bis 1871. Gezeigt werden kann, dass das flexible Instrument der Schutzgewähr, das 1815 eingeführte Privilegiensystem, eine Bestätigung des Festhaltens am Grundsatz der Nachdruckfreiheit war. Die Nachdruckfreiheit wurde durch die Privilegienvergabe, d. h. durch im Ermessen des Königs liegende „Rechtswohltaten", weniger beschränkt als sogar bekräftigt. Rescript von 1815 und die Praxis belegen eine spätmerkantilistische Gewerbepolitik des Ancien Régime und trotz der Gewerbefreiheit für die Nachdrucker einen fürsorglichen Wirtschaftsliberalismus, der auch „pragmatisch-konservativ" (B. Mann) oder, ebenfalls zutreffend, „paternalistisch" (O.-H. Elias) genannt wird. Württemberg wollte sich als „Bedenkenträger" vom Privilegienwesen nur sehr langsam und ungern verabschieden. Beharrlich stemmte es sich gegen ein allgemein wirkendes Urheberrechtsgesetz.

Der „Paradigmenwechsel" im Sinne der Ersetzung des Verlegerschutzes durch den Autorschutz erfolgte in Württemberg auch im Privilegienwesen selbst. Der Grundsatz der verlegerischen Nachdruckfreiheit konnte den Schutz gegen den Nachdruck nur als Ausnahme davon charakterisieren. Ein Wechsel vom Privilegiensystem zu einem gesetzlich geregelten Urheberrecht fand schließlich in Württemberg nicht mehr statt. Württemberg hielt auch in der Zeit nach dem provisorischen Gesetz von 1836 am Grundsatz der Nachdruckfreiheit im Sinne des Rescripts von 1815 fest. Mit der zunehmenden Erweiterung der Schutzdauer war es Württemberg indes nicht verwehrt, urheberrechtsfreundlich zu reagieren und dem Druck „von außen" nachzugeben. Insgesamt ließ es sich aber auch vom eingeschlagenen Weg von 1815 nicht abbringen. Die Eigenart des Privilegiensystems als Serie von Einzelakten begünstigte gleichsam ein solches Verhalten, denn das Königreich konnte gelegentlich mittels Konzessionen andere Orientierungen des Nachdruckschutzes zulassen und gleichzeitig die eigene Grundlinie aufrechterhalten. Im „von außen" aufgezwungenen gesetzlichen Verbot des Nachdrucks ließ sich Württemberg den Urheberrechtsgedanken nicht vorschreiben.

Die These „Vom Privileg zum Gesetz", d.h. von einem Einzelprivileg zu einem allgemeinen Gesetz führt also erst über ein „Privilegiensystem". Dabei handelt es sich um ein Gesetz, das den Urheberrechtsgedanken zwar nicht allgemein anerkennt, jedoch zweckmäßige Grundsätze für die Erteilung von Einzelprivilegien ausspricht. Eine solche Zwischenstufe stellt das Rescript von 1815 dar. Dadurch zeigte der württembergische Staat deutlich, dass er – sei es paternalistisch, bevormundend oder staatsfürsorglich – den Autorschutz nicht aus der Hand geben wollte und den Nachdruck weiterhin verwaltungsrechtlich steuerte.

Nach diesem Fazit folgen im Annex Tabellen der Privilegienpublikationen im Zeitraum von 1820 und 1844 sowie weitere wichtige Urkunden. Quellen- und Literaturverzeichnis erfassen ungedrucktes sowie gedrucktes Material.

1. Teil

Der Schutz gegen den Büchernachdruck: Allgemeine Grundlagen

Generellen gesetzlichen Schutz gegen den Büchernachdruck gibt es in ganz Deutschland erst seit 1871. Zuvor gab es in den verschiedenen Staaten ein Nebeneinander von Gesetzen gegen den Nachdruck sowie etliche Ausprägungen von Privilegierungen zugunsten der Verleger, Drucker bzw. Autoren.

Nachdem Herkunft und Funktion der Privilegien betrachtet worden sind (A), soll die Entwicklung vom Privilegiensystem zum gesetzlichen Schutz besprochen werden (B), wobei natürlich der Themenstellung geschuldet ist, dass Württemberg eine besondere Berücksichtigung genießt (C).

A. Herkunft und Funktion der Privilegien

Bevor die Funktionen der Privilegien allgemein und die Privilegienpraxis speziell beim Büchernachdruck erörtert werden, müssen das Privileg und die dazu gehörige Privilegienlehre zu Ende des 18. und zu Anfang des 19. Jahrhunderts dargestellt werden.

I. Der Begriff des Privilegs

Das Privilegiensystem reicht bis ins Mittelalter; die Stadtrechte des 12. und 13. Jahrhunderts entstanden bekanntlich dadurch, dass ein Stadtherr seiner Stadt durch ein besonderes Privileg ausdrücklich spezielle Rechte verlieh, um möglichst viele Untertanen in die Stadt anlocken zu können oder den Forderungen der Stadtbürger entgegen zu kommen, die diese in politischen Kämpfen durchzusetzen versuchten. Privilegien sahen vor, die Wehrpflicht der Bürger zu beschränken oder auch Bedingungen, zu denen die Bürger vom Stadtherrn eine städtische Bauparzelle erwerben konnten. Die Privilegien zählten zu den Rechtsquellen, die einseitig von einem Herrn errichtet wurden und den Adressaten wiederum Pflichten auferlegten. Das mittelalterliche Zivilprozessrecht sah die Möglichkeit vor, einem Landesherrn ein *privilegium de non evocando* bzw. ein *privilegium de non appellando* einzuräumen; dadurch wurde die Appellationsmöglichkeit der unterlegenen Partei an das königliche Hofgericht beschränkt oder gar ausgeschlossen. Auch der Rechtsgeschichte der Neuzeit sind

Privilegien nicht fremd, denn sie kommen oftmals im Wirtschafts- und Gewerberecht vor. Im Verlagsrecht sind ihre prominentesten Vertreter die Privilegien gegen den Büchernachdruck.

Der Ursprung des Begriffes „Privilegium" wird aus den Begriffen „privus" sowie „lex" hergeleitet. Während der Begriff „lex" mit seiner Bedeutung „Gesetz" sowohl „Recht" oder „Norm" im weiteren Sinne umfasst, meint „Privileg" alle Arten rechtlicher Normen, die Bedeutung für Einzelpersonen entfalten. Hinsichtlich des genauen Begriffes und seines Inhaltes bestand seit jeher Unsicherheit. Johann Stephan Pütter beschrieb 1768 das Privileg auf folgende Weise[1]: „Wenn von wegen der allerhöchsten Gewalt für einzelne Glieder des Staats etwas verfüget wird, das nach der allgemeinen Verfassung des Landes sonst nicht statt finden würde; so ist dieses der allgemeine Begriff von Privilegien." Fünf Jahre später näherte sich Johann Jakob Moser dieser Definition Pütters an, indem er für die landesherrlichen Privilegien definierte[2]:

„Ein Privilegium ist eine Landesherrliche Erlaubniß, daß der Befreyete beständig, etwas thun oder lassen dörffe, was andere Unterthanen nicht thun oder lassen dörffen; oder auch ein Landesherrlicher Befehl, dem Befreyeten etwas angedeyhen zu lassen, was anderen Unterthanen nicht angedeyhet."

Auch andere Autoren äußerten sich dergestalt, dass das Privileg im Rechtssinne ein Ausnahmerecht in Bezug auf eine ansonsten als allgemein gedachte Rechtsordnung darstellte. Erstreckten sich Privilegien auf einen größeren, jedoch abgegrenzten Personenkreis, wurden diese als „iura singularia" bezeichnet. Hinsichtlich einer einzelnen Person oder Sache hieß es „Privileg im engeren Sinne". Letzteres unterteilte sich anhand seiner Wirkung in „Dispensation", die einmalige Ausnahme von einem allgemeinen Gesetz, und in das „Privileg im engsten Sinne" oder auch „Privileg im eigentlichsten Sinne"; letzteres meinte die dauerhafte Zuerkennung einer nach den allgemeinen Gesetzen nicht bestehenden Rechtsposition. Dazu präzisierte repräsentativ Georg August Lobethan für die Rechtswissenschaft seiner Zeit[3]:

---

[1] *Johann Stephan Pütter*, Kurzer Begriff des Teutschen Staatsrechts, 2. Auflage, Göttingen 1768, S. 107; zu Pütter vgl. *Arno Buschmann*, Estor, Pütter, Hugo – Zur Vorgeschichte der Historischen Rechtsschule, in: *Thomas Gergen* (Hg.), Vielfalt und Einheit in der Rechtsgeschichte, Festgabe für Elmar Wadle zum 65. Geburtstag, Köln/Berlin/München 2004, S. 75-102, insbes. S. 85-93.

[2] *Johann Jakob Moser*, Von der Landeshoheit in Gnaden-Sachen, Frankfurt und Leipzig 1773, S. 39; ders., Neues Teutsches Staatsrecht, 5. Teil, Frankfurt 1772, S. 520.

[3] *Friedrich August Lobethan*, Abhandlung über die Lehre von Privilegien überhaupt und Buchhändlerprivilegien insbesondere, Dispensationen und Immunitäten, Leipzig 1796, S. 2 ff.; *Thorsten Lieb*, Privileg und Verwaltungsakt. Handlungsformen der öffentlichen Gewalt im 18. und 19. Jahrhundert, Frankfurt a.M. 2003 (Rechtshistorische Reihe 280), S. 31-32; vgl. allgemein noch zu diesem Themenkreis *Markus Engert*, Die historische Entwicklung des Rechtsinstituts Verwaltungsakt, Frankfurt a.M. 2002 (Europäische Hochschulschriften II, 3479).

„Privilegien als Rechte betrachtet, sind solche erworbenen Rechte (iura quaesita), welche durch besondere Gestattung oder Erlaubniß des Regenten erworben worden sind. Sie theilen sich in solche Privilegien, welcher einer ganzen Gattung von Personen oder Sachen, oder auch allen Unterthanen, insofern sie sich in einem gewissen Fall befinden, zustehen (iura singularia, beneficia legis, privilegia in corpore clausa), und in solche, die auf Eine (einzelne oder moralische) Person oder Sache eingeschränkt sind. Von den letztern wird hier allein gehandelt. Diese theilen sich aber wiederum in solche, die ein für alle mal, und ohne Einschränkung auf einen einzelnen Fall, ertheilt worden sind, und in solche, die auf einen einzelnen Fall eingeschränkt sind. Diese letztere Art der eigentlich sogenannten Privilegien sind die aus Dispensationen erworbenen Rechte."

Beachtenswert ist, dass die „iura singularia" von der Literatur im Zusammenhang mit der allgemeinen Gesetzgebung behandelt wurden, denn ihrer Wirkung nach waren sie allgemeine Gesetze und keine Privilegien. Dazu erklärte 1797 Ernst Ferdinand Klein[4]: „In sofern die Ausnahme von den Gesetzen nur besondere, nach allgemeinen Grundsätzen abgemessene Bestimmungen enthält, kann sie lediglich als Gesetz betrachtet werden."

Damit war die Zuordnung der „iura singularia" zum Privilegienbegriff im Wesentlichen formaler Natur. Für die Nachdruckprivilegien spielen sie keine Rolle, hier interessieren lediglich die „Privilegien im engeren Sinne". Insgesamt kann festgestellt werden, dass infolge der Vielgestaltigkeit der einzelnen Privilegien kein alle zufrieden stellender und dennoch aussagekräftiger Rechtsbegriff für das Privileg gegeben werden konnte. Trotz dieses Definitionsproblems kann den Privilegien jedoch ihre unterschiedliche Funktion zugewiesen werden[5].

Der Gesetzgebungsgewalt war eine umfassende Regelungsbefugnis inhärent, welche nicht nur allgemeine Maßnahmen, sondern gleichfalls Einzelfallentscheidungen in der Form von Privilegien umfasste. Privilegien waren Ausfluss der gesetzgebenden Gewalt und wurden auch als Ausnahme von einem allgemeinen Gesetz verstanden. Zu ihrer Charakterisierung gebrauchte die Rechtslehre auch den Begriff „Rechtswohltat"[6]. Eine Trennung von allgemeinen legislatorischen und konkreten exekutiven Maßnahmen im Sinne des Prinzips der

---

[4] *Ernst Ferdinand Klein,* Grundsätze der natürlichen Rechtswissenschaft nebst einer Geschichte derselben, Halle 1797, S. 260.

[5] *Heinz Mohnhaupt,* Die Unendlichkeit des Privilegienbegriffs. Zur Einführung in das Tagungsthema, sowie *ders.,* Erteilung und Widerruf von Privilegien nach der gemeinrechtlichen Lehre vom 16.-19. Jahrhundert, in: Das Privileg im europäischen Vergleich I, *Dölemeyer/Mohnhaupt* (Hg.), Frankfurt a.M. 1997, S. 1-11 sowie S. 93-121, insbes. 93-94.

[6] *Karl Anton von Martini,* Lehrbegriff des Natur-, Staats- und Völkerrechts, Bd. 3, Wien 1783, S. 49; *Anton Thomas,* Lehrbuch der natürlichen Rechtswissenschaft, Frankfurt a.M. 1803, S. 200; *Leopold Friedrich Fredersdorff,* System des Rechts der Natur auf bürgerliche Gesellschaften, Gesetzgebung und das Völkerrecht angewandt, Braunschweig 1790, S. 390.

Gewaltenteilung fand in diesem System der Hoheitsrechte noch nicht statt[7]. Privilegien, die einmal als objektives Sonderrecht und zum anderen als subjektive Sonderberechtigung Doppelcharakter besaßen, waren infolge der Rechtsposition, die sie verliehen, schützenswert[8]. Dass die Erteilung von Privilegien dem Staatszweck entsprechen musste, folgt aus dem Kriterium des „allgemeinen Wohls", das die Grenze bei der Erteilung von Privilegien bildete. Mit Staatszweck war natürlich noch kein rechtsstaatliches Kriterium eingeführt, es sollte vielmehr das Recht des Fürsten zementieren, selbst zu entscheiden, was dem Staatszweck dienlich sei[9]. Leopold Friedrich Fredersdorff resümierte kurz und bündig[10]: „Der Staat muß entweder dabey sogleich einen Nutzen [...] oder doch in Zukunft einen Vortheil davon [...] haben."

Bei einer Verletzung des Privilegs war stets eine Strafzahlung fällig, die dem Regenten und dem Privilegierten jeweils zur Hälfte zustehen sollte; hiermit wurde an die für kaiserliche Privilegien gebräuchliche Regel angeknüpft[11]. Das zentrale Kriterium des allgemeinen Wohls war schon deshalb keine effektive Begrenzung, weil die Rechtsliteratur die Privilegienhoheit des Regenten faktisch kaum beschränken wollte[12]. Dadurch, dass die Rechtswissenschaft die Ausübung der Privilegiengewalt weniger weitreichend als die Verabschiedung allgemeiner Gesetze begrenzen wollte, war die Privilegienhoheit nahezu absolut, woraus folgte, dass die Erteilung von Privilegien im Vergleich zur Gesetzgebung im allgemeinen als das flexiblere Instrument staatlichen Handelns galt[13].

II. Arten, Erteilung und Wirkung der Privilegien

Karl Anton von Martini fasste die häufigsten Arten der Privilegien folgendermaßen zusammen[14]:

---

[7] *Louis Pahlow*, Justiz und Verwaltung. Zur Theorie der Gewaltenteilung im 18. und 19. Jahrhundert, Goldbach 2000, S. 297 ff.

[8] *Heinz Mohnhaupt*, Untersuchungen zum Verhältnis Privileg und Kodifikation im 18. und 19. Jahrhundert, in: Ius Commune V (1975), S. 71-121, hier insbes. S. 81-82.

[9] *Diethelm Klippel*, Politische Freiheit und Freiheitsrechte im deutschen Naturrecht des 18. Jahrhunderts, Paderborn 1976, S. 50-63.

[10] *Fredersdorff*, System des Rechts (Fn. 6), S. 390.

[11] *Johann Jakob Moser*, Teutsches Staatsrecht, 4. Teil, Leipzig und Ebersdorf 1741, S. 273: „Daß, wer wider das Privilegium thue, in [...] Marck lötigen Goldes verfallen seyn und so offt er freventlich dawider thue, solche halb in des Kaysers und der Reichs-Kammer und halb dem Privilegirten unnachläßlich bezahlen wolle."

[12] *Moser*, Gnaden-Sachen (Fn. 2), S. 42 ff.

[13] *Pütter*, Kurzer Begriff (Fn. 1), S. 107; *Lieb*, Privileg und Verwaltungsakt (Fn. 3), S. 42.

[14] *von Martini*, Lehrbegriff (Fn. 6), S. 49.

„Es giebt also deren günstige, und ungünstige, und von den ersteren giebt es wieder solche, die umsonst erhalten werden, unentgeltliche, und andere, die nur gegen Bedingnisse gleichsam eingelöst werden, also entgeltbare. Wird eine Befreyung nur einer Person verliehen, so heißt sie in besonderem Verstand ein Privilegium, und zwar ein reeles, wenn es auf Erben gelangen kann, ein persönliches hingegen, wenn es mit der Person verlöscht."

Privilegien wurden im 18., aber auch noch im 19. Jahrhundert für ganz unterschiedliche Bereiche erteilt, etwa den Schuldnerschutz, die Herstellung von Arzneimitteln, von Münzen oder die Erhebung von Zöllen. Es existierten Privilegien zur Anlegung von Apotheken, für Schornsteinfeger und weitere Gewerbe, die ohne die Erteilung von Privilegien nicht betrieben werden durften[15]. Eine wichtige Rolle spielten die Privilegien zum Schutz von Patenten und gegen den Nachdruck[16]. Wenngleich die Rechtswirklichkeit auch Privilegien mit belastender Wirkung kannte, die jedoch am Ende des 18. Jahrhunderts kaum mehr üblich waren, herrschten die begünstigenden Privilegien deutlich vor. In diesem Zusammenhang unterschied die Lehre zwei Fälle: die so genannte Dispensation und die „privilegia affirmativa". Bei der Dispensation wurde der Begünstigte von einer bestehenden belastend wirkenden Regelung ausgenommen. Die „privilegia affirmativa" schufen dagegen eine noch nicht bestehende völlig neue Rechtsposition zugunsten des Privilegierten[17]. Des Weiteren wurden dingliche und persönliche Privilegien unterschieden. Während letztere mit dem Tod der Person grundsätzlich erloschen, hafteten die dinglichen Privilegien der Sache an und gingen mit dieser auf jeden Besitzer über. Auch blieben dingliche Privilegien nach der Zerstörung einer Sache bestehen, sofern die Sache in einem bestimmten Zeitraum wieder hergestellt wurde. Eine weitere Gruppierung von Privilegien wies auch temporären Charakter auf: entweder war ihre Wirkung zeitlich begrenzt oder auf unbestimmte Zeit erteilt[18]. Während zeitlich unbefristete Privilegien im 18. Jahrhundert der übliche Fall gewesen waren und sich die Literatur nur wenig mit temporären Privilegien auseinander setzte, herrschten dagegen im 19. Jahrhundert zeitlich befristete Begünstigungen vor wie dies bei der Nachdruckprivilegienpraxis gezeigt werden kann.

Wurde das Privileg auf der Grundlage einer Entgeltzahlung, der so genannten Privilegientaxe, erteilt, sprach man von „privilegia onerosa". Im Gegensatz dazu erhielten die Begünstigten die „privilegia gratuita" durch die Gnade des Erteilers und somit ohne Gegenleistung. Die unentgeltliche Erteilung von Privilegien war in der Form des Precariums möglich mit der Folge, dass die verlie-

---

[15] Zur Gewerbegesetzgebung in Württemberg vgl. *Jan Ziekow*, Freiheit und Bindung des Gewerbes, Berlin 1992, S. 459-466.

[16] *Lobethan*, Abhandlung (Fn. 3), S. 66 ff.; *Lieb*, Privileg und Verwaltungsakt (Fn. 3), S. 42.

[17] *Justus Christoph Leist*, Lehrbuch des Teutschen Staatsrechts, Göttingen 1803, S. 272 ff.

[18] *Nicolaus Thaddäus Gönner*, Teutsches Staatsrecht, Landshut 1804, S. 461.

hene Rechtsposition jederzeit ohne Angabe von Gründen wieder zurückgenommen werden konnte und auch keine Entschädigungspflichten gegenüber dem Privilegierten entstanden[19]. Bei den gewerblichen Monopolen war die häufigste Privilegienart das „privilegium exclusivum", das ausschließliche Rechtspositionen verlieh[20]. Die Erteilung des Privilegs wurde üblicherweise durch die Verleihung einer Privilegienurkunde vorgenommen[21].

Obschon die Erteilung von Privilegien stillschweigend erfolgen konnte und die Inanspruchnahme der Rechtsposition mithin auf einer Vermutung beruhte, setzte diese gewöhnlich die so genannte „Conzession", d.h. die Bewilligung, voraus[22]. Ein einmal erteiltes Privileg gab dem Inhaber als Rechtsposition einen Abwehranspruch gegen die unrechtmäßige Beeinträchtigung durch die anderen Untertanen bzw. durch den Staat. Eine Beachtung des Privilegs setzte eine entsprechende Bekanntmachung bzw. Publikation im Regierungsblatt voraus.

Privilegien wirkten grundsätzlich nicht retroaktiv und waren auch in örtlicher Hinsicht in ihrem Geltungsumfang territorial begrenzt. Der Inhaber hatte keine Kompetenz, weitergehende Ausnahmen von Rechtspositionen zu machen bzw. neue hervorzurufen. Außerhalb der Obrigkeit, die das Privileg erteilt hatte, entfaltete dieses keine Wirksamkeit[23]. Wollte der Privilegieninhaber einen weitergehenden Schutz erlangen, kam, sofern dies für das entsprechende Rechtsgebiet möglich war, lediglich ein kaiserliches Privileg für das gesamte Reichsgebiet in Betracht. Ansonsten blieb dem Begünstigten nichts anderes übrig, als für jedes Territorium, in dem er den Schutz wünschte, um ein eigenes Privileg nachzusuchen[24].

Da die Befugnis aufgrund der Erteilung eines Privilegs als Ausnahme für eine bestimmte Situation gedacht war, kam eine erweiternde Auslegung nicht in Betracht. Außerdem hätte eine ausdehnende Auslegung von Privilegien zu einer von der Privilegienlehre gerade ungewollten Beeinträchtigung von Rechtspositionen Dritter führen können[25].

---

[19] *Lieb*, Privileg und Verwaltungsakt (Fn. 3), S. 44.

[20] *Lobethan*, Abhandlung (Fn. 3), S. 30.

[21] *Christian Friedrich Glück*, Ausführliche Erläuterung der Pandecten nach Hellfeld, Erlangen 1797, S. 554; *Lieb*, Privileg und Verwaltungsakt (Fn. 3), S. 45.

[22] *Lobethan*, Abhandlung (Fn. 3), S. 15; *Glück*, Pandecten (Fn. 21), S. 565; *Lieb*, Privileg und Verwaltungsakt (Fn. 3), S. 45.

[23] *Lobethan*, Abhandlung (Fn. 3), S. 35-36.

[24] *Elmar Wadle*, Der langsame Abschied vom Privileg: Das Beispiel des Urheberrechts, in: *B. Dölemeyer/H. Mohnhaupt* (Hg.), Das Privileg im europäischen Vergleich I (Ius Commune Sonderhefte, Studien zur Europäischen Rechtsgeschichte 93), Frankfurt a.M. 1996, S. 377-399 und in: *ders.*, Geistiges Eigentum. Bausteine zur Rechtsgeschichte II, München 2003, S. 101-116.

[25] *Lieb*, Privileg und Verwaltungsakt (Fn. 3), S. 48-49.

III. Der Ablauf der Privilegierung

Der Ablauf der Privilegierung erfolgte im Wesentlichen durch vier Tatbestände: Zeitablauf, Verzicht, Nichtgebrauch sowie Widerruf des Privilegs. War das Privileg für einen eingeschränkten Zeitraum erteilt, wozu auch eine Privilegierung auf Lebenszeit gehörte, endete die Wirkung des Privilegs mit Ablauf der Zeit, ohne dass es eines förmlichen Aufhebungsaktes bedurfte[26]. Grundsätzlich konnte der Privilegierte auch auf ein Privileg verzichten, denn er war Inhaber dieses Rechts; er konnte diesen Verzicht gegenüber dem Erteiler sowohl ausdrücklich als auch konkludent durch entsprechende Handlung erklären. Ein Verzicht auf eine privilegierte Rechtsposition war indes dann nicht möglich, sobald der Regent das Privileg zum Wohle des Staates eingeführt hatte. Dies zeigt deutlich, dass der Staatszweckgedanke bzw. der Aspekt des allgemeinen Wohls bei der Privilegierung eine zentrale Rolle spielte[27]. Wurde das Privileg nicht ausgeübt, so verstand die Privilegienlehre dies als eine Form des Missbrauchs mit der Folge, dass die jeweiligen Privilegien aufgehoben werden konnten. Über die Voraussetzungen der Aufhebung wegen Nichtgebrauchs wurde heftig diskutiert, insbesondere variierten die geforderten Fristen für die Aufhebung deutlich. Zum Teil wurde für die Aufhebung bei fehlender Nutzung des Privilegs ein zusätzlicher Grund verlangt[28]. Einigkeit bestand insoweit, dass die Aufhebung eines Privilegs aufgrund der fehlenden Nutzung ein legitimes Mittel war, um das allgemeine Wohl zu fördern, wobei durchschimmerte, dass sich Privilegienerteilungen immer auch mit einem staatlichen Interesse verbanden[29].

Der Widerruf einmal erteilter Privilegien war sehr umstritten und es wurde nach unbedingten und zeitlich nicht befristeten Privilegien einerseits und temporären Privilegien andererseits unterschieden. Einig war sich die Rechtslehre darin, dass die mit einem Widerrufsvorbehalt versehenen Privilegien ohne Angabe von Gründen widerrufen werden durften[30]. Solche Privilegien, welche unter Bedingungen erteilt worden waren, die vom Inhaber des Privilegs nicht eingehalten wurden, oder solche, die vom Privilegierten erschlichen oder auf sonstige unerlaubte Weise erlangt worden waren, konnten zu jeder Zeit widerrufen werden[31].

---

[26] *Lobethan*, Abhandlung (Fn. 3), S. 55.

[27] *Lobethan*, Abhandlung (Fn. 3), S. 58 ff.; *Lieb*, Privileg und Verwaltungsakt (Fn. 3), S. 50.

[28] *Lobethan*, Abhandlung (Fn. 3), S. 58 ff.; *Lieb*, Privileg und Verwaltungsakt (Fn. 3), S. 60; *Glück*, Pandecten (Fn. 21), S. 565.

[29] *Lieb*, Privileg und Verwaltungsakt (Fn. 3), S. 60; *Glück*, Pandecten (Fn. 21), S. 50.

[30] *Lobethan*, Abhandlung (Fn. 3), S. 58 ff.; *Lieb*, Privileg und Verwaltungsakt (Fn. 3), S. 62.

[31] *Lieb*, Privileg und Verwaltungsakt (Fn. 3), S. 51.

Zu Ende des 18. Jahrhunderts und zu Beginn des 19. Jahrhunderts vertraten die meisten Autoren die weitgehende Bewahrung der bestehenden Privilegien. Pütter lehnte es ab, dass der Kaiser oder ein Reichsstand ein Privileg, das auf ungewisse Zeit erteilt worden war, ändern oder gar aufheben konnten[32]. Dennoch galt das Privileg keineswegs grundsätzlich als unaufhebbar, denn der alles überragende Staatszweckgedanke bildete eine allseits anerkannte Begrenzung. Die nach der Theorie auch im allgemeinen Interesse erteilten Privilegien genossen einen Bestandsschutz nur insoweit, als das allgemeine Wohl deren Existenz verlangte bzw. ihrer Existenz nicht entgegenstand. Ein Beispiel für den Widerruf von Privilegien aufgrund des allgemeinen Wohls war der Widerruf von Privilegien, welche ungewollt in die Rechtspositionen Dritter eingriffen. Im Ergebnis genossen die Privilegien jedoch einen weitgehenden Bestandsschutz[33].

Johann Ludwig Klüber war einer der ersten, der die Privilegien dem Verwaltungsrecht zuordnete. Dabei betonte er die Zweiseitigkeit der Privilegienerteilung[34]:

„Privilegien im eigentlichen Sinne, auch Dispensationen, haben die Kraft eines Vertrags zwischen dem Ertheiler und dem Privilegirten; gleichviel ob sie auf Widerruf, oder für immer, unentgeltlich oder gegen Vergeltung ertheilt sind. Daher darf, in der Regel, Widerruf, Minderung, Veränderung, authentische Auslegung, einseitig nicht geschehen. In der Regel, sind sie einschränkend zu erklären, können nicht vermuthet, und nicht ad exemplum gezogen, auch kann, in der Regel, kein Privilegirter zu deren Ausübung genöthigt werden."

Klüber nahm damit die These, dass das Privileg zu Ende des 19. Jahrhunderts ein Begriff des Verwaltungsrechts wurde, bereits mehr als ein halbes Jahrhundert vorweg. Allerdings ist zu beachten, dass Klübers Verwaltungsbegriff noch keine Teilung der staatlichen Gewalten im heutigen Sinne erfasste, denn Klüber ordnete auch die Gesetzgebung und damit die Erteilung von Privilegien dem Bereich der Staatsverwaltung zu[35]. Klübers Einteilung des Staatsrechts wurde wenig später von dem Württemberger Robert von Mohl[36] übernommen.

Die staatliche Neuordnung Deutschlands nach dem Wiener Kongress ließ die Privilegienhoheit in die Hände der Landesherren übergehen. Zwar war infolge von Artikel 13 der Deutschen Bundesakte vom 8. Juni 1815 in den Einzelstaaten eine landständische Verfassung einzurichten, d.h. ein Element der

---

[32] *Pütter*, Kurzer Begriff (Fn. 1), S. 108.

[33] *Lobethan*, Abhandlung (Fn. 3), S. 64; *Lieb*, Privileg und Verwaltungsakt (Fn. 3), S. 52.

[34] *Johann Ludwig Klüber*, Oeffentliches Recht des Teutschen Bundes und der Bundesstaaten, Frankfurt a.M. 1817, S. 653 f.

[35] *Klüber*, Oeffentliches Recht (Fn. 34), S. 8; grundlegend dazu: *Michael Stolleis*, Geschichte des öffentlichen Rechts in Deutschland, Bd. 2: Staatsrechtslehre und Verwaltungswissenschaft 1800-1914, München 1992.

[36] *Robert von Mohl*, Das Staatsrecht des Königreichs Württemberg, 2 Theile, Tübingen 1829 und 1831.

Repräsentativverfassung, doch blieb die Privilegienhoheit beim Landesherrn, der die gesetzgebende Gewalt innehatte[37]. Die Naturrechtsautoren übernahmen das Verständnis von Privilegien als Ausnahmegesetze und ordneten die Privilegienhoheit der gesetzgebenden Gewalt zu. Außerdem wurde in der ersten Hälfte des 19. Jahrhunderts der Vorwurf laut, dass die Erteilung von Privilegien dem Prinzip der rechtlichen Gleichheit widerstrebe; diese Kritik findet sich bei Georg Sedlmayer[38]:

„Diese Freyheiten, oder Begünstigungen scheinen sich zwar mit den reinen Begriffen des Staatsrechts nicht wohl zu vertragen, weil Niemand vom Gesetze ausgenommen werden soll, weil jede Ausnahme vom Gesetze eine Verletzung desselben ist, [...] um so viel strenger soll die Rechtsgesetzgebung sich an das Gleichheits-Princip halten, weil die Ansprüche aller Einzelnen im Staate an die Corporation des Staates gleich sind."

Gleichwohl betonte Sedlmayer, dass Privilegien rechtmäßig seien, die aufgrund eines Gesetzes ergingen[39]. Diese rechtsstaatlich gezähmten Privilegien erschienen auch vom naturrechtlich-rechtsphilosophischen Standpunkt aus als unbedenklich. Einerseits waren nun Privilegien vom liberal-naturrechtlichen Standpunkt aus als grundrechtswidrig abzulehnen, andererseits wurde versucht, einzelne Privilegien, die man für notwendig hielt, zu rechtfertigen. Als einer der ersten formulierte Karl Heinrich Gros diesen Gedanken als politisches Programm[40]:

„Ausnahmen von allgemeinen Gesetzen für einzelne Personen (Privilegien) sind rechtmäßig, wenn in einem besonderen, vom Gesetzgeber nicht vorhergesehenen und daher auch im Gesetze nicht enthaltenen Falle der Zwek des Staats eine solche Ausnahme nothwendig erfordert, und diese alsdann für die Zukunft zur Regel gemacht, mithin in das Gesetz selbst, als künftig allgemein geltende nähere Bestimmung desselben, aufgenommen wird."

Der Stuttgarter Carl von Rotteck kann als einer der Auslöser dieser Entwicklung angesehen werden, wenn er formulierte[41]:

„Wir verstehen unter Gesez in weitester Bedeutung jede von der Staatsgewalt ausgehende Bestimmung, welche in abstracto oder im allgemeinen, d.h. nach Begriffen gemacht ist. Ihm entgegengesetzt ist jede Verfügung für einen konkreten Fall, ob auch das allgemeine Interesse angehend, und für das gesammte Volk verbindlich. Wir nennen solche Verfügung einen Akt der Administration. Das Gesez stellt also eine Regel auf, wonach in den darunter begriffenen Fällen gehandelt, daher auch von der Staatsgewalt gehandelt, nämlich entschieden, angeordnet in's Werk gerichtet werden muß. Akte der

[37] *Lieb*, Privileg und Verwaltungsakt (Fn. 3), S. 107.

[38] *Georg Sedlmayer*, Bemerkungen über den Staatsverein, Salzburg 1809, S. 134 ff.

[39] *Sedlmayer*, Bemerkungen (Fn. 38), S. 135.

[40] *Karl Heinrich Gros*, Lehrbuch der philosophischen Rechtswissenschaft oder des Naturrechts, 4., verbesserte Auflage, Stuttgart und Tübingen 1822, S. 240.

[41] *Carl von Rotteck*, Lehrbuch des Vernunftrechts und der Staatswissenschaften, Bd. 2: Lehrbuch der allgemeinen Staatslehre, Stuttgart 1840, Neudruck der 2. Auflage, Aalen 1964, S. 212.

Administration sind also meistens, oder sollen so viel möglich nichts anderes seyn, als Anwendung oder Vollstreckung des Gesezes."

Damit war das Privileg kein Akt der gesetzgebenden Gewalt, sondern der Administrationsbefugnis und befand sich nicht mehr auf einer Ebene mit dem Erlass eines Gesetzes, dessen Wirkung ihm auch nicht mehr zukommen konnte. Im Gegenteil: Es stand unterhalb der Gesetzgebung, konnte von dieser beeinflusst und somit auch verändert werden[42].

IV. Die Gründe der Privilegienerteilung

Die Rheinbundakte von 1806 wie die Deutsche Bundesakte von 1815 legten für alle deutschen Staaten die grundlegenden Bedingungen fest, auf deren Basis sich die Privilegienordnung im Laufe des 19. Jahrhunderts entwickelte. Zur Souveränität der Landesherren traten darüber hinaus die Vorrechte der mediatisierten Reichsgrafen und Reichsfürsten[43]. Trotz des grundsätzlichen Widerspruchs von Privilegien und Rechtsgleichheit, die von den Naturrechtlern betont worden war, entwickelte sich die Erteilung von Privilegien in der Praxis zunächst nicht rückläufig, wobei regionale Unterschiede zutage traten, vor allem im Vergleich zwischen Preußen als einem verfassungsrechtlich verspäteten Staat, der in ökonomischer Hinsicht eine Vorreiterrolle innehatte, und Bayern und Württemberg als Vertreter des frühen süddeutschen Konstitutionalismus[44].

Bei der Frage nach der Funktion des Privilegs kann zunächst der Fall angeführt werden, bei dem über ein allgemeines Gesetz hinaus ein Privileg zwecks zusätzlicher Absicherung von Rechtspositionen erteilt wurde. Dies war nicht weiter schädlich, da Privilegien und allgemeines Gesetz nach der Privilegienlehre gleichrangig figurierten, denn beide beruhten auf der *potestas legislatoria* des jeweiligen Landesherrn[45].

Privilegien waren aber vor allem ein flexibles und schnelles Instrument staatlichen Handelns. Der Fürst, in dessen Kompetenz die Bestimmung des Staatszwecks lag, konnte die Privilegien als Regierungsinstrument nutzen[46].

Privilegien dienten wegen ihrer großen Flexibilität und Schnelligkeit im Vergleich zur allgemeinen Gesetzgebung nicht nur zur allgemeinen Modernisierung der absolutistischen Staaten wie z.B. im Königreich Württemberg, sondern auch als ein Instrument staatlicher Wirtschaftsförderung, die diesen neuen

---

[42] *Lieb*, Privileg und Verwaltungsakt (Fn. 3), S. 118.

[43] *Lieb*, Privileg und Verwaltungsakt (Fn. 3), S. 119 u. 91.

[44] *Lieb*, Privileg und Verwaltungsakt (Fn. 3), S. 120.

[45] *Mohnhaupt*, Untersuchungen (Fn. 8), S. 71-121, hier insbes. S. 86.

[46] *Klippel*, Politische Freiheit (Fn. 9), S. 50 ff.

Staaten am Herzen lag[47]. So regelten etliche Privilegien Aspekte der Wirtschaftsordnung, insbesondere Gewerbe- und Fabrikprivilegien, wie Privilegien zum Schutz von Erfindungen und gegen den unberechtigten Büchernachdruck. Mit Ausnahme der Nachdruckprivilegien wurden damit aus der Sicht des 18. Jahrhunderts neue Entwicklungen rechtlich erfasst. Gewerbliche Patentprivilegien dienten dazu, neue Technologien rasch zu verbreiten und waren zumeist mit einem Monopol verbunden[48]. Sogar in der auf die Rechtsgleichheit bedachten naturrechtlichen Literatur wurde dieser Aspekt der Förderung von Wirtschaft und Gewerbefleiß als Rechtfertigungsgrund für die Erteilung von Privilegien angesehen; dazu Friedrich Wilhelm Sibeth[49]: „Auch folgt aus diesen Befugnissen das Recht, Gnade und Privilegien zu ertheilen, indem das allgemeine Beste durch die Belohnung der Tugend, des Fleißes und der Geschicklichkeit der Unterthanen befördert wird".

Derselbe Gedanke, dass die Privilegien Handel und Gewerbe sowie nützliche Erfindungen fördern sollten, spiegelte sich in § 31 der württembergischen Verfassungsurkunde vom 25. September 1819 wider. Danach konnten ausschließliche Handels- und Gewerbeprivilegien lediglich „zufolge eines Gesetzes" oder mit besonderer, für den einzelnen Fall gültiger Zustimmung der württembergischen Stände erteilt werden. Dem Ermessen der Regierung blieb es überlassen, nützliche Erfindungen durch Patente bis auf die Dauer von höchstens zehn Jahren zu belohnen:

"§ 31.

Ausschließliche Handels- und Gewerbs-Privilegien können zufolge eines Gesetzes oder mit besonderer, für den einzelnen Fall gültiger Beistimmung der Stände erteilt werden.

Dem Ermessen der Regierung bleibt überlassen, n ü t z l i c h e   E r f i n d u n g e n   d u r c h   P a t e n t e zu deren ausschließlicher Benützung bis auf die Dauer von zehn Jahren zu b e l o h n e n ."

---

[47] *Ilja Mieck*, Preußische Gewerbepolitik in Berlin 1806-1844. Staatshilfe und Privatinitiative zwischen Merkantilismus und Liberalismus, Berlin 1965, S. 78; *Friedrich Karl Beier*, Gewerbefreiheit und Patentschutz. Zur Entwicklung des Patentrechts im 19. Jahrhundert, in: *Coing/Wilhelm* (Hg.), Wissenschaft und Kodifikation des Privatrechts im 19. Jahrhundert, Bd. IV.: Eigentum und industrielle Entwicklung. Wettbewerbsordnung und Wettbewerbsrecht, Frankfurt a.M. 1979, S. 183-205, hier S. 185 ff.; *Dietmar Willoweit*, Gewerbeprivileg und natürliche Gewerbefreiheit, Strukturen des preußischen Gewerberechts im 18. Jahrhundert, in: *Scherner/Willoweit* (Hg.), Vom Gewerbe zum Unternehmen. Studien zum Recht der gewerblichen Wirtschaft im 18. und 19. Jahrhundert, 1982, S. 60-111.

[48] *Beier*, Gewerbefreiheit (Fn. 47), S. 187.

[49] *Friedrich Wilhelm Sibeth*, Versuch eines Entwurfs des Vernunft-Rechts, Rostock 1790, S. 56.

Die württembergische Regelung bildete das Vorbild für spätere Verfassungen der zweiten Hälfte des 19. Jahrhunderts, die deren Wortlaut unverändert übernahmen, so etwa das Großherzogtum Oldenburg und das Kurfürstentum Hessen im Jahre 1852[50]. In ähnlicher Weise wurden wirtschaftliche Privilegien bereits in der Verfassungsurkunde des Großherzogtums Hessen vom 17. Dezember 1820 normiert, deren § 104 lautete: „Ausschließliche Handels- und Gewerbsprivilegien sollen nicht Statt finden, außer zufolge eines besonderen Gesetzes. Patente für Erfindungen kann die Regierung auf bestimmte Zeit ertheilen."

Da diese Vorschriften die gewerblichen Privilegien der Gesetzgebung unterwarfen, mussten die landständischen Vertretungen derartigen Privilegien zustimmen. In der württembergischen Verfassung vom 25. September 1819 (§ 85) war explizit geregelt, dass bei der Privilegienerteilung im Einzelfall die Stände zustimmen mussten. Die Erfindungsprivilegien wurden jeweils gesondert behandelt und verblieben in der ausschließlichen Kompetenz der Regierung und des Monarchen. Mithin blieb es bei einer weitgehend unumschränkten Privilegienhoheit des Regenten[51]. Das Erlöschen eines Patentprivilegs stand insofern im öffentlichen Interesse, als nach Ablauf der Privilegienzeit die Erfindung Allgemeingut wurde. Meistens gab es eine Laufzeit von zehn Jahren, in Bayern bis maximal 15 Jahre (§ 9 des Gesetzes über die Grund-Bestimmungen für das Gewerbswesen vom 26. September 1825)[52].

Ein finanzieller Aspekt schwebte noch über der Privilegienerteilung, denn diese wurde oftmals nur nach Zahlung einer Gegenleistung vorgenommen. Die Erhebung von Privilegientaxen stellte einen durchaus willkommenen Beitrag zur Haushaltsfinanzierung bzw. Haushaltssanierung des Staates dar[53].

Privilegien waren schließlich dank ihrer Einzelfallregelungsmöglichkeit ein adäquates Mittel, Lösungen für eine „Umbruchzeit" zu finden, als etliche Staaten im Deutschen Bund von Privilegienerteilung auf Urhebergesetzgebung umschwenkten.

B. Vom Privileg zum Gesetz – Auf dem Weg zum einheitlichen Urheberrecht

Seit der Erfindung des Buchdrucks spielten im Urheber- und Verlagsrecht die Privilegien in der Form der Druckprivilegien eine außerordentlich wichtige

---

[50] Vgl. das redigierte Staatsgrundgesetz für das Großherzogtum Oldenburg vom 22. November 1852, Artikel 58 sowie die Verfassungsurkunde für das Kurfürstentum Hessen vom 13. April 1852, § 25.

[51] *Lieb*, Privileg und Verwaltungsakt (Fn. 3), S. 96.

[52] *Lieb*, Privileg und Verwaltungsakt (Fn. 3), S. 81 u. 132.

[53] *Lieb*, Privileg und Verwaltungsakt (Fn. 3), S. 55 u. 109.

Rolle. Ludwig Gieseke, Martin Vogel und Elmar Wadle[54] haben die Geschichte solcher Privilegien unter Verarbeitung der älteren und neueren Literatur eingehend behandelt.

Gesetz und Privileg konkurrierten seit den 20er Jahren des 19. Jahrhunderts miteinander. Den vollständigen Abschied vom Privileg verkündete erst das „Gesetz betreffend das Urheberrecht an Schriftwerken, Abbildungen, musikalischen Kompositionen und dramatischen Werken" vom 11. Juni 1870; dieses erste einheitliche Urheberrechtsgesetz in Deutschland sah nämlich in § 71 Abs. 1 vor: „Die Ertheilung von Privilegien zum Schutze des Urheberrechts ist nicht mehr zulässig". Allerdings zementierte Absatz 2 eine Bestandsgarantie zugunsten bereits erteilter Privilegien. Vergleichbare Bestimmungen enthielten lediglich die Entwürfe des Börsenvereins vom Juli 1857 (§§ 17, 61) und vom Dezember 1857 (§§ 9, 61) sowie der österreichische Entwurf von 1862 (§§ 31, 54), der sächsische Entwurf von 1862 (§§ 17, 61) und der Frankfurter Entwurf von 1864 (§ 56) und schließlich der preußische Entwurf (§ 74), der im November 1868 dem Bundesrat vorlag[55]. Diese in das ergänzende Gesetz des Jahres 1876 übernommene Norm beendete eine mehr als 100 Jahre dauernde Entwicklung, innerhalb derer das seit dem 16. Jahrhundert praktizierte System des Schutzes mittels Privilegien durch einen gesetzlichen Schutz abgelöst wurde und die staatliche Rechtsetzung zum Urheberrecht sich nunmehr der Form des Gesetzes bediente. In den Motiven zu § 71 Abs. 1 wird erklärt[56]:

„Neue Privilegien dürfen nicht erteilt werden. In früherer Zeit war der Autor zum Schutze seines Rechts auf Privilegien angewiesen; seitdem man diese Grundlage des Autorenschutzes verlassen und an deren Stelle ein allgemeines gesetzliches Recht gesetzt hat, würde die fernere Ertheilung von Privilegien, welche über die Grenze des gesetzlichen Schutzes hinausgehen, sich nicht rechtfertigen lassen und einen Eingriff in die Freiheit der Benutzung geistiger Erzeugnisse in sich schließen."

---

[54] *Ludwig Gieseke*, Vom Privileg zum Urheberrecht. Die Entwicklung des Urheberrechts in Deutschland bis 1845, Göttingen (jetzt Baden-Baden), 1995; *Martin Vogel*, Deutsche Urheber- und Verlagsgeschichte zwischen 1450 und 1850. Sozial- und methodengeschichtliche Entwicklungsstufen der Rechte von Schriftsteller und Verleger, in: Archiv für Geschichte des deutschen Buchhandels (= Publikationen des Börsenvereins Deutscher Buchhändler, Neue Folge) AGB 19 (1978), Sp. 1-190; *Elmar Wadle*, Geistiges Eigentum. Bausteine zur Rechtsgeschichte, 2 Bände, Weinheim und München 1996 und 2003.

[55] *Elmar Wadle*, Der Frankfurter Entwurf eines deutschen Urheberrechtsgesetzes von 1864. Eine Einführung zum Nachdruck, in: UFITA 120 (1992), S. 33-55 und in: *ders.*, Geistiges Eigentum. Bausteine zur Rechtsgeschichte I, Weinheim (jetzt München), 1996, S. 309-326; *ders.*, Der langsame Abschied vom Privileg (Fn. 24), S. 377-399 und in: *ders.*, Geistiges Eigentum. Bausteine zur Rechtsgeschichte II, S. 101-116, hier insbes. S. 101.

[56] Bundesrat (BR) 1869, Drucksache 139, S. 47.

I. Verbreitung der Druckprivilegien im Deutschen Bund

Waren Privilegien nach dem „Gesetz betreffend das Urheberrecht an Schriftwerken, Abbildungen, musikalischen Kompositionen und dramatischen Werken" vom 11. Juni 1870 nicht mehr zulässig, war die rechtliche Situation davor in den einzelnen Staaten des Deutschen Bundes durch ein Nebeneinander von Privileg und Gesetz gekennzeichnet.

Gleichwohl war immer schon bekannt, dass Privilegien nur einen unvollkommenen Schutz gegen den Nachdruck von Büchern, den Nachstich von Noten oder das Kopieren von graphischen Blättern gewähren können. Sachsen, wo sich die Leipziger Messe zum Hauptort des deutschen Buchumschlags entwickelt hatte, wusste bereits recht früh diesem Defizit zu begegnen. Das kursächsische Mandat vom 18. Dezember 1770 schuf die Grundlage dafür, die bis dahin praktizierte Privilegienvergabe zu ergänzen und zugleich zu bestätigen. Mittels Aufnahme eines Titels in das Protokoll der Leipziger Bücherkommission erwarb der Verleger einen zehnjährigen Schutz gegen den Nachdruck, so als ob er dazu privilegiert worden wäre. Das Recht des Verlegers war fortan kein originäres, sondern ein abgeleitetes Recht, mithin eine Abspaltung des Autorenrechts.

Eine Petition deutscher Buchhändler brachte den Wiener Kongress dazu, sich mit dem Schutz gegen den Nachdruck zu beschäftigen[57]. Zwei Entwürfe eines Urhebergesetzes des Deutschen Bundes von 1818/19 und 1864 befassten sich auch mit dem Privileg. Der Frankfurter Entwurf von 1864 zielte darauf ab, das Privileg als Mittel des Schutzes gänzlich abzuschaffen und enthielt nur noch eine Übergangsvorschrift. Danach sollten „die vor dem Beginn der Wirksamkeit dieses Gesetzes erteilten Privilegien [...] für die betreffenden Länder in Kraft" bleiben (§ 56 des Frankfurter Entwurfs von 1864), also auslaufen. Der Entwurf von 1819 unterschied sich zweifelsohne von dem von 1864. Letztgenannter Entwurf, der im Wesentlichen auf den oldenburgischen Gesandten von Berg zurückgeht, wollte zulassen, dass unveröffentlichte Werke aus der Hinterlassenschaft eines Schriftstellers grundsätzlich einen gesetzlichen Schutz genießen sollten, wenn sie im ersten Jahr nach dem Tod publiziert würden, wobei sie ausnahmsweise „auf Ansuchen der Erben oder ihrer Cessionäre" einen „Schutzbrief auf gewisse Zeit" erhielten. Viele deutsche Staaten waren mit diesem Entwurf indes nicht einverstanden, und so forderte Preußen eine generelle und feste Frist von 15 Jahren nach dem Tod des Autors. Württemberg und Bayern dagegen wollten die Grundgedanken des Privilegiensystems erhalten. Württemberg trat dafür ein, an der Idee eines Schutzes für eine bestimmte Zahl von Jahren festzuhalten. Die in Art. 18 d) der Bundesakte versprochenen gleichför-

---

[57] Denkschrift über den Büchernachdruck vom 27. Januar 1815 und begleitendes Schreiben bei *Johann Ludwig Klüber* (Hg.), Acten des Wiener Congresses in den Jahren 1814 und 1815, 4. Bd. 13. Heft 1815, Neudruck 1966; *Gieseke*, Vom Privileg zum Urheberrecht (Fn. 54), S. 204 ff.

migen Verordnungen sollten dadurch erreicht werden, dass „an die Stelle jener bloßen Privilegien, deren Gültigkeit auf das Gebiet der ertheilenden Regierung beschränkt war, ein in dem ganzen Umfang des Deutschen Bundes geltendes Gesetz tritt, durch welches den Vertragsverhandlungen der ausschließliche Verkauf, innerhalb eines bestimmten Zeitraumes, durch ein Strafverbot gesichert wird."[58] Dieses Verkaufsmonopol sollte von bestimmter Dauer sein, damit

„der Verleger einerseits nach dem gewöhnlichen Gange des Buchhandels Zeit genug zu einem vortheilhaften Absatze übrig behält, andererseits aber auch in Hinsicht auf den nicht zu weit entfernten Eintritt der freien Concurrenz, durch sein eigenes Interesse von übermäßiger Steigerung des Preises in der Zwischenzeit abgehalten wird, indem er der Gefahr überlassen wird, daß ein großer Teil des Publikums das einstweilige Entlehnen des Buches dem früheren allzutheueren Ankauf vorziehen möchte.

Nur auf diese Weise kann es der Gesetzgebung gelingen, das Gedeihen des Buchhandels, welcher wegen seiner nahen Beziehung auf die wichtigsten Zwecke der Menschheit einer besonderen Begünstigung von Seiten des Staates würdig ist, durch Sicherstellung eines billigen Gewinns zu befördern, ohne jedoch, zum Nachtheil jener Zwecke selbst, das Publikum der unbeschränkten Willkühr habsüchtiger Verleger Preis zu geben."

Während Württemberg eine Frist von sechs Jahren für angemessen hielt, wollte Bayern am Privilegiensystem selbst festhalten, mit der Folge, dass jedem Verleger eines Werkes für eine bestimmte Anzahl von Jahren ein Privileg gegeben wurde, „welches alsdann in dem ganzen Umfange des Bundes gleichförmig in Ehren gehalten, und auf welches gegen jede Verletzung von dem Richter des Übertreters Strenge erkannt werden solle." Bayern ließ mit seiner Begründung nicht lange auf sich warten[59]:

„Durch die Einschlagung dieses einfachen Weges, der zugleich das Anschließen an die ältere Ansicht, und das frühere Herkommen in Deutschland für sich hat, würde alles Wesentliche, was der Artikel 18 der Bundesacte bezweckt, erlangt und jede sich ergebende Schwierigkeit, jeder Streit unentschiedener Theorien, jede widerstrebende Verschiedenartigkeit von Lokaleinrichtungen und Gesetzen am schnellsten und leichtesten beseitigt werden können. Auch möchte die Natur und Bedeutung des Gegenstandes, selbst im Verhältnis zu der Stellung der Regierungen und dem Wesen des Bundes, denselben, und die darüber zu verabredenden gemeinsamen Maasregeln weit mehr zur Abschließung einer Übereinkunft über gleichförmige, in Deutschland einzuführende, auf die vollständigste Reciprocität gegründeten Privilegien, als zur Abfassung eines eigentlichen Bundesgesetzes, eignen."

Aufgrund der ablehnenden Voten Württembergs und Bayerns bestand für den Entwurf von 1818/19 letztlich keine Chance mehr, Gesetzeskraft zu erlangen. Wie Bayern hielt Österreich am Privilegiensystem fest, denn dieses kam den Vorschlägen am nächsten, die Metternich nach den Wiener Konferenzen 1820 vorgelegt hatte und die von den deutschen Staaten zunächst in geheimen

---

[58] ProtVB 1823 § 13 (Zitat auf S. 34).
[59] Zitiert bei *Wadle*, Der langsame Abschied (Fn. 55), S. 105.

Verhandlungen behandelt werden sollten[60]. Das Buchwesen sollte völlig neu geordnet werden und dem Ziel dienen, einen straff organisierten Verband der Verleger und Händler im Dienste der Zensur zu schaffen[61]. Dieser Verband sollte nach dem Vorbild der Leipziger Bücherkommission als eine unter der Autorität und Aufsicht des Bundes stehende Zentralbehörde für den gesamten deutschen Buchhandel funktionieren. Dabei durften nur solche Bücher, die bei der Kommission registriert waren, gegen Nachdruck geschützt und zum Messeverkehr zugelassen werden. Die Konzeption eines selbstständigen Urheberschutzes wie er von Preußen befürwortet wurde, rückte dagegen in weite Ferne[62].

Der Bundesbeschluss vom 9. November 1837 stellt das Resultat mehrjähriger hartnäckiger Verhandlungen zwischen den Ländern dar. In sechs Artikeln formulierte er Grundsätze, die einen Mindeststandard des Urheberschutzes garantierten und darauf abzielten, das Privilegiensystem durch einen gesetzlichen Schutz zu ersetzen. Gleichwohl ließ er Spielraum für Ergänzungen im Sinne der Erweiterung des Schutzes im Einzelfall, d.h. durch Privilegierung, und definierte mithin ein relativ niedriges Schutzniveau; diese Möglichkeit drückte Artikel 3 folgendermaßen aus[63]:

„Zugunsten von Urhebern, Herausgebern oder Verlegern von großen, mit bedeutenden Vorauslagen verbundenen Werken der Wissenschaft und Kunst (Art. 1) wird das ausgesprochene Minimum des Schutzes der Gesamtheit gegen den Nachdruck (Art. 2) auch bis zu einem längeren, höchstens 20jährigen, Zeitraum ausgedehnt, und hinsicht-

---

[60] Protokolle der Deutschen Bundesversammlung (= ProtBV) 1820 Beilage ("Zusammenstellung der besonderen Gegenstände, welche infolge der letzten Wiener Ministerial-Conferenzen zur weiteren Berathung an den Bundestag zu bringen sind, mit näherer Bezeichnung des verschiedenen Standpunctes desselben") zur vertraulichen Sitzung vom 27. Juli 1820, Abschn. III, 2.
Der Text der Vorlage Metternichs ist wiedergegeben bei: *Leopold Friedrich Ilse*, Geschichte der deutschen Bundesversammlung, insbesondere ihres Verhaltens zu den deutschen National-Interessen, 2. Bd. Marburg 1861, S. 568-576.

[61] Zur Zensur generell: *Dieter Breuer*, Geschichte der literarischen Zensur in Deutschland, Heidelberg 1982; *Wolfgang Duchkowitsch*, Die verhinderte Pressefreiheit: Privileg und Zensur als Instrumente von Kommunikationspolitik vor 1848, in: *Franz Ivan/Helmut W. Lang/Heinz Pürer* (Hg.), Zweihundert Jahre Tageszeitung in Österreich 1783 bis 1982. Festschrift und Ausstellungskatalog Wien 1983, S. 55-86; *Werner Ogris*, Verbietet mir keine Zensur! Goethe und die Preßfreiheit, in: *Dieter Wilke* (Hg.), Festschrift zum 125-jährigen Bestehen der Juristischen Gesellschaft zu Berlin, Berlin/New York 1984, S. 509-527; *Ursula Giese*, Studien zur Geschichte der Pressegesetzgebung, der Zensur und des Zeitungswesens im frühen Vormärz. Aufgrund bisher unveröffentlichter Dokumente aus Wiener Archiven, in: Archiv für Geschichte des Buchwesens 6 (1966), S. 342-546.

[62] *Wadle*, Der langsame Abschied (Fn. 55), S. 105-106.

[63] ProtBV 1837 § 846 g; *Elmar Wadle*, Der Bundesbeschluss vom 9. November 1837 gegen den Nachdruck. Das Ergebnis einer Kontroverse aus preußischer Sicht, in: ZRG GA 106 (1989), S. 189-237 und in: *ders.*, Geistiges Eigentum. Bausteine zur Rechtsgeschichte I, Weinheim (jetzt München) 1996, S. 223-265.

lich derjenigen Regierungen, deren Landesgesetzgebung diese verlängerte Schutzfrist nicht ohnehin erreicht, dießfalls eine Vereinbarung am Bundestag getroffen werden, wenn die betreffende Regierung drei Jahre nach dem öffentlichen Erscheinen des Werkes hierzu den Antrag stellte."

Mit dem Bundesbeschluss vom 19. Juni 1845 wurden die „Bundesstaaten" dazu veranlasst, ihr Schutzniveau weiter anzuheben[64]:

„1) Der durch den Artikel 2 des Beschlusses vom 9. November 1837 für mindestens 10 Jahre von dem Erscheinen eines literarischen Erzeugnisses oder Werkes der Kunst an zugesicherte Schutz gegen den Nachdruck und jede andere unbefugte Vervielfältigung auf mechanischem Wege wird fortan innerhalb des ganzen deutschen Bundesgebiets für die Lebensdauer der Urheber solcher literarischen Erzeugnisse und Werke der Kunst und auf 30 Jahre nach dem Tode derselben gewährt.

2) Werke anonymer oder pseudonymer Personen genießen solchen Schutz während 30 Jahren von dem Tage ihres Erscheinens an."

Auf diese Weise brachte man die sich widersetzenden Gliedstaaten dazu, einen angemessenen gesetzlichen Schutz auch für ihr Territorium sicherzustellen[65]. Dass die Bemühungen des Bundes fruchteten, belegt ein Blick auf die Zahlen: Während um 1825 lediglich neun deutsche Staaten gesetzliche Regeln zum Schutz von Autoren und Verlegern kannten, erhöhte sich ihre Zahl 1837 auf 19 und 1848 sogar auf 25[66]. Obwohl das preußische Gesetz von 1837 das Recht des Urhebers in den Mittelpunkt stellte, blieben mit Ausnahme von Baden, Nassau, Bayern oder den beiden Hessen, die einen urheberrechtlichen Ansatz gewählt hatten, die meisten Gesetze jener Zeit dem traditionellen Privilegiendenken verhaftet[67].

Preußen, das den Wandel vom Privileg zum gesetzlichen Schutz stets vorantrieb, entwickelte sein Gesetz von 1837 im Kontext der Diskussion um den anstehenden Bundesbeschluss und machte die so erarbeiteten Grundsätze zur Richtschnur seiner Politik im Bund. Konsequenterweise bekämpfte es vehement die Privilegienmöglichkeit im Sinne des späteren Artikel 3 des Bundesbeschlusses vom 9. November 1837. Nach dem Erlass seines Gesetzes erteilte es zunächst keine selbstständigen Privilegien mehr. Das Nebeneinander von Ge-

---

[64] ProtBV 1845, § 228.

[65] *Wadle*, Der langsame Abschied (Fn. 55), S. 109.

[66] Nach den Zusammenstellungen von *Herrmann Schletter*, Handbuch der deutschen Preß-Gesetzgebung, Sammlung der gesetzlichen Bestimmungen über das literarische Eigenthum und die Presse in allen deutschen Bundesstaaten nebst geschichtlicher Einleitung, Leipzig 1846; *Ch. F. M. Eisenlohr* (Hg.), Sammlung der Gesetze und internationalen Verträge zum Schutze des literarischen-artistischen Eigenthums in Deutschland, Frankreich und England, Heidelberg 1856.

[67] *Elmar Wadle*, Das preußische Urheberrechtsgesetz von 1837 im Spiegel seiner Vorgeschichte, in: *Robert Dittrich* (Hg.), Woher kommt das Urheberrecht und wohin geht es? In: Österreichische Schriftenreihe zum gewerblichen Rechtsschutz, Urheberrecht und Medienrecht 7 (= ÖSGRUM), 1988, S. 55-98 und in: *ders.*, Geistiges Eigentum. Bausteine zur Rechtsgeschichte I, Weinheim (jetzt München) 1996, S. 167-222.

setz und Privileg im konstitutionell verfassten Staat, das trotzdem nach 1850 weiter existierte, begegnete einigen Vorbehalten und Schranken. Das Beispiel des Antrags der Schillerschen Erben zum Erlass eines Privilegs in Preußen zeigt, dass ein Privileg, das ein formelles Gesetz durchbrechen sollte, nur im Wege der Gesetzgebung zu erreichen war[68].

Anhand des Gesuchs Goethes um ein Nachdruckprivileg beim Deutschen Bund konnte Preußen die Haltung der übrigen Bundesstaaten in der Nachdruckfrage erproben. Der Dichter wollte durch ein Privilegiengesuch an die Deutsche Bundesversammlung in Frankfurt a.M. schnell und kostengünstig einen ganz Deutschland umfassenden Schutz erhalten, um bei den Verhandlungen mit seinen Verlegern eine bessere Position einnehmen zu können[69]. Während sich einige Länder dafür einsetzten, dass die Bundesversammlung das Werk Goethes privilegieren sollte, leisteten vor allem Württemberg und Bayern unzweideutigen Widerstand. Ausgehend von ihrem traditionellen Privilegienverständnis lehnten sie die Kompetenz der Bundesversammlung zur Erteilung eines Privilegs gänzlich ab. Am 13. April 1825 berichtete der Generalpostmeister Karl Ferdinand Friedrich von Nagler, der nicht nur ein Verehrer Goethes und seines Werkes war, sondern sich in den Jahren seiner Tätigkeit in Frankfurt als engagierter Verfechter der Idee des geistigen Eigentums erwies[70]:

„Man machte es zugleich Herrn von Goethe zum Vorwurf, daß er aus angeblicher Anmaßung sich wegen eminenter Verdienste um die deutsche Litteratur befugt halte, ein Privilegium ausnahmsweise für seine Person in Anspruch zu nehmen; man tadelte dabei seine angeblich dabei zum Grunde liegende Sorge für sein pekuniäres Interesse, ja man rügte es sogar, daß er sich in Verfolgung seines Zwecks nicht an seinen Landesherrn, den Großherzog von Sachsen-Weimar, sondern mit Umgehung desselben direkt an die Bundes-Versammlung gewandt habe."

---

[68] *Wadle*, Der langsame Abschied (Fn. 55), S. 115-116.

[69] Die Vorgänge um das Privilegiengesuch Goethes sind zum Teil dargestellt und belegt bei: *Karl Theodor Gaedertz*, Bei Goethe zu Gast, Leipzig 1900, bes. S. 313-348 ("Preußens Privilegium für Goethes Werke, seine Geschichte und Korrespondenz"); *Joseph Prys*, Das bayerische Nachdruckprivileg für Goethe, in: Zeitschrift für bayerische Landesgeschichte 5 (1932), S. 140-162; *ders.*, Das königlich sächsische Nachdruckprivileg für Goethe, in: Neues Archiv für Sächsische Geschichte und Altertumskunde 53 (1932), S. 112-126; *ders.*, Das württembergische Nachdruckprivileg für Goethe, in: Württembergische Vierteljahrshefte für Landesgeschichte 39 (1933), S. 136-160; *Heinz Fröbe*, Die Privilegierung der Ausgabe „letzter Hand" Goethes sämtlicher Werke. Ein rechtsgeschichtlicher Beitrag zur Goetheforschung und zur Entwicklung des literarischen Urheberrechts, in: Archiv für Geschichte des deutschen Buchhandels (= Publikationen des Börsenvereins Deutscher Buchhändler, Neue Folge) AGB 2 (1960), S. 187-229 (mit umfassenden Hinweisen auf die ältere Literatur); auch *Siegfried Unseld*, Goethe und seine Verleger, Frankfurt a. M./Leipzig 1991 (bes. S. 524 ff.).

Zur "Ausgabe letzter Hand" eingehend *Waltraut Hagen*, Artikel "Werkausgaben", in: Goethe Handbuch, Stuttgart/Weimar 1998, Bd. IV, 2, S. 1137-1147, bes. S. 1143 ff.

[70] *Wadle*, Goethes Gesuch um ein Nachdruckprivileg des Deutschen Bundes und die preußische Politik, in: NJW 1999, S. 2545-2551, sowie in: *ders.*, Geistiges Eigentum. Bausteine zur Rechtsgeschichte II, München 2003, S. 117-130, Zitat S. 124.

In Anbetracht der ausgezeichneten literarischen Verdienste Goethes und der Rücksicht auf die besondere Betonung der Wichtigkeit durch Nagler empfahlen die beiden Länder, die Eingabe Goethes an die jeweiligen Regierungen empfehlend weiterzuleiten. Am 13. August 1825 kam es zu einem Entwurf des Außenministeriums für ein preußisches Privileg, dessen Wortlaut folgendermaßen hieß[71]:

„Wir Friedrich Wilhelm von Gottes Gnaden, König von Preußen etc. [...]

Nachdem das von unseren Ministerien des Innern etc. und der auswärtigen Angelegenheiten über das Ansuchen des Großherzoglich Sachsen Weimarschen Staatsministers von Göthe um Ertheilung eines Privilegiums zum Schutz wider den Nachdruck der für die gesammte Folge der von ihm beabsichtigten neuen und bereicherten Ausgabe seiner Werke Vortrag gehalten worden ist, ertheilen Wir hierdurch gern in Anerkennung der ausgezeichneten Verdienste des Nachsuchenden um die deutsche Literatur, demselben oder seinem rechtmäßigen Verleger auf den Zeitraum von zwanzig Jahren gedachtes ausdrückliches Privilegium kostenfrei und dergestalt:

daß der Nachdruck und der Handel mit etwa auswärts unternommenem Nachdruck vorerwähnter neuer vollständigen Ausgabe der Götheschen Werke nicht blos in denjenigen Provinzen Unseres Staates, wo das allgemeine Landrecht zur Anwendung kommt, sondern auch in dem Rheinischen Lande, wo das französische Recht noch besteht, bei Vermeidung der Strafe, welche der Nachdruck inländischer Verlagsartikel nach sich zieht, untersagt seyn soll.

Wir gebieten allen Unseren Unterthanen, danach sich zu achten.

So gegeben [...]"

Letztlich gewährte das preußische Privileg einen umfassenden, zeitlich nicht begrenzten Schutz in ganz Preußen. Wadle hat unterdessen gezeigt[72], dass noch keineswegs überall die Bereitschaft bestand, gleichförmige Verfügungen auszuhandeln, da Württemberg und Bayern stur an ihrem Privilegiensystem festhielten. Es kam jedoch in der Folge zu Gegenseitigkeitsabkommen zwischen den Staaten des Deutschen Bundes. Die Bemühungen mündeten im Beschluss der Bundesversammlung vom 6. September 1832, der die allgemeine Gegenseitigkeit festschrieb. Preußen gewann schließlich mittelbar Einfluss auf die jeweilige innere Gesetzgebung anderer deutscher Staaten, wovon einige schon recht bald ihr eigenes Recht zum Schutz gegen den Nachdruck zu modernisieren begannen.

II. Die Diskussion um das Urheberrecht an Geisteswerken

Ein Urheberrechtsempfinden bezüglich des unerlaubten Büchernachdrucks kristallisierte sich erst im Laufe des 19. Jahrhunderts heraus. Weder das ältere deutsche noch das gemeine Recht boten eine ausreichende Rechtsgrundlage für

---

[71] *Wadle*, Goethes Gesuch (Fn. 70), S. 128.
[72] *Wadle*, Goethes Gesuch (Fn. 70), S. 130.

die Begründung des Urheberrechts. Insbesondere behinderten die wirtschaftlichen Interessen die Diskussion. Die Legitimation des schriftstellerischen Honoraranspruchs wurde nicht anerkannt, die Annahme einer Geldvergütung seitens des Autors als ethischen Anschauungen zuwiderlaufend angesehen. Die Gesetzgebung am Ende des 18. und zu Beginn des 19. Jahrhunderts war noch hauptsächlich von den Gedanken des zugunsten des Verlegers entwickelten Privilegienwesens beeinflusst mit der Folge, dass die Lehre vom geistigen Eigentum nur langsam an Boden gewinnen konnte[73]. Für die Begründung des Urheberrechts gab es ganz unterschiedliche Ansätze, die folgendermaßen gruppiert werden können.

1. Privilegien als Gewerbemonopol

Die Privilegien dienten teils als Gewerbemonopol (zugunsten des Druckers) für die Einführung und Ansässigmachung entsprechender Gewerbebetriebe, teils und später nahezu ausschließlich als Druckprivileg für einzelne bestimmte Werke zum Schutz gegen Nachdruck; Autorenprivilegien tauchten indes nur vereinzelt auf[74]. Das Privileg fußte auf der persönlichen Leistung des Privilegienempfängers, dessen Arbeit, Fleiß, Mühe und Kosten damit umschrieben wurden; das Privileg fungierte also als singuläre Sonderberechtigung zugunsten des Privilegienempfängers.

2. Lehre vom Verlagseigentum

Privilegien wurden vornehmlich gewerbe- und wettbewerbsrechtlich aufgefasst, denn primäres Schutzobjekt war nicht die geistige Schöpfung, sondern die Technik und gewerbliche Leistung, genauer die Verlagsunternehmung. Das Privileg trug den Charakter einer echten Schöpfung der merkantilistischen Gewerbepolitik, womit also der Verleger und nicht der Urheber geschützt werden sollte[75]. In der Spätzeit der Privilegien kam es zu einer Wende vom Gewerberecht zu der Lehre vom Verlagseigentum, welche den Zweck verfolgte, den durch die Privilegien gewährten singulären Schutz gegen Nachdruck zu einem

---

[73] *Gabriele Mayer*, Württembergs Beitrag zu den rechtsvereinheitlichenden Bemühungen des Deutschen Bundes auf dem Gebiete des Privatrechts (1815-1847), Diss. Heidelberg 1975, S. 9; *Fritz Hoffmann*, Zur Geschichte des Zeichenschutzes in Württemberg, in: GRUR 1913, S. 8-11; *Haimo Schack*, Urheber- und Urhebervertragsrecht, Tübingen 2005, Rdnrn. 99-104; *Manfred Rehbinder*, Urheberrecht, München 2006, Rdnrn. 20-25.

[74] *Otto Friedrich Freiherr von Gamm*, Urheberrechtsgesetz, Kommentar, 1968, S. 40.

[75] *Walter Bappert*, Wege zum Urheberrecht. Die geschichtliche Entwicklung des Urheberrechtsgedankens, 1962, S. 185-189; *Joseph Kohler*, Urheberrecht an Schriftwerken und Verlagsrecht, 1907, S. 33.

generellen Schutz zu machen. Dem Verleger, der das Manuskript vom Autor redlich erworben hatte, wurde ein originäres, eigentumsähnliches, zeitlich unbefristetes "ewiges Verlagsrecht" auf die Vervielfältigung und Verbreitung an dem Werk zugestanden. Im 16. und 17. Jahrhundert erlangte dieser Verlagseigentumsgedanke sogar Gültigkeit, so etwa in dem kursächsischen Mandat von 1686. Auch das kursächsische Mandat von 1773 war noch weitgehend vom Verlagseigentumsgedanken beherrscht[76].

3. Lehre vom geistigen Eigentum

Erst die naturrechtliche Lehre vom geistigen Eigentum schenkte dem eigentlichen Urheber des Werkes ihre volle Aufmerksamkeit. Dabei wurden die bisherigen gewerberechtlichen Erwägungen verdrängt und das Schwergewicht vom Schutz des Verlegers auf den des Urhebers verlegt.

Den Verfechtern des geistigen Eigentums lag insbesondere daran, möglichst viele Argumente für den Nachdruckschutz des Erstverlegers vorbringen zu können. Deshalb wandten sie zwei wichtige naturrechtliche Methoden an. Die eine war die (in großem Stil zuletzt von Christian Wolff vertretene) so genannte mathematische Methode, nach der man für das weltliche Recht aus einigen wenigen als vorgegeben angesehenen Grundwahrheiten deduktiv zahlreiche Begriffe sowie Ober- und Untersätze zu einzelnen Rechtsfragen abzuleiten suchte. Die so entwickelten Rechtssysteme bezogen das geschriebene resp. positive Recht ein. Dieser überlieferte Rechtsstoff, auch in Deutschland durch eine beträchtliche Zersplitterung gekennzeichnet, wurde nun in neuer Weise mit der Vernunft als Richtschnur behandelt. Zugleich entwickelte man im Naturrecht, also unabhängig von einem menschlichen Geltungsgebot begründete allgemeine Rechtsgrundsätze. Die andere Methode, die im weiteren Verlauf des 18. Jahrhunderts ganz an die Stelle der mathematisch-deduktiven treten sollte, bemühte sich insbesondere um naturrechtliches Denken über einzelne Rechtsverhältnisse. Hier wurde nicht mehr ein System zeitloser und allgemeingültiger Normen angestrebt, sondern versucht, für bestimmte soziale Gegebenheiten in der „Natur der Sache" begründete vernünftige rechtliche Lösungen zu finden, erforderlichenfalls auch im Widerspruch zum geltenden positiven Recht. Diese empirische Methode konnte für dieselbe soziale Situation je nach den Umständen auch zu anderen Ergebnissen kommen als die mathematische. Beiden Methoden lag aber der gleiche Naturrechtsgedanke zugrunde und gerade die naturrechtliche Denkschulung der mathematischen Methode dürfte zu einer Neubelebung der an sich schon älteren Formel von der „Natur der Sache" durch die empirische Methode geführt haben.

---

[76] *Bappert*, Wege zum Urheberrecht (Fn. 75), S. 217-218; *Gabriele Mayer*, Württembergs Beitrag (Fn. 73), S. 10.

Dieses Nebeneinander der Methoden wurde vielfach bis zum Beginn des 19. Jahrhunderts beibehalten, vor allem von Johann Stephan Pütter[77].

Das Verlagsrecht des Verlegers blieb zwar ebenfalls das Recht zur Vervielfältigung und Verbreitung eines Werkes, doch wurde es zu einem vom Urheber übertragenen bzw. aus dessen Befugnissen abgeleiteten Recht[78]. In den Schriften zum geistigen Eigentum findet sich die Lehre von der Rechtfertigung des Sacheigentums durch die zur Umgestaltung einer naturgegebenen Sache verwendete eigene Arbeit lediglich in der abgewandelten Form des Lohnschutzgedankens[79].

Anfänglich findet sich die Theorie vom geistigen Eigentum in der rein körperlichen Vorstellung wieder, denn ein ausschließliches Vervielfältigungsrecht leitete sich allein aus dem Sacheigentum an dem Manuskript her[80]. Benedikt Carpzow begründete mit der Theorie vom geistigen Eigentum die Rechtfertigung der Privilegien. Unabhängig von der Privilegienerteilung baute Pütter seine Begründung des Verlagsrechts auf der Theorie vom geistigen Eigentum auf[81]. Johann Gottlieb Fichte, der bereits zwischen dem geistigen und dem körperlichen, zwischen dem Inhalt des Gedankens und der Form, der Wendung und den Worten, mit denen der Gedanke vorgetragen wurde, unterschied, sprach sich für seine Zeit am deutlichsten für die Lehre vom geistigen Eigentum und gegen das bestehende Privilegienwesen aus[82].

Mit dem Beginn des 19. Jahrhunderts verwandelte sich der Begriff des Schriftstellereigentums Schritt für Schritt in die Bezeichnung der Autorenrechte an seiner Schrift. Dieses wurde zu einem ausschließlichen Verwertungsrecht bzw. einem überwiegenden Vermögensrecht. Diese die wirtschaftliche Auswertung in den Vordergrund stellende vermögensrechtliche Betrachtungsweise trat vor allem in den Schriften von Schmid (1823), Krug (1824) und Paulus (1824) auf[83]. Dagegen stellten sich etwa Neustetel (1824) und Elvers (1828), die das Recht des Schriftstellers an seinem Werk als ein allein die Persönlichkeit des Verfassers schützendes Recht darzustellen vermochten[84]. Die Lehre vom geistigen Eigentum wurde von einer starken Gegnerschaft, namentlich vonseiten

---

[77] *Gieseke*, Vom Privileg zum Urheberrecht (Fn. 54), S. 131-132.

[78] *Bappert*, Wege zum Urheberrecht (Fn. 75), S. 256; *Gabriele Mayer*, Württembergs Beitrag (Fn. 73), S. 11.

[79] *Ludwig Gieseke*, Die geschichtliche Entwicklung des deutschen Urheberrechts, 1957, S. 75.

[80] *Gieseke*, Die geschichtliche Entwicklung (Fn. 79), S. 76.

[81] Dazu *Johann Stephan Pütters* Schrift: Der Büchernachdruck nach ächten Grundsätzen des Rechts aus dem Jahre 1774; vgl. *Gabriele Mayer*, Württembergs Beitrag (Fn. 73), S. 11.

[82] Vgl. *Fichtes* "Beweis der Unrechtmäßigkeit des Büchernachdrucks" aus dem Jahre 1793; *Kohler*, Urheberrecht (Fn. 75), S. 76-77.

[83] *Gieseke*, Die geschichtliche Entwicklung (Fn. 79), S. 139.

[84] *Gieseke*, Die geschichtliche Entwicklung (Fn. 79), S. 140.

der Unternehmer und Nachdrucker konfrontiert, die eine monopolistische Preisbildung ausschalten und die damit verbundene Machtstellung des Verlegers stärken wollten. In ihrem Kampf gegen die Monopolbildung verteidigte auch die damalige Rechtsprechung den Nachdruck von Druckwerken[85]. Ausdrücklich anerkannt wurde das geistige Eigentum, wenngleich befristet auf die Lebenszeit des Verfassers, erst durch das Badische Landrecht von 1810 (Buch II, Titel II, Kap. 6, §§ 577 da – 577 dh)[86]. In der Folgezeit bemühte sich die Rechtswissenschaft, eine in Deutschland allgemein anerkannte Lehre von dem ausschließlichen Recht an Geisteswerken und von den sich aus diesem Recht ergebenden Einzelbefugnissen zu entwickeln. Das Fehlen ausreichender urheberrechtlicher Grundsätze hemmte letztlich das Zustandekommen einer einheitlichen Urheberrechtsgesetzgebung im Deutschen Bund. Gleichwohl siegte die Idee vom geistigen Eigentum partiell, so dass das Recht des Autors an seinem Werk in Gestalt einer Vielzahl von einzelnen Bundesbeschlüssen respektiert wurde[87].

4. Lehre vom Persönlichkeitsrecht

Der Theorienstreit ging im Laufe des 19. Jahrhunderts immer weiter. Hier sind insbesondere vier namhafte Theorien zu nennen, nämlich die Theorie vom Persönlichkeitsrecht, die Reflex-[88], die Monopol-[89] sowie die Verlagstheorie[90].

---

[85] *Bappert*, Wege zum Urheberrecht (Fn. 75), S. 261-262.

[86] *Gabriele Mayer*, Württembergs Beitrag (Fn. 73), S. 13.

[87] *Gieseke*, Die geschichtliche Entwicklung (Fn. 79), S. 141-142.

[88] Die Reflextheorie (Gerber, Laband, Jolly) geht davon aus, dass die geistige Schöpfung kein selbstständiges Recht begründe, sondern ein rein faktischer Vorgang sei, an welchen das positive Recht als juristische Folge das Verbot der Verletzung knüpfe. Das Urheberrecht sei nicht als ein vom Gesetzgeber anerkanntes Recht des Urhebers zu qualifizieren, sondern lediglich als ein Inbegriff von Reflexwirkungen einzelner staatlicher Verbotsnormen, die wiederum der Lehre von "Forderungen aus unerlaubten Handlungen" unterfielen. Vgl. zu allen Theorien *Bappert*, Wege zum Urheberrecht (Fn. 75), S. 245-250, sowie S. 281-291; *Dietmar Mayer*, Württembergs Beitrag zu den rechtsvereinheitlichenden Bemühungen des Deutschen Bundes auf dem Gebiete des Privatrechts (1848-1866), Diss. Heidelberg 1974, S. 76-78.

[89] Die Monopoltheorie (Zorn, Schäffle, Randa) erblickt im Urheberrecht die ausschließliche Gewerbeberechtigung, die dem geistig schaffenden Menschen für seine Arbeit und seine Ideen den gerechten Lohn sichern solle. Ein vom Gesetzgeber aus Zweckmäßigkeitsgründen geschaffenes singuläres Recht soll als verallgemeinertes Privileg die ehemaligen besonderen Privilegien ersetzen.

[90] Neben Friedländer und Klostermann war Wächter der wichtigste Vertreter der Verlagstheorie. Danach beschränken sich die wesentlichen Befugnisse des Autors auf das Recht, das er dem Verleger zur Verwertung seines Geisteswerkes einräumt. Sinngemäß wird das Urheberrecht in der Lehre vom Verlagsrecht behandelt; vgl. *Oscar Wächter*, Das Verlagsrecht mit Einschluß der Lehren von dem Verlagsvertrag und Nachdruck nach den geltenden deutschen und internationalen Rechten. Mit besonderer Rücksicht

Die Juristen von Bluntschli, Beseler oder Gierke vertraten eine Persönlichkeits-
lehre. Nach Gierke gehört das Werk der Persönlichkeitssphäre des Urhebers an,
welche das Urheberrecht, zu dem die Persönlichkeitssphäre gehört, schützen
muss. Obschon die enge Verbindung von Schöpfer und Werk sowie der Schutz
seiner persönlichen Interessen im Vordergrund des Rechtsschutzes stehen, kann
das Persönlichkeitsrecht auch vermögensrechtliche Befugnisse aus sich entfalten und so die mit der Veröffentlichung des Werkes entstandenen wirtschaftlichen Interessen schützen. Allerdings nehmen die wirtschaftlichen Interessen
nur einen nebengeordneten Platz ein. Das Erlöschen des Persönlichkeitsrechtes
zieht eine zeitliche Grenze.

III. Die Autor- und Verlegerschutzgesetzgebung
sowie -praxis in Baden und Preußen

Während nur einige wenige deutsche Bundesstaaten bis 1837 auf jedwede
allgemeine Regel zum Schutz gegen Nachdruck verzichtet hatten, können Baden und Preußen als Staaten mit einschlägiger Gesetzgebung zitiert werden.

1. Baden

Nach französischem Vorbild hatte das Großherzogtum Baden schon vor
1815 seine Gesetzgebung am Urheberprinzip ausgerichtet[91]. Zu den ersten ge-
setzgeberischen Maßnahmen zählte die Verordnung gegen den Nachdruck vom
8. September 1806, die inländischen „Privatschriftstellern" und ihren inländischen Verlegern allgemein einen lebenslangen Schutz gegen Nachdruck gewährte[92]. „Inländische Verleger von Werken ungenannter oder ausländischer
Autoren" benötigten dagegen ein Privileg, ebenso waren ausländische Verleger
gestellt, letztere allerdings nur, wenn eine Gegenseitigkeit des Schutzes gegeben war. Dieses reichlich komplizierte Regelwerk wurde durch die Bestimmungen des Badischen Landrechts von 1810 überlagert: Trotz der auffälligen
Verwendung des Begriffs „Eigentum" waren die einschlägigen Landrechtssätze
(577 da bis 577 dh) eher persönlichkeitsrechtlich orientiert, indem sie den
Schriftsteller zum Angelpunkt des Schutzes erklärten. Das Verhältnis beider
Regeln zueinander, also der Verordnung von 1806 und der Regeln des Badischen Landrechts, blieb lange Zeit ungeklärt. Einigkeit bestand indes schon
früh darüber, dass auch nach 1810 Schutzlücken bestanden.

---

auf die Gesetzgebungen von Österreich, Preußen, Bayern und Sachsen, systematisch
dargestellt, Stuttgart 1857/1858.

[91] *Gieseke*, Vom Privileg zum Urheberrecht (Fn. 54), S. 185 ff.; *Friedrich von
Weech*, Badische Geschichte, 1890, Neudruck Stuttgart 1981.

[92] *Schletter*, Handbuch der deutschen Preß-Gesetzgebung (Fn. 66), S. 60.

Zum einen war der Schutz gegen Nachdruck auf die Lebenszeit des Schriftstellers beschränkt; für diese zeitliche Grenze sah schon das Landrecht die
Möglichkeit einer Verlängerung durch Privileg vor. Zum zweiten zeigten sich
erst in der Praxis Mängel, die ebenfalls mittels Privilegien geschlossen werden
mussten. Dies galt vor allem für den Schutz von Darstellungen der bildenden
Künste, die weder als Werk eines „Schriftstellers" im Sinne der Verordnung
von 1806 noch als „Schrifteigentum" im Sinne des Landrechts von 1810 gelten
konnten. Auch der Schutz ausländischer Autoren und Verleger warf Probleme
auf, da die Verordnung weiterhin angewendet werden musste. Angesichts dieser Situation kann es nicht verwundern, dass wir nach 1806 bzw. 1810 immer
wieder Privilegien antreffen, die solche Lücken schließen sollten. Sowohl die
Verlängerung des Schutzes über den Tod des Schriftstellers hinaus als auch die
Gewährung des Schutzes zugunsten „nicht schriftstellerischer" Werke und des
Schutzes von Werken ausländischer Verleger oder Autoren waren allesamt An-
lässe für eine Privilegierung in Baden. Mitunter trafen diese Motive auch zusammen. Ferner wurden Privilegiengesuche unter zusätzlichen Aspekten wie
Qualität und Nützlichkeit des Werkes oder der Berühmtheit des Autors bewertet[93]. Solche Erwägungen traten jedoch im Laufe der 1820er Jahre stärker in
den Hintergrund. Eine Prüfung derartiger Aspekte durch ein besonderes Gremium, wie sie aus Württemberg mit dem Königlichen Studienrat überliefert ist,
gab es in Baden nicht, wo man bisweilen sehr großzügig verfuhr: Einige Privilegien wurden erteilt, obschon im Gesetz genannte Voraussetzungen gar nicht
erfüllt waren. In anderen Fällen wiederum war die Privilegierung angesichts
des Schutzes durch das geltende Recht schlichtweg überflüssig; dennoch wurde
ein Schutzbrief erteilt[94].

Johann Nikolaus Friedrich Brauer, der geistige Vater des Badischen Landrechts, wollte keine vollständige Analogie zum Sacheigentum, sondern dachte
beim geistigen Eigentum an ein Persönlichkeitsrecht, das er auf die Lebenszeit
des Verfassers begrenzte[95]. Auch im Interesse des Verlegers hielt Brauer die
Fortdauer des ausschließlichen Rechtes an einem Werk über den Tod des Autors hinaus nicht für nötig, da dem Verleger nach dem Tod des Verfassers für

---

[93] Generallandesarchiv Karlsruhe (= GLAK) 233/163.

[94] GLAK 233/163.

[95] *Elmar Wadle*, Rezeption durch Anpassung: Der Code civil und das Badische Landrecht – Erinnerung an eine Erfolgsgeschichte, in: Zeitschrift für Europäisches Privatrecht (ZEuP) 2004, S. 947-960; *Thomas Gergen*, Le Code civil des Français, un modèle
abandonné en Pays de Bade, in: *Thierry Revet* (Hg.), Code civil et modèles. Des modèles du Code au Code comme modèle (Université Paris 1 Sorbonne, Bibliothèque de
l'Institut André Tunc Bd. 6), Paris 2005, S. 553-567; *Hans-Peter Becht*, Vom Ständesaal
zur Revolution? Kontinuitäten und Diskontinuitäten in der badischen Geschichte von
1815 bis 1848/49, in: *Otto Borst* (Hg.), Aufruhr und Entsagung. Vormärz 1815-1848 in
Baden und Württemberg, Stuttgart 1992 (Stuttgarter Symposion 2), S. 44-64.

die noch verkäuflichen Exemplare des Werkes ggf. ein Privileg erteilt werden konnte[96].

Privilegierungen, die im Gesetz angelegt waren, betrafen namentlich die Werke ausländischer Autoren und Verleger, weswegen die Verordnung von 1806 eine Gegenseitigkeit der Anerkennung verlangte. Baden ging mit dem Nachweis einer solchen Gegenseitigkeit außerordentlich großzügig um. Zugunsten des Zürcher Buchhändlers Geßner wurde für die von Wieland übersetzten Briefe Ciceros auf jeden qualifizierten Nachweis verzichtet. Im Rahmen dieses Erteilungsverfahrens spielten allein die Verlegerinteressen eine gewisse Rolle, im Übrigen herrschte der Gedanke vor, man könne durch das Privileg der Wissenschaft dienen; nichts klingt an, was man als urheberrechtlichen Ansatz bewerten könnte. Wie für dieses Privileg für Geßner von 1806 verfuhr man in Baden auch für ein Privileg aus dem Jahre 1810, welches für die bei Cotta in Tübingen erschienenen Werke Johannes von Müllers von dem in der Schweiz lebenden Bruder des Autors erbeten wurde. Das Privileg für Pestalozzi war 1817 sogar ohne Antrag des Autors oder seines Verlegers gewährt worden und wurde deswegen geradezu als eine Art „Orden" verstanden[97].

Obwohl manches Privileg angesichts der Rechtslage überflüssig war, wurde es nichtsdestotrotz erteilt; so gab es 1806 ein Privileg für den Heidelberger Professor Schreiber und dessen neu aufgelegte Beschreibung von Baden. 1809 erteilte man dem Heidelberger Wissenschaftler Graimberg ein Privileg für seine Grammatik, die bei einer ortsansässigen Buchhandlung verlegt werden sollte.

Später reagierte man in Baden allerdings zurückhaltender. 1818 schon wird das Privileg eines badischen Autors abgelehnt, weil er angesichts der geltenden Regeln bereits hinreichend geschützt sei. Die Argumentation wiederholte sich auch später, nämlich 1832, als durch die Bundesbeschlüsse der 30er Jahre die Rechtslage zugunsten von Angehörigen anderer deutscher Staaten verbessert worden war. Von nun an erklärte Baden Privilegien zugunsten von Bürgern anderer Bundesstaaten für überflüssig. So wurde 1833 ein Gesuch des bayerischen Autors Allioli abgelehnt und 1834 der Antrag zum Privileg für eine bei Cotta geplante Ausgabe von Werken Uhlands zurückgewiesen.

Allerdings konnten neben der Ausländereigenschaft noch andere Gründe für ein Privileg sprechen, so etwa die Tatsache, dass der ausländische Autor verstorben war und seine Erben eine Schutzverlängerung beantragt hatten. Hierunter fallen etwa auch die Privilegienkampagnen zugunsten der Erben Jean Pauls, Herders, Wielands, Schillers und Goethes.

Seit der Mitte der 1820er Jahre trat hinzu, dass badische Autoren bereits zu ihren Lebzeiten um Privilegien nachsuchten, um sich eine Laufzeit zu sichern,

---

[96] *Gieseke*, Die geschichtliche Entwicklung (Fn. 79), S. 118-119.
[97] GLAK 233/3100.

die über ihren Tod hinausreichte. Hierzu meinte das für die Privilegienvergabe zuständige Innenministerium im Dezember 1826[98]:

„Seitdem seine Königliche Hoheit einigen ausgezeichneten teutschen Schriftstellern oder deren Erben Gnadenbriefe gegen den Nachdruck huldreichst ertheilt haben, häufen sich solche Gesuche vorzüglich auch von Seiten inländischer Schriftsteller, welche wohl einseitig dabei von der Betrachtung geleitet werden können, daß ihr sogenanntes Schrifteigenthum auf die unbestimmte Lebensdauer des Verfassers landrechtlich beschränkt ist. Obwohl nun hier Landes wie überhaupt wenig gedruckt zu werden pflegt, was den Nachdruck zu fürchten hätte, so gibt sich ein Autor doch leicht dieser nicht unangenehmen Besorgnis hin, und findet sein Selbstgefühl durch ein obrigkeitliches, im Regierungsblatt verkündetes Strafgebot gegen den Nachdruck geschmeichelt. Uns scheint es unangemessen, seine Königliche Hoheit mit häufigen Berichten über derartige Privilegien für oft unbedeutende Geistesprodukte zu behelligen, die Regierungsblätter mit einer Reihe von Gnadenbriefen zu füllen, und sie zuletzt zu einer eigenen Art von Bücheranzeige benutzen zu lassen. Eine Unterscheidung zwischen ausgezeichneten Werken und minder bedeutenden zu treffen, scheint aber aus verschiedenen Gründen nicht thunlich. Um Abhilfe zu schaffen regt das Ministerium eine Verbesserung des einschlägigen Landrechtssatzes an, welcher für die Zukunft diese Gesuche um die Verleihung von Gnadenbriefen auf ganz seltene Fälle von selbst beschränken würde".

Dann heißt es wörtlich weiter[99]:

„Uns scheint es nämlich, daß, will man einmal durch die positive Gesetzgebung die Schriftsteller und Verleger gegen den Nachdruck schützen, dem Autor den Genuß der Früchte seines Fleißes und seiner Naturgaben sichern wollte, dies auf eine Weise geschehen müßte, welche die Erreichung dieses Zwecks nicht dem bloßen Zufall anheim gäbe. Was nun aber jener Schutz auf die ungewisse Dauer des Lebens der Verfasser beschränkt und dadurch der Verlag eigentlich zum Glücksvertrag gemacht wurde, rührt nur von dem Gesichtspunkt her, unter welchem der Verfasser des Landrechts die fraglichen Verhältnisse und zwar nach unserer Meinung ganz unpassend gebracht hat."

Baden war also daran gelegen, den Monarchen nicht mit häufigen Privilegienverfahren zu überschütten und die Regierungsblätter nicht mit dem Abdruck von erteilten Privilegien zu überfrachten. Im Vermerk wird weiterhin die Notwendigkeit einer Verlängerung der Schutzfrist auf zehn Jahre nach dem Tode des Verfassers beanstandet. Im gleichen Schriftstück wird die Frage angesprochen, ob man nicht für Kupferstiche und lithographische Arbeiten eine Regelung treffen sollte, weil auch hierfür immer wieder Privilegien nachgesucht wurden. Allerdings sollte diese Frage zuvor durch Sachverständige geprüft werden.

Aus dem Gesetzesprojekt, das eine Verbesserung des einschlägigen Landrechtssatzes dergestalt hätte erbringen sollen, dass die Zahl der Privilegien auf ganz seltene Fälle beschränkt worden wäre, war nichts geworden. Die Folge war, dass alles beim alten System blieb. Die zusätzliche Frist über den Tod des

---

[98] Ibid.
[99] Ibid.

Autors hinaus konnte also nur durch Privileg gewährt werden, was aber den Antrag des Autors oder seiner Erben erforderte und außerdem eigens begründet werden musste. Als der Leipziger Verleger Fleischer im März 1827 ein Gesuch zugunsten der Erben des 1812 verstorbenen Dichters Ernst Wagner einreichte, ließ ihm das Innenministerium eröffnen, dass eine derartige Privilegienbewilligung nur auf Ansuchen der Schriftsteller oder ihrer Erben geschehe. Erst als dies nachgeholt worden war, konnte man das Privileg ausstellen.

Dass man stets eine ausreichende Begründung für das Privileg brauchte, musste auch ein anderer Antragsteller, nämlich Schreiber (1830), erfahren, der als Inländer lediglich ein Privileg oder nähere Hinweise für dessen Notwendigkeit erbeten hatte; er wurde auf das Landrecht verwiesen. Später schien man die Dinge wieder großzügiger zu handhaben, zumal wenn es sich bei den Antragstellern zugleich um Bundesausländer oder die Erben berühmter Autoren handelte.

Badens Privilegienpraxis zeigt, dass man sich mehr und mehr am vorhandenen gesetzlichen Schutz orientierte. Dieser gab seit 1810 ganz eindeutig dem Autor den Vorrang, und auch der Schutz durch Privileg orientierte sich immer deutlicher am Autoreninteresse. Diese Beobachtung stützt sich darauf, dass Baden bei der Erteilung von Privilegien zur Verlängerung der Schutzfrist über den Tod hinaus seit der Mitte der 1820er Jahre nur noch Anträge des Schriftstellers oder seiner Erben akzeptierte. Auch die Privilegienstatistik zeigt in dieselbe Richtung: zwischen 1809 und 1835 wurden 39 Privilegien ausgestellt, davon 28 für Autoren und elf für Verleger. Von den elf Verlegerprivilegien lagen sechs vor 1826, von den 28 Autorenprivilegien dagegen nur zwei[100].

2. Preußen

Ein Blick auf die preußische Privilegienpraxis zwischen 1815 und 1837 beweist, dass in Preußen Privilegien in erster Linie dazu dienten, den gesetzlich gewährten Schutz zu ergänzen. Letzterer war nicht einheitlich ausgestaltet, da bis 1837 in den Gebieten des Allgemeinen Landrechts für die Preußischen Staaten (ALR) andere Regeln als im Bereich des rheinischen Rechts galten. Während das rheinische Recht der französischen Linie vom geistigen Eigentum folgte und das originäre Recht gegen den Nachdruck dem Autor zuwies, knüpfte das ALR den Schutz am Verlagsrecht an, das – je nach Vertragslage – dem Verleger oder dem Autor in seiner Rolle als Selbstverleger zustehen konnte.

---

[100] *Wadle*, Privilegien für Autoren oder für Verleger? Eine Grundfrage des geistigen Eigentums in historischer Perspektive, in ZRG Germ. Abt. 124 (2007).

Das ALR von 1794 regelte in Teil I, Titel 11, Abschnitt 7 als erstes deutsches Gesetzbuch Verlagsvertrag und Verlagsrecht eingehend. Diese Regelung begann mit der Definition des Verlagsrechts. § 996 bestimmte: „Das Verlagsrecht besteht in der Befugnis, eine Schrift durch den Druck zu vervielfältigen, und sie auf den Messen, unter die Buchhändler und sonst ausschließend abzusetzen." § 998 lautete wie folgt: „In der Regel erlangt der Buchhändler das Verlagsrecht nur durch einen mit dem Verfasser darüber geschlossenen schriftlichen Vertrag."

Dabei ging der Verfasser des ALR, Carl Gottlieb Svarez, grundsätzlich von einem Recht des Verfassers an dem Werk aus. Dies geht aus § 1022 hervor, der für nach der Idee und dem Auftrag des Verlegers ausgearbeitete, also für so genannte bestellte Werke, davon ausging, dass das volle Verlagsrecht von Anfang an dem Buchhändler gebühre. Das Verlagsrecht war also ein aus dem Eigentum des Verfassers an dem Werk abgeleitetes Recht[101].

Wenngleich die Rechtslage vor 1837 bald unklar, bald regional differenziert auftrat, gab es doch ein gemeinsames Problem, denn in beiden preußischen Rechtsgebieten war die Einbeziehung von Ausländern in den Schutz vor Nachdruck unbefriedigend. Da die Privilegien für ausländische Verleger und Autoren deshalb ein wichtiges Hilfsmittel zu deren Einbeziehung in den Nachdruckschutz bildeten, stellten diese Privilegien auch die größte Gruppe.

Eine weitere Gruppe machten die Privilegien aus, die Werke schützten, die oftmals noch gar nicht gedruckt waren. Diese Privilegierung war deswegen notwendig, weil das ALR nur „Gedrucktes" gegen Nachdruck schützte und mithin andere Beeinträchtigungen aus dem gesetzlichen Schutz herausfielen. Dies galt zum einen für Bearbeitungen musikalischer Werke, seien sie nun ungedruckt oder gedruckt gewesen; und es galt zum anderen für Sprachwerke, die nicht gedruckt oder noch nicht einmal veröffentlicht waren. Für beide Sachverhalte gab es bezeichnende Beispiele. Beliebte Melodien aus zeitgenössischen Opernschlagern wie Webers Freischütz oder Oberon, fanden zahllose Bearbeitungen für Hausmusik; hier tauchte das Problem des Melodienschutzes auf, das man durch Privileg erledigen konnte. Auch öffentliche Reden und Predigten waren gegen Nachschrift und Nachdruck ungeschützt, denn gerade hier galt der vereinfachte Satz „Wo kein Druck, da auch kein Nachdruck".

Auch in Preußen ergibt die Statistikauswertung einen Überschuss an Urhebern, denn es wurden vier Privilegien für Verleger und acht Privilegien für Urheber gezählt, wobei von den letzteren sieben in der Zeit nach 1826 erteilt wurden. Bei den Ausländerprivilegien fanden sich mehr Urheber als Verleger begünstigt; hier kann man auf die Privilegien für Pestalozzi und Goethe, für die Erben Schillers und Jean Pauls sowie den Komponisten Hummel verweisen, denen die Verleger Schott aus Mainz und Wilmanns aus Frankfurt gegenüber

---

[101] *Gieseke*, Die geschichtliche Entwicklung (Fn. 79), S. 112-114.

standen. Allerdings wurde nicht jedem Ausländer, der darum nachsuchte, ein Privileg verliehen. Selbst das Privileg für Goethe drohte zu scheitern, solange bei einigen Berliner Ministerien die irrlichternde Meinung vorherrschte, er sei durch das rein preußische Recht hinreichend geschützt. Andere Privilegienwünsche wurden abgewiesen, weil sie in Berlin als überflüssig galten. Dies war nach den Gegenseitigkeitsabkommen der Fall, die Preußen seit 1828 abgeschlossen hatte. Betroffen davon waren Komponisten wie Louis Spohr und Johann Strauß' Vater sowie eine Reihe von Autoren, die man in Berlin nicht für bedeutend genug hielt, so etwa den Münchener Professor und Bibeleditor Allioli.

Für Preußen kann man festhalten, dass der gesetzliche Schutz Vorrang vor den Durchbrechungen im Einzelfall haben sollte, eine Haltung, die in Preußen nach 1837 besonders deutlich hervortrat[102]. Dies lag daran, dass die gesetzlichen Grenzen des Schutzes nicht überflüssig gemacht werden sollten. Nur wo eine echte Schutzlücke war, sollte sie durch Privileg geschlossen werden. Andererseits musste nicht jede Lücke geschlossen werden, denn nur dort, wo übergeordnete Gründe wie Qualität und Bedeutung des Werkes oder auch der politische Nutzen hinzukamen, trat den Autoren wie Verlegern ein Privileg zur Seite. Die Privilegien, die für Bearbeitungen und unveröffentlichte Werke erteilt worden waren, rechtfertigten sich nur aus der Position des Werkschöpfers heraus.

Wenngleich bei Privilegierungen immer persönliche Begünstigungen der Autoren eine Rolle spielten, hatte in Preußen das eine oder andere Privileg (noch) einen (zusätzlichen) eindeutig rechtspolitischen Hintergrund. Dies verdeutlichen zwei Beispiele: zum einen das Privileg für Goethe, zum anderen das Privileg für Schleiermacher, weil beide weit in einen bundespolitischen Zusammenhang hineinspielten. Der massive Einsatz Preußens für Goethes Antrag bei der Bundesversammlung verfolgte gerade das Ziel, die festgefahrenen und durch das Königreich Württemberg blockierten Verhandlungen im Bund wieder zum Laufen zu bringen[103]. Das Privileg gegen Schleiermacher sollte nicht nur in Preußen selbst, sondern auch außerhalb den Weg zu einem allgemeinen Veröffentlichungsrecht von Autoren bahnen helfen. An Goethes Privilegienaktion von 1825 wird deutlich, dass der Deutsche Bund als solcher gar keine Privilegien gegen den Nachdruck gewähren konnte. Die Privilegierung musste eine Angelegenheit der einzelnen Souveräne und Freien Städte bleiben. Der Bun-

---

[102] *Gieseke,* Die geschichtliche Entwicklung (Fn. 79), S. 117; *Lieb,* Privileg und Verwaltungsakt (Fn. 3), S. 124-126; zur Arbeit eines in Preußen arbeitenden Gremiums speziell: *Rainer Nominé,* Der Königlich Preußische Literarische Sachverständigen-Verein in den Jahren 1838 bis 1870 (Schriften zur Rechtsgeschichte Bd. 84), Berlin 2001.

[103] *Elmar Wadle,* Goethes Wünsche zum Nachdruckschutz außerhalb des Deutschen Bundes, in: Zeitschrift der Savigny-Stiftung für Rechtsgeschichte, Germanistische Abteilung (ZRG GA) 122 (2005), S. 301-316.

desbeschluss von 1837 hatte lediglich die Möglichkeit geschaffen, durch Vereinbarung in der Bundesversammlung zugunsten berühmter Autoren eine längere Schutzfrist festzulegen, als sie nach der Regel gelten sollte. Verfassungsrechtlich gesehen bedeutete ein solcher Beschluss allenfalls ein Bündel einzelstaatlicher Privilegien. Die Einmaligkeit der Stellung Goethes als Autor wurde besonders stark hervorgehoben. Denn als der Buchhändler Baumgärtner 1827 einen Privilegierungsantrag einreichte, wurde er in Frankfurt mit der Begründung zurückgewiesen, dass eine Vergünstigung wie sie ausnahmsweise für den Staatsminister von Goethe eingetreten war, im vorliegenden Fall umso weniger zulässig sei, als hier nicht ein durch frühere Werke rühmlich bekannter Autor, sondern ein Buchhändler darum gebeten hatte.

Preußen, das in der Diskussion der Bundesversammlung um den Reformentwurf von 1819 das Autorprinzip zunächst verteidigte, aber danach einen gewissen Rückzug antrat, verzichtete in seiner Praxis auf Privilegien für Verleger nicht gänzlich. Als erste Erfolge auf Bundesebene erzielt worden waren, setzte sich auch in der Privilegienpraxis der Vorrang des Autorinteresses durch, so dass fortan Privilegien für Verleger nicht mehr in Frage kamen[104].

Ähnlich verlief die Entwicklung in anderen deutschen Staaten wie Bayern und Nassau, wenngleich mit gewissen Verzögerungen. Bayerns Privilegienpraxis blieb solange ambivalent, bis sein neues Gesetz von 1840 das Urheberrecht anerkannte[105]. Baden – wie gesehen – behielt sein altes Recht bei, schwenkte aber in der Privilegienpraxis auf das Urheberprinzip ein. Die Beschlüsse auf Bundesebene begünstigten diesen Paradigmenwechsel, da nur solche Personen eine Besserstellung erhalten sollten, die es auch wirklich verdient hatten, nämlich die Autoren.

C. Sonderfall Württemberg

Während in Preußen, wo die Vorschriften des ALR zum Verlagsvertrag wenigstens mittelbar das Recht des Autors anerkannten, ein gewisser gesetzlicher Schutz bestand, galt in Württemberg immer noch ein reines Privilegiensystem[106]. Der Weg zu einem Urheberrechtsgesetz lief in Württemberg äußerst zäh und dreistufig; schematisch ausgedrückt heißt dies: von der Ausstellung von Einzelprivilegien über ein Privilegiensystem aufgrund des die Vergabe regelnden Rescriptes von 1815 zur Urheberrechtsgesetzgebung ab 1845.

---

[104] *Wadle*, Privilegien für Autoren oder für Verleger? (Fn. 100).

[105] *Gieseke*, Die geschichtliche Entwicklung (Fn. 79), S. 121-123; *Lieb*, Privileg und Verwaltungsakt (Fn. 3), S. 133-134.

[106] *Rudolf Krauß*, Zur Geschichte des Nachdruckschutzes der Schiller'schen Werke, in: Württembergische Vierteljahreshefte für Landesgeschichte NF. XIII (1904), S. 187-201.

I. Die Urheberrechtsgesetzgebung

Am 25. Februar 1815 erließ König Friedrich I. von Württemberg ein königliches Rescript, das vom Grundsatz der Nachdruckfreiheit ausging und die Möglichkeit regelte, ausnahmsweise durch Privilegien ein Nachdruckverbot zu begründen; die Ausstellung des Privilegs lag stets im Ermessen des Königs. Nach Beantragung des Privilegs begutachtete das Ministerium des Innern, gestützt auf die Stellungnahme des Königlichen Studienrates, den Antrag, um dem König eine entsprechende Entscheidungsgrundlage zu unterbreiten, der er sich im Allgemeinen auch anschloss. Per Einzeldekret stellte der König das nachgesuchte Privileg aus, welches nach 1818 im Königlichen Staats- und Regierungsblatt publiziert wurde. Die Bearbeitung von Rekurssachen oblag dem Geheimen Rat.

1. Das Königliche Rescript vom 25. Februar 1815

Der Wortlaut dieses Rescripts war wie folgt[107]:

„Um das Interesse der Schriftsteller, welche eine von ihnen verfaßte Schrift entweder selbst oder durch einen andern herausgeben, mit dem Interesse Unserer Unterthanen in Absicht auf die Beförderung der Geistes-Bildung, und mit der ihnen gebührenden Gewerbs-Freiheit zu vereinigen, haben Wir Uns bewogen gefunden, folgendes durch gegenwärtige Bekanntmachung zur allgemeinen Kenntniß zu bringen:

§ 1. Es werden auf besonderes Ansuchen der inn- und ausländischen Schriftsteller, oder derjenigen, welche an ihrer Stelle als Verleger ein Buch herausgeben, Privilegien auf eine bestimmte Zeit von sechs, und nach Beschaffenheit des Werks, und der in den Gesuchen um solche Privilegien anzuführenden und zu bescheinigenden Umstände auf mehrere Jahre dahin ertheilt werden, daß ein solches Buch binnen dieser Zeit, ohne Erlaubniß dessen, der das Privilegium erhalten hat, von Niemand im Königreiche nachgedruckt, auch ein auswärtiger Nachdruck dieses Buchs nicht debitirt werden dürfe.

§ 2. Das Privilegium wird nur dann gegeben, wenn es beim Anfange eines Werks, ehe noch einzelne Bände debitirt sind, nachgesucht wird.

§ 3. Ein ertheiltes Privilegium ist dem Buche, und bei Werken, deren einzelne Theile nur nach und nach erscheinen, jedem besonders herauskommenden Bande zur Bekanntmachung vorzusetzen.

§ 4. Die Dauer des Privilegiums wird für das Ganze, wenn gleich aus mehreren Bänden bestehende Werk, für welches dasselbe ertheilt ist, von dem in der Urkunde bemeldeten Dato der Ausstellung berechnet.

§ 5. Wer gegen ein ertheiltes Königl. Privilegium, und ohne Erlaubniß der Königl. Censur-Behörde, während der im Privilegium bestimmten Zeit ein Buch nachdruckt, verfällt nicht nur in die durch die Censur-Gesetze verordneten Strafen, sondern es sollen

---

[107] Abgedruckt in: Königlich-württembergisches Staats- und Regierungs-Blatt = RegBl Württemberg 1815, S. 74, sowie bei *Schletter,* Handbuch der deutschen Preß-Gesetzgebung (Fn. 66), S. 53; *Friedrich Kapp/Johann Goldfriedrich,* Geschichte des deutschen Buchhandels Bd. IV, Leipzig 1913, S. 72 ff.

auch alle noch vorräthigen Exemplare des unbefugten Nachdruks zum Vortheil des Schriftstellers oder ersten Verlegers confiscirt, und überdiß für die bereits abgegebenen Exemplare dem Beschädigten und darum ansuchenden Interessenten der Ladenpreis der Verlags-Ausgabe erstattet werden.

§ 6. Auch von einem auswärtigen Nachdrucke werden während der Dauer des Privilegiums alle in das Königreich eingesandten zum Verkauf bestimmten Exemplare confiscirt, und dem Beschädigten überlassen.

§ 7. Das durch das Privilegium auf einen bestimmten, nach Nro. 4. zu berechnenden Zeitraum begründete Verboth des Nachdrucks einer Schrift bezieht sich nur auf den Nachdruck derjenigen Ausgabe, der das Privilegium ertheilt worden, und auf eine unveränderte neue Auflage derselben während dieser Zeit, nicht aber auf die Herausgabe einer Uebersetzung oder einer Umarbeitung der privilegirten Schrift, oder eines Auszugs aus derselben.

§ 8. Das Verboth des Nachdrucks hört auf, wenn die Zeit des Privilegiums erloschen ist. Bei einer neuen verbesserten Auflage kann ein neues Privilegium nachgesucht, und nach Befund der Umstände, wenn die Auflage wesentlich verändert ist, auf 6 und mehrere Jahre ertheilt werden. Das neue Privilegium aber begreift das Verboth des Nachdrucks der ältern Ausgabe, oder einzelner früher schon herausgekommenen Theile eines Werks nicht, wenn entweder die ältere Ausgabe mit gar keinem Privilegium versehen, oder die Zeit desselben erloschen ist.

§ 9. Wenn durch besondere Privilegien der ausschließende Verkauf gewißer Bücher an Institute überlassen worden ist: so dürfen diese Bücher unter den Nro. 5. und 6. bestimmten Strafen nicht nachgedruckt, und auch ein auswärtiger Nachdruck derselben darf nicht debitirt werden.

§ 10. Das Königl. Ober-Censur-Collegium wird mit Vollziehung der gegenwärtigen Königl. Verordnung beauftragt, und hat solche Entschädigungs-Klagen in Anstands-Fällen an die rechtlichen Behörden zu verweisen.

Gegeben Stuttgart, den 25. Februar 1815.
A. d. Mand. Sacr. Reg. Maj.
Königl. Staats-Ministerium."

Württemberg blieb bei der Gleichbehandlung von Autoren und Verlegern und vollzog die Entscheidung für den Autor und gegen den Verleger nicht mit. Es verteidigte sein Privilegienwesen bis ins Vorfeld des Bundesbeschlusses von 1837 und auch noch darüber hinaus. Das Rescript von 1815 enthüllte traditionelles württembergisches Denken: Privilegien konnten sowohl dem Verleger als auch dem Schriftsteller gewährt werden; allerdings stand die Privilegierung dem Autor nur in seiner Eigenschaft als Selbstverleger offen!

Erst nachdem die Nützlichkeit des Projekts wie die jeweilige Preisgestaltung von den zuständigen Gremien geprüft worden waren, konnte ein Antrag auf Privilegierung positiv beschieden werden. Zur Begutachtung bediente sich Württemberg vor allem des beim Innenministerium angesiedelten „Studienrathes", der bezeichnenderweise die Hauptfunktion einer Schulaufsichts- und Unterrichtsbehörde innehatte und im Jahre 1817 zum Nachfolger des in § 10 erwähnten Königlichen Ober-Censur-Collegiums geworden war.

Schon recht früh, am 23. April 1823, als sich der Studienrat zur Privilegierung mehrerer Verlagsartikel der Arnoldschen Buchhandlung aus Dresden ge-

nauer gutachtlich äußern musste, legte der Rat seine Interpretation der Nachdruckfreiheit dar, ehe er unter diesem gefundenen Ergebnis den in Rede stehenden Fall subsumierte. Im Gegensatz zum Ministerium für auswärtige Angelegenheiten, das von einer Rechtsverletzung infolge Nachdrucks überzeugt war,
positionierte sich der Studienrat unter den Wirtschaftsliberalen, die eine größt-
mögliche Gewerbefreiheit der Nachdrucker anstrebten[108]:

„Die unterzeichnete Stelle, in dem sie diesem Auftrag entsprechen soll, glaubt ihres
Orts nicht mit dem Königlichen Ministerium der auswärtigen Angelegenheiten von der
Ansicht ausgehen zu können, daß der Nachdruk an und für sich eine Rechts-Verletzung
enthalte, woraus folgen würde, nicht nur, daß auf Ansuchen Privilegien gegen den
Nachdruk, als bloße Sicherung eines ohnehin schon zustehenden Rechts, nie von einer
Regierung versagt werden können, sondern sogar, daß es positiver Gesetze und Privilegien gegen den Nachdruk gar nicht bedürfe, um nur jeder Regierung und von jedem Ge-
richtshofe Unterdrükung des Nachdrucks und Bestrafung der Nachdruker verlangen zu
können, ja, daß eine Regierung, welche nur im Falle eines vorher besonders nachgesuchten und ertheilten Privilegiums den Nachdruk steure, sonst aber ihn dulde, sich selbst der
Theilnahme an Rechts-Verletzungen schuldig mache.

Die unterzeichnete Stelle muß ihres Orts von der Ansicht ausgehen, daß der Bücher-
Nachdruk, so lange nicht aber besondere ausdrükliche Landes-Gesetze oder besonders
ertheilte Privilegien entgegenstehen, durchaus nicht als rechtswidrig behandelt werden
könne. Diese Ansicht ist es auch, welche der württembergischen Gesetzgebung in
betreff dieses Gegenstandes zu Grunde liegt, und indem im Württembergischen der Bücher-Nachdruk nicht durch ein allgemeines Gesetz untersagt, sondern bloß die Ertheilung von Privilegien gegen den Nachdruk auf besonderes Ansuchen vorbehalten ist,
muß nothwendig in jedem einzelnen Falle besonders geprüft werden, ob und welche
Gründe für die Ertheilung eines Privilegiums je nach Beschaffenheit dieses einzelnen
Falls sprechen und ob sie unbeschadet der Rechte Dritter zulässig sey."

Allerdings sollte nach Meinung des Studienrates die Nachdruckfreiheit nicht
über Gebühr ausgedehnt werden und ihre Grenzen in den Landesgesetzen finden. Die Privilegienerteilung diente dazu, die Nachdruckfreiheit so wenig wie
möglich einzuschränken und auf flexible Art und Weise die wohlerworbenen
Rechte Dritter zu wahren.

2. Das Provisorische Gesetz wider den Büchernachdruck von 1836

Das Gesetz vom 22. Juli 1836, das nach wie vor Autoren und Verleger
gleichrangig behandelte, bevorzugte die Angehörigen anderer deutscher Staaten
gegenüber den Württembergern. Denn während jene generell geschützt waren,

---

[108] E 146/1 Nr. 5142, Teil 3 (Gutachten des königlichen Studienrates v. 23. April
1823 über das Gesuch der Arnoldschen Buchhandlung in Dresden um ein Privilegium
gegen den Nachdruck zweier ihrer Verlagsartikel, nämlich für die zweite Auflage des
ersten Teils und die erste Auflage des zweiten und dritten Teils des ins Deutsche übersetzten Lehrbuchs der Chemie von Berzelius sowie die vierte Auflage von Petris Ver-
deutschungs-Wörterbuch).

brauchten diese nach wie vor ein Privileg, dessen Verleihung von der üblichen Prüfung und Entscheidung im Einzelfall abhängig blieb[109]:

„Provisorisches Gesetz wider den Büchernachdruck.
Wilhelm,
von Gottes Gnaden König von Württemberg

Bis zum Erscheinen eines definitiven Gesetzes gegen den Büchernachdruck verordnen und verfügen Wir, nach Anhörung Unseres Geheimen Raths und unter Zustimmung Unserer getreuen Stände, wie folgt:

Art. 1.

Die von Angehörigen eines im deutschen Bunde begriffenen Staats verfassten oder verlegten Schriften genießen, ohne Unterschied, ob sie bei Verkündigung dieses Gesetzes bereits erschienen sind oder erst künftig erscheinen, von der Zeit ihres Erscheinens an sechs Jahre lang ohne Entrichtung einer Abgabe gesetzlichen Schutz gegen den Nachdruck in gleicher Weise, wie wenn denselben nach dem Gesetze vom 25. Februar 1815 ein besonderes Privilegium deßhalb verliehen worden wäre.

Art. 2.

Die zur Zeit der Verkündigung dieses Gesetzes bereits veranstalteten Nachdrücke von Werken, welche nach der Bestimmung des Art. 1 unter dem Schutze des Nachdruckverbots stehen, können zwar auch noch während der Dauer dieses Schutzes, jedoch nur in polizeilich gestempelten Exemplaren, zum Absatz gebracht werden.

Den polizeilichen Stempel erhalten diejenigen Exemplare, welche binnen dreißig Tagen von der Verkündigung dieses Gesetzes an von dem Nachdrucker oder Händler dem Bezirkspolizeiamt seines Wohnorts mit dem erforderlichen Nachweis über ihren schon vor der Verkündigung dieses Gesetzes veranstalteten Abdruck vorgelegt werden.

Für die polizeiliche Stemplung findet die Entrichtung einer Abgabe nicht statt.

Art. 3.

Die nach Maßgabe der bisherigen Gesetze für einzelne Schriften verliehenen besonderen Privilegien gegen den Nachdruck bleiben, sofern sie den Betheiligten größere Vortheile, als das gegenwärtige Gesetz gewähren sollten, auch fernerhin in Kraft.

Unser Ministerium des Innern ist mit der Vollziehung dieses Gesetzes beauftragt.

Gegeben, Bad-Gastein, den 22. Juli 1836

Wilhelm

Der provisorische Chef des Departements des Innern:

Geheimer Rath Schlayer

Auf Befehl des Königs:
Der Staats-Sekretär:
Bellnagel."

---

[109] RegBl Württemberg 1836, S. 313-314.

Das Gesetz von 1836 befreite die Antragsteller von der Sportel (Taxe) und regelte die Stempelung der bereits nachgedruckten Exemplare, die sich im Umlauf befanden. Die Verfügung vom 22. Juli 1836 konkretisierte das Merkmal des Veranstaltens eines Nachdruckes als das Beginnen mit dem Drucksatz[110]:

„Verfügung, betreffend die Vollziehung des provisorischen Gesetzes gegen den Büchernachdruck vom 22. Juli 1836

In Betreff der Vollziehung des provisorischen Gesetzes gegen den Büchernachdruck vom 22. Juli d. J. werden folgende Vorschriften ertheilt:

1) Als zur Zeit der Verkündigung des Gesetzes veranstaltet kann nur ein solcher Nachdruck betrachtet werden, mit dessen Ausführung in dem gedachten Zeitpunkt mindestens in so weit ein Anfang gemacht war, daß der Drucksatz bereits begonnen hatte.

2) Die Bezirks-Polizeistellen haben das Gesetz vom 22. Juli d. J. unmittelbar nach dem Empfang der dasselbe enthaltenden Nummer des Regierungsblatts den Buchdruckern und Händlern ihrer Bezirke in einem urkundlichen Akt zu eröffnen, mit welchem für dieselben die dreißigtägige Frist für Vorlegung der bereits veranstalteten Nachdrucke zur Stempelung zu laufen beginnt.

Bei dieser Eröffnung ist zugleich jeder Buchdrucker und Händler, welcher von der in Frage stehenden Bestimmung des Art. 2 des provisorischen Gesetzes Gebrauch zu machen in dem Falle ist, zur vorläufigen Anzeige der Werke, von welchen er bereits vollendete Nachdrucke besitzt oder deren Nachdruck er bereits veranstaltet haben will, so wie im letzteren Falle zur Anzeige davon, wie weit die Veranstaltung des Nachdrucks bereits gediehen sey, aufzufordern.

3) Der Stempel besteht in dem Amtssiegel der Bezirks-Polizeibehörde und wird dem Titelbogen der Schrift mittelst Druckerschwärze aufgedruckt.

Jedes einzelne zum Absatz zu bringende Exemplar muß mit dem Stempel versehen seyn.

Ueber den Akt der Stempelung ist ein Protokoll aufzunehmen, welches die gestempelten Werke, die Zahl der Exemplare und die Personen, für welche die Stempelung geschehen, nachweist.

4) Der Nachdruck einer Schrift, welche ein besonderes, zur Zeit der Verkündigung des Gesetzes noch nicht abgelaufenes Privilegium gegen den Nachdruck erhalten hat, kann die polizeiliche Stempelung nicht erhalten.

5) Gegen den Verkehr mit ungestempelten Exemplaren eines Nachdrucks von Schriften, denen das in Art. 1 des Gesetzes ausgesprochene Nachdrucksverbot zu statten kommt, wird wie gegen Nachdrucke besonders privilegirter Schriften nach Maaßgabe der §§ 5 und 6 des Gesetzes vom 25. Februar 1815 eingeschritten.

Stuttgart den 26. Juli 1836.   Schlayer.“

3. Das Abänderungsgesetz von 1838

Erst 1838 wurde auch den eigenen Untertanen in gleicher Weise ein allgemeiner Privilegienschutz zugesprochen und das System der Einzelfallbegünsti-

---

[110] RegBl Württemberg 1836, S. 318-319.

gung beseitigt. Eine inhaltliche Neuausrichtung des Schutzes gegen Nachdruck fand trotz allem nicht statt: Der Schutz wurde zwar generell gewährt, Autor und Verleger (künftighin Ausländer oder Inländer) standen immer noch auf einer gleichrangigen Ebene[111]:

„Königliches Gesetz,

betreffend abgeänderte provisorische Bestimmungen gegen den Bücher-Nachdruck

Wilhelm,
von Gottes Gnaden König von Württemberg.

Bis zum Erscheinen eines definitiven Gesetzes gegen den Büchernachdruck verordnen und verfügen Wir, unter Abänderung Unseres, unter dem 22. Juli 1836 über diesen Gegenstand erlassenen provisorischen Gesetzes, nach Anhörung Unseres Geheimen-Raths und unter Zustimmung Unserer getreuen Stände, wie folgt:

Art. 1.

Die im Königreiche oder einem anderen im deutschen Bunde begriffenen Staate seit dem 1. Januar 1838 erschienenen und künftig erscheinenden schriftstellerischen und künstlerischen Erzeugnisse genießen von der Zeit ihres Erscheinens an zehn Jahre lang ohne Entrichtung einer Abgabe gesetzlichen Schutz gegen den Nachdruck und gegen sonstige, durch mechanische Kunst bewirkte Vervielfältigung in derselben Weise, wie wenn ihnen nach dem Gesetze vom 25. Februar 1815 ein besonderes Privilegium deßhalb ertheilt worden wäre.

Den gleichen Schutz haben die vom 1. Januar 1818 bis zum 31. December 1837 im Umfange des deutschen Bundes erschienenen Werke der obigen Art bis zum 31. December 1847 zu genießen.

Die Zeit des Erscheinens wird bei Werken, die in mehreren Abtheilungen herausgegeben werden, vom Erscheinen des letzten Bandes oder Heftes an gerechnet, falls zwischen der Herausgabe mehrerer Bände oder Hefte nicht mehr als drei Jahre verflossen sind.

Art. 2.

Die zur Zeit der Verkündigung des gegenwärtigen Gesetzes bereits veranstalteten Nachdrücke oder sonstige mechanische Vervielfältigungen von Werken, welchen durch den zweiten Absatz des vorstehenden Art. 1 ein ihnen zuvor nicht zugekommener Schutz gegen mechanische Vervielfältigung verliehen, oder der erloschene frühere Schutz erneuert wird, können zwar auch während der Dauer dieses Schutzes, jedoch nur in polizeilich gestempelten Exemplaren, zum Absatz gebracht werden.

Den polizeilichen Stempel erhalten diejenigen Exemplare, welche binnen dreißig Tagen von der Verkündigung des gegenwärtigen Gesetzes an von dem Nachdrucker oder Händler dem Bezirks-Polizeiamte seines Wohnorts mit dem erforderlichen Abdruck vorgelegt werden.

Für die polizeiliche Stempelung findet die Entrichtung einer Abgabe nicht statt.

---

[111] RegBl Württemberg 1838, S. 547-549.

Art. 3.

Die nach Maßgabe der bisherigen Gesetze für einzelne Werke verliehenen besonderen Privilegien gegen den Nachdruck bleiben, sofern sie den Betheiligten größere Vortheile, als das gegenwärtige Gesetz, gewähren sollten, auch fernerhin in Kraft.

Unser Ministerium des Innern ist mit der Vollziehung dieses Gesetzes beauftragt. Gegeben, Stuttgart den 17. Oktober 1838.

Wilhelm.

Der provisorische Chef des Departements des Innern:
Geheimer Rath Schlayer

Auf Befehl des Königs:
der Staats-Sekretär
Bellnagel."

Mit dem Gesetz von 1838 genossen Druck- wie sonstige Kunsterzeugnisse künftighin einen zehnjährigen Schutz ab ihrem Erscheinungsdatum. Die dazu ergangene Verfügung führte aus, was unter Vervielfältigung zu verstehen bzw. nicht zu verstehen war sowie was „Unterbrechen der Herausgabe von Bänden und Heften" bedeutete. Überdies thematisierte die Verfügung noch Details der polizeilichen Stempelung[112]:

„Verfügung hinsichtlich der Vollziehung des Gesetzes vom 17. Oktober, betreffend abgeänderte provisorische Bestimmungen gegen den Büchernachdruck.

Hinsichtlich der Vollziehung des Gesetzes vom 17. Oktober d. J., betreffend abgeänderte provisorische Bestimmungen gegen den Büchernachdruck, wird hiedurch in Gemäßheit höchster Entschließung vom gleichen Tage Folgendes verfügt:

A. Zu Art. 1 des Gesetzes.

§. 1.

Als Vervielfältigung eines künstlerischen Erzeugnisses im Sinne des Art. 1 des Gesetzes sind:

1) Nachbildungen von Werken zeichnender Kunst in plastischer Form oder von plastischen Werken durch zeichnende Kunst, desgleichen

2) Darstellungen nach einem Originale mit Veränderungen des letztern, vermöge welche jene als eigenthümliche Kunsterzeugnisse angesprochen werden können, nicht zu betrachten.

§. 2.

Bei einer Unterbrechung von mehr als drei Jahren in der Aufeinanderfolge der einzelnen Bände oder Hefte eines in Abtheilungen herauskommenden Werks werden in Hinsicht auf die Berechnung der Schutzdauer gegen den Nachdruck (Gesetz Art. 1, Absatz 3) die bis zum Anfange dieses mehr als dreijährigen Zeitraums erschienenen Bände oder Hefte als ein für sich bestehendes Werk betrachtet, und die später erscheinende neue Folge von Bänden oder Heften wird als ein neues Werk behandelt.

---

[112] RegBl Württemberg 1838, S. 550-553.

B. Zu Art. 2 des Gesetzes.

§. 3.

Die Bezirkspolizeistellen haben das Gesetz vom 17. Oktober d. J. unmittelbar nach dem Empfange der dasselbe enthaltenden Nummer des Regierungsblatts den Buchdruckern und Händlern, desgleichen den Kupferstechern, Lithographen, Stuccatoren und sonstigen die mechanische Vervielfältigung bildlicher Darstellungen oder den Handel mit solchen Darstellungen gewerblich ausübenden Einwohnern ihrer Bezirke in einem urkundlichen Akte zu eröffnen, mit welchem die dreißigtägige Frist für die Vorlegung der bereits veranstalteten Nachdrücke oder Nachbildungen zur Stempelung zu laufen beginnt.

Außerdem ist für das gehörige Bekanntwerden des Gesetzes und der gegenwärtigen Verfügung durch den Abdruck derselben in den Lokal- und Bezirks-Intelligenzblättern zu sorgen.

§. 4.

Bei dem in vorstehendem §. 3 angeordneten Eröffnungsakt sind die Personen, welche von der Bestimmung des Art. 2 des Gesetzes Gebrauch zu machen im Falle sich befinden, zur vorläufigen Anzeige der Werke, von welchen sie bereits vollendete Nachdrücke oder unter das Gesetz fallende Nachbildungen besitzen, oder aber dergleichen veranstaltet haben so wie in letzterem Falle zur Anzeige, wie weit die Veranstaltung bereits gediehen sey, aufzufordern.

Diese vorläufige Anzeige genügt indeß nicht zur Wahrung der von dem Gesetze anberaumten dreißigtägigen Frist, vielmehr müssen innerhalb der letztern dem Bezirks-Polizeiamte die zur Zeit der Verkündigung des Gesetzes bereits fertig vorgelegenen Exemplare des Nachdrucks oder der Nachbildung, beziehungsweise die im gedachten Zeitpunkte zu einem Nachdruck oder einer Nachbildung getroffen gewesenen Veranstaltungen nachgewiesen werden.

§. 5.

Als bereits veranstaltet kann ein Nachdruck oder eine Nachbildung nicht betrachtet werden, wenn nicht mindestens bei jenem der Drucksatz, bei dieser die Verarbeitung der Platte oder Form, welche zur mechanischen Vervielfältigung dienen soll, begonnen hat.

§. 6.

Nachdrücke oder Nachbildungen von Werken, für welche der ihnen entweder durch ein besonderes Privilegium oder durch das provisorische Gesetz vom 22. Juli 1836 verliehene Schutz gegen mechanische Vervielfältigung zur Zeit der Verkündigung des Gesetzes vom 17. Oktober d. J. noch nicht abgelaufen war, können nicht zur Stempelung angenommen werden.

Wenn jedoch in Beziehung auf Nachdrücke von im letztgedachten Falle befindlichen Werken genügend nachgewiesen wird, daß sie zur Zeit der Verkündigung des Gesetzes vom 22. Juli 1836 bereits fertig oder im Drucke begriffen waren, und daß im Jahr 1836 nur die vorschriftsmäßige Stempelung derselben versäumt worden sey, so sind diese Nachdrücke, wofern ihre Vorlegung innerhalb des nunmehrigen neuen Termins geschieht, zwar zur Stempelung anzunehmen, es ist jedoch ihr Absatz durch anzulegenden Beschlag so lange zu hemmen, bis der Zeitraum des dem Originalwerk durch das Gesetz vom 22. Juli 1836 verliehenen Schutzes abgelaufen ist.

§. 7.

Nachdrücke, welche bei der Vollziehung des Gesetzes vom 22. Juli 1836 polizeilich gestempelt wurden, bedürfen zu ihrem fortgesetzten Absatze keiner erneuerten Stempelung.

§. 8.

Der Stempel besteht in dem Amtssiegel der Bezirks-Polizeibehörde und wird dem Titelbogen der Schrift mittelst Druckerschwärze aufgedrückt. Jedes einzelne zum Absatz zu bringende Exemplar muß mit dem Stempel versehen seyn.

Ueber den Akt der Stempelung ist ein Protokoll aufzunehmen, welches die gestempelten Werke, die Zahl der Exemplare, und die Personen, für welche die Stempelung geschehen, zu bezeichnen hat.

§. 9.

Gegen den Verkehr mit ungestempelten Exemplaren eines Nachdrucks oder einer als Vervielfältigung im Sinne des Gesetzes zu betrachtenden Nachbildung von Werken, denen die in Art. 1 des Gesetzes ausgesprochene Schutzfrist zu Statten kommt, wird, wie gegen Nachdrücke besonders privilegirter Werke, nach Maaßgabe der §§. 5 und 6 des Gesetzes vom 25. Februar 1815 eingeschritten.

§. 10.

Durch die polizeiliche Stempelung wird ein Nachdruck oder eine Nachbildung der Beschlagnahme oder Confiskation, welche durch der Stempelung vorhergegangene Handlungen nach Maaßgabe der Gesetze vom 25. Februar 1815 und 22. Juli 1836 verwirkt worden ist, nicht entzogen.

Stuttgart den 19. Oktober 1838.

Auf Seiner Königlichen Majestät besonderen Befehl:
Schlayer."

4. Das Gesetz zum Schutz gegen unbefugte Vervielfältigung (1845)

Mit dem Gesetz vom 24. August 1845, verkündet am 9. September 1845, war die Zeit in Württemberg endlich reif für einen Urheberschutz des Autors auf Lebenszeit bzw. für die Zeitspanne von 30 Jahren nach seinem Tode. Zu diesem Gesetz war das Königreich infolge des Beschlusses der Bundesversammlung vom 19. Juni 1845 gezwungen worden; freiwillig wäre es diesen Schritt wohl nicht gegangen[113]:

„**Gesetz,**
in Betreff des Schutzes schriftstellerischer und künstlerischer Erzeugnisse
gegen unbefugte Vervielfältigung.

Wilhelm,
von Gottes Gnaden König von Württemberg.

In Beziehung auf den Schutz schriftstellerischer und künstlerischer Erzeugnisse gegen unbefugte Vervielfältigung verordnen und verfügen Wir bis zum Erscheinen eines definitiven Gesetzes hierüber, nach Anhörung Unseres Geheimen Rathes und unter Zustimmung Unserer getreuen Stände, wie folgt:

---

[113] RegBl Württemberg 1845, S. 355-356.

Art. 1.

Der Schutz gegen Nachdruck oder sonstige durch mechanische Kunst bewirkte Vervielfältigung, welche das Gesetz vom 17. Oktober 1838 den im Königreiche oder in einem andern zum deutschen Bunde gehörigen Staate erschienenen schriftstellerischen und künstlerischen Erzeugnissen zusichert, wird auf die Lebensdauer des Urhebers eines solchen Werks und auf dreißig Jahre vom Tode desselben ausgedehnt.

Werke ungenannter oder nicht mit ihrem wahren Namen genannter Verfasser, deßgleichen Werke, welche nach dem Tod ihrer Verfasser herauskommen, oder von moralischen Personen (Akademien, Universitäten ec.) herrühren, genießen den besagten Schutz dreißig Jahre lang, von dem Ablauf des Jahrs ihres Erscheinens an gerechnet.

Art. 2.

Manuscripte, welche den Angehörigen eines deutschen Bundesstaates zum Verfasser haben, so wie Kanzelreden und Lehrvorträge, welche in einem Staate des deutschen Bundes gehalten wurden, sind im Schutze gegen eine ohne Zustimmung des Urhebers des Manuscripts oder Vortrags oder seines Rechtsnachfolgers vorzunehmende mechanische Vervielfältigung den Druckschriften gleichgestellt.

Art. 3.

Die zur Zeit der Verkündigung des gegenwärtigen Gesetzes bereits veranstalteten Nachdrücke oder sonstigen mechanischen Vervielfältigungen von Werken, welchen durch das gegenwärtige Gesetz ein ihnen nach dem Gesetz vom 17. Oktober 1838, Art. 1 und 3 zuvor nicht zugekommener Schutz gegen mechanische Vervielfältigung verliehen, oder der erloschene frühere Schutz erneuert wird, können zwar auch während der Dauer dieses Schutzes, jedoch nur in polizeilich gestempelten Exemplaren zum Absatz gebracht werden.

Den polizeilichen Stempel erhalten diejenigen Exemplare, welche binnen 30 Tagen, von der Verkündigung des gegenwärtigen Gesetzes an gerechnet, von dem Nachdrucker oder Händler dem Bezirkspolizeiamte seines Wohnorts mit dem erforderlichen Beweise über den schon vor der Verkündigung des gegenwärtigen Gesetzes veranstalteten Nachdruck derselben vorgelegt werden.

Für die polizeiliche Stempelung findet die Entrichtung einer Abgabe nicht statt.

Unser Minister des Innern ist mit der Vollziehung dieses Gesetzes beauftragt.

Wilhelm.

Der Minister des Innern:
Schlayer

Auf Befehl des Königs,
der Legationsrath:
Maucler."

5. Das Erweiterungsgesetz von 1858

Beim Lesen des Gesetzes von 1845 fällt auf, dass Kanzelreden und Lehrvorträge, die zu jener Zeit unter erheblicher unerlaubter Vervielfältigung litten, rechtlich separat umhegt wurden. Das Erweiterungsgesetz vom 21. August

1858 dehnte die Schutzfristen unter gewissen Voraussetzungen sogar bis zum 9. November 1867 aus[114]:

„Gesetz,

betreffend die Erweiterung des Schutzes schriftstellerischer und künstlerischer Erzeugnisse gegen unbefugte Vervielfältigung.

Wilhelm,

von Gottes Gnaden König von Württemberg.

Nach Anhörung Unseres Geheimen-Rathes und unter Zustimmung Unserer getreuen Stände verordnen und verfügen Wir, wie folgt:

Einziger Artikel.

Der durch die Gesetze vom 17. Oktober 1838 und vom 24. August 1845 den im Königreiche oder in einem anderen Staate des deutschen Bundes erschienenen schriftstellerischen und künstlerischen Erzeugnisse zugesicherte Schutz gegen den Nachdruck oder sonstige mechanische Vervielfältigung, sowie derjenige Schutz, welcher den Werken einzelner Schriftsteller durch besondere Privilegien verliehen worden ist, wird bis zum 9. November 1867 zu Gunsten der Werke verlängert, deren Urheber vor dem 9. November 1837 verstorben sind.

Jedoch findet die vorstehende Bestimmung nur auf solche Werke Anwendung, welche am 6. November 1856 durch Gesetze oder Privilegien gegen Nachdruck oder Nachbildung geschützt waren.

Unser Minister des Innern ist mit der Vollziehung dieses Gesetzes beauftragt.

Gegeben Schlangenbad den 21. August 1858.

Wilhelm

Der Minister des Innern:
Linden

Auf Befehl des Königs,
Der Chef des Geheimen-Cabinets:
Maucler."

II. Elemente der zeitgenössischen Diskussion

In Württemberg blühte auch nach dem Rescript vom 25. Februar 1815 das Nachdruckgewerbe[115]. Der dort beheimatete Dichter Ludwig Uhland, zeitweise auch Mitglied des Landtages, nannte Württemberg wegen seines Nachdruckgewerbes eine „literarische Barbareske". Es kam dort so weit, dass 1834 und 1840 selbst seine Werke in Stuttgart und Cannstatt nachgedruckt wurden, obwohl sie in Württemberg erschienen waren[116]. Vor allem der schwer fassbare Hausierhandel spielte eine nicht unbedeutende Rolle[117]. Der rechtmäßige Buchhandel, der sogleich nach dem Ende der französischen Herrschaft einen

---

[114] RegBl Württemberg 1858, S. 205-206.

[115] *Gieseke*, Die geschichtliche Entwicklung (Fn. 79), S. 124.

[116] *Eugen Wohlhaupter*, Dichterjuristen, Bd. II, Tübingen 1955, S. 221.

[117] *Kapp/Goldfriedrich*, Geschichte Bd. IV (Fn. 107), S. 61 ff., S. 83 ff., S. 169 ff.

bedeutenden Aufschwung genommen hatte, wurde dadurch auch in den Gebieten noch weiterhin gestört, in denen an sich eine ausreichende Gesetzgebung bestand[118].

1. Rechtsprechung des württembergischen Obertribunals

Sehr oft kam es auch in der Rechtsprechung zu seltsam anmutenden Entscheidungen, die Gieseke zutreffend als „Verirrungen" porträtierte[119]. Ein Urteil des württembergischen Obertribunals von 1826 macht bemerkenswerte Ausführungen über persönlichkeitsrechtliche Befugnisse eines württembergischen Schriftstellers. Damals hatte Wilhelm Hauff eine Parodie auf die „Manier" des unter dem Pseudonym Clauren bekannten und beliebten Berliner Romanciers Heun unter dessen Pseudonym mit dem Titel „Der Mann im Mond" bei dem Verleger Frankh in Stuttgart erscheinen lassen. Frankh wurde dafür wegen Täuschung des Publikums zu 50 Talern Polizeistrafe verurteilt. Das Obertribunal erklärte ferner, dass Heun kein ausschließliches Recht auf den Gebrauch seines Pseudonyms habe, denn das ihm angedichtete Werk sei auch nicht so schlecht, dass die Andichtung als Verletzung des Rechts der Persönlichkeit anzusehen sei. Bezeichnend war die Feststellung des Obertribunals[120]:

„Kein Schriftsteller hat ein Recht zu verlangen, daß sein schriftstellerisches Talent allgemein anerkannt werde, [...] ebensowenig als die Nachahmung der Manier eines Schriftstellers, worauf dieser kein ausschließliches Recht hat, [...] für verboten betrachtet werden darf."

2. Reaktion Württembergs auf den Beschluss der Bundesversammlung von 1835

Nach dem Beschluss der Bundesversammlung vom 2. April 1835, den Nachdruck im Umfang des ganzen Bundesgebiets zu verbieten und das schriftstellerische Eigentum nach gleichförmigen Grundsätzen festzustellen und zu schützen, musste Württemberg gegen den Nachdruck vorgehen. Es erließ am 22. Juli 1836 ein provisorisches Gesetz wider den Büchernachdruck, das für alle von einem Deutschen verfassten oder verlegten Schriften einen allgemeinen Nachdruckschutz für die Dauer von sechs Jahren nach dem Erscheinen des Werkes einführte[121]. Die vor der Verkündung des Gesetzes bereits veranstalteten Nachdrucke konnten nach polizeilicher Abstempelung noch weiter abgesetzt werden. Auch im folgenden Gesetz vom 17. Oktober 1838, durch das die

---

[118] *Gieseke*, Die geschichtliche Entwicklung (Fn. 79), S. 129.

[119] *Gieseke*, Die geschichtliche Entwicklung (Fn. 79), S. 142.

[120] *Gieseke*, Die geschichtliche Entwicklung (Fn. 79), S. 144.

[121] *Schletter*, Handbuch der deutschen Preß-Gesetzgebung (Fn. 66), S. 54.

Schutzfrist auf zehn Jahre verlängert und zugleich bestimmt wurde, dass auch für alle seit 1818 im Bundesgebiet erschienenen Schriften die Frist erst jetzt beginne, war diese Abstempelung vorgesehen[122]. Diese Abstempelung brachte noch einmal große Mengen von Nachdrucken zum Vorschein und in den Handel[123].

3. Der Streit Griesinger versus Schmid

Mit der in Württemberg bestehenden Nachdruckfreiheit war die Hälfte der Abgeordneten in Stuttgart keineswegs einverstanden. Die Vertreter zeigten sich zwar bemüht, zur Ehre Württembergs die Schmach des Nachdrucks vom Lande zu nehmen; der Abgeordnete und Autor Ludwig Uhland erklärte sogar, der Kammer nicht länger angehören zu wollen, wenn sie den Nachdruck in Schutz nehmen sollte. Die Regierung verhielt sich indes abwartend und die Kammer überließ im Ergebnis die Regelung der Nachdruckfrage der Bundesgesetzgebung[124]. Der Stuttgarter Advokat Ludwig Friedrich Griesinger (1767-1845) rechtfertigte dagegen die spätmerkantilistische bzw. wirtschaftsliberale Politik Württembergs. Im Jahre 1822 publizierte er eine 1821 vor der württembergischen Kammer der Abgeordneten gehaltene Rede, in der er den Nachweis versucht hatte, dass der Verfasser eines Werkes nach dessen Veröffentlichung kein ausschließliches Recht, insbesondere kein Eigentum mehr daran haben könne. Es sei auch gar nicht zweckmäßig, auf Kosten des ganzen lesenden Publikums die allgemeine Gewerbefreiheit durch monopolistische Vorrechte einzelner Verleger einzuschränken[125].

Der Jenaer Professor Karl Ernst Schmid (1774-1852) wandte sich gegen die Position Griesingers. Obschon er zugab, dass sich aus dem System des geltenden positiven Rechts ein Eigentum an Schriftwerken nicht ableiten lasse, erklärte er:

„Das allgemeine Urtheil der Menschen erkennt dasselbe an, ohne sich seiner rechtlichen Gründe und genaueren Bestimmungen deutlich bewußt werden zu können. Man findet es unrecht, den Schriftsteller der Früchte seiner Arbeit und seiner Verdienste zu berauben, dem Verleger den Lohn zu entreißen, dessen er durch das Gewagte eines an

---

[122] *Schletter,* Handbuch der deutschen Preß-Gesetzgebung (Fn. 66), S. 55.

[123] *Gieseke,* Die geschichtliche Entwicklung (Fn. 79), S. 149.

[124] *Hans Widmann,* Die Beschimpfung der Reutlinger Nachdrucker durch Christian August Vöpius. Mit einem Rückblick auf die württembergischen Verordnungen zum Nachdruck, in: Archiv für Geschichte des deutschen Buchhandels (= Publikationen des Börsenvereins Deutscher Buchhändler, Neue Folge) AGB 14 (1974), Sp. 1535-1588; *Gabriele Mayer,* Württembergs Beitrag (Fn. 73), S. 24 ff.

[125] *Gieseke,* Vom Privileg zum Urheberrecht (Fn. 54), S. 214-215; vgl. auch Griesingers Schrift: Der Büchernachdruck unter dem Gesichtspuncte des Rechts, der Moral und der Politik betrachtet, Stuttgart 1822.

sich so gemeinnützigen Gewerbes mehr als ein anderer Kaufmann bedürftig und würdig ist."

Schmid forderte daraufhin eine gesetzliche Regelung und betonte, dass der Schriftsteller Honorareinnahmen haben müsse, was zwar eine „Nebensache", aber unentbehrlich sei. Schmid, nach dessen Auffassung das Recht des Schriftstellers ein Vermögensrecht war, sah das Schrifteigentum als ein vererbliches Recht an und hielt deshalb eine positivrechtliche Regelung seiner Dauer für erforderlich[126].

4. Die Veränderungen im Bund durch nachdrückliche Intervention der „Klassiker" und ihrer Erben

Bis die Bundesversammlung schließlich eine einheitliche Schutzfrist von 30 Jahren nach dem Tod des Autors gegen den Nachdruck seiner Werke beschloss, gab es ein Nebeneinander einzelstaatlicher Privilegien. Stets waren bei den Verhandlungen diplomatische Empfindlichkeiten zu spüren. Als Goethe sich Anfang 1825 mit der Bitte an die Bundesversammlung wandte, ihm für die neue vollständige Ausgabe seiner Werke, die geplante Ausgabe „letzter Hand", durch Beschluss der Bundesversammlung kostenfrei ein Privileg zu erteilen, wollte er sich damit den Schutz gegen Nachdruck in allen 39 Bundesstaaten sichern. Die Bundesversammlung beschloss die Befürwortung der Erteilung dieser Privilegien an Goethe bei den Regierungen der einzelnen Staaten wegen der allgemein anerkannten großen Verdienste Goethes um die deutsche Literatur.

In den Folgejahren erhielt Goethe tatsächlich 39 Einzelprivilegien für seine geplante Ausgabe. Einige Privilegien wurden unbefristet erteilt: In Schwarzburg-Sondershausen „für immer". Andere galten für unterschiedliche Zeiten: in Bayern 20 Jahre, in Hannover und einigen anderen Staaten 50 Jahre. Württemberg dagegen gewährte kärgliche 12 Jahre[127]. Auch nachdem man 1837 zu ersten allgemeinen Grundsätzen gekommen war, mussten noch mehrfach Sonderbeschlüsse für Einzelfälle die überfällige allgemeine Neuregelung ersetzen. Gestützt auf die einfache Formel von der „Belohnung von Nationalverdiensten" wurden Gesuche für die Werke einiger weiterer, damals bereits verstorbener deutscher Klassiker ähnlich wie im Fall Goethe behandelt, so 1838 für Schiller († 1805), 1840 für Wieland († 1813) und Jean Paul († 1825), 1842 für Herder

---

[126] *Karl Ernst Schmid,* Der Büchernachdruck aus dem Gesichtspunkt des Rechts, der Moral und Politik, mit Berücksichtigung der wichtigsten in- und ausländischen Gesetzgebungen, gegen L. Fr. Griesinger. Der deutschen Bundesversammlung zugeeignet, Jena 1823; Zitat bei *Gieseke,* Vom Privileg zum Urheberrecht (Fn. 54), S. 215.

[127] *Fröbe,* Die Privilegierung (Fn. 69), S. 187-229; *Gieseke,* Vom Privileg zum Urheberrecht (Fn. 54), S. 228-229.

(† 1803). 1840 und 1841 wurden entsprechende Beschlüsse zu neuen Ausgaben von Werken Goethes, inzwischen 1832 verstorben, gefasst[128].

In allen diesen Fällen, die in Frankfurt wie die Befürwortung einzelstaatlicher Privilegien verstanden worden sein durften, sprach sich die Bundesversammlung (in Anwendung von Artikel 3 des inzwischen ergangenen Beschlusses von 1837) für einen Schutz gegen den Nachdruck auf 20 Jahre aus. Die einzelnen Staaten gingen aber teilweise darüber hinaus oder verlängerten zu einem späteren Zeitpunkt ihre Privilegien. Das Freiwerden, mithin das Erlaubtsein des Nachdrucks, wurde gerade bei den Klassikern begrüßt. Neue Klassikerausgaben überschwemmten nun den deutschen Buchmarkt und bewirkten, da die Preise weit unter den bisherigen lagen, auch eine große Erweiterung des Leserpublikums. Dadurch wurden die Werke der deutschen Klassiker zum Allgemeingut, zum „Eigentum der Nation"[129].

Mit dem „provisorischen Gesetz wider den Büchernachdruck" ging seit dem Jahre 1836 Württemberg gegen den Nachdruck vor. Für alle von Angehörigen eines im Deutschen Bunde begriffenen Staates verfassten oder verlegten Schriften gewährte dieses Gesetz einen allgemeinen Nachdruckschutz für die Dauer von sechs Jahren. Die vor der Verkündung des Gesetzes veranstalteten Nachdrucke konnten nach polizeilicher Abstempelung noch weiter verkauft werden. Solche Abstempelungen waren auch in den folgenden württembergischen Gesetzen von 1838 und 1845, durch die die Schutzfrist zunächst auf zehn Jahre und dann auf 30 Jahre nach dem Tod des Autors verlängert wurde, vorgesehen[130]. 1836 wurden allein in Reutlingen 83 000 Nachdruckbände abgestempelt; die Nachdruckermentalität änderte sich allerdings nur allmählich, denn noch 1837 wurde in Stuttgart die fünfte Auflage von Savignys „Recht des Besitzes", die 1826 in Gießen erschienen war, nachgedruckt. Dieser Nachdruck war also nach Ablauf der Zehnjahresfrist des Bundesbeschlusses von 1837; deshalb erwirkte Savigny für sein 1840 erscheinendes „System des heutigen Römischen Rechts" vorsorglich noch einmal bayerische und württembergische Privilegien[131].

Preußen versuchte im Juli 1837 in der Bundesversammlung von neuem, seine Vorstellungen von einem langen Nachdruckschutz durchzusetzen. Die Beratungen über das preußische Gesetz zum Schutze des Eigentums an Werken der Wissenschaft und Kunst waren zu jener Zeit abgeschlossen, denn König Friedrich Wilhelm III. hatte das Gesetz am 11. Juli 1837 bereits unterzeichnet. Das

---

[128] *Schletter*, Handbuch der deutschen Preß-Gesetzgebung (Fn. 66), S. 5.

[129] *Gieseke*, Vom Privileg zum Urheberrecht (Fn. 54), S. 229-230.

[130] *Schletter*, Handbuch der deutschen Preß-Gesetzgebung (Fn. 66), S. 54 ff.; *Widmann*, Die Beschimpfung (Fn. 124).

[131] *Elmar Wadle*, Friedrich Carl von Savignys Beitrag zum Urheberrecht, in: *Lüke* (Hg.), Grundfragen des Privatrechts, Köln 1989, S. 95-145 und in: *Wadle*, Geistiges Eigentum. Bausteine zur Rechtsgeschichte I, Weinheim (jetzt München) 1996, S. 267-307.

Gesetz sah eine erst 30 Jahre nach dem Tod des Urhebers endende Schutzfrist vor. Damit ging dieses Gesetz über die von Preußen im September 1836 vorgelegte Denkschrift hinaus, in dem die Anerkennung eines Schutzes für die Lebenszeit des Urhebers und zusätzliche 15 Jahre gefordert worden waren. Dieses Mal setzte sich Preußen in Frankfurt für die 30-Jahres-Frist ein und verwies auf den in vielen deutschen Staaten und Frankreich jedenfalls für die Lebenszeit des Autors und meist noch darüber hinaus bestehenden Schutz. In einem längeren Vortrag wurde diese vorgeschlagene Frist nicht nur wirtschaftlich, sondern auch ideell begründet. Geld und Ehre des Autors wie seiner Nachkommen standen dabei im Mittelpunkt der Überlegung[132]:

> „Bei den allermeisten Büchern ist die Frage wegen der Dauer dieses Eigenthums nach dem Tode des Verfassers ganz gleichgültig, weil sie nicht Interesse genug haben, um dann noch zu Gegenständen der Speculation des Nachdrucks gemacht zu werden; wo sie aber bedeutend wird, zeigt sich ein Zeitraum von dreißig Jahren für jene Dauer gewiß nicht zu lange. Einmal geht es nicht bloß um den Schutz der Geldvortheile, sondern auch um die Möglichkeit, die Veröffentlichung einer von dem Verstorbenen herrührenden Handschrift oder den Wiederabdruck eines von ihm früher herausgegebenen Buches besonders auch dann zu verhindern, wenn durch die Bekanntmachung oder Wiedererneuerung sein Ruhm, seine literarische oder vielleicht gar seine bürgerliche Ehre gefährdet wird, deren Vertretung Ehefrau, Kinder und nahe Verwandte für Pflicht halten. Soll dieser Zweck zugleich mit erreicht werden, ohne deshalb eine abgesonderte gesetzliche Bestimmung nöthig zu machen, so sind 15 Jahre nach dem Tode des Verfassers offenbar zu wenig. Nach 30 Jahren aber haben sich die meisten persönlichen Verhältnisse des Verfassers [...] aufgelöst oder verändert.-

> Diese Betrachtungen sind es indessen nicht allein welche auf die Bestimmung einer Frist von 30 Jahren hingeleitet haben. Es liegt vielmehr der Annahme dieses Zeitraums [...] ganz besonders die Ansicht zum Grunde: es sey dieß die Zeit, innerhalb welcher eine Generation zu ihrem höchsten Entwicklungspuncte gedeiht,– die Frist, mit deren Ablauf die Extinctivverjährung des gemeinen Rechts eintritt, innerhalb deren man auch als Regel annehmen kann, daß das Publikum mit so viel Exemplaren einer Schrift, als die Nachfrage erheischte, gesättigt sey [...]".

5. Österreich und Württemberg als beharrliche Bedenkenträger gegen eine allgemeine Schutzfrist

Österreich und Württemberg hegten weiterhin Bedenken gegen diese allgemeine Schutzfrist. So konnte die Bundesversammlung am 9. November 1837 für künftig erscheinende Werke grundsätzlich nur eine Schutzfrist von zehn Jahren ab Erscheinen beschließen[133]. Allerdings erhielt Preußen die Zusiche-

---

[132] *Gieseke*, Vom Privileg zum Urheberrecht (Fn. 54), S. 234-235; ProtBV 1837 § 223, S. 540; für die Entwicklung des französischen Urheberrechts grundlegend: *Laurent Pfister*, Etude historique de la propriété littéraire du XVIe siècle à la loi de 1957, thèse en droit, Straßburg 1999.

[133] ProtBV 1837, Separatprotokoll S. 846 af.

rung, dass in einzelnen Staaten vorgesehene günstigere Bestimmungen, vor allem längere Schutzfristen, aufgrund bilateraler Separatabkommen auf die Untertanen auch anderer Staaten angewandt werden sollten. Ein sechs Artikel umfassender einstimmiger Beschluss über gemeinsame Grundsätze zum Schutz literarischer und artistischer Erzeugnisse kam schließlich zustande und bildete einen Minimalkonsens. Er ging in Artikel 1 immerhin von dem Recht des Urhebers aus. Mit der in Artikel 2 nur vorgesehenen zehnjährigen Schutzfrist war allerdings ein Element aus der Privilegienzeit weiter beibehalten worden. Spätestens zu Beginn des Jahres 1842 sollten nach Meinung einer großen Mehrheit der Regierungen gemeinsame Beratungen über eine Verlängerung dieser Schutzfrist und über Erfahrungen mit den Grundsätzen aufgenommen werden[134].

---

[134] *Gieseke*, Vom Privileg zum Urheberrecht (Fn. 54), S. 235-236.

2. Teil

Die Rahmenbedingungen für den Nachdruckschutz in Württemberg

Nach einer Analyse von Geschichte und Verfassung des Königreichs Württemberg im 19. Jahrhundert sollen in einem zweiten Kapitel mehr als 350 Verfahren zur Privilegienerteilung aufgearbeitet werden (A). Der Aktenbestand des Ministeriums des Innern E 146/1, der in Stuttgart beim Württembergischen Hauptstaatsarchiv (WHStA) lagert, liefert zu all diesen Fragen reichhaltiges Material (B).

A. Geschichte und Verfassung des Königreichs Württemberg im 19. Jahrhundert

Eine Beschreibung der Druckprivilegienpraxis Württembergs kann nicht ohne Bezugnahme auf die allgemeine Geschichte von Politik und Wirtschaft dieses Landes geschehen.

I. Württembergische Politik und Wirtschaft im Spiegel der Landesgeschichte

Bis zur Abdankung König Wilhelms II. am 30. November 1918 teilt man die Geschichte des Landes Württemberg in drei großzügig gewählte Abschnitte ein. Der erste Teil dieser Geschichte reicht von den im Dunkeln der Zeit liegenden Ursprüngen der Familie, die dem Land ihren Namen gab, bis in das Jahr 1442. Von 1442 bis 1806 geht der zweite Teil; der dritte Teil umfasst die Zeit Württembergs als Königreich von 1806-1918.

Die Familie der Württemberger kam im 11. Jahrhundert zum Ursprung ihres Landbesitzes „Wirtenberc" in der Nähe von Untertürkheim. Der Familienbesitz der Familie vermehrte sich durch engen Anschluss an die Staufer. Der Grafentitel wurde verliehen und beim Untergang des staufischen Königsgeschlechts hielt sich die Familie an deren schwäbischem Eigentum schadlos. Das Neckartal bildete das Kernstück württembergischen Landes, welches im Verlauf des Mittelalters ständig erweitert wurde und die Familie zur bedeutendsten Macht in Südwestdeutschland aufsteigen ließ. Der bis in das 15. Jahrhundert hinein vergrößerte Herrschaftsbereich blieb danach, nur unwesentlich verändert, bis in die napoleonische Zeit erhalten. Den Württembergern kam zugute, dass sie es auf „gut schwäbische Art" verstanden, den Familienbesitz beisammen zu halten und die in anderen Familien des Hochadels üblichen Teilungen im Großen und Ganzen zu vermeiden. Sie konnten es vor allem umgehen, dass das Herzogtum Schwaben auf Kosten Württembergs erstehen würde. Unter Kaiser Maximilian I. wurde die Reichsgrafschaft Württemberg zum Herzogtum erhoben, womit der Kaiser allerdings die Hoffnung verband, dieses Herzogtum später dem Habsburger Besitz zurechnen zu können. Diese Absicht lieferte letztlich auch den Anstoß dafür, dass Herzog Friedrich II. im dritten Koalitionskrieg an die Seite Napoleons trat. Der französische Empereur ernannte ihn zunächst 1804 zum Kurfürsten und erhob sodann 1806 Württemberg zum Königreich[135]. In der napoleonischen Zeit verdoppelte sich das Land Württemberg hinsichtlich Bevölkerung und räumlicher Ausdehnung, insbesondere zum Nachteil der Habsburger. Indes brachte der Wiener Kongress von 1815 dem Königreich keinen Gebietszuwachs, denn die erhoffte Gebietserweiterung durch die Zunahme des Großherzogtums Baden blieb aus. Mit dem Ziel, die Souveränität Württembergs zu erhalten, versuchte König Friedrich I., eine reaktionäre Verfassung durchzusetzen. Diese Geisteshaltung des Königs wurde auch deutlich, als dieser nur widerwillig und als letzter der deutschen souveränen Fürsten dem Deutschen Bund am 8. Juni 1815 beitrat.

Unter König Wilhelm I. begann in Württemberg die allmähliche Abkehr vom absolutistisch geprägten Staat. Obwohl das Land am 25. September 1819 seine erste Verfassung erhielt, blieb die Politik der württembergischen Regierungen zumeist reaktionär. In den Jahren 1848-49 entlud sich auch in Württemberg der Drang der Bevölkerung nach mehr Freiheit und Demokratie in revolutionären Aktionen. Wilhelm I. gewährte zwar einige Zugeständnisse, nahm diese jedoch wieder alsbald zurück. Im deutschen „Bruderkrieg" von 1866 kämpfte Württemberg auf österreichischer Seite, musste aber nach einer bald erlittenen Niederlage die Vorherrschaft Preußens in Deutschland anerkennen. Obzwar Württemberg nach der Reichsgründung vom 1. Januar 1871 weitgehend seine souveränen Rechte einbüßte, blühte es wirtschaftlich bis zum Ersten Weltkrieg auf. Als König Wilhelm II. am 30. November 1918 zugunsten einer Republik abdankte, endete die über Jahrhunderte während Herrschaft seiner Familie in Württemberg[136].

---

[135] *Paul Sauer*, Napoleons Adler über Württemberg, Baden und Hohenzollern. Südwestdeutschland in der Rheinbundzeit, Stuttgart 1987.
[136] *Manfred Höfer*, Die Kaiser und Könige der Deutschen, 5. Aufl., München 2001, S. 386-388.

1. König Friedrich I.

Die Außenpolitik des ersten Königs von Württemberg, Friedrich I., zu Frankreich war stark von Wechseln gekennzeichnet. Nach seiner Regierungsübernahme im Jahre 1797 gab Herzog Friedrich die von seinem Vorgänger verfolgte Neutralitätspolitik gegenüber Frankreich auf und steuerte einen klaren Konfrontationskurs gegen Napoleon, als er an der Seite Österreichs am zweiten Koalitionskrieg teilnahm. Dadurch ging 1801 das Herzogtum zunächst für Friedrich verloren. Ein Jahr später indes gelang es dem Herzog durch Vermittlung seines Neffen, des Zaren Alexander I., einen Vertrag mit Frankreich auszuhandeln, der ihn reichlich entschädigte. Schließlich kam Friedrich auf die Seite Napoleons, weil das Haus Habsburg den Plan verfolgte, das Herzogtum Württemberg aufzulösen und Friedrich in der Toskana abzufinden. Am 27. April 1804 wurde dem Herzog durch Napoleon die Kurwürde verliehen, am 1. Januar 1806 ließ der neu bestellte König Friedrich I. die Erhebung des Landes zum Königreich verkünden.

Zur Gerichtsbarkeit des Kurfürsten Friedrich II. bzw. späteren Königs Friedrich I. ist anzumerken, dass er am 30. März 1805 ein dauernd tagendes Gericht als Oberappellationsgericht für Württemberg errichtete. Dies war notwendig geworden, weil im Jahre 1804 Württemberg die Kurfürstenwürde und somit ein uneingeschränktes *privilegium de non appellando* erhalten hatte. Mit dem Organisationsmanifest vom 18. März 1806 wurde daraufhin eine eigene dritte Instanz geschaffen, nämlich das königliche Oberappellationstribunal mit Sitz in Stuttgart[137].

Nachdem Napoleon die Tochter des Königs, Katharina, mit seinem Sohn Jérôme, der als König über Westfalen regierte, verheiratet hatte, nahmen in der Folgezeit württembergische Truppen an allen Feldzügen Kaiser Napoleons teil, was sich König Friedrich I. durch weitere Gebietszugewinne honorieren ließ. So hatte sich bis 1812 das Königreich Württemberg in Größe und Einwohnerzahl verdoppelt.

Zum Regierungsstil König Friedrichs I. bleibt zu sagen, dass er als absoluter Herrscher regierte, der seinen Untertanen kaum Grundrechte einräumte. Lediglich den Lutheranern, den Reformierten und den Katholiken billigte er freie Religionsausübung zu und duldete ansonsten keine freiheitlichen Betätigungen. Auch die Rechte des Adels wurden stark beschnitten, dessen Steuerfreiheit und Patriarchalgerichtsbarkeit abgeschafft. Der König griff eigenmächtig in die Rechtsprechung ein und fällte selbst Urteile, ohne allerdings vom geltenden Recht abzuweichen. Zur Überwachung der Durchführung seiner Anordnungen sowie des Landes und der Bevölkerung ganz allgemein schuf der König ein straff organisiertes Bespitzelungssystem. Gesetze zum Verbot der freien Mei-

---

[137] *August Ludwig Reyscher*, Württemberg. Geschichte und Übersicht seiner Verfassung und Gesetzgebung, Stuttgart 1861, S. 35.

nungsäußerung, das Versammlungsverbot, die Einführung der Zensur und die Bildung eines Polizeiministeriums waren nur selbstverständliche Auswirkungen der reaktionären Einstellung Friedrichs I. Das württembergische Heer wurde vorbildlich aufgebaut, organisiert und geführt, allerdings ging die Armee im Russlandfeldzug von 1812 nahezu total verloren. Trotz seiner reservierten Einstellung gegenüber Frankreich ließ König Friedrich I. seine Truppen noch in den Befreiungskriegen auf französischer Seite kämpfen. Erst als die Niederlage Napoleons absehbar wurde, wechselte er die Bündnisseite. Der König führte dessen ungeachtet das Verwaltungssystem nach französisch-zentralistischem Muster ein. Die eigene Unterordnung unter den Staatsgedanken, die er ähnlich wie der preußische König Friedrich der Große konsequent durchhielt, verlangte er auch von seinen Untertanen. Aufkeimenden Demokratisierungs- und Liberalisierungsideen ließ er aber keinerlei Chancen. Im Streit um eine neue Landesverfassung musste der König 1815 erstmals dem württembergischen Parlament nachgeben und einige Zugeständnisse, die seinen Absolutismus einschränkten, zulassen. Für unsere Untersuchung ist wichtig, dass das königliche Rescript zur Erteilung der Privilegien ebenfalls im Jahr 1815 unter Friedrich I. erlassen wurde. Mitten in den Auseinandersetzungen über die Verfassungsreform starb Friedrich I. am 30. Oktober 1816 in Stuttgart im Alter von 62 Jahren[138].

2. König Wilhelm I.

Wilhelm I. (1816-1864) nahm als junger Prinz an den Kriegen gegen die französischen Revolutionsheere teil und kämpfte unter dem Österreichischen Erzherzog Johann in der Schlacht bei Hohenlinden. Nachdem Württemberg 1806 mit Zustimmung Napoleons zum Königreich erhoben worden war, wurde der zum Kronprinz aufgestiegene Wilhelm 1809 zum General befördert und erhielt den Oberbefehl über die württembergische Armee. 1812 führte er dann das württembergische Truppenkontingent der französischen Streitkräfte nach Russland. Nach dem erneuten Bündniswechsel Württembergs im Anschluss an die Völkerschlacht von Leipzig im Jahre 1813 befehligte Kronprinz Wilhelm ein Armeekorps gegen Frankreich. Wilhelms persönliches Bestreben, Elsass-Lothringen wieder mit dem Südwesten Deutschlands zu verbinden, blieb letztlich unerfüllt. Am 30. Oktober 1816 übernahm Wilhelm I. nach dem Tode seines Vaters die Regierungsgeschäfte.

Schon in der ersten Zeit seiner Regierung, nämlich am 22. Juli 1819, gründete der König den Handels- und Gewerbeverein, der den durch eine Entschließung vom 1. August 1817 angeregten „Landwirtschaftlichen Verein" zur Belebung und Verbreitung der Landwirtschaft und ökonomischen Industrie ergänzte. Beide privatrechtlichen Vereine erhielten zur Bündelung ihrer Bezirksverei-

---

[138] *Höfer*, Die Kaiser und Könige (Fn. 136), S. 389-392.

ne jeweils eine staatliche Oberbehörde, nämlich die „Zentralstelle des Handels- und Gewerbevereins" und die „Zentralstelle des landwirtschaftlichen Vereins"[139]. Wilhelm richtete sein Bestreben auf „moderne Schulen als Voraussetzung einer verbesserten Bildung", womit er die Umwandlung seines Landes von einem Agrar- in einen mittelständischen Industriestaat bewirken wollte[140]. Eine neue Schulform musste über die Möglichkeiten und Zielsetzungen der einfachen Volksschulbildung hinausgehen und als Alternative zu den hergebrachten Lateinschulen und Gymnasien die Realfächer unter Beiseitedrängung der altsprachlichen Studien betonen; dies stellt Tanja Blattner in ihrer Dissertation[141] eindrucksvoll heraus.

Während seiner fast 48jährigen Regierungszeit musste Wilhelm sein Land zwischen den beiden großen deutschen Staaten Österreich und Preußen einerseits und Frankreich als feindlichem Nachbarn andererseits führen. Bereits 1819 ließ er Württemberg eine neue fortschrittliche Verfassung geben und beendete damit die reaktionäre und absolutistische Regierung seines Vaters. Mit straffer Haushaltsführung, Milde und scharfem Verstand regierte Wilhelm I. gerecht und praxisnah: Die Verwaltung des Landes, die Landeskirche und das Schulwesen wurden neu geordnet, Handel, Verkehrswesen, Landwirtschaft und Industrie gefördert und unterstützt. „Nach schwäbischer Art" unterlag der Staatshaushalt seiner strengen und auf Sparsamkeit ausgerichteten Kontrolle und nach den schwierigen Jahren der napoleonischen Zeit kehrten Ruhe, Ordnung und Wohlstand in Württemberg ein. Der Wirtschaftsliberalismus wurde wiederum durch eine weitgehende Staatsfürsorge bestimmt, weswegen Württembergs Regierungsform nicht zu unrecht als „paternalistischer Liberalismus" beschrieben wurde[142]. Ungeachtet seines Bemühens, sich vom Absolutismus seines Vaters klar abzugrenzen, blieb auch Wilhelm I. ein reaktionärer Herr-

---

[139] *Alfred Dehlinger*, Württembergs Staatswesen in seiner geschichtlichen Entwicklung bis heute, Bd. 1, Stuttgart 1951, S. 132.

[140] *Karl Moersch*, Sperrige Landsleute, Wilhelm I. und der Weg zum modernen Württemberg, Leinfelden-Echterdingen 1996, S. 41-66 sowie S. 193.

[141] *Tanja Blattner*, Die von Innen- und Kultusminister Johannes von Schlayer erstrebte Umwandlung württembergischer Lateinschulen in Realschulen (1835-1848). Erfolge und Misserfolge eines der württembergischen Schultradition zuwiderlaufenden Reformvorhabens, phil. Diss. Tübingen, 2003, S. 53-54. Aus einem Ministerialerlass an den „Königlichen Studienrat" v. 2. Juni 1820 ergibt sich, dass der König das Realschulwesen auf sein ganzes Land ausgedehnt wissen wollte. Danach war der Studienrat gehalten, „wo immer die Gemeinderäthe Geneigtheit dafür zeigen, und es an den erforderlichen Mitteln nicht fehlt, sich die Errichtung besonderer Real-Classen zum Augenmerk nehmen"; dass die Erteilung des Unterrichts von Realfächern auch an den humanistischen Schulen gefördert werden sollte, lag dem König ebenfalls am Herzen, vgl. zu allem *Blattner*, S. 55-56.

[142] *Paul Gehring*, Das Wirtschaftsleben in Württemberg unter König Wilhelm I. (1816-1864), in: Zeitschrift für Württembergische Landesgeschichte (ZWLG) 9 (1949/50), S. 196 ff.

scher. Er legte sehr viel Wert auf die Feststellung, dass er ein konstitutioneller Monarch sei, um die fortschrittlichen Kräfte des Landes zu beruhigen.

Die Politik des württembergischen Königs Wilhelm I. kann insgesamt als „aufgeklärter Absolutismus" charakterisiert werden. Dabei meint Absolutismus „die auf Kosten ständischer Mitsprache zumindest weitgehend erfolgte Durchsetzung landesherrlicher Gewalt wenigstens auf der zentralstaatlichen Ebene"[143]. In Württemberg siegte allerdings die „ständische Freiheit". Am 30. Dezember 1805 hatte König Friedrich I. bereits die ständische Repräsentation Württembergs aufgehoben. Ferner handelte König Wilhelm I. die württembergische Verfassung vom 25. September 1819 mit den Ständen aus, die sich weit reichender Beliebtheit und Unterstützung in der Bevölkerung erfreute[144]. Die praktischen Kooperations-, aber auch Widerstandsmöglichkeiten der Stände und Untertanen schränkten den württembergischen Absolutismus ein und ließen ihn zu einem „aufgeklärten Absolutismus" werden. Der „aufgeklärte Absolutismus" beinhaltet aufklärerisch motivierte Reformimpulse und setzt eine gewisse Dichte an tatsächlich durchgeführten Reformmaßnahmen voraus[145]. Wilhelm I. gehörte wie sein Vater Friedrich I. zu denjenigen Monarchen, die die Reformen gerade in der Wirtschafts- und Bildungspolitik selbst in die Hand nahmen[146].

Der spezifisch württembergische Liberalismus wird in der Literatur auch treffend als „konservativ-pragmatischer" oder „patriarchalischer Liberalismus" umschrieben. Der spezifisch unter Wilhelm I. geprägte „patriarchalische Liberalismus" unterstreicht auch dessen Triaspolitik, nach der die Mittelstaaten im Deutschen Bund eine speziell dritte Kraft gegenüber den dominierenden Mächten Österreich und Preußen bilden sollten[147]. War die absolutistische Herr-

---

[143] *Walter Demel*, Vom aufgeklärten Reformstaat zum bürokratischen Staatsabsolutismus, München 1993 (Enzyklopädie Deutscher Geschichte XXIII), S. 1.

[144] *Karl Weller/Arnold Weller*, Württembergische Geschichte im südwestdeutschen Raum, Stuttgart 1957, 9. Aufl., Stuttgart 1981, S. 225.

[145] *Demel*, Reformstaat (Fn. 143), S. 4; *ders.*, Der aufgeklärte Absolutismus in mittleren und kleinen deutschen Territorien, in: *H. Reinalter/H. Klueting* (Hg.), Der aufgeklärte Absolutismus im europäischen Vergleich, Wien/Köln/Weimar 2002, S. 110.

[146] *Paul Sauer*, Reformer auf dem Königsthron. Wilhelm I. von Württemberg, Stuttgart 1987; *Harm Klueting*, Vom aufgeklärten Absolutismus zu den Reformen in Deutschland zu Beginn des 19. Jahrhunderts, in: *H. Reinalter/H. Klueting* (Fn. 145), S. 337 ff. u. 355; *Alexander Hauser*, Die Gesetzgebung zur Herstellung unbeschränkten Grundeigentums und zur Aufhebung der Leibherrschaft – Der Württembergische Weg, Inaugural-Dissertation zur Erlangung der Doktorwürde der Juristischen Fakultät der Eberhard-Karls-Universität Tübingen, Tübingen 2003, S. 196-205; dazu auch *Wolfgang von Hippel*, Die Bauernbefreiung im Königreich Württemberg, 2 Bde., Boppard 1977 (Forschungen zur deutschen Sozialgeschichte I).

[147] *Weller/Weller* (Fn. 144), S. 227, 221; *Otto-Heinrich Elias*, König Wilhelm I., in: R. Uhland (Hg.), 900 Jahre Haus Württemberg. Leben und Leistung für Land und Volk, 3. Aufl., Stuttgart 1985, S. 320 ff.

schaftsform Wilhelms I. durch aufklärerische Elemente eingeschränkt, erfuhr der in Württemberg praktizierte Liberalismus wiederum Schranken durch eine gewisse patriarchalische Fürsorgepolitik des Staates. Den Liberalen ging es allgemein um die möglichst staatsfreie und ungehinderte Verfolgung des Eigennutzes. Während sie uneingeschränkt die Gleichheit vor dem Gesetz forderten, ließen sie eine Gleichheit der sozialen und persönlichen Verhältnisse nicht gelten. Die württembergische Gesellschaft war insbesondere vom liberalen Gedankengut durchdrungen, wobei ein gewichtiger Faktor das traditionelle Ständewesen darstellte. Die geografische Nähe zu Frankreich und der schweizerischen Eidgenossenschaft, zahlreiche internationale Straßenverbindungen, aber auch die starke territoriale Zersplitterung, die hohe Mobilität und das hohe Bildungsniveau der Bevölkerung, eine überdurchschnittliche Bevölkerungsdichte und eine damit verbundene starke Verstädterung lieferten die Gründe für die besondere Ausprägung des Liberalismus[148]. Der Liberalismus blieb aber nicht bloß eine auf der Verfassung von 1819 fußende Theorie, sondern wurde zur politischen Wirklichkeit in Württemberg. Zu dem liberalen Grundkonzept gesellte sich das Element der Fürsorge des Staates, das in Württemberg ebenfalls Tradition hatte und am besten mit dem Begriff „patriarchalisch" beschrieben werden kann. Das Vorhandensein eines solchen spezifisch württembergischen Liberalismus wird von vielen Autoren anerkannt. Während Mann[149] von einem „pragmatisch-konservativen Liberalismus" spricht, führt Fenske[150] die Bezeichnung „unspezifischer Liberalismus" ein. Am griffigsten ist die Charakterisierung „patriarchalisch" für den württembergischen Liberalismus, die Elias[151] verwendet.

Die Verfahrenspraxis mit den nachdruckenden Verlegern und die weitestgehende Ablehnung des Urheberrechts des Autors passt in die Gesinnung des „patriarchalischen Liberalismus". Württemberg wollte den Nachdruckern gänzliche Nachdruckfreiheit und damit wirtschaftliche Freiheit bzw. Gewerbefreiheit gewähren. Die Anerkennung eines Urheberrechts hätte diesem diametral entgegengestanden. Die Praxis des Rescripts seit 1815 ermöglichte die Erteilung von Privilegien gegen den Nachdruck, ohne dabei jedes Mal die Stände gemäß § 31 der Verfassung zustimmen zu lassen. Dies hätte das Verfahren erheblich verzögert. Die Privilegienerteilungspraxis stand mit dem Rescript von

---

[148] *Hans Fenske*, Der liberale Südwesen. Freiheitliche und demokratische Traditionen in Baden und Württemberg 1790-1933, Stuttgart/Berlin/Köln/Mainz 1981, S. 13 ff. sowie S. 16 ff.; *Bernhard Mann*, Württemberg 1800 bis 1866, in: Handbuch der baden-württembergischen Geschichte, 3. Bd.: Vom Ende des Alten Reiches bis zum Ende der Monarchien, S. 330.

[149] *Mann* (Fn. 148), S. 330.

[150] *Hans Fenske*, Allgemeine Geschichte Südwestdeutschlands im 19. Jahrhundert, in: Handbuch der baden-württembergischen Geschichte, 3. Bd: Vom Ende des Alten Reiches bis zum Ende der Monarchien, Stuttgart 1992, S. 13.

[151] *Elias* (Fn. 147), S. 324.

1815 auf gesetzlicher Grundlage, womit sie kompatibel zur Verfassung war. Damit bewies Württemberg die Forderung des Liberalismus der gesetzlichen Gleichbehandlung und der verfassungsrechtlichen Stütze. Die Fürsorge des Staates begegnet in der Präambel des Rescripts, worin eine ausgewogene Behandlung der Interessen des Nachdruckgewerbes, aber auch der Bildungsinteressen der Bevölkerung angestrebt werden soll. Auf diese Weise schaltete sich der Staat ein, um eine möglichst hohe Volksbildung per Nachdruck wichtiger Bücher zu ermöglichen. Überdies zeigt die Verfahrenspraxis der Einschaltung des Studienrats und der Begutachtung der zu privilegierenden Werke patriarchalische Züge. Denn mit dem Gutachten des Studienrats und der damit verbundenen Länge einer Privilegierung von sechs Jahren bzw. mit der Übersteigung dieser Zeit bis auf zwölf Jahre war ein Element der Vorzensur verbunden. Die Überprüfung von Wert und Brauchbarkeit sowie des Preis-Leitungs-Verhältnisses der Bücher (insbesondere bei Schulbüchern) bezeugen, dass der Staat, wenn er schon die Nachdruckfreiheit um die Zeit der Privilegierung einschränkt, die Bücher, die er begünstigt, davor bewertet und darüber hinaus in die Preisbindung mit preislichen Obergrenzen eingreift. Hierbei zeigt sich, dass der Wirtschaftsliberalismus durch die Fürsorge des Staates seine Grenzen fand.

Die Richtlinien der Außenpolitik bestimmte König Wilhelm I. während seiner langen Regierungszeit weitgehend selbst. Obwohl er die weitere Vergrößerung Württembergs zu einer dritten deutschen Großmacht nicht erreichte, verfolgte er konsequent eine Abgrenzungspolitik gegenüber den beiden Hegemonialmächten Preußen und Österreich. Seine gegen die deutsche Einheit gerichtete Politik stand indes im Gegensatz zu seinen gelegentlichen verbalen Äußerungen. Es ist wohl davon auszugehen, dass es dem König speziell darum ging, für sein Land die besten Eintrittsvoraussetzungen in ein absehbares zukünftiges vereintes Deutschland zu schaffen. Im Alter von nahezu 81 Jahren starb König Wilhelm I. am 25. Juni 1864 auf seinem Landgut Rosenstein in der Nähe von Stuttgart[152].

Wilhelms Nachfolger Karl I. (1864-1891) schloss sich nach 1866 Preußen an, obwohl der König innerlich diese Kehrtwende nicht mit vollzog. Bis an sein Lebensende strebte er danach, die preußischen und nach 1871 die Einflüsse des Reiches, insbesondere nach 1888 die Kaiser Wilhelms II., zurückzudrängen, ohne allerdings größere Erfolge zu verzeichnen. Als guter Freund von Kaiser Napoleon III. suchte König Karl I. zunächst in Frankreich Unterstützung für seinen Kampf gegen das preußische Hegemonialstreben. Doch als im Nachgang der „Emser Depesche" auch in Württemberg die nationale Stimmung für einen Krieg gegen Frankreich erwachte, ging der König dieser mögliche Garant der württembergischen Unabhängigkeit verloren. Nicht zuletzt in diesem Kontext zeigte der König wenig Bereitschaft, sich im Deutschen Reich zu engagieren und an dessen Gründung mitzuwirken. Denn recht lange zögerte der König

---

[152] *Höfer*, Die Kaiser und Könige (Fn. 136), S. 393-396.

seine Entscheidung hinaus, im Jahre 1870 gegen Frankreich mobil zu machen. Als mit Wirkung vom 1. Januar 1871 Württemberg deutscher Bundesstaat geworden war, waren die nationalen Kräfte in Deutschland und auch in Württemberg zu stark, als dass der König den Einigungsprozess hätte aufhalten können. Nachteilig war, dass die Reichsgründung seine souveränen Rechte erheblich einschränkte. Obschon Karl I. durchaus Möglichkeiten der Einflussnahme in die Reichspolitik verblieben, machte er davon nur geringen Gebrauch und gefiel sich eher in einer ablehnenden Trotzhaltung gegenüber dem Reich, indem er die Kontakte zu Berlin und dem dortigen Kaiserhof auf das unumgänglich Notwendige beschränkte. Erst ab 1876 trat in diese Haltung des Königs beim Besuch des Kaisers in Stuttgart eine gewisse Änderung ein. Karls lethargischer Regierungsstil hatte zur Konsequenz, dass seine Ministerpräsidenten weitgehend Entscheidungsfreiheit hatten[153].

II. Landeskundliche Daten zu Württemberg

1. Das Staatsgebiet und seine Bewohner

Das Staatsgebiet des Königreichs Württemberg war seit den Gebietserwerbungen von 1810 (wie etwa die Abtretung der Stadt Ulm von Bayern) unverändert geblieben und umfasste etwa 19514 Quadratkilometer. Es war in der Nord-Süd-Ausdehnung (unterer Neckar-Bodensee) weit größer als in der West-Ost-Ausdehnung (Schwarzwald-Hohenloher Ebene). Im Norden grenzte es an die Großherzogtümer Hessen und Baden sowie an das Königreich Bayern, das auch im Osten Grenzstaat war. Im Süden bildete Württemberg eine gemeinsame Grenze mit der Schweiz und dem Großherzogtum Baden, das zugleich im Westen Nachbarstaat war. Die beiden Fürstentümer Hohenzollern-Hechingen und Hohenzollern-Sigmaringen sind noch als südwestliche Nachbarn zu nennen[154].

Im Jahr 1835 betrug die Einwohnerzahl des Königreichs 1 587 448, wovon ca. 68 % evangelisch (1 087 413) und etwas 31 % katholisch (489 059) waren, während sich lediglich 10 766 zum jüdischen Glauben bekannten, was knapp 1 % der Gesamtbevölkerung entsprach[155]. Bis 1847 stieg die Bevölkerungszahl um mehr als 10 % auf 1 761 813, wovon wiederum 1 214 202 evangelisch, 534 900 katholisch sowie 11 974 jüdisch waren[156].

---

[153] *Höfer*, Die Kaiser und Könige (Fn. 136), S. 397-400.
[154] *Dehlinger*, Württembergs Staatswesen (Fn. 139), S. 5.
[155] Königlich-württembergisches Hof- und Staats-Handbuch, Stuttgart 1835, S. 485.
[156] Königlich-württembergisches Hof- und Staats-Handbuch, Stuttgart 1847, S. 535.

2. Der König und die Verfassung

Seit 1819 war der württembergische König an eine geschriebene Verfassung gebunden, die nach allgemeinem Staatsverständnis wie ein Vertrag zwischen Fürst und Volk umgesetzt wurde; diese Bindung des Königs an die Verfassung machte Württemberg zu einer konstitutionellen Monarchie. Die Mitglieder des Landtags wurden nur zum Teil vom Volk gewählt. Von den 93 Mitgliedern konnte das Volk nur 70 bestimmen, während 13 Vertreter aus der Ritterschaft, sechs aus der hohen evangelischen und drei aus der hohen katholischen Geistlichkeit stammten, wozu sich noch der Kanzler der Landesuniversität Tübingen gesellte. Lediglich die Vertreter der 63 Oberamtsbezirke und sieben bevorrechtigten Städte wurden durch Wahl ermittelt, wobei einschränkend hinzukommt, dass nur eine dünne Bevölkerungsschicht überhaupt wahlberechtigt war[157].

Die Staatsgewalt ging von der Person des Königs und nicht vom Volk aus. Der König hatte allein das Recht, Gesetze in das Parlament einzubringen, welches mithin nur beschließen konnte, was ihm vom König über die Regierung vorgelegt wurde. Auch bei der Auswahl seiner Regierung brauchte der König nicht die Zustimmung des Parlaments, das nach altwürttembergischer Tradition lediglich bei der Bewilligung der Staatsausgaben, d.h. dem in der Regel auf drei Jahre angelegten Haushaltsplan, seine Zustimmung erteilte. Die Einberufung des Landtags war also nur dann unumgänglich, sobald der alte Haushaltsplan auslief und ein neuer erstellt werden musste. Der damalige Landtag tagte nicht ständig und verfügte über eine jeweils sechsjährige Wahlperiode[158].

3. Verwaltung und Regierung

Die Innenverwaltung Württembergs teilte sich in vier Regierungsbezirke auf, an deren Spitze eine Kreisregierung stand: Es waren dies der Neckarkreis mit Verwaltungssitz in Ludwigsburg, der Jagstkreis mit Verwaltungssitz in Ellwangen, der Schwarzwaldkreis mit Verwaltungssitz in Reutlingen sowie der Donaukreis mit Verwaltungssitz in Ulm[159]. Diese vier Kreise zerfielen in 64 kleinere Verwaltungsbezirke, 63 von ihnen waren Oberämter, die ihren Sitz in einer Oberamtsstadt hatten. Für Stuttgart bestand eine Sonderregelung, denn innerhalb des „Oberamtes Stuttgart" arbeitete eine „Stadtdirektion Stuttgart"

---

[157] *Weller/Weller*, Württembergische Geschichte (Fn. 144), S. 226. Zu den bevorrechtigten Städten zählten Ellwangen, Heilbronn, Ludwigsburg, Reutlingen, Stuttgart, Tübingen und Ulm.

[158] *Dehlinger*, Württembergs Staatswesen (Fn. 139), S. 128; *ders.*, Württembergs Staatswesen in seiner geschichtlichen Entwicklung bis heute, Stuttgart 1953, Bd. 2, S. 758.

[159] *Weller/Weller*, Württembergische Geschichte (Fn. 144), S. 229.

ausschließlich für die Verwaltung der Landeshauptstadt. An der Spitze eines jeden Oberamtes stand der vom König ernannte Oberamtmann, dessen Stellung ungefähr mit einem heutigen Landrat verglichen werden kann[160]. Die 1888 Gemeinden hatten in den Städten einen Stadtschultheiß sowie in den übrigen Gemeinden „Schultheiße" als ihre Ortsvorsteher, die auf Lebenszeit ernannt wurden, d.h. in den Orten über 5000 vom König, in den Orten unter 5000 von der Regierung[161].

Die Aufteilung der Regierungsgeschäfte für das ganze Land erfolgte qua Zuordnung an „Departements" (Ministerien), an deren Spitze jeweils ein „Departement-Chef" (Minister) stand. Von 1818 bis 1848 beschränkte sich die Zahl der Ministerien auf fünf, von denen das Innenressort die Aufgabe von insgesamt drei Verwaltungssparten übernahm, denn es war mit Wirkung vom 1. Januar 1818 zugleich Ministerium für das Kirchen- sowie Schulwesen. Neben diesem kombinierten Ministerium standen das Außen-, Kriegs-, Finanz- und Justizdepartement. Infolge seines sehr weit gefassten Zuständigkeitsbereichs entwickelte sich der Innenminister als der wichtigste unter den Departement-Chefs und zur rechten Hand des Königs bei den Regierungsgeschäften.

4. Die Wirtschafts- und Bildungspolitik

Zu den wirtschaftlichen Rahmenbedingungen ist mit Alfred Dehlinger zu sagen, dass Württemberg noch bis 1850 ein armes, beinahe rein Ackerbau treibendes und mit kleinen Handwerkern durchsetztes Land war, welches ebenso unter vernichtenden Missernten wie unter Überbevölkerung litt. In der Landwirtschaft wie beim Kleingewerbe waren Kräfte entbehrlich, die aber keine Beschäftigung finden konnten, so dass zehntausende Württemberger auswandern mussten. Gewerbliche Arbeit und Fabrikation organisierten sich hauptsächlich handwerksmäßig[162].

Die Überbevölkerung drückte sich in der vergleichsweise hohen Bevölkerungsdichte Württembergs aus, denn 1816 lebten im Durchschnitt 72,3 Personen auf einem Quadratkilometer, wohingegen es in Preußen lediglich 41,2 Einwohner pro Quadratkilometer waren[163]. Im Jahr 1835 betrug die Bevölkerungsdichte bereits 81,3 Einw./km^2 [164]. Der in anderen Ländern um sich greifenden Industrialisierung musste sich auch der überwiegend kleinbäuerliche Agrarstaat Württemberg öffnen, sofern er nicht in einen unaufholbaren Rück-

---

[160] *Dehlinger*, Württembergs Staatswesen (Fn. 139), S. 294.

[161] *Dehlinger*, Württembergs Staatswesen (Fn. 139), S. 270.

[162] *Dehlinger*, Württembergs Staatswesen (Fn. 139), S. 22.

[163] *Dehlinger*, Württembergs Staatswesen (Fn. 139), S. 15-16.

[164] Königlich-württembergisches Hof- und Staats-Handbuch, Stuttgart 1835, S. 485.

stand geraten wollte. Grundsätzliche Maßnahmen zur wirklichen Verbesserung lagen in der Gewerbefreiheit, in der Schaffung konkurrenzfähiger Fabriken, in der Beseitigung der Zollschranken sowie in der Möglichkeit der technischen Ausbildung, welche wiederum einer soliden schulischen Grundlage bedurfte[165]. An den Schulen des Landes musste das Unterrichtsangebot fortan so gestaltet sein, dass Kenntnisse und Fertigkeiten erworben werden konnten, die in den späteren Berufen in Gewerbe, Industrie und Handel von Nutzen waren, um das Königreich wettbewerbsfähig zu machen. In erster Linie gehörten dazu die sog. „Realfächer", wozu vorab Französisch als damals übliche internationale Verkehrssprache sowie Mathematik, einerseits als formales Bildungsgut, andererseits als Grundlage der Berechnung technischer Prozesse galten. Das Zeichnen war ebenfalls für eine qualifizierte Ausübung praktischer Berufe essentiell, denn nur wer technische Zeichnungen anfertigen und lesen konnte, war für gesteuerte Verfahrensabläufe hinlänglich vorgebildet.

Die Herausforderung an das württembergische Bildungswesen kam von zwei Seiten, nämlich von der breiten Masse der Anwender im wirtschaftlich-technischen Bereich sowie von der neuen Führungsschicht der Planer und Lenker technischer und wirtschaftlicher Vorgänge, deren Berufsbilder sich erst langsam herausschälten, wie die der Architekten und Ingenieure. Obwohl auch das traditionelle Schulsystem Württembergs mit seinen Lateinschulen stets auch nicht studierwillige oder -fähige Schüler mit höheren Berufsansprüchen als die der Volksschüler ausbilden musste, waren doch seine Lehrinhalte zusehends nicht mehr ausreichend, weil diese einseitig auf die altsprachlichen Fächer ausgerichtet waren, deren formaler Bildungswert allein nicht mehr ausreichte, die erforderlichen Berufsqualifikationen anzubahnen, die eine von der Industrie geprägte Volkswirtschaft erforderte. Daher kam es zu einem Umdenken in der Bildungspolitik, die auf „moderne" Lehrinhalte und Neustrukturierung des vorhandenen Schulsystems setzen musste, welche von König Wilhelm I. und seinem damaligen Kultusminister Johannes von Schlayer vorangetrieben wurden, der gleichzeitig auch dem Ministerium des Innern vorstand[166].

III. Verfassung und Gesetzgebung des Königreichs Württemberg

Per Erlass vom 20. Dezember 1805 hob Friedrich I. die altwürttembergische Ständeverfassung und damit das „gute alte Recht" auf, worunter man den Tübinger Vertrag aus dem Jahre 1514, nämlich die Grundlage der Verfassung des alten Herzogtums, verstanden hatte[167]. Da die Gesetzgebungsgewalt nun in der

---

[165] *Weller/Weller*, Württembergische Geschichte (Fn. 144), S. 241.

[166] *Blattner*, Die von Innen- und Kultusminister (Fn. 141), S. 50-51.

[167] *Walter Grube*, Der Stuttgarter Landtag (1457-1957). Von den Landständen zum demokratischen Parlament, 1957, S. 74-87; *Frank Raberg* (Bearb.), Biographisches

Hand des absoluten Monarchen lag, konnte er alle Gesetze einseitig in Form von Edikten erlassen. Gleichwohl kämpfte der Landtag weiterhin für die Restauration des „guten alten Rechts" und erst im Jahre 1819 kam es unter König Wilhelm I. mit den neu gewählten Ständen zu einem Kompromiss. Dieser lag begründet in der am 25. September 1819 ausgefertigten „vereinbarten Verfassung", welche den ersten echten Verfassungsvertrag zwischen Fürst und Volk in der Entwicklung des deutschen Konstitutionalismus bildete[168].

1. Die „vereinbarte Verfassung" von 1819 und die notwendige Zustimmung der Stände

Laut Verfassung vom 25. September 1819 war der König zwar alleiniger Inhaber der Staatsgewalt, bei ihrer Ausübung indes an die Mitwirkung der Stände gebunden. Die Stände gliederten sich in zwei Kammern. In der ersten Kammer saßen die Prinzen des königlichen Hauses, die Standesherren und vom König ernannten Mitglieder. Die zweite Kammer bestand aus 70 gewählten Abgeordneten sowie 23 Privilegierten. Die 70 Abgeordneten setzten sich zusammen aus sieben Vertretern der „guten Städte" und 63 aus den Oberamtsbezirken. Auch die Herkunft der Privilegierten stand von vornherein fest: 13 kamen aus dem ritterschaftlichen Adel, sechs aus dem protestantischen und drei aus dem katholischen Klerus. Außerdem gehörte noch der Kanzler der Universität Tübingen dazu. Unterdessen standen in vielen Plenumssessionen der ersten Kammer die „blauen Bänke" leer[169]. Da auf den Landtagen von 1821, 1823/24 und 1828 sich die Standesherren nicht in ausreichender Zahl einfanden, hatte dies nach der Verfassung zur Konsequenz, dass die Kammer der Abgeordneten (zweite Kammer) allein als Ständeversammlung handeln konnte. Die Folge also, dass die erste Kammer zumeist beschlussunfähig war, mündete in ein Einkammersystem[170].

Die Regierung besaß in erster Linie die Gesetzesinitiative, wobei die Stände berechtigt waren, im Wege der Petition Gesetze vorzuschlagen. § 24 der württembergischen Verfassung gestattete den Ständen, dem König „Wünsche, Vorstellungen und Beschwerden" vorzutragen, indem diese sich in Form einer Ad-

---

Handbuch der württembergischen Landtagsabgeordneten 1815-1933, Stuttgart 2001, S. XII-XX; *Julius Hartmann*, Regierung und Stände im Königreich Württemberg 1806 bis 1894, Sonderdruck der württembergischen Jahrbücher 1 (1894).

[168] *Ernst-Rudolf Huber*, Deutsche Verfassungsgeschichte seit 1789, Bd. I: Reform und Restauration (1789-1814), 2. Auflage 1967, S. 170 f.; *Thomas Gergen,* Vom usus modernus pandectarum bis zur Weimarer Republik, in: Juristische Schulung (JuS) 6 (2002), S. 557-560.

[169] *Ernst Müller*, Kleine Geschichte Württembergs mit Ausblicken auf Baden, Stuttgart, 1963, S. 181.

[170] *Walter Grube*, Der Stuttgarter Landtag (Fn. 167), S. 511 f.

resse an den König wandten[171]. § 189 räumte daneben einer einzigen Kammer das Recht der Petition ein[172]. Die fünf Ministerien (Ministerium der auswärtigen Angelegenheiten, des Innern, der Justiz, des Krieges und der Finanzen) arbeiteten die Gesetzentwürfe sodann aus.

Die §§ 88 und 124 der Verfassung bestimmten, dass kein Gesetz ohne die Zustimmung der Stände, die auch das Budgetrecht verwalteten, zustande kommen konnte. Für „organische Beschlüsse der Bundesversammlung, welche die verfassungsmäßigen Verhältnisse Deutschlands oder die allgemeinen Verhältnisse deutscher Staatsbürger betreffen", sah § 3 indes eine Ausnahme vor, denn diese Beschlüsse erhielten auch bindende Kraft für Württemberg, nachdem sie vom König im württembergischen Regierungsblatt verkündet worden waren. In allen anderen Fällen mussten die Kammern die Annahme des Gesetzes beschließen, was auch für die „gemeinnützigen Anordnungen" des Artikels 64 der Wiener Schlussakte (WSA) vom 8. Juni 1820 zutraf, wonach Beschlüsse über gemeinnützige Anordnungen nur mit Stimmeneinheit gefasst werden durften.

2. Die Anerkennung des literarischen Eigentums in der Bundesakte

Artikel 65 der WSA interpretierte den Artikel 18 d) der Bundesakte (BA) vom 8. Juni 1815 restriktiv dahingehend, dass er zu den „gemeinnützigen Anordnungen" des Artikels 64 gehörte. Artikel 18 d) BA bestimmte: „Die Bundesversammlung wird sich bei ihrer ersten Zusammenkunft mit Abfassung gleichförmiger Verfügungen über die Preßfreiheit und die Sicherstellung der Rechte der Schriftsteller und Verleger gegen den Nachdruck beschäftigen."[173] Dieser Artikel enthielt also kein positives Verbot des Nachdrucks, sondern nur eine Art von Verfassungsauftrag bzw. Programmsatz, der den Erlass eines derartigen Verbotes erst als Aufgabe künftiger gesetzgeberischer Tätigkeit bezeichnete. Damit waren die Rechte der Schriftsteller und Verleger im Grundsatz anerkannt, doch sollte sich die zwischen diesen Rechten und der Pressefreiheit[174] hergestellte Beziehung als sehr nachteilig für die weitere Rechtsent-

---

[171] *Huber*, Deutsche Verfassungsgeschichte Bd. I (Fn. 168), S. 183 f.

[172] *Heinrich Zöpfl*, Grundsätze des gemeinen deutschen Staatsrechts, mit besonderer Rücksicht auf das allgemeine Staatsrecht und auf die neuesten Zeitverhältnisse, Bd. II, 5. Auflage 1863, S. 345 und 372.

[173] *Johann Ludwig Klüber*, Acten des Wiener Congresses in den Jahren 1814 und 1815, 9 Bde., 1815-1835, hier Bd. 2, S. 613; *Gieseke*, Die geschichtliche Entwicklung (Fn. 79), S. 131.

[174] Grundlegend dazu: *Ulrich Eisenhardt*, Die Garantie der Pressefreiheit in der Bundesakte von 1815, in: Der Staat 1971, S. 339-356; *ders.*, Der Deutsche Bund und das badische Pressegesetz von 1832. Ein Schritt auf dem Wege zur Pressefreiheit im 19. Jahrhundert, in: *Gerd Kleinheyer/Paul Mikat* (Hg.), Beiträge zur Rechtsgeschichte, Gedächtnisschrift für Herrmann Conrad, Paderborn/München/Wien/Zürich 1979 (Rechts- und Staatswissenschaftliche Veröffentlichungen der Görres-Gesellschaft N.F. Heft 34), S. 103-124.

wicklung erweisen[175]. Aufgrund dieses Gefüges hatte der Bund keine eigentlichen Gesetzgebungsbefugnisse auf dem Gebiete des Urheberrechts. Dies musste ohne oder gegen den Bund durch Sondervereinbarungen der annäherungswilligen Staaten oder vor dem Forum des 1833 gegründeten Zollvereins geschehen[176]. Die Gewährung von Bücherrechtsschutz war insgesamt betrachtet ein Akt der inneren Staatsverwaltung der Länder[177].

Artikel 64 WSA verlieh den Ständen das Recht, zu den einzelnen Bestimmungen Abänderungen und Zusätze zu beschließen und ihre Zustimmung von deren Bewilligung abhängig zu machen. Gleichwohl barg dies die Gefahr, dass die Regierung den Gesetzentwurf zurücknahm, nicht wieder einbrachte und so der Beratung durch die Kammern entziehen konnte. Nach Beratung der Gesetzesvorlagen in den Kammern gelangten die dazu ergangenen Beschlüsse an den Geheimen Rat, der sie begutachtete und mit Bericht dem König übermittelte, der dann dem Gesetzentwurf die Sanktion erteilte und die betreffenden Fachministerien mit der Verkündung bzw. der Vollziehung der beschlossenen Gesetze beauftragte. Der Geheime Rat war die oberste beratende Staatsbehörde, deren Mitglieder auf der Stufe von Ministern standen und die Beziehung zwischen dem König und den Ständen vermitteln sollten. Obschon als altständische Einrichtung von König Friedrich aufgelöst, wurde diese Institution von Wilhelm I. auf Bitten der Altrechtler gleich nach dessen Regierungsantritt im Jahre 1816 wieder hergestellt[178].

3. Der Bundesbeschluss von 1832

Die Bundesbeschlüsse über das Urheberrecht wurden in Württemberg allesamt der Zustimmung der Stände unterworfen, bevor sie in Landesrecht transformiert wurden. Ohne Mitwirkung des Landtages, und zwar im Wege der einfachen königlichen Verordnung, wurde der das Urheberrecht betreffende Bundesbeschluss vom 6. September 1832 ausgeführt, welcher lautete[179]:

„Um nach Artikel 18 d) der Deutschen Bundesakte die Rechte der Schriftsteller und Verleger gegen den Nachdruck von Gegenständen des Buch- und Kunsthandels sicherzustellen, vereinigen sich die souveränen Fürsten und freien Städte Deutschlands vorerst

---

[175] *Gabriele Mayer*, Württembergs Beitrag (Fn. 73), S. 20.

[176] *Gabriele Mayer*, Württembergs Beitrag (Fn. 73), S. 5-6; *Wilhelm Weber*, Der Deutsche Zollverein: Geschichte seiner Entstehung und Entwicklung, 1972 (Neudruck der Ausgabe Leipzig 1871); *Elmar Wadle*, Der Deutsche Zollverein. Ein Überblick unter besonderer Berücksichtigung der rechts- und verfassungsgeschichtlichen Aspekte, in: Juristische Schulung (JuS) (1984), S. 586-592; *Fritz Hoffmann*, Die Bedeutung des Zollvereins für die Entwicklung des Zeichenschutzes in Deutschland, in: GRUR 1914, S. 5-8.

[177] *Gabriele Mayer*, Württembergs Beitrag (Fn. 73), S. 38.

[178] *Gabriele Mayer*, Württembergs Beitrag (Fn. 73), S. 8.

[179] *Gabriele Mayer*, Württembergs Beitrag (Fn. 73), S. 5.

über den Grundsatz, daß bei Anwendung der gesetzlichen Vorschriften wider den Nachdruck in Zukunft der Unterschied zwischen den eigenen Untertanen eines Bundesstaates und jenen der übrigen im Deutschen Bunde vereinten Staaten [...] aufgehoben werden soll."

Dieser Beschluss bedeutete insofern einen Fortschritt gegenüber früher, als er die Gleichstellung aller Untertanen im Bereich des Nachdruckschutzes zum Grundsatz erhob und so einen zwischenstaatlichen Nachdruckschutz sicherstellte. Seine Wirkung wurde indes dadurch gemindert, dass er die materielle Verschiedenheit der Nachdruckgesetzgebungen in den einzelnen Bundesstaaten nicht antastete und demzufolge nur dort den Rechtszustand verbessern konnte, wo bereits ausreichende Vorschriften zum Schutz des literarischen Eigentums bestanden[180]. Das Protokoll der 18. Sitzung der Bundesversammlung von 1836 formulierte diese Rechtsreform folgendermaßen[181]: „Der Schutz, welcher durch den Bundesbeschluss von 1836 gewährt wurde, war ein unvollständiger, solange nicht sämtliche Bundesregierungen bei dem Verbot des Nachdrucks von denselben Grundsätzen ausgingen."

Im Gegensatz zu vielen anderen Bundesstaaten veröffentlichte Württemberg den Bundesbeschluss vom 6. September 1832 zunächst nicht. Dies geschah erst am 9. August 1833, als die württembergische Regierung den Beschluss mit dem Zusatz publizierte, dass sich die Behörden hinsichtlich des Schutzes gegen den Büchernachdruck hiernach zu richten hätten[182]. Am 22. Juli 1836 wurde das württembergische (provisorische) Gesetz gegen den Nachdruck im Regierungsblatt verkündet[183]. Die in dem Gesetz vorgesehene Abstempelung bereits begonnener Nachdrucke brachte noch einmal große Mengen von Nachdrucken ans Tageslicht[184].

4. Die Abgeordneteninitiativen

Der Abgeordnete Karl Julius Weber machte von seinem durch § 124 der württembergischen Verfassung begründeten Recht Gebrauch, Wünsche, Vorstellungen und Beschwerden dem König vorzutragen, und brachte am 24. März 1820 eine Eingabe (Motion) gegen den Nachdruck im Landtag ein. Weber war Gräflich Erbach-Isenburgscher Rentbeamter, Hofrat in Künzelsau (von 1767-1832) sowie Mitglied des Landtags von 1820-1824. Seine Eingabe zielte darauf

---

[180] *Gieseke*, Die geschichtliche Entwicklung (Fn. 79), S. 147.

[181] Protokolle der Deutschen Bundesversammlung (= ProtBV), 1816-1847, hier ProtBV 1836, Beilage zum Protokoll der 18. Sitzung vom 1. September 1836, S. 609; vgl. auch *Gabriele Mayer*, Württembergs Beitrag (Fn. 73), S. 40.

[182] RegBl 1833 Nr. 50, S. 205 f.; *Gabriele Mayer*, Württembergs Beitrag (Fn. 73), S. 42.

[183] RegBl 1836, Nr. 34, S. 313 f.

[184] *Gabriele Mayer*, Württembergs Beitrag (Fn. 73), S. 56.

ab, die Regierung um ein Gesetz zur Bestrafung des Büchernachdrucks zu bitten. Sie wurde durch Beschluss der zweiten Kammer an die neu gebildete Gesetzbücherkommission verwiesen, aber von dieser längere Zeit nicht behandelt, so dass sich der Abgeordnete Dr. Schott am 13. Dezember 1820 veranlasst sah, die Eingabe zu erneuern. Schott war Obertribunalprokurator in Stuttgart sowie von 1820-1823 Abgeordneter des Oberamtsbezirks Böblingen[185]. Die zweite Kammer beschloss daraufhin, die Eingabe einer besonderen, noch zu wählenden Nachdruckkommission zu übermitteln, welche am 23. Mai 1821 durch den Referenten Weber einen Bericht erstattete[186]. Mitglieder dieser Kommission waren der Berichterstatter, der Abgeordnete Weber, der Stuttgarter Buchhändler Johann Friedrich Cotta von Cottendorf[187], Dr. Schott, der Prälat Gaab und der Rechtsanwalt Dr. Ludwig Friedrich Griesinger. Letztgenannter (1767-1845) war Direktor des Konsulentenkollegiums in Stuttgart, Kommentator des württembergischen Landrechts sowie von 1820-1824 Abgeordneter in Stuttgart. 1822 publizierte er die Schrift „Der Büchernachdruck aus dem Gesichtspunkt des Rechts, der Moral und Politik betrachtet" sowie zwei Jahre zuvor „Über die Justizorganisation der neueren Zeit, über Untersuchungs- und Verhandlungsmaxime und über die Vorzüge der K. preußischen vor der neuesten K. württembergischen Justizeinrichtung"[188].

Erst am 7. Juni 1821 legte die Nachdruckkommission die Eingabe dem König vor, an den die Bitte gerichtet wurde, sich bei der Bundesversammlung um ein entsprechendes Gesetz zugunsten der Gesamtheit der zum Deutschen Bund gehörigen Staaten zu bemühen[189].

In den Jahren 1827-1829 schloss Preußen mit 33 anderen deutschen Staaten Reziprozitätsverträge ab, wozu auch Württemberg gehörte. Bei der Anwendung der gesetzlichen Vorschriften und Maßregeln gegen den Nachdruck wurde fortan zwischen den eigenen und den fremden Untertanen kein Unterschied mehr gemacht[190].

---

[185] Verhandlungen in der Kammer der Abgeordneten des Königreiches Württemberg (= ProtKdA) 1820, 33. Sitzung v. 24. März 1820 sowie die 87. Sitzung v. 13. Dezember 1820.

[186] ProtKdA 1821, 167. Sitzung v. 23. Mai 1821, Beilage CLX, S. 622.

[187] (1764-1832), vgl. *Raberg*, Biographisches Handbuch (Fn. 167), S. 121-122.

[188] *Gabriele Mayer*, Württembergs Beitrag (Fn. 73), S. 24.

[189] *Gabriele Mayer*, Württembergs Beitrag (Fn. 73), S. 30 f.

[190] *Gabriele Mayer*, Württembergs Beitrag (Fn. 73), S. 38 f.

5. Die Bundesbeschlüsse von 1837 und 1845

Der Bundesbeschluss vom 9. November 1837 bedeutete für das ganze Bundesgebiet materielle „gleichförmige Bestimmungen", aber erst 22 Jahre nach dem Versprechen der Bundesakte[191]!

Im Wege gesetzgeberischer fürsorglicher und nicht bloß Gefahren abwehrender Tätigkeit, nämlich durch materielle gleichförmige Bestimmungen war es gelungen, einen wichtigen Teil des Privatrechts bundesweit befriedigend zu ordnen und einigermaßen zu vergessen, was der Bundestag gegen die Freiheit der Presse falsch gemacht hatte[192]. Durch die Festsetzung einer zehnjährigen Minimalschutzfrist, die nicht unterschritten werden durfte, war ein Kompromiss gefunden; das preußische Gesetz zum Schutz des Eigentums an Werken der Wissenschaft und Kunst gegen Nachdruck und Nachbildung vom 11. Juni 1837 war dabei Vorbild gewesen.

Allerdings hatte es Württemberg mit der Publikation des Bundesbeschlusses vom 9. November 1837 wieder einmal nicht sehr eilig, woraufhin sich die württembergische Regierung wegen ihres Zögerns erneut eine Rüge des Abgeordneten Menzel gefallen lassen musste. Ein eigenes württembergisches Gesetz wurde am 17. Oktober 1838, zusammen mit dem Bundesbeschluss vom 9. November 1837, verkündet und der Bundesversammlung in der Sitzung vom 15. November 1838 bekannt gemacht[193]. Das neue württembergische Strafgesetzbuch vom 1. März 1839 stellte in seinem § 392 den Nachdruck unter Strafe und verwies ansonsten auf ein spezielles Gesetz[194].

Erst das Gesetz vom 24. August 1845, das Gesetz „in Betreff des Schutzes schriftstellerischer und künstlerischer Erzeugnisse gegen unbefugte Vervielfältigung vom 4. August 1845"[195] verhalf dem Autorrecht zum Durchbruch, indem Artikel 1 den Schutz „auf die Lebensdauer des Urhebers eines solchen Werks und auf 30 Jahre vom Tode desselben" erstreckte. Dieses Gesetz wurde zusammen mit einer Vollziehungs-Verordnung vom 1. September 1845 im Regierungsblatt bekannt gemacht. Letztere Verordnung gab aber nur Übergangsbestimmungen und normierte die Stempelung und den Vertrieb der vorhandenen Nachdruckexemplare.

---

[191] *Johann Goldfriedrich*, Geschichte des deutschen Buchhandels vom Beginn der Fremdherrschaft bis zur Reform des Börsenvereins im neuen Deutschen Reiche (1805-1889). Im Auftrage des Börsenvereins der deutschen Buchhändler, hg. v. d. Historischen Kommission desselben, Bd. 4, 1913, S. 183.

[192] *Kohler*, Urheberrecht (Fn. 75), S. 91 f.; *Gabriele Mayer*, Württembergs Beitrag (Fn. 73), S. 61.

[193] *Gabriele Mayer*, Württembergs Beitrag (Fn. 73), S. 69.

[194] *Gabriele Mayer*, Württembergs Beitrag (Fn. 73), S. 72.

[195] RegBl Württemberg 1845 Nr. 40, S. 355-356.

Nachdem der Präsidialentwurf von allen deutschen Regierungen einhellig genehmigt worden war, konnte am 19. Juni 1845 der Bundesbeschluss heißen[196]:

„1) Der durch den Artikel 2 des Beschlusses vom 9. November 1837 für mindestens 10 Jahre von dem Erscheinen eines literarischen Erzeugnisses oder Werkes der Kunst an zugesicherte Schutz gegen den Nachdruck und jede andere unbefugte Vervielfältigung auf mechanischem Wege wird fortan innerhalb des ganzen deutschen Bundesgebiets für die Lebensdauer der Urheber solcher literarischen Erzeugnisse und Werke der Kunst und auf 30 Jahre nach dem Tode derselben gewährt.

2) Werke anonymer oder pseudonymer Personen genießen solchen Schutz während 30 Jahren von dem Tage ihres Erscheinens an."

Der zweite Absatz dieses Präsidialentwurfes bedeutete sogar eine Ausdehnung des Schutzes, den Preußen für pseudonym und anonym publizierte Schriften gewährte, denn es hatte bislang lediglich einen fünfzehnjährigen Schutz zugestanden.

In seinen übrigen Bestimmungen normierte der Bundesbeschluss die zivil- und strafrechtlichen Folgen des Nachdrucks und ordnete für das Beweisverfahren die Vernehmung von Sachverständigen an. In dem Beschluss hatte sich die Ansicht durchgesetzt, dass der Nachdruck gegen die Vermögensrechte des Autors oder Verlegers und nicht gegen die Persönlichkeitsrechte des Verfassers gerichtet sei. Während Neustetel (1824) und Elvers (1828) das Recht des Schriftstellers an seinem Werke als ein allein die Persönlichkeit des Verfassers schützendes Recht darstellten, vertraten andere wie Schmid (1823), Krug (1824) sowie Paulus (1824) die Theorie, dass der Nachdruckschutz vor allem die Vermögensrechtsposition der beteiligten Autoren wie Verleger rechtlich umhegen sollte[197]. Mit dem Gesetz vom 24. August 1845 anerkannte Württemberg die Idee des geistigen Eigentums und fand im Wesentlichen den Anschluss an die moderneren Regeln anderer deutscher Staaten wie Preußen oder Bayern[198]. Der württembergische Gesandte zeigte in der Sitzung der Bundesversammlung vom 15. April 1847 die Vollziehung des Bundesbeschlusses vom 19. Juni 1845 in Württemberg an. Obwohl die Regierung den Gesetzentwurf über den Schutz schriftstellerischer und künstlerischer Erzeugnisse auf dem Landtag von 1845 überhaupt nicht eingebracht hatte und die Abgeordneten diesen folglich nicht beraten konnten, teilte der Gesandte mit, dass die wenigen Wochen,

---

[196] ProtBV 1845, § 228.

[197] *Walter Bappert*, Wege zum Urheberrecht (Fn. 75), S. 242-245, sowie S. 278-279; *Gieseke*, Die geschichtliche Entwicklung (Fn. 79), S. 139-140; *Gabriele Mayer*, Württembergs Beitrag (Fn. 73), S. 12 sowie 78.

[198] *Elmar Wadle*, Württembergische Nachdruckprivilegien für einen Berliner Verlag. Eine Fallstudie zur Privilegienpraxis im 19. Jahrhundert, in: *F. Dorn/J. Schroeder* (Hg.), Festschrift für Gerd Kleinheyer zum 70. Geburtstag, Heidelberg 2001, S. 523-537, hier insbes. S. 537 und in: Geistiges Eigentum. Bausteine zur Rechtsgeschichte II, München 2003, S. 207-218.

welche der Landtag von 1845 nach dem 19. Juni 1845 noch gewährt habe, nicht gereicht hätten, um den bei den Ständen eingebrachten ausführlichen Gesetzentwurf noch zur Beratung und Beschlussnahme seitens der Stände zu bringen[199].

Diese „Scheinerklärung" diente den Gesandten dazu, die Verschiebung des Gesetzes auf den nächsten Landtag zu rechtfertigen. Allerdings zeigte sich bald, dass dies wiederum eine hinhaltetaktische Zusage war, die von der Regierung nicht eingehalten wurde. Denn auf dem nächsten, dem 13. Landtag vom Jahre 1847, brachte die Regierung einen umfassenden definitiven Entwurf eines Nachdruckgesetzes nicht ein, denn sie war offenbar mit dem Gesetz vom 24. August 1845 in Verbindung mit den vorhergehenden Gesetzen von 1836 und 1838 zufrieden; diese Gesetze erfüllten nach Regierungsmeinung ihren Zweck so gut, dass ein neu vorzulegendes endgültiges Gesetz entbehrlich erschien[200].

6. Das Scheitern einer einheitlichen Lösung

Im Ergebnis lässt sich also sagen, dass der Bundesbeschluss von 1845 in Württemberg gar nicht und lediglich derjenige von 1832 durch die Verordnung vom 4. Juli 1833 publiziert worden war. Landesgesetzlich galten damit das Rescript von 1815 sowie die Gesetze von 1836, 1838 und 1845. Infolge der Auflösung des Deutschen Bundes im Jahre 1866 konnte der Urheberrechtsentwurf in seiner endgültigen Fassung vom 19. Mai 1864 nie Gesetz werden. Dieser Entwurf gliederte sich in drei Hauptteile sowie Übergangsbestimmungen mit insgesamt 56 Paragraphen. Der erste Hauptteil enthielt in seinen vier Abschnitten (§§ 1-41) Bestimmungen über den Nachdruck musikalischer Kompositionen, den Nachdruck bei Werken der bildenden Kunst und die Folgen des Nachdrucks sowie der Verbreitung nachgedruckter Exemplare. Der zweite Teil handelte von dem Verbot der Aufführung dramatischer, dramatisch-musikalischer und musikalischer Werke (§§ 42-48). Die §§ 49-54 enthielten allgemeine Bestimmungen; schließlich schlossen die §§ 55-56 mit den Übergangsbestimmungen.

Obwohl dieser Entwurf eine Legaldefinition des Begriffes „literarisches Erzeugnis" vermied, nannte das Gesetz anhand von Beispielen in den ersten zehn Paragraphen, was als Nachdruck bzw. was es nicht unter literarische Erzeugnisse fassen wollte. Vervielfältigungen und lose Notizen von amtlichen und nicht amtlichen Anzeigen von Gesetzen und amtlichen Verfügungen fielen z.B. nicht unter den Nachdruck (§ 3 Abs. 1). Die Herausgabe einer Sammlung von Reden des Urhebers ohne seine Genehmigung, ebenso der Abdruck von Sammlungen

---

[199] ProtBV 1847, § 96, S. 285; *Gabriele Mayer*, Württembergs Beitrag (Fn. 73), S. 83.

[200] *Gabriele Mayer*, Württembergs Beitrag (Fn. 73), S. 83-84.

ohne Bearbeitung von Schriften der in Abs. 1 bezeichneten Art qualifizierte das Gesetz hingegen als Nachdruck (§ 3 Abs. 2). Das Abschreiben literarischer Erzeugnisse galt nicht als Nachdruck (§ 6), ebenso wenig die Herausgabe der Übersetzung eines fremden Werkes (§ 8). § 11 sprach ein Nachdruckverbot literarischer Erzeugnisse während der Lebenszeit des Urhebers und für 30 Jahre nach seinem Tode aus. Auch bei anonymen oder pseudonymen Werken galt das Nachdruckverbot 30 Jahre von der ersten Herausgabe des Werkes an gerechnet. Der Nachdruck dramatischer, dramatisch-musikalischer oder musikalischer Werke war während der Lebenszeit des Urhebers und zehn Jahre nach seinem Tode untersagt. Selbst wenn diese Werke veröffentlicht waren, durften sie im ganzen oder einzelne Akte derselben, sei es auch mit Auslassungen oder einzelnen Veränderungen, nur mit Genehmigung des Urhebers bzw. dessen Rechtsnachfolgers, öffentlich aufgeführt werden, sofern der Urheber sich auf dem Titelblatt das ausschließliche Recht zu Aufführungen ausdrücklich vorbehalten hatte (§ 42)[201]. Württemberg hatte sich für eine Verlängerung der Frist zur Abgabe einer Äußerung ausgesprochen und sich bereiterklärt, im Falle der Ablehnung dem Ausschussantrag in seiner vorliegenden Form zuzustimmen[202].

B. Analyse des württembergischen Aktenmaterials

Württemberg war ein Staat, der gerade in Wirtschaft und Handel eine breit gefächerte Privilegientradition kannte (I). Nach der Sonderrolle des Königreiches bei den Nachdruckprivilegien (II) soll das hierzu gehörige Aktenmaterial klassifiziert werden (III).

I. Privilegien in Württemberg seit dem 18. Jahrhundert

Schon zu Beginn des 18. Jahrhunderts ist für Württemberg ein „Kommercienrat" bekannt, der zur Förderung der merkantilistisch geprägten Wirtschaft entsprechende Privilegien prüfen und beschließen konnte. 1709 wurde dieser „Kommercienrat" aus Beamten und Angehörigen des Fabrikanten- und Handelsstandes gebildet; das Generalrescript vom 13. September 1709 wies diesem Rat folgende Aufgaben zu[203]:

„Demnach Wir zu Flor und Aufnahme unseres Herzogtums und Landen, Verbesserung unserer Landesökonomie, Verschaffung besserer Nahrung denen Ingesessenen vor

---

[201] ProtBV 1864, § 238, Ausschussbericht; ProtBV 1864, Beilage 2 zu § 238.

[202] ProtBV 1864, § 253; *Dietmar Mayer*, Württembergs Beitrag zu den rechtsvereinheitlichenden Bemühungen des Deutschen Bundes auf dem Gebiete des Privatrechts (1848-1866), Diss. Heidelberg 1974, S. 102-103.

[203] Zitate bei *Eugen Möhler*, Entwicklung des Gewerblichen Rechtsschutzes in Württemberg, Stuttgart 1927, S. 15-16.

denen Ausländern, auch Vermehrung allerhand Trafiken, Manufakturen und Handlungen, sonderlich damit das Geld nicht außer Landes geführt werden möge, uns gnädigst resolviert, einen besonderen Kommercienrat zu etablieren, also daß derselbe alle Kommercia, Manufakturen, Zucht-, Arbeits- und Waisenhaus-, Handlungs-, Krämer- und Handwerks-, Floz- und Bergwerkssachen, Tabakskultur und Landpostwesen, Straßenbesorgung, auch Übriges zu diesem Vorhaben Dienliches über sich nehmen, veranlassen, deliberieren, beschließen und vollziehen möge. Und nun

die Handwerks- und Handlungssachen zwar bei unserem fürstlichen Oberrat bis dato allein traktiert worden, Wir es auch, was die desfalls ausgekündete Ordnungen und deren Festhaltung belanget, nochmals dabei bewenden lassen; was aber in das Kommercium und dessen Verbesserung selber einschläget, der Kommercienrat allein zu besorgen haben, auch was

die Bergwerkssachen betrifft, worinnen unsere fürstliche Rentkammer bereits schon selbst ihren Nutzen stabiliert und etwa noch weite durch ihre Veranstaltung auf ihre Kosten suchen möchte, bei derselben noch ferneres verbleiben, die übrigen Bergwerkssachen aber, so man durch fremde Leute auf deren Kosten neuerlich anzurichten trachtet, allein zum Kommercienrat gezogen werden sollen; so sind wir nicht weniger.

ganz ernstlich gemeinet, allerhand Fabriken und Manufakturen von Seiten, Leinwand, Leder, sonderheitlich und vor allen Dingen aber in Wollen, mit Hüten, Zeugen, worauf die Calwer Compagnie nicht spezialiter privilegiert, auch gemeinen und anderen Tüchern anlegen und bei denen letzteren besonders die Art und Weise der Calwer Handlungskompagnie observieren und beibehalten zu lassen, in Konformität dessen auch

denen Fabrikanten und einer solchen sich aufrichtenden C o m p a g n i e g l e i c h m ä ß i g e P r i v i l e g i a von uns m i t g e t e i l e t w e r d e n s o l l e n.“

An die Stelle des 1737 aufgehobenen Kommercienrats trat 1755 eine „Kommercien-Deputation“, die aus Räten der Regierung, der Rentkammer, des Kirchenrats, dem Stadtoberamtmann in Stuttgart, aus Mitgliedern des Fabrikanten- und Handelsstandes sowie aus Abgeordneten des Landes zusammengesetzt war. Beide Institutionen förderten Handel und Gewerbe in Württemberg in beträchtlicher Weise. Schon im Laufe des 17., insbesondere aber des 18. Jahrhunderts wurde in Württemberg unter staatlicher Förderung, zum Teil auch mit finanzieller Unterstützung aus Staatsmitteln und unter Verleihung von Privilegien, eine große Anzahl neuer gewerblicher Unternehmungen errichtet. Dabei sollte das Zunftwesen, welche den Handwerkern vorschrieb, nach welcher Art und welchem Verfahren sie ihre Produkte herstellen sollten, überwunden und der Erfindergeist beflügelt werden. Diese neue freigesetzte Schaffensenergie musste allerdings vor unbefugter Imitation geschützt werden. Der Widerstand gegen Reformen war jedoch erheblich und spiegelte sich sowohl in dem langsamen Gang der im Jahre 1811 von König Friedrich eingeleiteten Reformgesetzgebung als auch in den Motiven zu dem 1826 dem württembergischen Landtag vorgelegten Entwurf einer allgemeinen württembergischen Gewerbeordnung wider, die jene Reformbestrebungen teilweise verwirklichen sollte; hierin heißt es[204]:

---

[204] Ibid.

„Wenn noch vor 30 Jahren jede Reform des Zunftwesens einem Geiste steifer Anhänglichkeit an die veralteten Einrichtungen begegnete, der, reichlich genährt von tief gewurzelten Vorurteilen, gewaltsame Ausbrüche besorgen ließ, so ist dagegen jetzt, wenn nicht die Aufhebung, doch die Verbesserung der Zunftverfassung ein von den Genossen der Zünfte selbst erkanntes Bedürfnis. Selbst das Verhältnis zu auswärtigen Zünften beschränkt den Gesetzgeber nicht mehr in dem Grad wie ehemals in der Wahl der Form für den inländischen Gewerbebetrieb. Der unzünftige Gewerbsmann ist in den Augen des Zünftigen nicht mehr unehrlich; es haftet kein Flecken auf dem Gesellen, der bei ihm arbeitet und sein Schüler, wenn er nach vollendeten Lehrjahren die Wanderschaft antritt, wird so gut als der des zünftigen Meisters gefördert."

Obwohl in den allgemeinen Grundzügen einer Verfassung von 1815 bzw. in der entworfenen Konstitutionsurkunde vom 18. März 1815 kein Wort über Privilegien verloren wurde, wurden bei den gemeinschaftlichen Beratungen der Verfassung durch königliche und ständische Beauftragte im Jahre 1816 folgende Bestimmungen vereinbart[205]:

„Kein Staatsbürger kann in dem Genusse seiner persönlichen Freiheit und in der Benutzung seines Eigentums anders als durch ein Gesetz oder vermöge besonderer gesetzlich sanktionierter Rechtsverhältnisse beschränkt werden.

Namentlich findet dieses bei Gewerbs-Privilegien und Monopolien statt, wodurch einzelne Staatsbürger oder Bürgerklassen in ihrer freien Tätigkeit gehemmt werden, es mögen solche den Vorteil anderer Bürgerklassen oder der Regierung zum Zweck haben."

Dieser Vereinbarung trug dann der Verfassungsentwurf von 1817 in seinem § 60 Rechnung, der Folgendes bestimmte:

„Ausschließliche Handels- und Gewerbs-Privilegien können nur zufolge eines für gewisse Fälle gegebenen Gesetzes, oder mit besonderer, für den individuellen Fall erklärter Beistimmung der Landstände erteilt werden.

Hingegen wird dem Ermessen der Regierung überlassen, dem Erfinder eines neuen Kunstwerks oder Waren-Artikels, oder demjenigen, welcher auf die erste Einführung eines neuen Gewerbszweigs bedeutende Kosten verwendet, für die ausschließliche Benutzung der neuen Erfindung oder des neu eingeführten Gewerbs, bis auf die Dauer von 10 Jahren, ein Privileg zu bewilligen."

Als § 31 kam schließlich in die Verfassungsurkunde vom 25. September 1819[206]:

„§ 31.

Ausschließliche Handels- und Gewerbs-Privilegien können zufolge eines Gesetzes oder mit besonderer, für den einzelnen Fall gültiger Beistimmung der Stände erteilt werden.

Dem Ermessen der Regierung bleibt überlassen, nützliche Erfindungen durch Patente zu deren ausschließlicher Benützung bis auf die Dauer von zehn Jahren zu belohnen."

---

[205] Ibid.

[206] *Möhler*, Entwicklung des Gewerblichen Rechtsschutzes (Fn. 203), S. 16.

Die Regierung konnte also fortan nach ihrem Ermessen Patente als Belohnung für nützliche Erfindungen verleihen bzw. versagen. Der Entwurf einer allgemeinen Gewerbeordnung und eines Gesetzes "Die Aufhebung einiger Zünfte betreffend" von 1825 enthielt darüber hinaus eine summarische Regelung der Gewerbsprivilegien, die folgendermaßen hieß[207]:

„Für neue, oder im Königreich noch nicht angewandte Entdeckungen, Erfindungen und Verbesserungen im Gebiete der Gewerbe werden auf Anmelden unter den festzusetzenden Bedingungen eigene Privilegien mit ausschließender Wirkung für einen bestimmten Zeitraum von höchstens fünfzehn Jahren erteilt, nach dessen Ablauf die Entdeckung, Erfindung oder Verbesserung öffentliches Gemeingut wird. Eingriffe in die Befugnisse der Privilegieninhaber werden mit einer Geldbuße von 100 bis 500 Gulden bestraft, wovon jedesmal die eine Hälfte dem Privilegierten, die andere dem Armenfonds des Ortes, wo der Eingriff entdeckt wurde, zufallen soll. Nebstdem werden die dem Privilegium zuwider nachgemachten oder eingeführten Gegenstände zum Vorteil des Privilegienbesitzers konfisziert."

Sehr deutlich wird der verwaltungsmäßige bzw. gewerbepolizeiliche Einschlag der Erteilung der Privilegien in Art. 10 und 11[208]:

„Art. 10: Die Erteilung der Gewerbs-Privilegien geht unmittelbar von dem Staatsministerium des Innern aus. Über die Befugnis zum Gewerbe im Falle einer Konzession oder eines Privilegiums, über den Umfang und die Erlöschung derselben, sowie über jede andere unter Gewerbs- oder Privilegieninhabern entstehende Irrung beschließen und verfügen in dem ihnen vorgezeichneten Wirkungskreise die Polizeibehörden. Diese Behörden sind den berechtigten Gewerbs- oder Privilegien-Inhabern den erforderlichen Schutz gegen Anmaßung, Pfuschereien oder Eingriffe in ihre zuständige Gewerbstätigkeit oder bevorzugten Befugnisse auf Anrufen und von Amts wegen schleunigst zu gewähren verpflichtet. Die Verhandlungen in diesen Fällen sind höchst summarisch. Gegen die Beschlüsse der Unterbehörden ist nur noch eine einzige Berufung an die nächst vorgesetzte höhere Stelle zulässig. Streitigkeiten zwischen zweien oder mehreren Beteiligten über [...] sowie über den aus einem Privatrechtstitel hergeleiteten Besitz eines Gewerbeprivilegiums [...] eignen sich von nun an zur Entscheidung des ordentlichen Zivilrichters.

Art. 11: Für Gewerbs-Privilegien wird in jedem Fall eine Taxe angesetzt, welche den Höchstbetrag von 275 Gulden nicht übersteigen soll. Das Einkommen aus diesen Taxen soll zu Gewerbsunterstützungen vorbehalten und verwendet werden."

Wenn davon die Rede ist, dass die Erfindung nach Ablauf der höchstens fünfzehnjährigen Patentdauer „öffentliches Gemeingut" werde, dann wird hier sehr gut der Unterschied zwischen „privatem" und „öffentlichem" Patentrecht deutlich. Diese Haltung schien die württembergische Landespolitik auch für die Nachdruckprivilegien eingenommen zu haben[209]:

---

[207] *Möhler*, Entwicklung des Gewerblichen Rechtsschutzes (Fn. 203), S. 17.

[208] *Möhler*, Entwicklung des Gewerblichen Rechtsschutzes (Fn. 203), S. 18.

[209] Ibid.

„Ausschließliche Handels- und Gewerbs-Privilegien können nur zufolge eines für gewisse Fälle gegebenen Gesetzes, oder mit besonderer, für den individuellen Fall erklärter Beistimmung der Landstände erteilt werden.

Hingegen wird dem Ermessen der Regierung überlassen, dem E r f i n d e r eines neuen Kunstwerks oder Waren-Artikels, oder demjenigen, welcher auf die erste Einführung eines neuen Gewerbszweigs bedeutende Kosten verwendet, f ü r d i e a u s s c h l i e ß l i c h e B e n u t z u n g d e r n e u e n E r f i n d u n g oder des neu eingeführten Gewerbs, bis auf die Dauer von 10 Jahren, e i n P r i v i l e g z u b e w i l l i g e n.“

Die Parallele zwischen Erteilung eines Patentes und eines Nachdruckprivilegs gemäß Rescript von 1815 besteht vor allem in der ordnungs- bzw. gewerbepolizeilichen Überprüfung des Antrags auf Nützlichkeit und Wert. Auf diese Weise manifestiert sich die wirtschaftsliberale und gewerbefreundliche Politik, die aber auch staatsfürsorgliche Grundzüge trägt, weil sie versucht, zwischen den Gewinnen der Nachdrucker und den eigentlichen Verlegern zu vermitteln. Zusätzlich sollen die Verleger ihren Autoren angemessene Honorare bezahlen und das Volk zu seiner eigenen Bildung preiswert die Bücher erwerben können. Das württembergische Privilegiensystem belegt insofern die Beschreibung der württembergischen Politik des „paternalistischen Liberalismus“[210].

II. Die Sonderstellung Württembergs

Der Bundesbeschluss vom 9. November 1837 schuf die Grundlage für die Entfaltung des Urheberrechts ohne Rücksicht auf Zensur und Kontrolle[211]. Dieser Beschluss brachte zwar keine Einigung über „gleichförmige Verfügungen“, wie es Artikel 18 b) BA vorgesehen hatte, wohl aber gemeinsame Prinzipien zur „Sicherstellung der Rechte der Schriftsteller und Verleger“. Das Verbot des Nachdrucks galt mithin als bundesrechtlich bindendes positives Recht und spätere württembergische Zweifel an dieser Interpretation wurden abgewiesen. Das Junktim zwischen Nachdruckverbot und Buchhandelsorganisation, die Verknüpfung des Schutzes gegen den Nachdruck mit irgendeiner Art von Kontrolle oder Aufsicht, war schließlich durchschnitten[212].

---

[210] Vgl. Fn. 142.

[211] *Elmar Wadle*, Der Bundesbeschluss vom 9. November 1837 gegen den Nachdruck. Das Ergebnis einer Kontroverse aus preußischer Sicht, in: ZRG GA 106 (1989), S. 189-237 und in: *ders.*, Geistiges Eigentum. Bausteine zur Rechtsgeschichte I, Weinheim (jetzt München) 1996, S. 223-265; *Edda Ziegler*, Zensurgesetzgebung und Zensurpraxis in Deutschland 1819-1848, in: *Reinhard Wittmann/Berthold Hack* (Hg.), Buchhandel und Literatur. Festschrift für Herbert G. Göpfert zum 75. Geburtstag, Wiesbaden 1982, S. 185-220.

[212] *Elmar Wadle*, Das Junktim zwischen Zensur und Nachdruckschutz und dessen Aufhebung im Jahre 1834, in: *Helmut Reinalter* (Hg.), Die Anfänge des Liberalismus und der Demokratie in Deutschland und Österreich (1830-1848/49), Frankfurt a.M.

Württemberg versprach in der Gegenseitigkeitserklärung vom 10. Februar 1828, preußische Untertanen wie Inländer zu behandeln[213]. Das provisorische Gesetz von 1836 verallgemeinerte diesen Grundsatz zugunsten der Angehörigen aller anderen Bundesstaaten, indem sein Artikel 1 festlegte[214]:

„Die von Angehörigen eines im deutschen Bunde begriffenen Staats verfaßten oder verlegten Schriften genießen, ohne Unterschied, ob sie bei Verkündigung dieses Gesetzes bereits erschienen sind oder erst künftig erscheinen, von der Zeit ihres Erscheinens an sechs Jahre lang, ohne Entrichtung einer Abgabe, gesetzlichen Schutz gegen den Nachdruck in gleicher Weise, wie wenn denselben nach dem Gesetze vom 25. Februar 1815 ein besonderes Privilegium deßhalb verliehen worden wäre.“

Während Autoren und Verleger aus anderen deutschen Staaten generellen Schutz genossen, brauchten württembergische Autoren und Verleger weiterhin ein eigens verliehenes Privileg. Mit dem Gegenseitigkeitsabkommen Preußen – Württemberg von 1828 wollte Preußen die Verhandlungen in der Bundesversammlung neu beleben. Als die Wiener Ministerialkonferenz des Jahres 1834 den Verhandlungen im Bund neuen Auftrieb gab und 1835 durch Beschluss festgestellt wurde, dass das Verbot des Nachdrucks in allen deutschen Staaten als positives Recht gelten solle, kam Württemberg nicht umhin, sein Recht anzupassen. Für die preußischen Verleger brachten die württembergischen Maßnahmen der Jahre 1828 und 1836 wichtige Verbesserungen, die anhand der Privilegierungsanträge, die Duncker & Humblot in Stuttgart gestellt hatten, bereits beleuchtet wurden[215]. Dies führt zur eigentlichen Betrachtung der Nachdruckprivilegienpraxis, die in den unterschiedlichen deutschen Ländern sehr uneinheitlich verlief und noch nicht hinreichend untersucht wurde[216].

2002, S. 229-249, insbes. S. 248-249 und in: *ders.*, Geistiges Eigentum. Bausteine zur Rechtsgeschichte II, München 2003, S. 241-256.

[213] Ministerial-Erklärung vom 19ten Februar 1828, über die mit dem Königreich Württemberg getroffene Vereinbarung, die Sicherstellung der Rechte der Schriftsteller und Verleger in den beiderseitigen Staaten wider den Bücher-Nachdruck betreffend, in: RegBl Württemberg 1828, S. 23-24.

[214] Provisorisches Gesetz wider den Büchernachdruck vom 22. Juli 1836, RegBl Württemberg 1828, S. 313-314.

[215] *Wadle*, Württembergische Nachdruckprivilegien (Fn. 198), S. 527 ff.

[216] Für Preußen vgl. *Elmar Wadle*, Preußische Privilegien für Werke der Musik. Ein Kapitel aus der Frühzeit des Urheberrechts 1794-1837, in: *Montoro Chiner/Schäffer* (Hg.), Musik und Recht. Symposion aus Anlass des 60. Geburtstages von Prof. Dr. Dr. Detlef Merten, Berlin 1998 (Schriften zum Öffentlichen Recht Bd. 771), S. 85-112 und in: *ders.*, Geistiges Eigentum. Bausteine zur Rechtsgeschichte II, München 2003, S. 185-204; *ders.*, Privilegienpraxis in Preußen: Privilegien zum Schutz gegen Nachdruck 1815-1837, in: *Dölemeyer/Mohnhaupt* (Hg.), Das Privileg im europäischen Vergleich II (Ius Commune. Sonderhefte 125), Frankfurt a.M. 1999, S. 335-362 und in: *ders.*, Geistiges Eigentum. Bausteine zur Rechtsgeschichte II, München 2003, S. 165-184. Für das Herzogtum Nassau vgl. die Untersuchung von *Paul Kaller*, Druckprivileg und Urheberrecht im Herzogtum Nassau. Zur Bedeutung des Edikts über die Pressefreiheit von 1814, Frankfurt a.M. 1992; Kurhessen: *Roger Mann*, Die Garantie der Pressefreiheit unter der Kurhessischen Verfassung von 1831, Frankfurt a.M. 1993 (Europäische Hochschul-

Wie bereits herausgearbeitet, verzichteten einige deutsche Staaten bis weit ins 19. Jahrhundert hinein auf ein allgemeines Verbot des Nachdrucks und begnügten sich, unmittelbaren Schutz allein per Privileg, also im Einzelfall, zu erteilen[217].

Das Verhältnis von Autorenprivilegien einerseits und Verlegerprivilegien andererseits wurde häufig diskutiert und ist Grundfrage des geistigen Eigentums. Zwar unterliegt das Privileg als Instrument der Rechtsgestaltung bestimmten allgemeinen Regeln, doch ist es vielfältig einsetzbar. Selbst wenn auf bestimmten Feldern der Privilegienpraxis Gewohnheiten entwickelt und sogar zu Regeln verdichtet worden waren, blieb das Privileg doch immer auf den Einzelfall bezogen. Allgemeine, übergeordnete Maßstäbe konnten im Einzelfall die Überhand gewinnen und die bisherige Übung durchbrechen, d.h. nicht nur die Interessen von Verlegern resp. Druckern oder Autoren bestimmten die Privilegierung im konkreten Fall, sondern etliche weitere Interessen konnten entscheidend ins Gewicht fallen, wozu politisch-weltanschauliche Motive ebenso wie merkantilistische oder volkserzieherische Ziele gehörten.

Für unsere Untersuchung ist von großem Interesse der Übergang vom Primat der Verlegerinteressen zum Vorrang der Autoreninteressen. Artikel 1 und 2 der von der Bundesversammlung 1837 beschlossenen Grundsätze stellten den Vorrang des Autors dadurch sicher, dass zugunsten des Urhebers, also des Werkschöpfers, ein originäres Recht an seinem Werk statuiert wurde, das von anderen nur durch Übertragung erworben werden konnte (Artikel 2: „Das Eigentum des literarischen und artistischen Werkes"). Fortan sollte in den Staaten des Deutschen Bundes nämlich das Urheberrechtsprinzip (Schöpferprinzip) gelten und für andere Personen als den Urheber selbst grundsätzlich nur ein derivativer Rechtserwerb in Betracht kommen. Die älteren Gesetze gegen den Nachdruck hatten, soweit sie überhaupt vorhanden waren, vielfach noch offen gelassen, wem das Verbotsrecht ursprünglich erwachsen sollte. Zumeist war nur sicher gestellt, dass derjenige ein Recht gegen den Nachdruck haben sollte, der den Druck veranlasst hatte, also in der Regel der Verleger. Die Frage, welche

---

schriften 2/1432); Sachsen: *Dominik Westerkamp*, Pressefreiheit und Zensur im Sachsen des Vormärz, Baden-Baden 1999 (Juristische Zeitgeschichte I/III); Baden: *Christina Wagner*, Der Verlag C.F. Müller und die badische Zensur. Von der Zensurverordnung 1797 bis zum badischen Pressegesetz von 1832, in: *Christof Müller-Wirth/Christina Wagner* (Hg.), Code Napoléon – Badisches Landrecht – Wegbereiter deutscher Rechtsgeschichte. Ausstellung anlässlich des 200. Jahrestages der Gründung des Verlages C.F. Müller in der badischen Landesbibliothek, Heidelberg 1997; Österreich: *Herbert Hofmeister*, Die Entwicklung des Urheberrechts in Österreich vom aufgeklärten Absolutismus bis zum Jahre 1895, in: *Robert Dittrich* (Hg.), Woher kommt das Urheberrecht und wohin geht es? Wurzeln, geschichtlicher Ursprung, geistesgeschichtlicher Hintergrund und Zukunft des Urheberrechts, Wien 1988 (Österreichische Schriftenreihe zum Gewerblichen Rechtsschutz, Urheber- und Medienrecht 7); *Thomas Olechowski*, Die Entwicklung des Preßrechts in Österreich bis 1918. Ein Beitrag zur österreichischen Mediengeschichte, Wien 2004.

[217] *Wadle*, Der langsame Abschied (Fn. 55) S. 101-116.

Rechtsposition dem Autor zustand, blieb vielfach im Ungewissen, zum Teil wurde sie nur sehr allgemein angesprochen, so etwa im kursächsischen Mandat von 1773, das vom „rechtmäßigen" Verleger sprach und damit auf die vertragliche Beziehung zum Autor anspielte. Das preußische ALR, das lediglich den Verlagsvertrag regelte und das Nachdruckverbot an das durch diesen Vertrag begründete „Verlagsrecht" anknüpfte, war ähnlich konzipiert, doch ging aus ihm nicht hervor, ob dieses Verlagsrecht letztlich ein originäres Recht war.

Im Gegensatz dazu nennen die Privilegien gegen den Nachdruck den Begünstigten in der Regel in sehr eindeutiger Weise. Deshalb erscheint es sinnvoll, das Phänomen der Neuausrichtung des Nachdruckschutzes auch von der Privilegienseite her zu beleuchten. Die Frage ist also, ob man diesen „Paradigmenwechsel" im Nachdruckschutz von einer zweiten Ebene her bestätigen kann, ob er, mit anderen Worten, auch im Privilegienwesen der Spätzeit einen Niederschlag gefunden hat.

Für unsere Untersuchung zum Privilegienwesen sind nur jene Staaten des Deutschen Bundes von Interesse, in deren Gebiet das Buchgeschäft in einem nennenswerten Umfang floriert hatte. Die meisten dieser Staaten hatten früher oder später allgemeine Normen zum Schutz gegen Nachdruck. Württemberg kann dagegen als Beispiel für die Staaten ohne frühzeitig einsetzende Gesetzgebung fungieren, Baden und Preußen verfügten dagegen über entsprechende legislatorische Akte.

III. Allgemeiner Befund der Quellenlage

Die Quellenlage ist mit Einschränkungen als recht gut einzustufen. Der Totalverlust der Akten des württembergischen Kultusministeriums, die 1944 ein Opfer der Flammen geworden sind, kann indes durch das Heranziehen anderer Quellen gemildert werden. Teilweise lassen sich verloren gegangene Aktenstücke durch gleich lautende Mehrfertigungen ersetzen, welche sich in erhalten gebliebenen anderen Aktenbeständen anderer Ministerien wieder finden, etwa die im Original verloren gegangenen Berichte des königlichen Studienrates in den in Reinschrift verfassten Ausfertigungen an die königlichen Kabinettsakten bzw. das Innenministerium, das gemäß der württembergischen Verfassung für die Erteilung von Privilegien in Handel und Gewerbe verantwortlich zeichnete (Art. 10 und 31).

Die Durchsicht der Signatur des Ministeriums des Innern E 146 kann als sehr ergiebig bewertet werden; die Büschel-Nummern 5113 bis 5468 sind die Hauptquellen für die württembergische Privilegien- und Zensurpraxis. Diese Akten, die allesamt im Hauptstaatsarchiv in Stuttgart zugänglich sind, werden ergänzt durch die ebenfalls dort liegenden Akten des königlichen Geheimen Rats. Dort war die Signatur E 31, Büschel-Nrn. 573 bis 574 für die Beurteilung der Vorarbeiten für das Rescript vom 25. Februar 1815 betreffend das Verbot des Büchernachdrucks sehr hilfreich.

Beim Ministerium der auswärtigen Angelegenheiten, Abt. neuere Staatsverträge, liefert die Signatur E 100, Büschel-Nr. 190 Auskunft über die Übereinkunft zwischen Württemberg und Frankreich über den gegenseitigen Schutz der Rechte an literarischen Erzeugnissen und Werken der Kunst. Die königlichen Kabinettsakten, Gesetze und Verordnungen (1806-1904) mit ihren Signaturen E 30, Büschel-Nrn. 1206 bis 1209 handeln lediglich über die Gesetze gegen den Büchernachdruck ab 1836. Das Aktenmaterial zu „Deutscher Bund, Ministerial- und Gesandtschaftsakten" (E 65 Verz. 40, 51 und 88 sowie Verz. 57, 103-104) beinhaltet den Schutz der Werke von Goethe, Schiller, Herder, Wieland sowie der telegraphischen Depeschen gegen den Nachdruck, sodann zur Einführung gleichförmiger Grundsätze wegen Büchernachdrucks und die Verhandlungen in der Bundesversammlung zu diesem Thema.

Unentbehrliche Ergänzungen bilden hauptsächlich die gedruckten amtlichen Verlautbarungen wie die Regierungsblätter, die amtlichen Hof- und Staatshandbücher sowie auch die Landtagsprotokolle, denen eine Fülle von Daten entnommen werden kann, aus denen man zuverlässige Schlüsse ziehen darf, wenngleich die Schwierigkeit nicht unerwähnt bleiben sollte, dass sich die Protokolle in unübersichtlicher Weise auf eine Vielzahl von Bänden zerstreuen, die wiederum durch „ordentliche und außerordentliche Beihefte" ergänzt werden und außerdem lückenhafte Register aufweisen.

Die ausführliche Durchsicht der einschlägigen Akten im Württembergischen Hauptstaatsarchiv (WüHStA), Stuttgart, Bestand Ministerium des Innern E 146/1 ergibt 344 Dossiers. Diese lassen sich klassifizieren zunächst in zwei große Bereiche, nämlich das Gewähren und die Ablehnung eines „Gnadenbriefes". Für die Privilegiengewährung finden sich bis ins Jahr 1845 allein 233, für die Ablehnung 57 Akten. In den Akten[218] findet sich die Weiterleitung eines Berichtes, den die Regierung des Jagstkreises an das zuständige Finanzministerium geschrieben hatte; dieser Bericht betraf die Bitte des Buchdruckers Ritter in Gmünd und des Buchdruckers Herder in Rottweil um Aufhebung der Kalender-Admodiation und um Freistellung des Handels und des Druckes der Kalender bei den inländischen Druckereien (1820).

---

[218] E 146/1 Nr. 5130.

1. Einteilung der Akten nach dem Inhalt

Zahlenmäßig weniger vertretene Akten können noch folgendermaßen einge-
teilt werden: Siebzehn Bitten um Privilegien und eine „Vorlage"[219]. Sodann folgen eine Rücknahme, eine Erledigung[220], ein Verzicht auf ein Privilegium[221].
Ein Erlöschen eines Privilegs[222], drei Weiterleitungen und eine Überweisung.
Überdies werden drei Rekurse erwähnt[223] und sieben Beschwerden[224]. Ferner
existieren acht Zurückweisungen bzw. Abweisungen von Beschwerden[225],
sechs Streit- bzw. Klagsachen und eine Zurückweisung einer Klage[226], zwei
sog. „Verwendungen"[227]. Zu erwähnen ist noch ein von der Hausmannschen
Antiquariatshandlung in Stuttgart 1837 veranstalteter Nachdruck der fünften
Auflage des 1827 erschienenen Werks „Das Recht des Besitzes" vom Preußischen Geheimen Oberrevisionsrat und Professor Dr. von Savigny[228]. Auf die
Bitte um ein Privileg hin wollte das Ministerium des Innern Spezifizierungen
zur Ergründung des Sachverhaltes, welche Ausgabe (etwa die erste ?) eines
Gebetbuchs zu schützen sei. Als es innerhalb der gesetzten Frist keine Antwort
erhielt, wurde der Fall eingestellt[229].

Schließlich verfügt das Innenministerium noch jeweils über ein Dossier zu
einer Kompetenzfrage[230] und zu einer Beschlagnahme[231] sowie eine „Note"[232],
eine Auslegung[233], ein Patent[234] und zwei Entschließungen[235]. Der Zeitraum der
Akten erstreckt sich auf die Jahre zwischen 1817 und 1870. Im Jahre 1827 wurden noch zwei unbeschränkte Privilegien erteilt, das eine für ein Buch, das andere für ein Bildnis. Der Buchhändler Friedrich Frommann aus Jena bekam ein

---

[219] E 146/1 Nr. 5376: Hierbei handelte es sich um die Vorlage von Nr. 41 des Sigma-
ringer Volksblatts „Der Wächter" vom 13. April 1836 durch das Oberamt Ulm. Diese
Vorlage enthielt das Gedicht „Das Privilegium" (ein Schriftstück) und Nr. 41 von „Der
Wächter"; dieses findet sich abgedruckt am Ende unserer Studie, Annex 5.

[220] E 146/1 Nr. 5410.

[221] Nr. 5408.

[222] Nr. 5425.

[223] Nrn. 5404, 5417 und 5432.

[224] Nrn. 5435, 5436, 5437, 5439, 5440, 5443 und 5444.

[225] Nrn. 5445, 5446, 5450, 5451, 5453, 5454, 5455 sowie 5457.

[226] Nr. 5467.

[227] Nrn. 5319, 5448.

[228] Nr. 5406 (ein Schriftstück).

[229] Nr. 5214.

[230] Nr. 5452.

[231] Nr. 5462.

[232] Nr. 5464.

[233] Nr. 5456.

[234] Nr. 5492.

[235] Nrn. 5458, 5461.

Privileg gegen Nachdruck für die zweite neu bearbeitete Auflage der von J. D. Gries übersetzten Dichtung „Orlando furioso" („Der rasende Roland") des Italieners Ludovico Aristo (1474-1533)[236]. Auch wurde ein Privileg gegen den Nachguss eines Brustbildnisses von Friedrich Schiller an Hofbildhauer Frank in Stuttgart erteilt, das er 1793 bei Schillers Besuch in Stuttgart in plastischer halberhabener Arbeit fertigte[237].

2. Unterschiedliche Privilegiendauer

Wenn ein Dossier eine Privilegiendauerangabe enthält, sind dies fünf, sechs, acht, zehn, zwölf oder 20 Jahre; dabei sind die Privilegien auf sechs Jahre die am meisten vorkommenden. Fünf Gnadenbriefe wurden hingegen ohne Frist erteilt: Im Jahre 1827 kam es zu einem Privileg gegen den Nachdruck der Schriften der Autorin Johanna Schopenhauer in Weimar unter Befreiung von der Entrichtung der Taxgebühren und der Pflicht zur Abgabe von Freiexemplaren[238].

1820 erhielt der Buch- und Kunsthändler Ernst Klein aus Leipzig für das in seinem Verlag erscheinende deutsch-lateinische Lexikon von F. K. Kraft ein Privileg gegen den Nachdruck. Dieses konzedierte man ihm ebenso für die dritte Auflage dieses Lexikons[239].

Für die Werke bekannter deutscher Dichter gab es ab 1825 häufig unbefristete Gnadenbriefe. Einen solchen erhielten Goethe und Schiller für ihre Werke[240]. Privilegien kamen auch den Werken des herzöglich sachsen-hildburghausischen Legationsrats Jean Paul Friedrich Richter (kurz genannt Jean Paul), des Generalsuperintendenten Johann Gottfried Herder in Weimar und des herzoglich-sachsen-weimarischen Hofrats Christof Martin Wieland zugute[241]. Nicht nur Jean Paul, sondern auch Friedrich Schiller erhielten Privilegien für ihre Werke[242].

Im Jahre 1826 wurden mehrere Privilegien ohne zeitliche Begrenzung verkündet. Professor Hoelder[243] in Stuttgart bekam für seine französische Sprach-

---

[236] Nr. 5168.

[237] Nr. 5171.

[238] Nr. 5218. Darin ist die "Verwilligung" eines sechsjährigen Privilegs zugunsten der Autorentochter Luise Adelaide Schopenhauer sowie ein zwölfjähriges Privileg gegen den Nachdruck des bei Heinrich Adelmann in Frankfurt erschienenen Romans "Sidonia" in zwei Bänden von Johanna Schopenhauer.

[239] Nr. 5183.

[240] Nr. 5365: Der Dossier enthält das Börsenblatt für den Deutschen Buchhandel Nr. 12 v. 20. März 1835 sowie Nr. 15 v. 10. April 1835.

[241] Nr. 5366.

[242] Nr. 5367.

[243] Nr. 5155.

lehre in zwei verschiedenen Ausgaben ein allgemeines Privileg gegen den Nachdruck. Für „Die Volksgrössenlehre" erwarb die Metzlersche Buchhandlung in Stuttgart einen speziellen Nachdruckschutz. Dieses Werk stammte von Poppe, Professor der Technologie in Tübingen[244]. Für die zweite vermehrte Ausgabe der Schrift des Oberkonsistorialrats Nebe „Der Schullehrerberuf nach dessen gesamten Umfang in der Schule und Kirche" bekam der Buchhändler Johann Friedrich Baerke in Eisenach ein entsprechendes Privileg[245]. 1826 erfolgte noch die Erteilung eines Privilegs gegen den Nachdruck der „Anweisung zum Spielen der Pianoforte" des großherzoglich-sächsischen Hofkapellmeisters Johann Nepomuk Hummel in Weimar[246]. Etwas aus der Reihe fällt das Vorrecht für den Universitätzeichenlehrer Louis Hellwig in Tübingen, der einen Gnadenbrief für das Bildnis des Prälaten Johann Albrecht von Bengel bekam[247]. Das letzte allgemeine Privileg des Jahres 1826 erging an den Antiquar und Verleger Ferdinand Steinkopf in Stuttgart für die Schrift „Stuttgart und seine Umgebung mit einem Grundriß der Stadt und einem topographischen Grundriß ihrer Umgebung"[248]. Auch 1827 wurden noch allgemeine Privilegien konzediert.

3. Fünfjährige Privilegien

Neben den zahlenmäßig geringen unbefristeten Privilegien nehmen die befristeten einen weitaus größeren Platz in der Vergabepraxis ein. Ein fünfjähriges Privileg wurde beispielsweise im Jahre 1825 gegen den Nachdruck für die umgearbeitete neue Auflage der zweiten Abteilung der arithmetischen Hilfstabellen an den aus Kirchberg an der Murr (Kreis Backnang) gebürtigen Wilhelm Christian Canz (vormaliger Amtspfleger und Oberakziser in Sulz) erteilt[249]. Erst 1834 stößt man auf ein weiteres fünfjähriges Privileg, nämlich gegen den Nachdruck der Schrift „Übersicht über die Ankunft und den Abgang sämtlicher Frachtfuhrleute und der Stadt- und Landboten in 64 Oberamtsstädten des Königreichs" zugunsten des Buchhändlers und Buchdruckers Carl Hopfer de l'Orme in Tübingen[250]. Ein Jahr später, im Jahre 1835, hatte die Riegersche Buchhandlung in Augsburg Glück und setzte fünf Jahre Nachdruckschutz für

---

[244] Nr. 5156.

[245] Nr. 5157.

[246] Nr. 5161: Hummel war Pianist und Komponist, 1816-1820 Kapellmeister in Stuttgart.

[247] Nr. 5162.

[248] Nr. 5164.

[249] Nr. 5256.

[250] Nr. 5323.

ihre Schrift „Die irländische Hütte, eine Erzählung für die reifere Jugend vom Verfasser der Beatushöhle" durch[251].

4. Die meist ausgestellten „Gnadenbriefe": Sechsjährige Privilegien

Die am häufigsten vorhandenen Privilegien sind die sechsjährigen Privilegien, so wie § 1 des Rescripts von 1815 dies als Regeldauer vorgezeichnet hatte. Bis zum Gesetz vom 22. Juli 1836 durften gemäß § 1 des Rescriptes von 1815 lediglich die Verleger oder selbst verlegende Autoren ein Privileg beantragen, so dass die Nur-Autoren kein Privileg beanspruchen durften.

a) Privilegien bis 1827

Über ein sechsjähriges Privileg konnte sich der Buchhändler Sauerländer in Aarau 1824 freuen für die in seinem Verlag erscheinende zweite Auflage der Schweizer-Landsgeschichte von Heinrich Zschokke und der dritten Ausgabe der französischen Sprachlehre von Kaspar Hirzel[252]. Der österreichische Hofkonzipist Franz Grillparzer erreichte im selben Jahr die Erteilung eines sechsjährigen Privilegs für das bei J. B. Wallishaeuser in Wien verlegte Trauerspiel „König Ottokars Glück und Ende", dem die kaiserlich-österreichische Zensur die Aufführung auf der Bühne untersagt hatte[253]. Im Jahr 1824 wurde noch ein weiteres sechsjähriges Privileg erteilt, nämlich an den Verlagsbuchhändler Justus Perthes in Gotha für das in seinem Verlag gedruckte „Lehrbuch der christlichen Religion für die oberen Klassen der Gymnasien von Dr. Karl Gottlieb Bretschneider, Generalsuperintendent und Oberkonsistorialrat zu Gotha"[254]. Das Privileg wurde allerdings unter der Bedingung gezollt, den Preis bei Einführung der Schrift als Lehrbuch in den evangelischen Seminaren und Gymnasien herunterzusetzen.

Aus dem Jahre 1823 wird noch die Gewährung eines Privilegs gegen den Nachdruck für folgende im Verlag der Arnoldschen Buchhandlung zu Dresden erscheinenden beiden Werke bekannt, nämlich das aus dem Schwedischen ins Deutsche übersetzte „Lehrbuch der Chemie" von Professor Johann Jakob von Berzelius und das „Handbuch der Fremdwörter" von Kirchenrat Petri[255]. Hier ist auffällig, dass keine Befristung des Privilegs ausfindig zu machen ist. Zugunsten des Kommerzienrats Johann Esaias Seidel von Rosenthal, Buchhändler

---

[251] Nr. 5344.
[252] Nr. 5148.
[253] Nr. 5150.
[254] Nr. 5152.
[255] Nr. 5142.

in Sulzbach bei Amberg (Bayern) und später seiner Söhne wurden in den Jahren zwischen 1819 und 1828 mehrere Privilegien gegen Nachdruck erteilt; und zwar für die siebte, achte und neunte Auflage von „Morgen- und Abendopfer in Gesängen von Dekan Witschel" und den dritten Band von „Reformationspredigten von Reinhardt"[256].

1825 wurden zwei sechsjährige Privilegien gegen den Nachdruck ausgesprochen: Die Metzlersche Buchhandlung in Stuttgart erwirkte für die bei ihr verlegte lateinische Chrestomathie[257] von Professor und Bibliothekar Philipp Buttmann in Berlin Schutz gegen den Nachdruck der siebten und achten Auflage seiner griechischen Schulgrammatik und der elften und zwölften Auflage seiner mittleren griechischen Grammatik[258].

b) Privilegien aus dem Jahr 1828

Württemberg privilegierte 1828 das „Theoretisch-praktische Lehrbuch der hochdeutschen Sprache mit besonderer Rücksicht auf den Schul- und Selbstunterricht" vom Verfasser J. G. Frieß, der Lehrer in München war[259]. Im selben Jahr wurde auf die Dauer von ebenfalls sechs Jahren die achte Ausgabe der Schrift „Der aufrichtige Kalendermann" von Dr. E. G. Steinbeck, neubearbeitet von Pastor Carl Friedrich Hempel in Stünzhayn bei Altenburg geschützt. Das Privileg erhielt ohne große Diskussion im Ministerium des Innern der Buchhändler Friedrich Fleischer in Leipzig[260]. Über ein ebensolches Privileg im selben Jahr durfte sich der Buchhändler Barth in Leipzig freuen für die Schrift „Physikalisch-chemische Hülfstabellen" von Professor Zenneck in Hohenheim[261]. Eine Sammlung der Werke des Schriftstellers Ernst Wagner wurde ebenfalls für sechs Jahre gegen den Nachdruck geschützt; das Privileg erhielt die Varnhagensche Buchhandlung in Schmalkalden (später die Verlagsbuchhandlung Gerhard Fleischer in Leipzig)[262]. Sechs Jahre wurden auch die von Karl Hase herausgegebenen „Vorlesungen über die christliche Glaubenslehre von

---

[256] E 146/1 Nr. 5153: Das Aktenbüschel enthält: neun von E. Maier gestochene Kupferstiche nach Originalzeichnungen von Heideloff, 2 Exemplare sowie ein Verzeichnis vorzüglicher Bücher aus allen Fächern der Literatur in der J. N. Enßlinschen Buchhandlung in Reutlingen, 1827 (1 Heft, 8⁰, S. 1-45) und zwei Schreiben von 1824 und 1828.

[257] E 146/1 Nr. 5154 (Auswahl des Besten aus Werken früherer Schriftsteller in Prosa; insbes. für die Schulen eingerichtete Auszüge).

[258] E 146/1 Nr. 5158.

[259] Nr. 5175.

[260] Nr. 5177.

[261] Nr. 5178.

[262] Nr. 5182. In dem Dossier findet sich eine Einladung zur Subskription der genannten Sammlung des Schriftstellers Wagner von dem herzöglich-mainzischen Oberkonsistorialrat Friedrich Mosengeil.

H. G. Tschirner" in Schutz genommen; das Privileg ging an den Buchhändler Johann Friedrich Leich in Leipzig[263].

Im selben Jahr (1828) kam es noch zur Erteilung weiterer sechsjähriger Privilegien gegen den Nachdruck, nämlich zugunsten für das im Verlag Klein in Leipzig erscheinende deutsch-lateinische Lexikon von Kraft[264] sowie einer neuen verbesserten Auflage der 1817 von Hauptmann von Lenz im fünften Infanterieregiment herausgegebenen Druckschrift „Vorschriften für das Verhalten der Soldaten der königlich-württembergischen Infanterie" an die C. F. Nastsche Buchhandlung[265]. Die verbesserte Gesamtausgabe der Schriften des Oberst Carl August Friedrich von Witzleben aus Dresden, die unter seinem Schriftstellernamen A. von Stromlitz auf dem Markt zu kaufen war, wurde ebenfalls für sechs Jahre unter Nachdruckschutz gestellt[266]. Für das Jahr 1828 sind noch zu erwähnen die Erteilung eines sechsjährigen Privilegs gegen den Nachdruck der revidierten Ausgabe sämtlicher Werke des Dichters Johann Ludwig Tieck, 24 Bände einschließlich der Übersetzung des „Don Quichotte", die als Dichtung des Spaniers Miguel de Cervantes Saavedra bekannt war[267] sowie des „Enzyklopädischen Wörterbuch[s] für Wissenschaft und Leben, zum Schul- und Hausgebrauch für junge Studierende und Wissenschaftsfreunde" von Professor Otto Friedrich Theodor Heinsius an die Buchhandlung Duncker & Humblot in Berlin[268] sowie der Schrift „Kurzgefasster Unterricht über das Sakrament der Firmung von Dom- und Pfarrkaplan Lorenz Lang" an den Buchdrucker Franz Joseph Betz in Rottenburg[269]. Begnadet wurde die Schrift „Die Wiedereroberung von Ofen, 2 Teile" der Autorin Caroline Pichler, wobei die Anton Pichlersche Verlagsbuchhandlung in Wien begünstigt wurde[270]. Der Nachdruck folgender Schriften aus Medizin und Theologie des Buchhändlers Enßlin in Berlin blieb ebenfalls auf sechs Jahre verboten:

1. Theoretisch-praktisches Handbuch der Lehre von den Brüchen und Verrenkungen der Knochen, 2. verbesserte und vermehrte Ausgabe, von Dr. Richter[271]

2. Theoretisch-praktisches Handbuch der Chirurgie mit Einschluss der syphilitischen und Augenkrankheiten, 12 Teile, von Dr. Rust

---

[263] Nr. 5184.

[264] Nr. 5183.

[265] Nr. 5185.

[266] Nr. 5186.

[267] Nr. 5188.

[268] Nr. 5189.

[269] Nr. 5190: Das Dossier enthält die Genehmigung und Empfehlung vorgenannter Schrift des Bischofs Johann Baptist von Keller in Rottenburg v. 22. August 1828.

[270] Nr. 5191.

[271] Nr. 5193. Damit wurde der Bitte des Buchhändlers Enßlin entsprochen, die unter Nr. 5179 eigens verzeichnet und vom Verlag im selben Jahr (1828) geäußert wurde.

3. Homiliarium patristicum, hrsg. von Ludwig Pelt und H. Rheinwald, 6 Faszikel

4. Homiliensammlung aus den sechs ersten Jahrhunderten der christlichen Kirche, 6 Hefte, herausgegeben von Ludwig Pelt und H. Rheinwald[272].

Ein gleichfalls sechsjähriges Privileg wurde verkündet für die revidierte neue Ausgabe der Gedichte des Volksdichters Karl Waizman (Weitzmann) in Ehingen an die Buchhandlung Nast in Ludwigsburg, die das Manuskript der Gedichte käuflich erworben hatte[273]. Zwar waren zehn Jahre beantragt, doch blieben der Studienrat und der König bei der Regelzeit des Gesetzes von 1815, das in seinem § 1 die reguläre Zeitspanne von sechs Jahren vorsah.

c) Privilegien aus dem Jahr 1829

Auch Kirchenmusik und Werke der bildenden Kunst wurden mittels sechs-jähriger Privilegien gegen unlautere Imitation protegiert. Dies beweist einmal die Erteilung eines sechsjährigen Privilegs gegen den Nachdruck (mit Noten oder mit Ziffern), einer von dem Vorsteher des Stuttgarter Kirchengesangver-eins Karl Kocher bzw. Musiklehrers Konrad Kocher und den Musikdirektoren Friedrich Silcher in Tübingen und Johann Georg Frech in Esslingen gemein-schaftlich bearbeiteten Sammlung von zweihundert vierstimmigen Choralme-lodien der evangelischen Kirche zugunsten der Metzlerschen Buchhandlung in Stuttgart[274]. Sehr auffällig ist, dass das erwähnte „Vierstimmige Choralbuch für Orgel- und Klavierspieler nebst einer Erklärung" auf zwölf Jahre geschützt war[275].

Der Landschaftsmaler Steinkopf in Stuttgart erhielt ein ebenfalls sechsjähri-ges Privileg für das nach dem Gemälde von Seybold von Marie Steinkopf ge-zeichneten und von Schreiner in München lithographierten Bildnisses der Her-zogin Pauline von Nassau, geb. Prinzessin von Württemberg[276]. Dieses Privileg wurde am 28. März 1829 gestützt auf die Verordnung vom 25. Februar 1815 ohne Weiteres erteilt und im Regierungsblatt vom 27. April 1829 verkündet.

Das Jahr 1829 kennt die Erteilung vieler sechsjähriger Privilegien, etwa ge-gen den Nachdruck der zehnten Auflage der „Umständlichen Erzählungen der merkwürdigen Begebenheiten aus der allgemeinen Weltgeschichte für den ers-ten Unterricht in der Geschichte von (Gottfried Gabriel) Bredow" an den Buch-

---

[272] Alle genannten Werke sind unter der Büschel-Nr. 5193 verzeichnet.

[273] Nr. 5194.

[274] Nr. 5195.

[275] Nr. 5195 (1824-1828).

[276] Nr. 5196.

händler J. F. Hammerich in Altona[277] sowie gegen den Nachdruck der von Professor Dr. J. D. Goldhorn herausgegebenen Predigten des Dr. Heinrich Gottlieb Tschirner, Professor der Theologie und Superintendent zu Leipzig, in drei Bänden und einer zweiten vermehrten Ausgabe dieser Predigten in vier Bänden an die Hinrichssche Buchhandlung in Leipzig (1828-1829)[278]. Im selben Jahr erreichte die Buchhandlung Hoffmann und Campe in Hamburg ein gleichlautendes Vorrecht für eine Sammlung der Schriften des Schriftstellers Ludwig Boerne in acht Bänden[279] sowie der Verlag Duncker & Humblot in Berlin für die zwölfte Ausgabe der „Kleinen deutschen Sprachlehre für Schulen und Gymnasien von Dr. Theodor Heinsius, Professor am Berliner Gymnasium"[280].

Sechsjährige Privilegien wurden nicht nur gegen den Nachdruck von Schriften und Abbildungen, sondern auch zugunsten musikalischer Kompositionen eingesetzt. Ein gutes Beispiel ist der Gnadenbrief aus dem Jahre 1829 gegen den Nachstich der Klavierauszüge der romantischen Oper „Die Räuberbraut" und des Oratoriums „Der Sieg des Glaubens" an den Pianisten und Komponisten Ferdinand Ries, der auch Beethovenschüler war, in Frankfurt am Main[281].

Zumeist wurden in jener Zeit aber Privilegien gegen den Nachdruck von Schriften und Büchern erteilt, so etwa im selben Jahr, also 1829, gegen den Nachdruck der Schrift eines ungenannten Verfassers mit dem Titel „Biblische Feierstunden für gebildete Gottesverehrer aller christlichen Bekenntnisse. Ein Erbauungsbuch für das Haus" an den Buchhändler Leske in Darmstadt[282] sowie der Gedichte von Johann Dietrich Gries an die Löfflundsche Buchhandlung in Stuttgart[283] und des „Lehrbuch[s] der Geschichte des Mittelalters" von Dr. Heinrich Leo, Professor an der Universität Halle, an den Buchhändler Anton in Halle[284].

d) Privilegien aus dem Jahr 1830

1830 erhielt der entlassene Revierförster Stephan Schubert von Pfronstetten, später zu Rötenbach (Gemeinde Wolfegg, Kreis Ravensburg), der den Dezimaltarif mit dem fürstlich-waldburg-wolfeggschen Forstverwalter Zwicker verfasste und dafür zusammen mit diesem die goldene Zivilverdienstmedaille verliehen bekam, ein sechsjähriges Privileg gegen den Nachdruck seines Opus „De-

---

[277] Nr. 5199.
[278] Nr. 5200.
[279] Nr. 5201.
[280] Nr. 5202.
[281] Nr. 5204.
[282] Nr. 5207.
[283] Nr. 5208.
[284] Nr. 5210.

zimaltarif" (Hilfstafeln zur Berechnung der runden Baumstämme)[285]. Sogar das Finanzministerium äußerte sich positiv über die potentielle Nützlichkeit des Werkes in einer eigenen Note.

Die Erteilung des sechsjährigen Privilegs gegen den Nachdruck der zweiten Auflage von Sterns und Gerspachs „Lehrgang der deutschen Sprache für Volksschulen" an den Hofbuchhändler Braun in Karlsruhe fiel gleichfalls in das Jahr 1830[286]. Ebenso erhielt 1830 der Steindruckerei-Inhaber Johann Konrad Mäcken Junior in Reutlingen ein sechsjähriges Privileg gegen den Nachdruck der „Populären Botanik" des Magisters Christian Ferdinand Hochstätter, der Professor am königlichen Hauptschullehrerseminar und zweiter Stadtpfarrer in Esslingen war[287]. Der Studienrat hielt sich in seinem Gutachten vom 14. Juni 1820 nicht mit Lob für das Werk zurück: es sei eine „gemeinfaßliche Anleitung zur Kenntniß namentlich der in Deutschland und in der benachbarten Schweiz vorkommenden Pflanzen" und ergo ein nützliches Hilfsmittel.

1830 wurden noch weitere sechsjährige Privilegien gegen den Nachdruck publiziert; nachstehende Druckschriften waren betroffen: die „Tugendbilder" von Dr. J. H. Müller in Freiburg an die Buchhändler Kollmann & Himmer in Augsburg sowie die Jugendschriften von H. A. von Kamp[288], wobei das Privileg an den Buchhändler Baedecker in Essen ging[289]. Nicht zuletzt wurde 1830 die dritte Ausgabe des bei Varrentrapp in Frankfurt hergestellten Handbuchs der theoretischen Chemie von dem Geheimem Hofrat und Professor Leopold Gmelin in Heidelberg geschützt[290]. Die Erteilung sechsjähriger Privilegien im Jahre 1830 riss nicht ab. So sind noch die Privilegien gegen den Nachdruck der Schrift „Theoretisch-praktische Anleitung zur schriftlichen Geschäftsführung für das bürgerliche und Gewerbeleben" an den Geometer J. C. Kriegstötter in Mergentheim[291] und des Werks „Das Bedürfniß der Volkswirthschaft" zugunsten des pensionierten preußischen Justizamtmanns Karl Friedrich Schenk in Siegen zu vermelden (mit ausdrücklicher und uneingeschränkter Zustimmung des Studienrates!)[292].

---

[285] Nr. 5212.

[286] Nr. 5215.

[287] Nr. 5217.

[288] Die Jugendschriften hießen: „Der Fruchthain und der Wald", „Drei Erzählungen aus dem Leben des göttlichen Kinderfreundes" sowie „Natur und Menschenleben" (Nr. 5221).

[289] Nr. 5221.

[290] Nr. 5221.

[291] Nr. 5222.

[292] Nr. 5223: Dieses Privileg ging an die E. Schweizerbartsche Verlagsbuchhandlung in Stuttgart.

e) Privilegien aus dem Jahr 1831

In das Jahr 1831 fielen schon folgende sechsjährige Privilegien: das gegen den Nachdruck des Schriftchens „Kinderbriefe für Schule und Haus" zugunsten des Buchdruckers Haspel in Hall[293], der beiden Schriften „Neuer allgemeiner Schlüssel zur einfachen und doppelten Buchhaltung", die sechste Auflage von Karl Courtin und „Erste vollständige Geschichte sämtlicher Staatsumwälzungen und der wichtigsten Ereignisse des Jahres 1830" von Karl Strahlheim. Beide Werke waren bei Buchhändler Karl Hoffmann in Stuttgart erschienen, zugunsten dessen auch die Gnadenbriefe ausgegeben wurden[294]. Das Werk „Glyptothek treffender Bilder aus dem Leben für alle Stände" des am Stuttgarter Hoftheaters engagierten Souffleurs Korsinsky privilegierte der württembergische König ebenfalls ohne Zögern[295].

Auffällig ist die Erteilung des sechsjährigen Privilegs gegen den Nachdruck des „Beicht- und Kommunionbuch[s] für evangelische Christen" von Dr. phil. Johannes Moser, Diakon am Münster in Ulm, an den Buchdrucker Christoph Sieler in Ulm, denn dieser Buchdrucker verzichtete auf sein Privileg, nachdem er das Verlagsrecht an den Buchhändler Mayer in Ulm verkauft hatte und dieser kein Privileg haben wollte[296].

Über ein gleichlautendes Vorrecht konnte sich auch Buchhändler Thomas Feger in Ehingen freuen für die von Dr. Benedikt von Wagemann, Oberamtsarzt in Ehingen, verfasste Schrift „Volksanatomie nebst darauf sich beziehender Gesundheitslehre oder allgemeiner leicht fasslicher Unterricht über den Bau des menschlichen Körpers"[297]. Der Buchdruckereiinhaber Dr. Rapp in Rottweil erlangte ein sechsjähriges Privileg gegen den Nachdruck von „Kurze Anleitung zum schriftlichen Gedankenvortrag für Elementarschulen" des Oberlehrers Hofer am katholischen Schullehrerseminar in Gmünd[298] und die Anton Pichlersche Buchhandlung in Wien für den historischen Roman „Friedrich der Streitbare" von Caroline Pichler, geb. von Greiner[299]. Dieselbe Autorin konnte sich auf ein ebenfalls sechs Jahre dauerndes Privileg an die Anton Pichlersche Buchhandlung in Wien stützen für ihre Schrift „Henriette von England, Gemahlin des Herzogs Philipp von Orleans"[300].

---

[293] Nr. 5225.

[294] Nr. 5226: antragsgemäße Gewährung.

[295] Nr. 5227.

[296] Nr. 5228: antragsgemäße Gewährung.

[297] Nr. 5229: ohne Zweifel des Studienrates genehmigt.

[298] Nr. 5231.

[299] Nr. 5232: Mit Friedrich dem Streitbaren war der Herzog von Österreich (1211-1246), der letzte Babenberger, gemeint.

[300] Nr. 5234.

Der Buchhändler Kuntze in Mainz erwarb ein sechsjähriges Privileg für das von Professor Dr. Schacht aus Mainz geschriebene Werk „Vorschule bzw. Lehrbuch der Geographie mit Berücksichtigung der Geschichte"[301].

Für das Jahr 1831 sind noch die Erteilung folgender sechsjähriger Privilegien aufzulisten: für die achte verbesserte Auflage von „Allgemeine Geschichte von Anfang der historischen Kenntnisse bis auf unsere Zeiten" von Hofrat Professor Karl Rodecker von Rotteck an die Herbersche Buchhandlung in Freiburg[302], „Allgemeine Weltgeschichte von Hofrat Professor Dr. K. Rodecker von Rotteck in Freiburg unter Zugrundelegung des größeren Werks desselben Verfassers, neu bearbeitet und fortgesetzt bis zum Jahre 1831 in vier Bänden" an den Buchhändler Karl Hoffmann in Stuttgart[303], die vierzehnte Auflage des „Gebetbuch[s] für aufgeklärte katholische Christen" von Pfarrer Philipp Joseph Brunner, großherzoglich-badischer geistlicher Ministerialrat, an die Classche Buchhandlung in Heilbronn[304], des Werks „Handbuch bei seelsorglichen Funktionen für katholische Seelsorge" von Dr. J. N. Müller, erzbischöflicher Dompräbendar in Freiburg an die Wolffsche Buchhandlung in Augsburg[305], der Schrift „Die Hopfenblüten, eine Begebenheit aus dem Leben eines armen Schullehrers, erzählt für Kinder und Kinderfreunde vom Verfasser der Ostereier" des Autors Christoph von Schmidt, Domkapitular und Jugendschriftsteller, an die Krüllsche Universitätsbuchhandlung in Landshut[306].

f) Privilegien aus dem Jahr 1832

Im Jahre 1832 erwarb die Universitätsbuchhandlung G. J. Manz ein sechsjähriges Privileg gegen den Nachdruck des zweiten Bändchens der Schrift „Neue Erzählungen für Kinder und Kinderfreunde" vom bereits genannten Autor Christoph von Schmidt[307]. In diesem Zusammenhang gab es 1837 einen Rekurs des Kurators der Johann Jakob Mäckenschen Buchhandlung in Reutlingen gegen ein Konfiskations-Straferkenntnis der Regierung des Schwarzwaldkreises wegen Verletzung eines Privilegs gegen den Nachdruck der beiden Werke des Autors von Schmidt[308]. 1832 wurde auch ein sechsjähriges Privileg gegen

---

[301] Nr. 5235: Nach Meinung des Studienrates handelte es sich um eine „gute Vereinigung von Geschichte und Geographie".

[302] Nr. 5236.

[303] Nr. 5237.

[304] Nr. 5238: Nach Einschätzung des Studienrates war mit einem großen Verkaufsabsatz zu rechnen, so dass eine Privilegierung auf sechs Jahre genügte, obwohl sechs bis zehn Jahre beantragt waren.

[305] Nr. 5239.

[306] Nr. 5244.

[307] Nr. 5257.

[308] Nr. 5404.

den Nachdruck für die zweite Auflage der „Schulgrammatik der deutschen Sprache"[309] von Dr. Carl Ferdinand Becker an die Johann Christian Herrmannsche Buchhandlung in Frankfurt am Main sowie für die dritte vermehrte und verbesserte Ausgabe des „Lehrbuchs der Pharmakodynamik"[310] von Professor Dr. Ph. Fr. W. Vogt an den Buchhändler G. F. Heyer in Gießen und einer zweiten vermehrten und verbesserten Auflage der „Briefe eines Verstorbenen" an die Hallbergersche Verlagsbuchhandlung erteilt[311].

Der Buchhändler Karl Hoffmann in Stuttgart erhielt noch andere Privilegien: im Jahre 1832 gegen den Nachdruck des Werks „Die Erde und ihre Bewohner, ein Lehr- und Lesebuch für Schule und Haus von Karl Friedrich Vollrat Hoffmann"[312] und im selben Jahr für „Allgemeine Naturgeschichte für alle Stände" von Hofrat und Professor Lorenz Oken (eigentlich Ockenfuss) in München bzw. Erlangen[313].

Der Universitätsbuchhändler Karl Groos in Heidelberg erstritt für drei Lehrbücher ein ebenfalls sechsjähriges Privileg, nämlich für das „Handbuch der Militär-Geographie" von Freiherr von Malchos, das „Handbuch der Chirurgie" in vierter Auflage von dem Geheimen Hofrat und Professor Chelius und für das „Handbuch der Augenheilkunde" in zweiter Auflage von dem Geheimen Hofrat und Professor Becke[314]. 1832 kam es noch zur Erteilung eines sechsjährigen Privilegs gegen den Nachdruck des Werkes „Ornamenten-Zeichnungs-Schule in 100 lythographierten Blättern" von Inspektor Konrad Weitbrecht, der Zeichner, Modelleur, Bildhauer, Inspektor in Wasseralfingen und Professor an der Gewerbeschule in Stuttgart war[315].

Für die Themen, die Württemberg betrafen, wurden ausgiebig Privilegien erteilt. Ein gutes Beispiel ist hierfür das sechsjährige Privileg gegen den Nachdruck des in fünf Lieferungen herauskommenden Opus „Geographisch-statistisch-topographisches Lexikon von Württemberg oder alphabetische Beschreibung der württembergischen Städte, Dörfer, Schlösser, Bäder, Berge, Flüsse, Seen usw." an den Buchhändler J. Scheible in Stuttgart[316].

---

[309] Nr. 5245.

[310] Nr. 5246: Das Dossier enthält auch die „Vorrede zu der ersten und zweiten Auflage und Inhalt des ersten Bandes des Lehrbuchs der Pharmakodynamik", Druck-Heft, 8⁰, S. I-XVI.

[311] Nr. 5247: Diese Briefe waren zunächst als anonym gemeldet, dann tauchte als Autor Fürst von Pückler-Muskau in der Lausitz auf, der in derselben Buchhandlung auch sein Werk „Tutti Frutti" verlegte. 1833 erhielt die Hallbergersche Buchhandlung ein sechsjähriges Privileg zugunsten dieses Werkes (Nr. 5287).

[312] Nr. 5248.

[313] Nr. 5255.

[314] Nr. 5249.

[315] Nr. 5252: kein gesetzliches Hindernis vonseiten des Studienrates.

[316] Nr. 5254.

Auch die „Stunden der Andacht für Israeliten" wurden auf Antrag des Buchhändlers F. Walther in Dinkelsbühl und das „Lehrbuch über die praktische A-
rithmetik" zugunsten des Schreib- und Rechenlehrers an der Gewerbeschule in
Ulm, Christoph Bopp[317], gegen Nachdruck geschützt[318].

Buchhändler F. A. Brockhaus aus Leipzig erwirkte die Erteilung eines sechsjährigen Privilegs gegen den Nachdruck der sechsbändigen Schrift „Geschichte
Europas seit dem Ende des 15. Jahrhunderts von Friedrich von Raumer" im
Jahre 1832[319]. Buchdrucker und Buchhändler Friedrich Walther erwirkte für
das „Lehr- und Lesebuch für die katholischen Volksschulen" von Schullehrer
Gabriel Eyth in Röhlingen (Kreis Aalen) ein sechsjähriges Privileg. Gleichzeitig musste er die Ablehnung seines Gesuchs um ein Privileg gegen den Nachdruck der zweiten vermehrten Auflage des „Allgemeinen Lehr- und Lesebuchs"
und des „Kleinen Lehr- und Lesebuchs" von Gabriel Eyth hinnehmen[320].

Buchhändler Christian Garthe in Marburg drang dagegen 1832 ohne Hindernisse mit seinem Privilegiengesuch für die zweite Auflage des „Lehrbuch[s] der
Geburtskunde von Dr. Dietrich Wilhelm Heinrich Busch" auf sechs Jahre
durch[321].

Weitere Schul- und Studienbücher wurden mit sechsjährigen Privilegien in
der Folgezeit bedacht: Darunter fiel die dritte vermehrte Ausgabe der „Geographie für Mittelschulen, Gymnasien etc." des Stadtpfarrers Dittenberger in Heidelberg sowie die dritte vermehrte und die vierte verbesserte und vermehrte
Auflage des ersten Bandes des „Handbuch[s] der Pharmacie" von Professor Dr.
Geiger aus Heidelberg[322].

g) Privilegien aus dem Jahr 1833

Der Buchhändler Georg Ebner aus Stuttgart war der Empfänger eines sechsjährigen Privilegs gegen den Nachdruck und Nachstich des Werkes „Anleitung
zu einer schnellen, jedoch gründlichen Erlernung der Schönschreibekunst nach

---

[317] Nr. 5259: unproblematischer Bescheid.

[318] Nr. 5258: In der Akte befindet sich eine gedruckte Ankündigung der genannten
Schrift.

[319] Nr. 5261: unproblematischer Bescheid.

[320] Nr. 5262.

[321] Nr. 5263.

[322] Nr. 5264: Die Akte enthält den Nachdruck der dritten vermehrten Auflage von
Geigers „Handbuch der Pharmacie" durch den Buchdrucker Friedrich Wolters in Stutt-
gart sowie die Einleitung, den ersten Abschnitt des Geigerschen Handbuchs sowie drei
Druckbögen (S. 1-48).

den Grundsätzen der Carstaiaschen oder sog. amerikanischen Schreibmethode, bearbeitet von Präzeptor W. H. Nädelin" im Jahre 1833[323].

Die Buchhandlung Duncker & Humblot in Berlin erwirkte im selben Jahr ein sechsjähriges Privileg gegen den Nachdruck der zweiten verbesserten Auflage des „Grundriss[es] der Chemie zum Gebrauch für die Schüler höherer Lehranstalten von Professor Dr. Wöhler"[324]. Buchhändler Marcus in Bonn bekam antragsgemäß für die sechste Original-Auflage des „Lehrbuch[s] des Kirchenrechts aller christlicher Konfessionen von Dr. Ferdinand Walter, ordentlicher Professor der Rechte zu Bonn" im Jahre 1832 ein sechsjähriges Privileg[325]. Für die Matthias Riegersche Buchhandlung in Augsburg gab es gestützt auf die Verordnung vom 25. Februar 1815 für die Schrift „Glocke der Andacht, ein Erbauungsbuch für gebildete Katholiken" in zweiter vermehrter Auflage 1833 ein ebenfalls sechsjähriges Schutzschild gegen den Nachdruck[326].

Im Jahre 1833 kam es zu weiteren Privilegienerteilungen. Für die Analyse der Privilegienerteilungspraxis bedeutungsvoll ist das sechsjährige Privileg gegen den Nachdruck zugunsten des Buchhändlers Karl Hoffmann in Stuttgart für die Werke „Ausführliche Volksgewerbelehre oder allgemeine und besondere Technologie zur Belehrung und zum Nutzen für alle Stände, nach dem neuesten Zustand der technischen Gewerbe und deren Hilfswissenschaften, bearbeitet von Hofrat Dr. J. H. M. Poppe, Professor an der staatlichen wirtschaftlichen Fakultät in Tübingen" sowie für das Werk „Allgemeine Erdbeschreibung für Schulen, ein Leitfaden für Lehrer und Lernende von Karl Friedrich Vollrat Hoffmann"[327]. Im selben Jahr erkämpfte Freiherr von Löwenstern, Besitzer einer lithographischen Anstalt in Stuttgart, für achtzehn lithographische Blätter, die Darstellungen aus Moses Leben und Wirken zeigten, ein sechsjähriges Privileg[328]. Das Ministerium des Innern und der Studienrat betonten, dass die Verordnung von 1815 nicht nur bei Büchernachdruck, sondern auch bei Nachstich und Nachguss von Kupfer- und anderen Bildwerken anzuwenden sei. In die gleiche Richtung strahlte das Privileg gegen den Nachdruck der von Dr. J. Döllinger neu bearbeiteten dritten Auflage des „Handbuch[s] der christlichen Kirchengeschichte von Dr. J. N. Hartig" an die Krüllsche Universitätsbuchhandlung in Landshut[329], für das „Deutsch-lateinische[s] Wörterbuch für Medizinstudierende von Dr. L. Levi mit einer Vorrede von Dr. Fr. Nasse" an den Buch-

---

[323] Nr. 5265: Die Akte umfasst die Anleitung zu einer Schönschreibekunst, Druck-Heft, 8⁰, S. I-IV, S. 1-14, Nrn. 1-39; antragsgemäße Gewährung.

[324] Nr. 5266.

[325] Nr. 5267; die Akte enthält die Anfrage des Buchdruckereiinhabers Dr. Rapp in Rottweil betreffend die Herausgabe oben genannten Werks.

[326] Nr. 5268.

[327] Nr. 5269.

[328] Nr. 5270.

[329] Nr. 5271.

händler Adolph Marcus in Bonn[330] sowie für „Anekdoten für Christen, zur Stärkung der Liebe, des Glaubens und der Hoffnung, Taschenbuch auf jeden Tag
des Jahres vom Herausgeber Heinrich Lotter" und nicht zuletzt für die Schrift
„Vorsehung und Menschenschicksale" an den für Missions- und Bibelanstalten
tätigen Buchhändler Christian Friedrich Spittler[331].

1833 erklomm auch die Buchhandlung C. A. Schwetschke & Sohn in Halle
den Berggipfel für ein sechsjähriges Privileg gegen den Nachdruck der zweiten
verbesserten Auflage des „Handbuch[s] des Wissenswürdigsten aus der Natur
und Geschichte der Erde von Dr. Ludwig Gottfried Blanc, Domprediger und
Professor zu Halle"[332]. Der Studienrat lobte mit Schreiben vom 29. Mai 1833
explizit die gründliche Behandlung des Gegenstandes und seine gelungene Darstellung. Im selben Jahre übersprang ebenso die Buchhandlung Dumont-
Schauberg aus Köln die in § 1 des Rescriptes von 1815 errichteten Hürden und
wurde für das Werk „Gott ist die Liebe. Ein Gebet- und Erbauungsbuch für gebildete katholische Christen von Joseph Siegl" mit einem sechsjährigen Privileg
bedacht[333]. Die Herdersche Buchhandlung in Freiburg konnte das Gleiche vermelden bezüglich von Dr. J. N. Müllers „Erbauungsbuch für Gefangene in
Strafanstalten"[334]. Auch der Buchhändler Josef Wesener aus Paderborn verzeichnete ein sechsjähriges Privileg, um gegen den Nachdruck der „Grundzüge
der Chemie mit Berücksichtigung von Pharmacie und Medizin, herausgegeben
von Dr. E. Witting" vorzugehen[335].

Die Herrmannsche Buchhandlung in Frankfurt am Main konnte 1833 ein
sechsjähriges Privileg gegen den Nachdruck des Werkes „Lehrbuch für den ersten Unterricht in der deutschen Sprache von Dr. med. Carl Ferdinand Becker,
Mitglied des Frankfurter Vereins für deutsche Sprache und Geschichtsforschung" bejubeln[336].

Zahlreiche Bücher über die Naturgeschichte erfreuten sich großzügiger Pri-
vilegien: So erhielt der Steindruckereiinhaber Johann Konrad Mäcken d. J. in
Reutlingen ein gleichlautendes Privileg für „Naturgeschichte für die deutsche
Jugend von Heinrich Rebau" sowie für die zweite und dritte durch Professor M.
Ch. F. Hochstädter in Esslingen verbesserten Ausgabe der „Naturgeschichte für
die deutsche Jugend von Heinrich Rebau". Ebenfalls bekamen „Naturhistori-

---

[330] Nr. 5272.
[331] Nr. 5273.
[332] Nr. 5274.
[333] Nr. 5275.
[334] Nr. 5277: ohne Probleme konzediert.
[335] Nr. 5279: antragsgemäß und bedenkenlos positiv beschieden.
[336] Nr. 5280.

sche Tabellen" von und an Schulmeister Gehring in Rottenacker (Ehingen) ein sechsjähriges Vorrecht[337].

Duncker & Humblot in Berlin konnten sich sechsjährige Privilegien gegen den Nachdruck folgender in zweiter Ausgabe erscheinender Werke gutschreiben: „Handbuch der allgemeinen Arithmetik von P. M. C. Egen", „Lehrbuch der französischen Sprache für den Schul- und Privatunterricht von Friedrich Herrmann" und „Leitfaden zur Geschichte der deutschen Sprache von F. A. Pischon"[338]. Buchhändler C. F. Osiander aus Tübingen erwirkte ein ähnliches Privileg für seine zweite vermehrte und verbesserte Auflage der neuen und ausführlichen Volksnaturlehre von Dr. Johann Heinrich Moritz Poppe, Hofrat und ordentlicher Professor der Technologie der Universität Tübingen im Jahre 1833[339].

Die Buchhandlung Leopold Voß aus Leipzig vermochte 1833 ebenso folgende sechsjährige Privilegien für sich beanspruchen: Für die dritte verbesserte Auflage der „Pharmacopoea Borussica, übersetzt und erläutert von Friedrich Philipp Dulk", die zweite verbesserte Auflage der „Anleitung zur ärztlichen Rezeptierkunst von Ludwig Choulanc" und das „Lehrbuch der speziellen Pathologie und Therapie des Menschen von Ludwig Choulanc"[340].

Fünf weitere sechsjährige Gnadenbriefe gegen den Nachdruck gingen 1833 noch durch, und zwar für die Zeitschrift „Quellen nützlicher Beschäftigungen zum Vergnügen für die Jugend von C. W. Döhring" an das oberrheinische Comptoir für Kunst und Literatur zu Kandern (Kreis Müllheim)[341], das „Forstliche Konversations-Lexikon" an den preußischen Staatsrat und Oberlandforstmeister Hartig in Berlin[342], für „Größerer und kleinerer Katechismus der christkatholischen Lehre zum Gebrauch in Kirchen und Schulen von Domdekan von Jaumann in Rottenburg", für die zweite Ausgabe von diesem Katechismus (jeweils an den Buchhändler Fues aus Tübingen)[343], sodann für die beiden Schulbücher des Lehrers Michael Desage an den Buchhändler Osswald in Heidelberg, nämlich die zweite Auflage des Opus „Fasslicher Unterricht in der Natur-, Himmels- und Erdkunde" und die vierte Auflage der „Kleine[n] Naturlehre für die Elementarklassen der Stadt- und Landschulen"[344] sowie letzt-

---

[337] Nr. 5281: Die Akte enthält eine Ankündigung der oben genannten Naturgeschichte und eine Einladung zu deren Subskription.

[338] Nr. 5282: ohne Probleme beschieden.

[339] Nr. 5283: ohne Probleme beschieden.

[340] Nr. 5284: ohne Probleme beschieden.

[341] Nr. 5286.

[342] Nr. 5288: Das Privileg wurde gestützt auf die Verordnung von 1815 gewährt.

[343] Nr. 5289: Die Akte enthält die Ankündigung betreffend den oben angeführten Katechismus sowie einen Druckbogen. Das Privileg wurde gestützt auf die Verordnung von 1815 gewährt.

[344] Nr. 5290.

lich für „Deutschland und seine Bewohner. Ein Handbuch der Vaterlandskunde für alle Stände von K. F. Vollrat Hoffmann" an den Buchhändler Karl Hoffmann aus Stuttgart. Mit Schreiben vom 27. November 1833 äußerte der Studienrat seine Begeisterung für die Schulbücher von Desage folgendermaßen[345]: „Desage gehört unter die nützlichen Volks- und Jugend-Schriftsteller, und seine Werke verdienen den angerufenen königlichen Schutz gegen den Nachdruck".

h) Privilegien aus dem Jahr 1834

Für das Jahr 1834 sind allein dreißig sechsjährige Privilegien aufzuzählen. Auch sie betreffen wieder nahezu alle damals vertretenen wissenschaftlichen Disziplinen. Von vorneherein zu nennen ist die Erteilung eines sechsjährigen Gnadenbriefes gegen den Nachdruck des „Gebetbuch[s] für die wichtigsten Bedürfnisse und Lagen des Lebens von Pfarrer Kapff in Korntal" an den Buchbindermeister Christian Belser in Stuttgart[346] und für die zweite verbesserte und vermehrte Auflage von „Praktische französische Sprachlehre für den Unterricht und das Privatstudium von C. G. Hölder, Gymnasial-Professor in Stuttgart" an den Buchhändler C. W. Löflund aus Stuttgart[347]. Auch die „Kirchengeschichte des Mittelalters von Dr. Katerkamp, Domdekan und Professor an der Theologischen Fakultät zu Münster" wurde mit einem Privileg an die Theisingsche Buchhandlung aus Münster bedacht[348].

Ebenfalls gewährte der König Nachdruckschutz zugunsten der Werke von Duncker & Humblot aus Berlin: „Dreizehnte verbesserte Auflage der kleinen theoretisch-praktischen deutschen Sprachlehre von Dr. Heinsius" und „Anleitung zur Kenntnis der in der Pharmacopoea Borussica aufgeführten offizinellen Gewächse von Professor Kunth"[349]. Auch der Buchhändler Karl Hoffmann aus Stuttgart erhielt für die Schrift „Der Himmel, seine Welten und Wunder oder populäre Astronomie. Ein Bildungsbuch für alle Stände von Professor Littnow, Direktor der k. k. Sternwarte in Wien. Mit von Pobuda und Rees gestochenen Sternkarten" ein sechsjähriges Privileg[350].

Ein Mainzer Buchhändler, nämlich der Buchhändler Kupferberg, erwarb 1834 ein sechsjähriges Privileg gegen den Nachdruck des Werks „Encyclopädie der theologischen Wissenschaften von Professor Staudenmaier an der katholi-

---

[345] Nr. 5291: Der Studienrat sah „kein gesetzliches Hindernis".

[346] Nr. 5292.

[347] Nr. 5294: ohne Probleme beschieden.

[348] Nr. 5295.

[349] Nr. 5296 präzisiert hierzu: „Bei den offiziellen Gewächsen handelte es sich um die Pharmaka, die wegen ihrer Heilkraft in Apotheken vorrätig sein mussten und dort zu haben waren".

[350] Nr. 5297.

schen Fakultät Gießen"[351]. Sodann erhielt die J. G. Cottasche Buchhandlung ein Privileg mit derselben Laufzeit für die zweite umgearbeitete und bis auf die neueste Zeit fortgesetzte Auflage von Wolfgang Menzels „Geschichte der Deutschen"[352] sowie der Buchhändler Laupp in Tübingen für folgende Schriften[353]: „System der Präventiv-Justiz oder Rechtspolizei von Professor Dr. Robert Mohl" und „Katechetik oder der Beruf des Seelsorgers, die ihm anvertraute Jugend im Christentum zu unterrichten von Professor Dr. Hirscher, dritte verbesserte Auflage". Die Buchhandlung Imle & Kraus aus Ludwigsburg erzielte 1834 gleichfalls ein sechsjähriges Privileg gegen den Nachdruck einer von dem an der königlichen Offiziersbildungsanstalt in Ludwigsburg tätigen Professor Gérard und dem später von der Mitarbeit zurückgetretenen Abbé Mozin in Stuttgart verfassten französischen Grammatik[354], desgleichen die Schrift „Woher rührt die unnatürliche Sterblichkeit der Kinder im ersten Lebensjahr und wie ist diesem Übel vorzubeugen von Oberamtsarzt Dr. Bodenmüller in Gmünd" an die Raachsche Buchhandlung in Gmünd[355].

Ein sechsjähriges Privileg erhielt noch die Buchhandlung Wesener in Paderborn gegen den Nachdruck der zehnten von dem Autor Mieter neu umgearbeiteten, mit einem Anhang über die Giftpflanzen und einem vollständigen Kursus Denkübungen, vermehrten Auflage des „Kinderfreunds. Ein Lesebuch für Bürger und Landschulen von Friedrich Eberhard von Rochow"[356]. „Das Hauslexikon, vollständiges Handbuch praktischer Lebenskenntnisse für alle Stände" war ebenfalls Gegenstand eines sechsjährigen Privilegs zugunsten der Buchhändler Breitkopf und Härtel aus Leipzig im Jahre 1834[357] sowie die „Kleine Schulgeographie" von Oberstudienrat Dr. Schacht aus Darmstadt, welcher als Professor in Mainz bereits eine größere Geographie herausgegeben hatte; das Privileg wurde dem begünstigten Buchhändler C. G. Kuntze aus Mainz mitgeteilt[358].

Ferner wurde die dritte, gänzlich umgearbeitete Auflage der „Grammatik der deutschen Sprache von Dr. Carl Ferdinand Becker in Offenbach" sechsjährig privilegiert; über das Privileg freute sich die Herrmannsche Buchhandlung in Frankfurt am Mainz 1834[359]. Im selben Jahr wurde auch das Werk „Universal-Lexikon der Tonkunst oder Enzyklopädie" der gesamten musikalischen Wis-

---

[351] Nr. 5298.

[352] Nr. 5299: aufgrund des Rescripts von 1815 explizit gewährt.

[353] Nr. 5300: aufgrund des Rescripts von 1815 explizit gewährt.

[354] Nr. 5302: ohne Einschränkungen gewährt.

[355] Nr. 5303: ohne Einschränkungen gewährt.

[356] Nr. 5304.

[357] Nr. 5305: Der Studienrat bekräftigte mit seinem Schreiben vom 14. Juni 1834, dass „gemeinnützige Kenntnisse" verbreitet werden sollten.

[358] Nr. 5306.

[359] Nr. 5307.

senschaften von Dr. G. Schilling" geschützt. Als Begünstigte trat die Buchhandlung Löflund & Sohn auf[360].

Gegenstand eines sechsjährigen Privilegs gegen den Nachdruck waren auch die Werke „Das erste Schulbuch für Elementarschulen auf dem Lande und in kleinen Städten von Jakob Raimund Wurst, Oberlehrer am Waisenhaus in Weingarten" an die Buchhandlung J. C. Mäcken d. J. in Reutlingen[361] sowie „Die Übung in der Schule des Lebens, philosophisch religiöse Betrachtungen, in gemeinfaßlicher Sprache dargestellt" an die Buchhandlung Imle & Kraus in Ludwigsburg[362]. Die Nicolaiische Buchhandlung in Berlin erwirkte 1833 bzw. 1834 ein sechsjähriges Privileg gegen den Nachdruck der „Gesamtausgabe von Theodor Körners Schriften", im Auftrag der Mutter des Dichters von dem Geheimen Oberregierungsrat K. Streckfuss herausgegeben. Dies galt ebenfalls für die zweite Auflage von Theodor Körners sämtlichen Werken[363]. Die Veröffentlichung sollte nicht nur bislang gedruckten Nachlass, sondern gleichfalls noch Ungedrucktes enthalten. An die Riegersche Buchhandlung zu Augsburg erging ein sechsjähriges Privileg für das Erbauungsbuch „Luisens Morgen- und Abendfeyer", herausgegeben vom Verfasser der „Glocke der Andacht"[364]. 1834 bekam der Buchhändler Paul Balz in Stuttgart ein sechsjähriges Privileg gegen den Nachdruck des Werkes „Marianne Strüf" von Anna Fürst. Gleichzeitig wurde die Bitte um ein Privileg für die ebenfalls bei Balz verlegte periodische Zeitschrift „Beschäftigung für die Jugend" abgelehnt[365]. Der Buchhändler Pustel in Regensburg hatte dagegen mit seiner vierten Auflage der Schrift „Der wohlberatene Bauer Simon Strüf von J. E. Fürst" Erfolg[366] wie auch der Buchbinder Schmid in Wiesensteig hinsichtlich der dreibändigen Schrift „Elementarunterricht für das Leben" von Musterlehrer Dreher in Gmünd[367]. Zwei sechsjährige Privilegien gingen noch an die Wintersche Buchhandlung in Heidelberg: das eine gegen den Nachdruck der dritten vermehrten und verbesserten Auflage des „Lehrbuch[s] der Erziehungs- und Unterrichtslehre" von Dr. Schwarz, geheimer Kirchenrat und Professor in Heidelberg[368] sowie für „Pharmacopoea Universalis etc. autorae Ph. L. Geiger, lateinische und deutsche Aus-

---

[360] Nr. 5308: In der Akte befindet sich ein gedruckter Prospekt des vorgenannten Lexikons. Es bestand „kein gesetzliches Hindernis" gegen eine Privilegienerteilung.

[361] Nr. 5310: Der Studienrat sah „kein gesetzliches Hindernis" gegen eine Privilegierung.

[362] Nr. 5311: Dieses Privileg wurde gestützt auf die Verordnung von 1815 gewährt.

[363] Nr. 5314.

[364] Nr. 5315: Dieses Privileg wurde gestützt auf die Verordnung von 1815 gewährt.

[365] Nr. 5316.

[366] Nr. 5317.

[367] Nr. 5318: ohne Bedenken ausgesprochen.

[368] Nr. 5320: Dieses Privileg wurde gestützt auf die Königliche Verordnung von 1815 gewährt.

gabe"[369]. Der Buchhändler J. F. Steinkopf aus Stuttgart erstritt 1834 ein sechsjähriges Privileg gegen den Nachdruck der Schrift „Statistische Übersicht der
evangelischen Kirche in Württemberg, eine Fortsetzung des sog. Magisterbuchs
in zwei Abteilungen", neu bearbeitet von Konsistorialsekretär Müller[370].

Im selben Jahr gewährte König Wilhelm I. dem Buchhändler G. Braun in
Karlsruhe ein sechsjähriges Privileg gegen den Nachdruck der zweiten Auflage
der „Geschichten der Besessenen von Dr. J. Kerner, nebst einigen Reflexionen
über Besessensein und Zauber von Eschemayer"[371]. Die Schrift „Elisabeth von
Guttenstein" von Caroline Pichler erfuhr ebenfalls für dieselbe Zeitdauer Protektion, wobei Nutznießer der Buchhändler Anton Pichler war[372]. Dem im Verlag des Buchhändlers Johann Georg Neukirch in Basel erscheinenden Buch
„Christliche Gedichte von Albert Knapp, Gesamtausgabe von Gedichten" wurde ebenfalls ein sechsjähriger Privilegienschutz zuteil[373]. Der schon erwähnte
Heinrich Laupp aus Tübingen erfreute sich an einem sechsjährigen Privileg gegen den Nachdruck für die dritte Auflage von „D. J. C. Hundeshagens Enzyklopädie der Forstwissenschaft in zwei Bänden" (1. Bd.: Forstliche Produkti-
onslehre, 2. Bd.: Forstliche Gewerbslehre)[374]. Letztlich bleibt das sechsjährige
Privileg gegen den Nachdruck der Schrift „Grundzüge zur Lehre der Chirurgi-
schen Operationen von Dr. Textor" an die Stahelsche Buchhandlung in Würzburg zu nennen[375].

i) Privilegien aus dem Jahr 1835

Auch das Jahr 1835 war mit der Verkündung sechsjähriger Privilegien geradezu übersät. Das Verzeichnis führt das Werk „Die Cholera oder Brechruhr"
auf, wobei Privilegienadressat Dr. med. et chir. Kubyß aus Berlin war[376].

Der Buchhändler G. J. Manz in Landshut erhielt für sein Gebet- und Erbauungsbuch „Geistlicher Seelentempel" von J. P. Silbert ebenfalls ein sechsjähriges Privileg[377]. Dem Buchhändler August Hirschwald aus Berlin wurde gleichfalls ein sechsjähriges Privileg zuteil, nämlich gegen den Nachdruck des
„Handbuch[s] der ärztlichen Verordnungslehre von Dr. Philipp Phöbus, zweite

---

[369] Nr. 5321: Dieses Privileg wurde gestützt auf die Königliche Verordnung von 1815
gewährt.
[370] Nr. 5322.
[371] Nr. 5325.
[372] Nr. 5326: ohne Hindernisse bewilligt (jedoch wird der Studienrat in der Akte nicht
erwähnt).
[373] Nr. 5327.
[374] Nr. 5329.
[375] Nr. 5330.
[376] Nr. 5331.
[377] Nr. 5332.

gänzlich umgearbeitete Ausgabe der 1831 erschienenen Rezeptirkunst"[378]. Für den Buchhändler L. R. Rieger aus Stuttgart gab es ein gleichlautendes Privileg für „Neues Handbuch der praktischen Anatomie in zwei Teilen mit Abbildungen von Professor Dr. Lauth zu Straßburg"[379] und für den Buchhändler Ferdinand Dümmler aus Berlin für sein Werk „Goethes Briefwechsel mit einem Kinde"[380]. Buchhändler Schaible aus Stuttgart bilanzierte auf seiner Habenseite folgende sechsjährige Privilegien: „A. F. E. Langbeins sämtliche Schriften. Vollständige vom Verfasser selbst besorgte Originalausgabe in dreißig Bänden", „Befreiungskampf der nordamerikanischen Staaten mit den Lebensbeschreibungen der drei Haupthelden Washington, Franklin und Lafayette" von Dr. Heinrich Elsner[381]. Die Buchhandlung Gebr. Reichenbach in Leipzig verzeichnete ein selbiges Privileg gegen den Nachdruck des Werks „Karl Ludwig Knebels literarischer Nachlass und Briefwechsel"[382] und H. A. Sauerländer aus Aarau für „M. W. Götzingers deutsche Sprachlehre für Schulen"[383].

Die Tübinger Buchhandlung Osiander erlangte 1835 für die Schrift „Das Leben Jesu, kritisch bearbeitet von Dr. David Friedrich Strauß" ein sechsjähriges Privileg gegen den Nachdruck. Strauß war Repetent am evangelisch-theologischen Seminar in Tübingen und später ein berühmter Schriftsteller[384]. Für die Werke des bekannten Dichters und Abgeordneten im württembergischen Landtag Ludwig Uhland[385] gab es ebenfalls sechsjährige Privilegien. 1834 wurde ein solches für die achte vermehrte Auflage seiner Gedichte und der neuen Auflage dieser Gedichte mit dem Bildnis des Verfassers bedacht; das Privileg empfing die J. G. Cottasche Buchhandlung in Stuttgart[386].

Buchhändler Florian Kupferberg aus Mainz errang Privilegien für die Dauer von sechs Jahren für folgende Werke: die zweite, dritte und vermehrte Auflage von „Symbolik oder Darstellung der dogmatischen Gegensätze der Katholiken und Protestanten nach ihren öffentlichen Bekenntnisschriften" von Dr. J. A. Möhler, der Professor der Theologie an der katholischen Fakultät in Tübingen war sowie für „Neue Untersuchungen der Lehrgegensätze zwischen den Katholiken und Protestanten. Eine Verteidigung meiner Symbolik gegen die Kritik des Herrn Professor Dr. Baur in Tübingen", eine Studie, die vom selben Autor Möhler stammte. Dazu gesellte sich Dr. Franz Anton Staudenmaiers Schrift

---

[378] Nr. 5333.

[379] Nr. 5334.

[380] Nr. 5335.

[381] Nr. 5337.

[382] Nr. 5338: darin gedruckte Subskriptionsanzeige für dieses Werk. Das Privileg wurde antragsgemäß erteilt.

[383] Nr. 5339.

[384] Nr. 5340: Das Privileg wurde antragsgemäß erteilt.

[385] Zu Johann Ludwig Uhland (1787-1862) vgl. *Raberg*, Biographisches Handbuch (Fn. 167), S. 933-935.

[386] Nr. 5341.

„Der Geist des Christentums, dargestellt in den kirchlichen Festen, in den heiligen Handlungen und in der heiligen Kunst"[387].

1835 wurde erneut ein medizinisches Werk auf sechs Jahre privilegiert. Es handelte sich um das „Handbuch der besonderen Krankheits- und Heilungslehre. Mit Benützung der neuesten Entdeckungen in der Physiologie, ausgearbeitet von Dr. Karl Heinrich Baumgärtner, großherzoglich-badischer Hofrat und klinischer Lehrer an der Universität Freiburg"; die Buchhandlung L. F. Rieger & Comp. aus Stuttgart erhielt dieses Privileg[388].

1835 konnte auch die Hallbergersche Buchhandlung aus Stuttgart weitere Privilegien auf sechs Jahre durchsetzen. Zunächst für den ersten, zweiten und dritten Band der zweiten verbesserten Auflage von dem „Lehrbuch über Vernunftrecht und der Staatswissenschaften von Dr. Karl von Rotteck". Gleichzeitig musste die Buchhandlung auch ertragen, dass ihre Bitte um ein Privileg gegen den Nachdruck des vierten Bandes der ersten Auflage abgelehnt wurde[389]. Im Gegensatz dazu wurde die Schrift „Jugendwanderungen. Aus meinen Tagebüchern für mich und andere. Vorletzter Weltgang von Semilasso. Traum und Wachen. Aus den Papieren des Verstorbenen" auf sechs Jahre gegen Nachdrucker bevorrechtet[390].

Das Gleiche passierte mit der zweiten, gänzlich umgearbeiteten vierbändigen Auflage der Schrift „Die deutsche Literatur von Dr. W. Menzel aus Stuttgart"[391]. Gleichfalls wurde die zweite Auflage von „Deutsche Sprachlehre von Dr. C. F. Becker aus Offenbach" geschützt; hier durfte die Buchhandlung J. C. H. Herrmann aus Frankfurt am Main 1835 das Privileg ihr Eigen nennen[392].

In der Reihe der theologischen Schriften wurden sechsjährige Privilegien erteilt für „Würdigung der Einwürfe gegen die alttestamentlichen Weissagungen an dem Orakel des Jesaia über den Untergang Babels, Kapitel XIII-XIV, 23, zugleich ein Beitrag zur Geschichte der Chaldäer" von Peter Schleyer, Lehramtskandidat der theologischen Fakultät der hohen Schule in Freiburg. Hier war der Buchhändler Bäuerle aus Rottenburg der Nutznießer[393].

Gegen den Nachdruck der drei folgenden Werke wurde ein Privileg an die Buchhandlung Matthäus Rieger aus Augsburg erteilt: „Glocke der Andacht. Ein Erbauungsbuch für gebildete Katholiken. Dritte verbesserte Auflage", „Der verlorene Sohn. Die Geschichte einer deutschen Familie für die reifere Jugend und für Eltern" erzählt von W. M. N., dem Verfasser der „Glocke der Andacht"

---

[387] Nr. 5342.
[388] Nr. 5343: Das Privileg wurde antragsgemäß erteilt.
[389] Nr. 5346.
[390] Nr. 5347: Das Privileg wurde antragsgemäß erteilt.
[391] Nr. 5349.
[392] Nr. 5351: Das Privileg wurde antragsgemäß erteilt.
[393] Nr. 5350: Das Privileg wurde antragsgemäß erteilt.

sowie „Das Tal von Almeria. Eine Erzählung für die reifere Jugend vom Verfasser der ‚Beatus-Höhle‘"[394]. Im selben Zusammenhang sprach sich der König für die Inschutznahme des „Handbuch der speziellen Therapie für Ärzte am Geburtsbett von Dr. Johann Christian Gottfried Jörg" zugunsten der Weygandschen Buchhandlung, Inhaber L. Gebhardt aus Leipzig, aus[395].

Ein weiteres theologisches Werk, nämlich die „Perlen der Heiligen Schrift. Eine tägliche Quelle christlicher Erbauung", wurde zugunsten des Buchhändlers S. Liesching aus Stuttgart 1835 gewährt[396]. Die Nikolaische Buchhandlung aus Berlin erwarb ein sechsjähriges Privileg gegen den Nachdruck des Werkes „Lexikon für Jäger und Jagdliebhaber vom preußischen Staatsrat, Oberlandforstmeister und Professor G. L. Hartig"[397]. Liesching aus Stuttgart verbuchte weitere Privilegien auf sechs Jahre für die drei folgenden Werke: „Buch der schönsten Geschichten und Sagen für Jung und Alt, wiedererzählt von Gustav Schwab", „Vorlesungen über das Wesen der Philosophie nach ihrer Bedeutung für Wissenschaft und Leben von H. Schmid, Professor der Philosophie in Heidelberg" sowie „Martin Luthers Leben, von Gustav Pfizer"[398].

Nachstehende Schriften, die bei Hofbuchhändler Georg Friedrich Heyer in Gießen erschienen waren, erfuhren Protektion gegen unbefugten Nachdruck: „Über das Wesen und den Beruf des evangelisch-christlichen Geistlichen. Ein Handbuch der praktischen Theologie in ihrem ganzen Umfang von Ludwig Hüffel, Prediger in Friedberg in der Wetterau und später großherzoglich-badischer Prälat, Ministerial- und Kirchenrat", sowie die „Anleitung für Landleute zu einer vernünftigen Gesundheitspflege von Dr. Paulitzky, achte verbesserte und vermehrte Auflage"[399].

Buchhändler G. W. Wuttig aus Leipzig konnte ein sechsjähriges Privileg für „Musterpredigten der jetzt lebenden ausgezeichneten Kanzelredner Deutschlands und anderer protestantischer Länder, herausgegeben von dem Geheimen Kirchenrat Dr. H. A. Schotte, Professor der Theologie Jena" an Land ziehen[400], während Buchhändler Friedrich Pustel auf einen entsprechenden Gnadenbrief für die Schrift „Die heilige Sage" vom Verfasser der Beatus-Höhle stolz sein konnte[401]. Ein gleichlautendes Privileg erging an den Buchhändler F. H. Köhler aus Stuttgart für „Neue Bibliothek des Frohsinns, redigiert von Professor Dr. J.

---

[394] Nr. 5352: Das Privileg wurde antragsgemäß erteilt.

[395] Nr. 5353: Das Privileg wurde antragsgemäß erteilt.

[396] Nr. 5354.

[397] Nr. 5356: ohne Probleme gewährt.

[398] Nr. 5357: ohne Probleme gewährt.

[399] Nr. 5358: Die Akte enthält die Durchschrift für die Bildung eines Vereins gegen Nachdrucker und ihre Gehilfen.

[400] Nr. 5361.

[401] Nr. 5360: ohne Probleme gestützt auf die Verordnung vom 25. Februar 1815 bewilligt.

M. Braun"[402]. Die „Betrachtungen über sämtliche Evangelien der Fasten mit Einschluss der Leidensgeschichte, für Seelsorger und jeden gebildeten Christen, von Dr. Johannes Baptist Hirscher, Professor der Theologie in Tübingen", wurden 1835 ebenfalls auf die Dauer von sechs Jahren privilegiert[403]. Ebenso waren Goethes und Zelters Briefwechsel vom Privilegienschutz erfasst, verlegt von Duncker & Humblot in Berlin[404].

j) Privilegien aus dem Jahr 1836

Etliche Privilegien mehr durchbrachen 1836 den in Württemberg gepflegten Grundsatz der Nachdruckfreiheit: Auf die Dauer von sechs Jahren wurde die Schrift „Columbus. Ein Lese- und Sprachbuch für gehobene Volksschulen von Dr. A. Riecke, Oberinspektor an der königlichen Waisenerziehungsanstalt in Weingarten" geschützt. Die Raachsche Buchhandlung aus Gmünd war der Nutznießer dieses Privilegs[405]. Die Gebrüder Schumann aus Zwickau beanspruchten im selben Jahr für das Werk „Universallexicon der Handelswissenschaften von August Schiebe, Direktor der öffentlichen Handelslehranstalt zu Leipzig" ein Privileg von identischer Dauer[406]. Das „Handbuch zum Erkennen und Heilen der Kinderkrankheiten von Dr. J. C. Jörg", welches auch unter dem Titel „Über das physiologische und pathologische Leben des Kindes" beim Buchhändler Knobloch in Leipzig herauskam, wurde sogar in seiner zweiten Auflage geschützt[407]. Das Werk „Enchirion medicum" von Hufeland, das in der C. H. Jonasschen Buchhandlung aus Berlin erschien, wurde 1836 ebenfalls auf die Dauer von sechs Jahren dem Zugriff der Nachdrucker entzogen[408]. Buchhändler Belser aus Stuttgart erhielt ein gleichlautendes Privileg für das Werk

---

[402] Nr. 5362: Darin findet sich eine Einladung zur Subskription auf vorgenanntes Werk sowie eine Druckschrift.

[403] Nr. 5363.

[404] Nr. 5364: Die Akte enthält die Bitte der Buchhandlung Duncker & Humblot in Berlin um Einschreitung gegen den Debit der bei Julius Wunder in Leipzig herausgekommenen, von Dr. Heinrich Döhring herausgegebenen Schrift „Goethes Briefe in den Jahren 1768-1832", weil darin der Briefwechsel zwischen Goethe und Zelter nachgedruckt erschien und dieser just bei Duncker & Humblot verlegt worden war. Karl Friedrich Zelter arbeitete als Komponist und Lehrer von Felix Mendelssohn-Bartholdy.

[405] Nr. 5368: gestützt auf die Verordnung von 1815 positiv beschieden.

[406] Nr. 5369: Die Akte enthält die Einladung zur Subskription zu dem genannten Lexikon. Gestützt auf die Verordnung von 1815 positiv beschieden.

[407] Nr. 5370: ohne Probleme beschieden; der Dossier dokumentiert ebenfalls die Mitteilung der Metzlerschen Buchhandlung betreffend die Abgabe von Freiexemplaren oben genannten Werks sowie des Werks „Enchiridion medicum" des königlich-preußischen Leibarztes Christof Wilhelm Hufeland an die königlich-öffentliche Bibliothek des Königreichs Württemberg.

[408] Nr. 5371: keine gesetzlichen Hindernisse; vonseiten des Studienrates und gestützt auf die Königliche Verordnung von 1815 positiv beschieden.

„Allgemeine Geschichte der Staaten und Religionen von Ludwig Bauer, Professor am Katharinenstift in Stuttgart"[409]. Ebenfalls bei Belser in Stuttgart erschien die „Apologie des Christentums in Briefen für gebildete Leser". Es handelte sich hierbei um eine von der Evangelisch-Theologischen Fakultät in Tübingen gekrönte Preisschrift von Heinrich Stirm, Oberkonsistorialrat und zweiter Hofgeistlicher[410].

Buchhändler Adolph Marcus aus Bonn schließlich erhielt 1836 ein Privileg auf sechs Jahre gegen den Nachdruck der siebten Auflage des „Lehrbuch[s] des Kirchenrechts aller christlichen Konfessionen von Ferdinand Walter, Professor der Rechte an der Universität zu Bonn"[411]. „Der Mensch, für gebildete Leser" oder „Anthropologie für das gebildete Publikum von Dr. Karl Friedrich Burdach, Professor in Königsberg" wurde antragsgemäß zugunsten der Balzschen Buchhandlung aus Stuttgart auf sechs Jahre geschützt[412]. Die Webersche Buchhandlung in München errang 1836 ein sechsjähriges Privileg gegen den Nachdruck der „Theorie des Concurs-Prozesses nach gemeinem Recht von Dr. Hieronimus Bayer, königlich-bayerischer Hofrat und Professor der Rechte an der Universität München"[413].

1836 ging als ein Jahr wichtiger und zahlreicher Privilegien in die württembergische Geschichte ein. Der Buchhändler Theodor C. F. Enslin aus Berlin erhielt etwa ein Abwehrrecht für die „Helkologie mit Abbildungen von J. N. Rust" und für das „Handwörterbuch der Chirurgie in vier Bänden von E. Blasius"[414]. Während das Gesuch um ein Privileg der Buchhandlung Duncker & Humblot für die fünfte verbesserte Ausgabe der „Weltgeschichte von Karl Friedrich Becker" abgelehnt worden war, kam es gleichwohl zur sechsjährigen Privilegierung der sechsten und siebten Ausgabe, die von Dr. Joh. Wilh. Löbell mit den Fortsetzungen von J. E. Woltmann und K. A. Menzel neu bearbeitet worden war[415]. Die Buchhandlung Friese in Leipzig erwirkte für die vierte verbesserte Auflage der Schrift „Psalter und Harfe von dem Superintendenten und geistlichen Liederdichter Karl Johann Philipp Spitta" ebenfalls 1836 ein auf sechs Jahre zu befristendes Privileg[416]. Ein gleiches Privileg erging an die J. C. Herrmannsche Buchhandlung in Frankfurt am Main für die zweite verbesserte

---

[409] Nr. 5372: Die Akte enthält die Einladung zur Subskription des genannten Werkes und einen Druck.

[410] Nr. 5373.

[411] Nr. 5375.

[412] Nr. 5376/5376a: Studienrat und Ministerium des Innern sahen keine gesetzlichen Hindernisse.

[413] Nr. 5379: kein gesetzliches Hindernis vonseiten des Studienrates.

[414] Nr. 5380: kein gesetzliches Hindernis vonseiten des Studienrates; unter Helkologie versteht man die Lehre von den Geschwüren.

[415] Nr. 5381: Die Akte enthält gleichfalls die Einladung zur Subskription von Beckers Weltgeschichte sowie einen weiteren Druck.

[416] Nr. 5383.

Auflage von „Leitfaden für den ersten Unterricht in der deutschen Sprachlehre, von Dr. Becker aus Offenbach"[417].

Die Nikolaische Buchhandlung zu Berlin konnte für die „Sammlung von Liedern für deutsche Krieger vom Militärlehrer Dr. Karl Weitershausen aus Darmstadt" und für das „Handbuch über die Behandlung und Verhütung der contagiös-fieberhaften Exantheme" (Hautausschläge) von Dr. Eichhorn und für die „Übersetzung von Shakespeares Schauspielen von Philipp Kaufmann" ein jeweils sechsjähriges Privileg erwerben[418]. Wieder einmal hatte auch die Buchhandlung Marcus aus Bonn Erfolg mit einem sechsjährigen Privileg gegen den Nachdruck der vierten verbesserten und vermehrten Auflage des „Lehrbuch[s] des deutschen gemeinen Civilprozesses von Dr. Justin Thimoteus Balthasar von Linde, Kanzler der Universität Gießen, großherzoglich-hessischer Ministerialrat im Ministerium des Innern und der Justiz zu Darmstadt"[419]. Kunstverleger Georg Ebner aus Stuttgart stand seit 1836 ein Schutzschild gegen den Nachdruck der „Spezialkarte von Württemberg, Baden und den beiden Fürstentümern Hohenzollern" zur Seite[420]. Ebenfalls wurden geschützt der in deutscher und englischer Sprache abgefasste „Bericht der von dem englischen Schiffskapitän John Roß (London)[421] in die Gewässer des Nordpols unternommenen Entdeckungsreise" sowie von „Historisch-geographischer Atlas zu den allgemeinen Geschichtswerken von C. von Rotteck, Pölitz und Becker in vierzig Karten von J. Löwenberg"; als Begünstigte ging in allen Fällen die Herdersche Buchhandlung in Freiburg hervor[422].

Für die zwölfte Auflage des „Lehrbuchs des peinlichen Rechts von Dr. Paul Johann Anselm Ritter von Feuerbach (Geheimer Rat, berühmter deutscher Kriminalist), neu herausgegebenen vom Geheimen Rat und Professor Dr. Mittermaier in Heidelberg" drang Hofbuchhändler G. F. Heyer aus Gießen mit seinem Gesuch um ein sechsjähriges Privileg durch[423]. Buchhändler C. A. Jenni & Sohn aus Bern konnten ab 1836 für „Die Geschichte des Mittelalters von Dr. Johann Friedrich Christoph Kortüm, Professor der Geschichte an der Hochschule zu Bern" ebenfalls ein sechsjähriges Privileg ihr Eigen nennen[424].

---

[417] Nr. 5384: Es kam zu einer Privilegiengewährung aufgrund des Rescripts von 1815, das explizit zitiert wurde.

[418] Nr. 5385: In diesem Dossier befindet sich gleichfalls die Ablehnung des Gesuchs des Buchhändlers Heil in Darmstadt um die Erteilung eines Privilegs gegen den Nachdruck der in seinem Verlag erscheinenden zweiten unveränderten Auflage von Weitershausens „Liederbuch für deutsche Krieger".

[419] Nr. 5386: ohne Probleme beschieden.

[420] Nr. 5388: Es kam zu einer Inschutznahme aufgrund des Rescripts von 1815, das explizit zitiert wurde.

[421] Nr. 5389: explizit aufgrund des Rescripts von 1815 positiv beschieden.

[422] Nr. 5390: explizit aufgrund des Rescripts von 1815 positiv beschieden.

[423] Nr. 5391: explizit aufgrund des Rescripts von 1815 positiv beschieden.

[424] Nr. 5392: explizit aufgrund des Rescripts von 1815 positiv beschieden.

Der Buchhändler H. R. Sauerländer aus Aarau erhielt ein sechsjähriges Privileg gegen den Nachdruck der siebten Auflage und der vermehrten und verbesserten zehnten Ausgabe von „Neue praktische französische Grammatik von Caspar Hirzel, Professor in Zürich" und der vierzehnten verbesserten und der neunzehnten Auflage von „Stunden der Andacht zur Beförderung wahren Christentums und häuslicher Gottesverehrung"[425]. 1836 wurde ein sechsjähriges Privileg gegen den Nachdruck der zweiten verbesserten Auflage von Langs „Lehrbuch des justinianisch-römischen Rechts" ausgefertigt[426]. Zugunsten des Buchhändlers Paul Neff aus Stuttgart flossen Nachdruckschutzrechte für das „Handbuch der französischen Umgangs- oder Unterhaltungssprache von Professor Fries zu Paris" (1833) und das „Handbuch der französischen und deutschen, der englischen und deutschen und der italienischen und deutschen Conversationssprache von Eduard Coursier" (1835). Neben Neff ging Buchhändler Sauerländer in Aarau nicht leer aus: Die bei ihm erschienene zweite rechtmäßige und viel verbesserte Originalauflage der „Vollständigen Anleitung zur französischen und deutschen Conversationssprache von M. Fries, Professor in Paris" kam 1836 zum Zuge[427].

Die Buchhandlungen Friedrich Fleischer und J. O. Heinrichs aus Leipzig genossen ein sechsjähriges Privileg gegen den Nachdruck des Werks „Reise in Chile, Peru und auf dem Amazonenstrom mit dem dazugehörigen Atlas von Professor Eduard F. Pöppig"[428].

Das „System der Chirurgie von P. H. Walther (Leibarzt des Königs von Bayern)", verlegt bei Buchhändler G. Reimer aus Berlin, umhegte ebenfalls ein sechsjähriges Schutzschild gegen Nachdruck[429] genauso wie das Werk „Die christliche Moral, durchgeführt als Lehre von dem Werden und der Herrschaft des göttlichen Reichs im Menschen von Dr. Johann Baptist Hirscher, Professor an der katholisch-theologischen Fakultät zu Tübingen", herausgebracht bei Buchhändler Heinrich Laub in Tübingen[430].

Der Buchhändler Christian Fischer & Co. aus Bern erstritt 1836 ein sechsjähriges Privileg gegen den Nachdruck der von der kaiserlich-freien ökonomischen Gesellschaft in Petersburg gekrönten Preisschrift „Worin ist die unnatür-

---

[425] Nr. 5393: explizit aufgrund des Rescripts von 1815 positiv beschieden.

[426] Nr. 5396: Am 1. Juli 1836 äußerte sich der Studienrat positiv, was dazu führte, dass am 11. Juli 1836 ein Privileg gestützt auf die Verordnung von 1815 vonseiten des Ministeriums des Innern befürwortet und vom König verliehen wurde.

[427] Nr. 5397: Die Akte enthält die Reklamation des Buchhändlers Neff in Stuttgart gegen das der Sauerländischen Buchhandlung eingeräumte Privileg.

[428] Nr. 5398: Enthalten sind außerdem „Prospectus-Reise in Chile, Peru usw." sowie ein Druckstück.

[429] Nr. 5399: Das Verfahren erstreckte sich von 1833 bis 1836, da die beiden Freiexemplare für die königlichen Bibliotheken nicht rechtzeitig abgeliefert wurden.

[430] Nr. 5400.

liche Sterblichkeit der Kinder in ihrem ersten Lebensjahr begründet und wodurch kann dieselbe verhütet werden"[431].

Folgende sechsjährige Privilegien gegen den Nachdruck der Werke von
Christof Martin zugunsten der C. F. Winterschen Universitätsbuchhandlung in
Heidelberg sind noch zu vermelden: „Anleitung zum Referieren" und „Lehr-
buch des Kriminalprozesses" sowie „Handbuch des bürgerlichen Prozesses"[432].
Gegen den Nachdruck des Werks „Historisch-chronologische Galerie oder
Portraitsammlung der berühmtesten Männer aller Zeiten und Völker, nach
Jahrhunderten geordnet, mit 1500 Portraits und erläuterndem Text" richtete
sich ein sechsjähriges Privileg an den Herausgeber Philipp Anton Dethier aus
Bonn[433]. Auch „Deutsch-Englisches Wörterbuch von Dr. J. L. Hilpert, fortgesetzt von L. Süpfle" wurde durch ein sechsjähriges Privileg zugunsten des
Buchhändlers G. Rauen aus Karlsruhe begünstigt[434]. Der Großherzoglich-
hessische Hofbuchhändler G. F. Heyer aus Gießen erwarb ein ebensolches Privileg für die elfte Auflage des „Lehrbuch[s] des heutigen Römischen Rechts
von Dr. Ferdinand Mackeldey, königlich-preußischer Geheimer Justizrat"[435].

Der Nachdruck der Gesammelten Schriften von Dr. Karl Spindler an die
Buchhandlung des Gottlob Friedrich Frankh aus Stuttgart, welche später an die
Heidelberger Buchhandlung überging, war Gegenstand eines Gnadenbriefes auf
sechs Jahre[436]. Die Schrift „Döllingers Grundzüge der Physiologie" wurde
sechs Jahre gegen den Nachdruck zugunsten des Buchhändlers Manz in Landshut geschützt[437]; unter Schutz gestellt wurden gleichfalls das „Lehrbuch der
Physiologie" und die zweite verbesserte Auflage des „Handbuch[s] der Physiologie des Menschen für Vorlesungen", beide von Dr. Johannes Müller, Professor an der Universität Bonn. Buchhändler Hölscher aus Koblenz war der Begünstigte dieses Gnadenaktes[438]. Ferner wurde ein sechsjähriges Privileg gegen
den Nachdruck der „Gesammelte[n] Gedichte von Friedrich Rückert" erteilt,
der Professor der orientalischen Literatur in Erlangen war. Der Universitätsbuchhändler Karl Heyder aus Erlangen errang dieses Privileg, das nicht mehr

---

[431] Nr. 5402.

[432] Nr. 5411: gestützt auf die Verordnung von 1815 explizit gewährt.

[433] Nr. 5412: gestützt auf die Verordnung von 1815 explizit gewährt.

[434] Nr. 5413: gestützt auf die Verordnung von 1815 explizit gewährt.

[435] Nr. 5414: gestützt auf die Verordnung von 1815 explizit gewährt.

[436] Nr. 5416: Darin sind enthalten die Erlaubnis zur Fortsetzung der Herausgabe der
Taschenausgabe der sämtlichen Werke von T. Spindler für Buchdrucker C. F. Richter in
Cannstadt und die Beschwerde der Halbergerschen Buchhandlung über Buchdrucker
Richter und Buchhändler A. F. Maclot. Anzuzeigen sind außerdem die Drucke aus der
Tageszeitung „Schwäbischer Merkur" Nr. 325 v. 27.11.1832, S. 1171-1172 sowie S.
1961-1962. Daneben sind vorhanden das Titelblatt der Taschenausgabe „C. Spindlers
sämtliche Schriften" sowie eine Einladung zur Subskription auf eine ganz korrekte und
elegante Taschenausgabe von C. Spindlers sämtlichen bis jetzt erschienenen Schriften.

[437] Nr. 5421.

[438] Nr. 5422.

verlängert wurde, da das genannte Werk durch das provisorische Gesetz vom 17. Oktober 1838 fortan auf zehn Jahre geschützt war[439].

Der Buchhändler C. Winter aus Heidelberg erhielt ein sechsjähriges Privileg gegen den Nachdruck für eine zweite sehr vermehrte und verbesserte Auflage des ersten und zweiten Teils des „Lehrbuch[s] der politischen Ökonomie" vom großherzoglich-badischen Hofrat und Professor Dr. K. H. Rau aus Heidelberg[440]; ebenso erwarb der Buchhändler Karl August Kümmel aus Halle für die „Allgemeine Geographie für deutsche Bürgerschulen und für den Privatunterricht von Eugen Schelle" ein sechsjähriges Privileg[441].

Dazu treten noch weitere sechsjährige Privilegien gegen den Nachdruck: zum einen für die fünfte vermehrte und verbesserte Ausgabe des Praktischen Universalratgebers für den Bürger und Landmann von Wiele an den Buchhändler Sauerländer in Frankfurt am Main[442], für das „Handwörterbuch der gesamten Chirurgie und Augenheilkunde, herausgegeben von den Professoren Dr. W. Walther, Dr. M. Jäger und Dr. J. Radius" an die Weygandsche Buchhandlung in Leipzig[443].

Letztlich ist noch die Erteilung eines sechsjährigen Privilegs gegen den Nachdruck der Sämtlichen Schriften des verstorbenen Hofrats Karl Julius Weber an die Hallbergersche Buchhandlung aus Stuttgart nachzutragen[444].

5. Achtjährige Privilegien

Besonders auffällig ist die selten vorkommende Erteilung eines achtjährigen Privilegs. 1829 ist z.B. die Rede von einem achtjährigen Privileg gegen den Nachdruck eines Gartenkalenders an den Kunsthändler Schulz in Stuttgart[445]. Schulz hatte mit seinem Schreiben vom 25. August 1829 ohne nähere Begründung eine solche Zeitspanne beantragt, die ihm auch ohne Infragestellung zuteil

---

[439] Nr. 5426.

[440] Nr. 5428.

[441] Nr. 5429.

[442] Nr. 5431 verfügt über den Eintrag für das RegBl hinsichtlich auch der in den beiden folgenden Unterfaszikeln aufgeführten Privilegien auf Abgabe der Freiexemplare, über die Erteilung eines sechsjährigen Privilegs gegen den Nachruck des „Handbuch[s] der Physiologie des Menschen" vom Geheimen Rat Professor Tiedemann in Heidelberg an den Buchhändler Leske in Darmstadt (1830) sowie das bei der Winterschen Universitätsbuchhandlung in Heidelberg herausgekommene Werk „Vollständige Darstellung des Teutschen Civilprocesses".

[443] Nr. 5433.

[444] Nr. 5441: Darin sind enthalten die Gesuche der Metzlerschen und Brodhagschen Buchhandlungen um nähere Bestimmungen über das o.g. Privileg und um Schutz der ihnen auf einzelne Schriften von Weber zukommenden Verlagsrechte.

[445] Nr. 5209.

wurde. Ein solches Privileg wurde gegen den Nachdruck der zweiten umgearbeiteten Ausgabe des Werks „Der christliche Glaube nach den Grundsätzen der
evangelischen Kirche im Zusammenhang dargestellt, zwei Teile, von Dr. Friedrich Schleiermacher" an den Buchhändler Reimer in Berlin erteilt[446]. Ein selte-
nes achtjähriges Privileg findet sich noch gegen den Nachdruck des Werks
„Principia pathologiae ac therapiae specialis medicae, usui academico ad co-
modata auctore j. n. nobili de Raiman (Edler von Raiman) zwei Vol.". Begünstigte war die Volkische Buchhandlung in Wien 1835[447].

Die Schulbuchhandlung in Braunschweig erhielt für folgende beiden Werke
jeweils ein achtjähriges Privileg: „Volksnaturlehre von Helmuth, achte Auflage, neu bearbeitet von Fischer, 2. Teile" sowie „Handbuch der Chemie von
Liebig und Poggendorf, fünf Bände"[448]. 1835 kam das von Professor Dr. Söltel
aus München geschriebene Werk „Geschichte der Deutschen" in den Genuss
eines achtjährigen Gnadenbriefes[449]. 1836 war der Buchhändler J. F. Steinkopf
in Stuttgart ebenfalls an der Reihe mit einem Privileg auf acht Jahre gegen den
Nachdruck der „Sammlung christlicher Gedichte, erste und zweite Sammlung
vom Gründer der Clawer Antalten Chr. Gottlob Barth, Pfarrer in Möttlingen
(Kreis Calw)"[450].

Schließlich ist noch das achtjährige Privileg gegen den Nachdruck der neuen
verbesserten und vermehrten Ausgabe von „Ökonomisches Handbuch für Frau-
enzimmer" an den Buchhändler J. F. Steinkopf in Stuttgart anzugeben. Diese
Akte enthält auch einen Rekurs des Buchdruckereibesitzers Arnold in Stuttgart
über zwei Entscheidungen des Ministeriums des Innern in der Klagsache der
Steinkopfschen Buchhandlung gegen denselben hinsichtlich des Nachdrucks
der achten Auflage des Löfflerschen Kochbuchs[451].

6. Zehnjährige Privilegien

Sodann sind die zehnjährigen Privilegien abzuhandeln, wobei insgesamt
zwölf zehnjährige Privilegien ausfindig zu machen waren.

Das zuerst erteilte Privileg dieser Gruppe stammt aus dem Jahre 1822 und
wurde konzediert an die Müllersche Hofbuchhandlung in Karlsruhe für die
„Abbildungen und Erklärungen der Arterien (Pulsadern) des menschlichen
Körpers vom Geheimen Hofrat Friedrich Tiedemann, Professor in Heidel-

---

[446] Nr. 5220.
[447] Nr. 5348.
[448] Nr. 5387.
[449] Nr. 5394.
[450] Nr. 5401.
[451] Nr. 5427.

berg"[452]. 1826 erhielt Dr. Sulpiz Boisserée ein zehnjähriges Privileg gegen den Nachdruck der von Johann Nepomuk Strixner gefertigten Lithographie des von Hofmaler Stieber aus München gemalten Bildes der Königin Pauline Theresia Luise von Württemberg und der von Strixner lithographierten Sammlung alt-, nieder- und oberdeutscher Gemälde der Brüder Sulpiz und Melchior Boisserée und Johann Bertram[453]. Im selben Jahr erreichte die J. G. Cottasche Buchhandlung ein genauso langes Privileg gegen den Nachdruck oder den Nachstich einer nach den Resultaten der Landesvermessung und auf Kosten der Regierung herauszugebenden Topographischen Karte des Königreichs[454]. 1828 gewährte man dem Medizinalrat Hördt aus Stuttgart für seine Schrift „Über die Pferdebeschlagkunst und die kranken und fehlerhaften Pferde, nebst einer Abhandlung über die Kastration der Pferde" ein zehnjähriges Privileg[455], also exakt so lange, wie Hördt es in seiner Schrift an den König vom 6. Februar 1828 erbeten hatte.

Ein zehnjähriges Privileg gegen den Nachdruck empfing 1829 das von Magister Georg Ludwig Kloker, Pfarrer in Metzingen (Kreis Reutlingen) geschriebene und im Verlag der Classchen Buchhandlung in Heilbronn erschienene lateinisch-deutsche und deutsch-lateinische Handwörterbuch für lateinische Lehranstalten[456]. Auf zehn Jahre entzog der württembergische König dem Zugriff der Nachdrucker auch das „Lehrbuch der Geburtshülfe zum Unterricht der Hebammen" des Geheimen Hofrats Professor Franz Karl Naegele aus Heidelberg[457]. 1831 wurde die dritte Auflage des „Handbuch[s] des württembergischen Privatrechts" des Präsidenten der Abgeordnetenkammer Württembergs, Dr. von Weishaar, für zehn Jahre gegen den Nachdruck protegiert[458]. Der Prälat Johann Christoph von Schmid aus Ulm, Autor des „Schwäbischen Wörterbuchs", wurde 1831 ebenfalls in den Nachdruckschutz einbezogen; Empfänger des zehnjährigen Privilegs war der Buchhändler E. Schweizerbart in Stuttgart[459].

1833 bedachte Wilhelm I. den Verlag Adam Stein in Nürnberg mit einem zehnjährigen Privileg gegen den Nachdruck der von dem Geistlichen Rat Dr. Franz Allioli, Professor der Theologie an der Universität München, beabsichtigten Herausgabe einer „Deutsche[n] Übersetzung der Heiligen Schrift des Al-

---

[452] Nr. 5140.

[453] Nr. 5163.

[454] Nr. 5165.

[455] Nr. 5181.

[456] Nr. 5197.

[457] Nr. 5224: In der Akte befindet sich ein rühmender und zustimmender elfseitiger Bericht des königlichen Medizinalkollegiums betreffend die Bitte des Geheimen Hofrats und Professor Naegele um Einführung eines Lehrbuchs der Geburtshilfe bei dem Hebammenunterricht in Württemberg.

[458] Nr. 5233; *Jacob Friedrich von Weishaar*, Handbuch des Württembergischen Privatrechts, 3 Bde., 3. Auflage Stuttgart 1831-1833.

[459] Nr. 5243.

ten und Neuen Testaments aus der Vulgata"[460]. Gleiches widerfuhr dem Buch-
händler Friedrich Perthes in Hamburg und der „Geschichte der Teutschen von
Johann Christian Pfister, Pfarrer in Untertürkheim und später Prälat in Stuttgart"[461]. Im Jahre 1835 kamen noch zwei Werke in den Genuss zehnjähriger
Privilegien: Es waren dies die von den Erben des Professor Dr. Friedrich Ernst
Daniel Schleiermacher in Berlin zu veranstaltende neue Ausgabe sämtlicher bereits erschienener Werke des Philosophen sowie der von ihnen beabsichtigten
Sammlung des literarischen Nachlasses. Ein weiteres Gesuch der Erbengemein-
schaft um ein Verbot aller gegen ihren Willen veranstalteten Abdrücke nachge-
schriebener Schleiermacherscher Vorlesungen und Kanzelreden wurde indes
abgewiesen[462]. Ein zehnjähriges Privileg gegen den Nachdruck umfasste auch
die zweite umgearbeitete Auflage des Werks „System der Medicin, Gesund-
heits-, Krankheits- und Heilungslehre" des Hofrates und Professors Puchelt aus
Heidelberg[463].

In den Akten findet sich auch eine Erteilung eines Patents auf zehn Jahre an
Dr. Garthe, Lehrer der Mathematik und Physik am Gymnasium zu Rinteln
(Hessen) für das erste und zweite Instrument des von ihm erfundenen „Appa-
rats zur Versinnlichung der Lehre der mathematischen Geographie und der populären Astronomie (Kosmoglobus)[464]; die Erfindung wurde im Jahre 1828 pa-
tentiert. Das Patent zeigt deutlich die Nähe zwischen Patentierung und Privilegierung gegen den Nachdruck.

Die über die Dauer von zehn Jahren hinaus erteilten Privilegien sind äußerst
selten. Insgesamt finden sich sieben ausgestellte zwölfjährige Privilegien[465] und
ein einziges zwanzigjähriges Privileg[466].

7. Privilegien auf zwölf und zwanzig Jahre

Die seltenen zwölfjährigen Privilegien wurden für Werke mit wichtigen
Themen bzw. bedeutenden Autoren ausgegeben. 1827 erging ein zwölfjähriges
Privileg gegen den Nachdruck der Schrift „Das Leben Jesu, durch Geschichts-
erzählung und Evangelienübersetzung dargestellt" an Dr. Heinrich Eberhard
Gottlob Paulus, großherzoglich-badischer Geheimer Kirchenrat und Professor
der Theologie und Philosophie an der Universität Heidelberg[467]. Die Buchhänd-

---

[460] Nr. 5278.

[461] Nr. 5313.

[462] Nr. 5378.

[463] Nr. 5409.

[464] Nr. 5192: Die Akte enthält eine Abbildung dieses Kosmoglobus und dessen Beschreibung.

[465] Büschel-Nrn. 5180, 5198, 5211, 5219, 5251, 5324 sowie 5423.

[466] Büschel-Nr. 5419.

[467] Nr. 5180.

ler Frankh bzw. Brodhag, beide in Stuttgart, publizierten die „Sammlung sämtlicher Schriften des Dr. Wilhelm Hauff", insbesondere die größtenteils aus vorher noch nicht gedruckten Aufsätzen bestehende Schrift „Phantasien und Skizzen", die mit Privileg, das an die Witwe Luise Hauff erteilt wurde, auf die Dauer von zehn Jahren geschützt wurden[468]. Gegen den Nachdruck der neuen, in acht Bänden erscheinenden Ausgabe der sämtlichen Werke von Johann Peter Hebel erteilte die Regierung 1829 ein zwölfjähriges Privileg an die Hofbuchhändlerin Müller in Karlsruhe[469].

Die Brüder Didot aus Paris empfingen einen zwölfjährigen „Gnadenbrief" gegen den Nachdruck der neuen Ausgabe des „Thesaurus Linguae Gracae" von Heinricus Stephanus (Henri II. Estienne = Etienne, lat. Stephanus, geb. zu Paris 1528, gest. zu Lyon 1598)[470]. Der Buchhändler J. F. Steinkopf aus Stuttgart erwarb 1832 ein zwölfjähriges Privileg gegen den Nachdruck der zweiten verbesserten Auflage von „M. Ludwig Hofackers Predigten über alle Sonn-, Fest- und Feiertage"[471].

Erst zwei Jahre später, nämlich 1834, gelang es der Hallbergerschen Verlagsbuchhandlung, ein zwölfjähriges Privileg gegen den Nachdruck des „Israelitischen Spruch- und Gesangbuchs" durchzusetzen[472]. Ein letztes zwölfjähriges Privileg erging gegen den Nachdruck der „Gesamtausgabe von Georg Wilhelm Friedrich Hegels Werken" an die Buchhandlung Duncker & Humblot aus Berlin (1832-1842)[473].

Als einziger erhielt Friedrich Carl von Savigny ein zwanzigjähriges Privileg: Der preußische Geheime Revisionsrat und Professor aus Berlin konnte im Jahre 1839 einen zwanzigjährigen Gnadenbrief gegen den Nachdruck seines Werks „System des heutigen Römischen Rechts" für sich verbuchen[474].

8. Die Ablehnung von Privilegiengesuchen

Bis zur Erteilung der ersten Privilegien Ende der 1820er Jahre häuften sich erst einmal zahlreiche Ablehnungen.

---

[468] Nr. 5198.

[469] Nr. 5211.

[470] Nr. 5219.

[471] Nr. 5251.

[472] Nr. 5324.

[473] Nr. 5423: Die Akte enthält eine Einladung zur Subskription von Hegels Werken. Vollständige Ausgabe, herausgegeben durch einen Verein von Freunden des Verewigten, ein Druck.

[474] Nr. 5419.

a) Die Zeit bis 1819

1817 wurde die Bitte des Buchhändlers Heinrich Remigius Sauerländer aus Aarau/Schweiz um Untersagung des von Buchdrucker Mäcken in Reutlingen vorgenommenen Nachdrucks des von ihm verlegten Erbauungsbuchs „Stunden der Andacht" abgelehnt. Gleichzeitig wurde aber ein Privileg für eine neue Ausgabe dieses Buches auf sechs Jahre erteilt[475]. Die Bitte des Buchdruckers Thomm aus Mergentheim (Jagstkreis) um Wiedererlangung seiner unter der vorigen Regierung (Deutschorden) genossenen Privilegien und dessen Berücksichtigung bei dem Druck neuer Schulbücher oder sonstiger Geschäfte wurde 1819 pauschal zurückgewiesen[476], weil der Druck der Schulbücher grundsätzlich in den Bereich des Verlags der königlichen Majestät fiel und deshalb auf die Privilegien des Thomm keine Rücksicht genommen werden konnte.

Buchhändler Marx aus Karlsruhe wurde 1819 enttäuscht, als das Gesuch des von ihm beauftragten Dr. Fezer aus Stuttgart um die Erteilung eines Privilegs gegen den Nachdruck der „Briefe von Friedrich Schiller an den Freiherrn Wolfgang Heribert von Dalberg in den Jahren 1781-1785 – ein Beitrag zu seiner Lebens- und Bildungsgeschichte (Kämmerer von Worms, Intendant des Mannheimer Theaters, dann badischer Staatsminister)" abgelehnt wurde[477]. Die Ablehnung wurde vom Ministerium des Innern in einem Schreiben vom 25. Januar 1819 damit untermauert, dass die Erben des schon verstorbenen Schillers keinen Gewinn davon hätten bzw. darüber im Gesuch nichts auftauche. Im selben Jahr konnten die Buchhändler und Buchdrucker Fleischhauer, Spohn und Mäcken aus Reutlingen ein Privileg für eine neue Ausgabe des Bauerschen deutsch-lateinischen Lexikons erwirken[478].

b) Die Jahre 1820 bis 1822

Auch der Konsistorialrat und Superintendent Dr. Friedrich August Koethe aus Allstedt (bei Apolda) bemühte sich vergeblich um ein Privileg gegen den Nachdruck seines von dem Buchdrucker Brockhaus verlegten Werks „Für häusliche Erbauung", welches 1820 erfolglos blieb[479]. Im selben Jahr drang ebenso wenig der Buchdrucker Ritter aus Gmünd mit seinem Privilegiengesuch gegen den Nachdruck der bei ihm verlegten Schrift „Biblische Geschichten für

---

[475] Nr. 5125: In der Akte befindet sich „An das deutsche Publikum", gedruckte Rechtfertigung des H. R. Sauerländer gegen die wahrheitswidrige Beschuldigung des Nachdruckers Mäcken in Reutlingen sowie eine Druckschrift.

[476] Nr. 5126.

[477] Nr. 5127.

[478] Nr. 5128.

[479] Nr. 5132.

Kinder – ein Auszug aus dem größeren Werk des Pfarrers Schmid zu Oberstadion" durch[480].

Im Jahre 1822 sprach die Regierung gleich drei Ablehnungen für Privilegien aus: Zum einen wurde Buchhändler Bernhard Friedrich Voigt aus Ilmenau (bei Weimar) um ein Privileg gegen den Nachdruck der in seinem Verlag erscheinenden geographischen Schulbücher des Geographieschriftstellers Johann Günter Friedrich Canabich gebracht[481]. Buchhändler Johann Friedrich Steinkopf aus Stuttgart wurde ebenfalls enttäuscht, als er ein neues Privileg auf zehn Jahre für das von ihm verlegte Gebetbuch „Starks Handbuch in guten und bösen Tagen" beantragte[482]. Buchhändler J. B. Metzler aus Stuttgart, Beauftragter der Buchhandlung Hahn aus Leipzig, bemühte sich vergeblich um ein Privileg gegen den Nachdruck des von Hahn verlegten lateinisch-deutschen und deutsch-lateinischen Schulwörterbuchs von Dr. F. E. Ruhkopf und Professor E. Kärcher[483].

c) Die Jahre 1823 bis 1828

1823 wurde die Bitte des Buchhändlers Karl Groos aus Heidelberg um ein Privileg gegen den Nachdruck und den Verkauf eines Nachdrucks des in seinem Verlag erschienenen „Handbuch[s] der Chirurgie von Hofrat und Professor der Chirurgie Maximilian Joseph von Chelius" wegen Nichterfüllung von § 2 des Rescripts von 1815 niedergeschmettert[484]. Im selben Jahr erging eine Absage an den Konsulenten Dr. Fezer, Beauftragter des Buchhändlers August Rücker in Berlin, der um ein Privileg gegen den Nachdruck und gegen den Verkauf von Nachdrucken des bei Rücker verlegten Werks „Eros oder Wörterbuch über die Physiologie und über die Natur- und Kulturgeschichte des Menschen in Hinsicht auf seine Sexualität" nachgesucht hatte[485]. Ohne auf das Rescript von 1815 zu rekurrieren, wurde das Gesuch bereits als ungültig angesehen und sogleich verworfen. Auch das Griechisch-deutsche Wörterbuch von Valentin Christian Friedrich Rost sollte in einer im Verlag Henning aus Gotha erscheinenden zweiten Auflage nicht privilegiert werden[486]. Schließlich kam es noch zur Ablehnung des Gesuchs des Buchhändlers Friedrich Arnold Brockhaus aus Altenburg und Leipzig um die Erteilung eines Privilegs gegen den Nachdruck für den in seinem Verlag produzierten Auszug aus dem Konversationslexikon

---

[480] Nr. 5134.

[481] Nr. 5137.

[482] Nr. 5138.

[483] Nr. 5139. Die Begründung für die Ablehnung des Privilegs ist § 2 des Rescripts von 1815.

[484] Nr. 5143.

[485] Nr. 5144.

[486] Nr. 5145.

und um Verlängerung des unter dem 14. Januar 1817 erteilten königlichen Privilegs gegen den Nachdruck des Konversationslexikons auf weitere sechs Jahre[487]. Der Kaufmann und Kunstverleger Friedrich G. Schulz aus Stuttgart hatte mit seinem Gesuch um Erteilung eines zehnjährigen Privilegs gegen den Nachdruck und Verkauf des Nachdrucks der in seinem Verlag erscheinenden „Geschichte Wirtembergs" des Konrektors Pfaff aus Esslingen im Jahre 1824 keinen Erfolg[488]. Trotz württembergischen Bezugs drang auch der Kunstverleger Georg Ebner aus Stuttgart mit seinem Gesuch um ein Privileg gegen alle Nachbildungen des in seinem Verlag erschienenen Werks „Abbildungen der königlich-württembergischen Gestütspferde von orientalischen Raccen" 1824 nicht durch[489]. Für 1826 ist noch die Ablehnung der Bitte des Planstechers Kolbe aus Berlin um ein Privileg für Pläne der Umgebungen von Hauptstädten festzuhalten[490].

Im Jahre 1827 gab es erneut zahlreiche Ablehnungen. Die Erben des badischen Legationsrates und deutschen Historikers Ernst Ludwig Posselt konnten die Erteilung eines Privilegs gegen den Nachdruck einer vollständigen Sammlung der Werke ihres Vaters nicht zur Rechtskraft bringen[491]. Das Gesuch des Buchhändlers Paul Gotthelf Kummer in Leipzig um ein Privileg gegen den Nachdruck einer wohlfeilen Ausgabe der sämtlichen dramatischen Werke von August von Kotzebue war gleichfalls vergeblich[492]. Freiherr von Löwenstern, herzoglich sachsen-meiningenscher Oberstleutnant, der ein Privileg gegen den Nachdruck seiner lithographierten Abbildungen zur Lebensbeschreibung Martin Luthers und der berühmten Männer der Reformation sowie gegen den Nachdruck des Textes zu diesen Abbildungen eine königliche Protektion beantragt hatte, musste sich 1827 geschlagen geben[493]. Ebenso der Buchhändler Christoph Arnold aus Dresden, der ein Privileg gegen den Nachdruck der in seinem Verlag erscheinenden verbesserten Ausgabe sämtlicher Schriften des Belletristen Friedrich Gustav Schilling erbeten hatte[494]. Die „Vorlesungen über die Dogmatik der evangelisch-lutherischen Kirche des August Detlev Christian

---

[487] Nr. 5147: Die Akte enthält einen Druckbogen von „Allgemeine deutsche Real-Encyclopädie für die gebildeten Stände mit königlich-württembergischem Privileg" sowie die Akten des vormaligen Zensurkollegiums, d.h. die Erlaubnis für Buchdrucker Macklot in Stuttgart zum Abdruck des bei Brockhaus in Altenburg und Leipzig erscheinenden Konversationslexikons nach Vorlage bei der Zensur, darin das Gesuch des Buchhändlers Brockhaus in Altenburg um ein Privileg für die vierte Auflage seines von ihm verlegten Konversationslexikons.

[488] Nr. 5149.

[489] Nr. 5151.

[490] Nr. 5159.

[491] Nr. 5167.

[492] Nr. 5169.

[493] Nr. 5170.

[494] Nr. 5172.

Twesten, Professor der Theologie in Kiel" wurden ebenso wenig begnadet[495], weil hier schon § 2 des Rescripts von 1815 nicht erfüllt war.

Das Gesuch des Buchhändlers Arnold Brockhaus aus Leipzig um ein Privileg gegen den Nachdruck der in seinem Verlag erscheinenden „Geschichte der Hohenstaufen und ihrer Zeit von dem deutschen Geschichtsschreiber, Regierungsrat und Professor Friedrich von Raumer aus Berlin" wurde 1823 abgeschmettert. Als der geplante Nachdruck dieses Werks durch die Buchhandlung J. N. Enßlin in Reutlingen bekannt wurde, war dies der Anlass für den Verfasser, ein Privileg gegen den Nachdruck für die verlegte zweite verbesserte Ausgabe des Werkes zu beantragen, was 1828 für die Dauer von sechs Jahren sogar bewilligt wurde[496].

d) Die Jahre 1829 bis 1833

Das Gesuch des Buchhändlers J. A. Baumgärtner aus Leipzig um ein Privileg gegen den Nachdruck der in seinem Verlag erschienenen Schrift „Allgemeine Enzyklopädie der gesamten Land- und Hauswirtschaft der Deutschen in dreizehn Bänden von Dr. C. W. E. Putsche, Adjunkt in Wenigen-Jena" wurde mit Verweis auf die Regel des § 2 und das Erfordernis, vor Debitierung den Antrag zu stellen, 1828 abgelehnt[497]. Im Jahre 1829 wurde das „Handbuch der Chirurgie von Professor Maximilian Joseph Chelius nicht gegen den Nachdruck privilegiert. Ein bereits von der Voltersschen Buchdruckerei in Stuttgart gefertigter Nachdruck durfte nicht eingezogen werden. Das Gesuch des Universitätsbuchhändlers Karl Gros aus Heidelberg hatte mithin keinen Erfolg[498].

Für das Jahr 1829 sind noch zwei Ablehnungen von Gesuchen zu vermelden. Einmal das des Buchhändlers J. F. J. Dalp aus Chur/Schweiz um ein Privileg gegen den Nachdruck der zweiten Auflage der Schrift „Gemeinnütziger Unterricht über Kenntnis der Pferde und des Rindviehs von J. J. Jthen"[499] sowie das des großherzoglich-badischen Hofrats Professor Dr. Friedrich August Benjamin Puchelt, Direktor der medizinischen Klinik in Heidelberg, um ein Privileg gegen den Nachdruck von „System der Medicin im Umriss dargestellt". Als einleuchtende Begründung für die Ablehnung gaben Studienrat und Ministerium

---

[495] Nr. 5174.

[496] Nr. 5176: Unter dieser Büschel-Nr. finden sich „Erstes Buch. Von der Teilung des Römischen Reichs bis zum Tode Gottfrieds von Bouillon (vom Jahr 395-1100)", ein Druckbogen, die Ankündigung und Einladung zur Unterzeichnung „Geschichte der Hohenstaufen und ihrer Zeit von Friedrich von Raumer", eine Druckschrift sowie die Ankündigung der Geschichte der Hohenstaufen durch die Buchhandlung J. N. Enßlin in Reutlingen, eine Druckschrift.

[497] Nr. 5187.

[498] Nr. 5203.

[499] Nr. 5206: Dem Gesuch stand § 2 des Rescripts von 1815 entgegen.

des Innern an, dass dieses Werk bereits 1826 erschienen, also bereits „debitirt" war[500].

Obwohl es in den 1830er Jahren zahllose Erteilungen von Privilegien gab, kamen auch die Ablehnungen auf eine stattliche Anzahl. 1830/31 wurde das Gesuch des entlassenen Rechtskonsulenten (und letzten regierenden Bürgermeisters Jakob von Reutlingen) Fezer in Reutlingen um Erteilung eines Privilegs gegen den Nachdruck seines Werks „Teutschland und Rom seit der Reformation Dr. Luthers" zurückgewiesen[501]. Da der erste Band dieses Werks bereits erschienen war, wurde der Gnadenbrief ohne Weiteres abgelehnt. Diese Begründung wurde auch für die Ablehnung des Gesuchs des Dr. W. M. L. de Wette angeführt, der als Professor der Theologie in Basel tätig war und dessen zweite Auflage seiner Bibelübersetzung im Verlag des Buchhändlers Mohr in Heidelberg erschien[502]. Im selben Jahr 1831 wurde auch das von der Buchhandlung Lövlund in Stuttgart im Auftrag des Buchhändlers A. W. Unzer aus Königsberg vorgelegte Gesuch um Protektion gegen den Nachdruck des in vier bis fünf Bänden erscheinenden Werks „Biblischer Kommentar über sämtliche Schriften des Neuen Testaments von Dr. Olshausen, Professor der Theologie in Königsberg" rundweg abgelehnt, da der erste Band bereits debitiert war[503]. Der Buchhändler Carl Focke aus Leipzig hatte mit seinem Privileg gegen den Nachdruck einer bereits erschienenen deutschen Übersetzung des „Corpus juris civilis, herausgegeben von den beiden Professoren der Rechte an der Universität Leipzig Dr. Karl Eduard Otto und Dr. Bruno Schilling, sowie Dr. Karl Friedrich Ferdinand Sintenis als Redakteur", keinen Erfolg, denn dieses Gesuch wurde 1831 abgelehnt[504].

Für das Jahr 1832 wurde noch die Erfolglosigkeit des Gesuchs des Buchbinders Christian Belser aus Stuttgart bekannt. Dieser bat um Verleihung eines Privilegs gegen den Nachdruck einer umgearbeiteten und verbesserten Ausgabe des Andachtbuchs „Morgen- und Abend-Andachten frommer Christen auf alle Tage im Jahr von Johann Friedrich Starks, evangelischer Prediger und Konsistorialis zu Frankfurt am Main"[505]. Der Schullehrer Martin Oesterle aus Gmünd, der den Nachdruck der vierten Auflage seines „Lesebüchleins nach der Lautmethode" verhindern wollte, drang mit seinem Privilegienerteilungsschreiben 1833 nicht durch. Die Begründung der Ablehnung war, dass diese vierte

---

[500] Nr. 5213: Dem Gesuch stand § 2 des Rescripts von 1815 entgegen.

[501] Nr. 5230: darin Rücksendung des seiner königlichen Majestät übersandten Exemplars dieses Werks an den Verfasser wegen dessen „schwerer Vergehen und Entlassung als Rechtskonsulent" und Beschwerde des Dr. Fezer hierüber.

[502] Nr. 5240: Das Gesuch wurde gestützt auf § 2 des Rescripts von 1815 abgelehnt.

[503] Nr. 5241: Das Gesuch wurde gestützt auf § 2 des Rescripts von 1815 abgelehnt.

[504] Nr. 5242: Das Gesuch wurde gestützt auf § 2 des Rescripts von 1815 abgelehnt.

[505] Nr. 5260.

Auflage nur ein unveränderter Abdruck der im Jahre 1831 erschienenen und nicht durch ein Privileg geschützten dritten Auflage sei[506].

e) Die Jahre 1834 bis 1835

Im Doppeljahr 1834/35 wurden insgesamt sieben Gesuche abgelehnt. Der erste Antrag beschäftigte sich mit der Schrift „Verbesserungen und Vermehrungen der sechzehnten Ausgabe des Nelkenbrecherschen Taschenbuchs der Münz-, Maß- und Gewichtskunde". Dieses Privileg wurde vom Buchhändler Johann Jakob Mäcken aus Reutlingen beantragt[507]. Buchhändler Karl Focke aus Leipzig drang mit seinem Privilegiengesuch gegen den Nachdruck eines Index über das Corpus juris civilis nach Anleitung des Spaniers Stephan Daoyz von Dr. Robert Schneider nicht durch. Die Begründung war, dass dieses Werk bereits erschienen war[508]. Buchhändler Feger in Ehingen hatte ebenfalls kein Glück mit seinem Privilegienantrag gegen den Nachdruck einer ihm von dem ehemaligen Bistumsverweser Freiherrn von Wessenberg aus Konstanz gestatteten neuen Auflage des „Konstanzer Bistums-Gesang- und Andachtbuch[s] für das katholische Württemberg"[509].

Alle Eingaben des Buchhändlers J. C. Fleischmann aus Nürnberg, Inhaber der J. P. Ramschen Buchhandlung, um Erteilung von Privilegien gegen den Nachdruck mehrerer bei ihm verlegten Werke von Jung-Stilling wurden rundweg abgelehnt. Buchhändler und Buchdrucker Friedrich Henne aus Stuttgart, der ebenfalls um Erteilung eines Privilegs gegen den Nachdruck sämtlicher Werke von Jung-Stilling nachgesucht hatte, ging gleichfalls leer aus[510]. 1835 kam es nicht zuletzt zur Ablehnung des Gesuchs des Buchhändlers Hartknoch in Leipzig um ein Privileg gegen den Nachdruck der Schrift „Johann Gottfried Seumes sämtliche Werke, vollständige Ausgabe in einem Band"[511] sowie desjenige des Buchhändlers Drechsler in Heilbronn bezüglich des Werkes „Encyclopädisch-pädagogisches Lexikon des Elementarlehrers Wörle in Ulm". Die Begründung der Ablehnung war wiederum, dass dieses Werk bereits im Buchhandel erschienen war[512].

---

[506] Nr. 5285.

[507] Nr. 5293.

[508] Nr. 5301: Der Akte war eine gedruckte Subskriptions-Anzeige beigefügt.

[509] Nr. 5309.

[510] Nr. 5328: Johann Heinrich Jung, genannt Stilling (1740-1817), war Schriftsteller, Arzt, Professor der Ökonomie, Kameral- und Staatswissenschaftler sowie badischer Geheimrat; vgl. dazu *Jacques Fabry*, Johann Heinrich Jung-Stilling (1740-1817). Esotérisme chrétien et prophétisme apocalyptique (Contacts: Serie 3, Etudes et documents. Bd. 62), Bern/Berlin/Brüssel/Frankfurt a.M./New York/Oxford/Wien 2003.

[511] Nr. 5336.

[512] Nr. 5355.

Neben der für eine Ablehnung häufigsten Begründung des § 2 des Rescripts trat diejenige, dass die Auflage nur unverändert und nicht verbessert hätte erscheinen sollen, was konkret § 8 des Rescripts von 1815 widersprach. Dies widerfuhr dem Buchdrucker Haspel in Halle, als er um einen Gnadenbrief gegen den Nachdruck der zweiten Auflage des Werkchens „Die Räuber auf der Nußwiese des aus Mühlhausen im Elsass stammenden Nikolaus Geber, Pfarrer in Buchenbach (Kreis Künzelsau) und Dichter" nachsuchte[513].

f) Die Jahre ab 1836

1836 sollte es dem Graveur Karl Hör aus Nenningen (Kreis Göppingen) versagt bleiben, ein sechsjähriges Privileg gegen den Nachdruck eines von ihm verfertigten und in Stein gravierten Bildes zu bekommen[514]. Im selben Jahr ging das Innenministerium auch nicht sehr großzügig mit der neuen Ausgabe der zehnten Auflage von Ludwig Uhlands Gedichten um. Denn hier wurde ein Gesuch der Cottaschen Buchhandlung aus Stuttgart gänzlich zurückgewiesen[515].

Die Ablehnung zweier Gesuche sind noch wegen ihrer Begründung interessant, weil sich die Behörde auf das Gesetz vom 17. Oktober 1838 stützte. Die Bitte des Georg Baumgärtner, Marktschreiber zu Schwarzenbach an der Saale bei Hof (Oberfranken), um Empfehlung der von ihm verfassten „Hilfstabellen für Geldberechnungen" bei württembergischen Gemeinden und Stiftungen wurde dergestalt abgelehnt, dass sich das Ministerium darauf berief, dass diese Tabellen keines Privilegs gegen den Nachdruck bedürften, weil das Gesetz vom 17. Oktober 1838 bereits einen zehnjährigen Schutz gegen Nachdruck gewähre[516]. Das Gesuch wurde im Jahr 1840 abgelehnt.

1841 wies man unterdessen die Bitte der Herderschen Kunst- und Buchhandlung in Freiburg um ein Privileg gegen den Nachdruck der schon Jahre zuvor erschienenen „Allgemeine[n] Geschichte vom Anfang der historischen Kenntnis bis auf unsere Zeiten von Hofrat Prof. Karl von Rotteck" ab. Auch Buchhändler Georg Westermann aus Braunschweig, in dessen Verlag von Rottecks Werk überging, hatte für die bereits erschienenen Ausgaben und für die fünfzehnte Auflage keinen Erfolg mehr, da das Werk nach den Bestimmungen des Gesetzes vom 17. Oktober 1838 den Schutz gegen den Nachdruck bereits genoss[517].

---

[513] Nr. 5359.

[514] Nr. 5377.

[515] Nr. 5382.

[516] Nr. 5424.

[517] Nr. 5430.

In den Akten befinden sich auch Ablehnungen von Rekursen; so ist der Rekurs der Cottaschen Buchhandlung aus Stuttgart gegen ein Erkenntnis der Kreisregierung in ihrer Klagsache gegen die Haußmannsche Antiquariatshandlung in Stuttgart betreffend den Nachdruck der Schrift „Schatzkästlein des rheinischen Hausfreundes von Johann Peter Hebel" ein interessantes Zeugnis[518]. Der Rekurs wurde 1837 abgelehnt.

1841 musste die Schweizerbartsche Buchhandlung in Stuttgart die Ablehnung ihrer Beschwerde hinnehmen. Es ging um eine Entschließung der Kreisregierung in ihrer Klagsache gegen sämtliche Sortimentshandlungen in Stuttgart, als Vertreter der Buchhandlung Dennig, Fink & Co in Pforzheim wegen des Nachdrucks der in ihrem Verlag hergestellten Schrift „Unsere Zeit oder geschichtliche Übersicht der merkwürdigsten Ereignisse 1789-1830, gedruckt bei E. F. Wolters 1826"[519].

Die Beschwerde des Buchhändlers Heinrich Erhard, Inhaber der Metzlerschen Buchhandlung in Stuttgart und Bevollmächtigter der Tonkünstler Konrat Kocher, Friedrich Silcher und Johann Georg Frech, gegen den Schulmeister Wilhelm A. Auberlen in Fellbach wurde ebenfalls abgelehnt. Diese Beschwerde betraf den aus der Noten- in die Tonzifferschrift übertragenen, durch die Buchhandlung Beck & Fränkl vermittelten und vom Buchdrucker Vogel gefertigten Nachdruck der „Choralmelodien zum Gesangbuch für die Evangelische Kirche in Württemberg – Auszug aus dem Choralbuch für die Evangelische Kirche in Württemberg"[520]. Der Bescheid erging im Jahre 1847.

Für die Analyse der Nachdruckprivilegienpraxis in Württemberg ist auch die Abweisung der Beschwerde der Kunstverleger Piloty und Löhle in München über ein Erkenntnis der Kreisregierung in Reutlingen und eine Ministerialentscheidung in ihrer Klagsache gegen den Photographen Albert Lindenmaier in Tübingen interessant. Diese Beschwerde betraf die unerlaubte Nachbildung von Lithographien und Stahlstichen (1861-1862)[521]. Die Bitte der Osianderschen Buchhandlung aus Tübingen betreffend die Gewährung eines besonderen Schutzes gegen Nachbildung für die photographischen Alben der Professoren der Landesuniversität und der schwäbischen Dichter fand ebenso wenig Gehör bei der Behörde. Diese lieferte die Begründung, dass ein solches Privileg, wenn es einen nicht schon im Gesetz begründeten Schutz zum Gegenstand hatte, lediglich mit besonderer Bestimmung der Stände erteilt werden könne[522]; die Ablehnung wurde schließlich 1864 verkündet.

---

[518] Nr. 5405.

[519] Nr. 5434.

[520] Nr. 5442.

[521] Nr. 5457.

[522] Nr. 5459.

g) Sonstiges: Bitten, Anfragen, Gesuche

Erwähnenswert ist darüber hinaus die Aktengruppe, die reine Bitten an die Behörde enthielt, so etwa die Bitte des Oberpräzeptors Werner am Gymnasium in Stuttgart um Erteilung eines Privilegs gegen den Nachdruck der neuen Auflage seiner Schulschriften, die er schließlich zurückzog[523]. Im selben Jahr trug der Buchhändler J. B. Metzler aus Stuttgart, Beauftragter des Buchhändlers Sauerländer in Aarau, die Bitte um Privilegien gegen den Nachdruck folgender Druckschriften vor: „Bayerische Geschichte von Zschokke", „Französische Grammatik von Hirzel", „Geographisch-statistisches Handlexikon der Schweiz von Lutz" und „Wegweiser durch die Schweizerische Eidgenossenschaft"[524]. 1827 trug der Buchhändler Löflund aus Stuttgart die Bitte vor, eine vom Dekan, später Prälat Johann Gottfried Pahl zu Gaildorf verfasste und in seinem Verlag herauskommende Geschichte von Württemberg seiner Kaiserlichen Majestät widmen zu dürfen[525].

Im selben Jahr findet sich das Gesuch des preußischen Geheimen Hofrats und Ritters Karl Gottlob Heun aus Berlin, als Romanschriftsteller unter dem Namen H. Clauren bekannt, um ein Privileg gegen den Nachdruck aller seiner Schriften[526]. Auch aus Berlin kam eine Bitte: Buchhändler Enßlin bat 1828 um ein Privileg gegen den Nachdruck der zweiten Ausgabe des in seinem Verlag erschienenen Werkes „Handbuch der Lehre von den Brüchen und Verrenkungen der Knochen von Dr. A. L. Richter"[527]. 1829 fragte Dr. Heinrich Keßler, Redakteur, staatswissenschaftlicher Schriftsteller und Landtagsabgeordneter aus Weinsberg, um Belehrung nach, ob der öffentlichen Bekanntmachung seines Manuskripts „Über das Recht der Anklage gegen den französischen Minister und die Mitglieder der ständischen Kammer in Württemberg" keine besonderen Gründe entgegenständen[528]; diese Anfrage zielte deutlich darauf ab, nicht unter die Zensur zu fallen. Ein Jahr später reichte die Lindauersche Verlagshandlung in München ein Gnadenbriefgesuch gegen den Nachdruck der achten Ausgabe des vollständigen christkatholischen Gebetbuchs von Michael Hauber ein[529]. 1832 stellten die Hallbergersche Buchhandlung aus Stuttgart einen Antrag auf Privilegienerteilung gegen den Nachdruck der gesammelten Schriften

---

[523] Nr. 5135.

[524] Nr. 5136. Der königliche Studienrat äußert in seinem Gutachten vom 14. Oktober 1821 an das königliche Ministerium des Innern Bedenken gegen Privilegien zugunsten Sauerländers. Einmal rekurriert er auf § 2 des Rescripts vom 25. Februar 1815. Hier ist die Argumentation schwammig. Der Gutachter sagt zwar, dass die Drucklegung der Werke noch nicht vollendet ist, doch lehnt er das Privileg dennoch ab. Dann beruft er sich schließlich noch auf § 1 des Rescripts.

[525] Nr. 5166.

[526] Nr. 5173.

[527] Nr. 5179.

[528] Nr. 5205.

[529] Nr. 5214.

des Moritz Gottlieb Saphir[530] sowie der Buchhändler Thomas Feger in Ehingen für die neue Auflage der „Linzisch-theologisch-praktische[n] Monatsschrift"[531]. Ein Jahr später, also 1833, suchte die Franz Varrentrappsche Buchhandlung aus Frankfurt am Main um Erteilung eines Privilegs nach gegen den Nachdruck des Werks „Universalhistorische Übersicht der Geschichte der alten Zeit und ihrer Kultur von dem großherzoglich-badischen Geheimen Rat und Professor Friedrich Christoph Schlosser zu Heidelberg"[532].

Ein anderer Typ von Gesuch ist die Anfrage des Oberamts Wangen betreffend den von Buchbinder Linggenhöl in Wangen beabsichtigten Nachdruck des Schriftchens „Kern der christlichen Andacht für katholische Christen von Alex Parizek in Prag" aus dem Jahr 1835, für das noch kein Privileg gegen den Nachdruck erteilt worden war[533]. 1836 bat Buchhändler Schmid in Wiesensteig um die Erlaubnis, das neue Schulgesetz und die zu demselben zu erlassenden Instruktionen aus dem Regierungsblatt abdrucken zu dürfen[534] sowie im selben Jahr Wilhelmine Schlotter aus Dresden zum Druck eines weiteren Manuskripts[535]. 1837 formulierte Paul Gauger, Buchhandlungskommis aus Stuttgart, die Bitte, ein Privileg für ein lithographiertes Blatt mit Text, das er in Form eines Stammbaums des königlichen Hauses mit einer chronologischen Übersicht der württembergischen Geschichte herausgeben wollte, erteilt zu bekommen[536].

Eine sonderbare Bitte kam 1838 vonseiten des Kaufmanns J. J. Saillet aus Stuttgart, dem Teilhaber an dem Nachdruckgeschäft des „entwichenen" Buchhändlers Kraft aus Stuttgart. Es ging um die Konfiskation des Nachdrucks von „Karl Friedrich Eichhorns Einleitung in das deutsche Privatrecht, vierte verbesserte Ausgabe" und die Ablehnung der Bitte des Kaufmanns Saillet um die Aufhebung des Straferkenntnisses[537].

Die Gesuche des Rechtskonsulenten Finckh aus Nürtingen bzw. Stuttgart, später Kanzleiassistent am königlichen Gerichtshof für den Neckarkreis in Esslingen, um Privilegien gegen den Nachdruck seiner Schriften beschäftigten die Behörde zwischen 1833 und 1839. Es ging um die Schriften „Die Übertretung der Finanz-, Polizei- und Regiminalgesetze nebst den Strafbefugnissen der Verwaltungsstellen", „Das württembergische Polizei- und Ordnungsstrafrecht

---

[530] Nr. 5250.

[531] Nr. 5253.

[532] Nr. 5276.

[533] Nr. 5345.

[534] Nr. 5374.

[535] Nr. 5403.

[536] Nr. 5407: Die Akte enthält ein Dokument, aus dem eine Festungsstrafe des Paul Gauger hervorgeht, u.a. wegen Mitwirkung bei der Verbreitung der Ehrenangriffe gegen die Deutschregenten und Regierungen sowie der Flugschrift „Vorrede zu H. Heines französischen Zuständen".

[537] Nr. 5418.

mit Ergänzungsband", „Württembergische Strafnormalien-Sammlung nebst strafrechtlichen Thesen für die zuständigen Justiz-, Polizei- und Finanzverwaltungsstellen, Strafcodex für die württembergischen Ortsvorsteher" sowie „Württembergs ausführlicher Forst- und Waidstrafcodex nebst angehängter Straftabelle"[538].

Noch zwei Gesuche sind zu erwähnen: 1842/43 bat die Herdersche Buchhandlung in Freiburg um den Schutz für ihre Ausgabe des „Katechismus der christkatholischen Religion" von Dr. J. B. von Hirscher[539] sowie sogar noch 1868 C. F. Autenrieth um gesetzlichen Schutz gegen Nachdruck der in seinem Verlag erschienenen, von Professor Willmann gezeichneten und gravierten neuen Ansicht von Stuttgart[540].

9. Übrige Akten

Weiter zu behandeln sind Verzicht, Erledigung und Erlöschen von Privilegien.

a) Verzicht, Erledigung, Erlöschen

Buchhändler Gros aus Heidelberg verzichtete auf das ihm erteilte sechsjährige Privileg gegen den Nachdruck für das „Handbuch der Augenheilkunde des Geheimen Hofrats und Professor Dr. Chelius aus Heidelberg", das nämlich nicht erschienen war (1833-1837)[541].

Das Gesuch der Nikolaischen Buchhandlung aus Berlin um Erteilung eines Privilegs gegen den Nachdruck für zwei in ihrem Verlag erscheinenden neuen Ausgaben von Theodor Körners Werken erledigte sich 1837 infolge des provisorischen Gesetzes vom 22. Juli 1836[542].

Ein Privileg erlosch, nämlich das an die Schulbuchhandlung Vieweg in Braunschweig erteilte sechsjährige Privileg gegen den Nachdruck der fünften Auflage des „Handbuch[s] der Anatomie des Menschen von Hildebrand", da von diesem Privileg bis August 1939 kein Gebrauch gemacht worden war[543].

---

[538] Nr. 5420: Die Akte weist die Eingabe des Rechtskonsulenten Finckh in Stuttgart betreffend seine schriftstellerischen Arbeiten und seine Anstellung im Staatsdienst auf.

[539] Nr. 5438.

[540] Nr. 5465.

[541] Nr. 5408.

[542] Nr. 5410.

[543] Nr. 5425.

b) Weiterleitung, Verweisung

Darüber hinaus sind vier Fälle von Weiterleitung und Überweisung zu behandeln. Eine Beschwerde der Cottaschen Buchhandlung in Stuttgart wurde an die Kreisregierung Reutlingen 1820 verwiesen. Cotta beschwerte sich über die Eingriffe in ihr Eigentum durch den von der Buchhandlung J. N. Enßlin in Reutlingen vorgenommenen Nachdruck mehrerer Schriften[544].

Die Bitte des Buchdruckers J. F. Bofinger aus Tuttlingen um Druckerlaubnis für die neue Auflage der Schrift „Die Stufenfolgen der Menschen bis zum wahren Christentum" wurde 1830 an das Ministerium der auswärtigen Angelegenheiten weitergeleitet[545]. An die Regierung des Schwarzwaldkreises bzw. das Oberamt Rottweil wurde die Eingabe des Johann Nepomuk Glykher transferiert. Darin ging es um die Unterstützung zum Druck des von Glykher verfassten Manuskripts „Anti-Hambachiana oder Verteidigung der konstitutionellen Verfassung und Prüfung der Konstitutionsakte von Württemberg" sowie die Erteilung eines Privilegs gegen den Nachdruck dieser Schrift mit Empfehlung an die Gemeinden des Königreichs zur Anschaffung dieses Werks (1832-1834)[546].

Schließlich ist noch eine auf 1834 zu datierende Verwendung der großherzoglich-badischen Gesandtschaft hinzuweisen; die Gesandtschaft sollte einen durch Antiquar Hausmann in Stuttgart beabsichtigten Nachdruck von „Das System des Pandektenrechts von Professor Anton Friedrich Justiz Thibaut aus Heidelberg" verhindern helfen[547]. Eine weitere „Verwendung" stammt aus dem Jahr 1854: Der kaiserlich französische Gesandte bei der Bundesversammlung setzte sich zugunsten der Erben des Astronomen François Aragó ein, die dem Buchhändler Otto Wiegandt in Leipzig die Herausgabe einer deutschen Übersetzung sämtlicher Werke dieses Gelehrten überlassen hatten[548].

Unter Büschel-Nr. 5406 findet sich auch ein von der Hausmannschen Antiquariatshandlung in Stuttgart 1837 veröffentlichter Nachdruck der fünften Auflage des 1827 erschienenen Werks „Das Recht des Besitzes" von Savigny.

---

[544] Nr. 5131. Die Regierung des Schwarzwaldkreises spricht in ihrem Schreiben v. 5. Januar 1820 interessanterweise von einem „Eingriff in das Eigentum mittels Nachdruck" von Schriften. Nr. 5133 enthält zudem den Auftrag an die Stadtdirektion in Gotha, dem dort lebenden Hofrat Jakobs die Ablehnung seiner Beschwerde über den bei Enßlin in Reutlingen herausgekommenen Nachdruck der siebten Ausgabe seines Elementarbuchs der griechischen Sprache zu eröffnen. Die Begründung für die Ablehnung war die Regel, dass das Werk ganz oder zum Teil nicht debitiert worden sein durfte, was aber bereits der Fall gewesen war (vgl. § 2 des Rescripts von 1815).

[545] Nr. 5216.

[546] Nr. 5312.

[547] Nr. 5319.

[548] Nr. 5448.

c) Rekurs- bzw. Klagsachen vor dem Geheimen Rat

Für unsere Untersuchung wichtig sind noch die „Rekurse" sowie die zurückgewiesenen Beschwerden: 1837 wurde ein Rekurs des gerichtlich aufgestellten Kurators der Johann Jakob Mäckenschen Buchhandlung in Reutlingen gemeldet. Dieser wandte sich gegen ein Konfiskations-Straferkenntnis der Regierung des Schwarzwaldkreises wegen Verletzung eines Privilegs gegen den Nachdruck der Krüllschen Universitätsbuchhandlung in Landshut[549].

Zwischen 1837 und 1839 beschäftigte die Behörden der Rekurs des Buchhändlers C. J. Kraft, Inhaber der Hausmannschen Antiquariatshandlung in Stuttgart, gegen ein Straferkenntnis der Regierung des Neckarkreises betreffend die Konfiskation von Exemplaren eines Nachdrucks von Adalbert von Chamissos Gedichten zum Vorteil der Weidemannschen Buchhandlung in Leipzig und die polizeiliche Abstempelung der vorrätigen Exemplare von Nachdrucken innerhalb von dreißig Tagen[550]; diese Vorgehensweise entsprach Art. 2 des Provisorischen Gesetzes von 1936. In den Jahren 1844/41 übte schließlich noch der Buchdruckereiinhaber Friedrich Henne in Stuttgart Rekurs über ein Erkenntnis der Regierung des Neckarkreises und über eine Ministerialentscheidung hinsichtlich des verbotswidrigen Nachdrucks der Schrift „Deutsche Staats- und Rechtsgeschichte" von Karl Friedrich Eichhorn[551].

An Beschwerden mangelte es gerade in den 1840er Jahren nicht. So ist zuerst die Beschwerde des Buchhändlers J. C. Mäcken d. J. in Reutlingen zu nennen. Dieser beschwerte sich über eine Entschließung der Kreisregierung Ulm bzw. eine bei der Buchdruckerei Feger in Ehingen erschienene Druckschrift „Kleine deutsche Sprachlehre für die Hand der Schüler, bearbeitet von F. Weinmann, Musterlehrer in Ehingen" als Nachdruck der in Mäckens Verlag erschienenen „Praktische[n] Sprachlehre für Volksschulen von B. F. Wurst" (1841-1842)[552]. 1842 beschwerte sich der Buchdruckereibesitzer Karl Friedrich Mayer in Stuttgart über ein Erkenntnis der Kreisregierung Ludwigsburg wegen einer von Buchhändler Autenrieth aus Stuttgart vorgebrachten Klage über die bei Mayer erschienene, den Festzug zur Feier der 25jährigen Regierung König Wilhelms I. von Württemberg am 28. September 1841 in Stuttgart darstellende Lithographie[553]. Buchhändler Autenrieth aus Stuttgart setzte sich gleichfalls gegen ein Erkenntnis der Kreisregierung Ludwigsburg zur Wehr, die die Beschwerde des Rechtskonsulenten Rödinger, der im Übrigen mehrere Buchhandlungen anwaltlich vertrat, gegen Autenrieth als Rechtsnachfolger des „entwichenen" Inhabers der Hausmannschen Antiquariatshandlung, Buchhändler

---

[549] Nr. 5404: Die beiden Nachdrucke betrafen die Nrn. 5244 und 5257.
[550] Nr. 5417.
[551] Nr. 5432.
[552] Nr. 5435.
[553] Nr. 5436.

Kraft, wegen verbotswidrigen Nachdrucks zum Gegenstand hatte. Die Beschwerde des Autenrieth und anderer über ein diesbezügliches Ministerialerkenntnis wurde in letzter Instanz vom Geheimen Rat 1844 zurückgewiesen[554].

Der schon genannte Buchhändler J. J. Saillet aus Stuttgart, vertreten durch Rechtskonsulent Dizinger, beschwerte sich in einem von 1842-1848 laufenden Verfahren über ein Erkenntnis der Kreisregierung Ludwigsburg und ein Ministerialerkenntnis. Diese betrafen die durch Rechtskonsulent Rödinger in Stuttgart geführte Klage des Buchhändlers Ernst Mauritius in Greifswald gegen Saillet bzw. gegen Buchhändler J. K. Kraft wegen Nachdrucks der Schrift „Die Lehre von der Cession der Forderungsrechte von Mühlenbruch"[555]. Ebenfalls Gegenstand einer Beschwerde über ein Erkenntnis der Kreisregierung in Ludwigsburg war das Verfahren des Buchhändlers August Adolf Lubrecht, Inhaber der Drechslerschen Buchhandlung in Heilbronn. Die Beschwerde betraf die Klage des Buchhändlers Karl Kollmann in Augsburg über den verbotswidrigen Nachdruck der Schrift „Offenes Sendschreiben des frei designierten Pfarrers Carl Haas an seine Gemeinde in Ober- und Untergröningen bei seinem Rücktritt zur römisch-katholischen Kirche – geprüft und mit den nötigen Bemerkungen versehen von einem evangelischen Geistlichen, Verfasser Stadtpfarrer Buttersack zu Heilbronn" im Jahre 1845[556]. Gegen ein von der Kreisregierung Ulm gefälltes Straferkenntnis betreffend den Nachdruck des von Domkaplan Schmid verfassten und bei Buchhändler Philipp Gack in Rottenburg erschienenen „Firmungsbüchlein für das Bistum Rottenburg" richtete sich die Beschwerde des Buchdruckers Holstein in Leutkirch der Jahre 1848-1849[557]. Die letzte Beschwerde kam von Buchhändler Karl Göpl aus Stuttgart über eine Entscheidung der Kreisregierung Ludwigsburg, die die Nachdruck-Klagsache des Buchhändlers Friedrich Hofmeister in Leipzig über zwei Lieder thematisierte; die Lieder hießen: „Was ist des Deutschen Vaterland von Gustav Reichardt" sowie „Was perlt im Glase von Heinrich Marschner"[558].

Acht Fälle von Zurückweisungen eingereichter Beschwerden begegnen noch in den Akten. Zunächst die Abweisung der Beschwerde des Buchhändlers Johann Georg Schmid in Gmünd in seiner Nachdruckklagsache gegen die Buchbinder Bopp und Brock in Neckarsulm. Bei der Druckschrift „Die heilige Mission zu Neckarsulm" handelte es sich um eine Zusammenfügung einzelner Abschnitte und Stellen aus der Druckschrift „Katholisches Missionsbüchlein von Albert Werfer" (1852-1853)[559]. Ebenfalls wurde 1854 die Beschwerde des

---

[554] Nr. 5437: In der Akte befindet sich die Konfiskation der Nachdruckexemplare einiger Werke von Uhland, Mackeldey, Feuerbach, Spitta, Maier, Hirsch und Henke.
[555] Nr. 5439.
[556] Nr. 5440.
[557] Nr. 5443.
[558] Nr. 5444.
[559] Nr. 5445.

Hermann Zink, Sohn des verstorbenen Präzeptoratsverwesers Philipp Nikolaus Zink in Ellwangen, welcher „Sechs Schul-Meßgebete für Kinder" verfasste, gegen den Buchdrucker Kaupert in Ellwangen abgewiesen[560].

Die Beschwerden der Gebrüder Scheitlin aus Stuttgart und des Buchhändlers Rudolf Chelius aus Stuttgart betreffend das Bilderbuch für Kinder mit Versen von G. Schild „Jugendlust im Freien" und „Bilderbuch Nr. 5 ohne Text" liefen 1856 ebenfalls leer[561]. Schon 1846 war der Buchhändler Johann Georg Cotta aus Stuttgart mit seiner Beschwerde gegen eine Verfügung der Kreisregierung Ludwigsburg vom 23. Januar 1846 in seiner Klagsache gegen den Buchdrucker Friedrich Henne betreffend den 1840 vorgenommenen Nachdruck der 1815 und 1817 erschienenen Ausgaben der „Gedichte von Ludwig Uhland" unterlegen gewesen[562].

1857 kam es zur Zurückweisung der Beschwerde des P. W. Quack in Stuttgart, Verleger des periodisch erscheinenden Blatts „Sonntagsfreude für die christliche Jugend", über ein Erkenntnis der Kreisregierung. Infolgedessen wurde seine Klage gegen den Herausgeber des Blattes „Sonntagsfreude für die katholische Jugend", nämlich J. A. Pflanz in Rottweil, und den Drucker desselben Werkes, M. Kupferschmid in Spaichingen, betreffend den Nachdruck einer Titelvignette abgewiesen[563]. 1859 musste Verlagsbuchhändler Ernst Keil aus Leipzig erfahren, wie seine Beschwerde über eine Entscheidung des Ministeriums des Innern letztinstanzlich beim Geheimen Rat erfolglos unterlag. Diese Entscheidung hatte eine Klagsache gegen den Herausgeber des neuen Tagblatts, G. Voeth in Stuttgart, zum Gegenstand wegen des Nachdrucks der in der Wochenschrift „Die Gartenlaube" erscheinenden Erzählung „Das Schachtgespenst von Ludwig Storch"[564]. Schon ein Jahr früher, also 1858, hatte Buchhändler Rudolf Theodor Kuntze aus Dresden bereits lediglich Misserfolg: Er wandte sich an den Geheimen Rat gegen ein Erkenntnis der Kreisregierung Ludwigsburg und eine Ministerialentscheidung in seiner Klagsache gegen den Maler und Photographen Wilhelm Lorenz aus Stuttgart wegen photographischer Nachbildung der Lithographie eines Ölgemäldes des Freiherren Theobald von Ow, „Die erste Vorlesung der Räuber von Schiller"[565]. Eine letzte Beschwerde wurde vom Geheimen Rat 1862 abgewiesen: Die Kunstverleger Pilo-

---

[560] Nr. 5446.

[561] Nr. 5450.

[562] Nr. 5451: Die Akte enthält auch die erneute Klage des Buchhändlers Cotta im Jahr 1855 wegen fortwährenden Nachdruckes der von ihm verlegten Uhlandschen Gedichte sowie die Verurteilung des Buchdruckers Henne.

[563] Nr. 5453: Die Akte bereichern noch zum einen „Deutsches Volksblatt" Nr. 128 v. 5. Juni 1857, S. 509-512 (2 Exemplare) sowie zum anderen die „Einladung zu Bestellungen! Sonntagsfreude für die christliche Jugend und ihre Freunde. 2. Jahrgang (1 Druckstück)".

[564] Nr. 5454.

[565] Nr. 5455.

ty und Löhle in München hatten sich über ein Erkenntnis der Kreisregierung Reutlingen und eine Ministerialentscheidung ihrer Klagsache gegen den Photographen Albert Lindenmayer in Tübingen betreffend eine unerlaubte Nachbildung von Lithographien und Stahlstichen beschwert, drangen aber mit ihrer Beschwerde nicht durch[566].

Unter der Beschwerderubrik können noch folgende Dossiers eingruppiert werden: Zum einen die Klage des Buchhändlers Karl Göpl aus Stuttgart gegen den Schulmeister Sanzenbacher in Siebeneich (Kreis Öhringen) betreffend den Nachdruck des im fünften Band des von dem Kläger verlegten Orpheon-Albums erschienenen, auch im Einzeldruck herausgegebenen, von Franz Abt vertonten Liedes „Luise" von Georg Karl Reginald Herloßsohn, das Sanzenbacher unter dem Titel „Wie bist Du so schön", einen halben Ton tiefer transponiert, im Selbstverlag erscheinen ließ. Der Geheime Rat sprach Sanzenbacher 1854 letztinstanzlich frei[567]. In den Jahren 1855-1857 klagte überdies der Verlagsbuch- und Kunsthändler Julius Buddeus in Düsseldorf gegen den Inhaber einer literarisch-artistischen Anstalt, Sigmund Sax, betreffend den Kupferstich „Das jüngste Brüderchen" nach einem Gemälde von Alfonse Martinez und dessen durch Sigmund Sachs veranlasste Nachbildung, nämlich ein verkleinerter Stahlstich mit der Bezeichnung „Das schlafende Brüderchen" und der Unterschrift „W. Dammel sculp. Stuttgart"[568].

Unter dem Büschel-Nr. 5460 finden sich noch die Klagsachen des Kunstverlagshändlers Th. Caelius aus Urach betreffend eine verbotswidrige photographische Nachbildung der von ihm herausgegebenen Lithographien württembergischer Städteansichten und von Landschaftsbildern (1864-1865)[569] sowie die Sache der Stehelschen Kunsthandlung zu Würzburg gegen den Kaufmann H. Käser in Stuttgart wegen mechanischer Nachbildung von Kunstprodukten (1867-1868)[570].

Die Klage des Schriftstellers Paul Wöhrle in Stuttgart gegen Buchdruckereibesitzer E. Greiner aus Stuttgart wegen Nachdrucks der im siebten Heft der Zeitschrift „Für Stadt und Land" aus dem Jahre 1864 erschienenen Erzählung „Der Schützenkönig zu Köln Hans Sindelfinger, Schneider aus Stuttgart" in dem illustrierten Kalender für das Jahr 1869 wurde im selben Jahr vom Königlich Geheimen Rat zurückgewiesen[571].

Erwähnenswert ist noch die Streitsache zwischen dem Buchhändler Christof Penz, Inhaber der Millerschen Buchhandlung in Graz (Steiermark) und der

---

[566] Nr. 5457.

[567] Nr. 5447.

[568] Nr. 5449: Die Akte umfasst das Gutachten des Professors von Neher, Direktor der Stuttgarter Kunstschule.

[569] Nr. 5460.

[570] Nr. 5463.

[571] Nr. 5467.

Hallbergerschen Verlagsbuchhandlung in Stuttgart wegen verbotswidrigen Nachdrucks der „Staatengeschichte des Kaisertums Österreich von Hofrat Julius Franz Schneller" (1844-1853)[572].

Der Vollständigkeit halber sind abschließend noch Fälle aufzuführen, die in keine der vorgenannten Kategorien passen. 1857 ging es um eine Kompetenzfrage zwischen dem Zivilsenat des Gerichtshofs für den Neckarkreis und der Kreisregierung in der Nachdruckklagsache des Adolf Benedikt in Stuttgart, Inhaber der Riegerschen Verlagsbuchhandlung, gegen den Buchhändler Scheible in Stuttgart betreffend den Nachdruck von „Lügenchronik oder wunderbare Reisen zu Wasser und zu Land und lustige Abenteuer des Freiherrn von Münchhausen mit 60 Bildern"[573].

In den Akten finden sich zudem zwei Entschließungen des Geheimen Rats: Die erste Entschließung in der Rekurssache des Photographen A. Saile in Gaisburg gegen ein Ministerialerkenntnis in der Klagsache des Christian Abele in Stuttgart betreffend eine durch Saile hergestellte photographische Nachbildung einer von Abele gefertigten Lithographie vom Schlossplatz in Stuttgart (1863-1864)[574]. Die zweite Entschließung des Geheimen Rats betraf die Abweisung der Klage des Buchhändlers Karl Müller in Stuttgart gegen den Verlagsbuchhändler W. Nitzschke wegen des verbotswidrigen Nachdrucks von „Dunkle Wege" sowie „Die Frau Ökonomierat von Franz von Elling" aus dem Jahr 1865[575].

1866 beschlagnahmten französische Grenzbehörden eine nach Le Havre adressierte und nach Amerika bestimmte Büchersendung des Buchhändlers Julius Weise aus Stuttgart. Ebenfalls geht es um den Ersatz der durch diese Beschlagnahme der Gesandtschaft in Paris erwachsenen Kosten[576].

Die Nr. 5464 enthält noch eine Note an das Ministerium der auswärtigen Angelegenheiten betreffend das Gesuch des Professor Dr. von Niemeyer in Tübingen um Verwendung bei der kaiserlich französischen Regierung zwecks Wahrung des Übersetzungsrechts der siebten Auflage seines Lehrbuchs der speziellen Pathologie und Therapie[577].

---

[572] Nr. 5468: Die Akte enthält folgende Faszikel: Briefe des Hofrats Ernst Hermann Josef von Münch, Bibliothekar der Privatbibliothek König Wilhelms I. von Württemberg an den Buchhändler Hallberger, Nr. 1-8 (1844-1839) sowie Julius Schnellers hinterlassene Werke: Staatengeschichte des Kaisertums Österreich, Österreichs Einfluss, 4. Bd., zweite verbesserte Auflage (1837) und Österreichs und Steiermarks Schicksal und Tatkraft, III. Teil, zweite Auflage (1841), zwei geheftete Bände.

[573] Nr. 5452.

[574] Nr. 5458.

[575] Nr. 5461.

[576] Nr. 5462.

[577] Nr. 5464.

Ein letzter Fall behandelt die Ablehnung der Bitte der Rudolf Kuntzeschen Verlagsbuchhandlung aus Dresden, die einen speziellen gesetzlichen Schutz gegen unbefugte, namentlich photographische Nachbildung des Kunstblatts „Weimars goldene Tage nach Th. v. Ow, lithographiert von Fischer" begehrte. Die Bitte wurde abgelehnt mit der Begründung, dass die bestehenden Gesetze vom 17. Oktober 1838 und 24. August 1844 den schriftstellerischen und künstlerischen Erzeugnissen bereits Schutz gewährten; die Bitte wurde 1860 folgerichtig ablehnend beschieden[578].

---

[578] Nr. 5456.

3. Teil

Entstehungs- und Wirkungsgeschichte des Rescripts von 1815

Schon die Präambel des Rescripts vom 25. Februar 1815 spiegelt den Widerstreit zwischen Volks- und Geistesbildung einerseits und Gewerbefreiheit bzw. Gewerbeförderung andererseits wider. Das Rescript reiht sich allgemein in die Zeit nach den großen Veränderungen auf dem Büchermarkt in Deutschland ein (A). Es spiegelt zugleich die enge Verzahnung zwischen der allgemeinen Bücheraufsicht zwecks Nachdruckschutzes und der überwachenden Vorzensurtätigkeit des Königreichs Württemberg wider (B).

Dem schließt sich die Würdigung des direkten Umfelds des Rescriptes an (C) sowie einschlägige Privilegiengesuche, die bereits vor oder 1815 gestellt worden waren und die dessen Praxistauglichkeit unter Beweis stellten; letztere haben ihren Platz zu Beginn des vierten Kapitels gefunden.

A. Tief greifende Veränderungen im Buch- und Verlagswesen (ab der zweiten Hälfte des 18. Jahrhunderts)

Der Anstieg der Bücherproduktion in Deutschland (I) zog vielfach die Ausweitung des Nachdrucks (II) nach sich.

I. Der Anstieg der Bücherproduktion in Deutschland

In der zweiten Hälfte des 18. Jahrhunderts kam es als Folge des aufklärerischen Bemühens, mehr Kenntnisse und Wissen unter das Volk zu bringen, zu einem explosiven Anstieg der Bücherproduktion und der Bücherkonsumtion. Diese Zeit tief greifender Veränderungen des Buch- und Verlagswesens bezeichnet man zu Recht als „die wichtigste Phase in der Entstehungsgeschichte des modernen Buchhandels, des modernen Lesepublikums und des freien Schriftstellers"[579]. Neue Leserschichten bildeten sich heran, und Lesebedürfnisse wie Le-

---

[579] *Gerhard Sauder*, Sozialgeschichtliche Aspekte der Literatur im 18. Jahrhundert, in: Internationales Archiv für Sozialgeschichte der deutschen Literatur 3 (1978), S. 197-241, hier S. 202; vgl. auch *Helmuth Kiesel/Paul Münch*, Gesellschaft und Literatur im

segewohnheiten änderten sich grundlegend, was sich darin zeigte, dass geistliche wie lateinisch-gelehrte Literatur zugunsten von weltlicher Lektüre zurücktrat und Schöngeistigem und Büchern pragmatisch-nützlichen Inhalts Platz machte. Der Wandel „vom intensiven zum extensiven Leser" verlangte einen neuen Buchtypus, der ganz auf den schnellen Absatz hin konzipiert war. Denn so wie man früher Weniges immer wieder las, wie z.B. religiöse Erbauungsliteratur, so verlangte der neue Leser Novitäten, wie sie in vielen Rezensionsorganen angepriesen wurden und so das Leser- und Käuferinteresse weckten[580]. „Lesewuth" und „Leserevolution" drückten sich in den 70er und 80er Jahren des 18. Jahrhunderts in überall entstehenden Lesegesellschaften und Leihbibliotheken aus[581].

Aber nicht nur der Leser, sondern auch der Autor emanzipierte sich. Waren es bislang nur die Drucker, Händler und Buchbinder, die am Buch verdienten, so kam es Ende des 18. Jahrhunderts zu einer zunehmenden Anerkennung der Honorarzahlung, um die schriftstellerische Leistung zu belohnen, obwohl noch um 1800 Autorenhonorare keineswegs selbstverständlich waren[582].

Die Mischform aus Druckerei, Verlag und Buchhandlung war um 1800 nichts Ungewöhnliches. Zwar hatte sich bereits im 17. Jahrhundert und früher die Trennung von Druckerei und Verlag vollzogen, doch gab es noch im 18. Jahrhundert bedeutende Druckerverleger wie Göschen in Leipzig und Trattner in Wien[583]. Immanuel Breitkopf aus Leipzig, der berühmteste Buchdrucker seiner Zeit, unterhielt neben einer eigenen bedeutenden Schriftgießerei und Notendruckerei gleichfalls eine Buch- und Musikalienhandlung[584]. Die Verleger des 18. Jahrhunderts besaßen jedoch regelmäßig keine eigene Druckerei mehr, sondern vergaben ihre Druckaufträge außer Haus. Vor allem in Süddeutschland blieb dagegen die Verbindung von Verlag und Sortiment üblich. So war z.B.

18. Jahrhundert. Voraussetzungen und Entstehung des literarischen Markts in Deutschland, München 1977.

[580] *Rolf Engelsing*, Die Perioden der Lesergeschichte in der Neuzeit. Das statistische Ausmaß und die soziokulturelle Bedeutung der Lektüre, in: Archiv für Geschichte des deutschen Buchhandels (= Publikationen des Börsenvereins Deutscher Buchhändler, Neue Folge) AGB 10 (1970), Sp. 945-1002, hier insbes. 959.

[581] Vgl. *Otto Dann*, Die Lesegesellschaften des 18. Jahrhunderts und der gesellschaftliche Aufbruch des deutschen Bürgertums, in: *Herbert Göpfert* (Hg.), Buch und Leser, Hamburg 1977 (Wolfenbütteler Schriften zur Geschichte des Buchwesens Bd. 1), S. 160-193; *Klaus Behrens*, Der Buchdrucker Ludwig Bernhard Friederich Gegel und der Nachdruck in Südwestdeutschland Ende des 18. Jahrhunderts, Speyer 1989 (Pfälzische Arbeiten zum Buch- und Bibliothekswesen 14), S. 5-6.

[582] *Martin Vogel*, Deutsche Urheber- und Verlagsgeschichte zwischen 1450 und 1850 (Fn. 54), Sp. 1-190, hier Sp. 63 ff. und 89 ff.

[583] *Kiesel/Münch*, Gesellschaft (Fn. 579).

[584] *Johann Goldfriedrich*, Geschichte des Deutschen Buchhandels vom Beginn der klassischen Literaturperiode bis zum Beginn der Fremdherrschaft (1740-1804), Leipzig 1909 (ND 1970), S. 476.

der Mannheimer Buchhändler Christian Friedrich Schwan seit 1774 auch als Verleger tätig[585], während sich in Norddeutschland gegen Ende des 18. Jahrhunderts eine zunehmende Spezialisierung durchsetzte, d.h. eine Trennung von Sortiment, Verlag und Druckerei[586].

Der Buchhandel war im ausgehenden 18. und zu Beginn des 19. Jahrhunderts durch eine „bibliopolische Zweiteilung Deutschlands" [587] gekennzeichnet, deren Ursachen weit zurückreichten und die letztlich für die Ausweitung des Nachdrucks von Büchern, insbesondere in Süddeutschland, verantwortlich zeichnete.

II. Die Ausweitung des Nachdrucks im Rahmen der merkantilistischen Wirtschaftspolitik

Die „bibliopolische Zweiteilung Deutschlands" rührte daher, dass Frankfurt seine ehemalige Bedeutung als Messeplatz zugunsten von Leipzig einbüßte, welches zum buchwirtschaftlichen und kulturellen Zentrum Deutschlands geworden war. In Sachsen befanden sich zu jenem Zeitpunkt im Verhältnis zum übrigen Deutschland die meisten Verlage mit dem größten Umsatz[588]. Die führenden Verlagshäuser mit den bedeutendsten Autoren hatten neben Leipzig ihren Sitz in Berlin, Halle, Hamburg und Göttingen. Das zunehmende Bargeldgeschäft ermöglichte gute Honorarzahlungen und zog deshalb die angesehensten Gelehrten und Schriftsteller an, die sich ohnehin an den damals führenden protestantischen Universitäten, die Zentren der Aufklärung waren, befanden. Dem hatte der Reichsbuchhandel, wozu die Gebiete vom Niederrhein bis Süddeutschland, der Schweiz und Österreich zählten, nur wenig entgegen zu setzen. Während die norddeutschen Buchhändler zur Bargeldabrechnung, dem so genannten „Nettohandel", übergingen bzw. sich auf den Tausch gleichwertiger Ware untereinander beschränkten, druckten die wirtschaftlich schwächeren Buchhändler, vor allem in Südwestdeutschland und Österreich, die teueren und begehrten norddeutschen Verlagsprodukte nach. Der Mangel an eigenen Autoren und die überhöhten Bücherpreise der norddeutschen Verleger, die teils währungspolitisch, teils durch bewusst niedrig gehaltene Auflagen bedingt waren, die angesichts des befürchteten Nachdrucks ausreichten, die Kosten abzude-

---

[585] *Wilhelm Bergdolt*, Mannheimer Verleger, in: Badische Heimat 14 (1927), S. 174-180, hier S. 175.

[586] *Behrens*, Der Buchdrucker (Fn. 581), S. 6.

[587] *Goldfriedrich*, Geschichte des Deutschen Buchhandels (Fn. 584), S. 336.

[588] *Hazel Rosenstrauch*, Buchhandelsmanufaktur und Aufklärung. Die Reformen des Buchhändlers und Verlegers Ph. E. Reich (1717-1787). Sozialgeschichtliche Studie zur Entwicklung des literarischen Marktes, in: Archiv für Geschichte des deutschen Buchhandels (= Publikationen des Börsenvereins Deutscher Buchhändler, Neue Folge) AGB 1986, S. 1-129, hier S. 36 ff.

cken und den Gewinn zu sichern, beförderten den Nachdruck teurer Bücher. Obwohl dadurch gerade die Autoren der Werke zu leiden hatten, sah man wegen der wirtschaftlichen Expansion und der Gewinnmöglichkeiten im Buchgewerbe gerne darüber hinweg[589].

Als Philipp Reich, der führende Verlagsbuchhändler seiner Zeit, 1764 zusammen mit anderen Leipziger Buchhändlern seinen demonstrativen Rückzug von der Frankfurter Messe erklärte, kam es zum offenen Bruch mit dem Reichsbuchhandel und der kaiserlichen Bücherkommission in Frankfurt, welche unfähig und unwillens war, den Vertrieb von Nachdrucken auf der Messe zu unterbinden[590]. Schon zuvor hatten erhebliche Preiserhöhungen auf Betreiben Philipp Reichs zu einer Verschärfung des Wettbewerbs geführt. Mit den nun durchgesetzten Maßnahmen, d.h. Ablehnung des Tausches, Barzahlung bei weitgehend fehlendem Rückgaberecht und geringen Rabatten, war der Reichsbuchhandel von der Leipziger Messe und dem norddeutschen Buchhandel weitgehend ausgeschlossen. Verschärft wurde die Trennung zwischen dem buchwirtschaftlich fortschrittlichen Norden und dem eher rückständigen Süden noch durch das kursächsische Mandat von 1773, das den Verkauf und Transit von Nachdrucken in Sachsen verbot[591]; die Folge war, dass nun erst recht im Süden nachgedruckt wurde. Vor allem Trattner in Wien und Schmieder in Karlsruhe waren bekannt dafür, alles, was an norddeutscher Literatur auf dem literarischen Markt abzusetzen war, serienweise, zu geringem Preis und bei guter Qualität nachzudrucken[592].

War der gezielte und systematisch betriebene Nachdruck gegen Ende des 18. Jahrhunderts zunächst eine Art innerbuchhändlerische Notwehrmaßnahme gegenüber der wirtschaftlichen Übermacht der sächsischen Buchhändler, die den Platzvorteil, der sich ihnen durch die Leipziger Messe bot, voll zu ihren Gunsten ausnutzten, so wandelte er sich zu Beginn des 19. Jahrhunderts zu einem wirkungsvollen Instrument merkantilistischer bzw. spätmerkantilistischer Wirtschaftspolitik. Der Buchhandel war nämlich in dieser Zeit zu einem gewinnträchtigen Unternehmensbereich mit wichtigen Zuliefererbetrieben wie z.B. der Papierindustrie geworden, und es entsprach den Wirtschaftsinteressen aufstrebender absolutistischer Staaten, die Bücher lieber im eigenen Land herstellen

---

[589] *Behrens*, Der Buchdrucker (Fn. 581), S. 6-7.

[590] *August Schürmann*, Die Entwicklung des deutschen Buchhandels zum Stande der Gegenwart, Halle/Saale 1880, S. 730 ff.; *Goldfriedrich*, Geschichte des Deutschen Buchhandels (Fn. 584), S. 11 ff.

[591] *Rosenstrauch*, Buchhandelsmanufaktur (Fn. 588), S. 62 ff.

[592] *Ursula Giese*, Johann Thomas Edler von Trattner. Seine Bedeutung als Buchdrucker, Buchhändler und Herausgeber, in: Archiv für Geschichte des deutschen Buchhandels (= Publikationen des Börsenvereins Deutscher Buchhändler, Neue Folge) AGB 2 (1961) sowie *Bernd Breitenbruch*, Der Karlsruher Buchhändler Christian Gottlieb Schmieder und der Nachdruck in Südwestdeutschland im letzten Viertel des 18. Jahrhunderts, in: AGB 9 (1969).

zu lassen als sie gegen teueres Geld einzuführen[593]. So wie Sachsen am Originalverlag verdiente, so Österreich und Württemberg am Nachdruck, und so wie in Sachsen und Preußen der Nachdruck verboten war, so wurde er in Österreich und in anderen Ländern, insbesondere in Württemberg, gezielt gefördert oder stillschweigend geduldet. Auch gab es keine buchhändlerische Standesorganisation, die die geschäftlichen Usancen der Buchhändler hätte untereinander regeln können. Die dafür auf Reichsebene zuständige Instanz, der Reichshofrat in Wien mit der ihm untergeordneten Bücherkommission in Frankfurt, waren den buchhandelspolitischen Problemen im Zeitalter beginnender Massenproduktion noch nicht gewachsen. Daraus erklärt sich nicht zuletzt, dass gerade die süddeutschen Länder den Nachdruck rechtlich nicht begrenzen und die Autoren und ihr geistiges Eigentum schützen wollten[594]. Buchhändler wie Trattner in Wien oder Reich in Leipzig passten sehr gut in die wirtschaftspolitischen Reformen ihrer jeweiligen Regierungen[595].

Immer wieder machten sich Verleger wie etwa Cotta bereits 1816 für die Theorie des geistigen Eigentums des Verfassers stark, was folgender Aufruf belegt[596]:

„Stuttgart. In den lezteren Nummern des Schwäbischen Merkurs bieten zwei unserer Mitbürger Nachdrüke von mehreren, besonders aber von zwei unserer Verlagsartikel feil, nämlich: Fouqué's Sängerliebe zu 2 fl. 24 kr., Matthison's Gedichte zu 3 fl. 20 kr. Jene kostet in der Originalausgabe 2 fl. 36 kr., diese 5 fl. 24 kr. Unter den Vertheidigern des Nachdrucks ist die Mehrzahl für denselben, ohne ihn deßwegen zu rechtfertigen, wegen der wohlfeilern Preise – in den vorliegenden Fällen müßte der Original-Verleger, wenn er mit gleichem Gewinn, wie der Nachdruker, sich begnügen wollte, (was immer wieder ein Ungleiches würde, da er größere Auslagen und Gefahr hat) bei Fouqué's Sängerliebe wenigstens zweimal mehr Exemplare absezen, als gedrukt wurden, und bei Matthison's Gedichten wenigstens 1200 Exemplare, nur um das Honorar zu deken – jenes ist nie möglich, dieses sehr unwahrscheinlich, und der Käufer des Nachdruks theilt daher das Unrecht mit dem Nachdruker, indem er direkte zum Schaden des rechtlichen Verlegers, indirekte zum Schaden des Verfasser handelt. Aber, erwiedern diejenigen, die den Nachdruk selbst als erlaubt in Schuz nehmen, so lange kein positives Gesez gegen den Nachdruk stattfindet, so lange kann er nicht als widerrechtlich angesehen werden. – Wenn dieß wahr wäre, so dürfte man auch diejenigen literarischen Produkte nachdruken, die der Staat selbst verlegt, namentlich in Württemberg, das Regierungsblatt, die Zollzeitung ec. ec. und ist dieß nicht erlaubt, warum soll dem Staats-

---

[593] *Reinhard Wittmann*, Der gerechtfertigte Nachdruck? Nachdruck und literarisches Leben im achtzehnten Jahrhundert, in: *Giles Barber/Bernhard Fabian* (Hg.), Buch und Buchhandel in Europa im 18. Jahrhundert, Hamburg 1981, S. 293-320, hier S. 298.

[594] *Behrens*, Der Buchdrucker (Fn. 581), S. 8; *Albrecht Götz von Olenhusen*, „Ewiges geistiges Eigentum" und „Sozialbindung" des Urheberrechts in der Rechtsentwicklung und Diskussion im 19. Jahrhundert in Frankreich und Deutschland, in: Festschrift für Georg Roeber, Freiburg i.Br. 1982, S. 83-111.

[595] *Giese*, Johann Thomas Edler von Trattner (Fn. 592), Sp. 1024, 1031; *Rosenstrauch*, Buchhandelsmanufaktur (Fn. 588), S. 52 ff. u. 110 f.

[596] WüHStA E 31 Nr. 574; 1 fl. ist 1 Gulden, was 60 Kreutzern entsprach.

bürger für sein Eigenthum nicht gleiche Sicherheit werden, wie dem Staate? Hat er es nicht auf dem legalsten Wege erworben? durch Ueberlassung des ursprünglichen Eigenthümers, des Verfassers? Soll das geistige Eigenthum dasjenige, was sich vom Staatsbürger am schwersten erwirbt, für den Staat aber am reichlichsten zollt, weniger Sicherheit geniessen, als jedes andere Eigenthum? Wohin müsste eine solche Lehre am Ende führen? Für den Schriftsteller dahin, wohin es, um durch ein Beispiel anschaulicher zu werden, für den Kupferstecher führen würde, wenn sich nämlich, was nicht ferne seyn kann. Ein Abdruk eines Kupferstiches durch den Steindruk genugsam vervielfältigen läßt: man würde den wohlfeilern Steinnachdruk kaufen, der Kupferstecher würde seine Mühe und Zeit umsonst verloren haben, und es könnte nicht fehlen, daß wir nur an den Reichthum diesen schönen Zweig der Kunst gebunden sähen. Wie viele Müller ec. ec. würde die Kunstwelt dann noch zählen! Doch die Zeit kan nicht ferne seyn, wo unter einem die Gerechtigkeit als die schönste Regententugend ehrenden Monarchen auch dieser Zweig der Geseʒgebung nach richtigen Gründen festgeseʒt, und wo es dem Württemberger nicht mehr möglich seyn wird, seinen Mitbürgern, als Verfasser und Verleger, und seinem Mitteutschen, dem Preussen, als Verfasser, wie im vorliegenden Fall, zum Schaden zu handeln, während in Preussen der Württembergische Verleger gegen den Preussischen Nachdruker als teutscher Mitbürger in Schuʒ genommen wird, wie die Königlich Preussische Verfügung gegen einen Cöllner Nachdruk eines unserer Verlagsartikel (s. Allg. Zeitg. N. 271) so schön belegt. – Bis zu diesem Zeitpunkt müssen wir noch mit andern Waffen unter Eigenthum gleich der Assekuranz gegen Seeraub auf etwas nachtheiligem Weg vertheidigen, indem wir Fouqué's Sängerliebe, die im Nachdruk 2 fl. 24 kr. kostet, für 1 fl. 24 kr., und Matthison's Gedichte, die 3 fl. 36 kr. im Nachdruk kosten, für 2 fl. 36 kr. erlassen werden.

Den 10. Dec. 1816.   J. G. Cotta'sche Buchhandlung.“

Cotta hatte bemerkenswerterweise seine Zeitung nach Ulm und, nachdem diese Stadt 1810 württembergisch geworden war, nach Augsburg verlegt[597]. Zwar hatte der bayerische König Cotta dafür Vorteile versprochen, doch war der Hauptgrund für Cotta sicherlich die Flucht vor der harten württembergischen Presse-Zensur-Gesetzgebung[598].

Der preiswerte Nachdruck führte aber nicht allein zu einer wirtschaftlichen Gesundung, er bedeutete auch einen Schub für die Lesekultur, die sich auf-

[597] *Elke Blumenauer*, Journalismus zwischen Pressefreiheit und Zensur. Die Augsburger „Allgemeine Zeitung“ im Karlsbader System (1818-1848), Köln/Weimar/Wien 2000 (Medien in Geschichte und Gegenwart 14).

[598] *Catrin Wilkening*, Johann Friedrich von Cotta (1764-1832). Verleger, Unternehmer, Politiker, Philantrop, in: *R. A. Müller* (Hg.), Unternehmer-Arbeitnehmer-Lebensbilder aus der Frühzeit der Industrialisierung in Bayern, Veröffentlichungen zur Bayerischen Geschichte und Kultur 1985, S. 265-275, insbes. S. 267-268; *Karin Hertel*, Der Politiker Johann Friedrich Cotta. Publizistische verlegerische Unternehmungen 1815-1819, in: Archiv für Geschichte des deutschen Buchhandels (= Publikationen des Börsenvereins Deutscher Buchhändler, Neue Folge) AGB 19 (1978), S. 366-564, insbes. S. 377-379; *Günter Müchler*, „Wie ein treuer Spiegel“. Die Geschichte der Cotta'schen Allgemeinen Zeitung, Darmstadt 1998.

grund der niedrigen Preise infolge des Nachdrucks stärker ausbreiten konnte[599]. Als 1815 die württembergische Regierung endlich handelte, kam es ihr gerade recht, den Nachdruckschutz durch das Einzelfallprivileg aufgrund eines allgemeinen Gesetzes regeln zu können. Dadurch blieb dem Regent ein wirksames Steuerungsinstrument nicht nur für seine spätmerkantilistische Wirtschaftspolitik der Begünstigung des Nachdruckgewerbes, sondern auch für eine überwachende, auch in Richtung Zensuraufsicht staatsfürsorgliche Volksbildungspolitik. Diesen „paternalistischen Liberalismus" hatte das Rescript von 1815 eindeutig in seiner Präambel vorgegeben.

B. Verknüpfung von allgemeiner Bücheraufsicht und überwachender Zensur

Nachdruckerlaubnis und überwachende Zensur waren vor (I) wie nach Bekanntmachung des Rescripts von 1815 (II) eng miteinander verbunden.

I. Die Zensur vor dem Rescript von 1815

Die „Königlich-württembergische Censur-Ordnung" vom 4. Juni 1808 ist die Norm, mit der das junge Königreich Württemberg unter Friedrich in seinen Staaten nach gleichförmigen Grundsätzen ein Zensurwesen einrichtete[600].

1. Die „Königlich-württembergische Censur-Ordnung" vom 4. Juni 1808

Kein Buchdrucker war fortan berechtigt, irgendeine Schrift zu drucken, ehe er dieselbe nicht der Zensurbehörde übergeben und von dieser die Erlaubnis zum Druck erhalten hat. Dies bezog sich allerdings nicht auf das Staats- und Regierungsblatt sowie auf offizielle Aufsätze, die von den befugten königlichen Behörden zum Druck übergeben wurden (§ 1). Weiterhin wurde in Stuttgart ein eigenes „Censur-Collegium" eingerichtet. An dieses waren alle nicht für eine besondere Zensurbehörde sich eignenden Druckschriften einzusenden. Innerhalb dieser Behörde war in Rücksicht auf die verschiedenen wissenschaftlichen Fächer bzw. nach einem gewissen Turnus zu verteilen. Neben der allgemeinen Zensurbehörde richtete Friedrich auch noch besondere Zensurämter je nach Art

---

[599] *Behrens*, Der Buchdrucker (Fn. 581), S. 9 u. 53; *Reinhard Wittmann*, Soziale und ökonomische Voraussetzungen des Buch- und Verlagswesens in der zweiten Hälfte des 18. Jahrhunderts, in: *Herbert Göpfert* (Hg.), Buch- und Verlagswesen im 18. und 19. Jahrhundert. Beiträge zur Geschichte der Kommunikation in Mittel- und Osteuropa, Berlin 1977, S. 5-27, hier bes. S. 11.

[600] RegBl Württemberg 1808, S. 273-277.

der Druckschriften ein (§ 3). Dem Zensurkollegium vorgesetzt war das „königliche Cabinets-Ministerium" (§ 4). § 5 nennt die Kriterien, auf die das Kollegium achten sollte[601]:

> „Bei Ausübung des Censur-Amts haben die Censoren im Allgemeinen ihr Augenmerk darauf zu richten, dass nichts gedrukt werde, was eine Beleidigung für ganze Staaten und derselben Regenten, für gesezlich bestehende Religions-Gesellschaften, für obrigkeitliche Stellen oder in öffentlichen Aemtern stehende Personen, oder auch für einzelne Stände, Corporationen oder Privat-Personen enthält, oder was dazu geeignet ist, das Gefühl für Sittlichkeit und Religion zu erstiken, oder eine dem obrigkeitlichen Ansehen und der Wirksamkeit der obrigkeitlichen Anordnungen nachtheilige Gemüthsstimmung zu erzeugen, oder das Publikum zu Maaßregeln aufzumuntern, welche der öffentlichen Ruhe und Ordnung gefährlich sind.
> Hiedurch wird zwar nicht ausgeschlossen, der den Beruf dazu in sich fühlt, über Gegenstände der Religion, der Moral und der Staats-Wissenschaften nachdenken, und mit Recht erwarten, dass solches immer in dem gesezten, bescheidenen und würdigen Tone geschieht, welcher nicht nur der Wichtigkeit des Gegenstandes angemessen, sondern auch das Kennzeichen einer aufrichtigen Wahrheitsliebe und eines nach Beförderung ächter Aufklärung strebenden Forschungsgeistes ist, und dass die Schriftsteller sich keine Aeußerungen erlauben, welche, wenn sie mündlich in öffentlicher Gesellschaft geschehen würden, als Injurien oder als Volks-Aufwieglungen oder als grobe Ausbrüche von Unsittlichkeit nicht ungeahndet hingehen würden."

§ 6 widmet sich sodann den jugendgefährdenden Schriften, § 7 der politischen Zeitungen. § 9 postuliert den Verhältnismäßigkeitsgrundsatz, denn kein Zensor sollte die ihm anvertraute Macht weiter ausdehnen als die Absicht der Zensuranstalt es notwendig erforderte. Der Zensor konnte eine unzulässige Stelle abändern[602]:

> „Wenn ein Censor in einem Manuskript eine Stelle unzulässig findet, so ist er nicht befugt, die Fassung einseitig abzuändern; er hat sich vielmehr darauf zu beschränken, durch ein festzusezendes Merkmal seine Missbilligung zu erkennen zu geben, wobei dem Schriftsteller frei steht, entweder die Stelle ganz wegzustreichen, oder dieselbe den Censur-Gesezen gemäß abzuändern, und alsdann dem Censur-Amt nochmals zur Beurtheilung vorzulegen."

Von jedem gedruckten Bogen war eine Zensurgebühr von 12 Kreuzern zu entrichten, sobald die zensierte Schrift die Presse verlassen hatte (§ 11). Jedes Kreisamt musste von den in seinem Kreis befindlichen Buchdruckereien alle halbe Jahre ein Verzeichnis sämtlicher in diesem Zeitraum von ihnen gedruckten Schriften mit der Anzeige des Zensors, welcher die Erlaubnis zum Druck erteilt hatte, sich übergeben lassen und das Verzeichnis mit seinem Bericht an das Zensurkollegium einsenden (§ 12). § 13 sanktionierte das Fehlverhalten folgendermaßen[603]:

---

[601] Ibid.

[602] Ibid.

[603] Ibid.

„Wenn eine Schrift ohne Censur gedrukt wird: so ist für diese Contravention der Buchdruker allein verantwortlich. Er hat in diesem Falle zum wenigsten eine Strafe von Zehen Reichsthalern zu erlegen, welche bei Wiederholungen oder andern beschwerenden Umständen noch verhältnismäßig geschärft werden wird.

Eine ohne Censur gedrukte Schrift ist der Confiscation unterworfen. Wenn hingegen dieselbe zugleich Stellen enthält, welche den Censur-Gesezen zuwiderlaufen, und zu deren Bekanntmachung die Censur-Behörde die Erlaubniß hätte verweigern müssen: so ist nicht nur der ganze Verlag, wo er angetroffen wird, in Beschlag zu nehmen, sondern auch von dem Vorgang ohne Verzug die Anzeige zu machen, damit, neben Erkennung der Confiscation, wegen Bestrafung der Schuldhaften das Erforderliche verfügt werden könne."

2. Die Zusammensetzung der Censur-Behörde

Als Direktor eines Zensurkollegiums bestimmte Friedrich den Kanzleidirektor des königlichen Kabinettministeriums von Menoth sowie als weitere Mitglieder[604]:

„den Ober-Studien-Directionsrath, Ober-Regierungsrath Schübler; den Prälaten, O-berhofprediger und Feldprobst, D. von Süßkind; den katholischen geistl. Rath Werkmeister, und den Professor am hiesigen obern Gymnasium Osiander allergnädigst zu bestimmen und neben dieser allgemeinen Censur-Behörde für einzelne Gattungen von Drukschriften noch folgende besondere Censurämter aufzustellen geruht:

1. für die Hofzeitung, mit Einschluß des Stuttgarter Intelligenz-Blattes, den geheimen Legationsrath von Wucherer; – und für die zweite politische Zeitung den Geheimen Secretair, Regierungsrath von Frommann;

2. für die bei den Buchdruckereien in Tübingen herauskommenden Schriften, (wovon jedoch die das Königreich Württemberg betreffenden historischen, statistischen, geographischen und publicistischen Werke, so wie die Kalender und Almanache, welche genealogische und andere Notizen von den europäischen Regentenhäusern enthalten, und die theologischen Schriften des katholischen Religionstheils ausgenommen sind, als welche insgesamt an das Censur-Collegium eingeschickt werden müssen) nach Maasgabe des Inhalts jeder Schrift

a) von der theologischen Facultät den D. und Professor, Joh Friedrich Flatt, und den Professor Bengel;
b) aus der Juristen-Facultät die Professoren von Majer und Malblane;
c) von der medicinischen Facultät die Professoren von Ploucquet und Autenrieth, und
d) von der philosophischen Facultät die Professoren Fulda und Schott.
3. Unter der obenerwähnten Bestimmung für die zu Tübingen herauskommenden nicht scientifischen, so wie für die Bogenweise zu censirenden Schriften die zwei Obertribunal-Räthe geh. Legat. Rath von Baz, und Frick.

4. Für die ausserhalb der hiesigen Residenzstadt erscheinenden Intelligenzblätter das dem Drukorte vorgesezte Kön. Ober- oder Souverainetäts-Amt, welchem jedes Blatt zur Beurtheilung der Drukfähigkeit zu übergeben ist, und endlich für die zu Heilbronn he-

---

[604] Ibid.

rauskommenden Blätter, wie bisher, den pensionirten Landvogtei-Assessor Schaumen-kessel."

Mit königlicher Verordnung vom 22. Juni 1807 war das Innenministerium so organisiert, dass dem Ober-Polizei-Departement alle Zensurangelegenheiten zugeordnet wurden. Ausgeschlossen waren die zum Ober-Konsistorium gehörigen und die aus Tübingen zensierten Schriften sowie insbesondere politische Zeitungen[605].

3. Die Ordnung des Zensurwesens

Das Königliche Censur-Collegium hatte einschlägige Bestimmungen zu beachten, die auch nach seiner Ablösung durch den Studienrat lebendig blieben. Die Mitglieder von Süskind[606] und Jaeger hatten in beiden Gremien gearbeitet. Das erste maßgebliche Ausführungsdekret ließ nicht lange auf sich warten.

a) Dekret über die bei der Eingabe der zu zensierenden Schriften zu beobachtende Ordnung vom 4. Juli 1808

Die Norm lautete wie folgt[607]:

„Königl. Censur-Kollegium. Decret, betreffend die bei der Eingabe der zu censirenden Schriften zu beobachtende Ordnung, d. d. 4. Jul. 1808.

Es ist schon öfters der Fall vorgekommen, daß die dem Königl. Censur-Collegium zur Censur vorzulegenden Schriften einzelnen Mitgliedern dieses Collegium und blos mit Privat-Schreiben an diese begleitet zugesandt worden. Da dieses mit der Ordnung des Geschäftsgangs und den bestehenden Vorschriften, in Betreff der Eingaben bei Königl. Collegien unvereinbar ist: so wird anmit verordnet, daß alle dergleichen Schriften unmittelbar bei dem Königl. Censur-Collegium und mittelst eines an dieses gerichteten (demnach mit dem geordneten Stempel versehenen) Exhibiti übergeben werden sollen.

Uebrigens soll die Eingabe der zu censirenden Schriften in der Regel immer durch den Drucker oder Verleger geschehen, und von den Schriftstellern selbst können ihre Manuscripte nur in dem Fall zu Verfügung der Censur übergeben werden, wenn sie entweder solche auf eigene Kosten druken lassen wollen, oder sie sich ausweisen können, daß sie bereits mit einem Verleger übereinkommen seien, der Druk also, im Fall der Genehmigung der Censur-Behörde zuverlässig erfolgen werde. Decr. im Kön. Censur-Collegium, den 4. Jul. 1808."

---

[605] RegBl Württemberg 1807, S. 217-218.

[606] Friedrich Gottlieb von Süskind (1767-1829), Dr. theol., Oberhofprediger, Prälat, seit 1811 Mitglied und seit 1814 Vorstand des Königlichen Studienrates, Staatsrat, hierzu: *Raberg*, Biographisches Handbuch (Fn. 167), S. 916.

[607] RegBl Württemberg 1808, S. 361-362.

b) Dekret über die Erweiterung der Befugnisse
des Ober-Censur-Kollegiums vom 13. Januar 1809

Schon zu Beginn des Jahres 1809 setzte der König die Erweiterung der ordnungspolizeilichen Kompetenzen seines nunmehr als Ober-Censur-Collegium bezeichneten Organs fest[608]:

„Königl. Decret betr. die Erweiterung des Wirkungs-Kreises
des Königl. Ober-Censur-Collegiums; d. d. 13. Jan. 1809.

Se. Königl. Maj. haben Sich bewogen gefunden, in Absicht auf das Censur-Wesen und die Verhältnisse des Ober-Censur-Collegii folgendes als Normal-Vorschrift für die Zukunft festzusezen:

a) Alles was Bücherdruk und Nachdruk, so wie die Verbreitung von gedrukten Schriften betrift, gehört einzig und ausschließlich zur Beurtheilung des Königl. Ober-Censur-Collegii, in der Wirkung, um hiezu nach seinem Gutdünken und nach Maaßgabe der gesezlichen Vorschriften die erforderliche Erlaubniß zu ertheilen, oder zu versagen; dieses Censur-Collegium steht unter dem Polizei-Ministerium und hat sich allein an dasselbe zu wenden, ohne daß eine andere Behörde von allen dabei vorkommenden Gegenständen oder Geschäften, Kenntniß und Einsicht zu nehmen, oder dazwischen zu treten, wohl aber die getroffenen Verfügungen und Entsscheidungen des Ober-Censur-Collegii auf dessen Verlangen, in so weit es in sein Ressort einschlägt, in Ausübung zu sezen verbunden ist.

b) Die Legal-Geld-Strafe und Confiscation können nur als ordinaire, an und für sich schon zu erkennende Strafe angesehen werden, wenn ein Werk ohne Erlaubniß gedrukt, nachgedrukt oder verbreitet wird, welches alles vor dem Geseze ganz einerlei ist; wenn aber das ohne Erlaubniß gedrukte, nachgedrukte oder verbreitete Werk so beschaffen ist, daß die Erlaubniß zum Druk oder dessen Ausgabe nie ertheilt worden wäre, so muß nicht allein die simple Umgehung dieser Erlaubniß, sondern auch das Verbrechen der Publication zugleich gestraft werden. In diesem Falle hat das Ober-Justiz-Collegium ersten Senats über die ferner zu erkennende körperliche Strafe des Buchdrukers, Buchhändlers oder Verlegers zu entscheiden, doch so, daß die Ansicht des Ober-Censur-Collegii im Punkte der Strafwürdigkeit ohne weitere Untersuchung von Seite des Senats zu Grunde gelegt, und blos die Applikation der Strafe von demselben bestimmt werden soll.

c) In jedem Orte des Königreichs wo Buchdruckereien oder Buchhandlungen befindlich sind, soll ein Fiscal des Ober-Censur-Collegii angestellt werden, der ex officio auf alle, in irgend einem Sinne für den Staat oder das Publicum nachtheilige oder gefährliche Drukschriften, und ihre etwaige Verbreitung ein wachsames Auge zu halten, und das Recht hat, zu jeder Zeit die Buchdrukereien zu visitiren, und sich die Erlaubniß Scheine produciren zu lassen, in den Buchhandlungen die Catalogen, so wie die Bücher-Vorräthe selbst durchzusehen, jedes ihm bedenklich oder gefährlich scheinende Werk zur Einsicht zu verlangen, und den Debit davon vorläufig zu untersagen, um darüber gleichbalden Bericht an das Ober-Censur-Collegium erstatten zu können."

---

[608] RegBl Württemberg 1809, S. 34-35.

c) Dekret über die Einsendung der halbjährigen Verzeichnisse von den in den württembergischen Buchdruckereien gedruckten Schriften vom 1. Februar 1809

Das Zensurorgan musste 1809 ermahnend tätig werden, um die Verzeichnisse der Druckereien von den Kreisämtern anzufordern[609]:

„Decret Königl. Ober-Censur-Collegiums an die Königl. Kreis-Aemter, wodurch die Einsendung der halbjährigen Verzeichnisse von den in den innländischen Buchdrukereien gedrukten Schriften monirt wird ; d. d. 1. Febr. 1809.

Vermöge des §. 12. der Königl. Censur-Ordnung vom 18. Mai v. J. soll jedes Kreis-Amt von den in seinem Kreise befindlichen Buchdrukereien alle halbe Jahr ein Verzeichniß sämtlicher in diesem Zeitraum von ihnen gedrukten Schriften mit der Anzeige der Censur-Behörde, welche die Erlaubniß zum Druk ertheilt hat, sich übergeben lassen, und solches mit seinem Bericht an das Königl. Ober-Censur-Collegium einsenden. Da nun mit alleiniger Ausnahme des Kreisamts Ellwangen bis jetzt von keinem der übrigen Kreis-Aemter diese Verzeichnisse und Berichte für das leztverflossene halbe Jahr eingekommen, so wird anmit die Beschleunigung der Einsendung derselben erinnert. Decr. Stuttg. im Kön. Ober-Censur-Collegium den 1. Febr. 1809.“

d) Dekret über die ordnungsmäßige Einreichung der zum Druck bestimmten Schriften bei den Zensur-Behörden von 1809

Im Februar 1809 mahnte das Zensurkollegium zur ordnungsmäßigen Vorlage der Schriften und zum Unterlassen des Drucks, ehe das Manuskript nicht zensiert worden war[610]:

„Decret des Königl. Ober-Censur-Collegiums, betr. die ordnungsmäßige Einreichung der zum Druk bestimmten Schriften bei den Censur-Behörden; d. d. 6. Febr. 1809.

Es ist zwar in der Kön. Censur-Ordnung v. 18. Mai v. J. § 1. bereits bestimmt verordnet, daß kein Buchdruker irgend eine Schrift druken dürfe, ehe er dieselbe der Censur-Behörde übergeben und von dieser die Erlaubniß zum Druk erhalten hat; *und* es folgt hieraus von selbst, daß immer schon die Manuscripte der zum Druk bestimmten Schriften und nicht erst bereits gedrukte Correctur-Bogen zur Censur vorzulegen seien. Da sich aber schon öfters Buchdrucker haben beigehen lassen, blos lezteres zu thun, so findet man sich veranlasst, anmit sämtlichen Oberämtern, in deren Amtsbezirk sich Buchdruker befinden, aufzugeben, lezteren nachdrüklich einzuschärfen, daß sie durchaus nie den Druk eines Manuscripts anfangen sollen, ehe dieses censirt, und die Erlaubniß zum Druk ertheilt worden. Hievon kann nur in einzelnen Fällen auf besondere censuramtliche Erlaubniß eine Ausnahme gemacht, und verstattet werden, statt des Manuscripts einen Correctur-Bogen dem betreffenden Censuramt zu übergeben.

---

[609] RegBl Württemberg 1809, S. 43.
[610] RegBl Württemberg 1809, S. 49.

Die zu censirenden Manuscripte selbst sollen übrigens immer deutlich und so, daß auf dem Rand jeder Seite ein leerer Raum, so nöthigen Falls der Censor seine Bemerkungen beifügen kann, bleibt, geschrieben, überhaupt wohl geordnet, durchaus paginirt, und nicht blos in losen Bogen oder Blättern, sondern entweder ganz geheftet, oder wenigstens nach Sexternen pünktlich gelegt den Censur-Behörden übergeben werden; und haben sich diejenige, die hierinn die Ordnung nicht beachten, zu gewärtigen, daß ihnen die eingesandte Manuscripte zu ordnungsmäßigerer Wiedereingabe zurückgegeben werden, sie sich also den hiedurch entstehenden Aufenthalt selbst zuzuschreiben. Decret. Stuttgart im Kön. Ober-Censur-Collegium den 6. Febr. 1809."

Dazu gehörte „die ordnungsmäsige Einsendung der zu censirenden Schriften"[611]:

„Da es schon mehrmal der Fall war, daß die im Königreiche befindliche Schriftsteller ihre zum Druk bestimmte Manuscripte, oder Buchhändler und Buchdruker die von ihnen in Verlag genommene Schriften brevi manu einem Mitgliede des Königl. Ober-Censur-Collegii zur Censur übergeben oder überschikt haben, durch dieses ordnungswidrige Verfahren aber der Geschäftsgang nothwendig leiden muß, so werden gedachte Personen andurch angewiesen, wenn sie nicht die zum Druk bestimmte Schriften ohne die nöthige Erlaubnis, sie druken zu dürfen, zurückerhalten wollen, die befragte Schriften mit dem vorgeschriebenen Exhibito entweder dem Directorio oder der Registratur des Königl. Ober-Censur-Collegii zugehen zu lassen. Decret. Stuttg. im Kön. Ober-Censur-Collegium, den 28. Sept. 1809.

Die von jeder neu erscheinenden Schrift an das Königl. Ober-Censur-Collegium abzugebenden Exemplarien betr.

Da man mit Misfallen bemerkt hat, daß die im Reiche befindliche Verleger die vorgeschriebene zwei Exemplarien von den neu erscheinenden Schriften, wovon das eine für den jedesmaligen Censor, das andere hingegen für die Bibliothek des Königl. Ober-Censur-Collegii bestimmt ist, an die Registratur dieses Collegii einzuschiken häufig unterlassen, so will man dieselbe andurch ernstlich angewiesen haben, nicht sowohl die rükständige Exemplarien ungesäumt einzuschiken, sondern auch für die Zukunft der diesfallsigen Verordnung nachzukommen. Decret. Stuttg. im Königl. Ober-Censur-Collegium, den 28. Sept. 1809."

Im Herbst 1809 erging eine nochmalige Warnung an Schriftsteller, Buchhändler, Antiquare und sonstige Beteiligte zur Einsendung jedes einzelnen der Zensur unterliegenden Werkes[612]:

„Decret des Kön. Ober-Censur-Collegiums,
gegen die ordnungswidrige Einsendung der zum Druk bestimmten Schriften.

Da schon öfters der Fall vorgekommen ist, daß Schriftsteller, Buchhändler, Antiquare ec. mehrere ganz nicht zu ebendemselben Werk gehörige und zuweilen heterogene wissenschaftliche Zweige enthaltende Schriften oder Manuscripte in einem und eben demselben Exhibito dem Königl. Ober-Censur-Collegium mit der Bitte, den Druk derselben zu gestatten, vorgelegt haben, dieses Benehmen aber nicht gestattet werden kann, so werden obgedachte Personen erinnert, für die Zukunft jedes einzelne Werk in einem be-

---

[611] RegBl Württemberg 1809, S. 422-423.
[612] RegBl Württemberg 1809, S. 434.

sondern Exhibito einzusenden, widrigenfalls sie zu gewärtigen haben, daß man die Schriften ohne die nachgesuchte und erforderliche Erlaubniß zum Druk remitirt. Decret. Stuttg. im Königl. Ober-Censur-Collegium, den 18. Okt. 1809."

Um klarzustellen, dass im Ausland lebende Württemberger die Zensur nicht umgehen konnten, verordnete der König[613]:

„Königl. Verordnung, betr. die im Ausland gedrukten Schriften Königl. Unterthanen.

Da Se. Königl. Maj. durch ein allerhöchstes Decret d. d. Paris 1sten dieses allergnädigst befohlen haben, daß künftighin alle Drukschriften, welche von Königl. Unterthanen verfasst, im Auslande ohne die disseitige Censur passirt zu haben, gedrukt worden, und auf welchen gleichwohl nicht der Druk, sondern der Wohnort des Verfassers angegeben ist, der Absaz im Königreich verboten, und alle in Umlauf kommende Exemplare mit der Confiscation belegt werden sollen; so wird dieser allerhöchste Befehl zur allgemeinen Nachachtung bekannt gemacht. Decr. Stuttgart im Königl. Ober-Censur-Collegium, den 11. Dec. 1808.

Ad Mand. Sacr. Reg. Maj."

e) Die Einschärfung der Zensurvorschriften im Jahre 1812

Dass die Zensurvorschriften von 1808/9 häufig umgangen wurden, beweist die Notwendigkeit, diese erneut einzuschärfen[614]:

„Decret des Königl. Ober-Censur-Collegiums, d. d. 9 Mai 1812.

Erneuerte Einschärfung der Verordnung keine Schrift
ohne vorgängige Censur-Erlaubniß zu druken.

So bestimmt auch in der Königl. Censur-Ordnung von 1809. und in den weitern Verordnungen vom 13. Jan. und 6. Febr. 1809. (Staats- und Regierungsblatt von 1809. S. 34. und 49.) die Vorschrift gegeben ist, daß kein Buchdruker irgend eine Schrift (officielle Aufsäze ausgenommen) drucken dürfe, ehe er dieselbe der Censur-Behörde übergeben, und von dieser die Erlaubniß zum Druck erhalten hat, so kommen doch immer noch Fälle von Contraventionen gegen diese gesezliche Vorschrift, und Versuche von Buchdrukereien, solche unter verschiedenen Vorwänden zu umgehen, vor. Man findet sich daher veranlasst, die genaue Beobachtung eben dieser Vorschrift aufs neue einzuschärfen, und den Königl. Bücherfiscalen aufzugeben, die ihnen untergebenen Buchdruker allen Ernstes zu warnen, sich keine Contraventionen gegen dieselbe zu Schuld kommen zu lassen, somit nie den Druk einer der Censur unterworfenen Schrift anzufangen, ehe das Manuscript wirklich censirt und der Erlaubniß-Schein zum Druk von der Censur-Behörde ausgestellt ist, oder ehe sie – was die Schriften, welche in den Probe-Abdrüken censirt werden sollen, betrift – gemäß der Verordnung vom 6. Febr. 1809. die Erlaubniß erhalten haben, statt des Manuscripts Correctur-Abdrüke zur Censur einzureichen, wo sodann aber mit dem weitern Abdruk nie fortgefahren werden darf, als bis der Probe-Abdruk die Censur wirklich passirt hat. Jeder Buchdruker, welcher hiegegen han-

---

[613] RegBl Württemberg 1809, S. 497.
[614] RegBl Württemberg 1812, S. 238.

delt, hat die gesezliche Strafe unausbleiblich zu erwarten, und dergleichen Entschuldigungen, wie schon haben gemacht werden wollen, daß man die Absicht gehabt habe, die Censur nachholen zu lassen, oder daß man vorausgesezt habe, der Verfasser oder Verleger werde die Einreichung zur Censur schon besorgt haben, oder noch besorgen, können durchaus nicht Statt finden, indem nach dem Gesez (Königl. Censur-Ordnung §. 13.) lediglich der Buchdruker wegen einer ohne Censur gedrukten Schrift verantwortlich bleibt, und dieser nie drucken soll, ohne den zu seiner Legitimation nöthigen Erlaubniß-Schein in Händen zu haben."

f) Hausiererei als Zielscheibe der Zensur

Der Gesetzgeber wollte sich die Einflussnahme auf die Verbreitung der Bücher sichern und seine Kontrolle darüber effizient ausüben; dies resultiert nicht zuletzt aus folgendem Dekret von 1812, das gegen den Hausierhandel mit zu zensierenden, weil sittlich und moralisch als abwegig erachteten Druckschriften einschritt[615]:

„Decret des Kön. Ober-Censur-Collegiums, betreffend den Handel der Landkrämer und Hausirer mit Drukschriften ; d. d. 21/26. Mai 1812.

Man hat die Erfahrung gemacht, daß durch Landkrämer und Hausirer noch sehr mannichfacher Unfug durch den Verkehr mit unsittlichen, abergläubischen oder in sonstiger Hinsicht verwerflichen, fliegenden Blättern, Liedern und andern Volksschriften getrieben wird, indem dergleichen anstössige Schriften, deren Druk im Königreich selbst nicht geduldet werden würde, bisher noch öfters durch solche Händler vom Ausland hereingebracht werden. Um sich daher zu versichern, daß auf diese Weise keine Schriften unter das Volk gebracht werden, deren Innhalt nicht vorher geprüft, und als unschädlich anerkannt worden ist, findet man sich veranlasst, zu verordnen, daß alle sowohl inn- als ausländische Landkrämer und Hausirer, welche mit Drukschriften einen Handel treiben, gehalten seyn sollen, diejenigen Schriften, auf deren Titelblatt nicht der Name eines innländischen Buchdrukers oder wenigstens einer innländischen Verlagshandlung steht, vordersamst einem Königl. Bücherfiscal vorzulegen, welcher sodann, in Ansehung derjenigen, welche er unanstößig findet, dem Händler ein schriftliches Certificat, daß er sie durchsehen habe, und der Debit derselben zulässig sei, zuzustellen hat.

Jeder Krämer oder Hausirer, welcher über den Handel mit dergleichen Drukschriften, wegen deren er sich nicht durch eine solche Legitimation eines Bücherfiscals ausweisen kann, betreten wird, ist im geringsten Fall mit einer Geldstrafe von 10 Thalern zu belegen, und wird bei besonders gravirenden Umständen neben Confiscation der Verkaufsartikel von censurordnungswidrigem Innhalt mit einer angemessenen Leibesstrafe und dem Verlust des Handelsrechts bestraft. Die Königl. Ober- und Unterbeamten haben für die gehörige Bekanntmachung dieser Verordnung zu sorgen, und es ist solche insbesondere auch den ausländischen Krämern bei Märkten zu insinuiren. Ueber der Beobachtung dieser Verordnung ist von den Königl. Ober- und Unterbeamten und den Königl. Bücherfiscalen auf das genaueste zu wachen, und zu dem Ende sind besonders an Märkten die Drukschriften-Vorräthe der Krämer von den Bücherfiscalen oder an Orten, wo

---

[615] RegBl Württemberg 1812, S. 287-288.

sich kein Bücherfiscal befindet, von Seite des Ober- oder Unterbeamten genau zu visitiren und visitiren zu lassen, und von den Königl. Oberbeamten jeder von ihnen entdekte
oder von den Königl. Bücherfiscalen ihnen angezeigte Contraventionsfall unfehlbar zur
gesezlichen Bestrafung zu bringen. Decret. im Königl. Ober-Censur-Collegium, den
21./26. Mai 1812.

Ex spec. Resol."

4. Flankierende Maßnahmen im Bereich des Buchhandels

Bei der Durchsicht des württembergischen Staats- und Regierungsblattes vor
1815 fallen noch zwei Einträge auf, die das Bemühen der württembergischen
Regierung, den Buchdruck bzw. die Buchdruckerzunft sowie den Buchhandel
zu reglementieren, belegen.

Die Regierung setzte sich gegen das so genannte „Postuliren" ein, wonach
ein Buchdruckerlehrling nach seinen Lehrjahren Geld zahlen musste, um in den
Gesellenstand erhoben zu werden; hierzu die königliche Oberlandesregierung,
die das Verbot des Postulierens bei den Buchdruckern am 1. Juli 1807 erneuerte[616]:

„Der unter dem Namen des Postulirens bekannte Mißbrauch, vermöge dessen ein
Lehrling der Buchdrukerkunst nach vollbrachten Lehrjahren der Rechte des Gesel-
lenstandes nicht vollkommen theilhaftig wurde, ehe er von den Gesellen seiner Zunft
unter gewissen mit bedeutendem Kostenaufwand verbundenen Förmlichkeiten in ihre
Gemeinschaft aufgenommen worden war, ist bereits durch die im Jahre 1804 ergangenen Verordnungen allgemein abgestellt worden.
Da hingegen in den inzwischen neuerworbenen Königl. Staaten sich Buchdrukereien
befinden dürften, wo das Postuliren bisher noch in Uebung gewesen ist: so findet man
sich veranlaßt, dieses die gesammten Königl. Staaten angehende Verbot hiemit zu erneuern, und sämtlichen Buchdruckerei-Inhabern und Buchdrucker-Gesellen bei Strafe
einzuschärfen, daß sie keinem Lehrling, welcher die Buchdrukerkunst ordnungsmäßig
erlernt hat, unter dem Vorwand des Postulirens irgend Etwas abfordern, oder ihm wegen
Unterlassung dieser Förmlichkeit in dem vollen Genuß der Gesellen-Rechte einigen Eintrag thun sollen.
Die Königl. Kreishauptleute, Ober- und Patrimonial-Aemter aber werden erinnert,
auf die genaue Beobachtung gedachter Verordnung ihr Augenmerk zu richten, und die
ihnen bekannt werdenden Uebertretungen derselben gebührend zu ahnden.
Stuttgart, den 1. Juli 1807   Königl. Ober-Regierung."

Außer dem „Postuliren" verdient noch das Verpacken von Büchersendungen
Beachtung; so unterzeichnete die königliche Reichs-General-Oberpost-Direk-
tion am 16. März 1811 ein Reglement über das Zusammenpacken verschiedener Postwagen-Stücke. Lediglich dem Buchhandel sollte künftighin das Zusammenpacken mehrerer an verschiedene Empfänger adressierte Bücherpakete

---

[616] RegBl Württemberg 1807, S. 297.

als Ausnahme gestattet sein. In den Genuss dieser Ausnahme kamen die übrigen Kaufleute bzw. Privatleute nicht[617].

II. Die Zensur nach dem Rescript von 1815

Die Zeit nach dem Rescript war hauptsächlich dadurch gekennzeichnet, dass die Pressefreiheit neu geregelt und das Ober-Censur-Collegium in den so genannten Königlichen Studienrat umgewandelt wurde.

1. Die Unterordnung des Ober-Censur-Collegiums unter das Ministerium der auswärtigen Angelegenheiten (1816)

Außenminister von Zeppelin bekam per „Organisationsrescript" vom 21. März 1816 auch die Kontrolle über das Ober-Censur-Collegium übertragen[618]:

„Vermöge eben dieses allerhöchsten Rescripts wollen Se. Königl. Majestät die Geschäfte des dem Grafen v. Zeppelin bisher interimistisch übertragenen, und nun durch das Ableben des Staats- und Conferenz-Ministers Grafen v. Taube erledigten, Ministeriums der allgemeinen Landes-Polizei, mit dem Geschäfts-Kreise des Königlichen Ministeriums des Innern wieder vereinigt, die Polizei in den beiden Residenzen und den Städten Cannstadt und Ulm aber, so wie das Ober-Censur-Collegium, nach der früher bestandenen Einrichtung, dem Ministerium der auswärtigen Angelegenheiten untergeordnet haben."

2. Das Gesetz über die Preßfreyheit vom 30. Januar 1817 und die herausgehobene Stellung des Geheimen Rats

Nach einer Diskussion im Geheimen Rat wurde auf Befehl von König Wilhelm im Königlich-württembergischen Staats- und Regierungs-Blatt am 1. Februar 1817 das Gesetz über die Pressefreiheit vom 30. Januar 1817 verkündet. Der Geheime Rat war die unmittelbar unter dem König stehende oberste Staatsbehörde, d.h. nach § 1 der Verordnung von 1817[619] die oberste anordnende, leitende und ausübende Gewalt. Der Rat stand dem König zur Beratung bei Gesetzgebung und bei Verwaltungsfragen zur Seite und war daneben die höchste Entscheidungsbehörde für alle streitigen Gegenstände der Verwaltung, insbesondere auch für die Konflikte der Behörden untereinander. Die erste Abteilung des Geheimen Rats bestand aus den Leitern des Departements der Justiz, der auswärtigen Angelegenheiten, der Verwaltung des Innern, des Kirchen- und

---

[617] RegBl Württemberg 1813, S. 117.

[618] RegBl Württemberg 1816, S. 71.

[619] RegBl Württemberg 1817, S. 1.

Schulwesens, des Kriegswesens, der Finanzen, sodann aus dem Minister-Präsidenten, der zweiten Abteilung des Geheimen Rats und aus einem siebten ordentlichen Mitglied, dessen Bestimmung sich der König vorbehielt (§ 2). In den Sitzungen des Rats wurde dem König, der den Rat selbst präsidierte, vorgetragen, über alle Verhandlungen zu Verträgen mit benachbarten und anderen Staaten, sofern nicht besondere Gründe deren Geheimhaltung geboten, insbesondere auch die Angelegenheiten des Deutschen Bundes, über alle Anordnungen und Verfügungen in der Leitung der Verwaltung, zu welchen die Minister die besondere Ermächtigung des Königs benötigten, über die fortlaufende Rechenschaft über den Fortgang der Exekutiv-Verwaltung in allen ihren Teilen, die fortschreitende Darlegung des Finanzzustandes und die Vorlegung der monatlichen Etats der Staatshauptkasse und der übrigen Kassen, über die Vorschläge zur Besetzung der höheren Staats- und Kirchenämter, über die Erteilung oder Erhöhung von Besoldungen, Pensionen sowie die Vermehrung der Ausgaben, über alle Angelegenheiten, die auf die Organisation der Staatsbehörden, auf Abänderungen in der Territorialeinteilung und auf die Normen der Verwaltung Bezug nahmen, über alle Angelegenheiten, die in den Geschäftskreis verschiedener Ministerialdepartements eingriffen, über welche sich die Departementchefs nicht einigen konnten, über alle Vorschläge zu Gesetzen und zu Reglements, deren Erlass die Befugnisse der Departementchefs überschritt, über alle Angelegenheiten, die auf die Verhältnisse mit den Landständen Bezug nahmen, über die Verhältnisse der Kirche zum Staat, über das Staats-Budget sowie über die Berichte, die jeder Minister als Jahres- und Rechenschaftslegung über die Verwaltung seines Ministeriums ablegen musste (§ 3).

Am Ende der Anhörung des Geheimen Rats stand die Präambel des neuen Pressgesetzes, in der die gesetzlichen Verbote als Schranken der Druckfreiheit aufgestellt wurden und der König gegenüber seinen Untertanen sein vollstes Vertrauen bekundete, dass diese die gewährte Preßfreiheit nicht missbrauchen würden. Der König verordnete des Weiteren, alle bisher erlassenen Gesetze und Verordnungen, die die Druck- und Lesefreiheit, die Ausübung des Polizeirechts über Bücher, Zeitschriften und Zeitungen anbelangten, künftighin entfallen zu lassen (§ 1). Allerdings nennt das Gesetz einige konkrete Schranken beim Namen, nämlich die gegenwärtigen Gesetze oder künftig im verfassungsmäßigen Wege erlassenen Gesetze, die einen konkreten Druckinhalt für ein Verbrechen oder Vergehen erklären (§ 2). Besondere Rücksicht war auf Religion, Kirche und Sittlichkeit, auf die Sicherheit der Staaten, auf die Ehre des Regenten sowie die auswärtiger Regierungen und der Privaten zu nehmen (§ 3). Gerade bei Religion und Sittlichkeit war das Gesetz noch recht restriktiv[620]:

„§ 4. Es darf zwar Jeder seine Ansichten und Ueberzeugungen im Gebiethe der Religion durch den Druck bekannt machen, jedoch nur in dem ernsten Tone, der dem Forscher nach Wahrheit geziemt, mit Beobachtung der der Gottheit schuldigen Ehrfurcht, und mit sorgfältiger Vermeidung alles dessen, woraus sich die Absicht schließen läßt,

---

[620] Ibid.

Subjecte und Gegenstände, die für heilig gehalten werden, den Lehrbegriff oder einzelne Glaubenslehren einer im Staate anerkannten Kirche, der Verachtung oder Lächerlichkeit aussetzen zu wollen. Auch bleiben überdieß Kirchendiener wegen ihres Vortrages in Druckschriften in Hinsicht auf den bestehenden Lehrbegriff ihrer Kirche, den ihnen vorgesetzten kirchlichen Behörden verantwortlich.

§ 5. Zu Aufrechthaltung der Sittlichkeit, wird jede Form des gedruckten Vortrags über moralische Gegenstände, welche eine bößliche Absicht des Schriftstellers verräth, andere zu Verbrechen und Lastern, welche als solche vom Staat und Kirche anerkannt werden, anzureißen, für eine unerlaubte Handlung erklärt. Auch ist das öffentliche Aufstellen von unzüchtigen Schriften und Bildern verboten."

Erörterungen über die Staatsverfassungen und die Landesverfassungen sollten „in einem ruhigen Tone" erfolgen. Der Aufruf in Druckschriften zum Widerstand gegen die Obrigkeit, zu Aufruhr und Empörung, überhaupt zu jeder gewaltsamen Änderung der Verfassung, wurde sogleich unter die Kategorie schwere Verbrechen eingeordnet und war mithin nach § 2 der Verordnung der Zensur unterlegen; dies ergab sich aus § 6. Noch einmal schärfte § 7 ein, dass jeder Angriff auf die Ehre des Staatsoberhauptes, seiner Gemahlin und seiner Familie in Büchern, Schriften und Bildern absolut untersagt war. Dies wurde ebenso erstreckt auf die Ehre auswärtiger Regenten und Regierungen (§ 9). § 11 kündigte eine besondere Zensur für außerordentliche, namentlich Kriegszeiten, an.

Obwohl der Verfasser nicht verpflichtet war, sich auf dem Titelblatt seiner Schrift zu nennen, war jeder Verleger gehalten, bei allen verlegten Schriften seinen Namen oder Handelsfirma und seinen Wohnort neben dem Erscheinungsjahr unter Androhung einer Strafe von 30 Reichstalern zu nennen. War kein besonderer Verleger vorhanden oder dieser Verleger ein Ausländer, so oblag diese Pflicht dem Buchdrucker. Sollte eine Schrift diese Angaben nicht nennen, war sie von der Polizeibehörde in Beschlag zu nehmen und es war der für Regiminal-Gegenstände niedergelassenen Behörde Anzeige zu machen. Jeder Verleger bzw. Drucker war auf Anforderung der Justizbehörde dazu verpflichtet, den Verfasser der Schrift zu nennen. Gelang dies nicht, wurden Verleger bzw. Buchdrucker so behandelt als wären sie die Urheber der Schrift (§ 18). Die Buchhändler waren dagegen berechtigt, alle Druckschriften, die sie auf dem Wege des ordentlichen Buchhandels bezogen hatten, zu verkaufen, ohne dass sie

„[…] bey einem etwa gesetzwidrigen Inhalte derselben als schuldhafte Theilnehmer an der Verbreitung angesehen, und deßhalb zur Verantwortung gezogen werden können, so lange ihnen nicht

a) von der vorgesetzten Behörde der Verkauf ausdrücklich untersagt worden oder
b) eine dolose Verbreitung von Schriften gesetzwidrigen Inhalts gegen sie erwiesen ist."[621]

---

[621] Ibid.

§ 23 verpflichtete die Buchhändler indes, diejenigen Schriften, auf denen weder der Verfasser noch der Verleger noch ein inländischer Buchdrucker genannt waren, wenn dieselben sich ganz oder teilweise auf die inländischen (also württembergischen) Staatsverhältnisse bezogen, vor dem Debit der Regiminalbehörde vorzulegen. Das Gesetz über die Preßfreiheit vergaß auch die Landkrämer und Hausierer nicht, denn diese durften mit keinen Büchern oder Schriften handeln, für welche sie nicht die Erlaubnis der Ortsbeamten erhalten hatten; die Strafe bei Zuwiderhandeln legte § 25 auf fünf Reichstaler fest.

Jeder Absatz von Büchern und Schriften, deren Inhalt von der Justizbehörde als gesetzwidrig erklärt worden war, gleichgültig ob die Schriften im Land gedruckt waren oder aus dem Ausland stammten, war zu unterbinden. Bei Verkauf jedes Exemplars in das In- oder Ausland war eine Strafe von 50 Reichstalern zu entrichten, die im Wiederholungsfalle entsprechend gesteigert werden konnte. Die den Buchhändlern aus dem Ausland zugesandten, für gesetzwidrig erkannten Schriften, waren wieder an ihren Ursprungsort zurückzusenden. Der inländische Verlag war zwingend aufzulösen. Gleichwohl wurde die Vorschrift dahingehend abgemildert, dass, wenn nur einzelne Textstellen sich die Missbilligung der Justizbehörde zugezogen hatten, diese weggelassen werden konnten oder einzelne Bögen umgedruckt werden mussten (§ 26). Nur die Criminal-Behörden konnten eine Untersuchung der in den Druckschriften begangenen Vergehen vornehmen. Allerdings hatte jede Ortspolizeibehörde die Pflicht, die Ausstellung und den Debit aller ein öffentliches Ärgernis hervorrufender Bilder zu verhindern und diese zu beschlagnahmen, wobei sie der zuständigen Verwaltungsbehörde innerhalb von 24 Stunden Anzeige machen musste (§ 27).

3. Vom Ober-Censur-Collegium zum Studienrat

Für die Zensur richtete das Gesetz eine eigene für das Studienwesen verantwortliche Zentralstelle ein, an die jeder Buchdrucker ein Exemplar senden musste[622]:

„§ 17. Jeder Buchdrucker ist verbunden, von jeder von ihm gedruckten Schrift der für das Studienwesen niedergesezten Central-Stelle ein, von dieser der öffentlichen Bibliothek nachher zuzustellendes Frey-Exemplar zu übergeben, auch beständig ein fortlaufendes Verzeichniß der von ihm gedruckten Schriften zu halten, beydes bey Vermeidung einer Strafe von fünf Reichsthalern."

Das bisher tätige Ober-Censur-Collegium und die Anstalt der Bücher-Fiscale wurden für die Zukunft aufgehoben (§ 28). Die Zentralaufsicht kam in die Hände der für Regiminal-Sachen bestehenden Behörde, die künftig zuständig war für alle allgemeinen, den Bücherhandel und den Büchernachdruck betreffenden Gegenstände, die Aufsicht über die Beobachtung der die Bücherverbrei-

---

[622] Ibid.

tung betreffenden Gesetze, die Konzessionserteilung zur Errichtung von Buchhandlungen, Buchdruckereien und Lesebibliotheken und die Privilegien gegen den Büchernachdruck (§ 29). Die anstelle des Ober-Censur-Collegiums neu eingerichtete und für das Studienwesen zuständige Zentralbehörde erhielt den Status einer Behörde, deren Gutachten sowohl von der Regiminal-Behörde als auch von dem „königlichen Criminal-Tribunal" in den dazu geeigneten Fällen eingeholt werden musste (§ 30).

§ 17 der Verordnung zur Bestimmung der Einsendung gedruckter Schriften wurde folgendermaßen konkretisiert: Die Einsendung jedes der Exemplare musste bei Vermeidung der in jenem Gesetze bemerkten Strafe von fünf Reichstalern unmittelbar nach vollendetem Druck und wenigstens einen oder zwei Tage vor der Ausgabe der Schrift, die Ablieferung von Tagesblättern, aber am Schlusse eines jeden halben Jahres, geschehen. Diejenigen Druckschriften, die Kupferstiche, Steinabdrücke und dergleichen enthielten, mussten dem Studienrat mit dem einzusendenden Exemplar abgegeben werden. Der Buchdrucker des Textes war für die Miteinsendung verantwortlich und hatte sich diese Beilagen vom Verleger zu verschaffen. Der Studienrat sollte ein ohne diese Beilagen eingesandtes Exemplar nicht annehmen. Die Ablieferung des für den Studienrat bestimmten Exemplars musste die Druckerei besorgen, welche die Schrift gedruckt hatte sowie mit einer kurzen Anzeige versehen, in welcher der Titel der Schrift (insbesondere auch die Jahreszahl unter der sie erschien, Verfasser und Verleger, sofern der eine oder der andere auf dem Titel genannt waren) und das Datum der Vollendung des Drucks anzugeben waren. Es mussten hierzu gedruckte Formulare gebraucht werden. Der Studienrat sollte denjenigen Oberämtern, in deren Amtsbezirken sich Buchdruckereien befanden, eine gewisse Anzahl von Exemplaren zur Verteilung an die Druckereien zuschicken.

In der Folge sollten die Buchdruckereien sich aber selbst solche Formulare anschaffen. Für die abgelieferten Schriften wurden den Druckereien zu Legitimations- und Beweiszwecken jedes Mal Empfangsscheine vonseiten der Registratur des Studienrates ausgestellt. Die Einsendung des an den Studienrat abzugebenden Exemplars der Druckschriften konnte unfrankiert erfolgen. Diese Verordnung verkündete der Minister des Innern, von Otto, am 2. Januar 1818[623].

Die Zusammensetzung des Studienrates kann als sehr ausgewogen beurteilt werden. Insgesamt kam er auf sieben Mitglieder, darunter der Direktor, der Prälat von Süskind. An seiner Seite fungierten drei weltliche und drei geistliche Studienräte. Die weltlichen Studienräte waren der Oberregierungsrat Schübler, der Geheime Hofrat Schwab sowie der Consistorial-Rat Jäger. Consistorial-Rat Flatt und die beiden katholischen Kirchenräte von Werkmeister und Schedler bildeten die Fraktion der geistlichen Studienräte. Der Generalsuperintendent und Prälat Dr. Flatt (1772-1843) war zwischen 1829 und 1842 Direktor des

---

[623] RegBl Württemberg 1818, S. 8-9.

Studienrates und als Ulmer Prälat (Generalsuperintendent) außerdem Mitglied der Kammer der Abgeordneten[624].

Außerdem arbeiteten im Königlichen Studienrat Sekretär Hetzer, der Registrator Stahl, der Kanzellist Siegelen sowie der Aufwärter Elsäßer[625].

4. Die Instruktion für die Anwendung der Gewerbeordnung (1817)

In der Instruktion für die Anwendung der Gewerbeordnung (Gesetz v. 30. Januar 1817) publizierte Württemberg mit Bezug auf die §§ 25 und 27 des genannten Gesetzes ein besonderes Verzeichnis der Schriften, die die Händler im Wege des Hausierhandels vertreiben durften. Die Bezirksämter waren zur strengen Aufsicht über verbotene und anstößige Schriften wie Bilder verpflichtet und zur Beschlagnahme angehalten (§ 40 der Instruktionen)[626]:

„§ 40: Zum Hausirhandel mit Druckschriften wird außer dem Patent, nach Vorschrift des Gesetzes vom 30. Jan. 1817, § 25, ein von dem Bezirksamte geprüftes und mit seinem Vidit und Siegel versehenes Verzeichniß der dem Händler zugelassenen Schriften erfordert. Das Bezirksamt hat hiebei mit Strenge gegen sittenverderbliche, abergläubische und sonst anstößige Schriften zu wachen. Werden bei einem Hausirhändler andere, in dem genehmigten Verzeichnisse nicht enthaltene Schriften vorgefunden, so unterliegt derselbe, abgesehen von der etwa concurrirenden sonstigen Verschuldung, der im Artikel 140, Ziffer 2 der Gewerbe-Ordnung angedrohten Strafe.

Ebenso liegt es bei Hausirhändlern mit Bildern nach § 27 des oben genannten Gesetzes vom 30. Jan. 1817 sowohl dem das Patent ausstellenden Bezirksamt, als den Orts-Polizeistellen, in deren Bezirken der Handel getrieben wird, ob, auf den Debit ärgerlicher Bilder ein genaues Augenmerk zu richten, und die entdeckten Bilder dieser Art zur Einleitung des geeigneten Straf-Verfahrens in Beschlag zu nehmen."

5. Die Anmahnung zur korrekten Einsendung der vom Studienrat zu begutachtenden Exemplare (1824)

Der Studienrat meldete sich 1824 zu Wort und monierte die fehlerhafte Einsendung von Exemplaren der in den inländischen Buchdruckereien gedruckten Schriften, da mehrere zur Untersuchung gekommene Fälle unterlassener Ablieferung von Exemplaren die Arbeit des Gremiums behinderten. Mit Bezug auf § 17 des Gesetzes über die Preßfreiheit vom 30. Januar 1817 und die sich hierauf beziehende weitere Verordnung vom 2. Januar 1818[627] mahnte der Rat an, dass die Abgabe von Pflichtexemplaren an andere öffentliche Behörden

---

[624] *Raberg*, Biographisches Handbuch (Fn. 167), S. 214.
[625] RegBl Württemberg 1817, S. 4.
[626] RegBl Württemberg 1818, S. 443.
[627] RegBl Württemberg 1818, S. 8.

keine automatische Abgabe eines Exemplars an den Rat begründeten und daher jeder Fall der versäumten Abgabe der gesetzlichen Strafe von fünf Reichstalern unterlägen. Die Ablieferung musste unmittelbar nach vollendetem Druck und wenigstens ein oder zwei Tage vor der Ausgabe der Schrift, die Ablieferung von Tagesblättern aber am Schlusse eines jeden halben Jahres erfolgen. Bei denjenigen Druckschriften, zu welchen Kupferstiche, Steinabdrücke etc. gehörten, müssten die an den Rat einzusendenden Exemplare ebenfalls beigefügt werden. Der Buchdrucker, welcher den Text druckte, war verpflichtet, für die Miteinsendung solcher Beilagen zu sorgen und sie sich daher zu diesem Zweck vom Verleger zu verschaffen. Er blieb dafür verantwortlich, wenn eine Schrift in Umlauf kam, ohne dass dem Studienrat ein vollständiges Exemplar mit allen Beilagen übergeben worden war. Ferner musste die Ablieferung vonseiten der Druckerei, die die Schrift gedruckt hatte, mit einer kurzen Anzeige (Ablieferungs-Note), in welcher der Titel der Schrift und das Datum der Vollendung des Drucks anzugeben waren, unter der Adresse der Registratur des Studienrates geschehen. Die Registratur stellte vor der Eingabe den einsendenden Buchdruckern Empfangsscheine aus. Es wurde noch einmal betont, dass die für den Studienrat bestimmten Exemplare unfrankiert abgesendet werden konnten.

Innerhalb der ersten 14 Tage des Monats Januar hatte jeder Buchdrucker ein vollständiges Verzeichnis der von ihm im vorhergegangenen Jahr gedruckten Schriften, je mit der Bemerkung des Tags der Vollendung des Drucks und des Tags der Absendung eines Exemplars zum Studienrat, dem betreffenden Oberamt zu übergeben. Jedes Oberamt hatte dann in der zweiten Monatshälfte die von den Buchdruckern erhaltenen Verzeichnisse dem Studienrat einzusenden, um einen Vergleich mit den Registern über die wirklich eingegangenen Schriften zu ermöglichen. In das Verzeichnis, das jeder Buchdrucker nach § 17 des Gesetzes über die Preßfreiheit über die von ihm gedruckten Schriften bei Androhung einer Strafe von fünf Reichstalern fortlaufend führen sollte, war daher auf gleiche Weise immer auch der Tag der Vollendung des Druckes und der Absendung an den Studienrat einzutragen. Sollte der Buchdrucker das zur Einsendung an den Studienrat bestimmte jährliche Verzeichnis der Schriften nicht fristgemäß dem Oberamt übergeben, war er mit einer Strafe wegen Ungehorsams von einem Reichstaler zu belegen. Sollte auf eine ihm anzuberaumende neue Frist von weiteren 14 Tagen die Übergabe immer noch nicht stattfinden, so hatte das Oberamt dem Buchdrucker jenes fortlaufende Verzeichnis (von welchem das Oberamt ebenfalls zu jeder Zeit Einsicht nehmen konnte) abzuverlangen und daraus auf Kosten des säumigen Buchdruckers das zum Studienrat einzusendende Verzeichnis fertigen zu lassen, den Buchdrucker selbst aber mit einer erhöhten Strafe wegen Ungehorsams von wenigstens zwei Reichstalern zu belegen. Allen königlichen Oberämtern wurde darüber hinaus aufgegeben, in einer Frist von drei Wochen an den Studienrat zu berichten, ob und welche Buchdruckereien mit Angabe der Firma sich in ihren Amtsbezirken befänden. Jedes Mal, wenn eine neue Buchdruckerei errichtet wurde oder eine bestehende aufhörte zu existieren bzw. die Firma veränderte, hatte das jeweilige Oberamt dem Studienrat Bericht zu erstatten[628].

6. Die Dekretierung der Fortdauer
der Zensur (1824)

1824 dekretierte Wilhelm die einstweilige Fortdauer der hinsichtlich der Pressefreiheit bestehenden Bestimmungen dergestalt, dass die für so genannte Tagblätter und Zeitschriften „mit Inbegriff aller nicht über zwanzig Druckbogen haltenden Druckschriften" angeordnete Zensur noch solange fortzubestehen habe, bis die in Art. 18 der Deutschen Bundesakte vorbehaltene Abfassung gleichförmiger Verfügungen über die Pressefreiheit durch ein definitives Pressegesetz erfolgt sei. Dem ging voraus, dass in der Sitzung der Bundesversammlung vom 16. August 1824 festgesetzt worden war, dass diejenigen Bestimmungen, die in der Sitzung vom 20. September 1819 hinsichtlich der Freiheit der Presse provisorisch auf fünf Jahre getroffen und durch württembergische Verordnung vom 1. Oktober 1819[629] bekannt gemacht worden waren, noch bis zur Verabschiedung eines Pressegesetzes in Kraft bleiben sollten[630].

7. Sonstige flankierende Maßnahmen

Dass Württemberg auf dem Gebiet der Patentierung von Erfindungen mit Privilegienerteilungen nicht zögerlich war, beweist die Erfüllung der Bitte zweier Mechaniker aus Würzburg, die für die von ihnen erfundene Bücherdruckmaschine ein Privileg von sechs Jahren beantragt hatten; dies wurde ihnen am 1. Oktober 1818 auch gewährt, wobei expressis verbis wesentliche Verbesserungen ausgenommen wurden, um dem technischen Fortschritt keine Steine in den Weg zu legen und weitere Erfindungen zu beflügeln[631]. Als es zum Nachdruck der Formulare für Steuer-Abrechnungsbücher und Steuer-Zettel im

---

[628] Verfügung des Departements des Innern resp. des Studienrates, „die Einsendung von Exemplaren der in den innländischen Buchdruckereien gedruckten Schriften betreffend", Stuttgart den 26. April 1824 – siehe RegBl Württemberg 1824, S. 290-292.

[629] RegBl Württemberg 1824, S. 683.

[630] RegBl Württemberg 1824, S. 713-714 (Königl. Dekret v. 14. September 1824).

[631] RegBl Württemberg 1818, S. 565, Text: „Da Se. Königl. Majestät vermöge Rescripts vom 20. Septbr. d. J. den Mechanikern Friedrich König und Andreas Bauer, von Kloster-Oberzell bei Würzburg, auf deren unterthänigste Bitte, für die von ihnen erfundene Bücher-Druck-Maschine ein Privilegium dahin ertheilt haben, daß dieselben innerhalb der nächsten 6 Jahre, vom Tage der heutigen Bekanntmachung an, im Königreich ausschließlich zum Bau der von ihnen erfundenen Druckmaschine mit Ausnahme des Falls, daß durch Andere wesentliche Verbesserungen derselben erfunden werden würden, berechtigt seyn sollen; so wird solches zur allgemeinen Kenntniß gebracht. Stuttgart den 1. Oktober 1818. Ministerium des Innern. v. Otto."

Königreich kam und dadurch das ausschließliche Recht der Hof- und Kanzlei-Buchdrucker Gebrüder Mäntler gefährdet war, wies der Minister des Innern mit Verfügung vom 14. April 1820 sämtliche Land- und Kommunalbehörden an, sich nur noch für die Formulare an die Druckerei Mäntler zu wenden[632].

Erst sehr viel später erhielt der Buchhändlerverein in Stuttgart die Verleihung der Rechte einer juristischen Person; der König verlieh der von der Mehrzahl der Buchhandlungen in Stuttgart zur Pflege und Förderung der Interessen des Buchhandels unter dem Namen „Verein der Buchhändler zu Stuttgart" gegründeten Gesellschaft eine entsprechende staatliche Genehmigung[633]. Die königliche Entschließung hierzu stammte vom 7. Dezember 1843.

8. Studienrat und Schulentwicklungsplan von 1835

Kurz nach seinem Amtsantritt vereinigte Wilhelm I. das Innenministerium mit dem neu gegründeten Departement für das Kirchen- und Schulwesen. Diesem Mehrfachministerium unterstellte er als zentrale Aufsichtsbehörde für das gesamte höhere Schulwesen den „Königlichen Studienrath", der Nachfolgeeinrichtung der von seinem Vater Friedrich I. 1806 gegründeten „Oberstudiendirektion". Die neuen Institutionen waren zwar per königlichem Dekret vom 18. November 1817 ins Leben gerufen worden, doch nahmen sie ihre Arbeit erst mit Wirkung vom 1. Januar 1818 auf[634].

Neu an dieser Organisation war die Zuständigkeit des Studienrates für alle höheren Schulen. Dagegen hatte die Oberstudiendirektion lediglich die Aufsicht über die damals fünf Gymnasien des Landes geführt, während die große Masse der höheren Lehranstalten, also die Lateinschulen, je nach Konfession

---

[632] RegBl Württemberg 1820, S. 188-189; Text: „Den Druck und Verkauf der Steuer-Abrechnungs-Bücher und Steuer-Zettel betreffend. Es ist zur Anzeige gekommen, daß an vielen Orten die Formulare zu den Steuer-Abrechnungs-Büchern und Steuer-Zetteln nachgedruckt werden. Da nun die Hof- und Kanzlei-Buchdrucker Gebrüder Mäntler vermöge ihres Contrakts das ausschließliche Recht haben, neben den Druck-Arbeiten für den Hof und die Kanzlei, auch die für sämtliche Land- und Commun-Behörden, so wie für einzelne Individuen erforderlichen Obligationen, Unterpfands-Zettel, Cautionen, Steuer-Abrechnungs-Bücher und Zettel, Vollmachten, Reise-Pässe, Wanderbücher, Wein- und Vieh-Urkunden, Seelen- und Ernte-Tabellen, Lehrbriefe ec. zu drucken und zu verkaufen; so werden sämtliche Behörden angewiesen, sich wegen der vorbemerkten Artikel allein an die Hof- und Kanzlei-Buchdrucker Gebrüder Mäntler zu wenden. Stuttgart den 14. April 1820. v. Otto."

[633] RegBl Württemberg 1844, S. 161 (Verfügung v. 20. Februar 1844).

[634] *Dehlinger*, Württembergs Staatswesen (Fn. 139), S. 125 u. 487; *August Ludwig Reyscher*, Vollständige, historisch und kritisch bearbeitete Sammlung der württembergischen Gesetze, 3. Bd., enthaltend den dritten Theil der Sammlung der Staats-Grund-Gesetze, Stuttgart u. Tübingen 1830, S. 481 u. 493. Zu Reyscher vgl. *Raberg*, Biographisches Handbuch (Fn. 167), S. 719-721.

entweder dem „evangelischen Oberconsistoriuim" oder dem „katholischen Kirchenrath" unterstanden hatten. Die Neuordnung der Schulpolitik war aber nach Meinung der Regierung am besten durch eine einheitliche Aufsichtsbehörde für alle Arten der höheren Schulen zu erreichen, d.h. ohne Rücksicht auf die Konfession des Schulortes und der Ausbaustufe der örtlichen höheren Schule. Diese zentrale Behörde unterstand dem Innenminister, der gleichzeitig auch Kultusminister war[635].

Am 16. November 1835 erließ der Innen- und Kultusminister Johannes von Schlayer nämlich den Schulentwicklungsplan, der das württembergische Schulwesen dergestalt verändern sollte, dass er das Realschulwesen grundsätzlich ausbaute, wobei sich als Grundsatz ergab, dass an jedem Schulort nur e i n e höhere Schule bestehen sollte. Auch in die Vorarbeiten war der Studienrat seit dem 8. März 1834 einbezogen. Der Rat begann zunächst, eine Bestandsaufnahme des höheren Schulwesens zu erstellen und die örtlichen Möglichkeiten eines Ausbaus des Realschulwesens auszuloten. Das Gutachten des Rates vom 16. Dezember 1834 machte sich von Schlayer weitestgehend zu Eigen. Den Ministerialentwurf billigte der König am 13. November 1835, wobei er hinzufügte, er habe den Bericht mit Wohlgefallen eingesehen und sei mit den darin entwickelten Ansichten und gestellten Anträgen durchaus einverstanden[636].

Der Schulentwicklungsplan vom 16. November 1835 konnte nur deshalb zustande kommen, weil der König mit seiner Machtfülle hinter dem Minister stand und ihn zu diesem Reformvorhaben ermunterte. Nicht als Gesetz, sondern als Ministerialerlass erging dieser Plan an den Studienrat, d.h. an die von Schlayer unterstellte zentrale Schulaufsichtsbehörde, was eine einfachere Umsetzung des Plans in die Praxis ermöglichen sollte und konnte[637].

Erst 1847 wurde der Schulentwicklungsplan der Öffentlichkeit im Wortlaut durch einen Abdruck in einer nicht amtlichen Gesetzessammlung zugänglich gemacht[638]. Entscheidend war, dass der Plan es zuließ, gemäß den örtlichen Gegebenheiten auf freiwilliger Basis Neuerungen zuzulassen oder das alte Schulwesen (speziell die Lateinschulen) aufrecht zu erhalten. Dies war ein Beweis für die Flexibilität der württembergischen Verwaltung und setzte voraus, dass entsprechendes Lehrpersonal und Lehrwerke „produziert" und den Schulen und Schülern zur Verfügung gestellt wurden, was insbesondere für charakteristische Unterrichtsfächer der Realschule galt, wozu des Näheren Geschich-

---

[635] *Dehlinger*, Württembergs Staatswesen (Fn. 139), S. 140-141 sowie S. 257 u. 487.

[636] *Blattner*, Die von Innen- und Kultusminister (Fn. 141), S. 181 zitiert E 11 Nr. 177, Teil 18.

[637] *Blattner*, Die von Innen- und Kultusminister (Fn. 141), S. 502-503.

[638] *August Ludwig Reyscher*, Vollständige, historische und kritisch bearbeitete Sammlung der württembergischen Gesetze, 11. Bd., 2. Abth., enthaltend die Gesetze für die Mittel- und Fachschulen, Tübingen 1847, S. 656-660.

te, Geographie, Arithmetik, Naturgeschichte und Geometrie, aber auch Gesang und Schreiben sowie Zeichnen und Französisch gehörten, womit sich die Realschule von den Lateinschulen und Gymnasien, an denen lateinischer und griechischer Sprachunterricht vorherrschte, unterschied. Es sollten also Realfächer, d.h. reale bzw. greifbare und praxisbezogene Fächer in den Vordergrund gerückt werden, um die Schüler auf gewerbliche Berufe vorzubereiten[639]. Die Durchsicht der Gesuche für Nachdruckprivilegien lässt einen eindeutigen Schwerpunkt bei den Schulbüchern für die genannten Realfächer erkennen, auf deren Preis-Leistungs-Verhältnis der Studienrat gesteigerten Wert legte.

Dieser politische Wille kam von Johannes von Schlayer (1792-1860), der nach Zusammenlegung des Innen- mit dem Kirchen- und Schulwesenministeriums im neu geschaffenen Ministerium Kanzleidirektor, zunächst unter dem neuen Minister Otto, ab 1821 unter dessen Nachfolger Christoph Friedrich Schmidlin war[640].

1824 Oberregierungsrat, seit 1826 Mitglied der Kammer der Abgeordneten für seine Heimatstadt Tübingen auf dem dritten ordentlichen Landtag und auf den folgenden Landtagen von 1828 und 1830 konnte sich von Schlayer als vorzüglicher Redner und gewandtester Oppositionsmann der Kammer darstellen und als eifriger Verfechter von Pressefreiheit, Judenemanzipation und Aufhebung des Zunftwesens[641]. In seiner Haupttätigkeit im Innen- und Kultusministerium war er die rechte Hand seines Ministers Schmidlin bis zu dessen Tod im Jahre 1830. In der Zeit von 1830 bis 1832 konnte sich Schlayer unter den Ministern Kapff und Weishaar als ministrabel ausweisen und schon am 10. August 1832 gelangte er an die Spitze des Mehrfachministeriums, wobei er vom König erst 1839, nachdem er 1836 zum Geheimen Rat aufgestiegen war, zum „wirklichen" Minister ernannt wurde. Unter seiner Amtszeit wurden nicht zuletzt die Nachdruckgesetze von 1836, 1838 und 1845 beschlossen. Bei seinem Rücktritt am 9. März 1848 wurden Innen- und Kultusministerium erneut getrennt.

Obwohl die württembergische Verfassung vom 25. September 1819 keinen hervorgehobenen Ministerposten vorsah, galt der Innenminister als der wichtigste und mithin als Premierminister. Für seine Schulpolitik fand von Schlayer in König Wilhelm I. einen getreuen Verbündeten, der unter dezenter Abstandnahme zur humanistischen Bildung aus seiner großen Zuneigung zu einer Realschulbildung keinen Hehl machte. Da die Mehrzahl der Gymnasiasten gar nicht

---

[639] *Blattner*, Die von Innen- und Kultusminister (Fn. 141), S. 409 u. 513 beruft sich auf Staatsarchiv Ludwigsburg StAL E 202 Nr. 206 [Grundbeschreibung der Lateinschule Munderkingen, angelegt um 1850, mit Nachträgen bis 1912]; *Matthias Mayer*, Geschichte des württembergischen Realschulwesens, Stuttgart 1923, S. 88-89.

[640] *Dehlinger*, Württembergs Staatswesen (Fn. 139), S. 257.

[641] *Carl Theodor Griesinger*, Universal-Lexicon von Württemberg, Hechingen/Sigmaringen, Stuttgart/Wildbad 1841, Sp. 1211.

studiere und infolgedessen der Lehrplan für diese Mehrheit unbrauchbar sei, musste dieser nach Einschätzung des Königs den Bedürfnissen der Schüler angepasst werden[642]. Sein Minister von Schlayer hatte es verstanden, seinen Schulentwicklungsplan nicht als Verdrängungsmodell zulasten der Lateinschulen, sondern als schonende Reform umzusetzen. Dabei musste er das Dilemma überwinden, als Kultusminister die Erneuerung der Schullandschaft gegen den mehrfachen Widerstand der örtlichen Behörde durchzusetzen, und als Innenminister die Staats- und Gemeindefinanzen zu schonen. Zwar wäre der simple Ersatz der Lateinschulen durch die Realschulen in jedem Fall die kostengünstigere Lösung gewesen, doch auch die konfliktreichere Variante. Einer erhöhten Ausgabenpolitik für neue Lehrmittel und Schulräume musste er daher entgegenwirken, was das Einvernehmen mit den örtlichen Behörden voraussetzte. Für die Schul- und Lehrbücher war eine staatsfürsorgliche (paternalistische) Preispolitik in Zusammenarbeit mit den Verlagen geboten, was sich in der hinlänglichen Prüfung des Preis-Leistungs-Verhältnisses des Studienrates bei Zulassung neuer Bücher ausdrückte.

Der Studienrat konnte dabei seine „Mehrfachfunktion" wirksam einsetzen, d.h. einmal als genehmigende Schulaufsichtsbehörde für die Lehrwerke und zum andern als Berichterstatter im Privilegienerteilungsverfahren hinsichtlich von Wert und Brauchbarkeit wie dem Verkaufspreis der Bücher für Schüler und Lehrer. Auch von dieser Warte gesehen erklärt sich, dass Württemberg das flexible Instrument der Privilegierung in diesem Bereich so lange wie möglich einsetzen wollte. In weitsichtiger Weise trug von Schlayer ferner dazu bei, dass die wirtschaftliche Entwicklung des Königreiches in eine Bahn mündete, die schließlich dazu führte, dass aus dem Agrarstaat Württemberg ein Industriestaat wurde, denn Württemberg förderte qua Verbreitung des Realschulwesens den Nachwuchs für das Gewerbe und die mittelständischen Betriebe. Mit seiner Verweigerungspolitik, ein allgemeines Urheberrecht anzuerkennen, legalisierte das Königreich gewissermaßen das blühende Nachdruckgewerbe in seinem Territorium.

C. Das unmittelbare Umfeld des Rescriptes von 1815

Was ist allgemein unter „Rescript" zu verstehen? Wie kann das württembergische Königliche Rescript vom 25. Februar 1815 dogmatisch eingeordnet werden, wie die auf es gestützten Einzelfallprivilegien? (I) Außerdem sollen die zeitlich parallel laufende Entstehungsgeschichte des Rescriptes und der Deut-

---

[642] *Otto Dürr*, Die Einführung des Neuhumanismus in Württemberg, Stuttgart 1930, S. 43-50; *Blattner*, Die von Innen- und Kultusminister (Fn. 141), S. 57-66.

schen Bundesakte (BA) miteinander verknüpft werden (II), bevor die problematischen Aspekte der inhaltlichen Ausgestaltung bzw. Verfeinerung des Gesetzestextes thematisiert werden (III).

I. Zur Einordnung von Rescript und Privileg

Die Bezeichnung „Rescript" von 1815, auf dessen Grundlage die Nachdruckprivilegien ausgestellt wurden, ist auffällig. Es ist wie ein Gesetz im Regierungsblatt verkündet und sieht die Ausstellung von Einzelprivilegien vor. In dieser Hinsicht vermag man es als eine Art „Generalprivileg" zu qualifizieren, aus dem etliche Einzelfallprivilegien fließen konnten.

1. Das Rescript

Das Rescript war bereits in der Antike ein Akt kaiserlicher römischer Rechtsetzung, der am Ende eines Reskriptprozesses stand, in welchem aufgrund eines dem Kaiser vorgelegten Sachverhaltes eine Rechtsfrage gutachtlich entschieden wurde. Die alle Rechtsgebiete umfassenden Reskripte verkörperten jeweils fallbezogen die Rechtsansicht des Kaisers. Die ersten Reskripte ergingen durch Kaiser Hadrian und standen im 4. und 5. Jahrhundert im Zenit, weil mit ihnen eine Fortbildung und Vereinheitlichung des römischen Rechts anvisiert wurden[643]. Reskripte bildeten im ausgehenden Mittelalter Akte der freiwilligen Verwaltung und ergingen auf Suppliken[644]. Im kanonischen Recht bezeichnete der Begriff seit jeher einen auf Bitte ergangenen Bescheid des Papstes oder eines Oberhirten.

Dagegen verstand die Behördensprache des 19. Jahrhunderts darunter ganz allgemein einen auf Anfrage ergehenden schriftlichen Bescheid einer Oberbehörde an eine nachgeordnete Behörde oder Person[645]. Im Wörterbuch von *Adelung* ist damit die Schrift eines Landesherrn charakterisiert, worin er sich auf das Bittschreiben eines Untertanen oder auf die Anfrage eines Kollegiums usw.

---

[643] *Hermann Dilcher*, „Reskript, Reskriptprozeß", in: *Erler/Kaufmann* (Hg.), HRG IV, Berlin 1990, Sp. 933–937, hier Sp. 933.

[644] *Dietmar Willoweit*, in: *Kurt G.A. Jeserich* (Hg.), Deutsche Verwaltungsgeschichte, Bd. 1: Vom Spätmittelalter bis zum Ende des Reiches, Stuttgart 1983, S. 150.

[645] *Dilcher* (Fn. 643), Sp. 935–936.

erklärt[646]. In dieser Hinsicht hatte das Rescript von 1815 nichts von der ursprünglichen Ausgestaltung verloren.

Die Königliche Verordnung von 1815 hatte zweierlei Aufgaben: Sie fasste als Antwortschreiben die Anfragen für Nachdruckschutz und die eingegangenen Beschwerden, die an die württembergische Regierung bzw. den König herangetragen worden waren, zusammen und fungierte als abstrakt-generell formulierter Bescheid (wörtlich „Zurück-Schrift") auf Bittstellungen. Mithin war sie ein Akt der *potestas legislatoria*, d.h. des württembergischen Königs, der ein „Generalprivileg" mit Gesetzesqualität ausstellte, aus dem wiederum einzelne Gnadenerweise fließen konnten. Das Rescript stammte noch aus der präkonstitutionellen Zeit, d.h. vor der Verfassung vom 25. September 1819, als der König (hier Friedrich I.) in seiner Gesetzgebungsbefugnis noch keine Zustimmung der Stände benötigte. Da jedoch gemäß § 31 der Verfassung Privilegien stets der gesetzlichen Grundlage oder der Zustimmung der Stände bedurften, nahm das Rescript von 1815 nach der Verkündung der Verfassung die Rolle des Gesetzes, auf Grund dessen die Privilegien ergehen durften, ein.

Württemberg konnte sein Privilegiensystem gegen die Forderungen Preußens nach einem „allgemeinen Gesetz gegen den Nachdruck" über lange Jahre hindurch vorbringen. Das Rescript von 1815 war einerseits ein flexibles Instrument der Begrenzung des Schutzes gegen den Büchernachdruck auf ein Minimum, um andererseits der Freiheit des Nachdruckergewerbes maximalen Spielraum einzuräumen. Diese Ziele konnten, wie die Erteilungspraxis in Württemberg zeigt, am besten qua Einzelprivileg auf Grundlage des Rescriptes von 1815 erzielt werden.

2. Die aufgrund des Rescriptes erteilten Privilegien

In Mittelalter[647] und Neuzeit[648] war das Privileg eine zentrale Rechtsfigur. Seit Gratian führte man die Befugnis zur Privilegienerteilung auf die Befugnis zum Erlass von Gesetzen zurück; nur wer die letztere habe, könne auch Ausnahmen zulassen[649]. Im 17. und 18. Jahrhundert zeigte der Begriff des Privilegs noch seinen in enger Verwandtschaft zur Gesetzgebung stehenden instrumentalen juristischen Kern, den er seit dem Mittelalter bewahrt hatte. Neben dem Pri-

---

[646] *Johann Christoph Adelung*, Grammatisch-kritisches Wörterbuch der Hochdeutschen Mundart, mit beständiger Vergleichung der übrigen Mundarten, besonders aber der oberdeutschen, „Das Rescript", Wien 1811.

[647] *Hermann Krause*, „Privileg, mittelalterlich", in: *Erler/Kaufmann* (Hg.), HRG III, Berlin 1984, Sp. 1999-2005, hier insbes. Sp. 2002.

[648] *Heinz Mohnhaupt*, „Privileg, neuzeitlich", in: *Erler/Kaufmann* (Hg.), HRG III, Berlin 1984, Sp. 2005-2011, hier insbes. Sp. 2005.

[649] *Krause* (Fn. 647), Sp. 2003-2004.

vileg wurden auch die Begriffe *ius singulare, beneficia legis, praerogativa* sowie *rescriptum* verwendet. Es dominierte die Erteilung per Einzelurkunde. Privileg war im 18. Jahrhundert immer noch Störungsverbot, also objektives Sonderrecht des Begünstigten, sowie Sonderberechtigung zugleich[650]. Misst man die Qualität des Privilegs an dessen Verhältnis zum allgemeinen Gesetz, Gewohnheitsrecht und *ius commune*, so gibt es neben der für das Privileg typischen Abweichung oder Befreiung vom Gesetz noch eine gleich wichtige Gattung: die der Schutzerteilung *in Stellvertretung* für die (noch) fehlende gesetzliche Regelung; diese Fälle tauchen in Sonderheit bei Erfinder-, Schuldnerschutz-, Autoren-, Verleger-, Handels- und Gewerbeprivilegien auf[651].

Die in Württemberg so zahlreich ausgestellten Privilegien gegen den Nachdruck vollzogen also das generell-abstrakt gehaltene *rescriptum*, denn dieses vermochte stellvertretend für die noch fehlende abschließende gesetzliche Regelung eine von einigen Staaten des Deutschen Bundes an Württemberg herangetragene Forderung, die Autoren besser zu schützen, flexibel und auf Jahre gestreckt (sogar bis nach 1836) zu erfüllen.

Die Ähnlichkeit zwischen Privileg und Gesetz belegt die Äußerung des württembergischen Bundestagsgesandten Freiherr von Trott, der kundtat, dass Württemberg es vorziehe, statt eines allgemeinen Gesetzes den Abschluss einer gemeinschaftlichen Übereinkunft im Sinne des Artikels 65 WSA „zu belieben". Diese Übereinkunft solle auf dem Privilegiensystem fußen und die gegenseitige Anerkennung der Privilegien verbürgen. Das Privileg müsse unbedingt bei dem Staat nachgesucht werden, dem Schriftsteller und Verleger auch gemeinhin, also bürgerlichrechtlich, unterworfen seien. Württemberg stimmte dem bayrischen Vorschlag zu, dass das Privileg unentgeltlich zu gewähren sei, da dies dessen Zweck, „einstweilen ein allgemeines Gesetz zu ersetzen", entspreche[652].

Der Wandel der Privilegienqualität vom Gnadenerweis zum Rechtsanspruch auf Erteilung entwickelte sich seit Ende des 18. Jahrhunderts nur sehr zögerlich. Im 19. Jahrhundert wurde der Anwendungsbereich des Privilegs durch die dem Gleichheitsgebot verpflichtete Gesetzgebung immer enger gezogen; das Privileg war nur noch zum Vollzug des Gesetzes (Verleihung, Konzession) nach der Art eines begünstigenden Verwaltungsaktes gebräuchlich. Dies wird zurückgeführt auf den durch den modernen Verfassungsstaat vorgezeichneten Weg vom subjektiven fürstlichen Privilegienrecht zur notwendigen objektiven Beschaffenheit der Rechtsordnung[653].

---

[650] *Mohnhaupt* (Fn. 648), Sp. 2006.
[651] *Mohnhaupt* (Fn. 648), Sp. 2008.
[652] Protokolle B 1823, § 112; *Gabriele Mayer*, Württembergs Beitrag (Fn. 73), S. 36.
[653] *Mohnhaupt* (Fn. 648), Sp. 2009.

Das württembergische Provisorische Gesetz von 1836 führte per Verweis das Rescript von 1815 in wesentlichen Punkten fort, vor allem, wenn es darum ging, den eng gefassten Nachdrucktatbestand auszufüllen. Ab der zweiten Hälfte der 1830er Jahre diente das Rescript als Gesetz im Sinne von § 31 der Verfassung, auf Grund dessen Privilegien für den „Einzelvollzug" fließen konnten. Dafür spricht, dass die Gesetze von 1836, 1838 und 1845 das Rescript von 1815 als „Gesetz" bezeichneten. Einzelprivilegien waren im Ganzen auch flexibler als Gesetze, obwohl sie im strengen Sinne keine waren. Für die Ähnlichkeit zu den Gesetzen spricht aber, dass nach Verkündung der Verfassung vom 25. September 1819 die Privilegien gegen den Büchernachdruck regelmäßig im württembergischen Staats- und Regierungsblatt publiziert wurden. Jedes Einzelprivileg war damit nicht bloß Begünstigung eines einzelnen Verlegers oder Autors bzw. von dessen Nachfahren, sondern in erster Linie ein Eingriff in die das Gewerbe der Nachdrucker schützende Nachdruckfreiheit im ganzen Königreich. Dieser Eingriff durfte nicht nur durch einfaches Vorabdrucken des Privilegs in das geschützte Buch gerechtfertigt werden, sondern verlangte eine Publikation wie ein für jedermann geltendes Gesetz, um der Verfassung zu genügen. Insofern standen die Einzelprivilegien den Gesetzen sehr nahe. Da die Einzelprivilegien sich auf eine schon bestehende gesetzliche Grundlage stützten, waren sie auch und vor allem in konstitutioneller Zeit flexible, ja sogar das verhältnismäßig mildeste Mittel, um die umfassend garantierte Nachdruckfreiheit so wenig wie möglich einzuschränken. Vor allem erlaubten die Privilegien eine Beschränkung dieser Gewerbefreiheit auf ganz bestimmte Jahre, d.h. zwischen sechs und 20 Jahre. Die Regierung behielt somit ein wichtiges Steuerungsinstrument der Gewerbefreiheit in ihren Händen!

II. Die Entstehung des Rescriptes und die BA

1. Besonderer Handlungsbedarf für Württemberg

Die Entstehung des Rescriptes wird vom Preußischen Gesandten in Stuttgart am 4. März, also gerade einmal eine Woche nach dessen Erlass am 25. Februar, in einem Brief an den preußischen Staatskanzler Karl August von Hardenberg (1750-1822) dergestalt geschildert, dass der König von Württemberg die Angelegenheit quasi zur „Chefsache" erklärte und an sich zog[654]:

---

[654] GStA Berlin – PK, III. HA 2.4.1.I., Nr. 1735 (Im Anschluss wird die Verordnung mitgeteilt). Hardenberg setzte sich deutlich für den Schutz der Bücher und ihrer Autoren gegen Nachdruck ein und empfahl mit Schreiben vom 2. März 1820 dem von Dänemark nach Wien entsandten Grafen Johann von Bernstorff, die Nachdruckfrage zur Sprache zu bringen. Dies unterstreicht der Brief Hardenbergs an den Königlichen Staats- und Kabinetts-Minister Bernstorff v. 2. März 1820, vgl. ibid.

„Ein allhier aus Wien angekommener Württembergischer Courier hat dem hiesigen Hof von den Maßregeln in Kenntnis gesetzt, welche in Wien wider den Bücher-Nachdruck beschlossen wurden. Dieses hat des Königs von Württemberg Majestät veranlaßt, eine besondere Verordnung über diesen Gegenstand für allerhöchstdero Staaten zu erlassen."

Es bestand augenscheinlich besonderer Handlungsbedarf für Württemberg, was in eine ebenfalls „besondere Verordnung" mündete. Dies verdeutlicht die dazu parallel verlaufende Entstehungsgeschichte des Art. 18 d) der Deutschen Bundesakte vom 8. Juni 1815, der das Ergebnis vielfacher Kompromisse war. Die „Preßfreiheit" und „die Rechte der Schriftsteller und Verleger" wurden zwar zugesichert; zugleich aber eröffnete das Verlangen „nach gleichförmigen Verfügungen" die Möglichkeit späterer Einschränkungen, an denen Österreich und einige süddeutsche Staaten interessiert waren[655]. Hierzu gehörte auch das Königreich Württemberg. Während Österreich besonderen Wert auf die Schranken der Pressefreiheit gelegt haben dürfte, insistierten Württemberg und Bayern in Sonderheit auf Schriftsteller- und Verlegerrechte, genauer auf deren Eingrenzung zugunsten der Freiheit des von ihnen anerkannten Nachdruckgewerbes. König Friedrich I. meinte in Wien am 16. November 1814 öffentlich[656]: „Wer ein Buch kauft, kann es auch nachdrucken."

2. Die Erarbeitung von Art. 18 d BA

Ersichtlich ist, dass sprachliche Präzision wie juristische Schärfe des Art. 18 d) nach und nach abgenommen hatten.

Humboldt betonte 1814 die Sicherheit gegen unbefugten Nachdruck, die aus der Sicherheit des Eigentums gegen jegliche Beeinträchtigung fließen müsse (§ 12 e). Jeder Schriftsteller sollte zeitlebens und 30 Jahre nach seinem Ableben Nachdruckschutz genießen[657]; dazu sollte zwar ein eigenes „organisches Gesetz gegeben werden", doch bestimme der Bundesvertrag schon jetzt, „daß keine mit dem Privilegium eines deutschen Bundesstaats gedruckte Schrift soll wäh-

---

[655] *Elmar Wadle*, Grundrechte in der Deutschen Bundesakte? Notizen zu „Preßfreiheit" und „Rechte der Schriftsteller und Verleger gegen den Nachdruck" (Artikel 18 d), in: *J. Bröhmer/R. Bieber/C. Callies/C. Langenfeld/S. Weber/J. Wolf* (Hg.), Internationale Gemeinschaft und Menschenrechte. Festschrift für Georg Ress zum 70. Geburtstag am 21. Januar 2005, Köln 2005, S. 1333-1351, insbes. dort unter III. am Ende; vgl. hierzu die in unserem Annex abgedruckten Beilagen zum Protokoll der vierten Sitzung der Deutschen Bundesversammlung vom 11. Februar 1819.

[656] *Goldfriedrich*, Geschichte des deutschen Buchhandels (Fn. 191), Bd. IV, S. 73.

[657] Humboldts Entwicklung der §§ 11 und 12 der „Zwölf Artikel", in: GStA Berlin, III. HA, 2.4.1.I., Nr. 1095, fol. 74-76 sowie abgedruckt bei: *Eckhardt Treichel* (Bearb.), Die Entstehung des Deutschen Bundes 1813-1815, Bd. 1, Halbbd. 1 (Quellen zur Geschichte des Deutschen Bundes), München 2000, S. 533-537, hier insbes. S. 536-537.

rend der Lebenszeit des Verfaßers und der seiner Kinder, oder im Fall er keine Kinder hinterlaeßt, während 30 Jahren nach seinem Tode, innerhalb der Grenzen Deutschlands, nachgedruckt werden können" (§ 12 f).

Diese Ideen, die Humboldt um den 29. Oktober 1814 niedergeschrieben hatte, wiederholte er am 7. Februar 1815 in der zweiten Fassung des „Entwurf einer deutschen Bundesverfassung mit einer Einteilung Deutschlands in Kreise" in den §§ 93 und 94[658] sowie in § 80 des „Entwurf einer deutschen Bundesverfassung ohne Einteilung Deutschlands in Kreise" (ebenfalls zweite Fassung sowie auch mit Datum vom 7. Februar 1815)[659].

Die genannten Vorschläge waren publiziert und den Vertretern Württembergs in Wien sicherlich nicht entgangen. Sie mussten also handeln und den württembergischen König unterrichten, der schleunigst mit dem Königlichen Rescript vom 25. Februar 1815 einen Ausweg fand.

Auch Leopold Freiherr von Plessens „Allgemeine Beratungspunkte als Grundlage des deutschen Staatenbundes", die in den Monat März 1815 datiert werden können, unter Umständen aber auch schon früher geschrieben wurden, sehen in ihrem Art. 9 unter „allgemeine Rechte der Teutschen" resp. „Freiheiten" eine „geregelte Preßfreiheit und ein Verboth des Bücher-Nachdrucks" vor[660].

Dass Württemberg dem erheblichen Druck von außerhalb seiner Grenzen ausgesetzt war, beweist zudem der Zweite Preußische Entwurf einer deutschen Bundesakte vom 30. April 1815. Danach bekamen alle Einwohner der zum deutschen Bund gehörenden Provinzen von den Mitgliedern des Bundes eine „angemessene Preßfreiheit zugesichert, welche letzte aber keinesweges die Verantwortlichkeit der Verfasser, Verleger oder Drucker sowohl gegen den Staat, als gegen Privat-Leute, und zweckmässige polizeiliche Aufsicht auf periodische und Flugschriften ausschließt." Preußen drängte darauf, die Rechte der Schriftsteller und Verleger durch ein allgemeines Gesetz gegen den Nachdruck zu sichern (§ 9)[661]. Der Druck, dass ein allgemeines Gesetz zustande käme, das die württembergische Praxis hätte zunichte machen können, war also sehr stark. Dem kam die Abschwächung des künftigen Art. 18 d) sehr entgegen. So hieß es am 26. Mai 1815 in dessen Vorläuferartikel 16 e)[662]: „Die Bundesversamlung

---

[658] Vgl. Abdruck bei *Treichel* (Fn. 657), Halbbd. 2, S. 1068-1099, hier S. 1092.

[659] Vgl. Abdruck bei *Treichel* (Fn. 658), S. 1108.

[660] *Treichel* (Fn. 658), S. 1164.

[661] *Treichel* (Fn. 658), S. 1267.

[662] Art. 16 e) „Protokoll der 2. Sitzung der zweiten deutschen Konferenzen", vgl. HHStA Wien, St.K., Kongressakten, Kart. 4, Fasz. 7 (alt), fol. 5-31 sowie *Treichel* (Fn. 658), S. 1334. In der Präambel gab Fürst von Metternich unter anderem das Schreiben des Königlich-württembergischen Bevollmächtigten bekannt, mit dem dieser seine Abwesenheit in der davor liegenden Sitzung entschuldigte, vgl. *Treichel* (Fn. 658), S. 1318.

wird sich bey ihrer ersten Zusammenkunft mit Abfassung zweckmäßiger Gesetze über die Preßfreiheit und die Sicherstellung der Rechte der Schriftsteller und Verleger gegen den Nachdruck beschäftigen."

Bayern sprach sicherlich für Württemberg, wenn es abschwächend vorschlug, das Wort „erste" bei der ins Auge gefassten „Zusammenkunft" wegzulassen; damit enhüllte sich das Verzögerungsgebaren dieses Königreiches. Ferner wollte es statt „Gesetze" lediglich „Vorschläge" verwenden, um das Projekt in seiner Verbindlichkeit zu nuancieren, denn ein Gesetz hätte unmittelbare Geltung in den Mitgliedsstaaten gehabt, Vorschläge dagegen waren viel unbestimmter und weitaus ungefährlicher als eine Verpflichtung per Gesetz[663].

Das Zwischenergebnis sah im neu gefassten unverfänglichen Art. 14 e) folgendermaßen aus[664]: „Die Bundes Versammlung wird sich bey ihrer Zusammenkunft mit Abfassung zweckmässiger Vorschläge über die Preßfreiheit, und die Sicherstellung der Rechte der Schriftsteller und Verleger gegen den Nachdruck beschäftigen."

Im Protokoll der 7. Sitzung der zweiten deutschen Konferenz stand am Schluss das Wort „erste" wieder im Text, allerdings einigten sich die Staaten auf „gleichförmige" Verfügungen und ließen das Adjektiv „zweckmäßig" fallen, so dass Art. 19 d) und letztlich auch Art. 18 d) lauteten[665]: „Die Bundesversammlung wird sich bei ihrer ersten Zusammenkunft mit Abfassung gleichförmiger Verfügungen über die Preßfreiheit und die Sicherstellung der Rechte der Schriftsteller und Verleger gegen den Nachdruck beschäftigen."

Der Schlussbericht des Senators Hach über seine Abordnung zum Wiener Kongress vom 24. Juni 1815 unterstreicht das eigensinnige Vorgehen der süddeutschen Staaten auf folgende Weise[666]:

„Die Vorarbeiten zur teutschen Verfaßung fanden nicht geringere Hindernieße. Die Unthätigkeit des Oesterreich[schen] Ministeriums gab dem viel thätigern Preußischen ein entschiedenes Übergewicht. Baiern und Würtemberg hingegen konnten dem Kitzel, als Europäische Mächte zu gelten nicht entsagen. Die durch Errichtung des Rheinbundes mediatisirten teutschen Fürsten fanden bey Oesterreich und Preußen ein williges Gehör, während Baiern, Würtemberg, Baden, Heßen Darmstadt und Naßau ihnen entgegen arbeiteten. Jene beiden Mächte verbunden mit Hannover schienen wenigstens der Volksstimme in Teutschland horchen und nachgeben zu wollen, während Baiern und Würtemberg nur ihre Souveränität, die ihnen schon unter Napoleons Einfluß so lieb geworden war, im Auge hatten."

Hach führte im selben Atemzug die Nachdruckfrage neben folgenden Verhandlungspunkten auf[667]:

---

[663] *Treichel* (Fn. 658), S. 1334.

[664] *Treichel* (Fn. 658), S. 1348.

[665] *Treichel* (Fn. 658), S. 1453 und S. 1517.

[666] *Treichel* (Fn. 658), S. 1553.

„Die Fürstin von Thurn und Taxis wegen der Posten, die Agenten der katholischen Kirche, *die Buchhändler wegen des Nachdrucks*, der Anwalt der Juden und so manche andere die ihre größte oder einzige Hoffnung auf den Congreß gesetzt hatten, trugen das ihrige dazu bey, den gordischen Knoten immer fester zu schürzen."

Beobachtungen zur Entstehungsgeschichte des Art. 18 d) legen nicht zuletzt nahe, dass es sich bei diesem Artikel einerseits nicht um ein mit rechtlicher Garantie ausgestattetes Grundrecht im heutigen Sinne handeln konnte[668]. Doch stellte dieser Passus gleichwohl mehr als einen bloßen Programmsatz dar[669].

III. Die problematischen Aspekte bei der Ausgestaltung des Rescripts von 1815

Unmittelbarer Anlass für die Aufnahme von Vorarbeiten für das Rescript von 1815 waren die Anträge der deutschen Buchhändler beim Deutschen Bund in Wien[670] (1). Wie sich das Rescript vom ersten Entwurf bis zum Endtext entwickelte, wird ebenfalls Gegenstand unserer Untersuchung sein (2). Schlussendlich werden wir vorführen, auf welche Weise die Nachdrucker sich für die Beibehaltung des Rescriptes von 1815 einsetzten und echte „Lobbyistenarbeit" leisteten (3).

1. Die Anträge der deutschen Buchhändler an den Wiener Kongress

Die Buchhändlerdeputation in Wien verschaffte ihrem Unmut gegen den Nachdruck Luft. Diese Beschwerde, die auch der württembergische Gesandte in Wien nach Stuttgart vermeldete, wurde abgeschlossen mit dem hellhörig machenden Vorschlag, das Dekret der souveränen Fürsten der vereinigten Niederlande betreffend den Buchdruck und den Buchhandel vom 22. September 1814 in allen Einzelstaaten des Deutschen Bundes zu übernehmen.

---

[667] Ibid. [kursive Hervorhebung durch den Verfasser].

[668] *Ulrich Eisenhardt*, Zur Entwicklung des Grundrechtsverständnisses in Deutschland in der ersten Hälfte des 19. Jahrhunderts, in: *Gerhard Köbler/Meinhard Heinze/Wolfgang Hromadka* (Hg.), Europas universale rechtspolitische Aufgabe im Recht des dritten Jahrtausends. Festschrift für Alfred Söllner zum 70. Geburtstag, München 2000, S. 255-272.

[669] *Wadle* (Fn. 655), Grundrechte in der Deutschen Bundesakte?, dort unter V.

[670] Die Akten des Entstehungsprozesses zum Rescript vom 25. Februar 1815 forderte das Ministerium des Innern wegen einer bei ihm anhängigen Nachdruckstreitsache zwischen dem Buchhändler Perz bzw. dessen Erben und dem Buchhändler Halberger zur Ansicht beim Königlichen Geheimen Rat an. Dies resultiert aus einer Note des Ministeriums des Innern vom 16. Mai 1851. Die Akten wurden am 1. August 1851 wieder zurückgegeben, vgl. dazu E 31 Nr. 573 (Teil 10).

a) Die Klage der Buchhändlerdeputation

Mit Schreiben vom 4. Januar 1815 meldete der württembergische Gesandte nach Stuttgart, dass die Bevollmächtigten der Deutschen Buchhändler beim Wiener Kongress eine „Vorstellung" eingereicht hatten, worin sie um Bestimmung der Kunstfreiheit in Deutschland sowie um ein Verbot des Nachdrucks baten[671]. Die Verleger Cotta und Bertuch hatten die gesetzliche Verankerung der „Preßfreiheit" mit Schreiben vom 1. November 1814 in Wien beantragt. Nach ihrer Meinung sollte diese Freiheit zum Wohle aller dazu führen, dass sämtliche „Produkte des Geistes" der Öffentlichkeit mitgeteilt werden dürften[672]. Nach Meinung der Buchhändler sollten sich die Abgeordneten des Kongresses nicht nur um Zölle, sondern auch um das geistige Eigentum kümmern[673]:

„Nach dem 5ten Artikel des zwischen den hohen verbündeten Mächten und Frankreich abgeschlossenen Friedens ist der segensreiche Kongreß in Wien bestimmt, den Verkehr zwischen den Völkern zu erleichtern. Dies kann nicht blos durch Befreiung der schiffbaren Ströme von drükenden Zölln und Stapelpläzen, nein, auch durch Sicherstellung alles Eigenthums befreundeter Völker gegen einander erreicht werden. Nun hat es die Erfahrung so deutlich gezeigt, daß die Schriftsteller das Salz des Volkes sind."

Die Buchhändler wollten sich gegen die „Plünderungen" der Nachdrucker wehren und forderten unmissverständlich, das Privilegienwesen gänzlich abzuschaffen sowie statt dessen ein allgemein gültiges Gesetz zu erlassen[674]:

„Nun wüthet aber der Krebsschaden unserer Literatur, der Nachdruk, ohne Unterlaß fort. Jezt oder nie muß auf dem Wiener Kongreß ein allgemein gültiges, alle deutschen Regierungen zugleich verpflichtendes Gesez gegen diesen Geistesraub ausgesprochen werden. Privilegien sind eine armselige Nothbrüke, eine Licenz beim allgemeinen Korsarenunwesen."

Dabei nannten die Buchhändler explizit den Kaiser von Österreich und den König von Württemberg, in deren Staaten „jenes Unwesen am ärgsten getrieben" werde[675]. Die Starrheit der beiden Monarchen, am Privilegienwesen festzuhalten, wird ebenfalls kritisiert[676]: „Und wie entfernt liegt es gerade von dem Charakter dieser beiden Regenten, dem untreu zu werden, was sie für pflicht- und rechtmäßig erkennen."

Die Buchhändler wehrten sich vehement gegen das Argument, dass der Nachdruck die Bücher denknotwendig verbillige und lobten die Gesetzgebun-

---

[671] Schreiben Nr. 56 v. 4. Januar 1815 an den württembergischen König, vgl. E 70b Nr. 306.

[672] E 70b Nr. 306 (Nr. 1a).

[673] E 70b Nr. 306 (Nr. 1a: Allgemeine Zeitung, Nr. 276 v. 3. Oktober 1814).

[674] Ibid.

[675] Ibid.

[676] Ibid.

gen in Sachsen, in Hannover und in den preußischen Staaten. Karl VI. habe bereits mit Recht im Jahre 1735 gegen einen Nürnberger Nachdrucker ein allgemeines Nachdruckverbot verhängt. Die Buchhändler klagten die Nassauischen Fürstentümer an, weil das dort ergangene Edikt, welches in ganz Deutschland großes Aufsehen erregt hatte, nur die lebenden Schriftsteller gegen den Nachdruck absicherte, die Erben derselben aber geradezu ihres Eigentums beraubte, sofern sie kein Privileg nachgesucht hatten[677].

b) Der Vorschlag der Übernahme des Dekrets der souveränen Fürsten der vereinigten Niederlande vom 22. September 1814

Der Stuttgarter Gesandte in Wien beeilte sich, mit Schreiben vom 4. Januar 1815 dem württembergischen König zu berichten, dass die Bevollmächtigten der deutschen Buchhändler gleichfalls die Bitte vorgetragen hätten, das Dekret der souveränen Fürsten der Niederlande vom 22. September 1814 zur allgemeinen gesetzlichen Grundlage zu nehmen[678]. Die Buchhändler Cotta und Bertuch hatten dies in einem Brief vom 1. November 1814 folgendermaßen formuliert[679]:

„Diese, das Wohl des ganzen so bestimmende Freiheit würde zugleich den hohen Vortheil gewähren, daß in der Erlaubniß, alle Produkte des Geistes dem Publikum ungestört mittheilen zu dürfen, ein erhöhter Antrieb für die Entwicklung desselben läge. Würde dabei noch des Geistes Eigenthum durch Verbot des Nachdrucks den Schriftstellern gesichert, und überhaupt für Buchdruckerei und Buchhandel dasjenige gesetzlich verordnet, was die weise Dekret Sr. k. Hoheit der souverainen Fürsten der vereinigten Niederlande vom 22. September 1814[680] in dieser Beziehung enthält, so wäre in der teutschen Verfaßung alles begründet, was die Druck- und Preßfreiheit nützliches bewirken kann, ohne Nachtheil davon nehmen zu dürfen."

In den Niederlanden, die Frankreich 1810 einverleibt worden waren, wurde am 9. April 1811 mit dem kaiserlichen Dekret vom 5. Februar 1810 das französische Urheberrecht in Kraft gesetzt, das in seiner kurzen Geltungszeit jedoch keine Bedeutung erlangte. Denn nach der französischen Herrschaft wurde es am 24. Januar 1814 gleich wieder aufgehoben und die alten, zuletzt mit dem Gesetz von 1803 eingeführten gewerberechtlichen Grundsätze wieder in Kraft gesetzt. In den Niederlanden gewannen urheberrechtliche Gedanken erst mit dem Gesetz vom 25. Januar 1817 an Raum. Dieses Gesetz erkannte das ausschließliche Verlagsrecht als ein ursprünglich dem Urheber zustehendes und noch zwanzig Jahre nach seinem Tod fortdauerndes Recht an.

---

[677] E 70b Nr. 306 (Teil 1a: Allgemeine Zeitung Nr. 277 v. 4. Oktober 1814).

[678] E 70b Nr. 306, Schreiben Nr. 56.

[679] E 70b Nr. 306 (Teil 1a).

[680] Das Dekret liegt in Abschrift diesem Schreiben bei, vgl. Fn. 678.

Für die 1814 mit den Niederlanden vereinigten belgischen Provinzen, die schon 1795 zu Frankreich gehört hatten, wurde bereits mit dem von den Buchhändlern erwähnten Dekret vom 22. September 1814 bestimmt, dass das ausschließliche Recht zum Druck und zur Verbreitung eines Werkes dem Autor, seiner Witwe und seinen Kindern auf Lebenszeit zustehen solle[681]. In seiner Präambel grenzte sich das Dekret von den Gesetzen und Verordnungen ab, die die „Preßfreiheit" oftmals einer willkürlichen Aufsicht unterwarfen, und schlug sich auf die Seite der Schriftsteller, die alle Rechte in Ansehung ihrer Werke ausüben durften. Das Dekret beendete die Geltung der Gesetze, die die französische Regierung über den Buchdruck und den Buchhandel sowie die Tagblätter erlassen hatte (§ 1). Allerdings bürdete es demjenigen, der schrieb, bekannt machte, druckte, verkaufte oder ein Schriftwerk verteilte, die Verantwortung für den Inhalt auf. Sollte der Verfasser nicht bekannt sein oder nicht bezeichnet werden können, so oblag diese Verantwortung allein dem Buchdrucker (§ 2). Für den Fall, dass eine Druckschrift ohne Namen des Verfassers bzw. Buchdruckers oder ohne die Jahreszahl und die Art der Ausgabe erscheinen sollte, schrieb das Dekret die Bezeichnung „Schmähschrift" mit der Folge vor, dass Herausgeber oder Verbreiter so bestraft würden, als ob sie der Verfasser selbst gewesen wären (§ 3). Mit Verweis auf Art. 287 des Strafgesetzbuches erinnerte § 4 des Dekrets daran, dass die Ausstellung bzw. die Verbreitung von Schriften oder Bildern, welche die Religion verächtlich zu machen oder die Sitten zu verderben bezweckten, mit Strafe belegt waren. Das Dekret garantierte in § 5 nicht allein, dass die Witwe und die Erben Zeit ihres Lebens das Druck- und Verkaufsrecht für Belgien innehatten (§ 5), sondern dass im Falle der Herausgabe hinterlassener Werke daran der Witwe und den Erben das Eigentum auf Lebzeiten zur Nutznießung gehörte (§ 6). § 7 des Dekrets griff sogar in Rechte Dritter ein, wenn er aussprach[682]:

> „Wenn die Handschrift eines Schriftstellers sich in den Händen einer Person befindet, die mit seiner Familie nicht verwandt ist, so kann dieselbe, so lange der Verfasser oder seine Erben leben, ohne ihre Zustimmung nicht herausgegeben werden, und das durch den 5ten Artikel zuerkannte Recht wird in Ausübung gebracht."

Gemäß Art. 8 und 13 des Dekrets erstreckte sich das Urheberrecht des Verfassers nur so weit, bis die erste nachfolgende Generation ausgestorben war; danach wurde das Eigentumsrecht des Verfassers bzw. seiner Nachfahren zum Gemeingut. In Belgien war auch ausdrücklich verboten, irgendein Originalwerk, an dem der Verfasser noch ein Eigentumsrecht hatte, nachzudrucken oder gar abzusetzen. Die nicht verkauften Nachdruckexemplare wurden gemäß § 9 des Dekrets sofort konfisziert und eine Geldbuße im Werte von 300 Exemplaren, gemessen an dem Verkaufspreis, verlangt, die demjenigen zugute kommen

---

[681] *Gieseke*, Die geschichtliche Entwicklung (Fn. 79), S. 127.

[682] E 70b Nr. 306 (Teil 1a).

sollte, der das Eigentumsrecht besaß. Erlaubt war hingegen das Einführen eines einzigen privat genutzten Exemplars.

Auch zu übersetzten Werken bezog das Dekret der souveränen Fürsten der vereinigten Niederlande Stellung. Die Übersetzung eines Werkes gab dem Verfasser lediglich das Recht auf seine Ausgabe; das Eigentumsrecht des Übersetzers erstreckte sich nur auf die Anmerkungen und Erklärungen, welche der Übersetzung beigefügt waren (§ 11). Es war ferner untersagt, die Übersetzung eines Werkes zu veröffentlichen, über welches der Verfasser oder seine ersten Erben noch das Eigentumsrecht ausüben konnten. Ausnahmsweise war dies gestattet, wenn Letztere ihre schriftliche Zustimmung gegeben hatten (§ 12). § 13 statuierte für folgende Werke Ausnahmecharakter: die Bibel, die Kirchen- und Schulbücher, klassische Schriftsteller, fremde wissenschaftliche und literarische Werke, die Almanache und insgesamt alle Werke, über welche kein Bewohner des Landes das Eigentumsrecht in Anspruch nehmen durfte, entweder weil sie „von aller Nazion sind, oder weil die im 5ten Artikel bestimmte Zeit verfloßen ist"[683]. Damit war Bezug genommen auf die Lebenszeit des Verfassers bzw. die überlebende Witwe und die ersten Erben des Verfassers. § 15 des Dekrets bestimmte schließlich noch, dass dem Ministerium des Innern von jeder Ausgabe drei Exemplare der gedruckten Werke zugesendet werden müssten und, falls sie 100 Blätter überstiegen, zu binden waren[684].

Das Dekret der souveränen Fürsten der vereinigten Niederlande war somit sowohl in Wien als in Stuttgart bekannt, fand aber keinen Nachhall und wurde auch bald wieder vergessen[685]. In Württemberg wurde die Regierung zwar darauf aufmerksam, interessierte sich jedoch überhaupt nicht dafür. Allerdings machte man sich im Königreich sogleich daran, einen Entwurf für eine landeseigene Regelung zu treffen.

2. Die einzelnen Entwürfe bis zum fertigen Rescript

Mehrere Entwürfe sind hier zu betrachten und auf die Veränderungen hin zu untersuchen.

a) Der Erstentwurf vom 17. Februar 1815

Bereits im ersten Entwurf zeichnete sich die Grobstruktur des Rescriptes, aufgeteilt in eine Präambel und zehn Paragrafen, ab. Im Vorspann zum Rescript

---

[683] Ibid.
[684] Ibid.
[685] *Gieseke*, Die geschichtliche Entwicklung (Fn. 79), S. 130.

legte Württemberg gleich das oberste Ziel fest, nämlich das Interesse der Schriftsteller, die eine von ihnen verfasste Schrift entweder selbst oder durch einen anderen herausgeben, mit den Interessen „unserer Unterthanen in Absicht auf die Erleichterung der Mittel zur Geistesbildung und mit der ihnen gebührenden Gewerbsfreiheit zu vereinigen"[686]. Auf besonderes Ansuchen der Schriftsteller aus dem In- oder Ausland bzw. ihrer Verleger sollten Privilegien

> „auf eine bestimmte Zeit von sechs Jahren dafür erteilt werden, daß ein solches Buch binnen dieser Zeit, ohne Erlaubniß des Verfassers oder des Herausgebers von Niemandem im Königreiche nachgedruckt oder auch ein auswärtiger Nachdruck dieses Buchs nicht debitirt werden dürfe"[687].

Während weder die Endfassung des Entwurfs noch das geltende Rescript von 1815 keine Publikation des erteilten Einzelprivilegs in einem öffentlichen Staats- oder Regierungsblatt vorsahen, ordnete der Erstentwurf an, dass das Privileg erst dann wirken konnte, sobald es durch das königliche Staats- und Regierungsblatt bekannt gemacht wurde. Die Zensurbehörden durften während der Dauer des Privilegs nicht die Erlaubnis zum Druck erteilen (§ 4). Wenn ein Werk aus mehreren Bänden bestand und für das ganze Werk ein Privileg nachgesucht wurde, begann das Privileg mit der Herausgabe jedes einzelnen Bandes einzeln zu laufen.

Gemäß § 5 wurde ein Sanktionensystem ausgelöst, wenn jemand ohne Erlaubnis der Zensurbehörde ein Buch nachzudrucken wagte. Dabei wurde diskutiert, ob dies erst im Falle des Nachdrucks oder erst dann geschehen sollte, wenn das Buch tatsächlich in den Buchhandel kam[688]. Im Ergebnis wurde aber bereits der Nachdruck mit den Strafen des Zensurgesetzes sanktioniert. Ferner wurden alle vervielfältigten und nachgedruckten Exemplare zum Vorteil des Schriftstellers oder des Verlegers konfisziert und dem Geschädigten für die bereits abgegebenen Exemplare der Ladenpreis der Verlagsausgabe erstattet. Falls die Zahl der abgegebenen Exemplare nicht hätte genau ermittelt werden können, sollte eine verhältnismäßige Entschädigung gezahlt werden[689]. Auswärtige Nachdrucke sollten eine Spezialbehandlung erfahren, denn diese durften während der Dauer des Privilegs und wenn sie im Königreich Württemberg zum Verkauf zirkulierten, konfisziert und den Geschädigten überlassen werden (§ 6). Auszüge und besondere Bearbeitungen eines mit einem Privileg versehenen Buches, wozu auch Übersetzungen zählten, wurden vom Privileg nicht umfasst (§ 7). § 8 koppelte das Nachdruckverbot an die Zeit des Erlöschens des Schutzbriefs. Gleichzeitig wurde die Möglichkeit eröffnet, bei einer neuen verbesserten Auflage des Werkes auch ein neues Privileg nachzusuchen. Dies setzte fol-

---

[686] E 31 Nr. 573 (Teil 1b).
[687] Ibid.
[688] E 31 Nr. 573 (Teil 1b).
[689] Ibid.

genden besonderen Umstand voraus[690]: „Wenn die Auflage mit einer besonderen Geistesanstrengung erkenntlich verändert ist".

Die neue Auflage durfte auf sechs Jahre privilegiert werden. Im Hinblick auf die Vorausgaben formulierte § 8[691]:

„Das neue Privilegium aber begreift das Verboth des Nachdrucks der älteren Ausgabe oder einzelner für schon herausgegebene neue Theile eines Werks, wenn entweder die ältere Ausgabe mit gar keinem Privilegium versehen, oder die Zeit desselben erloschen ist, nicht in sich."

In § 9 kam es noch zu einer Sonderregelung für bestimmte Institute im Königreich, denen der ausschließliche Verkauf gewisser Bücher überlassen worden war. In diesem Falle durften die Bücher unter den in den §§ 5 und 6 bestimmten Strafen nicht nachgedruckt und auswärtige Nachdrucke nicht debitiert werden. § 10 enthielt außerdem eine Verfahrensregelung: Das Ober-Censur-Collegium, das per Königlich-württembergischer Censur-Ordnung vom 4. Juni 1808 geschaffen worden war[692], diente der Vollziehung der „Verordnung". Dieses Collegium hatte über die auftretenden Fälle und die Entschädigungen in Zusammenarbeit mit dem Departement des Innern, Sektion der inneren Administration, das Nötige zu veranlassen[693]. Der spätere § 28 des Gesetzes über die Preßfreyheit vom 30. Januar 1817 ersetzte das Ober-Censur-Collegium durch den Königlichen Studienrat[694].

b) Der zweite Entwurf

Einige beachtenswerte Korrekturen schlugen sich im zweiten Entwurf nieder. In der Präambel wurde statt „Erleichterung" der Mittel zur Geistesbildung das Wort „Vervielfältigung" der Beförderung der Geistesbildung gewählt. Ferner konkretisierte man, eine „Entschließung zu fassen und durch gegenwärtige Bekanntmachung zur allgemeinen Kenntniß bringen zu lassen"[695].

Bemerkenswert ist des Näheren, dass man die Dauer der Privilegierung von exakt sechs Jahren auf „wenigstens sechs Jahre" anhob und die Dauer an die Beschaffenheit des Werkes und an die in den Gesuchen um Privilegien angeführten Umstände koppelte (§ 1). Aus dem vorherigen § 2, der die Publikation des Privilegs im Staats- und Regierungsblatt vorgesehen hatte, wurde eine ganz andere Regel. Im neuen § 2 wurde nämlich festgelegt, dass das Privileg nur

---

[690] Ibid.

[691] E 31 Nr. 573 (Teile 1b sowie 3).

[692] Vgl. Fn. 604 sowie Fn. 608.

[693] E 31 Nr. 573 (Teil 1b).

[694] RegBl Württemberg 1817, S. 1-4; vgl. Fn. 619.

[695] E 31 Nr. 573 (Teil 3).

dann gegeben werden konnte, wenn beim Anfang eines Werkes, ehe einzelne Bände debitiert worden waren, nachgesucht wurde. Statt der Publikation im Staats- und Regierungsblatt begnügte sich der neue Entwurf von da an mit dem Voranstellen des Privilegs in dem entsprechenden Buch bzw. den einzelnen Teilen; dies sollte als Bekanntmachung genügen (neuer § 3). Den § 4 des Erstentwurfs, der vorgeschrieben hatte, dass die königliche Zensurbehörde die Erlaubnis zum Druck eines privilegierten Buches nicht geben könne, hielt man für überflüssig und strich diese als selbstverständlich vorausgesetzte Regel aus dem Gesetzestext. Wichtiger war es, in dem neuen § 4 des Zweitentwurfes zu regeln, dass die Dauer des Privilegs nach der Zeit von dem in der Urkunde vermerkten Datum der Ausstellung zu berechnen war, auch wenn das Werk, für das das Privileg erteilt wurde, aus mehreren Bänden bestehen sollte. Der bisherige § 5 blieb nahezu unverändert; es wurde lediglich klargestellt, dass ein Verstoß und die Anwendung der dort vorgesehenen Strafen bloß während der Laufzeit des Privilegs erfolgen könnten.

Während § 6 unverändert blieb, erhielt § 7 eine neue sprachliche Gestaltung, weil klargestellt wurde, dass das Privileg den Nachdruck der eigentlichen Schrift und der unveränderten neuen Auflage derselben umfasste, nicht aber Übersetzungen oder Umarbeitungen der privilegierten Schrift[696]:

„Das durch das Privilegium auf einen bestimmten, nach Nr. 4 zu berechnenden Zeitraum begründete Verboth des Nachdrucks bezieht sich nur auf den Nachdruck der Schrift in derjenigen Gestalt und Ausgabe, die sie hatte, als das Privilegium ertheilt wurde, und auf eine unveränderte neue Auflage derselben während dieser Zeit, nicht aber auf die Herausgabe einer Übersetzung oder einer Umarbeitung der privilegirten Schrift, oder eines Auszugs aus derselben."

Eine letzte Korrektur bekam noch § 10, dessen sehr allgemein gehaltene Formulierung, dass Königliches Ober-Censur-Collegium und Ministerium des Innern bei vorkommenden Fällen und „rechtlichen Anständen" zusammenarbeiten sollten, dergestalt modifiziert wurde, dass Entschädigungsklagen im Zweifelsfalle „an die entsprechenden Behörden" weiterzuleiten waren[697].

c) Der Schlussentwurf

Die Notizen und Kommentierungen der bisherigen Entwürfe[698] machen deutlich, dass man versuchte, die Entwürfe weiter zu vervollständigen; im Endergebnis kamen jedoch lediglich kleinere kosmetische Modifikationen heraus. So präzisierte man in der Präambel, dass die Interessen der Schriftsteller mit

---

[696] E 31 Nr. 573 (Teil 3).

[697] Ibid.

[698] E 31 Nr. 573 (Teile 4 und 5).

der Gewerbsfreiheit und den Interessen der württembergischen Untertanen „zur Beförderung der Geistesbildung" in Einklang zu bringen sind. Es findet sich überdies die Idee, in § 1 nicht nur Schriftwerke zu schützen, sondern auch Musikalien. Doch überließ man es in der Eile, die Verordnung fertig zu stellen, lieber der Rechtspraxis von Ministerium des Innern, Studienrat und Geheimem Rat zu beurteilen, ob musikalische Werke schließlich den Schriftwerken gleichgestellt würden oder nicht. Zu § 7 entdeckt man am Rande noch die Überlegung, ob nicht nur unveränderte neue Auflagen den Privilegienschutz in der erteilten Dauer genießen sollten. Der Bearbeiter wollte nämlich auch neue veränderte Auflagen in den Schutz des ersten Privilegs einbeziehen und konsequenterweise das Wort „unveränderte" auslassen, weil es ihm „billig zu sein" schien[699]. Allerdings verlief diese Idee im Sande. In § 8 kam es aber zu einer Veränderung, weil die Neuprivilegierung einer wesentlich veränderten Auflage auf sechs und mehrere Jahre erteilt werden konnte[700].

Erst im Schlussentwurf taucht das Wort „Rescript" auf! Das mehrfache Durchstreichen von „Bekanntmachung" oder „Verordnung" über Privilegien gegen den Büchernachdruck betreffend zeugt davon, dass die Entwurfsverfasser über den Namen der Norm erst sehr spät Einigkeit erzielten[701].

Hauptmotiv für die Ingangsetzung der Entwurfstätigkeit zum Rescript von 1815 war die Bestrebung, die vielfältigen Klagen über den Büchernachdruck im Königreich zu beseitigen. Die entscheidende Frage, die sich erhob, lautete, ob ein zu erlassendes „Publicandum" einer Gesetzgebung bzw. Verordnung bedürfe oder ob vielmehr eine einfache Erklärung der Grundsätze, unter welchen Bedingungen ein künftiges Privileg gegen den Büchernachdruck erteilt und vollzogen werden solle, genüge[702].

Württemberg beschritt mit dem Rescript den letztbeschriebenen Weg und veröffentlichte damit Grundsätze für zukünftig zu erteilende Einzelprivilegien.

d) Orientierung Württembergs an Sachsen und Westfalen

Am 15. Februar 1815 war man in Stuttgart entschlossen, ein Gesetz gegen den Büchernachdruck zu formulieren; dies geht aus einem Schreiben mit gleichem Datum an den Staatsminister hervor[703]: „Haben zu verordnen gdst. geruht, daß in Ermangelung eines Prohibitiv-Gesetzes gegen den Büchernach-

---

[699] E 31 Nr. 573 (Teil 4).

[700] E 31 Nr. 573 (Teil 5).

[701] Ibid.

[702] E 31 Nr. 573 (Teile 2b, 6).

[703] E 31 Nr. 573 (Teil 1a).

druck durch eine bestimmte Gesetzgebung, die vielfältigen Klagen über den Nachdruck im Reiche beseitigt werden."

Das Mitglied des Ober-Censur-Collegiums und des späteren Studienrates Jäger teilte dem Generalsekretär Grüneisen mit, dass er sich für das Vorbild des sächsischen Gesetzgebers ausspreche, und erteilte dem Privilegienwesen wegen dessen Umständlichkeit eine klare Absage[704]:

„Eine Einrichtung wie die, von der sie mir gestern sagten, würde im Grunde ziemlich mit der im Königreich Sachsen bestehenden übereinkommen. Auch in Sachsen nämlich ist der Nachdruck nicht ohne weiteres sondern nur von solchen Büchern verboten, welche die Vorlage bei der Bücher-Commission in Leipzig einschreiben lassen, welches Einschreiben die Wirkung eines Privilegiums auf 10. Jahre hat."

Trotz des Vorbildcharakters sprach sich Jäger dennoch gegen die sächsische Verordnung aus[705]:

„Mir scheint sie [die sächsische Verordnung] übrigens auf einen Staat, der keinen Büchermarkt hat, nicht recht zu passen. Soll der Nachdruck nur dann und in dem Staat verboten sein, wenn und wo der Verleger vorher ein Privilegium erhalten hat, so ist, wenngleich das Privilegium jedes Mal ohne Schwierigkeit ertheilt wird, wenig geholfen, denn für die Buchhändler wäre es doch keine geringe Beschwerde jedes Mal erst bei jeder einzelnen Regierung des vielherrischen Deutschlands solche Privilegien nachzusuchen, und bei Regierungen nachzusuchen in deren Ländern sie meistens nicht einmal unmittelbar Geschäfte machen; denn die auswärtigen Buchhändler stehen gewöhnlich nicht unmittelbar mit den inländischen, sondern nur mittels des Messplatzes Leipzig in Verkehr."

Gleichwohl lehnte Jäger das Privilegienwesen als zu umständlich ab[706]:

„So wenig mir die anmaßlichen, übertriebenen Forderungen der Buchhändler gefallen, so glaube ich doch würde [...] zu wenig geschehen, wenn jedes Mal erst ein Privilegium nöthig wäre.

Der Zweck würde übrigens nur durch eine Einrichtung wie die befragte erreicht, daß man (um was es dem König hauptsächlich zu thun zu sein scheint) eine – und zwar auf das Beispiel desjenigen Staats welcher der Hauptsitz des Buchhandels ist, sich gründende Normfülle, um die Klagen von Auswärtigen über Nachdruck erledigen und resp. ‚beseitigen' zu können."

Bei den Vorarbeiten finden sich Abschriften der Art. 3 und 5 der sächsischen Verordnung; zu Art. 3 notierte der Entwurfsverfasser, dass dieser eine Begünstigung der Verlegerhandlung sei, denn in Privilegien anderer Staaten werde die Zeit von der Ausstellung des Privilegs an gerechnet. Dann bringt er das Beispiel des sächsischen Privilegs für die Cotta-Ausgabe der Schillerschen Werke. Dort war festgelegt, dass niemand binnen der nächsten zehn Jahre vom Tage der Ausstellung des Privilegs (Mai 1808) die Schillerschen Werke nachdrucken

---

[704] Ibid. (Schreiben v. 15. Februar 1815).
[705] Ibid.
[706] Ibid.

durfte. Daraus zog der württembergische Bearbeiter den Schluss, dass wenn der letzte Band von Schillers Werken 1818 oder 1819 herauskäme, dieser gleich nachgedruckt werden dürfte. Dies hatte Konsequenzen für die Formulierung des Resciptes von 1815, in dem sich eine Spezialregelung für mehrbändige Werke findet und in der an das Erscheinen des Werkes und eben nicht an die Ausstellung des Privilegs angeknüpft wurde. Das sächsische Mandat verlangte von den Buchhändlern, dass die Werke binnen Jahr und Tag erschienen, damit diese nicht erst erscheinen sollten, wenn das Privileg, das mit dem Zeitpunkt der Ausstellung der Urkunde zu laufen begann, abliefe. Auch hier hieß die Konsequenz[707]: „Wenn ein Werk aber von großem Umfange ist, scheint es nicht billig, die Dauer vom Datum der Privilegiumsausstellung anfangen zu lassen." Für die Ausstellungspraxis wurde der französische Text des Cotta-Privilegs kopiert[708]: „Le Sieur Cotta est autorisé de débiter et faire débiter exclusivement, dans notre royaume pendant quinze ans, à compter de ce jour, des nouvelles éditions qu'il se propose de publier." Gewissermaßen als abschreckendes Beispiel hatte der Entwurfsverfasser nicht zuletzt das französische Regelwerk erwähnt[709]: „Le droit de propriété est garanti à l'auteur et à sa veuve pendant leur vie, si les conventions matrimoniaux (sic!) de celui-ci lui en donnent le droit et à leurs enfants pendant 20 ans."

Diese Auszüge legte der Entwurfsverfasser, der mit Namen als Leypold bezeichnet ist, dem Staatsminister am 15. Februar 1815 vor. Leypold griff auch das Thema der Stempeltaxe der Privilegien auf, indem er vorschlug, dass eine Privilegierung 12 fl. (Gulden) kosten solle, wobei 1 Gulden 60 Kreutzern entsprach; im Falle, dass das Werk mehrere Bände hatte, sah Leypold eine Höherstaffelung vor zwischen 6 und 59 fl. je nach der Größe des Werkes. Zusätzlich erwog er, die Taxe nach dem Ladenpreis zu bestimmen, d.h. das Sechsfache des Ladenpreises. Allerdings verwarf er diese Idee gleich wieder, weil im Vorfeld nicht bekannt sein konnte, wie hoch letztlich der Ladenpreis liegen dürfte[710].

e) Die Vorlage des Rescriptentwurfes bei König Wilhelm I.

Am 23. Februar 1815 konnte dem König der Entwurf zur ersten Genehmigung vorgelegt werden. Die Privilegiendauer hatte der Entwurfsverfasser eigens flexibel ausgestaltet, weil der König eine Sechsjahresfrist als das Minimum der Dauer angegeben hatte. Je nach der Beschaffenheit des Werkes, be-

---

[707] Ibid.
[708] Ibid.
[709] Ibid.
[710] Ibid.

sonders wenn es aus mehreren sukzessiv herauskommenden Bänden bestand, durfte die Sechsjahresfrist überstiegen werden. Kam das Werk erst in sechs o- der mehr Jahren heraus, sollte es möglich sein, die Frist ebenfalls zu verlängern[711].

Mit Schreiben vom 25. Februar 1815 wandte sich König Friedrich an seine Untertanen, um das am 23. Februar vorgelegte Anbringen zu billigen[712].

3. Der Kampf der württembergischen Nachdrucker für die Beibehaltung des Rescripts von 1815

Eine frühe Positionierung Württembergs zum Thema Nachdruckfreiheit und Autorenschutz erfolgte noch, als es um den bei der Bundesversammlung 1819 vorgelegten „Entwurf einer Verordnung zur Sicherstellung der Rechte der Schriftsteller und Verleger gegen den Nachdruck" ging[713]. In ihrem Votum lehnte die württembergische Regierung jede naturrechtliche Begründung der Rechte der Schriftsteller oder Verleger ab. Der Nachdruck galt für Württemberg als Ausdruck natürlicher Freiheit, die nur aus Gründen der Sittlichkeit o- der des überwiegenden allgemeinen Interesses durch positive Gesetzgebung beschränkt werden konnte. Wären solche Gründe bejaht worden, dann hätte allein ein zeitlich begrenzter Schutz gegolten[714]. Im April 1822 berichtete der preußische Gesandte aus Frankfurt über den Stand der Verhandlungen wie folgt[715]:

„Ein beispielgebendes Vorangehen aus süddeutschen Ländern (Österreich mit eingeschlossen) kann nie erwartet werden, da sich der eigentliche Sitz des Nachdrucks in denselben befindet, und der daraus erzielte Gewinn leider zu einem gewohnten Erwerbszweige in mehreren derselben geworden ist. Selbst einzelne Stimmen in den Stände-Versammlungen können, wie das Württembergische Beispiel ergiebt, nur im nördlichen Deutschland eine Stütze finden, ohne welche die Bemühungen rechtlicher Männer auch dort vergeblich bleiben werden."

---

[711] E 31 Nr. 573 (Teil 6: Schreiben v. 23. Februar 1815).

[712] Von dem Rescript wurde das königliche Polizeiministerium nebst dem königlichen Ober-Censur-Collegium mit Schreiben v. 2. März 1815 unterrichtet, vgl. E 31 Nr. 573 (Teil 8).

[713] Protokolle der Deutschen Bundesversammlung (ProtBV) 1819 § 23, S. 52, Beilagen 6, 7, S. 54-62.

[714] ProtBV 1823 § 13, S. 29-41.

[715] Bericht v. 11. April 1822, Geheimes Staatsarchiv Preußischer Kulturbesitz (GStAPK), III. Hauptabt. Außenministerium (2.4.1.) Nr. 8945, zitiert bei *Elmar Wadle*, Das Scheitern des Frankfurter Urheberrechtsentwurfes von 1819. Näheres zur Haltung einzelner deutsche Bundesstaaten, in: UFITA 138 (1999), S. 153-181 sowie in: *ders.*, Geistiges Eigentum II., München 2003, S. 236.

Als im Jahre 1819 dem Deutschen Bundestag ein Gesetzentwurf vorgelegt wurde[716], der den Nachdruck spürbar einschränken wollte, wandten sich einige berühmte Buchdrucker und Buchhändler aus dem Königreich Württemberg an ihren König, um ihn um die Beibehaltung des sie begünstigenden Rescripts von 1815 zu bitten.

Der Entwurf ging im Wesentlichen auf den oldenburgischen Gesandten von Berg zurück und war heftig umstritten. Unveröffentlichte Werke aus der Hinterlassenschaft eines Autors sollten grundsätzlich einen gesetzlichen Schutz genießen, sobald sie im ersten Jahr nach dem Tode publiziert würden; in Ausnahmefällen konnten sie „auf Ansuchen der Erben oder ihrer Cessionäre" einen Schutzbrief auf gewisse Zeit zugesprochen bekommen. Preußen war dagegen, dass dadurch die Privilegierung als ergänzender Rechtsschutz noch erhalten geblieben wäre und forderte eine generelle und feste Frist von 15 Jahren nach dem Tode des Schriftstellers. Württemberg wollte eine bestimmte Anzahl von Jahren schützen und schlug – wie im Rescript von 1815 – die Dauer von sechs Jahren vor, wobei es für ein allgemeines gesetzliches Verbot plädierte und sich damit von Bayern unterschied, das am alten Privilegiensystem festzuhalten gedachte. Diese Position erinnert an das Argument des Studienrates Jäger, der das Privilegienwesen und die damit verbundene umständliche Beantragung in jedem Einzelfall kritisierte[717]. Der Frankfurter Entwurf hatte aber infolge der ablehnenden Voten Bayerns und Württembergs keinen Erfolg[718].

Das mehrseitige Schreiben der württembergischen Buchhändler und Buchdrucker stammt vom 19. März 1819 und wurde in Stuttgart sowie Reutlingen aufgesetzt. Es unterzeichneten die wohl bekanntesten Nachdrucker A. Macklot, Johann Jakob Mäcken, Friedrich Wilhelm Stahl, Johann Jakob Fleischhauer, Jakob Noah Enßlin, Justus Fleischhauer, Justus Jacob Schmidt, Jacob Friedrich Kalbfell sowie Christoph Friedrich Gopfinger[719]. Das Ansuchen greift die zu jener Zeit aktuelle Debatte über die Erlaubtheit des Nachdruckens und die Funktion der Gesetzgebung auf[720]:

„Unterstehen wir uns in Rücksicht eines am teutschen Bundestage in Vorwurf gebrachten Gesetzes über den Bücher-Nachdruck einige Ansichten, welche für das Glück so vieler den Bücher-Druck und Handel Betreibenden von größter Wichtigkeit sind, vorzulegen und müßen vorausbemerken, daß der Bücher-Nachdruck durch unaufhörliches Verläumden einem nicht verdienten Haß unterliegen zu müßen scheint, denn

---

[716] *Elmar Wadle*, Das Scheitern des Frankfurter Urheberrechtsentwurfes von 1819 – Näheres zur Haltung einzelner deutscher Bundesstaaten (Fn. 715); *Ludwig Gieseke*, Günther Heinrich von Berg und der Frankfurter Urheberrechtsentwurf von 1819, in: UFITA 138 (1999), S. 117-151.

[717] Vgl. Fn. 705 und Fn. 706.

[718] *Wadle*, Der langsame Abschied (Fn. 24), S. 103-105.

[719] E 146/1 Nr. 5112.

[720] E 146/1 Nr. 5112 (S. 1-3).

1.) ist nach ontologischen Untersuchungen die Frage, ob der Bücher-Nachdruck rechtmäßig oder unrechtmäßig sei? gar nicht entschieden, vielmehr stimmen die Gelehrten für die Rechtmäßigkeit desselben. Es ist demnach eine Schmähung der Journalisten, den Bücher-Nachdruck, zumal in Ländern, wo er, wie in Würtemberg, nicht verboten ist, mit einem Raub zu vergleichen.

Das tägliche Wiederholen dieses Schimpfes ist nur der Uebermacht der großen reichen Original-Verleger auf die Tagesblätter zuzuschreiben, welche ein Monopolium suchen, um die Bücher-Preise ganz in ihre Gewalt zu bekommen. Es möchte demnach

2.) bei einer Gesetzgebung hierüber nur die Frage zu lösen sein:

wie muß das Feld der geistigen Cultur rücksichtlich des Gewerbeverkehrs bestellt werden, so daß der Producent und Consument zugleich bestehen können?

Als man einst den Kaiser Joseph zu dem Verbot des Bücher-Nachdrucks bereden wollte, und die Journalisten dabei nicht säumten, darüber als einem bösen Gewerbe zu schimpfen, ertheilte er, indem er den Nebel der Verläumdung durchschaute, die merkwürdige sarkastische Resolution mit Verachtung des Geschreis gedungener Schreiber: ‚Um von Journalisten gepriesen und von Dichtern besungen zu werden, will ich mein Volk dem Eigennutz gewinnsüchtiger Buchhändler nicht länger preisgeben.‘"

Gleichwohl gelang es später den Feinden des Büchernachdrucks, dass im Jahre 1790 in die Wahlkapitulation des Kaisers Leopold II. Folgendes eingerückt wurde[721]: „Wir wollen ein Reichsgutachten auch darüber erstatten laßen, wie fern der Buchhandel durch die völlige Unterdrückung des Nachdrucks und durch die Herstellung billiger Druckpreise von dem jetzigen Verfall zu retten sei."

Die „Lobbyisten" für die Beibehaltung der Nachdruckfreiheit als Ausfluss der Gewerbefreiheit argumentierten in ihrer Sache mit dem Preis. Denn die Verleger müssten sich den Gesetzen des freien Marktes und damit auch dem Nachdruckmarkt stellen und ihre Preise danach ausrichten[722]:

„Die hohe teutsche Bundes-Versammlung scheint die Gesetzgebung hierüber auf diese Grundlage stellen zu wollen. Aber gerade ‚Herstellung billiger Druckpreise' durch Taxation möchte eine nicht ausführbare Aufgabe sein, dazu würde in jedem Staat eine Taxations-Commission erfordert, welche die Preise von jeder Schrift bestimmen müßte.

---

[721] E 146/1 Nr. 5112 (S. 3); hierzu speziell: *Steffen-Werner Meyer*, Bemühungen um ein Reichsgesetz gegen den Büchernachdruck anläßlich der Wahlkapitulation Leopolds II. aus dem Jahre 1790 (Rechtshistorische Reihe Bd. 291), Frankfurt a.M. 2004; *Gerd Kleinheyer*, Die kaiserlichen Wahlkapitulationen. Geschichte, Wesen und Funktion, Karlsruhe 1968 (Studien und Quellen zur Geschichte des deutschen Verfassungsrechts A/I); *Friedrich Lehne*, Zur Rechtsgeschichte der kaiserlichen Druckprivilegien. Ihre Bedeutung für die Geschichte des Urheberrechtes, in: Mitteilungen des Österreichischen Instituts für Geschichte (MÖIG 53), 1938, S. 323-409 sowie *Ulrich Eisenhardt*, Die kaiserliche Aufsicht über Buchdruck, Buchhandel und Presse im Heiligen Römischen Reich Deutscher Nation (1496-1806). Ein Beitrag zur Geschichte der Bücher- und Pressezensur, Karlsruhe 1970 (Studien und Quellen zur Geschichte des deutschen Verfassungsrechts A/3).

[722] E 146/1 Nr. 5112 (S. 3-5).

Angenommen, diese Commission würde den wahren Vertrag zwischen Verfaßer und Verleger, die Druckkosten, Papier-Preise und alle übrigen Mühen, die zur Verbreitung eines Werkes nöthig sind, genau erforschen, wer will aber bestimmen, ob ein Werk in einem oder zehn Jahren ob zum vierten Theil oder gar nicht abgesetzt wird? Und dieß ist fast ganz allein der Maaßstab, nach welchem die Preise bestimmt werden können, wie die ganze Buchhändler-Zunft zugeben wird. Wie soll also dem Wucher der Original-Verleger gesteuert werden? Der Nachdruck hat sich bisher als das zweckmäßigste Mittel dagegen bewährt; machen die Verleger unmäßige Preise, so haben sie den Nachdruck zu fürchten, bei mäßigen Preisen hingegen können sie wegen des Nachdrucks sicher sein, weil bei demselben immer das größte Risico ist, indem der Originalverleger eine neue verbeßerte Ausgabe veranstalten kann, wenn er auch nur den Titel des Buches umdrucken läßt.

Hören wir bei Beantwortung obiger Fragen eine sichere Führerin in diesem Leben, die Erfahrung: So spricht sie über ein Jahrhundert in Teutschland für die Begünstigung des Bücher-Nachdrucks. Buchhändler sind wegen der größten Betriebsamkeit der Nachdrucker Millionäre geworden, und die wißenschaftliche Cultur wäre gewiß nicht auf der Stufe, auf welcher wir sie jetzt sehen, hätten nicht emsige Nachdrucker für die Minderbemittelten durch wohlfeilere Preise gesorgt. Wie viele Kinder unbemittelter Eltern wären z.B. nicht in den Besitz von Campes Schriften gekommen, wenn ihnen nicht durch wohlfeile Nachdrücke dazu verholfen worden wäre. Auch haben unsere Gelehrten wohl keine Zeile weniger geschrieben, als sie geschrieben haben würden, wenn kein Nachdruck existiert hätte. Wieland schrieb bis in sein 80stes Lebensjahr, und jede seiner Schriften wurde gleich beim Erscheinen unter die Nachdrucker-Presse genommen."

Die Ausführungen der Unterzeichnenden wurden sodann konkreter, um zu zeigen, dass das Nachdruckgewerbe niemals Schaden verursacht habe; im Gegenteil der Nachdruck stifte nur Nutzen für die Volksbildung und die akademische Lehre und Forschung[723]:

„Der Bücher-Nachdruck hat also nirgends Schaden gethan, aber viel Nutzen gestiftet, das Feld der Wissenschaft nach allen Theilen gepflegt, viele Hände beschäftigt, den Staaten viel eingebracht, und ist der einzige Damm gegen gewinnsüchtige Verleger.

Wer will es hindern, wenn z.B. ein Buchhändler Sauerländer in Aarau für die Stunden der Andacht, zwei Auflagen in schlechtem incorrecktem Druck auf grauem Papier, dem Publicum für 1 Exemplar 32 f. abnimmt, während ein in Rücksicht der Correctheit und typographischer Schönheit weit vorzüglicherer Nachdruck für 8 f. gegeben wird, wenn Buchhändler Seidel in Sulzbach für 1 Bändchen von Reinhards Predigten sich 2 f. 30 bezahlen läßt, während ein schöner Nachdruck nur 36 kr. kostet?"

Im Anschluss daran lobten die Buchhändler und -drucker die Gesetzgebung Württembergs vom 25. Februar 1815 als „zweckmäßigste Bestimmungen"[724]. Voller Begeisterung zitierten sie die Präambel und den § 1 des Rescripts von 1815 in voller Länge[725].

---

[723] E 146/1 Nr. 5112 (S. 5).
[724] E 146/1 Nr. 5112 (S. 6).
[725] E 146/1 Nr. 5112 (S. 6-7).

Die „Lobbyisten" in Sachen Nachdruckgewerbe wehrten sich heftig gegen ein „Verlagsmonopol" von 10 bis 15 Jahren, innerhalb dessen die Originalausgabe nicht nachgedruckt werden konnte und verurteilten den Gesetzentwurf des Bundestages wie folgt[726]:

„Nachdem am Bundestage in Vorwurf gebrachten Gesetz, will man nicht nur das Verlags-Monopolium der Original-Ausgabe auf 10-15 Jahre zu Lebzeiten des Verfaßers schützen, sondern noch weitere 10-15 Jahre von des Verfaßers Tode an solches für die Erben verlängern.

Dieser Zeitraum würde nicht nur im höchsten Grade schädlich für das Publicum, sondern sogar überflüßig sein. Im höchsten Grad schädlich, wenn die Minderbemittelten Jahrzehnte auf den Genuß von Geistes-Producten harren müßten und der Willkür gewinnsüchtiger Verleger preisgegeben würden; diese langen Termine erscheinen aber auch als überflüßig, denn nichts ist gewißer, als daß eine Schrift, welche in einem Zeitraum von 5 Jahren nicht abgeht, keinen Nachdruck zu fürchten hat. Es möchten demnach 5-6 Jahre, wie unser vaterländisches Gesetz bestimmt, vollkommen zureichen, wenn man ja den Bücher-Nachdruck nicht, wie bisher geschehen, bestehen laßen will."

Die „Lobbyisten" bäumten sich dagegen auf, als unlauteres Gewerbe bezeichnet zu werden, das ständig das Eigentumsrecht der Verfasser und Autoren gefährdete. Sie verwiesen auf die Jahrhunderte lange Existenz des erlaubten Nachdrucks, der viele Menschen in Arbeit und Brot gebracht und den ärmeren Bevölkerungsschichten den Zugang zur Literatur eröffnet habe[727]:

„Was uns aber, allergnädigster König und Herr, bei dem Gesetzes-Entwurf auch noch weiter sehr beunruhigt, ist, daß man das bisherige Gewerbe des Bücher-Nachdrucks, weil es nun einmal, wenn schon mit Unrecht, als etwas das Eigenthums-recht Beleidigendes verläumdet ist, aus den Händen der Gewerbsthätigkeit reissen zu wollen scheint, ohne zu bedenken, daß das Gewerbe des Bücher-Nachdrucks in Teutschland mehrere Jahrhunderte nicht nur geduldet, sondern über ein Jahrhundert im teutschen Reiche privilegirt wurde, so daß sich eine große Menge Menschen damit ernährten, welchen man, wenn man ihnen ein bisher nicht nur erlaubtes, sondern sogar begünstigtes Gewerbe so plötzlich entreißen wollte, nach den Grundsätzen der Gerechtigkeit eine Entschädigung schuldig würde."

Das Plädoyer für den Nachdruck schließt mit der Bitte an den König, die drohende Nachdruckgesetzgebung, die sich womöglich auf ganz Deutschland erstrecken sollte, zu bremsen, um die beschriebenen Vorteile des Nachdrucks beizubehalten und das Nachdruckgewerbe in seinem Bestand nicht anzutasten[728]:

„Diesemnach würde ein Gesetz über den Bücher-Nachdruck nur erst nach einem voraus zu bestimmenden Zeitraum von Jahren in Wirksamkeit gesetzt werden können, damit jene vielen Menschen nicht unversehens arbeit- und brodlos werden möchten, wie es sich dann wohl auch von selbst verstände, daß bereits angefangene Werke im Nachdru-

---

[726] E 146/1 Nr. 5112 (S. 7-8).
[727] E 146/1 Nr. 5112 (S. 8-9).
[728] E 146/1 Nr. 5112 (S. 9-10).

cke unter dem Schutze der bisher in einem jeden Bande hierüber bestandenen Gesetze vollendet und debitirt werden dürften, weil die Rückwirkung eines neuen Gesetzes gegen die Grundsätze der Gerechtigkeit anstoßen und offenbar den Ruin so vieler Familien herbeiführen würde.

Indem wir diese Ansichten zu allermildester Berücksichtigung allersubmißirt vorlegen: erkühnen wir uns, Euere Königliche Majestät allerdevotest zu bitten:

die Königliche Gesandtschaft an dem teutschen Bundestage auf diese höchst wichtige Momente aufmerksam machen zu laßen."

Dieses Gesuch der Nachdruck-„Lobbyisten" belegt deren starken Einfluss auf die württembergische Gesetzgebung und das unnachgiebige Verhalten Württembergs im Deutschen Bund. Das Nachdruckgewerbe war augenscheinlich so mächtig und einflussreich, dass der Gesetzgeber es schützen und die Interessen der Verfasser und Originalverleger leugnen musste. Es wundert daher nicht, dass die Privilegienpraxis trotz der Gesetze von 1836, 1838 und 1845 stets Bezug auf das Rescript von 1815 und dessen Ziel, die Nachdruckfreiheit gefügig mit den Interessen der Schriftsteller zu verbinden, genommen hat.

Die umfassende Publikationspraxis der Privilegien nach der Verkündung der württembergischen Verfassung vom 25. September 1819 ist gleichzeitig ein Beweis für die enge Verfassungsbindung des Königreiches. Dabei lag Württemberg daran, die Einschränkung der Nachdruckfreiheit mittels Privilegien im Staats- und Regierungsblatt zu verkünden, so als ob diese Einzelprivilegien jeweils einzelne Gesetze gewesen wären; dies ist das Thema des nächsten Kapitels.

D. Ansuchen einzelner Autoren und Verleger unmittelbar vor und nach Erlass des Rescriptes von 1815

I. Die Publikationspraxis im württembergischen Regierungsblatt

Bis die ersten Privilegien im königlich-württembergischen Staats- und Regierungsblatt publiziert wurden, vergingen nach Verkündung des Rescripts vom 25. Februar 1815 noch mehr als drei Jahre. Das Rescript hatte die Publikationspflicht nur in seinen ersten Entwürfen vorgesehen, später war man davon abgerückt.

1. Das erstverkündete Privileg im Regierungsblatt: Privileg für Sauerländer

Das erste Privileg gegen den Nachdruck wurde vom Minister des Innern, von Otto, am 14. Mai 1818, also noch vor Verkündung der Verfassung von 1819, publiziert[729]:

„Privilegium gegen den Nachdruck des Werkes: Stunden der Andacht.

Da Se. Königliche Majestät dem Buchhändler Remigius Sauerländer in Aarau, auf dessen unterthänigste Bitte, für die von ihm angekündigte neue Ausgabe des in seinem Verlage erscheinenden Werkes: „Stunden der Andacht" betitelt, ein Privilegium gegen den Nachdruck auf sechs Jahre, vom Tage dieser Bekanntmachung an, jedoch nur unter der Bedingung zu ertheilen geruht haben, daß das vollständige Werk im ganzen Königreich nicht höher, als in dem Preise von Elf Gulden für das Exemplar verkauft werden dürfe; so wird dieses hiemit insbesondere die Buchhändler und Verleger gewarnt, bei Vermeidung der in der General-Verordnung vom 25. Febr. 1815 für einen solchen Fall angedrohten Strafe und Nachtheile, dieses Werk innerhalb des Laufes der 6 Jahre, ohne Erlaubniß des rechtmäßigen Verlegers weder selbst nachzudrucken, noch den von einem Ausländer etwa veranstalteten Nachdruck desselben zu debitiren.

Der Buchhändler Sauerländer ist übrigens angewiesen, das ihm ertheilte Patent gegen den Nachdruck jedem einzelnen Theile der zu veranstaltenden neuen Ausgabe vordrucken zu lassen.

Stuttgart, den 14. Mai 1818.   Ministerium des Innern.

v. Otto."

Bei diesem Schutzbrief sind auffällig die Preisobergrenze von elf Gulden pro Exemplar sowie der Gebrauch des Ausdrucks „Patent" als Synonym zu „Privilegium".

Das zweite Privileg, das man im Regierungsblatt finden kann, datiert vom 16. April 1819 und trägt ebenfalls die Unterschrift des Innenministers von Otto. Dieses Privileg ist explizit auf sechs Jahre erteilt, enthält aber keinen Bezug zur Verordnung von 1815. Beachtung findet der Verweis auf die Preisbedingung[730]:

„Privilegium gegen den Nachdruck von Witschels Morgen- und Abendopfer.

Da Se. Königl. Majestät in allerhöchster Entschließung vom 14. d. M. dem Buchhändler Seidel zu Sulzbach im Königreiche Baiern, das nachgesuchte Privilegium gegen den Nachdruck für die 7. Auflage von Witschels Morgen- und Abendopfern in Gesängen auf 6 Jahre in dem Königreich unter der Bedingung ertheilt haben, daß die gedachte Schrift nicht theurer, als in dem Preise von höchstens Einem Gulden für das Exemplar verkauft werde; so wird dieses hiemit zur öffentlichen Kenntniß gebracht.

Stuttgart den 16. April 1819.

Königl. Ministerium des Innern.

v. Otto."

---

[729] RegBl Württemberg 1818, S. 242.
[730] RegBl Württemberg 1819, S. 198.

Im selben Jahr wurde sogar die Verfassungsurkunde des Königreichs Württemberg mit Bezug auf das Rescript vom 25. Februar 1815 explizit gegen den Nachdruck auf unbestimmte Zeit geschützt[731]:

> „Verbot des Nachdrucks der Verfassungs-Urkunde.
>
> Da durch die nunmehr erschienene amtliche Handausgabe der Verfassungs-Urkunde des Königreichs (mit summarischer Inhalts-Anzeige und alphabetischem Sachregister, in Commission bei J. B. Metzler, 96 S. in gr. 8.) für das Bedürfniß des Publicums hinreichend gesorgt ist, so haben Se. Königl. Majestät vermöge Entschließung vom 13. d. M. verordnet, daß der Nachdruck derselben bei Vermeidung der in der Königl. Verordnung vom 25. Febr. 1815 für den Fall der Uebertretung eines Privilegiums gegen den Nachdruck einer Schrift angedrohten Strafen und Nachtheile verboten seyn soll, welches hiemit zur allgemeinen Kenntniß gebracht wird.
>
> Stuttgart den 14. December 1819.   v. Otto.“

2. Privileg für Kraft (1820)

Das erste in Württemberg unmittelbar nach der Verkündung der Verfassung vom 25. September 1819 im Regierungsblatt verkündete Privileg datiert aus dem Jahre 1820. Es betraf die Gewährung eines Schutzbriefes gegen den Nachdruck des deutsch-lateinischen Lexikons von F. C. Kraft und wurde auf sechs Jahre befristet[732]. Das Privileg unterzeichnete Innenminister von Otto.

Wie beim Privileg für Kraft stützte sich der Innenminister ebenfalls auf die Verordnung vom 25. Februar 1815, als er ein Privileg gegen den Nachdruck für das von dem Buchdrucker Friedrich Walther in Dinkelsbühl verlegte „Lehr- und Lesebuch für die katholischen Volksschulen von Gabriel Eith" auf sechs Jahre befürwortete. Das Besondere hierbei war, dass es unter der Bedingung erteilt wurde, dass es im gesamten Königreich einzeln oder im Verbund nicht höher als 36 Kreuzer verkauft werde[733].

3. Privilegien in den Jahren 1822 und 1823

Das erste zehnjährige Privileg, gestützt auf die königliche Verordnung vom 25. Februar 1815, war dasjenige über das beim Verlag Müller in Karlsruhe erscheinende Buch von Tiedemann über Abbildungen und Erklärungen der Pulsadern; das Privileg vom 7. August 1822 wurde am 12. August 1822 in Stuttgart unterzeichnet[734].

---

[731] RegBl Württemberg 1819, S. 885.

[732] RegBl Württemberg 1820, S. 470.

[733] Privileg v. 2. Oktober 1820 – siehe RegBl Württemberg 1820, S. 523.

[734] RegBl Württemberg 1822, S. 560.

Ein unbegrenztes Privileg gegen den Nachdruck, das am 17. Dezember 1823 der Dekan Bahnmaier aus Kirchheim für zwei seiner Schriften erhalten hatte, trug explizit den Grund des Wohlwollens und damit den Charakter des Privilegiums als „Belohnung"; denn die Schriften waren gewidmet für die Errichtung eines Schulhilfefonds in dem Dekanatsbezirk Kirchheim[735].

4. Privilegieneinträge von 1824 und 1825

Die Einträge im Regierungsblatt für das Jahr 1824 sind für die Nachzeichnung der Privilegienpraxis in Württemberg sehr wichtig. Unter den sechs erteilten Privilegien findet sich eines gegen den Nachdruck eines Choralbuches vom 26. November 1824. Der Metzlerschen Buchhandlung wurde ein Privileg gegen den Nachdruck der in ihrem Verlag erscheinenden vierstimmigen Choral-Melodien der Evangelischen Kirche auf sechs Jahre gewährt. Interessant ist der Zusatz, dass damit zugleich auch der Nachdruck des Werkes in Ziffern statt mit Noten ausgeschlossen werden solle[736]. Der Begriff des Nachdrucks erfuhr mit der Erwähnung der Ziffern eine Erweiterung, weil nicht nur der Nachstich von Noten, sondern auch die Transformierung in ein anderes Zeichensystem (Ziffern) gleichfalls Nachdruck bedeutete.

1825 wurden lediglich drei Privilegien zugesprochen, davon zwei auf sechs und eines auf zwölf Jahre. Dabei bemühte die Regierung stets das Rescript von 1815 als Rechtsgrundlage und hielt den einheitlichen Stil der Publikation im Regierungsblatt Württembergs streng durch. Beim zwölfjährigen Privileg zugunsten des großherzoglich-sachsen-weimarschen Staatsministers von Goethe gegen den Nachdruck der Gesamtausgabe seiner Werke wurde das Privileg auch auf die einzelnen Teile dieser Ausgabe erstreckt, womit ein doppelter Schutz verbunden war, nämlich der der Gesamtausgabe wie der ihrer einzelnen Teile[737].

So wie beim Privileg für Goethe gegen den Nachdruck der Gesamtausgabe seiner Werke vom 3. Oktober 1825[738] erhielt auch Jean Paul Richter aus Bayreuth bzw. dessen Familie ein zwölfjähriges Privileg gegen den Nachdruck sämtlicher Werke Richters. Die Besonderheit war auch hier, dass das Privileg nicht nur auf die Gesamtausgabe, sondern auf die einzelnen Teile dieser Ausgabe erstreckt wurde. Auch dies wurde auf die königliche Verordnung vom 25. Februar 1815 gestützt[739]:

---

[735] RegBl Württemberg 1824, S. 3.

[736] RegBl Württemberg 1824, S. 926.

[737] RegBl Württemberg 1825, S. 659. Die Privilegienerteilung erfolgte am 7. Oktober 1825.

[738] RegBl Württemberg 1825, S. 659.

[739] RegBl Württemberg 1826, S. 4.

„Seine Königliche Majestät haben vermöge höchster Entschließung vom 8. d. M. das von dem nun verstorbenen Herzoglich Sachsen-Hildburghausenschen Legations-rath Jean Paul Richter zu Bayreuth nachgesuchte Privilegium gegen den Nachdruck seiner sämtlichen Werke zum Vortheil der hinterlassenen Familie desselben und zwar auf die Dauer von zwölf Jahren in Gnaden zu ertheilen und solches Privilegium auch auf die einzelnen Theile dieser Gesamt-Ausgabe zu erstrecken geruht; welches unter Hinweisung auf die Königliche Verordnung vom 25. Februar 1815, Privilegien gegen den Bücher-Nachdruck betreffend, zur Nachachtung hiemit öffentlich bekannt gemacht wird.

Stuttgart den 12. December 1825   Schmidlin"

5. Privilegien für Einzelblätter, Nachgüsse, Nachstiche, Übersetzungen (1826-1833)

Das Privileg gegen den Nachdruck lithographischer Werke des D. Sulpiz Boisserée vom 1. November 1826 beweist, dass der württembergische König nicht nur für Gesamtwerke, sondern auch für einzelne Blätter lithographierter Sammlungen aufgrund der Bestimmungen des Rescripts vom 25. Februar 1815 Privilegien erteilte. Bei diesem Privileg handelte es sich konkret um Bildnisse der württembergischen Königin sowie der lithographierten Sammlung alt-, nieder- und oberdeutscher Gemälde, die auf zehn Jahre geschützt wurden. Die Bildnisse wurden von Boisserée und anderen herausgegeben[740].

Das Rescript von 1815 wurde nicht zuletzt herangezogen, um ein sechsjähriges Privileg gegen den Nachdruck des gezeichneten und lithographierten Bildnisses des verstorbenen Prälaten von Bengel zu erteilen, das der Zeichenlehrer Helwig aus Tübingen beantragt hatte[741]. 1827 wurde ein Privileg gegen den Nachguss des Bildnisses Friedrichs von Schiller erteilt[742], 1829 für die lithographierten Bildnisse der Herzogin von Nassau[743]; 1833 zugunsten der in der lithographischen Anstalt von Löwenstern erscheinenden 18 Blätter „Darstellungen aus Moses Leben und Wirken"[744] sowie schließlich zugunsten einer topographischen Karte des Königreichs Württemberg[745].

Schließlich wurde die bei dem Kunstverleger Ebner erscheinende Spezialkarte von Württemberg, Baden und den beiden Hohenzollern im Jahre 1833 privilegiert[746]. Nachdruck und Nachstich des Werkes „Anleitung zu einer

---

[740] RegBl Württemberg 1826, S. 471-472 (Publikation v. 3. November 1826).

[741] RegBl Württemberg 1826, S. 487-488 (Entschließung des Königs v. 13. November 1826, Veröffentlichung v. 15. November 1826).

[742] RegBl Württemberg 1827, S. 332.

[743] RegBl Württemberg 1829, S. 192.

[744] RegBl Württemberg 1833, S. 130.

[745] RegBl Württemberg 1827, S. 109.

[746] RegBl Württemberg 1833, S. 143.

schnellen, jedoch gründlichen Erlernung der Schönschreibekunst", die der Schreiblehrer Nädelin bearbeitet hatte, wurden ebenfalls 1833 per Privileg untersagt[747].

Auch finden sich unter den Privilegien solche gegen den Nachdruck bzw. den Nachstich von Musiknoten. 1826 erhielt der großherzoglich-sächsische Hofkapellmeister Hummel einen auf sechs Jahre bemessenen Nachdruckschutz seiner Anweisung zum Spiel des Piano Forte. Diesen Schutzbrief schrieb der König von Württemberg am 19. November 1826 und stützte sich hierbei explizit auf seine Verordnung von 1815, Privilegien gegen den Büchernachdruck betreffend[748]. Gegen den Nachstich zweier musikalischer Kompositionen von Ferdinand Ries aus Frankfurt a.M. stellte das Ministerium des Innern 1829 ein Privileg aus[749].

Mit der Verordnung gegen den Büchernachdruck schützte der König etliche Grammatiken und Lehrbücher der deutschen Sprache als auch der Fremdsprachen; so etwa die französische Sprachlehre des Professor Hölder[750]:

„Seine Königliche Majestät haben vermöge höchster Entschließung vom 14. d.M. dem Professor Hölder dahier ein Privilegium gegen den Nachdruck seiner französischen Sprachlehre in zwei verschiedenen Ausgaben, die eine unter dem Titel ‚Praktische französische Sprachlehre für Anfänger‘, die andere unter dem Titel ‚Praktische französische Sprachlehre für den Unterricht und das Privat-Studium‘ auf die Dauer von sechs Jahren zu verleihen geruht; welches hiemit unter Hinweisung auf die Verordnung, Privilegien gegen den Bücher-Nachdruck betreffend, vom 25. Februar 1815 zur öffentlichen Kenntniß gebracht wird.

Stuttgart den 20. Juli 1826   Schmidlin"

Im selben Jahr, 1826, erhielt der Professor und Bibliothekar Buttmann aus Berlin gleich zwei sechsjährige Privilegien für seine griechischen Grammatiken. Im Privileg vom 20. August 1826[751] war nicht nur der Schutz gegen den Nachdruck der elften Auflage Buttmanns mittlerer griechischer Grammatik enthalten, sondern dieser wurde auch auf die zwölfte Auflage dieser Grammatik, und zwar auf die Zeit bis zum Ablauf jener sechs Jahre, ausgedehnt. Das am 6. Februar 1825 verliehene sechsjährige Privileg gegen den Nachdruck der siebten Auflage Buttmanns griechischer Schulgrammatik wurde außerdem auf seine achte verbesserte Auflage erweitert[752]. Beide Privilegien fußten wiederum explizit auf dem Rescript vom 25. Februar 1815.

---

[747] RegBl Württemberg 1833, S. 39.
[748] RegBl Württemberg 1826, S. 489 (Privileg v. 21. November 1826).
[749] RegBl Württemberg 1829, S. 193.
[750] RegBl Württemberg 1826, S. 356-357.
[751] RegBl Württemberg 1826, S. 390.
[752] RegBl Württemberg 1826, S. 456-457.

In den darauf folgenden Jahren ließen sich Verleger wie Autoren ihre verbesserten und weiteren Auflagen privilegieren, was vor allen Dingen viele Schulbücher sowie Gedichtbände betraf[753].

An deutschen Übersetzungen ist nicht nur die bei Geßner in Zürich erschienene Cicero-Übersetzung von Wieland zu nennen[754], sondern obendrein die deutsche Übersetzung der Bibel von Allioli[755]. Erwähnenswert bleibt noch die Privilegierung der Zeitschrift mit dem Titel „Quelle nützlicher Beschäftigungen zum Vergnügen für die Jugend" von C. W. Döring[756].

Die Gewährung des zehnjährigen Privilegs zugunsten von Allioli für seine „Deutsche Übersetzung der Heiligen Schrift, des Alten- und Neuen Testaments aus der Vulgata" wurde gewissermaßen zum Politikum, da sich die königlich-bayerische Gesandtschaft am württembergischen Hof für ein großzügiges Privileg Württembergs verwandte. Im Anbringen des Ministers des Innern, von Otto, an den König bemerkte dieser, dass Allioli von dem päpstlichen Hof die Bewilligung zur Herausgabe seiner Übersetzung habe und dass die bayerische Gesandtschaft ein wahres Bedürfnis der Katholischen Kirche für diese Übersetzung sah. Der Studienrat sah kein gesetzliches Hindernis darin, das Privileg genau so wie es der König von Bayern ausgesprochen hatte auf zehn Jahre zu erstrecken[757]. Von Otto stimmte dieser zehnjährigen Frist zu und rechtfertigte gemäß § 1 des Rescriptes von 1815 diese außerordentliche Dauer mit dem Umfang und der Schwierigkeit der Übersetzung[758].

6. Vermehrungen und Verbesserungen der Vorauflagen

In dem Anbringen des Ministeriums des Innern vom 31. Oktober 1833 ging es um die „in unserer Zeit viel verbreiteten sog. Pfennigmagazine". Alle 14 Tage sollten zwei Tafeln mit Abbildungen und einem erklärenden Text erscheinen[759]. Zunächst kommt die vage Formulierung, dass der Umfang des dem ganzen Werk erteilten Privilegs durch das Rescript von 1815 bestimmt sei. Schließlich vertagte der Bericht das Problem auf spätere Zeiten bzw. den Klageweg, indem er der Antragstellerin aufgab[760]: „Falls sie sich durch den Nach-

---

[753] Etwa 1834 die achte Auflage von Ludwig Uhlands Gedichten, vgl. RegBl Württemberg 1834, S. 446.

[754] WüHStA E 31 Nr. 574.

[755] RegBl Württemberg 1833, S. 212.

[756] RegBl Württemberg 1833, S. 360.

[757] E 146/1 Nr. 5278, Teil 2 (Schreiben des Studienrates an das Ministerium des Innern v. 29. Juli 1833).

[758] E 146/1 Nr. 5278, Teil 3 (Anbringen des Ministers des Innern an den König v. 2. August 1833).

[759] E 146/1 Nr. 5286, Teil 3.

[760] Ibid.

druck einzelner Theile oder Abbildungen dieser Schrift für gekränkt erachten sollte, es ihr überlassen bleiben muss, sich mit der geeigneten Beschwerde an die betreffende Behörde zu wenden."

Das königliche Dekret an das Ministerium vom 6. November 1833 spricht bloß vom Nachdruckschutz von sechs Jahren unter den gewöhnlichen Bedingungen, ohne das Problem der periodisch erscheinenden Zeitschrift anzusprechen. Man wollte auf keinen Fall noch ungewisse, in der Zukunft erscheinende Teile des Werkes privilegieren, ohne sie vorab gesehen zu haben bzw. ihren Fortgang unter Kontrolle zu behalten.

Für „kontrollfähiger" hielt der Studienrat die Privilegierung der bei Buchhändler Steinkopf in Stuttgart erscheinenden „Sammlung christlicher Gedichte von Pfarrer Barth". Die zweite Sammlung der Gedichte sollte nach mehreren Jahren erscheinen, was den Studienrat dazu bewegte, der Verlängerung der Privilegierungsdauer auf acht Jahre zuzustimmen[761]:

> „Wir kennen nun zwar die Barthschen Gedichte, einzelne, gelegenheitlich gesehene, ausgenommen, – aus welchen ein günstiger Schluß auf die ganze Sammlung gemacht werden kann, – nicht: glauben jedoch, da Verfasser und Verleger württembergische Unterthanen sind, auf gnädigste Gewährung des Gesuchs, auch in Absicht auf die bezeichnete Zeitdauer von acht Jahren, ehrerbietigst antragen zu dürfen."

Etwas vage ist der Schluss des Studienrates von den einzelnen bekannten Gedichten auf die gesamte Sammlung und die zweite noch unbekannte. Ein wichtiger Aspekt ist wiederum die Tatsache, dass Verfasser und Verleger württembergische Untertanen waren. Im Gegensatz zu periodisch erscheinenden Zeitschriften, deren zukünftige Privilegierung, wie schon gesehen, abgelehnt worden war, stellt eine zweite Sammlung von Gedichten, auch wenn sie erst nach mehreren Jahren erscheint, kein Hindernis dar, eine Privilegierung für die Zukunft zu erteilen und auszusprechen. Der Hauptgrund mag darin liegen, dass der Studienrat sich bei einem fertig gestellten Buch aufgrund des überschaubaren und berechenbaren Inhalts sicher fühlte, was bei einer Zeitschrift indes nicht der Fall war.

7. Das Problem des Nachschreibens von Vorlesungen und Predigten

Ein weiteres Problem bei noch herauszugebenden Schriften waren die Nachschreiber von Vorlesungen und Predigten. Um die Absicht von Studienrat und Ministerium hierzu herauszufinden, dient das Privilegiengesuch der Witwe Schleiermacher aus Berlin für sämtliche Werke ihres Ehegatten. Der Studienrat sah kein gesetzliches Hindernis, sämtliche Schriften dieses berühmten Mannes in einer neuen Auflage zu vereinen. Wesentlich für ihn bei der Begutachtung der neuen Auflage war, dass es sich dabei nicht nur um einen bloßen Wieder-

---

[761] E 146/1 Nr. 5401, Teil 2 (Bericht v. 26. Mai 1836).

abdruck handelte, sondern dass der Text aus den Handschriften der Vorausgaben, andernteils aus sonstigen Hilfsmitteln stammte. Es sei selbstverständlich, dass bei dieser neuen Auflage namentlich die Predigten Schleiermachers keine wesentlichen Veränderungen erfahren haben könnten, was hingegen bei anderen Schriften der Fall sein durfte. Der Studienrat unterstrich das ausdrückliche Verbot der Heraugabe noch ungedruckter Schleiermacherscher Vorlesungen und Predigten ohne Einwilligung der Witwe. Denn von manchen Vorlesungen und noch mehr von seinen Predigten existiere kein selbst verfasstes Manuskript in seinem Nachlass, da er an einen ganz freien Vortrag gewöhnt war und insbesondere seine Predigten nicht niederzuschreiben pflegte. Diese Manuskripte müssten daher erst herbeigeschafft und die Einzelvorträge aus nachgeschriebenen Heften konstruiert und aufbereitet werden, wobei hier die Gefahr lauere, „daß ohne ein solches ausdrückliches Verbot ein anderer ärnte, wo er nicht gesät hat, und daß außerdem das Publikum Unvollkommenes erhalte."[762]

Der Studienrat berichtete sogleich von den Erfahrungen, die die Schleiermacherschen Erben gemacht hätten, indem nämlich ein fleißiger Zuhörer, angeblich von Schleiermacher selbst als zuverlässig anerkannter Nachschreiber seiner Predigten, dieselben herausgegeben und in seiner Vorrede dazu sein Recht dazu dargelegt hatte. Daraus folgerte der Studienrat, dass Schleiermachers Namen und Verdienste es rechtfertigten, ein Privileg gegen den Nachdruck sämtlicher Schriften dieses Autors zu beantragen[763]. Im Schreiben des Ministeriums an den Studienrat vom 26. November 1835 wurde angemerkt, dass sich die K. preußische Gesandtschaft am württembergischen Hofe für dieses Gesuch verwandt habe[764]. Diese Unterstützung vonseiten der preußischen Regierung schien den Studienrat aber nicht sonderlich beeindruckt zu haben, da für ihn das Argument der großen Gefahr des Nachschreibens von Vorlesungen und Predigten ein wichtiger Privilegierungsgrund war. Wegen des hohen Aufwands und Verlegerrisikos war dem Studienrat der Verkaufspreis gleich.

Recht häufig profitierten auch rechtswissenschaftliche Autoren von der Privilegierung, so die zwölfte Auflage des Lehrbuchs des peinlichen Rechts von Feuerbach[765], die siebte Auflage des Werks „Lehrbuch des Kirchenrechts von Walter"[766] oder die vierte Auflage von Lindes „Lehrbuch des Civilprocesses"[767].

---

[762] E 146/1 Nr. 5378, Teil 3 (Bericht v. 28. November 1835).
[763] Ibid.
[764] E 146/1 Nr. 5378, Teil 2.
[765] RegBl Württemberg 1835, S. 381.
[766] RegBl Württemberg 1836, S. 209.
[767] RegBl Württemberg 1834, S. 546.

8. Das fünfjährige Privileg für Ganz (1826)

1826 wurde auch ein Privileg erteilt, das eine eher selten vorkommende Dauer aufwies: der König verlieh Christian Wilhelm Ganz in Sulz für die im Verlag des Buchhändlers C. F. Rast des Jüngeren in Ludwigsburg erscheinenden arithmetischen Hilfstabellen ein Privileg, das er lediglich auf fünf Jahre – wie vom Antragsteller gefordert – befristete[768]:

„Seine Königliche Majestät haben durch höchste Entschließung vom 9. Oktober d.J. für die von Christian Wilhelm Ganz in Sulz verfassten, im Verlage des Buchhändlers C. F. Rast des jüngeren in Ludwigsburg erscheinenden arithmetischen Hülfstabellen unter dem Titel: ‚Zinsraten-Berchnungen nach Tagen aus 4, 4 1/2, 5 und 6procentigen Kapitalien, Geld- und Natural-Besoldungen, desgleichen für Gantzieler und Zieler für den Privathandel‘ ein Privilegium gegen den Nachdruck auf die Dauer von fünf Jahren zu ertheilen geruht, welches mit Hinweisung auf die Verordnung vom 25. Februar 1815, Privilegien gegen den Bücher-Nachdruck betreffend, zur Nachahmung hiemit öffentlich bekannt gemacht wird.

Stuttgart den 3. April 1826   Schmidlin"

9. Die Verlängerung von Privilegien

Etliche Privilegien wurden nicht zuletzt schlichtweg verlängert: Am 21. Januar 1825 war der Cottaschen Buchhandlung aus Stuttgart ein Privileg gegen den Nachdruck der in ihrem Verlag erschienenen neuen vermehrten Ausgabe der Friedrich von Schillerschen Werke verliehen worden, welches zugunsten der Erben Schillers auf zwölf Jahre durch Entschließung vom 2. September 1827 verlängert wurde. Dieses Privileg sollte sich auch auf diejenigen Ausgaben Schillerscher Werke erstrecken, die während des Zeitraums erschienen, der zwischen dem 21. Januar 1835 und der ab diesem Tag beginnenden Zwölfjahresfrist lag, d.h. bis zum 21. Januar 1847.

Daraus ergibt sich ebenfalls, dass das Privileg immer noch nicht vererbbar war, denn sonst hätten die Erben Schillers keinen neuen Antrag stellen müssen. Allerdings war man in Württemberg bereit, den Schutz eines verstorbenen Autors nicht mit seinem Tode enden, sondern auch die Erben von einem Nachdruckprivileg profitieren zu lassen. Ferner resultiert aus diesem Privileg, dass die Ausgaben, die auf Werke des Verstorbenen zurückgriffen, gleichfalls durch das Rescript von 1815 geschützt waren[769]. Zugunsten der Goethe-Erben genügte 1838 die simple Erneuerung des bereits ergangenen zwölfjährigen Privilegs

---

[768] RegBl Württemberg 1826, S. 198 sowie WüHStA E 146/1, Nr. 5256; vgl. dazu Fn. 249.

[769] RegBl Württemberg 1827, S. 440.

vom 3. Oktober 1825 um sechs Jahre; der neue Gnadenbrief bezog sich dabei inhaltlich auf Goethes Gesamtausgabe[770]:

„Da Seine Königliche Majestät durch höchste Entschließung vom 10. d.M. das der Gesamt-Ausgabe lezter Hand der Werke des verewigten Großherzoglich Sächsischen Staatsministers v. Goethe unter dem 3. Oktober 1825 verliehene zwölfjährige Privilegium gegen den Nachdruck zu Gunsten der Erben des Verfassers auf die Zeitdauer von sechs Jahren gnädigst erneuert haben, so wird dieß hierdurch zur Nachachtung bekannt gemacht.

Stuttgart den 11. Januar 1838   Schlayer"

10. Die Publikation des zwanzigjährigen Privilegs für von Savigny (1839)

Ein in seinem Aufbau und seinem Regelungscharakter besonderes Privileg kam von Savignys Werk „System des heutigen römischen Rechts" zugute. Der Ministerrat hatte in Vollmacht des württembergischen Königs am 8. August 1839 dem königlich-preußischen Geheimen-Revisionsrat, Professor von Savigny aus Berlin, ein zwanzigjähriges Privileg verliehen. Als besonders augenfällig ist zu bemerken, dass dieses Privileg das einzige war, das Württemberg aus eigenem Antrieb auf so lange Zeit verlieh.

Eine besondere Bestimmung enthielt das Privileg noch für den Beginn dieses Rechtsschutzes, denn es wurde verkündet, dass die Zeitdauer des Privilegs statt von dem Tag seiner Verleihung von dem Erscheinen des letzten Bandes des Werkes zu berechnen war, „wenn die einzelnen Bände in Zeiträumen von höchstens drei Jahren nacheinander an's Licht treten"[771]. Damit konnte Savigny das Privileg noch weiter als zwanzig Jahre erstrecken, sofern der Abstand zwischen der Publikation zweier Bände die Dreijahresfrist nicht überschritt. Die Dreijahresfrist resultierte aus Art. 1 Abs. 3 des Gesetzes vom 17. Oktober 1838. Im Übrigen war es seit dem Gesetz von 1836 möglich, das Privileg auch direkt dem Autor und nicht erst seinem Verleger zuzusprechen.

11. Inkraftsetzen von Privilegien nach Beschlüssen der Deutschen Bundesversammlung

Mit der Erteilung des Nachdruckprivilegs zugunsten von Savigny hatte sich schon eine zwanzigjährige Frist eingependelt, jedoch war die Privilegienerteilung für von Savigny nur im Königreich Württemberg anwendbar und allein Sache des Ministeriums des Innern. Anders verhielt es sich mit fünf auf zwanzig Jahre ausgestellten Schutzbriefen, die im Anschluss an Sitzungen der Bun-

---

[770] RegBl Württemberg 1838, S. 44.
[771] RegBl Württemberg 1839, S. 532.

desversammlung zustande gekommen waren, für den gesamten Deutschen Bund galten und in dessen Mitgliedsstaaten in jeweils nationales Recht umgesetzt werden mussten. Diese fünf Privilegien wurden in Württemberg zwischen 1839 und 1842 im dortigen Regierungsblatt verkündet und standen systematisch geordnet jeweils unter den Verfügungen der Departements für auswärtige Angelegenheiten und des Innern. Dass sich der Deutsche Bund mit den Privilegien beschäftigt hatte, beweisen schon die Namen der Autoren, deren Werke protegiert wurden, nämlich Friedrich von Schiller, Johann Wolfgang von Goethe, Jean Paul Friedrich Richter, Christoph Martin Wieland sowie Johann Gottfried von Herder.

a) Schiller

Die Bekanntmachung betreffend ein für die Werke Schillers in sämtlichen Staaten des Deutschen Bundes gebilligtes Privileg gegen den Nachdruck lautete im württembergischen Regierungsblatt abgedruckt folgendermaßen[772]:

„In der dreiunddreißigsten Sitzung der Bundes-Versammlung vom 23. November 1838 haben die souveränen Fürsten und freien Städte des deutschen Bundes sich vereinigt, daß den Werken Friedrichs v. Schiller zu Gunsten dessen Erben in allen davon bereits veranstalteten oder noch zu veranstaltenden Ausgaben der Schutz gegen den Nachdruck während zwanzig Jahren vom 23. November 1838 an in sämtlichen zum deutschen Bunde gehörenden Staaten gewährt werde. Auf Allerhöchsten Befehl Seiner Königlichen Majetät wird dieses andurch unter Vorbehalt wohlerworbener Rechte Dritter, und mit dem Beifügen zur Nachachtung bekannt gemacht, daß auf Verletzungen dieses Nachdruck-Verbots die Vorschriften der §§. 5 und 6 der Verordnung vom 25. Februar 1815 (Reg.Bl. S. 75) Anwendung finden.

Stuttgart den 13. April 1839.Beroldingen.   Schlayer"

b) Goethe

Während bei Schiller die Erben in den Genuss des Privilegs kamen, wurde 1840 der noch lebende Goethe selbst privilegiert. In der Sitzung der Bundesversammlung vom 4. April 1840 hatten die souveränen Fürsten und freien Städte Deutschlands vereinbart, den in der Cottaschen Verlagsbuchhandlung aus Stuttgart in den Jahren 1836 und 1837 in zwei Bänden bzw. vier Abteilungen erschienenen neuen und vervollständigten Ausgaben von Goethes prosaischen und poetischen Werken ein Privileg gegen den Nachdruck auf zwanzig Jahre zu erteilen. Dieses Privileg lief ab dem 4. April 1840. Das württembergische Außen- und Innenministerium machten die nach wie vor königliche Anordnung im

---

[772] RegBl Württemberg 1839, S. 319.

Regierungsblatt bekannt[773]. Wie beim Privileg für Schillers Erben auch erwähnte das Privileg explizit die Vorschriften der §§ 5 und 6 des Rescripts vom 25. Februar 1815, die nach wie vor bei Verletzungen dieser Privilegien direkte Anwendung finden sollten. Die Nennung dieser Paragraphen erfolgte außerdem bei den Privilegien für Richter und Wieland sowie für Herder.

c) Richter

Auch die Bekanntmachung betreffend ein den Werken des verstorbenen Legationsrats Jean Paul Friedrich Richter in sämtlichen Staaten des Deutschen Bundes bewilligtes Privileg gegen den Nachdruck sprach eine deutliche Sprache; denn die Verkündung insistierte auf den wohlerworbenen Rechten Dritter (den, wie wir heute sagen würden, „droits acquis"), womit ohne Zweifel die Nachdrucker und ihr Gewerbe gemeint waren[774]:

> „In der dreiundzwanzigsten Sitzung der Bundesversammlung vom 22. Oktober 1840 haben die souverainen Fürsten und freien Städte des deutschen Bundes sich vereinigt, ,daß den Werken des verstorbenen Legationsraths Jean Paul Friedrich Richter von Bundeswegen der Schutz gegen den Nachdruck und Verkauf des Nachdrucks in den mit seiner oder seiner Erben Bewilligung davon veranstalteten oder noch zu veranstaltenden Ausgaben in allen zum deutschen Bunde gehörigen Staaten für den Zeitraum von zwanzig Jahren, vom 22. Oktober 1840 an, gewährt werde.' Auf allerhöchsten Befehl Seiner Königlichen Majestät wird dieses andurch, unter Vorbehalt wohlerworbener Rechte Dritter, und mit dem Beifügen zur Nachachtung bekannt gemacht, daß auf Verletzungen dieses Nachdruck-Verbots die Vorschriften der §§. 5 und 6 der Verordnung vom 25. Februar 1815 (Reg.Blatt S. 75) Anwendung finden.
>
> Stuttgart den 28. Juli 1842.
>
> Für den Minister der auswärtigen Angelegenheiten:
>
> Harttmann.   Schlayer"

Zugunsten von Richters Erben war das Privileg also dermaßen weit gefasst, dass es sowohl die schon gedruckten als auch die noch zu druckenden Ausgaben von Richters Werken im gesamten Deutschen Bund auf zwanzig Jahre schützen sollte. Diese Protektion begann aber schon am 22. Oktober 1840, d.h. mit der Sitzung der Bundesversammlung am selben Tag, obwohl das Privileg in Württemberg erst am 28. Juli 1842 publiziert wurde.

---

[773] RegBl Württemberg 1840, S. 289.
[774] RegBl Württemberg 1842, S. 478.

d) Wieland

Auch bei Wieland war die Bundesversammlung sehr großzügig. In ihrer dritten Sitzung vom 11. Februar 1841 beschlossen die Fürsten und freien Städte des Deutschen Bundes, dass zugunsten von Wielands Kindern und Erben, in allen von der Buchhandlung Georg Joachim Göschen aus Leipzig bereits gedruckten oder noch zu druckenden Ausgaben, die Werke Wielands vom 11. Februar 1841 bis zum 11. Februar 1861 im gesamten Deutschen Bund gegen den Nachdruck geschützt werden sollten. In Württemberg befahl der König durch die Ministerien für auswärtige Angelegenheiten und des Innern in gewohnter Weise unter Zitierung der §§ 5 und 6 des Rescripts vom 25. Februar 1815 die Transformierung des Bundesbeschlusses in Landesrecht[775].

e) Herder

Genauso wie Wielands Erben freuten sich die Erben Herders über ein gleich lautendes Privileg, das in Württemberg mit der bekannten Formel und der rechtlichen Umhegung der §§ 5 und 6 des Rescripts von 1815 umgesetzt wurde und 1842 als letzter Schutzbrief in die Geschichte der Nachdruckprivilegienpraxis des Königreichs einging[776].

Aufgrund seiner Publikationspraxis entpuppte sich Württemberg als verfassungsmäßig arbeitender Staat. Der Eingriff in die Nachdruckfreiheit zugunsten einiger privilegierter Verleger bzw. von Autoren sowie deren Nachfahren musste den Betroffenen mitgeteilt werden, was per allgemeiner Veröffenlichung im Staats- und Regierungsblatt lückenlos erfolgte. Damit trug Württemberg seiner Konstitution vom 25. September 1819 Rechnung.

Das Privileg wurde auf diese Weise wie ein Gesetz, das nur an zukünftige Tatbestände anknüpfen und nicht retroaktiv wirken durfte, eingesetzt. Da die Privilegien auf das vor der Verfassung entstandene Rescript von 1815 gestützt wurden, brauchten sie nicht die jeweilige Zustimmung der Kammern. Insofern waren die Einzelfallprivilegien wiederum viel flexibler als Gesetze zu handhaben.

II. Die kurz vor und unmittelbar vor dem Rescript erteilten Privilegien

Die Ansuchen einzelner Autoren und Verleger um Privilegien gegen den Büchernachdruck sowie deren Klagen gegen die Büchernachdrucker kurz vor

---

[775] RegBl Württemberg 1842, S. 479.
[776] RegBl Württemberg 1842, S. 479; WüHStA E 65/68.

1815 sind besonders interessant, weil diese Verfahren erst nach Erlass des Rescripts endgültig beschieden wurden.

In den Geheimen Ratsakten findet sich zunächst die Beschwerde des Buchhändlers Geßner aus Zürich gegen den von Buchhändler Macklot aus Stuttgart vorgenommenen Nachdruck der Wielandschen Übersetzung der Briefe Ciceros sowie das Gesuch des Wiener Magistratsbeamten Joseph Rossi zur Privilegierung seines Werkes "Das Denkbuch für Fürst und Vaterland" vom 8. Juli 1815. Beide Gesuche wurden vom König mit Dekret aus Ludwigsburg vom 25. Mai 1815 für einen Zeitraum von 12 Jahren privilegiert. Dabei wurde zur Bedingung gemacht, dass zwölf Exemplare von Wielands Briefen an die königlichen Bibliotheken eingesandt würden und, und dies galt nur für Rossi, die gewöhnliche Taxe von diesem entrichtet wurde.

Kurz nach der Verkündung des Rescripts von 1815 war obendrein die Höhe der Taxe je nach Dauer der Erteilung des Privilegs umstritten. Bei den Fällen Geßner und Rossi wurde etwa vertreten, dass sich die Taxe auf das Sechsfache des Ladenpreises belaufen sollte. Allerdings sah man auch im Rat ein, dass dies sehr schlecht zu berechnen war, da der Ladenpreis erst im Nachhinein festgesetzt wurde. Daher wurde eine Staffelung von 6 fl. (= Florin bzw. Gulden) bei sechs Jahren, bei zwölf Jahren 12 fl. und bei höheren Zeiträumen das Doppelte aber nicht mehr als 24 fl., vorgeschlagen[777]. Auch findet sich der Vorschlag, die Taxe auf das Sechsfache des Ladenpreises, den das Buch erzielen sollte, festzulegen. Am 24. Februar 1817 legte das Ministerium des Innern nach Befragung der Steuerabteilung im Ministerium der Finanzen fest, dass als Stempelgebühr für eine dreijährige Privilegierung zwölf, für eine sechsjährige 18 und für längere Zeit das Doppelte, mit einer Obergrenze von vierundzwanzig festgelegt werden sollte[778]. Das Privileg diente auf diese Weise direkt auch als Einnahmequelle für den Staatshaushalt[779], der insoweit aus den Erträgen der spätmerkantilistischen Wirtschaftspolitik gespeist wurde.

Zu den ersten Privilegien, die sich außerdem in den Akten des Geheimen Rats finden, sind neben der Beschwerde Geßners und des Gesuchs Rossis der Antrag des Buchhändlers Brockhaus aus Altenburg um eine Privilegierung vorhanden, sodann die Klage des Buchhändlers Seidel aus Sulzbach gegen die Buchdrucker Fleischhauer und Kaufmann aus Reutlingen sowie die Klagen des Hofrats Becker aus Gotha (Landkreis Eilenburg) und der J. G. Cottaschen Buchhandlung gegen den Buchdrucker Mack aus Reutlingen[780]. Im Falle Brockhaus stellte der Geheime Rat klar, dass die Verordnung auch explizit die Nachdrucker schützen wollte.

---

[777] E 31 Nr. 573.

[778] E 31 Nr. 573, Bl. 8.

[779] *Lieb*, Privileg und Verwaltungsakt (Fn. 3), S. 57.

[780] Königl. Geheimer Rat (1806-1884), mit Vorakten ab 1587, WüHStA E 31 Nr. 574.

1. Die Sache Brockhaus: ius quaesitum zugunsten der Nachdrucker

Als das Ober-Censur-Collegium am 1. Januar 1817 seinen Bericht bezüglich des Gesuchs des Buchhändlers Brockhaus um Erteilung eines Privilegs gegen den Nachdruck für die vierte Auflage des von ihm verlegten Konversationslexikons abzugeben hatte, wurde spürbar, dass zwar das Rescript von 1815 in Kraft war, doch musste noch nahezu ein Jahr vergehen, bis der Studienrat als eigenständige Behörde seine Tätigkeit aufnehmen konnte.

Am Gutachten über Brockhaus wird deutlich, dass das Kollegium seine Zensurtätigkeit sehr ernst nahm, wofür Umfang und Intensität der Besprechung einen eindeutigen Beweis liefern. Durch das Dekret des königlichen Geheimen Rats vom 23. Dezember 1816 war dem Ober-Censur-Collegium aufgetragen worden, den Bericht über Brockhaus abzugeben, wobei das Kollegium mit einer kurzen Geschichte des Buchs einen Einstieg suchte. Die erste Idee zur Herausgabe eines solchen Konversationslexikons war bereits 1795 von einem gewissen Dr. Loebel gefasst worden, der aus diesem Grunde mit der Leopoldschen Buchhandlung in Leipzig in Verbindung getreten war.

Das Werk[781] wurde in sechs Bänden vollendet, die nach und nach in einem Zeitraum von zwölf Jahren erschienen und denen noch zwei Supplementbände folgten. Ungeachtet des umfassenden Titels und der Verzögerungen in der Redaktion infolge des Todes des ersten Redakteurs Loebel fand das Werk reichlich Absatz. Mit dem Jahr 1807 und dem Erscheinen des letzten Bandes kam der Verlag in den Besitz des Buchhändlers Brockhaus, der, weil die bisherigen Auflagen in kurzer Zeit vergriffen waren, den Entschluss fasste, das Werk nach einem erweiterten Plan ganz umarbeiten zu lassen. Dieses hinsichtlich des ursprünglichen Planes ganz umgearbeitete Werk trug schließlich den Titel einer zweiten Ausgabe, wobei die bei Leopold erschienene Ausgabe des Konversationslexikons als die erste in Betracht kam. Die zweite Ausgabe war ursprünglich auf acht (im Vergleich zur ersten durch Vermehrung der Bogenzahl und durch komprimierteren Druck einzeln wenigstens vier Mal so viel als ein Band der ersten Ausgabe enthaltenden) Bände berechnet. Diese Berechnung wurde jedoch bald auf zehn Bände ausgedehnt, mit welchen dann das ganze Unternehmen vollendet sein sollte. 1812 erschien der erste Band und das umgearbeitete Werk fand so großen Beifall, dass schon nach Fertigstellung des zweiten Bandes die Auflage verdoppelt und der erste und zweite Band neu gedruckt werden mussten, was aber bloß durch einen sogenannten „Nachschuß" ohne den Titel

---

[781] Der ausführliche Titel war ursprünglich „Handwörterbuch für die gebildeten Stände über die in der gesellschaftlichen Unterhaltung und bey der Lectüre vorkommenden Gegenstände, Namen und Begriffe in Beziehung auf Völker- und Menschengeschichte, Politik und Diplomatik, Mythologie und Archäologie, Erd-, Gewerb- und Handlungs-Kunde, die schönen Künste und Wissenschaften, mit Einschluß der in die Umgangssprache übergegangenen ausländischen Wörter und mit besonderer Rücksicht auf die älteren und neueren Zeit-Ereignisse."

einer neuen Auflage geschah. Mit der Notwendigkeit konfrontiert, die vier ersten Bände wieder neu aufzulegen, sah die Redaktion sich dazu veranlasst, den
Plan des Werks noch einmal zu verändern. Nach diesem modifizierten Plan
sollten jene vier Bände in mehreren neuen Auflagen erneut abgeändert werden.
Die Verlagshandlung erklärte, dass dieser Plan bis ans Ende fortgesetzt werden
solle. Es sollten noch zwei weitere Bände, nach der von dem Verleger in den
öffentlichen Anzeigen gemachten Versicherung, „in dem Zeitraum bis Johannes 1817", nachfolgen, mit welchen dann das ganze Werk in der zweiten bzw.
dritten umgearbeiteten Ausgabe vollendet werden sollte.

Das Censur-Collegium rühmte Buchhändler Brockhaus als jemanden, der
durch geschickte Mitarbeiter die Vollkommenheit des Lexikons anstrebe, was
allgemein anerkannt sei. Darüber hinaus sei Brockhaus bemüht, den Preis an-
ständig mäßig zu halten, um die Anschaffung des Werks so gut es gehe zu erleichtern. Allerdings kritisierte das Kollegium, dass Brockhaus nach dem Erscheinen des vierten Bandes auch die vier ersten Bände wieder neu aufgelegt
habe, wenngleich er den Besitzern der früheren sogenannten zweiten Ausgabe
sehr annehmliche Bedingungen anbot, indem das Werk vom fünften Band an
fortgesetzt werden sollte und diese die abgeänderte Auflage der vier ersten
Bände erhalten könnten.

Brockhaus gab den früheren Käufern die feste Zusage, dass in den ersten
Jahren keine veränderte und wesentlich verbesserte Auflage erscheinen werde,
sondern dass, wenn eine neue Auflage des Ganzen oder einzelner Teile nötig
sei, bloß sogenannte „Nachschüsse" vorgenommen werden sollten, worunter er
unveränderte Abdrücke verstand. In seiner Garantie, die Brockhaus in dem
siebten Band sowie in einigen öffentlichen Blättern als Anzeige am 15. Januar
1816 veröffentlichte, sagte Brockhaus bei künftig eintretenden vermehrten und
umgearbeiteten Auflagen einen Supplementband zu. Auf diese Weise wollte er
die bisherigen Käufer des Werks beruhigen, damit sie bei Veränderungen keine
Mehrkosten haben sollten.

Allerdings erklärte sich Brockhaus nicht darüber, welches Schicksal die angefangene, aber noch nicht vollendete zweite und dritte Ausgabe haben würde.
Er sagte bloß, dass, um das Buch noch zu einer weiteren Vollkommenheit zu
bringen, er die Absicht habe, zu Ostern 1817 wieder eine neue wesentlich verbesserte Ausgabe, die er die vierte Ausgabe nannte, erscheinen zu lassen; für
diese Ausgabe beantragte er außerdem ein Privileg gegen den Nachdruck auf
zehn Jahre und berief sich dabei zum ersten Mal auf das Rescript vom 25. Februar 1815. Er meinte, dass, wenngleich die erstere Ausgabe des Buchs kein
württembergisches Privileg habe, dieses Gesetz es gestatte, in solchen Fällen
für wesentlich veränderte Ausgaben ein Nachdruckprivileg zu gewähren.

Brockhaus bot sogleich Beweis für diese wesentlichen Veränderungen der
neuen Ausgabe an. Das Ober-Censur-Collegium prüfte exakt, welche Veränderungen Brockhaus einfügte. Trotzdem äußerte es Bedenken dahingehend, dass
Brockhaus seine Versprechen gegenüber den Besitzern der Vorauflagen einhal-

ten könnte. Überdies bezweifelte der Vorgänger des Studienrates, dass es sich um eine wirkliche vierte Ausgabe des Lexikons handele. Bis dato seien bloß der erste bis vierte Band einer ersten, zweiten und dritten Ausgabe erschienen. Von dem vierten bis achten oder bis Buchstabe S (Artikel Seerechte) existiere nur eine zweite Ausgabe, die man jedoch insofern auch noch dritte nennen könne, als sie der zweiten und dritten Ausgabe der vier ersten Bände gemeinschaftlich sei. Hingegen gebe es vom Buchstaben F danach nur eine erste Ausgabe, nämlich die des von Loebel angefangenen Konversationslexikons. In Bezug auf den neunten und zehnten Band sei die Ausgabe, die Seidel jetzt unternehmen wolle, nur dann eine echte vierte Ausgabe, sofern er vorher noch die fehlenden Bände herausgeben würde. Dies habe er wahrscheinlich noch nicht getan und werde er auch nicht tun. Nach Einschätzung des Kollegiums durfte sich das nachgesuchte Privileg nie auch auf frühere Ausgaben erstrecken.

Zwar komme Brockhaus mit der Widmung des neunten und zehnten Bandes für alle drei Ausgaben dem Versprechen nach, den Besitzern der ersteren Ausgaben keine Mehrkosten zu verursachen und ihnen eine abgeschlossene Sammlung einer Ausgabe zu garantieren, doch bedeutete dies, dass sich das Privileg auch auf bereits erschienene, nicht privilegierte Ausgaben erstrecken müsste. Dagegen spreche aber § 2 des Rescripts von 1815, der eine solche Ausdehnung eines Privilegs untersage.

Obwohl dem Kollegium verständlich war, dass Brockhaus mit der einmaligen Herausgabe des neunten und zehnten Bandes seinen Pflichten gegenüber den Käufern der vorhergehenden Ausgaben gerecht werden und ihnen gegenüber (es handelt sich um etwa 10 000) nicht in Misskredit geraten wollte, schloss das Kollegium in enger Auslegung von § 2 des Rescripts von 1815, dass dieser nur erlaube, dass sich das Privileg einzig und allein auf die acht ersten Bände der beabsichtigten neuen vierten Ausgabe erstrecken könne. Das Kollegium plädierte gleichwohl dafür, Brockhaus mitzuteilen, dass eine Privilegierung der weiteren Bände immer noch möglich sein könne. Dem Kollegium war nicht ganz wohl dabei zumute, keine vollständige Ausgabe, sondern nur einzelne Bände unter den Schutz eines Privilegs zu stellen[782]:

> „Es könnte zwar allerdings gewissermaßen auffallend scheinen, ein Privilegium gegen den Nachdruk nur auf eine gewisse Anzahl von Bänden und nicht auf das ganze eines Werks oder einer Ausgabe (vor der Hand wenigstens nur auf diese Weise) zu ertheilen; allein es liegt nun einmal in der bemerkten von dem Supplikanten selbst gemachten Einrichtung in Absicht auf die Ordnung der Herausgabe des Werks, daß sich vor der Hand die von ihm beabsichtigte sogenannte 2te Ausgabe nicht weiter als bis zu jener Grenze zu Ertheilung eines Privilegiums qualifizirt ohne gegen den angeführten Grundsaz des § 2 des Generalrescripts vom 25ten Febr. v. J. anzustoßen.
>
> Um dem Antrag des Privilegium vor der Hand nicht anders als unter bemerkter Beschränkung zu ertheilen, müssen die Unterzeichneten sich um so mehr bewogen finden, als es hiebei nicht nur darum zu thun ist, im allgemeinen einen einmal durch ein Gesez

---

[782] E 31 Nr. 574 (Bericht v. 1. Januar 1817).

aufgestellten Grundsaz fest zu halten, sondern auch hier noch die weitere Rücksicht auf die Rechte eines Dritten in Vorwurf kommt."

Das Kollegium musste hierbei die Rechte des Stuttgarter Buchdruckers Maklott berücksichtigen, denn als der der zweiten und dritten Auflage gemeinsame siebte Band erschien, fing Maklott einen Nachdruck des Werks nach dieser Ausgabe an. Nach Einschätzung des Kollegiums erfolgte dieser Nachdruck auf legale Weise, denn Maklott durfte die Erlaubnis nach den bestehenden Gesetzen nicht verweigert werden. Bis dato waren drei Bände davon erschienen, und es sollten alle „dritthalb" Monate ein Band erscheinen, so dass das Ganze von insgesamt zehn Bänden bis zum 15. März 1818 vollendet sein sollte, was bedeutete, dass dies ungefähr ein Jahr nach Vollendung der Brockhaus'schen Ausgabe liegen würde. Das Ober-Censur-Collegium schlug sich sodann auf die Seite Maklotts, weil dieser nicht nur ein gewöhnlicher Nachdrucker sei, sondern einige Verbesserungen und Zusätze in seinen Artikeln hinzugefügt habe[783]:

„Dieser Maklottsche Nachdruck, welcher aus Anlaß die Person des höchstseeligen Königs betreffenden Artikels bereits auch in einem von dem Königlichen Ober-Censur-Collegium vom 3ten Jul. d. J. erstatteten Anbringen zur Allerhöchsten Kenntniß gebracht worden ist, enthält übrigens gegen die Original-Ausgabe noch manche Verbesserungen und Zusäze, besonders in den geographischen und historischen Artikeln, er ist zwar nicht neu, vieles jedoch immer noch um 1/8tel wohlfeiler als die Original-Ausgabe und zeichnet sich von dieser (was sonst bei Nachdruken gewöhnlich gerade umgekehrt der Fall ist) durch besseren Druk und bessere Pagina auf eine in die Augen fallende Weise vortheilhaft aus."

Im Anschluss daran versuchte sich das Ober-Censur-Collegium an der Konstruktion der Motivation des Brockhaus für ein Privileg[784]:

„Ohne Zweifel ist es auch nicht sowohl die Furcht vor einem weiteren Nachdruk sondern dieser bereits angefangene Maklottsche Nachdruk und die Absicht die Vollendung dieses letzteren wie möglich zu hintertreiben, was den Buchhändler Brockhaus zu seinem Gesuch um Ertheilung eines Privilegiums veranlaßt hat, eine Absicht die er freilich dadurch erreichen würde, wenn ein solches Privilegium ihm auf die Weise ertheilt würde, daß auch der noch zu veranstaltende 9te und 10te Band der seitherigen Ausgabe darunter begriffen wäre."

Das Kollegium arbeitete den Grundsatz heraus, dass der Nachdruck nach den geltenden Gesetzen grundsätzlich erlaubt war, so dass Maklott ungehindert die noch fehlenden Bände nachdrucken durfte. Mit dem Privileg für die acht ersten Bände zugunsten von Brockhaus wollte der Studienrat auch diesem entgegen kommen, weil dadurch der Nachdruck nur nach den Vorausgaben möglich war und dieser dadurch automatisch an Wert verlor.

Das Kollegium fühlte sich ferner veranlasst, auf den Fall Seidel gegen Fleischauer und Kauffmann hinzuweisen, weil dort einem Originalverleger (Seidel)

---

[783] Ibid.
[784] Ibid.

ein Privileg gegen einen bereits angefangenen Nachdruck unter der Bedingung erteilt worden war, dass er die von dem Nachdruck gemachten Auflagen gegen Bezahlung der Druck-, Papier- und sonstigen Kosten übernommen hatte. Diese Regelung fand sich im königlichen Dekret vom 29. Oktober 1814. Gleichwohl wollte das Kollegium nicht wie im Fall Seidel verfahren und statuierte den Grundsatz eines „wohlerworbenen Rechts" zugunsten des Nachdruckers[785]:

> „Wenn einmal der Nachdruk eines nicht privilegirten Werks angefangen ist, so hat der Nachdruker ein *jus quaesitum* darauf, ihn auch vollenden zu dürfen, und dieses sein Recht kann ihm, zum Besten eines Dritten er seye, wer er wolle, wider seinen Willen auch wenn ihm nicht nur Entschädigung für seine eigenen Auslagen sondern selbst für seinen gehabten Gewinn angebothen würde, nicht mehr entzogen werden."

Der Leser vermisst bei der Erörterung des Kollegiums jedoch einen plausiblen Grund, warum dieses eine entsprechende Anwendung der bei Seidel aufgestellten Grundsätze nicht weiterverfolgte. So fährt das Kollegium mit Ausführungen zur Dauer des nachgesuchten Privilegs fort, wobei ihm trotz der Verdienste und der Kosten des Brockhaus ein zehnjähriges Privileg zu lang erschien. Aus den eigenen Angaben des Brockhaus in öffentlichen Anzeigen, nämlich, dass er im Zeitraum von drei Jahren insgesamt 10 000 Exemplare abgesetzt habe, schloss das Kollegium auf einen reichlichen Gewinn, der die Kosten gedeckt haben müsste. Abschließend gab das Kollegium noch zu bedenken, dass Brockhaus durch die von Maklott vorgenommenen Nachdrucke einen Teil seines Absatzes verloren haben müsste.

Nachdem das Kollegium seinen Bericht vom 1. Januar 1817 an den königlichen Geheimen Rat abgeschickt hatte, erreichte es eine neue Eingabe des Brockhaus, durch die der Sachverhalt eine grundsätzliche Umkehr erfuhr. Obwohl Brockhaus die beiden noch fehlenden Bände (Band 9 und 10), so wie das Kollegium vermutet hatte, inhaltlich gleichlautend für die bisherigen und die zu veranstaltende neue vierte Ausgabe herausgeben wollte, erklärte er ausdrücklich, dass, falls er für seine vierte Ausgabe ein Privileg erhalten sollte, er diese Bände mit zweierlei Titeln und zweierlei Normen (technischer Ausdruck für die Bezeichnung unten an jedem Bogen) herausgeben wolle. Damit sollten die Ausgaben, die bisher erschienen waren und die neue Ausgabe voneinander unterscheidbar und die vierte Ausgabe eigenständig privilegierbar sein. Brockhaus betonte, dass es nicht seine Absicht sei, den Buchdrucker Maklott zu behindern, diese zwei Bände zu dem von ihm nach der seitherigen nicht privilegierten Ausgabe angefangenen Nachdruck ebenfalls nachzudrucken. Er erklärte sich mit der Auffassung einverstanden, dass das Rescript von 1815 so auszulegen sei, dass ein Nachdrucker, sobald ihm einmal der Nachdruck gestattet worden sei, in der Vollendung des begonnenen möglichst weitgehend geschützt werden müsse. Das Ober-Censur-Collegium gab sich mit dieser vorgeschlagenen Lö-

---

[785] Ibid.

sung der unterschiedlichen Betitelung und Normierung bzw. Kennzeichnung der Ausgaben vollends einverstanden[786].

Auch mit der zweiten Bitte des Brockhaus, das Privileg nicht bloß auf die jetzt erscheinende vierte Ausgabe zu beschränken, sondern darüber hinaus auf alle die Drucke und Auflagen auszudehnen, welche Brockhaus in der Privilegienzeit noch herstellen wolle, ging das Kollegium konform. Es verwies auf § 7 des Rescripts von 1815, dass ein „Gnadenbrief" immer nur auf diejenige Ausgabe, für die er erteilt wurde, und auf unveränderte Auflagen derselben sich beziehe. Dabei hindere es nicht, Brockhaus auch im Voraus für noch weitere, auch veränderte Ausgaben zu privilegieren, da auf diese Weise die fortgesetzte Vervollkommnung der Verlagsartikel ermöglicht werde.

Ferner vermeldete Brockhaus die Absicht, die Verbesserungen und Zusätze, die die vierte Ausgabe enthalten werde, zu sammeln und unter dem Titel „Supplemente zum Conversationslexikon, 1te bis 3te Auflage" gesondert zu edieren. Für diese Edition bat er gleichfalls um ein Privileg, womit sich das Kollegium jedoch nicht einverstanden erklärte. Nach seiner Auffassung umfasste das für die vierte Ausgabe erteilte Vorrecht auch die gesonderte Herausgabe der Verbesserungen und Zusätze in einem Supplementband. Gestützt auf § 2 des Rescripts von 1815 lehnte es das Kollegium ab, ein weiteres zusätzliches Privileg auszusprechen. Im Ergebnis kam dies jedoch Brockhaus entgegen, denn dieser wollte lediglich einen königlichen Schutz gegen den Nachdruck des Supplementbandes, den er schließlich durch ein und dasselbe Privileg erhielt, aus welchem Schutzansprüche sowohl für die gesamte vierte Ausgabe als auch für die davon getrennten Supplemente flossen. Nebenbei bemerkt konnte er sich dadurch auch die Taxe für das Zweitprivileg sparen und sein Ziel einfacher erreichen. Das Kollegium trug an[787]:

„Daß innerhalb des Zeitraums von der allergnädigst zu bestimmenden Anzahl Jahren a dato der Königlichen Resolution die 4te verbesserte Auflage des von ihm verlegten Conversations-Lexicons, welche er nach der von ihm gemachten Anzeige im Begriff stehe herauszugeben, so wie jede weitere Auflage dieses Werks welche er entweder unverändert, nach jener 4ten oder mit neuen Zusäzen und Veränderungen innerhalb jenes Zeitraums herausgeben werde, deßgleichen auch die von ihm etwa in dem gleichen Zeitraum zu veranstaltende und besonders herauszugebende Sammlungen der 4ten oder weiteren Ausgaben gegen die vorherigen eigenen Zusäze und Verbesserungen – in den Königlichen Staaten nicht nachgedrukt, und etwa davon im Ausland veranstaltete Nachdruke im Königreich nicht verkauft werden dürfen."

Damit hatten die drei Mitglieder des Ober-Censur-Collegiums wichtige Grundsätze und Anwendungen des Rescripts von 1815 herausgearbeitet und die zukünftige Arbeit des Studienrates, für den die Begutachtung der Werke und die Anwendung des Rescripts von 1815 zum Tagesgeschäft werden sollten, vorgezeichnet.

---

[786] E 31 Nr. 574 (Bericht des Ober-Censur-Collegiums v. 5. Januar 1817).
[787] Ibid.

Das *ius quaesitum* des Nachdruckers an seinen bereits begonnenen Drucken stützte die Intention Württembergs, den Nachdruck grundsätzlich zu erlauben und lediglich in Ausnahmefällen zu verbieten. Es ging einzig und allein um den Interessenausgleich zwischen Drucker und Nachdrucker, d.h. nur um wirtschaftliche Aspekte. Darüber hinaus wollte das Collegium Wettbewerb zwischen Drucker und Nachdrucker erzeugen, damit die Bücher möglichst preiswert in Württemberg angeboten werden konnten; hierbei durfte sich das Collegium auf die Förderung der Volksbildung gemäß der Präambel des Rescriptes von 1815 berufen. Von Urheberrecht des Schriftstellers fehlt durchgehend jede Spur!

2. Die Sache Rossi

Der Wiener Magistratsbeamte Rossi bekam für sein Buch ein Privileg für die Dauer von zwölf Jahren, das 1815 nicht im Regierungsblatt publiziert wurde. Der Geheime Rat war der Ansicht, dass diese Privilegierung ein vorzügliches Mittel zur Empfehlung seiner Majestät sei[788].

König Friedrich dekretierte schon am 25. Mai 1815[789]:

„Seine Königliche Majestät haben die Anbringen des königl. Conferenz vom 22. dieses Monats, das von der Gessnerschen Buchhandlung zu Zürich gegen den Nachdruck von Wielands Briefen, und das von dem Wiener Magistratsbeamten Joseph Rossi gegen den Nachdruck seiner Schrift: Denkbuch für Fürst und Vaterland nachgesuchte Privilegium betr., eingesehen und wollen

ad 1) derselben unter der Bedingung, daß zwey Exemplare zu den königl. Bibliotheken von jenen Briefen eingesandt werden auf zwölf Jahre ertheilt und

ad 2) dem Ansuchen des Joseph Rossi jedoch gegen Entrichtung der gewöhnlichen Taxe entsprochen mithin das gebetene Privilegium demselben gleichfalls bewilligt haben; worauf das Weitere zu besorgen ist.

Decretum Ludwigsburg, den 25 Mai 1815.   Friederich"

Die Buchanzeige lautete wörtlich:

---

[788] E 31 Nr. 574.
[789] E 31 Nr. 574.

„Bey Joh. Bapt. Wallishausser, k. k. priv. Buchhändler

und Buchdrucker in der Neuburgergasse Nro. 1177

ist zu haben:

Das Denkbuch

für

Fürst und Vaterland

Erster Band

Herausgegeben von Joseph Rossi,

Wiener Magistrats-Beamten.

In 4. mit 23 Kupfern brosch. für die Pränumeranten 5 fl. 18 kr. ausser dem 6 fl. 18 kr. ohne Kupfer detto 2 fl. 48 kr. ausser dem 3 fl. 18 kr.

Der ganze reine Ertrag dieses Werkes ist für die durch den letzten Krieg verunglückten Bewohner der Gegenden bey Kulm und Töplitz bestimmt.

Der ungetheilte Beyfall, dessen sich dieses Werk allgemein zu erfreuen hat, wird durch öffentliche Blätter aller Provinzen des österreichischen Staates bewähret. Der doppelt lobenswerthe Zweck, welchen der Herr Herausgeber bey dieser vaterländischen Arbeit beabsichtigte, da er nämlich einerseits durch dieses Denkbuch die glänzendsten Fürsten- und Völkertugenden − erprobt in der merkwürdigsten Weltepoche − für die Nachwelt zum Muster und Nachahmung aufbewart, andererseits aber − mit gänzlicher Beseitigung des wohlverdienten Nutzens − den unverschuldet Leidenden Hülfe zu verschaffen strebet, verdient um so mehr die Würdigung und Theilnahme jedes Vaterlandsfreundes, als dieses Buch, seines, auch in den entferntesten Zeiten immer werthen Inhaltes wegen, keinem Archive, ja keiner Haushaltung fehlen sollte. Der Verleger, welcher theils durch den bis izt erhaltenen Absatz, theils durch die immer mehr zunehmende Nachfrage aus den Provinzen, von dem Fortschreiten dieses Unternehmens überzeugt ist, glaubet nur bemerken zu müssen, daß es wohl sehr viel gleichgesinnte Menschen geben wird, welche von dem Daseyn und dem Zwecke dieses Werkes noch keine Kenntniß haben dürften, daher er nicht unterlassen kann, alle biederen Staatsbürger hiermit aufzufordern, zur ausgedehnteren Bekanntmachung, welche durch Zeitungsblätter allein nicht möglich ist, zu dem vorgedacht edlen Ziele mitwirken zu wollen. Ja, er erlaubet sich auch zu wiederholen, daß alle Stadt- und Ortsobrigkeiten dieses Werk ihren Archiven einverleiben, und dadurch ihre und ihrer Zeitgenossen Verdienste den Nachkommen hinterlassen sollten, wodurch sie noch überdieß zum Besten der leidenden Menschenbrüder beytragen.

Der Inhalt des ersten Bandes ist folgender:

1) Böhmens Verhältniß in den französischen Kriegen. Dieser Aufsatz wurde hier eingeschaltet, um die Leser mit dem Unglücke derjenigen bekannt zu machen, für die der Ertrag bestimmt ist.

2) Blick auf die Waffenthaten der großen Armee Sr. Maj. des Kaisers von Oesterreich in den Jahren 1813 und 1814. Eine chronologisch-historische Darstellung der Kriegsereignisse vom Beytritte Oesterreichs zur Coalizion bis zum Pariser-Frieden.

3) Rückreise Sr. Maj. des Kaisers und Königs von Paris bis Wien. Eine Beschreibung aller auf dieser ewig denkwürdigen Reise vorgefallenen Friedensfeste und Huldigungsbezeugungen, nebst dem feyerlichen Einzuge in die Residenz.

4) Alle in den Stadt und den sämmtlichen Vorstädten Wiens Statt gehabten Illuminationen, Inschriften ec. Endlich die Beschreibung der Entstehung, Fortschritte und der bereits bekannten wohlthätigen Folgen des Vereins zur Unterstützung vaterländischer Invaliden.

Der zweite Band, welcher die Schilderung mehrerer, bey der Friedensfeyer ausgeübten patriotischen Handlungen, dann ein Verzeichniß aller gelegenheitlich erschienenen patriotischen Schriften und Werke, und die Beschreybung aller in den sämmtlichen Provinzen der österreichischen Monarchie, mit Einschluß Italiens und Illyriens Statt gehabten Friedens- und Freudensfeste enthält, wird so eben gedruckt, und dessen Erscheinung bekannt gemacht werden.

Da einige der Herren Subskribenten, welche eine Darangabe auf den ersten Band geleistet haben, ihre Exemplarien noch nicht abholen ließen, so werden sie hiermit erinnert, dieselben bis 15. April d. J. um so sicherer abholen zu lassen, als man sonst bey vergriffener Auflage sie damit nicht mehr bedienen kann, und keine Zurückzahlung der Darangabe Statt hat.

Wer demnach nunmehr auf den zweyten Band subskribiren will, beliebe in obbesagter Buchhandlung eine Darangabe pr. 1 fl. zu leisten, und genießt, so wie die Hrn. Subskribenten des ersten Bandes den Vortheil, das Werk um 1 fl. wohlfeiler, als der Ladenpreis bestimmt werden wird, zu erhalten. Die auswärtigen Herren Buchhändler belieben sich gleichfalls an den Verleger zu wenden.

Sollten etwa noch Beyträge eingesendet werden wollen, so sind sie unter der Adresse: An den Herrn Herausgeber des Denkbuches, in meine Buchhandlung zu übersenden."

In den Akten findet sich ein erwähnenswertes Konzept einer Privilegienerteilung[790]:

„Friederich
von Gottes Gnaden
König von Württemberg
Souverainer Herzog von Schwaben und von Teck usw.

da Uns der Magistratsbeamte Joseph Rossi zu Wien um die Ertheilung eines Privilegiums gegen den Nachdruck für das von ihm verfaßte Werk: ‚Denkbuch für Fürst und Vaterland, Wien in Commission bey J. B. Wallishausser‘ gebeten hat, und Wir diesem Gesuch allergnädigst entsprochen haben: so befehlen Wir somit allen in Unserm Königreich wohnenden Buchhändlern und Buchdruckern so wie allen Unsern Unterthanen, bey den in Unserer Generalverordnung vom 25. Febr. d.J. in Betreff der Privilegien gegen den Büchernachdruck bestimmten Strafen, dass keiner während der Zeit von sechs Jahren, als auch wie das Privilegium von Uns ertheilt ist, das gedachte Werk nachdrucke, oder etwa auswärts veranstaltete Nachdrucke desselben in Unser Königreich zum Verkauf bringe.

Deßen zu Urkund haben Wir gegenwärtiges Privilegium mit Unserer höchsteignen Unterschrift versehen, und Unser Königlich Insigel beidrucken lassen.

Gegeben."

---

[790] E 31 Nr. 574.

In ihrem Anbringen an den König betonten die im Konferenzministerium gemeinsam entscheidenden drei Minister zwar, dass Rossis Werk gemäß § 2 des Gesetzes von 1815 bereits debitiert war, doch befürworteten sie eine Ausnahme wegen des hohen Werts des Werkes[791]:

„f. K. M. [für Königliche Majestät]

geruhen aus dem anliegenden Exhibito des Wiener Magistratsbeamten Rossi zu ersehen, daß derselbe die Bitte vorgetragen hat, ihm gegen den Nachdruck der von ihm verfaßten Schrift: Denkbuch für Fürst und Vaterland: ein a.höchstes Privilegium zu ertheilen. Schon im verflossenen Jahre wurde dem Verfaßer die Gnade zu theil, den 1n Band dieses Werks f. K. M. überreichen zu dürfen, und a.höchst.dieselbe geruhten, ihm eine Summe zu Unterstützung der verunglückten Einwohner von Kulm und Töplig, zu welchem Zweck der Ertrag des Werks bestimmt ist, zu statten zu lassen.

Nach der Bestimmung des § 2 der Verordnung vom 25. Febr. d. J. in Betreff der Privilegien gegen den Nachdruck, wäre es nun eigentlich nicht mehr der geeignete Zeitpunkt zur Nachsuchung eines solchen Privilegiums, indem diese bei dem Anfange eines Werks, noch ehe einzelne Bände debitirt sind, geschehen soll. Inzwischen, da das Privilegium doch noch dem 2ten Bande vorgedruckt werden kann, auch nicht bekannt ist, daß der 1ste schon irgendwo nachgedruckt wäre, so scheinen hier wenigstens die Collisionen nicht zu besorgen zu seyn, welche sonst leicht entstehen können, wenn ein schon in Debit gekommenes Werk mit einem Privilegium versehen würde. Da zugleich der Verfaßer einen vorzüglichen Werth darin zu sezen scheint, daß sein Werk von E. K. M. privilegirt werde, so stellen die Subs. der a.höchsten Gnade anheim, ob a.hst.dieselbe seinem a. Gesuche, besonders auch in Hinsicht der Bestimmung des Ertrags dieses litterarischen Produkts durch Ertheilung eines tax- u. stempelfreien Privilegiums, huldvollst zu entsprechen geruhen wollen, auf welchen Fall sie zugleich den Entwurf der zu ertheilenden Privilegiumsurkunde zu a.höchster Genehmigung vorlegen,

Stuttg. d. 22. Mai. 1815.“

Damit folgten die Minister dem Standpunkt des Ober-Censur-Kollegiums, dessen drei Mitglieder (darunter auch der später im königlichen Studienrat tätige Jäger) in ihrem Bericht vom 30. April 1815 den Ministern eine entsprechende vorbereitende Begutachtung zukommen ließen; dort lauteten die entscheidenden Passagen[792]:

„Er [Rossi] führt dabei an, daß er bereits die Gnade gehabt habe, für Königliche Majestät den im verflossenen Jahr herausgekommenen 1ten Band des Werks zu überreichen und Allerhöchstdieselben geruht haben, ihm eine Summe zu Unterstützung der verunglückten Einwohner der Gegend von Kulm und Tölzig, zu welchem Zweck der Ertrag des Werks bestimmt ist, zustellen zu lassen. Zugleich bemerkt er, daß der zweite Band sich unter der Preße befinde, und er nach der von für Königlichen Majestät erhaltenen Erlaubniß Allerhöchstdenselben sobald der Druck vollendet, ebenfalls alleruntertänigst vorlegen werde. Was den Innhalt des Werks betrifft: so haben gehorsamst – Unterzeich-

---

[791] E 31 Nr. 574 (Alleruntertänigstes Anbringen des k. Konferenzministeriums vom 22. Mai 1815).

[792] E 31 Nr. 574 (Alleruntertänigstes Anbringen des k. Ober-Censur-Collegii, an das k. Polizeiministerium am 30. April 1815 sowie an das k. Konferenzministerium v. 8. Mai 1815).

nete vorauszusagen, daß solches für Königliche Majestät bereits näher bekannt sey, und sie bemerken daher nur folgendes. Die eigentliche Bestimmung des Werks ist, die vielfachen Züge und Beweise von Fürsten- und Vaterlandsliebe der Bewohner der österreichischen Staaten aus Anlaß der denkwürdigen Begebenheiten der Jahre 1813 und 1814 zu sammeln. Der 1te Band namentlich, enthält nach einer kurzen Geschichte der Feldzüge von 1813 und 1814 eine umständliche Beschreibung der Rückreise Sr. Majestät des Kaisers Franz von Paris nach Wien und der dabei vorzüglich bei dem Wiedereinzug Sr. Kaiserlichen Majestät in Wien statt gehabten Feierlichkeiten, insbesondere wird eine sehr umständliche Beschreibung der allgemeinen Illumination in der Stadt Wien bei diesem Anlaß geliefert, und mehrere Kupfer sind beigefügt. Der 2te Band soll nach der Vorrede zum 1ten das Detail der in den Provinzen statt gehabten Feierlichkeiten, Illuminationen enthalten.

So verdienstlich auch das Werk zumal wegen des Zwecks für welchen der Ertrag bestimmt wird, ist, und unerachtet auch eine solche bloß auf einen einzelnen Staat sich beziehende Sammlung von Beispielen der Fürsten und Vaterlandsliebe ein gewisses allgemeines Interesse hat, so behauptet das Werk doch sein vorzüglichstes Interesse zunächst für die Bewohner jenes Staates, in welchem es auch seinen hauptsächlichen Abgang finden wird; und es läßt sich nicht wohl vermuthen, daß außer den österreichischen Staaten es je der Gegenstand der Spekulation eines Nachdruckers werden würde. Nach der Bestimmung des § 2 der Verordnung vom 25ten Febr. d.J. in Betreff der Privilegien gegen den Nachdruck wäre auch eigentlich jezt nicht mehr der geeignete Zeitpunkt zur Nachsuchung eines solchen Privilegiums, in dem diese beym Anfange eines Werks noch ehe einzelne Bände debitirt sind, geschehen soll. Inzwischen, da das Privilegium doch noch dem 2ten Band vorgedruckt werden könnte, auch nicht bekannt ist, daß der 1te schon irgendwo nachgedruckt wäre, so scheinen hier wenigstens nicht die Collisionen zu besorgen zu seyn, welche sonst leicht entstehen können, wenn ein vorher ohne Privilegium in Debit gekommenes Werk erst nachher mit einem Privilegium versehen würde. Und da der Verfaßer einmal einen vorzüglichen Werth darinn, daß das Werk von Euer Königlichen Majestät allergnädigst privilegirt werde, zu sezen und ein solches Privilegium von Euer Königlichen Majestät zugleich auch als ein vorzügliches Mittel zur Empfehlung des Werks bey dem Publikum anzusehen scheint, so stellen nun Gehorsamst-Unterzeichnete allerhöchstem Ermessen anheim, ob Euer Königliche Majestät ihm das erbetene Privilegium zu bewilligen allergnädigst geruhen wollen, und legen auf diesen Fall zugleich den Entwurf einer diesfallsigen Ausfertigung bei. Rücksichtlich der mit solchen Privilegien verbundenen Tax-Abgabe beziehen sich Gehorsamst-Unterzeichnete auf das über diesen Gegenstand in dem S. M. über das Gesuch der Gessnerischen Buchhandlung in Zürich um Ertheilung eines Privilegiums für die Briefe von Wieland, Geäußerte, welches sie glauben, hier um so weniger umständlich wiederholen zu dürfen, da in dem vorliegenden Fall vielleicht ohnehin die allerhöchste Intention seyn dürfte, das Privilegium tax- und stempelfrei ausfertigen zu lassen.

Sich damit z. Stuttgart im königlichen Ober-Censur-Collegio den 30ten April 1815.

per circulationem   Menoth, Lehr, Jaeger."

Der Grundsatz, dass der Nachdrucker ein eigenes Recht erwarb und der Originalverleger den Nachdruck nur so beenden konnte, als er den Nachdrucker gegen Bezahlung der Druck- und Papierkosten entschädigte, war – dies belegen die zitierten Quellen – schon vor dem Rescript von 1815 und den Fällen Seidel/Reinhard bzw. Brockhaus in Übung.

3. Die Sache Becker

Dem Gesuch des Hofrats Becker wurde insofern entsprochen, als ihm durch das Zensurkollegium Hoffnung gemacht worden war, dass es ihm nun nach den Bestimmungen des Gesetzes von 1815 freistehe, ein Privileg für seine Schrift gegen dessen Nachdruck in Württemberg zu beantragen.

Drei Monate vor Inkrafttreten des Rescripts von 1815 konstatierte das königliche Konferenzministerium, dass auf die Beschwerde Beckers hin zweckmäßige Anträge zu stellen seien, um dessen Klagen gegen den Nachdruck ein Ende zu machen und die „wiederholten Behelligungen zu befriedigen"[793]. Danach sollte das Polizeiministerium das Ober-Censur-Collegium über diesen Gegenstand um ein Gutachten über die Schrift „Beckers Leiden und Freuden in 17. monatlicher französischer Gefangenschaft auf der Cidatelle zu Magdeburg" bitten. Mit dem Inkrafttreten des Rescripts von 1815 war die Basis für den Schutzweg geschaffen, so dass das Polizeiministerium Becker nahe legen konnte, für Württemberg ein Privileg gemäß dem Rescript von 1815 zu beantragen[794]. Dadurch hatte auch Beckers Beschwerde keinen Grund mehr und wurde vom Konferenzministerium am 16. Juni 1815 für erledigt erklärt. Da kein Antrag in diese Richtung von Becker mehr gestellt wurde, konnte die Akte am 29. Juni 1815 beiseite gelegt werden.

4. Die Sache Seidel/Reinhard

Der Buchhändler Seidel unterdessen hatte Pech, denn er erhielt für die Reinhardschen Predigten (Reinhard war Oberhofprediger in Dresden) kein Privileg gegen den Nachdruck dieser Schrift. Die Begründung war, dass ein Privileg nur für künftige Fälle zu erhalten war. Ohne § 2 des Rescripts zu zitieren, wurde die Privilegienerteilung abgelehnt. Seidel hatte bereits mit Schreiben vom 20. Februar 1813 an das Polizeiministerium eine entsprechende Eingabe gemacht und am 30. Juni 1814 eine Subskriptionsanzeige im Schwäbischen Merkur des gleichen Jahres (Nr. 131) geschaltet.

Klärungsbedürftig war, was es mit der in den Stuttgarter öffentlichen Blättern publizierten Anzeige des Verlegers Lorenz & Compagnie aus Reutlingen, worin Predigten Reinhards als frisch aus der Presse kommend angekündigt worden waren, auf sich hatte. Zudem thematisierte das württembergische „Confernz-Ministerium", ob die Ankündigung die Eigentumsrechte der Witwe Reinhard oder des rechtmäßigen Verlegers, sofern sie durch das Rescript von 1815 geschützt waren, beeinträchtigen würde. Von den Reinhardschen Predigten existierten zwei Sammlungen, die eine, die vom verstorbenen Verfasser selbst

---

[793] E 31 Nr. 574 (Note an das k. Polizeiministerium v. 11. November 1814).
[794] E 31 Nr. 574 (Note an das k. Polizeiministerium v. 4. März 1815).

noch veranstaltet worden war und aus dreißig Bänden bestand, die zweite, die der Hofprediger Haker aus Dresden nach dem Tode des Verfassers herausgegeben hatte und die unter dem besonderen Titel „Predigten für häusliche Erbauung" aus vier Bänden bestand. Die Buchdrucker Fleischauer und Kauffmann aus Reutlingen hatten damit begonnen, die größere Sammlung nachzudrucken, worüber sich der Verleger und Buchhändler Seidel aus Sulzbach beim württembergischen König beschwerte, worauf ihm dieser ein Nachdruckprivileg unter der Bedingung ausstellte, dass er die von Fleischauer und Kauffmann bis dahin gemachte Auflage gegen Bezahlung der Druck- und Papierkosten übernehme und sie wegen des in ihrem Unternehmen gemachten Aufwands entschädige. Vor der Gewährung des Privilegs an Seidel hatten die Buchdrucker Lorenz & Compagnie die von Haker veranstaltete Sammlung nachzudrucken angefangen. Bis zu dem Tag, als Seidel das Privileg erhielt, waren davon bereits zwei Teile fertig gestellt.

Das „Conferenz-Ministerium" brachte es klar auf den Punkt, dass Seidel keinerlei Schutz mehr beanspruchen konnte[795]:

> „Gegen diesen Nachdruk konnte Seidel kein Recht mehr erwerben, indem Privilegien wie Geseze ihre Wirkung in der Regel nur für künftige Fälle, nicht aber für das Vergangene äussern, und nur in Ansehung des Fleischauer- und Kauffmannschen, nicht aber des Lorenzschen Nachdruks für das Privilegium die besondere Ausdehnung nachgesucht und ertheilt worden war, daß es auch rückwirkende Kraft auf den schon vorher angefangenen Nachdruk, unter der angeführten Bedingung haben solle. Der Verleger Seidel hat sich auch nie, unerachtet er in seinen späteren Eingaben den Lorenzschen Nachdruk erwähnt, zu einer Entschädigung des Buchdrukers Lorenz u. Comp. erboten, noch um die Anwendung seines Privilegiums unter der Bedingung einer solchen Entschädigungsleistung auf die von Haker veranstaltete Sammlung der Reinhardschen Predigten, auf welche sich der Avertissement in den öffentlichen Blättern bezieht, gebeten."

Das „Conferenz-Ministerium" entschied schließlich zu Lasten Seidels: Nach Auffassung der Minister war durch den Lorenzschen Nachdruck der von Haker herausgegebenen Reinhardschen Predigten dem Eigentumsrecht des Originalverlegers Seidel und respektive der Reinhardschen Witwe keine Beeinträchtigung entstanden, so dass Seidels Beschwerde gegen diesen Nachdruck als unberechtigt abgewiesen wurde[796]. Aus diesem Bericht ist hervorzuheben, dass die Privilegien gegen den Nachdruck allgemeinen Gesetzen insoweit gleich gestellt wurden, als sie in die Zukunft und nicht retroaktiv Wirkung zeitigten.

Für den Bericht des „Conferenz-Ministeriums" vom 17. Juni 1815 lieferte die Stellungnahme des königlichen Ober-Censur-Collegiums vom 31. Mai 1815 die Vorlage. Das Kollegium konkretisierte, dass die Anzeige die Sammlung post mortem betraf, die aus Reinhards hinterlassenen Manuskripten bestand und von Seidel, der auch Verleger der über dreißigbändigen Sammlung war,

---

[795] E 31 Nr. 574 (Bericht d. K. Konferenz-Ministeriums v. 17. Juni 1815 an den König).

[796] Ibid.

herausgegeben wurde. Anschließend problematisierte das dreiköpfige Kollegium (Menoth, Lehr und der Referent Jäger) ob und inwieweit das Nachdruckprivileg vom 2. November 1814 zugunsten Seidels gegen den von Lorenz und Compagnie unternommenen Nachdruck der von Haker herausgegebenen Predigten entfalten könne. Durch das Polizei-Ministerialdekret vom 10. April 1815 hatte der König die Genehmigung erteilt, so dass das Ober-Censur-Collegium die Einrückung der entsprechenden Anzeige in die öffentlichen Blätter zulassen konnte. Gegen das Vorbringen Seidels sprach auch, dass ehe der König Seidel das Privileg gewährte, Lorenz & Compagnie (nach zuvor vom 20. Mai 1814 erhaltener Zensurerlaubnis) den Nachdruck der von Haker herausgegebenen Sammlung angefangen hatten. Einige Zeit nachdem Lorenz und Compagnie jene Zensurerlaubnis erhalten hatten, suchten Fleischauer und Kauffmann aus Reutlingen um die Zensurerlaubnis zur Unternehmung eines Nachdrucks der gesamten Reinhardschen Predigten nach; diese Erlaubnis wurde ihnen am 14. Juni 1814 erteilt.

Das Unternehmen von Fleischauer und Kauffmann veranlasste nun den Originalverleger Seidel, beim König eine Beschwerde einzureichen und ein Privileg gegen den Nachdruck der von ihm verlegten Reinhardschen Predigten nachzusuchen, welches der König am 2. November 1814 unter der Bedingung aussprach, dass Seidel die Fleischauer und Kauffmann entstandenen Druck- und Papierkosten übernehmen und sie wegen des in ihrem Unternehmen allgemein entstandenen Aufwands entschädigen sollte. Daraufhin wurden Fleischauer und Kauffmann die Fortsetzung des angefangenen Drucks untersagt. Wegen des Lorenzschen Nachdrucks der von Haker herausgegebenen Reinhardschen Predigten enthielt die Resolution über die Privilegierung des Buchhändlers Seidel keine besondere Bestimmung. Da Lorenz & Compagnie ihren Nachdruck vor der „Extrahirung des Privilegiums" angefangen, ja zum Teil schon vollendet hatten (2 Bände waren bereits fertig), konnte Seidel auch kein Recht mehr gegen diesen Nachdruck erwerben, „indem Privilegien, eben so wie Geseze ihre Wirkung in der Regel nur für künftige Fälle nicht aber für das Vergangene äußern"[797]. Das Privileg konnte folglich nur in Ansehung von Fleischauer und Kauffmann, nicht aber gegen Lorenz nachgesucht und erteilt werden und nicht zurückwirken auf schon vorher erlaubte angefangene Nachdrucke; hier wurde das *ius quaesitum* garantiert.

Nach Meinung des Kollegiums wäre die Anwendung des Privilegs auf den Lorenzschen Nachdruck zudem von Nachteil für diejenigen Personen gewesen, die bereits subskribiert und die beiden ersten Teile schon erhalten hatten. Das Kollegium ließ aber noch die Hintertür der Entschädigungspflicht Seidels zugunsten von Lorenz & Compagnie offen so wie dies auch der Fall bei Fleischauer und Kauffmann war. Dabei monierte das Kollegium, dass sich Seidel

---

[797] E 31 Nr. 574 (Bericht des Ober-Censur-Collegiums v. 31. Mai 1815 an das königliche Polizeiministerium).

nie ausdrücklich zu einer solchen Entschädigungsleistung gegenüber Lorenz erboten bzw. um Anwendung seines Privilegs unter der Bedingung nachgesucht hätte, eine entsprechende Leistung zu erbringen, um Lorenz zu entschädigen; das Kollegium hob seine Kritik deutlich hervor[798]:

„Er [Seidel] beschwerte sich zwar in jenen späteren Eingaben ebenfalls über diesen Lorenzschen Nachdruck, ging aber dabey nicht von seinem Privilegium als dem *Fundament* seiner Berechtigung zu einer Beschwerde, sondern von der ganz irrigen Behauptung, daß ein Verleger selbst ohne ein Privilegium zu einer Einsprache gegen jeden Nachdruk berechtigt sey, aus, und suchte vielmehr selbst die Anwendung des ihm die Entschädigung der Nachdruker zur Bedingung machenden Privilegiums auf einen Nachdruk der von Haker herausgegebenen Reinhardschen Predigten durch die Behauptung abzulehnen, daß diese Sammlung ein für sich bestehendes mit der größeren Sammlung der Reinhardschen Predigten nicht zusammenhängendes Werk sei.

Unter diesen Verhältnissen beglaubigen sich daher gehorsamst Unterzeichnete, daß, nach ihrer bereits in dem alleruntertänigsten Anbringen vom 15ten März geäußerten Ansicht, durch den von Lorenz & Compagnie unternommenen Nachdruk dieser von Haker herausgegebenen Reinhardschen Predigten, dem Eigenthumsrechte des Original-Verlegers Seidel und resp. der Reinhardschen Witwe, soweit es durch die bestehenden Verordnungen und des dem Seidel ertheilten Privilegium geschüzt ist, kein Eintrag geschehe und dieser zu einer Beschwerde über diesen Nachdruk nicht berechtigt wäre.“

Aus der Akte Seidel resultiert, dass Privilegien insofern wie Gesetze qualifiziert wurden, als sie wie diese für die Zukunft wirken sollten und keine retroaktive Kraft entfalten durften. Dabei ging es erneut nur um die wirtschaftlichen Interessen von Drucker und Nachdrucker (Druck- und Papierkosten, Absatz), nie um das geistige Eigentum des Autors!

5. Die Sache Geßner

Zu Vorgeschichte, Verständnis und Auslegung des Rescripts von 1815 dient auch der Fall des Buchhändlers Geßner[799] aus Zürich, der am 24. Mai 1815 ein Nachdruckprivileg von zwölf Jahren verliehen bekam. Den Antrag reichte Geßner bereits 1813 ein[800]. In den Jahren 1813 bis 1815 wurde sein Antrag nicht beschieden. In der Begründung heißt es, dass zwar § 2 des Rescripts einschlägig sei, doch handele es sich um eine vorzügliche Studie; die Wielandsche Übersetzung der Briefe Ciceros sei von einem derart großen „Werth“, dass dies ein Privileg rechtfertige.

---

[798] E 31 Nr. 574 (Bericht des königlichen Ober-Censur-Collegiums v. 31. Mai 1815).

[799] Vgl. zu diesem Zürcher Verlag die Arbeit von *Thomas Bürger*, Der Zürcher Verlag „Orell, Geßner, Füßli & Comp.“ in der zweiten Hälfte des 18. Jahrhunderts und seine Bedeutung für den deutschen Buchhandel, Köln 1980 (Hausarbeit zur Prüfung für den höheren Bibliotheksdienst, S. 114 ff.; zit. v. Behrens, Der Buchdrucker, Fn. 581, S. 61).

[800] E 146/1 Nr. 5120.

Das Gutachten erläutert weiter: „Inzwischen, da das Privilegium doch noch dem zweiten Band vorgedrükt werden könnte, auch nicht bekannt ist, daß der erste schon irgendwo nachgedrükt wäre, so scheinen hier wenigstens nicht die Collisionen zu besorgen zu seyn, [...]". Auch aus diesen Äußerungen ergibt sich, dass man noch von einem Urheberrecht weit entfernt war. Es ging bei der Privilegienerteilung in erster Linie um eine Auszeichnung des Werkes, die mit einer Empfehlung seiner Majestät verbunden war und den Lesern die Zustimmung der staatlichen Autoritäten wie König, Ministerium des Innern und Studienrat zu dem Werk suggerieren sollte.

Am 8. September 1813 wies das königliche Konferenzministerium in seinem Schreiben an das Kabinetts- und Polizeiministerium darauf hin, dass Buchhändler Geßner für die bei ihm verlegten Briefe Ciceros in der Wielandschen Übersetzung ein zehnjähriges Privileg gegen den Nachdruck für die königlichen Staaten erteilt werden solle, wenn Geßner sich bereit erklärte, die von Buchhändler Macklott gemachte Auflage gegen Bezahlung der Druck- und Papierkosten zu übernehmen oder, wenn sich beide „privatim" nicht vergleichen könnten, Geßner eine hinreichende Kaution leisten werde, damit er ihm den zu liquidierenden Aufwand gegen Überlassung seiner Auflage vollständig ersetzen werde[801].

Buchhändler Geßner führte zur Begründung seines Aufwands noch aus, dass die Cicero-Übersetzung

„als ein Haupterb-Theil für die Familie Wielands zu betrachten sey, der – wie bekannt ist, kein bedeutendes Vermögen hinterlassen hat, und durch dieses sein leztes Werk, dessen hohe Vollendung einen bedeutenden Absaz versprach, seinen Vermögensumständen aufzuhelfen hatte, daß besonders er, der als Wielandscher Tochtermann den Verlag gegen ein sehr hohes Honorar übernommen durch den Nachdruck in bedeutenden Verlust versezt würde"[802].

Das Konferenzministerium sprach sich dafür aus, dass der Wielandschen Familie die Früchte der vortrefflichen Geistesprodukte ihres Vaters gesichert bleiben sollten und deswegen ein zehnjähriges Privileg ausgestellt werde. Buchhändler Maklott, der den Druck der vier ersten Bände dieses Werks beinahe vollendet hatte, konnte allerdings nicht gestoppt werden, weil es kein bestehendes Gesetz gab, das einen entsprechenden Unterlassungsanspruch durchsetzen half; die Zeit war reif für ein entsprechendes Gesetz![803] Im Falle Geßner war zusätzlich noch internationaler Druck auszugleichen, da sich der Geheime

---

[801] E 31 Nr. 574 (Note des k. Konferenzministeriums an das k. Kabinettsministerium v. 8. September 1813 sowie Note des k. Konferenzministeriums an das k. Polizeiministerium vom selben Tag).

[802] Bericht des k. Konferenzministers v. 30. August 1813.

[803] Ibid.

Legationsrat von Batz im Namen der Schweizerischen Eidgenossenschaft für das Privileg zugunsten Geßners am württembergischen Hof verwandt hatte[804].

Als der Geheime Rat am 14. Februar 1817 über die Bittschrift der Familie des Buchhändlers Geßner gegen den Nachdruck des sechsten Bandes der Wielandschen Übersetzung zu urteilen hatte, nützte das Rescript von 1815 der Familie nichts. Vielmehr musste es der Geheime Rat in seiner vollen Härte anwenden, so dass die Konklusion lauten musste[805]:

„Da nach dem vorliegenden neuesten Gesetze vom 25ten Febr. 1815. Privilegien gegen den Nachdruk nur dann gegeben werden können, wenn sie beym Anfange eines Werks, ehe noch einzelne Bände debitirt sind, nachgesucht werden; so wäre das k. Ministerium der auswärtigen Angelegenheiten unter Rükanschluß der Eingabe zu ersuchen, die Bittsteller gefl. dahin bescheiden zu lassen: daß bey der deutlichen Vorschrift des Gesezes vom 25ten Febr. 1815. ihrem Ansuchen um Ertheilung eines Privilegiums für den 6ten Theil eines Werks, dessen frühere Theile längst erschienen, und im Königreich erlaubterweise nachgedrukt werden seyen so gerne man sonst ihrem Gesuche willfahren würde, nicht entsprochen werden könne."

6. Cotta gegen Mäcken:
Zwei Beschwerden gegen die Amtsführung des Ober-Censur-Collegiums

Die Cottasche Buchhandlung verwies in einem Zeitungsartikel vom 10. Dezember 1816 darauf, dass in den letzten Nummern des Schwäbischen Merkurs zwei Personen Nachdrucke Cottascher Verlagsartikel angeboten hätten. Cotta replizierte, dass diejenigen, die die Nachdrucke kauften, das Unrecht mit den Nachdruckern teilten, weil diese direkt den rechtlichen Verlegern schadeten und indirekt den Verfassern. Da dies noch legal sei, müsse sofort ein württembergisches Nachdruckgesetz her[806].

In Sachen Cotta gegen Mäcken schrieb der Direktor des Ober-Censur-Collegiums Menoth zusammen mit den Mitgliedern einen Bericht über zwei Beschwerden der Cottaschen Buchhandlung betreffend die Klagsache Cottas gegen Mäcken aus Reutlingen wegen Verkaufs von Nachdrucken ihrer Ausgabe der Sammlung der Herderschen Schriften sowie bezüglich der von der Zensurbehörde verweigerten Aufnahme eines Inserats in die Hofzeitung zum Thema „Nachdrucksachen". Auffällig ist, dass in der Einleitung die Rede vom vormaligen Ober-Censur-Collegium ist, wobei der Bericht vom 27. Februar 1817 datiert und die Unterschriften aller Mitglieder trägt, d. h. Menoth als Di-

---

[804] E 31 Nr. 574 (Note der k. Ministerialkonferenz an das k. Polizeiministerium v. 9. Juli 1813).

[805] E 146/1 Nr. 5120 (Auszug aus dem Protokoll des Geheimen Rates v. 14. Februar 1817).

[806] E 31 Nr. 574.

rektor, Baer, Werkmeister und Lehr sowie die später als Studienrat tätigen Gutachter Süskind und Jaeger.

Durch Dekret des königlichen Geheimen Rats vom 30. Januar 1817 wurde die Eingabe Cottas vom 29. Januar 1817 dem königlichen Ober-Censur-Collegium zur Berichterstattung übergeben. Diese Eingabe enthielt zwei Beschwerden gegen die Amtsführung der Mitglieder des Kollegiums, solange sie noch das Ober-Censur-Collegium bildeten, welches durch Resolution vom 30. Januar 1817 aufgehoben worden war. Obwohl sie hiernach nicht mehr als Kollegium Bericht erstatten konnten, weil eine für Büchersachen eigenständige Behörde geschaffen worden war, lag ihnen doch am Herzen, die Sache ins Reine zu bringen. Die Cottasche Buchhandlung beschwerte sich zum einen gegen das vormalige Ober-Censur-Collegium, dass ihr auf eine Klage gegen den Buchhändler Mäcken wegen des Verkaufs eines aus Wien stammenden Nachdrucks der Sammlung von Herders Schriften, für welche Cotta ein württembergisches Privileg hatte, keine Abhilfe und Entschädigung verschafft worden sei. Schon am 6. Juli 1813 brachte Cotta jene Klage gegen Mäcken beim königlichen Polizeiministerium mit der Bitte vor, den Nachdrucker zur Verantwortung zu ziehen, diesem die noch nicht verkauften Exemplare abzunehmen und wegen der verkauften Exemplare zu einer Schadloshaltung der klagenden Buchhandlung anzuhalten.

Die Cottasche Eingabe wurde am 10. Juli 1813 vom Polizeiministerium dem Ober-Censur-Collegium zum Bericht vorgelegt. Letzteres hatte keine Akten über dieses vom 9. Mai 1805 datierte Privileg und musste sich daher diese von der Sektion der inneren Administration geben lassen, da sie bei der Vorgängerregierung verhandelt worden waren. Nach Erhalt dieser Akten wurde dem Oberamt und Bücherfiskalamt Reutlingen die Untersuchung in der Sache zugleich mit der Weisung aufgetragen, die bei Mäcken sich noch befindenden Exemplare des Nachdrucks mit Arrest zu belegen. Durch diese Untersuchung, über deren Resultat das Oberamt und Bücherfiskalamt Reutlingen unter dem Datum des 6. September 1813 Bericht erstattete, ergab sich, dass Mäcken von einer Wiener-Ausgabe der Herderschen Schriften 15 Exemplare bis zum zwölften Band von dem Verlag Haas erhalten hatte, wobei Mäcken angab, ohne vorherige Bestellung die Exemplare von Haas bekommen zu haben. Zwei dieser 15 Exemplare waren noch vorhanden und wurden sogleich vom Oberamt mit Arrest belegt, während die 13 übrigen teils nach Tübingen, teils ins Ausland verkauft worden waren.

Das Ober-Censur-Collegium befasste sich daraufhin mit der Hauptfrage, ob die Wiener Ausgabe, die Mäcken verkauft hatte, wirklich ein Nachdruck der Cottaschen sei. Letztere bestand nämlich nur unter dem Titel „Sammlung" und unter Beifügung von einigen handschriftlich nachgelassenen Aufsätzen Herders, d.h. im Wesentlichen selbst aus nichts anderem als „aus einem Agregat"

von Nachdrucken, die ihrerseits früher bei verschiedenen Verlegern herausgekommen waren. Auf diese Weise ließ sich eine der Cottaschen Sammlung sehr
ähnliche andere, bloß aus jedermann zugänglichen Quellen geschöpfte Sammlung herstellen, ohne dass diese ein Nachdruck der Cottaschen wäre. Daher war
geboten, diese beiden Ausgaben untereinander und mit anderen früheren zu
vergleichen. Assessor Jaeger, der Referent in dieser Sache, räumte ein, dass die
Vornahme dieser Arbeit unter seinen vormaligen Verhältnissen sich verzögerte,
weil er neben diesem Amt weitere geschäftliche Ämter zu erfüllen hatte. Allerdings war bereits Vorsorge getroffen, dass Mäcken, der bei der Untersuchung
angegeben hatte, dass ihm vom Cottaschen Privileg nichts bekannt gewesen sei,
nicht mehr unter diesem Vorwand irgendeinen Nachdruck der Cottaschen Ausgabe verkaufe. Cotta selbst hatte daraufhin die Sache weder beim Polizeiministerium noch beim Ober-Censur-Collegium moniert, vielmehr trat durch sie
selbst später ein Hindernis ein, welches die Erledigung aufhielt. Um nämlich
den Vergleich durchführen zu können, hatte das Kollegium sich bei Cotta ein
Exemplar der acht ersten Teile ihrer Ausgabe geben lassen. Ungefähr ein Jahr
später bat Cotta um Rücksendung der Exemplare, weil keine weiteren in Stuttgart vorrätig gewesen seien und benötigt würden. Berichterstatter Jaeger kam
dieser Bitte sofort nach, da es sich um kein eigentliches Aktenstück, sondern
nur um ein Exemplar eines sonst auch zu habenden Buchs handelte und die
Rückgabe zudem im eigenen Interesse der Beschwerdeführerin lag. Da Cotta
sich unmittelbar beim Geheimen Rat beschwerte, ohne vorher dem Ober-
Censur-Collegium die Möglichkeit gegeben zu haben, die Vergleichsarbeit zu
Ende zu bringen, müsse auch die Beschwerde im Ergebnis erfolglos bleiben.
Während nach Meinung des Kollegiums für die gefundenen Exemplare ein
Vergleich weiterhin durchzuführen blieb, sollte Mäcken für die bereits verkauf-
ten nicht bestraft werden und auch keine Entschädigung an Cotta zahlen müs-
sen[807].

Einzige Möglichkeit für Cotta bliebe es, Mäcken zivilrechtlich zu belangen,
wobei das Kollegium nicht verhehlte, dass es der Klage wenig Erfolg beimaß.
Der Grund liege darin, dass Mäcken sich auf seine Unwissenheit hinsichtlich
des zugunsten Cottas erteilten Privilegs berufen könne, da dieses auf mangelhafte Weise publiziert worden sei[808]:

„Das dem Buchhändler Cotta erteilte Privilegium nämlich verbietet zwar allerdings
nicht nur den Nachdruk, sondern auch den Verkauf von Nachdrüken seiner Ausgabe in
sämmtlichen obgleich damals in zwey Administrationen erteilten würtembergischen
Staaten ‚bey Vermeidung unausbleiblicher Strafe‘ (ohne jedoch die Strafe selbst noch
etwas über die Art und Weise der Entschädigung im Fall einer Kontravention näher zu
bestimmen). Allein Mäcken behauptet, er habe von diesem Privilegium gar nichts ge-

---

[807] E 31 Nr. 574, Teil 5.

[808] E 31 Nr. 574, Teil 5 (Bericht des Direktors und der Mitglieder des vormaligen
Ober-Censur-Collegiums v. 27. Februar 1817).

wußt, eben deswegen ungeschaut nach Tübingen, wo Cotta damals noch eine Handlung hatte, verkauft; und die Publication des Privilegiums ist auf eine solche mangelhafte Weise geschehen, daß durchaus keine Vermuthung gegen ihn sich ergibt, daß er und überhaupt etwas von dem Privilegium erfahren habe, und daß durch dasselbe namentlich auch der Verkauf von Nachdrüken in Würtemberg verboten sey, wurde gar nicht zur öffentlichen Kenntniß gebracht. Das Privilegium wurde nämlich nicht den Buchhändlern, Buchdrukern (wie dies in neueren Zeiten das Ober-Censur-Collegium thun ließ) officiell inseriert oder in die öffentlichen Blätter eingerückt, sondern bloß dem Cotta eine Urkunde darüber ausgefertigt, welcher solche aber auch nicht vollständig eine Ausgabe vordrucken ließ, sondern bey dieser bloß auf dem Titel den Beisatz machte ‚mit königlich-würtembergischen Privilegio'.

Wäre auch gegen Mäcken erweißlich, daß er ein Exemplar der Original-Ausgabe zu Gesicht bekommen habe, was jedoch, da er nicht selbst nachdruken nicht zu vermuthen ist, so würde er doch in jedem Fall dadurch entschuldigt seyn, daß der ganz vage Beisaz auf dem Titelblatt ‚mit königlich-würtembergischen Privilegio' wo weder der eigentliche Gegenstand, noch die Dauer des Privilegiums noch sonst irgend eine Bestimmung näher angegeben worden, noch durchaus nicht als eine legale Warnung gegen den Verkauf von Nachdrüken gelten konnte."

Das Kollegium musste das Recht vor dem In-Kraft-Treten des Rescripts von 1815 anwenden und konnte folglich dem Nachdrucker keinen Vorwurf machen, aus dem einfachen Beisatz „mit königlichem Privilegium" genaue Rückschlüsse auf dessen Dauer zu ziehen. Das Rescript von 1815 findet nicht zuletzt darin seine Existenzberechtigung, dass es die Erteilungspraxis, die Publikation der Privilegien sowie die Stempelung der nachgedruckten Exemplare reglementierte. Das Privileg, das den allgemeinen Grundsatz der Nachdruckfreiheit allein für die Zukunft beschränken konnte, musste allen zugänglich gemacht werden; dies geschah entweder durch genaue Bezeichnung im jeweiligen geschützten Werk oder später per Anzeige im Regierungsblatt.

Dass das Ober-Censur-Collegium seinen Namen zu Recht trug, beweist auch die Antwort auf die zweite Beschwerde Cottas, die sich darum drehte, dass die Zensurbehörde die Aufnahme einer Anzeige in die Hofzeitung verweigerte, durch die bekannt gemacht werden sollte, dass, da von den von Cotta verlegten zwei Schriften (Matthisons Gedichte und Fouqués Sängerliebe) Nachdrucke erschienen waren, diese Buchhandlung sich veranlasst sah, die Preise der Originalausgaben zu senken. Zwar konnte nach Meinung des Kollegiums eine solche Anzeige in keiner Weise anstößig sein, jedoch die Fassung, in der Cotta sie machen wollte, stieß auf wenig Gegenliebe.

Da die Nachdrucke nicht in Württemberg, sondern im Ausland erschienen waren, fand sich das Kollegium zu folgender Präzisierung veranlasst[809]:

„Für keine von beiden Schriften hat Cotta ein würtembergisches Privilegium, und in Würtemberg existiert kein Gesez, wodurch der Nachdruk oder der Verkauf von Nachdrüken der Verlags-Artikel inlänndischer Buchhändler verboten wäre; das General-

---

[809] Ibid.

Rescript vom 25ten Febr. 1815 betr. die Privilegien gegen den Büchernachdruk, sagt vielmehr, in so fern ausdrüklich voraus, daß es erlaubt sey, als daß § 1 namentlich auch die innländischen Schriftsteller und Verleger mit den ausländischen zusammengestellt sind und wegen beider ausgesprochen ist, daß nur im Fall eines speziellen Privilegiums der Nachdruk und der Verkauf von Nachdrüken ihrer Werke und Verlags-Artikel der sonstigen Nachdruksfreiheit entzogen seyen."

Dadurch, dass Maklott und Mäcken die beiden Schriften im Nachdruck feilboten, handelten sie unter dem Schutz der bestehenden Gesetze und konnten daher unmöglich in einer unter Zensur stehenden Zeitung solche Äußerungen publizieren. Diese von einer falschen Rechtsauffassung geprägten Äußerungen gehörten nicht in die Hofzeitung. Darüber hinaus habe Cotta unzulässige Äußerungen getätigt wie die, dass gegen die württembergischen Gesetze in Nachdrucksachen solche Vorkehrungen „wie gegen Seeraub" nötig seien und dass nach in Württemberg aufgestellten Grundsätzen in Nachdrucksachen es auch nicht unrecht sei, wenn man die Zollzeichen des Staates nachdrucke u.v.a.m. Dazu der Kommentar des Kollegiums[810]:

„Daß dies nicht der Ton war, in welchem die Censur-Ordnung erlaubte, sich über die bestehende (sic!) Geseze zu äußern, fällt in die Augen. Der ordentliche Censor der Hofzeitung hatte daher sogleich die Aufnahme des befragten Avertissements verweigert, auf Verlangen der Cottaschen Buchhandlung erstattete er jedoch deßhalb noch besonderen Bericht an das Ober-Censur-Collegium, welches durch ein Dekret vom 21ten Febr. v. J. ebenfalls gegen die Aufnahme in der vorgelegten Fassung entschied."

Das Kollegium warf Cotta vor, in seiner Eingabe an den Geheimen Rat keine wirkliche Begründung der Beschwerde mitzuteilen. Cotta habe auf allgemeine, zur Sache nicht gehörige Anmerkungen über den Nachdruck zurückgegriffen. Wenn Cotta anführe, dass in den meisten Staaten, wo keine allgemeinen Gesetze gegen den Büchernachdruck vorhanden seien, wenigstens der Einheimische gegen auswärtigen Nachdruck schon aus finanziellen Rücksichten geschützt werde und wenn Cotta ferner bemerke, dass wenn in Württemberg erlaubt sei, Nachdrucke der Schriften eines preußischen Schriftstellers (Friedrich Baron de la Motte Fouqué) zu verkaufen, man in Preußen auch nicht den Nachdruck der Verlagsartikel eines württembergischen Buchhändlers verbieten werde, so habe dies alles mit der Frage, ob das in Rede stehende Avertissement in der besagten Fassung nach den württembergischen Zensurgesetzen in die Hofzeitung habe aufgenommen werden dürfen, nichts zu tun[811].

---

[810] Ibid.
[811] Ibid.

7. Die Sache Baumgaertner

Das Gesuch des Buchhändlers Baumgaertner aus Leipzig um ein Privileg gegen den Nachdruck für das von Christian Niemayer herausgegebene „Heldenbuch, ein Denkmal der Großthaten in den Befreiungskriegen von 1808-1815" ist deswegen lehrreich, weil es zu den §§ 2 und 3 des Rescripts von 1815 sehr früh Stellung bezieht.

Am 3. März 1817 teilte die königliche Sektion der inneren Administration dem königlichen Ministerium des Innern mit, dass dem Gesuch an sich kein Hindernis im Wege stehe. Innerhalb der Privilegienzeit dürfe niemand im Königreich bei der in § 5 festgesetzten Strafe einen Nachdruck debitieren, was sich auch auf auswärtige Nachdrucke dieses Buchs beziehe. Das Gesuch Baumgaertners scheiterte indes, weil es die Bedingung nicht erfüllen konnte, dass das erteilte Privileg dem Buch bzw. bei Werken allgemein den einzelnen Teilen, die nach und nach erschienen, jedem besonders herauskommenden Band zur Bekanntmachung voranzusetzen war. Da das „Heldenbuch" schon geraume Zeit dem Publikum bekannt gewesen sei, könne diese Bedingung aller Wahrscheinlichkeit nicht mehr erfüllt werden[812].

8. Die Sache Rigel

Am 23. Februar 1815 war Rigel mit seinem Nachdruckprivilegiengesuch abgewiesen worden für das von ihm angekündigte Werk „Geschichte des spanisch-französischen Kriegs, besonders meiner Feldzüge in Spanien vom Jahre 1808-1813, nebst einer gedränkten Geschichte dieses Landes von dem Ursprunge seiner Bewohner bis auf unsere Zeiten, ihrer Sitten, Gebräuche und Künste, ihres Gewerb-Fleißes, Charakters und der kurzen Entwickelung der Ursachen zur letzten Thron-Umwälzung durch Napoleon Bonaparte, als Erinnerung an jene ruhmvollen Tage für meine braven Kriegs-Gefährten".

Rigel war also zwei Tage vor dem Rescript vom 25. Februar 1815 mit seinem Antrag gescheitert und versuchte es im Jahre 1816 noch einmal. Im Bericht des Ministers des Innern an den König vom 18. Mai 1816 ist die gesetzliche Grundlage mit keinem Wort erwähnt. Erstaunlicherweise lehnte der Minister das Gesuch mit allgemeinen Grundsätzen zum Nachdruck ab, wobei er insbesondere auf die Verbreitung gemeinnütziger Werke abstellte, worunter Rigels Werk nicht fiel[813]:

---

[812] E 146/1 Nr. 5121, Teil 2 (Schreiben v. 3. März 1817).
[813] E 146/1 Nr. 5122, Teil 4 (Bericht des Ministers des Innern an den König v. 18. Mai 1816).

„Der im Königreich nicht verbotene Nachdruk diente bisher als Mittel, die Steigerung der Preise von den Original-Ausgaben in Schranken zu halten und die Verbreitung gemeinnüziger Werke desto mehr zu erleichtern. In so fern nun der Nachdruck, durch den sich mancher Buchdrucker im Land Arbeit und Verdienst verschafft, nach dem Beispiel mehrerer anderer Staaten, namentlich der österreichischen, gestattet wird, so wäre die Ertheilung von Privilegien gegen den Nachdruck nur für solche Werke vorzubehalten, bei welchen Verhältnisse eintreten, die den Verfasser zu einer vorzüglichen Begünstigung verhelfen, und die anders nicht als zu einem ganz billigen Preis abgesezt werden wollen."

Nach Auffassung des Ministeriums des Innern habe der Verfasser keinen Nachdruck zu befürchten, da nach seiner Ankündigung die „Feldzüge" nicht von allgemeinem Interesse für das Publikum seien. Vielmehr scheine, dass Rigel ein Privileg zu Werbezwecken erlangen wolle, denn lediglich durch ein Privileg würde das Publikum auf sein Werk aufmerksam gemacht und dadurch der Absatz erheblich gesteigert. In jedem Fall habe der Verfasser sich bei der Herausgabe seines Werks gegen allen Schaden und Nachteil bereits abgesichert, indem er nach der gedruckten Ankündigung dessen Erscheinung von dem Fortgang der weiteren Subskription abhängig gemacht habe. Daher müssten keine Vorsichtsmaßnahmen hinsichtlich der Gefahr eines Nachdrucks getroffen werden, so dass der Bittsteller mit seinem Antrag am Ende erfolglos blieb[814].

9. Sauerländer gegen Mäcken

Mit dem Gesuch des Buchhändlers Sauerländer aus Aarau um ein Privileg für die „Stunden der Andacht" und ein Verbot des von Mäcken bereits angefangenen Nachdrucks dieses Werks musste sich sogar die „Retardaten-Commission" im Innenministerium beschäftigen, weil der König wegen der Verspätung des Berichts zur Beschleunigung aufgerufen hatte[815]. Schon am nächsten Tag, dem 14. April 1818, legte die Kommission unverzüglich ihren Bericht vor. Referent war Oberregierungsrat Reuß. Sauerländer hatte seine Bitte bereits am 15. November 1817 eingegeben. Der Berichterstatter begann mit dem Zitat der Bundesakte, Art. 18, um danach § 8 des Rescripts von 1815 zu erörtern. Er stellte fest, dass vonseiten der Bundesversammlung bis dato noch keine allgemeinen Verfügungen zu Art. 18 erschienen seien, so dass der Grundsatz der Nachdruckfreiheit in Württemberg gelte, der durch das Rescript von 1815 seine Bestätigung fand[816]:

---

[814] E 146/1 Nr. 5122, Teil 6 (Schreiben des Ministeriums des Innern an die Stadtdirektion Stuttgart v. 5. Juni 1818).

[815] E 146/1 Nr. 5125 (Auszug aus der Staats-Secretariatsnote an das Ministerium d. Innern v. 13. April 1818).

[816] E 146/1 Nr. 5125, Teil 7 (Bericht der Retardaten-Commission Section des Innern an das Ministerium des Innern v. 14. April 1818).

„Dieses beweist selbst das königliche Rescript, die Privilegien gegen den Bücher-Nachdruk betreffend, vom 25ten Febr. 1815 (Reg.Bl. S. 74) denn wonach demselben die Privilegien wider den Nachdruck nur auf eine bestimmte Anzahl von Jahren ertheilt werden darf, und nachdem § 8 jenes Rescripts das Verbot des Nachdruks aufhört, wenn die Zeit des Privilegiums erloschen ist, so folgt daraus von selbst, daß in der Regel der Nachdruk als erlaubt zu betrachten sei; wenn ferner erwähnter § 8 die weitere Zustimmung enthält, daß bei einer neuen verbesserten Auflage ein neues Privilegium nachgesucht werden könne, dieses neue Privilegium aber das Verbot des Nachdruks der älteren Ausgabe nicht in sich begreife, so ist eben damit der Nachdruk einer solchen älteren Ausgabe, die mit keinem Privilegium versehen, oder deren Zeit bereits erloschen ist, für erlaubt anzusehen."

Mäcken könne der Nachdruck der älteren Ausgabe nicht untersagt werden, weil Sauerländer dafür kein Privileg gehabt habe. Mäcken dürfe der Nachdruck der älteren Ausgabe auch umso weniger untersagt werden, als Sauerländer Ausländer sei. Selbst zum Vorteil inländischer Verleger gebe es in diesem Fall in Württemberg keine Beschränkung der Gewerbsfreiheit der Nachdrucker, deren Gewerbe das Rescript explizit als Beförderungsmittel der Geistesbildung betrachte. Damit war die begünstigte Position der Nachdrucker, die sie in Württemberg genießen durften, unmissverständlich beschrieben!

Eine verbesserte Auflage – so hieß es ergänzend – unterliege allerdings keinen Bedenken, um das Geleit eines Schutzbriefes zu erlangen.

10. Die Sache Thomm

Buchdrucker Thomm aus Mergentheim hatte um Berücksichtigung bei der Vergabe zum Druck von Schulbüchern gebeten. Da diese in den Verlag der königlichen Waisenhäuser zu geben waren, diese aber keine Druckereien besaßen, sollten sie Thomm bei der Erteilung ihrer jeweiligen Druckaufträge großzügig berücksichtigen[817]. Diese Sache wurde ohne spezielle Bezugnahme auf das Rescript von 1815 entschieden.

III. Die Privilegienpraxis im Nachbarland Baden

Ein Vergleich mit Baden, in dem es im Gegensatz zu Württemberg äußerst wenige Privilegien gab, empfiehlt sich, weil einige Verleger in beiden Ländern Anträge auf Schutz vor Nachdruck stellten. Paradebeispiel war der Fall Geßner.

---

[817] E 146/1 Nr. 5126 (Bericht v. 26. März 1819).

1. Die Sache Geßner

Interessanterweise beurteilten die Badener das Gesuch Geßners für ein Privileg der von ihm beabsichtigten Herausgabe der von Wieland übersetzten Briefe Ciceros an Anticur und seine Freunde ähnlich wie die Württemberger, denn das Privileg wurde als Vorrechtsbrief unbegrenzt aufgrund seiner Vorzüglichkeit erteilt[818]. Geßner wandte sich an den Gesandten Badens in der Schweiz, von Ittner, und bat diesen, sich für jenen bei der badischen Regierung für ein Nachdruckprivileg zu verwenden. Dabei führte er zur Begründung an, dass das geplante Werk ein großes Unterfangen sei, das die das Eigentum anderer missachtenden Nachdrucker geradezu zum Nachdrucken einladen werde[819]:

„Wenn irgend ein literarisches Produkt seinem Inhalte und dem Namen des Übersetzers nach geeignet ist, den alles Eigenthum nichts kenenden Nachdruck aufzurufen, so ist es wohl dieses, daß in nicht weniger als in sechs bis sieben Octav-Bänden erscheinen und demnach für den Verleger eine Unternehmung von Bedeutung wird."

Nur Privilegien mehrerer Staaten könnten Geßner effektiv gegen die Gefahr des Nachdrucks schützen. Von Ittner wandte sich sofort an den badischen Großherzog und ersuchte diesen für Geßner um die Erteilung des erbetenen Privilegs. Der Gesandte verwies auf die Tatsache, dass es sich bei Geßner um den Schwiegersohn Wielands handelte und fasste in seinem Schreiben noch einmal die wesentlichen Argumente zusammen. Dazu gehörte dasjenige der Höhe der Bücherpreise, die den literarischen Handel in Deutschland behinderten; von Ittner daraufhin wörtlich[820]: „Der Nachdruck also ist es, der die Bücher vertheuert, und so wie dießem mehr gesteuert wird, müßen auch die Preiße der Bücher sinken." Nach seinem Beispiel, wonach in Frankreich auf besseres Papier gedruckt dasselbe Werk höchstens sechs Livres und in Deutschland sechs Gulden koste, begründete von Ittner den Preisunterschied folgendermaßen: „Allein Geßner musste zuerst 1600 fl. Honorar bezahlen, und durfte wegen Besorgnis des Nachdrukes höchstens mit 500 Exemplaren Absaz rechnen, und aus dießem allein seinen Gewinn herauscalculiren". Wenn man bedenkt, dass zu jener Zeit ein Livre einem Gehalt von 4,5 g Silber entsprach sowie ein badischer Gulden 11,693 g Silber, dann bedeutete dies, dass in dem von Ittner erwähnten Beispiel sich der badische Preis zu dem französischen nach dem Silbergehalt wie 2,6 : 1 verhielt[821].

Ohne auf das Urheberrecht des Autors einzugehen, verwies von Ittner darauf, dass der Großherzog den Wissenschaften durch die Privilegienerteilung einen großen Dienst erweise, weil das Werk seinem Inhalt nach sehr wichtig sei

---

[818] Generallandesarchiv Karlsruhe (= GLAK) 233/163.

[819] Schreiben Geßners an von Ittner v. 7. Oktober 1807, GLAK 233/163.

[820] Vortrag von Ittners an den Großherzog v. 20. Oktober 1807, GLAK 233/163.

[821] *Friedrich Freiherr von Schroetter*, Wörterbuch der Münzkunde, Berlin/Leipzig 1930, Stichwort „Franc", S. 202; *Arnold/Küthmann/Steinhilber,* Großer deutscher Münzkatalog von 1800 bis heute, München 1980, S. 19-20.

und Wieland bereits bei seinen Übersetzungen von Horaz gezeigt habe, „was er in historischer und philologischer Hinsicht zu leisten fähig ist." Sämtliche Argumente von Ittners bewegten sich auf der Ebene der Begünstigung der Verleger. Mit keinem Wort klingt irgendeine urheberrechtliche Begründung an. Von Ittner nimmt auch keinen Bezug auf Art. 4 der Badischen Verordnung von 1806. Es fehlt jeglicher Verweis auf das nach diesem Artikel erforderliche Prinzip der Reziprozität und zwar weder in die Richtung, ob in Zürich ein ähnlicher Schutz einem badischen Verleger gewährt würde, noch in der Richtung, dass trotz des fehlenden Schutzes und der damit fehlenden Reziprozität von der Regelung des Art. 4 eine Ausnahme gemacht werden sollte. Das erbetene Privileg wurde unmittelbar ausgefertigt[822] und an von Ittner übersandt[823], welcher es gegen Erhebung der Taxen an den Bittsteller aushändigen sollte. Die Taxe von 15 fl. sowie der Sporteln von 3 fl. sollte nach Einziehung durch von Ittner bei Gelegenheit an die Rentkammer in Freiburg abgeführt werden.

Das Privileg enthält nicht nur die Einleitung mit dem Inhalt, dass wesentliche Gründe sowohl der Gegenstand des Werkes als auch die Person des Verfassers waren, sondern in Sonderheit die genaue Anordnung der Rechtsfolgen: Bei einer Strafe von fünf Mark löthigen Goldes, die zur Hälfte an den großherzoglichen Fiskus und zur Hälfte an den rechtmäßigen Verleger zu zahlen waren, wurde jedermann verboten, das betreffende Werk in Baden nachzudrucken bzw. einen auswärtigen Nachdruck nach Baden einzuführen.

Nicht davon ist die Rede, dass Nachdrucke auch konfisziert werden sollten. Die in Art. 4 der Verordnung genannte besondere Entschädigungsregel, dass dem rechtmäßigen Verleger ein Schadenersatz entsprechend der Zahl der verkauften Exemplare zu zahlen war, fehlt gänzlich. Hinsichtlich der Veröffentlichung des Privilegs wurde angeordnet, dass man die Privilegienurkunde habe ausfertigen lassen, „damit er [Geßner] davon auf dem Titelblatt Meldung thun und sie dem Werk selbst andruken lassen auch sonst, wie er es gut findet, ihren Inhalt bekannt machen kann"[824]. Wiederum wurde keine Veröffentlichung im Regierungsblatt angeordnet und die Publikation des Privilegs wurde erneut alleine dem Begünstigten überlassen. Da der Geheime Rat am selben Tage eine Verordnung erlassen hatte, die die Veröffentlichung von Privilegien im Regierungsblatt mit allen notwendigen Angaben anordnete, war die Tatsache, dass das Privileg nicht veröffentlicht wurde, sehr auffällig. In der „General-Verordnung. Die Organisation der öffentlichen Verkündungsanstalten und der

---

[822] Geheimes Rath-Polizei-Departement Nr. 2066 v. 27. Oktober 1807 – GLAK 233/163.

[823] Abgangsvermerk vom 9. November 1807 – GLAK 233/163.

[824] Einfügung im Geheimen-Rath, Polizei-Departement Nr. 2006 v. 27. Oktober 1807, GLAK 233/163.

sämtlichen Landesblätter betreffend"[825] hieß es dazu im einschlägigen Art. 6 wörtlich[826]:

> „Der Innhalt dieses Regierungsblatts schließt sich in folgende Rubriken ein, [...] Privilegien, wo von allen die ertheilt werden, das Datum der Bewilligung, der Empfänger der Freyheit und der Gegenstand der Befreyung dem wesentlichen Innhalt nach in kürze angezeigt wird."

Es fällt allerdings auf, dass die Angabe der Geltungsdauer des Privilegs (hier „Freyheit" genannt!) entweder absichtlich weggelassen oder einfach vergessen wurde. Geßner selbst hatte keine bestimmte Frist in seinem Antrag angegeben. Obwohl in den davor liegenden Privilegienerteilungen eine Dauer angeordnet wurde, sucht man im Falle Geßner vergeblich nach einer entsprechenden Zeitangabe. Dies hängt womöglich damit zusammen, dass zum Vorteil von Geßner ein „Ausländerprivileg" erteilt worden war, in dessen Verlauf die Regierung die Frage der Reziprozität wie von Art. 4 der Verordnung von 1806 verlangt überhaupt nicht prüfte und es ihr auf eine möglichst lange Schutzzeit für die Übersetzungen Wielands von Ciceros Briefen ankam. Obwohl Art. 2 der badischen Verordnung einen ersten urheberrechtlichen Ansatz in genereller Form und nicht als Einzelprivileg ermöglicht hatte, wurden dennoch Privilegien erteilt, die als „Sicherheitsgeleitbriefe" gegen den Nachdruck und nicht als Urheberrecht im Sinne des Persönlichkeitsrechts der Autoren qualifiziert werden können.

Wenngleich nicht immer ganz deutlich wird, ob die Verordnung von 1806 nach dem Erlass des Badischen Landrechts weiterhin angewendet wurde, findet sich im Privilegiengesuch Niggel für das von ihm verfasste Werk über den spanisch-französischen Krieg die klare Entscheidung des Ministeriums des Innern, in der die Verordnung von 1806 buchstäblich wieder erwähnt und ihre weitere Anwendbarkeit neben dem badischen Landrechtssatz LRS 577 bestätigt wurde; daraus folgt im Ganzen, dass zu Lebzeiten des Ansuchenden nicht nachgedruckt werden durfte[827].

2. Die Sache Müller

Bei der Formulierung einer Privilegienurkunde, um die der Bruder des verstorbenen Historikers Johannes von Müller[828] zu Beginn des Jahres 1810 beim

---

[825] Badisches Regierungsblatt (= RegBl Baden) 5. Jg. (1807), S. 221-228.

[826] RegBl Baden 1807, S. 224.

[827] Das Gesuch Niggels, das auf dem Dienstweg über das Kriegsministerium zuständigkeitshalber an das Ministerium des Innern weitergeleitet worden war, wurde abgelehnt, vgl. hierzu: Kriegsministerium Nr. 2521 v. 12. Mai 1818 – GLAK 236/192; ebenso Ministerium des Innern Nr. 3422 v. 22. Mai 1818, in: GLAK 236/192.

[828] Johannes von Müller (1752-1809) stand als Historiker und Politiker nacheinander an den Fürstenhöfen Mainz, Wien, Berlin und Kassel in Diensten.

badischen Gesandten in der Schweiz für die von ihm beabsichtigte Herausgabe der von seinem Bruder hinterlassenen Werke gebeten hatte, hielt sich Baden exakt an die bereits verwendete Vorlage im Fall Geßner[829].

Auch hier wurde wie bei Geßner keine Privilegiendauer in die Urkunde mit aufgenommen. Zwar tauchte in dem Gesuch Müller ein Hinweis des Petenten auf das „Eigenthum" auf, weil dieser die grundsätzliche Vererbbarkeit des Schrifteigentums voraussetzte, doch wurde das geistige Eigentum nicht direkt zur Begründung des Privilegiengesuchs herangezogen. Denn der Zweck war ebenso wie bei Wielands Cicero-Übersetzung die Betonung des literarischen Wertes der Sammlung. Der Ansuchende wollte dem Wunsch des Publikums gerecht werden, eine Sammlung der Werke seines Bruders zu erhalten, um diesem ein dauerhaftes Denkmal zu errichten. Ein weiterer Beweggrund lag außerdem darin, die hinterlassenen Schulden des Bruders zu tilgen. Der Petent machte darauf aufmerksam, dass „diese unschuldige und von allem Eigennuz entfernte Absicht nicht erreichbar ist, wenn nicht durch den Edelmuth aufgeklärter Regierungen gegen Eingriffe, auf Raub lauernder Nachdruker in das Eigenthum versichert" werde[830]. Daher bat er die badische Regierung, ihm für die bei Cotta in Tübingen herauskommende Sammlung ein Privileg gegen den Nachdruck und gegen den Verkauf eines auswärtigen Nachdrucks zu gewähren, um damit sein „Unternehmen zu beschüzen und somit auch das Andenken des Verfassers selbst großmüthig zu beehren"[831].

Der Ansuchende war sich nicht zu schade, auf die bereits erteilte großzügige Privilegienerteilung zugunsten des Buchhändlers Geßner in Zürich zu verweisen, um sich dadurch eine günstige Ausgangsposition bei der Entscheidung der badischen Regierung zu verschaffen und um deren Ermessensausübung in die für ihn passende Richtung zu lenken. Das badische Ministerium des Innern fertigte das Privileg aus, ohne auf die nach Art. 4 der Verordnung von 1806 nötige Reziprozität einzugehen, die im Heimatstaat des Verlegers, nämlich dem Königreich Württemberg, hätte bestehen müssen. Ebensowenig wurde danach gefragt, ob der Verleger oder – wie im vorliegenden Fall – der Herausgeber den Antrag stellte. Nichtsdestotrotz wurde das Ministerium des Auswärtigen ersucht, den Gesandten in der Schweiz zu instruieren, eine Reziprozitätsregelung mit den Schweizer Kantonen einzuleiten. Das Privileg wurde trotz des ausdrücklichen Willens, nur Müller und nicht Cotta zu begünstigen, als „Privilegium für den Buchhändler J. G. Cotta in Tübingen" ausgestellt. Es wurde lediglich erwähnt, dass der Antrag von Johann Georg Müller gestellt worden war. Dem Verleger blieb es wiederum überlassen, wie er die Privilegierung bzw. die

---

[829] Gesuch Johann Georg Müllers v. 17. Januar 1810, Ministerium des Innern Nr. 588 v. 3. Februar 1810, Gesandtschaftsbericht Nr. 30 v. 12. März 1810, in: GLAK 233/3100.
[830] Ibid.
[831] Ibid.

damit verbundene Urkunde bekannt machen wollte. Eine Veröffentlichung im Regierungsblatt kam nicht zustande[832].

3. „Privilegienaustausch" zwischen Baden und Württemberg im Fall Schrag

Ein erster „Privilegienaustausch" zwischen Baden und Württemberg kam durch das Privilegiengesuch zustande, das der Nürnberger Verleger Johann Leonhard Schrag für das in seinem Verlag erscheinende Werk „Alt-Sächsischer Bildersaal" des Autors Friedrich Baron de la Motte Fouqué (1777-1843) angestrengt hatte. Ursache dafür war, dass Baden zum ersten Mal dem Petenten aufgegeben hatte, die entsprechenden Rechtsvorschriften seines Heimatlandes darzulegen so wie es dem Wortlaut des Art. 4 der badischen Verordnung von 1806 entsprach. Ohne weder das Manuskript noch sonst ein Exemplar des Werkes vorgelegt zu haben, beschrieb Schrag das Werk mit dem Hinweis, dass es sich um eine ausführliche Darstellung der Geschichte, des Lebens und der Kultur der Altsachsen aus der freien Sicht eines Schriftstellers handeln sollte, ein Projekt, das auf eine Reihe von Jahren geplant sei und dessen Aufwand daher so beträchtlich werde, dass es des besonderen Schutzes bedürfe, um diesen Aufwand erstattet zu erhalten[833].

Schrag fügte seinem Antrag nicht nur einen beglaubigten Auszug aus dem bayerischen Strafgesetzbuch von 1813 bei, welches in seinem Art. 397 Abs. 5 festlegte, welchen Strafen derjenige verfiel, der ein Werk der Wissenschaft oder Kunst ohne Einwilligung seines Urhebers dem Publikum bekannt machte. Art. 397 Abs. 3 verordnete, dass sich die Strafe nach dem Inhalt des jeweiligen Druckprivilegs richten sollte, wobei es sich wegen der Regelungskompetenz des bayerischen Staates notwendigerweise um den Inhalt eines bayerischen Druckprivilegs hätte handeln müssen. Darüber hinaus legte der Bittsteller eine beglaubigte Abschrift eines bereits erhaltenen württembergischen Privilegs vor[834]. Obzwar es nicht auf die Reziprozität mit Württemberg ankam, entschied das Ministerium des Innern, dem Petenten ein ähnliches Privileg zu erteilen wie dasjenige, das er in Württemberg erhalten hatte. Das badische Staatsministerium beschloss, dass das Ministerium des Innern dem Buchhändler Schrag „ein Privilegium gegen den Nachdruck [...] und gegen den Verkauf von Nachdrücken [...] in dem Großherzogtum auf sechs Jahre nach dem Muster des beigelegten württembergischen Privilegium auszufertigen" habe[835]. Ein Vermerk bestätigte, dass der Großherzog diesen Beschluss nachträglich genehmigt hat-

---

[832] Ibid.

[833] Gesuch v. 19. September 1817 – GLAK 236/189.

[834] Abschrift des württembergischen Privilegs v. 4. September 1817 mit Beglaubigungsvermerk v. 14. November 1817 – GLAK 236/189; Texte aus Bayern mit Beglaubigung v. 14. November 1817 – GLAK 236/189.

[835] Staatsministerium Nr. 477 v. 4. Dezember 1817 – GLAK 233/27594, Bl. 9.

te[836]. Das Ministerium des Innern hielt sich wortgetreu an das württembergische Vorbild und verfügte eine umfängliche Verbots- und Strafformel, die lautete[837]:

„Es wird daher allen und jeden Unterthanen, besonders aber allen Buchdruckern und Buchhändlern des Großherzogthums verboten, besagtes Werk innerhalb dieser Zeit nachzudrucken, oder einen auswärtigen Nachdruck desselben in den diesseitigen Landen zu debitiren, widrigenfalls derjenige, welcher dagegen handeln würde, nicht nur mit einer Strafe von dreißig Reichsthalern belegt, sondern auch die Confiscation aller Exemplare des unbefugten Nachdrucks zum Vortheil des Verlegers und Erstattung des Ladenpreises der Verlagsausgabe an denselben für die bereits abgegebenen Exemplare erkannt werden soll."

Wie in Württemberg üblich wurde „zur allgemeinen Kenntniß gebracht", dass ein Nachdruckprivileg auf eine gewisse Zeit, hier auf sechs Jahre, erteilt wurde, was das Regierungsblatt auch veröffentlichte[838]. Zum ersten Mal publizierte die badische Regierung ein Privileg im Regierungsblatt! Sie rezipierte damit die Denkweise und Verwaltungspraxis Württembergs, das ein Privileg wie ein Gesetz allen zugänglich machte, um auszudrücken, dass eine allgemeine „Freiheit", nämlich die grundsätzlich gewährte Gewerbe- bzw. Nachdruckfreiheit, zum Vorteil einiger Verleger bzw. Autoren eingeschränkt wurde. In diesem Fall stand Privileg (Gewerbefreiheit) gegen Privileg (Verlegerfreiheit)!

Das *ius quaesitum* der Verleger für die bereits begonnenen Nachdrucke blieb allerdings gewahrt, denn das publizierte Privileg erzeugte allein Wirkung für die Zukunft.

4. Die Sache Sauerländer

Das Privilegienverfahren Sauerländer zeigt, dass man in Baden aufgrund des württembergischen Vorbildes zu einer gewissen Gleichförmigkeit in der Formulierung von Privilegienurkunden bzw. Veröffentlichungsvermerken für das Regierungsblatt gekommen war. Der aufgrund des württembergischen Vorbilds übernommene Text der Strafformel in dem Verfahren des Buchhändlers Schrag sollte gleichermaßen in diesem Verfahren Verwendung finden. Das Gesuch stammte von Buchhändler Braun aus Karlsruhe, der als Bevollmächtigter des Buchhändlers Sauerländer aus Aarau in der Schweiz darum bat, diesem ein Privileg für das in dessen Verlag erscheinende Werk „Stunden der Andacht" sowohl unter diesem allgemeinen Titel „als auch unter den besonderen Titeln der einzelnen Abtheilungen" auf sechs Jahre zu erteilen[839]. Bei den „Stunden der Andacht" handelte es sich um ein achtbändiges Werk, für dessen dritte verbes-

---

[836] Vermerk: „Genehmigt 11/1/1818" – Unterschrift Wieland.

[837] Ministerium des Innern Nr. 496 v. 21. Januar 1818 – GLAK 236/189.

[838] RegBl Baden 16. Jg. (1818), S. 18.

[839] Gesuch Brauns v. 2. März 1818 – GLAK 236/191.

serte Originalausgabe das Privileg nachgesucht wurde. Sauerländer erwähnte indes keinen Verfasser und schrieb, dass das Werk nicht nur als Ganzes in acht Bänden angeboten werden sollte, sondern dass die Bände eins bis vier zusammen sowie die Bände fünf bis acht jeder für sich jeweils unter einem besonderen Titel erscheinen sollten und „jede Abtheilung unter diesem ihrem eigenen Titel besonders verkauft werden soll"[840]. Daher war ihm daran gelegen, dass jeder Abteilungstitel in dem begehrten Privileg auch explizit enthalten sei.

Wunschgemäß fertigte das Ministerium des Innern das Privileg unter Nennung aller einzelnen Abteilungen des Werkes aus[841]. Nach württembergischem Muster wurde wie im Falle Schrag eine Fiskalstrafe von 30 Reichstalern sowie die Konfiskation zugunsten des Verlegers resp. die Zahlung des Originalladenpreises für die bereits abgesetzten Exemplare eines etwaigen Nachdrucks festgesetzt; die Publikation erfolgte im Badischen Regierungsblatt, so als ob das Privileg, d.h. die besonders gewährte „Freyheit"[842], auch in diesem konkreten Fall ein Gesetz gewesen wäre[843].

Im Falle Sauerländer ging man in Baden auf das Reziprozitätserfordernis der Verordnung von 1806 überhaupt nicht ein. Dieser Nachweis hätte auch deswegen nicht geführt werden können, da es in der Schweiz bis in die 50er Jahre des 19. Jahrhunderts nur in einigen Kantonen einen Nachdruckschutz gab. Im hier in Rede stehenden Kanton Aargau gab es diesen überhaupt nicht[844]. Das badische Ministerium des Innern hatte dies sicherlich gewusst, weil es in diesem als auch in vorherigen Fällen auf entsprechende Reziprozitätsvereinbarungen mit Schweizer Kantonen hinarbeiten wollte. Zudem kam das Gesuch des Buchhändlers Braun aus Karlsruhe, der badischer Staatsbürger war.

Im Gegensatz zu Baden hatte Sauerländer, als er in Württemberg ein Privileg zur Untersagung des von Buchdrucker Mäcken in Reutlingen vorgenommenen Nachdrucks der „Stunden der Andacht" beantragte, keinen Erfolg; für eine neue Ausgabe desselben Buches erhielt er dort indes ein Privileg auf sechs Jahre[845].

---

[840] Vollmacht Sauerländers v. 21. Februar 1818 – GLAK 236/191.

[841] Ministerium des Innern Nr. 3246 v. 15. Mai 1818 – GLAK 236/191.

[842] Vgl. den Begriff der „Freyheit" im Fall Geßner Fn. 826 (RegBl Baden 1807, S. 224).

[843] RegBl Baden 16. Jg. (1818), S. 70.

[844] *Barbara Dölemeyer*, Wege der Rechtsvereinheitlichung. Zur Auswirkung internationaler Verträge auf europäische Patent- und Urheberrechtsgesetze des 19. Jahrhunderts, in: Aspekte europäischer Rechtsgeschichte. Festgabe für Helmut Coing zum 70. Geburtstag, Frankfurt a.M. 1982 (Ius Commune Sonderheft 17), S. 65-85, hier speziell S. 70, Fn. 25; *Manfred Rehbinder*, Die geschichtliche Entwicklung des schweizerischen Urheberrechts bis zum ersten Bundesgesetz vom Jahre 1883, in: *Elmar Wadle* (Hg.), Historische Studien zum Urheberrecht in Europa, *Berlin* 1993, S. 67-80.

[845] WüHStA E 146/1 Nr. 5125.

4. Teil

Die württembergische Antrags- und Bescheidungspraxis für Druckprivilegien

Die Position Württembergs ist deswegen interessant und bedarf der Analyse, weil es sich sträubte, einen einheitlichen Schutz gegen den Nachdruck zu gewähren, und sehr hartnäckig am Privilegiensystem festhielt. Noch nie ist untersucht worden, welche Rolle und welche Auswirkungen die verschiedenen Schutzfristen in Württemberg zeitigten. Zu fragen ist auch, ob das Nachdruckzeitalter nach 1836/38 wirklich – so wie Gieseke[846] behauptet – überwunden war; für den Fall des Königreichs kann diese Position nicht unwidersprochen bleiben.

Württemberg gab der „ungeordneten" Privilegienvergabe, die noch im Alten Reich bzw. im Herzogtum Würemberg praktiziert worden war, insoweit neue Konturen, als es 1815 ein Rescript schuf, aufgrund dessen systematisch Privilegien erteilt wurden und auf das sich auch die Gesetze zum Schutz der Verleger und Autoren später stets bezogen. 1815 begann daher, wenn man die zweistufige Gesamtentwicklung „Vom Privileg zum Gesetz" beleuchtet, noch eine Zwischenstufe oder eine dritte Stufe, die ein auf bestimmten Grundsätzen beruhendes Privilegiensystem zwecks Vergabe von Einzelprivilegien zum Gegenstand hatte.

Die Motive Württembergs ließen sich, wie bereits geschehen durch die Analyse der Entstehungsgeschichte des Rescripts von 1815 eruieren. Im Folgenden soll die Nachdruckprivilegienpraxis ab 1815 bis zum Gesetz von 1836 im Zentrum unserer Untersuchung stehen. Da Württemberg infolge der Bemühungen Preußens in der Schaffung eines einheitlichen Urheberrechts regelrecht überholt wurde, konnte und wollte es auch keinen gestalterischen Einfluss auf die Bundesgesetzgebung nehmen, so wie dies Gabriele Mayer bereits formuliert hatte[847].

Nach dem Erlass des Rescripts von 1815 bildete sich in Württemberg eine nach einem gewissen Schema ablaufende Vergabepraxis heraus, die – wie schon aufgezeigt – vom Großherzogtum Baden in der Hauptsache sogar teilweise rezipiert worden war. Das Verfahren lief dabei folgendermaßen ab: Nach der Eingabe beim Ministerium des Innern holte dieses regelmäßig die Stellung-

---

[846] *Gieseke*, Vom Privileg zum Urheberrecht (Fn. 54), S. 149.
[847] *Gabriele Mayer*, Württembergs Beitrag (Fn. 73), S. 84 und 191.

nahme des königlichen Studienrates ein, der es sich meistens anschloss bzw. die es geringfügig veränderte und dem König zur Entscheidung vorlegte. Danach verfügte der zuständige Beamte im Ministerium des Innern die Ausfertigung für den Text im Regierungsblatt. Eine solche Veröffentlichungspflicht stand zunächst im ersten Entwurf des Rescriptes, blieb jedoch schon im zweiten außen vor und fiel schließlich ganz weg[848]. Darüber hinaus wurde der Antragsteller je nach Ergebnis beschieden, wobei ihm die Bearbeitungsgebühr (Sportel) auferlegt und er verpflichtet wurde, zwei Freiexemplare für die königlichen Bibliotheken abzuliefern.

Die Durchsicht der Vergabeakten ergibt recht verschiedenartige Themenschwerpunkte und Motive für Ablehnung und Gewährung von Druckprivilegien, die sich im Laufe der Jahrzehnte änderten. Die Umsetzung des württembergisch-preußischen Übereinkommens von 1828 sowie des provisorischen Gesetzes von 1836 bilden Eckpunkte, die sich auch in der Vergabepraxis und der Begutachtung durch den Studienrat bemerkbar machen. Ab 1836 wird durchgehend die Privilegierung gegen den Büchernachdruck mit Verweis auf letztgenanntes Gesetz abgelehnt. Wichtig ist konkret die Zeit von 1819 bis 1836, für die es Vergabekriterien herauszuarbeiten gilt. Vorab fallen die Verfahren auf, in denen der Studienrat den Schwerpunkt auf die Versorgung der Angehörigen der Autoren legte, die mit Hilfe der Privilegierung ihrer Werke in ihrer Existenz gestärkt werden sollten. Vielfach, insbesondere bei Schulbüchern, untersuchte der Studienrat ganz ausführlich die Brauchbarkeit bzw. den Wert des Werkes und setzte ihn mit dem künftigen Ladenpreis in Verbindung. Neben diesem Preis-Leistungs-Verhältnis musste der Studienrat ebenfalls auf außenpolitische Beziehungen und Empfindlichkeiten Rücksicht nehmen; all diese Punkte sind Gegenstand des ersten Kapitels unserer Betrachtung (A).

Aus der Lektüre der Gutachten des Studienrates resultieren außerdem essentielle Anhaltspunkte für die Auslegung der Merkmale des Gesetzes von 1815. Was war unter „Debit" zu verstehen? Umschloss der Nachdruckschutz das gesamte Werk, eine neu komponierte Sammlung oder einzelne Auszüge oder neben dem Text auch noch Bilder? Diese Fragen, die die Entwurfsverfasser bei der Genese des Rescriptes von 1815 angeschnitten hatten, beschäftigten fortan die Gutachtenpraxis von Studienrat, Ministerium des Innern und des Geheimen Rates bei Rekursen (B).

A. Die Hauptmotive für Privilegierungen

Als Hauptmotive zur Ausstellung der Schutzbriefe lassen sich im Aktenmaterial vor allem drei stets wiederkehrende Gründe anführen, nämlich die Versorgung der Hinterbliebenen der Schriftsteller bzw. besonders bedachte sozial

---

[848] E 31 Nr. 573 (Teil 1b).

schwache Gruppen (z.B. allgemein „die Armen", I), sodann der Wert und die Brauchbarkeit des zu druckenden Werkes sowie dessen Preis (II).

Das Verhältnis von Preis und Wert wurde ebenfalls von Studienrat und Ministerium des Innern einer Prüfung des Preis-Leistungs-Verhältnisses unterzogen (III). Ihre normative Stütze finden die drei genannten Motive im Merkmal der besonders „anzuführenden und zu bescheinigenden Umstände" in § 1 des Rescripts von 1815.

I. Versorgungsfälle von Hinterbliebenen und Armen

1. Versorgung des Sohnes von Carl Wagner

Der Bericht des Studienrates vom 8. März 1826 zum Gesuch der Varnhagen-schen Verlagsbuchhandlung aus Schmalkalden um Erteilung eines Privilegs gegen den Nachdruck der in ihrem Verlag erscheinenden Sammlung sämtlicher Werke des Schriftstellers Carl Wagner unterstreicht die große Sorge des Studienrates für den einzigen Sohn des „im Fache der humoristischen Literatur vorteilhaft bekannten Schriftstellers Wagner". Der Rat setzte sich in diesem Fall zusammen aus folgenden sechs Mitgliedern: Vorsitzender Direktor von Süskind, von Flatt, Schedler, dem Berichterstatter Jaeger, Kraus und Sins.

Carl Wagner war 1825 in Meiningen verstorben. Die Schmalkaldener Buchhandlung wollte daraufhin laut ihrer Publikationsanzeige nicht nur einen bloßen Wiederabdruck von Wagners früher im Druck erschienenen Schriften anbieten, sondern fügte noch mehrere seiner handschriftlich nachgelassenen Aufsätze nebst biographischen Notizen hinzu, redigiert von Konsistorialrat Mosengeil aus Meiningen. Der Studienrat stellte fest, dass von den neun Bänden, aus denen die ganze Sammlung bestehen sollte, noch keiner ausgegeben war und bezeichnete den Preis als mäßig. Der Rat betonte, dass Carl Wagner einen einzigen Sohn hinterlasse, welcher als angehender Künstler Erfolgsaussichten, aber von seinem Vater kein Vermögen geerbt habe. Konsistorialrat Mosengeil und die Varnhagensche Buchhandlung wollten mit der neuen Ausgabe der Schriften Carl Wagners dessen Sohn eine Ausbildungs- und Versorgungsgrundlage verschaffen. Bezüglich der Dauer der Privilegienerteilung formulierten die Mitglieder des Studienrates vorsichtig Folgendes[849]:

„Wir glauben auf die Verwilligung des nachgesuchten Privilegiums den unterthänigsten Antrag machen zu dürfen, und stellen dabei nach insbesondere höchstem Ermessen anheim, aber auf die Dauer von zehn Jahren, worauf die Bitte gestellt ist, oder blos auf die gewöhnliche Zeit von sechs Jahren erteilt werden wolle."

---

[849] E 146/1 Nr. 5182, Teil 2.

2. Unterstützung der Carl Hauffschen Hinterbliebenen

Im Unterschied zum Dossier Wagner baten im Falle Hauff die Hinterbliebenen dieses Schriftstellers selbst um eine Privilegierung der Werke ihres Angehörigen[850]. Gemäß § 1 des Rescripts von 1815 konnte das Privileg allerdings nur gegenüber dem Verleger ausgesprochen werden; darüber sah der Studienrat hier indes großzügig hinweg.

Die Witwe und der Pfleger des Kindes des 1827 verstorbenen Wilhelm Hauff beantragten einen Schutzbrief für drei Schriften, nämlich „Phantasien und Skizzen", die „Novellen zweiter und dritter Teil" sowie für eine Ausgabe sämtlicher Werke. Nach der Erklärung des Professors Kleiber, des Pflegers des Kindes, bestand die erste Schrift „Phantasien und Skizzen" zu ungefähr zwei Dritteln aus handschriftlichem Nachlass, der Rest aus Aufsätzen Hauffs, die früher in diversen Zeitschriften entstanden waren, so dass die Privilegierung dieser Schrift beim Studienrat „keinem Anstand" unterlag[851].

Bei den „Novellen zweiter und dritter Teil" sah der Studienrat indes Probleme, weil diese bereits mit dem ohne Privileg in Debit gekommenen ersten Teil ein Ganzes (wenigstens als Sammlung) bildeten und wegen § 2 des Rescripts vom 25. Februar 1815 nicht privilegiert werden durften. Bei der Sammlung sämtlicher Schriften erblickte der Studienrat zusätzlichen Diskussionsbedarf, denn diese sollten auch die „Phantasien und Skizzen" sowie alles, was der Verfasser in Zeitschriften oder in eigenen Werken bekannt gemacht hatte, ohne Veränderung, begleitet mit einer Vorrede und einer Lebensbeschreibung des Verfassers, enthalten. Bezüglich der Privilegierung der Sammlung sämtlicher Werke eines Schriftstellers bezog sich der Studienrat auf seine Äußerungen zum Gesuch für die Werke von Schiller, Goethe und Jean Paul Richter. Dabei wurde der Grundsatz herausgebildet, dass bei dergleichen Sammlungen stets etwas Neues in Beziehung auf den Stoff oder die „Eigentümlichkeit der Anordnung" enthalten sein musste, um eine Privilegierung beanspruchen zu können.

Dieses Privileg durfte jedoch einen Dritten nicht daran hindern, wieder eine andere Sammlung durch Abdruck der früher ohne Privileg erschienenen Schriften zu veranstalten. Die bei der Buchhandlung Franz erscheinende Sammlung der Hauffschen Schriften sollte nun zwar in der Hauptsache bloß aus Schriften bestehen, welche bereits ohne Privileg erschienen waren. Als neu aber, also die Privilegierung zulassend, galten die Vorrede und die Lebensbeschreibung. Die zusätzlich erteilte Privilegierung für „Phantasien und Skizzen" schadete nicht, obwohl „Phantasien und Skizzen" in der Sammlung sämtlicher Werke wiederum enthalten war. Zu diesem Punkt hieß es, dass die Sammlung als Ganzes zu sehen sei mit der Wirkung, dass ein Dritter die in derselben enthaltenen neuen Aufsätze sowie die darin abgedruckten „Phantasien und Skizzen", soweit diese

---

[850] E 146/1 Nr. 5198, Teil 2.
[851] Ibid.

selbst nicht schon früher sonstwo gedruckt worden seien, nicht in eine gleichfalls zu veranstaltende Sammlung aufnehmen dürfe.

Der Versorgungsgedanke findet sich – nach der Prüfung der Debitierung und der Neuheit der Ausgabe – explizit bei der Diskussion um die Dauer des nachgesuchten Gnadenbriefes. Die Hauffschen Hinterbliebenen hatten nämlich gewünscht, dass dieser auf möglichst lange Zeit erteilt werden würde. Daraufhin äußerte der Studienrat, dass es in Stuttgart notorisch bekannt sei, dass für die Hinterbliebenen des Dr. Hauff die Mittel zu ihrem Unterhalt beinahe bloß in dem bestanden, was die von Hauff verfassten Schriften abgeworfen hätten. Der Verleger werde den Hinterbliebenen ein umso einträglicheres Honorar bezahlen können, je länger das Privileg gewährt würde, so dass der Studienrat seinen Bericht großherzig abschloss[852]: „Wir stellen daher unterthänigst anheim, ob es etwa statt der gewöhnlichen Zeit von sechs Jahren auf die längere von zehn oder zwölf Jahren gegeben werden wolle."

3. Gefährdung des Verlagsrechts der Witwenkasse

Auch bei der Erteilung eines Privilegs gegen den Nachdruck eines vierstimmigen Kirchengesangbuches erwog der Studienrat soziale Aspekte[853], indem er die Frage aufwarf, ob dadurch nicht das ausschließliche Verlagsrecht der geistlichen Witwenkasse an dem evangelischen Landesgesangbuch verletzt sein könnte. Das evangelische Konsistorium erklärte jedoch, dass dies nicht der Fall sei und unter den Verhältnissen, unter welchen jene vierstimmigen Choralmelodien mit beigefügtem Text erschienen, keine Kollision mit dem Verlagsrecht dieser Kasse eintrete. Die Einführung eines vierstimmigen Kirchengesanges (mit 200 Melodien zu Kirchenliedern sowie mit dem Text von 250 Liedern) verdiene alle Begünstigung und es sei nicht zweifelhaft, dass das Honorar für die Bearbeitung der Melodien und der Druck des gesamten Werkes die Verlagshandlung ein bedeutendes Vermögen gekostet haben müsse. Der Verkaufspreis (1 fl. 54 kr. als Subskriptionspreis und 2 fl. 42 kr. als Ladenpreis) für 200 Melodien mit besonders ausgewiesenen Stimmen und beigedrucktem Text sei als „äußerst billig" zu qualifizieren.

4. Die Versorgung der Erben Pohselts

Als es um die Bitte der Erben des großherzoglich-badischen Legationsrats Pohselt um Erteilung eines Privilegs gegen den Nachdruck für die Herausgabe einer Sammlung seiner Schriften im Jahre 1827 ging, bezog der Studienrat das

---

[852] Ibid.
[853] E 146/1 Nr. 5195, Teil 3.

Motiv der Hinterbliebenenvorsorge zwar mit ins Kalkül seiner Überlegungen
ein, bezeichnete indes diesen Gesichtspunkt wegen der bereits bestehenden ausreichenden Versorgung der Hinterbliebenen Pohselts als nicht sehr eilig[854]:

> „Vielleicht ist ihnen aber in jedem Fall hauptsächlich nur darum zu thun, in der Ver-
> willigung eines Privilegiums gegen den Nachdruck der von ihnen zu veranstaltenden
> Sammlung der Werke ihres Erblassers ein diesen Schriften zu neuer Empfehlung gerei-
> chendes Merkmal der Anerkennung ihres Werths von Seiten ihrer königlichen Majestät
> zu erhalten. Das Bedürfnis einer Art Fürsorge für die Hinterbliebenen dieses berühmten
> Schriftstellers durch ein solches Privilegium scheint hier übrigens nicht dringend und zu
> einer Hauptrücksicht zu nehmen zu seyn, da er selbst schon 23 Jahre tot ist, und diese
> Hinterbliebenen in öffentlichen Ämtern, der Sohn als Buchhalter, der Tochtermann als
> Hauptmann angestellt sind."

Das erbetene Privileg auf zwanzig Jahre lehnte der Studienrat als „wenigstens ganz ungewöhnlich" ab, indem er auf die zwölfjährige Privilegierung für
die Werke Goethes und Richters abstellte.

Aus dem Archiv des Ministeriums des Innern sind noch vier weitere Fälle
der Privilegienerteilung für Hinterbliebene, aber auch allgemein für die Armenfürsorge auszuleuchten.

5. Die Versorgung eines geisteskranken Bruders des Autors

Der Studienrat befürwortete mit Schreiben vom 9. April 1832 die Zusage eines zwölfjährigen Privilegs gegen den Nachdruck von „Hoffackers Predigten"
dergestalt, dass niemand in dieser Zeit einen Nachdruck desselben unter keinem
Titel weder ganz noch in Auszügen, weder unter eigener noch fremder Firma
im Königreich Württemberg veranstalten dürfe noch dass ausländische Titel
dort verkauft werden dürften.

Zwar beginnt das Gutachten mit der Würdigung der Persönlichkeit des Pfarrers Hoffackers; dieser sei früh verstorben und in seinem Leben ein gefeierter
Prediger gewesen, weil er mit seinen „warmen und kräftigen Vorträgen" ein
großes Publikum nicht nur in Württemberg, sondern auch auswärts gefunden
habe. Da sein Erbauungsbuch viele in seinen Bann gezogen habe, sei der Reiz
dieses nachzudrucken sehr nahe liegend. Ausschlaggebend für die Gewährung
des langjährigen Privilegs war schließlich, dass das vom Verleger für die zweite Auflage zugunsten von Hinterbliebenen zu zahlende Honorar konkret „zum
Besten eines geisteskranken Bruders des Verstorbenen bestimmt" war. In den
Augen sämtlicher Mitglieder des Studienrates rechtfertigte dieser wohltätige
Zweck die Gewährung des zwölfjährigen Privilegs[855].

---

[854] E 146/1 Nr. 5167, Teil 3.
[855] E 146/1 Nr. 5251, Teil 2.

6. Versorgung der Gattin und „Rehabilitation" des Autors

In dem Fall des Wilhelm Christian Canz zeigten sich Ministerium des Innern und König ebenfalls sehr großzügig, indem sie für dessen „Arithmetische Hülfstabellen" antragsgemäß ein fünfjähriges Privileg ausstellten[856]. Motiv war nicht nur die Nützlichkeit dieser für die Finanzpraxis tauglichen Tabellen, sondern außerdem der Gesichtspunkt, dass der zu eineinhalb Jahren Zuchthaus verurteilte Canz mit dem Erlös seine vermögenslose Gattin versorgen wollte, die im konkreten Fall in dessen Namen selbst den Antrag stellte.

Das Besondere an diesem Sachverhalt ist, dass das Ministerium nicht allein die Versorgung der Gattin gut hieß, sondern darüber hinaus dem Schriftsteller und Delinquenten Canz ein Tor zur gesellschaftlichen Rehabilitation öffnen wollte. Dem mittellosen Canz sollte nämlich nach Verbüßung der Strafe ermöglicht werden, seinen Unterhalt auf ehrbare Weise zu verdienen. In diesem Fall zeigt sich ein weiterer einmaliger Aspekt der Privilegienerteilung in Württemberg: die Reintegration eines vorbestraften Schriftstellers nach Ablauf seiner Freiheitsstrafe[857]!

7. Unterstützung mittelloser Kinder durch ein Gesangbuch

Dass sich Ministerium des Innern und König des Öfteren von sozialen Aspekten leiten ließen, beweist das Verfahren zum Schutze des aus der Halbergschen Verlagsbuchhandlung in Stuttgart stammenden israelitischen Spruch- und Gesangbuches. Dieses Buch war nämlich das einzige, das neben weiteren vier Werken, die lediglich am 24. Dezember 1834 mit einer sechsjährigen Privilegienzeit bedacht worden waren, sogar ein zwölfjähriges Privileg erhielt. Die Halbergsche Verlagsbuchhandlung aus Stuttgart hatte für dieses Spruch- und Gesangbuch ohne Umschweife zwölf Jahre beantragt und mit der direkten Bitte verbunden, dass, weil diese Bücher ihres Zweckes wegen zu äußerst niedrigen Preisen abgegeben werden müssten, das Privileg sportelfrei erteilt werden möchte. Das Ministerium (der Studienrat äußerte sich nicht, weil sein Bericht offenbar nicht angefordert worden war) stellte lapidar fest, dass dem Gesuch im Allgemeinen kein Hindernis entgegenstehe.

Allerdings verlor der Sachbearbeiter im Ministerium über die besondere Dauer von zwölf Jahren noch einige Worte. Er erwähnte, dass die israelitische Oberkirchenbehörde dem Stuttgarter Verlag Druck und Verlag der gesamten Bücher im Vertragswege auf zwölf Jahre überlassen hatte, unter der Bedingung, dass die Buchhandlung die Bücher nur zu ganz bestimmten Preisen verkaufen durfte und überdies im ersten Jahr 150 Exemplare sowie in den folgen-

---

[856] E 146/1 Nr. 5256, Teil 12.
[857] E 146/1 Nr. 5256, Teil 2. In der Akte findet sich kein Bericht des Studienrates.

den elf Jahren je 100 Exemplare von jedem der Werke ohne Vergütung der israelitischen Oberkirchenbehörde abliefern musste, welche damit mittellose Kinder unterstützen wollte. Dieses Abkommen zwischen Kirchenbehörde und Verlag unterstützte das Ministerium folgendermaßen wohlwollend: „Dieses Gesuch dürfte daher in diesen Umständen als begründet anzusehen seyn."[858] Dagegen wurde die weitere Bitte um Taxbefreiung abgewiesen, weil die Halbergsche Buchhandlung sich gegenüber der Oberkirchenbehörde verbindlich geäußert hatte, die Kosten der Privilegierung gegen den Nachdruck zu tragen. Daher machte das Ministerium bei den Sporteln und der Ablieferung zweier Freiexemplare an die königlichen Bibliotheken keine Ausnahme und gewährte dem israelitischen Spruch- und Gesangbuch am 24. Dezember 1834 das nachgesuchte Privileg, welches im Januar 1835 im württembergischen Regierungsblatt publiziert wurde[859].

8. Gebetbuch des Pfarrers Kapff für die Armen

Zwar wurde im Falle der Privilegierung des „Gebetbuch[s] für die wichtigsten Bedürfnisse und Lagen des Lebens" des Pfarrers Kapff aus Kornthal die Armenfürsorge aus dessen Honorar gewürdigt, doch geizte das Ministerium des Innern hier mit der Dauer der Privilegierung. Obwohl der Studienrat[860] mit Bericht vom 7. Februar 1834 nach Feststellung, dass keine gesetzlichen Hindernisse im Wege stünden, eine zwölfjährige Privilegierung deshalb unterstrich, weil das Honorar, welches Pfarrer Kapff vom Verlag erhielt, für die vielfach nützlichen Armenanstalten in Kornthal bestimmt war, konnte sich das Ministerium nur für sechs Jahre entscheiden. Der Sachbearbeiter wählte die einfache Begründung, dass für die Ausdehnung des Privilegs auf zwölf Jahre der Bittsteller keine näheren Umstände, welche hierfür sprächen, angeführt habe. Aus diesem Grunde müsse er die vom Rescript von 1815 vorgesehene Regelprivilegierung des § 1 auf sechs Jahre anwenden[861].

9. Zwischenergebnis

Griff bei der Privilegierung des israelitischen Gesangbuchs noch das Argument der Fürsorge mittelloser Kinder durch die Kirchenbehörde, so erkannte das Ministerium beim Gebetbuch des Pfarrers Kapff die pauschale Verwendung für die Armenanstalten in Kornthal für eine längere Privilegierung nicht an. Dies erscheint auf den ersten Blick widersprüchlich, doch kann als Argument

---

[858] E 146/1 Nr. 5324, Teil 2.
[859] RegBl Württemberg 1835, S. 516.
[860] E 146/1 Nr. 5292, Teil 2.
[861] E 146/1 Nr. 5292, Teil 3.

herangeführt werden, dass bei dem ersten Werk genauere Angaben zur Verwendung des Honorars gemacht worden waren, die unter die zu belegenden Umstände im Sinne von § 1 des Rescriptes zu subsumieren waren. Überdies verpflichtete sich die Halbergsche Buchhandlung zu einer Preisbindung, was dem Ministerium des Innern stets am Herzen lag, denn es praktizierte eine Politik, die es ermöglichte, beliebte und lesenswürdige Bücher preiswert unter das Volk zu bringen.

Es zeigt sich in der Summe, dass die besprochenen Privilegien immer noch den Charakter der Begünstigung des Monarchen und dessen Rücksichtnahme und Sorge um verdiente Schriftsteller trugen. Diese Prüfung spielt zwar keine Hauptrolle, weil sie im Rescript von 1815 buchstäblich als eigener Punkt nicht erwähnt war, doch flossen diese sozialen Erwägungen nachweislich als besonderer Umstand durch Art. 1 in die Bewertung des Studienrates zugunsten der Überschreitung der Regelbevorrechtigung von sechs Jahren mit ein.

In den vorangehenden Fällen haben wir gezeigt, dass Versorgungsgesichtspunkte für das Ministerium sicherlich eine gewisse Rolle spielten, doch fördert eine genauere Analyse der württembergischen Privilegienpraxis im Folgenden zutage, dass einerseits Wert und Brauchbarkeit eines Werkes, andererseits der Verkaufs- bzw. Ladenpreis die entscheidende Rolle bei der Privilegierung spielten. In der Zeit von 1815 bis 1835 ist mit der Beurteilung der Brauchbarkeit eines Werkes gleichzeitig eine Zensur durch königlichen Studienrat und Innenministerium verbunden.

II. Wert und Brauchbarkeit der Werke im Bildungswesen

Die Akten des Verfahrens zum Privilegiengesuch des Buchdruckers Walther aus Dinkelsbühl für das bei ihm verlegte Lehr- und Lesebuch in erster und zweiter Auflage in den Jahren 1819 und 1820 enthüllen, wie sehr die Beurteilung des Wertes, insbesondere bei Schulbüchern, im Vordergrund stand[862].

1. Kritische Durchleuchtung des Lehr- und Lesebuchs des katholischen Schullehrers Eyth

Am 30. November 1819 beauftragte das Ministerium des Innern und des Kirchen- und Schulwesens sogar den Königlichen Kirchenrat damit, sich berichtlich darüber zu äußern, ob und welchen Wert das Buch für die Volksschulen habe und ob der Preis desselben Buches dem inneren Gehalt und dem Verkaufspreis ähnlicher Schulbücher angemessen sei. Der Kirchenrat hatte ab-

---

[862] E 146/1 Nr. 5262.

schließend zu beurteilen, ob dieses Gesuch daher Berücksichtigung verdiene[863]. Nachdem Prälat Schedler als Berichterstatter eingangs festgestellt hatte, dass das Lehr- und Lesebuch von dem katholischen Schullehrer Gabriel Eyth aus Röhlingen (Oberamt Ellwangen) stamme, zollte er diesem zwar Lob, schwieg aber auch nicht zum Thema der bloß eingeschränkten Verwendbarkeit des Buches in den Volksschulen[864]:

„Es enthält das gemeinnützigste aus der Lehre vom Menschen, der Naturlehre, der Naturgeschichte, der Erdbeschreibung mit besonderer Rücksicht auf Württemberg, der Heimatkunde, der Zeitrechnung und des Kalenderweßens, der deutschen Geschichte, der Geschichte des Christentums und die württembergische Geschichte, und schließt mit einer Geschichte der vorzüglichsten Erfindungen. Von allen diesen Gegenständen ist die Auswahl im Ganzen gut getroffen, obgleich sie hie und da in einzelnen Paragraphen zu viel, in anderen zu wenig aufgenommen ist. Auch die Sprache ist dem Volkskreise nicht allemal anpassend. Einige für den Schulunterricht wichtige Gegenstände zum Beispiel von der Oeconomie, und Landwirtschaft, die Technologie, die Lehre von der bürgerlichen Verfassung und den Gesetzen sind übergangen. Gleichwohl kann dieses Buch in Verbindung mit anderen zum Beispiel mit dem neuen Testament, und der biblischen Geschichte, mit dem Kinderfreund in den Volksschulen mit Nutzen gebraucht werden.

Da es aber zum alleinigen Lehr- und Lesebuch nicht vollständig genug ist, und den Kindern gemeiner Bürger und Bauersleute die Anschaffung mehrerer Schriften nicht zugemuthet werden kann, so eignet es sich weniger zum Ankauf für die Kinder als für die Orts-Schulbücher-Sammlung.“

Bevor der Rat sich zur Preisbildung äußerte, konnte er sich eines pädagogischen Urteils nicht enthalten, was er sogar indirekt dazu benützte, den Preis zu drücken[865]:

„Obgleich nun dieses Werk nur eine Zusammenstellung aus anderen Schriften ist, und daher keinen wissenschaftlichen Werth hat, uns selbst in pädagogischer Hinsicht mehreres zu wünschen übrig läßt, so verdient der Verleger doch durch ein Privilegium ermuntert zu werden, wenn er das Exemplar allgemein an Schulen um 36 k. ablassen sollte.“

Damit den Eltern und Kindern nicht zugemutet werde, dass der Kauf des Lehr- und Lesebuchs tatsächlich angeordnet werde, betonte der Rat noch einmal, dass das Buch nicht den Charakter eines gesetzlich eingeführten Schul- und Lesebuchs habe und dieser ihm auch nicht beigemessen werden dürfe. Als Preisobergrenze gab der Rat an, dass er das Exemplar in Partien zu 25 und darüber hinaus als Einzelexemplar für 36 Kreutzer verkauft sehen wollte.

Mit königlichem Dekret vom 2. März 1820 erhielt der Buchdrucker Walther schließlich sein nachgesuchtes Privileg, dessen Dauer nicht angegeben wurde. Der Bericht der königlichen Regierung des Jagst-Kreises („Jaxt-Kreißes“) vom 19. September 1820 erwähnte, dass Walther die Taxe von 7 fl. 12 k. an das Ober-

---

[863] E 146/1 Nr. 5262, Teil 3.
[864] Ibid.
[865] Ibid.

amt Ellwangen entrichtet und die für die königliche Bibliothek bestimmten zwei Freiexemplare eingeschickt hatte. Die Regierung des Jagst-Kreises übersandte die beiden Freiexemplare und behielt die Taxgebühr bei dem Oberamt Ellwangen in Verwahrung[866].

Auffällig an diesem Verfahren ist, dass neben der Beurteilung des Wertes des Schulbuches auch der Preis eine vordergründige Rolle spielte, denn Buchdrucker Walther musste sich dazu verpflichten, das Buch nicht nur in Partien zu 25 Stück, sondern auch einzeln für 36 Kreutzer an die Schulen des Königreichs Württemberg zu verkaufen. Sollte es zu einer zweiten Auflage kommen, erklärte Walther sich gegenüber dem Schulinspektor Pfarrer Haßel in Röhlingen bereit, das Werk einem anerkannt würdigen katholischen Seelsorger zur genauen Revision zu übergeben, ein schönes Papier zu verwenden und eine Karte des Königreichs Württemberg dazu stechen zu lassen[867]. Buchhändler Walther und Schriftsteller Eyth konnten indes kein Privileg für die zweite verbesserte Auflage des Lehrbuchs mehr erhalten. Als sie nämlich dafür im Jahre 1828 den Antrag stellten, musste das Ministerium unzweifelhaft zu erkennen geben, dass es dem Antrag nicht stattgeben konnte, weil schon Exemplare des Werkes abgesetzt worden waren, mithin gemäß § 2 des Gesetzes von 1815 ein Debit vorlag. Ebenso vergeblich bemühten sich Walther und Eyth um ein Vorgehen der Behörden gegen die Nachdrucke des Lehrbuches einer Druckerei in Reutlingen, weil ganz einfach die Privilegiendauer, die im allgemeinen sechs Jahre betrug, abgelaufen war; hier genügte eine kurze Stellungnahme des Justizministeriums an das Ministerium des Innern[868].

Vielfach betonte der Studienrat in seinem Gutachten die Gemeinnützigkeit, die Brauchbarkeit und den Wert der Werke und begründete hiermit den besonderen Nachdruckschutz; dies war insbesondere bei Schul- und Universitätslehrbüchern der Fall.

2. Gemeinnützigkeit des Braunschen „Lehrgang der deutschen Sprache für Volksschulen"

Über den „Lehrgang der deutschen Sprache für Volksschulen" von Braun aus Karlsruhe herrschte dahingehend Einigkeit, dass das Werk wegen seiner Gemeinnützigkeit den öffentlichen Schutz verdiene. Der Studienrat führte aus, dass es sich bei Braun um einen deutschen, einflussreichen Schulmann und pädagogischen Schriftsteller handele. Namentlich habe seine Methode des deutschen Sprachunterrichts in Volksschulen viel Empfehlenswertes, wie auch in

---

[866] E 146/1 Nr. 5262, Teil 9.

[867] E 146/1 Nr. 5262, Teil 4 (Bericht v. 8. Februar 1820) sowie Teil 5 (Bericht des Königlich-katholischen Kirchenrats v. 15. Februar 1820).

[868] E 146/1 Nr. 5262, Teil 13.

einigen der Blätter der allgemeinen Schulzeitung ausgeführt sei. Zusätzlich kommentierte der Studienrat den Preis als „billig". Die Verleihung des Privilegs auf sechs Jahre ging unter den gewöhnlichen Bedingungen der Entrichtung der Gebühr und der Pflichtexemplare noch im August 1830 durch[869].

3. Nutzen für die Wissenschaft durch wichtige Zusätze im „Thesaurus Lingua Graeca"

Der Studienrat hatte daneben Gelegenheit, sich über Bücher des akademischen Bereichs zu äußern. Im Juni 1830 lag ihm die Bitte der Gebrüder Didot aus Paris um ein Privileg gegen den Nachdruck ihres „Thesaurus Lingua Graeca" vor, die unproblematisch erfüllt wurde[870]. In einem dreiseitigen Brief wandten sich die Gebrüder Didot am 6. April 1830 an den König von Württemberg und riefen seine Hilfe an. Sie verwiesen darauf, dass der Drucker Henri Estienne für seinen „Trésor de la langue grecque" von mächtigen deutschen Herrschern und dem Kaiser Maximilian II. ein Privileg erhalten hatte, was man für die geplante Neuedition ebenfalls für Württemberg erstrebte. Die Dringlichkeit resultierte daraus, dass in Hildburghausen (Grafschaft Meiningen) bereits ein wortwörtlicher Nachdruck zu einem billigeren Preis angekündigt worden war, wogegen die deutschen Fürsten nach Meinung von Didot vorgehen sollten. Für jeden einzelnen Band erbaten die Didots ein Privileg von zehn Jahren[871]:

> „Sire,
>
> Dans l'intérèt des lettres que les Souverains d'Allemagne se sont toujours plus à protéger, nous sollicitons le puissant secours de Votre Majesté, pour une entreprise littéraire qui ne pourrait s'exécuter sans son appui.
>
> Lorsque le célèbre érudit et Imprimeur de France, Henri Estienne publia son trésor de la langue Grecque, il obtint la faveur de le dédier aux puissants Souverains de l'Allemagne et à l'Empereur Maximilien II et reçut de la munificence de ces Souverains un privilège pour son édition.
>
> Ayant entrepris de reproduire le travail entier de Henri Estienne, en le rédigeant d'après l'ordre alphabéthique, ce qui le rend un ouvrage tout nouveau, surtout par les additions et les importans travaux des éditeurs MM. Hase, membre de l'Institut de France, et de Sinner & Fix, secondés des savants les plus distingués de la France et de l'Allemagne, nous supplions Votre Majesté de nous accorder la faveur de lui dédier notre édition, afin qu'elle puisse paraître, comme celle de Henri Estienne, sous les auspices de l'un des princes de la Chrétienté qui se plûrent le plus à encourager les lettres.
>
> Votre protection, Sire, est d'autant plus indispensable pour assurer le succès de cet important ouvrage, qu'il ne pourrait exister sans votre secours.

---

[869] E 146/1 Nr. 5215, Teil 2.

[870] E 146/1 Nr. 5219.

[871] E 146/1 Nr. 5219, Teil 1.

A peine le prospectus de notre nouvelle édition a-t-il été publié, que dans une petite ville d'Allemagne, à Hildburghausen, Duché de Meinungen, Saxe, une contrefaçon textuelle, mot pour mot, en a été annoncé et à un prix inférieur au nôtre qui était cependant très modique puisque nous donnons pour 336 f. une édition bien supérieure à celle de Londres qui coûtait près de 1200 f. Les frais de rédaction, de vérification de citation, et la multiplication d'éditions rares et dispendieuses qu'il nous a fallu rassembler, nous ont entrainés déjà dans de très grandes dépenses.

Les Princes de l'Allemagne, ou réside surtout la bonne foi, ne toléreront pas qu'on s'empare ainsi du travail d'autrui. Sans priver pour un terme trop éloigné leurs sujets de la faculté de réimprimer et d'améliorer encore le Dictionnaire d'Henri Estienne, il est de leur Dignité d'empêcher qu'on ne contrefasse, ainsi qu'on ose l'annoncer, et au fur et à mesure de la publication de chaque livraison, l'édition pour laquelle nous avons fait de si grands sacrifices.

Nous sollicitons de votre justice, autant que de votre générosité, un privilège de dix ans seulement, après la publication de chaque volume, afin que nous ayons le temps d'écouler une partie de notre édition, et de pouvoir mener à bonne fin notre laborieuse entreprise, qu'une contrefaçon nous forcerait probablement d'interompre par la ruine que nous en éprouverions. Quel bien résulterait-il pour la république des lettres, si forcés de suspendre nos travaux, elle restait privée, peut-être pour longtemps, d'un ouvrage jugé nécessaire, par cela même qu'on veut le contrefaire.

Votre équité nous donne tout espoir, Sire, que vous voudrez bien acceuillir favorablement notre prière qui est dans l'intérèt des lettres.

Nous avons l'honneur d'être avec respect,

Sire,

De Votre Majesté

Les très humbles et très obéissans serviteurs

A. Firmin Didot

Imprimeur du Roi et de l'Institut

Paris le 6 avril 1830 ./."

Der Studienrat hob die Privilegienerteilung aus dem 16. Jahrhundert noch einmal hervor. Bis auf den Tag sei der „Thesaurus Stephani" unübertroffen, obwohl auch auf dem Felde der griechischen Lexikographie seit Beginn des 19. Jahrhunderts namentlich in Deutschland viel geforscht worden sei. Der Studienrat stellte zusätzlich darauf ab, dass die bereits zirkulierende Londoner Ausgabe des Thesaurus von deutschen Gelehrten kommentiert worden war: Es kam ihm entscheidend darauf an, dass zahlreiche neue Zusätze, teils von deutschen, holländischen, französischen und englischen Gelehrten handschriftlich mitgeteilt worden waren, weswegen die Gelehrten dieses unübertroffene Werk schätzten.

4. Zweckmäßigkeit und Nützlichkeit für den Gebrauch in höheren Schulen:
Die lateinische Chrestomathie einer Gruppe von Lateinlehrern

Auch die bei Metzler in Stuttgart verlegte lateinische Chrestomathie protegierte der Studienrat vor allem mit dem Argument der Zweckmäßigkeit und
Nützlichkeit für den Gebrauch in höheren Schulen. Das Bedürfnis, eine zweck-
mäßigere lateinische Chrestomathie als die bisher eingeführten zu haben, wurde
für die Lehranstalten des Königreichs als längst überfällig bewertet. Allein die
Verschiedenheit der Ansichten über die Einrichtung einer neuen Chrestomathie,
welche seit Jahren von lateinischen Schullehrern gefordert worden war, verzögerte die Herausgabe einer einheitlichen Prosasammlung. Schließlich entwarfen
einige Lateinlehrer das Werk, dessen Handschrift dem Studienrat vorlag und
die er verbessert zurückgab. Die angeordnete öffentliche Einführung der
Chrestomathie forderte schließlich den Willen zur Einheitlichkeit, was der Studienrat anerkannte. Das Werk sei nicht nur wegen der Förderung der Sprach-
kenntnisse brauchbar, sondern obendrein für den Erwerb zusammenhängender
Kenntnisse der alten Geschichte und Geographie. „Alles, was für die Sittlichkeit der Jugend anstößig sein könnte" wurde selbstverständlich herausgenom-
men. Die Sammlung enthalte die besten römischen Schriftsteller, „welche für
Jünglinge bis zum 14ten Lebensjahr lesbar sind". Dem Studienrat genügte die
Dauer von sechs Jahren, indem er zugleich darauf abstellte, dass die innerhalb
dieser Zeit gemachten unveränderten Auflagen gemäß dem Rescript von 1815
mitgeschützt seien.

Am Schluss des Berichts wird unterdessen evident, dass der Studienrat gerne
bereit gewesen wäre, auch für künftig erscheinende verbesserte Auflagen dieser
Chrestomathie von vornherein ein Privileg auszustellen, doch bemerkte er explizit, dass das Rescript von 1815 nur ermächtige, über die tatsächlich vorgelegten Schriften zu entscheiden. Der Rat sprach auf diese Weise deutlich aus,
dass § 8 des Rescripts für jede verbesserte Auflage die Beantragung eines neu-
en Privilegs erforderlich machte[872].

Während der Studienrat den Preis für die Chrestomathie als mäßig bezeichnete, verdiente das Mathematikschulbuch von Pope sogar die Preisbewertung
gut[873].

---

[872] E 146/1 Nr. 5154, Teil 2 (Das Gutachten trägt das Datum vom 14. Februar 1825.
Anwesend waren Direktor von Süskind, der Berichterstatter von Flatt, Schedler und Jaeger).
[873] E 146/1 Nr. 5156, Teil 2.

5. Brauchbarkeit eines Lehrbuchs der Geburtshilfe
für württembergische Hebammen

Nützlichkeit und Preis waren auch entscheidungserheblich bei der Beurteilung des „Lehrbuch[s] der Geburtshülfe zum Unterricht der Hebammen im Großherzogtum Baden". Im Bericht des königlichen Studienrates vom 14. Januar 1830 wird nicht nur die Sorge deutlich, dass die Hebammen das Buch zu einem erträglichen Preis beziehen konnten, sondern auch die Sorge um die Nützlichkeit, gepaart mit unterschwelligem Neid für ein solches Lehrbuch. Dabei hatte sich der Autor, Professor Nägele aus Heidelberg, in seinem Gesuch bereits zu einem sehr niedrigen Preis verpflichtet. Es sollte derselbe Preis sein, zu welchem ihn bereits die großherzoglich-badische Regierung für die badischen Hebammen aufgefordert hatte.

Sehr lakonisch fiel die Prüfung der Voraussetzungen des Rescripts von 1815 aus, denn der Studienrat stellte knapp fest, dass die in Württemberg geltenden Grundsätze für die Nachdruckprivilegierung gegeben seien, insbesondere sei das Buch noch nicht in Debit gebracht worden und erst zum Druck bereit liegend. Der Studienrat befürchtete indessen, dass für die Abgabe der beiden Freiexemplare kein Inländer haften könne und schlug daher vor, den Bittsteller anzuweisen, vor der Ausfertigung des Privilegs einen geeigneten Württemberger zu bezeichnen, welcher für die Sporteln und die beiden Freiexemplare aufkommen sollte. Obwohl der Rat die Brauchbarkeit des Lehrbuchs für Hebammen nicht in Frage stellte, mutmaßte er doch, dass der Bittsteller mit der Privilegierung eine bloße Kaufempfehlung der württembergischen Autoritäten anstreben könnte und regte eine nähere Prüfung durch das Königliche Medicinal-Collegium an[874]:

> „Der in der litterarischen Welt sehr vortheilhafte bekannte Name des Verfassers und der Umstand, daß das Werk von ihm auf Veranlassung der badischen Regierung geschrieben ist, sprechen zwar im voraus für seine Nützlichkeit. Inzwischen glauben wir doch höherem Ermessen anheim stellen zu müssen, ob nicht das K. Medicinal-Collegium rücksichtlich der Art indirekter Empfehlung, auf welche es hier abgesehen zu seyn scheint, um Äußerung zu vernehmen seyn möchte."

Gleichwohl konnte der Studienrat nicht verhindern, dass das Werk auch württembergischen Hebammen zur Verfügung gestellt wurde, und forderte abschließend eine Präzisierung des endgültigen Ladenpreises.

---

[874] E 146/1 Nr. 5224, Teil 2.

6. Förderung der schnellen Publikation
neuer naturwissenschaftlicher Erkenntnisse

Ganz anders verfuhr der Studienrat im selben Jahr mit dem Handbuch der theoretischen Chemie des Geheimen Hofrats und Professors Gmelin, der wie Nägele ebenfalls in Heidelberg lehrte[875]. Hier war der Preis nicht zu hoch, so dass das Kollegium bedenkenlos auf sechs Jahre beantragte. Dem Handbuch der Chemie brachte der Studienrat insgesamt mehr Sympathie entgegen als dem Lehrbuch für Hebammen, denn er begann seinen Bericht mit der Feststellung, dass jenem bei seinem ersten Erscheinen im Jahr 1817 großer Beifall gezollt worden und nach kurzer Zeit eine zweite Auflage vonnöten war.

Da die zweite Auflage bald vergriffen war, schwebte dem Verfasser vor, eine dritte in Frankfurt erscheinen zu lassen, wofür ein Prokurator namens Gmelin aus Tübingen als Inländer um ein entsprechendes sechsjähriges Privileg bat. Die Sympathie für dieses Buch drückte sich speziell in der vagen und oberflächlichen Prüfung der Vermehrung der Textsubstanz in der Neuauflage aus, denn der Studienrat ging ob des galoppierenden Fortschritts in den Naturwissenschaften einfach davon aus, dass eine Neuauflage die sprunghaft ansteigenden neuen wissenschaftlichen Erkenntnisse automatisch berücksichtigen müsse[876]:

„Letzterer [Gemelin] gibt nicht an, ob auch diese dritte Auflage, wie es bei der zweiten der Fall war, verbessert und vermehrt erscheinen werde. Wir glauben dieses jedoch ohne weiteres voraussetzen zu dürfen, da kaum eine Wissenschaft ist, welche gleich der Chemie, in neuerer Zeit von Theoretikern und Praktikern verschiedener Länder und Völker mit solchem Eifer betrieben, und Jahr für Jahr mit neuen Entdeckungen bereichert wird, und der Verfasser in der Vorderreihe der theoretischen Chemiker von Deutschland steht."

Der Studienrat stimmte ohne Umschweife dem Preis-Leistungs-Verhältnis zu, denn die neue Auflage des Handbuchs sollte aus zwei Bänden von etwa 200 Bogen engsten Drucks in größtem Oktavformat bestehen, so dass 15 fl. für das Ganze einen nicht zu hoch gewählten Ladenpreis darstellten.

Die Begründung des Studienrates, die in Wirklichkeit gar keine echte war, verblüfft, weil keine tief schürfende Nachprüfung der Vermehrung der dritten Auflage stattfand, vielmehr eine solche wegen der rasenden wissenschaftlichen Fortschritte in der Chemie, die für jene Zeit nicht abzustreiten sind, als Messlatte genommen wurde. Sicherlich konnte der Studienrat selbst bei einem flüchtigen Überblättern der zweiten und dritten Auflage eine solche „Vermehrung" feststellen, ohne dabei ins Detail gehen zu müssen bzw. zu können. Denn es spricht auch viel dafür, dass der Studienrat, dem kein Naturwissenschaftler an-

---

[875] E 146/1 Nr. 5221, Teil 2.
[876] E 146/1 Nr. 5221, Teil 2.

gehörte, sich schlichtweg kein tiefer gehendes Urteil über das Handbuch der Chemie zu erlauben wagte.

7. Wert, da „von den Extremen der Zeit sich fern haltend": Hüffels Buch über Wesen und Beruf des evangelischen Geistlichen

Dagegen konnte sich der Studienrat in derselben Zusammensetzung am 18. Februar 1830 ein echtes Werturteil über das Werk des badischen Prälaten Hüffel erlauben, welches über das Wesen und den Beruf des evangelischen Geistlichen handelte. Der Studienrat, dessen Angehörige geistliche Würdenträger sowohl der evangelischen als auch der katholischen Kirche waren, lobte die zweibändige Schrift, die nicht nur durch ihre Vorzüge dem Verfasser selbst einen Namen machte, sondern auch einen

> „wohltäthigen Einfluß auf die protestantische Geistlichkeit, auch in Württemberg gehabt hat, indem für den Beruf des evangelischen Geistlichen und Seelsorgers in allen seinen Beziehungen, so wie die Vorbereitung auf denselben ebenso geistvoll als gemüthlich auffaßt, und von den Extremen der Zeit sich fern haltend, auf eine ächte geistliche Bildung und Wirksamkeit hinzielt."[877]

Obwohl die Mitglieder des Studienrates infolge ihrer Ausbildung dieses Werk besser beurteilen konnten als das Handbuch zur Chemie, drang doch durch, dass mit Vermutungen und Mutmaßungen gearbeitet wurde. Die Güte der zweiten Auflage begründete der Rat nämlich damit, dass der Verfasser des Werkes einen guten Namen trage[878]:

> „Wenn nun dieses – schon in der ersten Auflage im ganzen gelungene Werk nun in einer zweiten Auflage völlig umgearbeitet, und wie wir bei einem solchen Namen voraussetzen dürfen, noch gediegener erscheinen soll, so glauben wir, dass in keiner Hinsicht der Ertheilung eines Privilegiums gegen einen Nachdruck desselben auf die gewöhnliche Zeit von sechs Jahren gegen die festgesetzten Gebühren, mit deren Entrichtung die hiesige Metzlersche Buchhandlung von Heyer beauftragt ist, etwas im Wege stehe."

Dem Studienrat war insgesamt wichtig, dass die zweite Auflage sich nicht von neueren, wohl abtrünnigen theologischen Lehren hatte beeinflussen lassen und dass sie den traditionellen Protestantismus fortführte. Dieser Fall beweist nicht zuletzt, dass im Privilegierungsverfahren auch noch 1830 die Vorzensur mitschwang!

---

[877] E 146/1 Nr. 5358, Teil 2.
[878] Ibid.

8. Handreichung von anerkanntem Wert mit beschränktem Absatzgebiet:
von Weishaars „Handbuch des württembergischen Privatrechts"

Als der Studienrat die dritte Auflage des Handbuchs des württembergischen Privatrechts, geschrieben vom Präsidenten des württembergischen Abgeordnetenhauses von Weishaar, zu beurteilen hatte, kam es ihm nicht nur darauf an, dass es sich um eine ganz umgearbeitete Ausgabe handelte, sondern um eine seit mehreren Jahren veröffentlichte Handreichung von anerkanntem Wert. Diese Wertschätzung bildete gemäß § 1 des Rescripts von 1815 in erster Linie das Fundament für die Ausdehnung der gewöhnlichen Sechs-Jahres-Frist auf die Dauer von zehn Jahren. Dazu trat aber ebenso das Argument, dass dem zu privilegierenden Handbuch hauptsächlich ein auf das württembergische Inland beschränkter Absatz vorbehalten war.

Darüber hinaus wollte der Studienrat[879] darauf Rücksicht nehmen, dass erst nach zwei bis drei Jahren alle drei Teile des Handbuchs vollständig vorliegen würden, eine Zeitspanne, die angemessen berücksichtigt werden sollte und die seines Erachtens die Zehnjahresfrist rechtfertigte. Das ausführende königliche Dekret an das Ministerium des Innern erging am 15. Juni 1831[880]. Die Regel wie die des Art. 1 Abs. 3 des Gesetzes von 1838, wonach ein Werk, das in mehreren Schüben hergestellt wurde, erst vom Erscheinen des letzten Bandes an gerechnet, privilegiert werden sollte, falls zwischen der Herausgabe mehrerer Bände nicht mehr als drei Jahre verflossen waren, griff 1831 noch nicht ein, so dass der Studienrat mit dem zehnjährigen Gnadenbrief sinnvoll und geschickt Abhilfe schaffen konnte.

9. Ausgiebige Würdigung der Persönlichkeit des Autors:
Der Mediziner und Sprachwissenschaftler Becker

Dass der Studienrat die Persönlichkeit des Autors hinlänglich würdigte, bezeugt das Verfahren bei der Privilegienerteilung für die zweite Auflage der deutschen Schulgrammatik von Dr. Carl Ferdinand Becker. Der Studienrat erwähnte, dass die erste Auflage ein Jahr vor Antragstellung in der Herrmannschen Buchhandlung in Frankfurt a.M. erschienen war. Der Verfasser dieser Grammatik, seinen früheren Studien- und Lebensverhältnissen nach Arzt, kümmerte sich seit einer Reihe von Jahren um die Sprachforschung in ihrem weitesten Umfang. Es wurde unterstrichen, dass Becker als „eines der wirksamsten und ausgezeichnetsten Mitglieder des Frankfurter Gelehrtenvereins für deutsche Sprache" anerkannt war. Seine Schriften, namentlich seine „Organe der Sprache, als Einleitung zur deutschen Grammatik" (1827), seine bereits ins Englische übersetzte „Deutsche Grammatik" von 1829 und seine „Schulgram-

---

[879] E 146/1 Nr. 5233, Teil 2.
[880] E 146/1 Nr. 5233, Teil 3.

matik der deutschen Sprache" in erster Auflage gehörten nach Meinung des Studienrates unter das Beste, was die neuere Zeit in diesem Felde des Forschens und Wissens aufgestellt hatte[881]. Erst nach Würdigung von Persönlichkeit und Werk, die sich wie eine in eine Lobrede hineinsteigernde Rezension liest, schließt der Bericht des Studienrates mit der Feststellung ab, dass der Gewährung des Gesuchs der Herrmannschen Buchhandlung kein gesetzliches Hindernis mehr im Wege stehe und er deshalb die Bewilligung des Privilegs beim König beantrage; dies wurde sogleich drei Tage später vom Ministerium des Innern bestätigt und schon nach einer Woche (am 30. November 1831) erließ der König das ausführende Dekret.

Im Bericht des Studienrates vom 15. August 1833 erfahren wir über den Arzt und Sprachforscher Carl Ferdinand Becker noch einiges mehr: Das von der Herrmannschen Buchhandlung in Frankfurt vorgebrachte Gesuch um ein königliches Privileg gegen den Nachdruck für das dort erscheinende „Lehrbuch für den ersten Unterricht in der deutschen Sprache" dieses Autors bekam vom Studienrat – wie alle Werke Beckers – kräftigen Applaus. Der Studienrat posaunte schon im ersten Satz, dass dieses Lehrbuch „in jedem Betrachte gnädigste Berücksichtigung" verdiene. Er wiederholte, dass Becker unter den deutschen Sprachforschern und Grammatikern jener Zeit in der vorderen Reihe stehe und hob Beckers Doppelqualifikation als ausübender Arzt und Linguist hervor, der bereits zu Studienzeiten in Göttingen eine preisgekrönte Schrift über den Einfluss der klimatischen Verhältnisse auf den Menschen vorgelegt hatte und sich seit Jahrzehnten, nachdem er sich infolge der Auflösung des Königreichs Westfalen veranlasst sah, nach Offenbach am Main zu ziehen, den Sprachen im weitesten Umfang widmete. Becker habe die Sprachen „nach ihren physischen und geistigen Bedingungen zum Gegenstande seiner Forschungen gemacht, und namentlich das ganze Gebiet der so genannten germanischen Sprachen, von ihren frühesten Denkmälern an, zu umfassen sich bemüht"[882]. Als einer der eifrigsten Mitglieder des Frankfurter Vereins für deutsche Sprach- und Geschichtsforschung hätten seine sowohl für Gelehrte bestimmten, aber auch für den Unterricht benutzbaren sprachlichen Werke, worunter auch eine gleichfalls in Württemberg bekannte Grammatik für Gymnasien gehöre, großen Beifall gefunden.

Bemerkenswert ist wieder der lakonische Schluss im Bericht des Studienrates[883]: „Es ist nicht zu zweifeln, daß auch sein ‚Lehrbuch für den ersten Unterrichte' ein gelungenes seyn werde." Noch im selben Monat August 1833 bezog das Ministerium des Innern Stellung und legte dem König einen entsprechenden, auf sechs Jahre angelegten Antrag auf ein Privileg vor, den dieser ohne langes Zögern unterzeichnete.

---

[881] E 146/1 Nr. 5245, Teil 2.
[882] E 146/1 Nr. 5280, Teil 2.
[883] Ibid.

10. Lob von Werk und Persönlichkeit des Pfarrers Schmid

Im Bericht des königlichen Studienrates betreffend das Privilegiengesuch der Kröhlschen Buchhandlung in Landshut für die Erzählungen von Pfarrer Schmid vom 14. Juni 1832 ging der Rat direkt auf positive Bescheidung, ohne das Rescript von 1815 und die zu prüfenden gesetzlichen Hindernisse zu problematisieren, ja noch nicht einmal zu erwähnen. Im Vordergrund standen Persönlichkeit sowie Werk und Schutzbedürfnis desselben: Schmid, früher katholischer Pfarrer im württembergischen Dorfe Stadion, Oberamt Ehingen, zum Zeitpunkt des Antrags Domkapitular in Augsburg, gehöre unstreitig unter die nützlichsten Jugend- und Volksschriftsteller. Seine kleinen Erzählungen bezeichnete der Studienrat als vielgelesen und allgemein beliebt. Seine biblischen Geschichten seien in den „vaterländischen" Schulen beider Konfessionen und selbst in mehreren „Judenschulen" eingeführt worden. In allen seinen Schriften wehe ein milder, kindlicher, nüchterner und frommer Geist. Eben darum bedürfe aber auch der Verleger des Schutzes gegen den Nachdruck „welcher sich schon an den meisten dieser harmlosen Geistesprodukte auf seine Weise erlabt hat."[884]

Die unterzeichnenden Studienratsmitglieder, Direktor von Flatt sowie die Oberstudienräte von Schedler, Jaeger, Sinz und Klaiber als Berichterstatter betonten in ihrem Bericht vom 14. Juni 1832 nicht die gesetzlichen Voraussetzungen des Rescripts von 1815, sondern die Beliebtheit und Verträglichkeit von „Neue Erzählungen für Kinder und Kinderfreunde" des Pfarrers Schmid und dessen guten Leumund in allen Konfessionsschulen. Das Privileg wurde im Ergebnis als Bestätigung der Nützlichkeit des Werkes, ja gewissermaßen als Prämierung für nützliche Schriftstellertätigkeit zum Vorteil der Jugend und des gesamten Volkes verstanden.

11. Fortführung der bewährten Linie: Der Buchhändler Spittler aus Basel

Weitgehend erzieherische Züge trägt auch der Bericht des königlichen Studienrates vom 21. Mai 1833 betreffend das Privilegiengesuch des Buchhändlers Spittler aus Basel gegen den Nachdruck der Schrift „Anecdoten für Christen zur Stärkung der Liebe, des Glaubens und der Hoffnung"[885]. Christian Friedrich Spittler, ein geborener Württemberger, jedoch seit vielen Jahren in Basel eingebürgert, war für sein christliches Schrifttum bekannt, insbesondere für Missions- und Bibelanstalten, aber auch für die Erziehung der Jugend, namentlich der Verwahrlosten, und für die Bildung von Lehrern, die die verwahrloste Jugend unterrichten sollten, vielfach tätig. Der Studienrat konstatierte, dass Spitt-

---

[884] E 146/1 Nr. 5257, Teil 2.
[885] E 146/1 Nr. 5273, Teil 2.

ler in jüngerer Zeit als Besitzer einer Buchhandlung, die sich hauptsächlich mit dem Verlag christlicher Schriften befasse, auftrete.

Der Herausgeber der Schrift, Friedrich Lotter, habe durch seine frühere viel verbreitete und nützliche Schrift „Verfolgung und Menschenschicksale" insgesamt „ein gutes Vorurtheil". Aus diesen Gründen – kein Wort zum Rescript von 1815! – trug der Studienrat beim König auf gnädigste Gewährung der Bitte des Buchhändlers an. Der Bericht des Sachbearbeiters im Ministerium des Innern vom 24. Mai 1833[886] wiederholte einsilbig die Argumente des Studienrates und schloss sich, ohne die Voraussetzungen des Rescripts von 1815 auch nur zu erwähnen, dieser Position an, bei der nicht zuletzt eine Rolle spielte, dass Spittler aus Württemberg stammte und dass die zu erscheinende und zu beurteilende Schrift in die Tendenz des bisher publizierten und verbreiteten Werks passte, dieses fortführte und damit das der Obrigkeit genehme Lesebedürfnis der württembergischen Bevölkerung zu stillen vermochte.

12. Verbreitung von Geographie- und Naturkundewissen

In dieselbe Kerbe schlägt auch die Beurteilung zweier Geographie- bzw. Naturkundebücher, deren Resultate vonseiten des Studienrates als nützlich und damit veröffentlichungswürdig eingestuft wurden.

So wurde der Antrag der vereinigten Buchhandlungen Fleischer und Heinrichs aus Leipzig um ein königliches Privileg gegen den Nachdruck von Professor Pöppigs „Reise in Chile, Peru und auf dem Amazonenstrome", das in zwei Bänden nebst einem Atlas Ende 1834/Anfang 1835 erscheinen sollte, mit der einfachen Begründung privilegiert[887]: „Wir halten uns für verpflichtet, dieses Gesuch um königl. Schutz für ein die Erd- und Weltkunde förderndes Unternehmen zu gnädigster Gewährung verbindlichst zu empfehlen."

Der Bericht des königlichen Studienrates vom 19. April 1834 über das Gesuch des Buchhändlers Karl Hoffmann um ein Privileg gegen den Nachdruck der in seinem Verlag erscheinenden Schrift „Der Himmel, seine Welten und seine Wunder, oder populäre Astronomie" des Direktors der Wiener Sternwarte Littrow ging deswegen erfolgsgekrönt durch, weil der Studienrat von der Erstklassigkeit der Persönlichkeit und der Forschungen des Professors Littrow überzeugt war. Danach gehöre dieser unter die sehr verdienten Männer, die die Resultate ihrer Forschungen im gesamten Gebiete der Naturkunde in gelungenen Darstellungen zum Gemeingut der gebildeten oder Bildung suchenden Welt machen könnten. Ersichtlich begeistert berief sich der Studienrat auf die Notorietät des bisherigen wissenschaftlichen Arbeitens von Littrows, denn nach dessen bisherigen Werken sei nicht zu bezweifeln, dass auch die nun erschei-

---

[886] E 146/1 Nr. 5273, Teil 3.
[887] E 146/1 Nr. 5398.

nende populäre Astronomie „ebenso belehrend als anziehend" sein werde. Ohne das Programm des Verlagshauses in Wien gemustert zu haben, beendete der Studienrat seinen Bericht voll Vertrauen in die Verlagsprodukte des Hauses Hoffmann[888]: „Der Verleger aber ist, wie andere seiner neuen Verlagsartikel im geographischen und naturhistorischen Fache beweisen, gewohnt, es auch von seiner Seite weder an würdiger Ausstattung noch an billigen Preisen fehlen zu lassen."

13. Beflügelung des wissenschaftlichen Diskurses: Der Theologenstreit zwischen den Tübinger Professoren Möhler und Bauer

Brauchbarkeit für die Bücherlandschaft bedeutete nach den Berichten des Studienrates stets, wichtige Bücher gegen den Nachdruck für den wissenschaftlichen Diskurs zu schützen. Beispielgebend ist hier der Antrag des Buchhändlers Kupferberg aus Mainz zugunsten der zweiten Auflage von „Möhlers Symbolik oder Darstellung der dogmatischen Gegensätze von Katholiken und Protestanten nach ihren öffentlichen Bekenntniß-Schriften". Der Professor der Theologie an der katholischen Fakultät zu Tübingen hatte sein Werk verbessert, vermehrt und an zahlreichen Stellen ganz umgearbeitet sowie mit einer besonderen lateinischen Übersetzung von Sausen versehen[889].

Der Studienrat unterstrich, dass das Möhlersche Werk bereits seine Vorzüge in seiner ersten Auflage unter Beweis gestellt habe. Während, wie wir schon gesehen haben, bei den Berichten des Studienrates der Verweis auf bereits erschienene Werke bzw. Vorauflagen gängige Praxis war, verrät vorliegender Fall, dass der Rat obendrein an zeitgenössischen Diskussionen teilnahm und ein starkes Zensur- und Publikationsinteresse der „richtigen" Schriften verfolgte.

So verlieh der Rat seiner Hoffnung Ausdruck, dass die zweite Auflage mit ihren angekündigten Verbesserungen und Umarbeitungen insbesondere auf eine „getreue Scheidung desjenigen, was wirklich in den öffentlichen Bekenntniß-Schriften der Protestanten steht, von den Privatmeinungen einzelner Protestanten" eingehen werde. Dem Studienrat war daran gelegen, dass den Lesern genau gesagt werden sollte, was einerseits einzelne protestantische Theologen privat meinten und was andererseits auf Luther fußendes und damit „öffentliches Bekenntnisgut" des Protestantismus darstelle[890]. Acht Monate später hatte sich der Studienrat schon über die unter der Presse befindliche, aber noch nicht ausgegebene dritte Auflage des Möhlerschen Werks zu äußern[891] und stellte fest, dass die zweite Auflage sehr starken Absatz gefunden hatte und die dritte,

---

[888] E 146/1 Nr. 5297, Teil 2.

[889] E 146/1 Nr. 5342, Teil 2.

[890] Ibid.

[891] E 146/1 Nr. 5342, Teil 6 (Bericht vom 17. Oktober 1833).

noch ehe zwei Jahre seit dem Erscheinen der zweiten verflossen waren, für welche ein gleiches Gesuch eingereicht und positiv beantwortet worden war, erforderlich sei. Denn die Aufmerksamkeit zugunsten der dritten Auflage durfte nach Einschätzung des Rates durch die damals aktuell laufende theologische Diskussion noch erhöht worden sein; in diesem Zusammenhang rekurrierte der Studienrat auf die erscheinende gewichtige Gegenschrift des Professors Bauer aus Tübingen.

Kaum hatte das Ministerium des Innern im Oktober 1833 dem Privilegierungsantrag zugestimmt, lag schon im März 1834 eine neue Schrift Möhlers zwecks Privilegierung vor. Die Schrift trug den Titel „Neue Untersuchungen der Lehrgegensätze zwischen den Katholiken und Protestanten" und sollte ebenfalls bei Kupferberg in Mainz gefertigt werden. Dadurch, dass sich der Studienrat auf die frische Diskussion zwischen Bauer und Möhler bezog, unterstützte er mit seinem positiven und privilegierungsfreundlichen Bericht den raschen Fortlauf des wissenschaftlichen Diskurses[892]:

> „Da dieser ein auf wissenschaftlichem Gebiete von zwei würdigen Gegnern geführter Streit allerdings die Aufmerksamkeit des theologischen Publikums sehr auf sich gezogen hat; so dürfte die Bitte um königl. Schutz gegen den Nachdruck dieser Möhlerschen Erwiderung auf Prof. Dr. Bauers Kritik seiner Symbolik keine überflüssige seyn, und da dem Gesuche kein gesetzliches Hinderniß im Wege steht, so tragen wir auf dessen gnädigste Gewährung hiermit unterthänigst an".

Als der Studienrat sich am 22. November 1834 zum dritten Mal über Möhlers Symbolik, und zwar diesmal in vierter Auflage, zu äußern hatte, hakte er seinen Prüfbericht in wenigen Zeilen ab. Wie beiläufig stellte er nämlich fest, dass die sich unter der Presse befindliche vierte Auflage verbessert und vermehrt sei, so dass die Voraussetzungen des Rescripts von 1815 erfüllt waren. Anschließend verwies er auf seine Prüfberichte aus den Vorjahren für die zweite und dritte Auflage, bevor er konstatierte, dass Möhlers Symbolik den königlichen Schutz auch für die früheren, schnell aufeinander folgenden Auflagen erhalten habe und er deswegen auch diesmal auf gnädigste Gewährung antrage[893]. So vermag es nicht zu überraschen, dass der Rat in seinem Bericht vom 18. März 1835, in dem er über die zweite vermehrte Auflage von Möhlers Schrift „Neue Untersuchungen der Lehrgegensätze zwischen Katholiken und Protestanten" zu befinden hatte, nur noch einzeilig feststellte, dass jenes Gesuch keinem gesetzlichen Hindernis begegnete[894].

---

[892] E 146/1 Nr. 5342, Teil 10.
[893] E 146/1 Nr. 5342, Teil 14.
[894] E 146/1 Nr. 5342, Teil 17.

14. Schriften, die ganz besonders dem Nachdruck ausgeliefert waren (Gesuche Uhland, Pichler, Schott)

So wie die Möhlerschen Schriften einen Nachdruckschutz wegen der wichtigen wissenschaftlichen Debatte und der damit verbundenen Nachdruckgefahr verdienten, wollte der Studienrat auch die bei Cotta in Stuttgart erscheinende achte stark vermehrte Auflage der Gedichte Ludwig Uhlands schützen, denn diese waren in den Vorjahren in Württemberg häufig kopiert worden[895]. Das Argument, dass das vorgelegte Werk zum Nachdruck reize und aus diesem Grunde Nachdruckschutz verdiene, bemühte der Studienrat auch beim Privilegiengesuch der Buchhandlung des Anton Pichler aus Wien gegen den Nachdruck des historischen Romans „Friedrich der Streitbare" von Caroline Pichler, deren Werke unter die beliebte Rubrik der geschichtlichen Romane fielen und deren Wert der Studienrat belobigte. Da die Schriftstellerin seit Jahrzehnten zu den meist gelesenen Autoren gehöre, sei ein sechsjähriges Privileg nicht von der Hand zu weisen[896].

Bezüglich der „Musterpredigten der jetzt lebenden ausgezeichneten Kanzelredner Deutschlands und anderen protestantischen Ländern" teilte der Studienrat einhellig die Besorgnis von Verleger und Autor nachgedruckt zu werden. Die Sammlung stammte vom Geheimen Kirchenrat und Professor der Theologie in Jena, Dr. Schott, in der nicht wenige, mit Namen bezeichnete Kanzelredner namentlich Norddeutschlands ausfindig gemacht werden konnten. Dabei hob der Studienrat hervor, dass von den Württembergern nur ein einziger Kanzelredner aus Öhringen verzeichnet sei. Autor und Werk hätten insgesamt gesehen einen Nachdruckschutz vonnöten[897]:

„Dr. Schott selbst hat nicht allein als Dogmatiker und Exeget, sondern auch im homiliatischen Fache, besonders durch seine mehrere Bände starke Theorie der Beredsamkeit, mit besonderer Anwendung auf die Geistlichen, welche als eine Hauptschrift in dieser Beziehung gilt, große Verdienste und einen das Unternehmen empfehlenden Namen."

Der Bericht des Studienrates vom 14. Dezember 1835 schloss mit der üblichen Formel, dass kein gesetzliches Hindernis der Privilegierung entgegenstehe und mithin das Gremium einstimmig auf die Gewährung antrage.

Dieser Meinung war der Studienrat auch für das bei Buchhändler Friese in Leipzig erscheinende Liederbändchen „Psalter und Harfe", wobei er zusätzlich betonte, dass diese größtenteils religiösen Gedichte auch „wegen ihrer anerkannten Trefflichkeit" den erbetenen Schutz zur Gänze verdienten[898].

---

[895] E 146/1 Nr. 5341, Teil 2 (Bericht v. 26. Juni 1834).

[896] E 146/1 Nr. 5232, Teil 3 (Bericht v. 26. Juli 1830).

[897] E 146/1 Nr. 5361, Teil 2.

[898] E 146/1 Nr. 5383, Teil 2 (Bericht v. 4. März 1836).

Seine Nachdruckbefürchtung meldete auch der Tübinger Buchhändler Heinrich Lautz für die bei ihm erscheinenden „Betrachtungen über sämtliche Evangelien" an; der Studienrat betonte deren Beliebtheit bei Katholiken wie bei Protestanten, was auf seine ungeteilte Zustimmung stieß[899]:

> „Nicht nur sind Verleger und Verfasser württembergische Unterthanen, sondern die Schriften des Letzteren sind um ihres trefflichen Inhaltes willen wie von seinen Confessionsgenossen so auch von Protestanten mit vollem Rechte hoch und werth geschäzt, und verdienen durch sich selbst den erbetenen k. Schuz."

Wieder einmal konnte das Werturteil des Studienrates nicht eindeutiger und parteilicher ausfallen!

15. Verfahren ohne Studienrat: Eindeutigkeit im Fall de l'Orme

Bei der Beurteilung des Gesuchs des Verlagsbuchhändlers und Buchdruckers Carl Gopfer de l'Orme schaltete das Ministerium des Innern indes den Studienrat nicht ein. Grund war hierfür neben der inhaltlichen Unkompliziertheit bzw. klaren materiellen Sachlage sicher auch der Antrag auf bloß fünfjährigen Schutz der demnächst erscheinenden „Übersicht über die Ankunft und den Abgang sämtlicher Frachtfuhrleute, Stadt- und Landboten in den 63 Oberamtsstädten des Königreichs Württemberg, nach Kreisen und Städten geordnet, und mit Berücksichtigung der Schiffsgelegenheiten". Die königliche Stadtdirektion Tübingen führte hierzu bereits aus, dass das Werk sich an die entsprechenden Oberämter richte und diesen „gewiß als sehr gemeinnüzig erscheint"[900]. Die Stadtdirektion Tübingen, die die Gemeinnützigkeit dieses Unternehmens am Schluss ihres Berichtes noch einmal herausstellte, überzeugte auch das Ministerium des Innern, das mit Bericht vom 15. Dezember 1834 dem König seinen unterstützenden Antrag vorlegen konnte[901].

16. Fasslichkeit und Brauchbarkeit als Beurteilungskriterien

Die Fachkunde des Studienrates war unterdessen wieder gefragt bei der Beurteilung der Bitte des H. R. Sauerländer aus Aarau für die Schrift „Deutsche Sprachlehre für Schulen" von M. W. Götzinger (dritte, völlig umgearbeitete Auflage)[902]. Sein Gutachten, das nur eine Seite umfasste, enthüllte die Prüf- und Beurteilungskriterien dieser Instanz: Fasslichkeit und Brauchbarkeit der nötig gewordenen Schrift im Allgemeinen bzw. der Neuauflage zu einem an-

---

[899] E 146/1 Nr. 5363, Teil 2 (Bericht v. 7. Dezember 1835).
[900] E 146/1 Nr. 5323, Teil 1.
[901] E 146/1 Nr. 5323, Teil 2.
[902] E 146/1 Nr. 5339, Teil 1.

gemessenen Preis. Der Bericht vom 27. Februar 1835 beginnt folgendermaßen[903]:

„Die deutsche Sprachlehre für Schulen von Götzinger hat unter der Menge jährlich erscheinender Schriften gleicher Art durch ihre Fasslichkeit und Brauchbarkeit sich Beifall erworben, und es ist in kurzer Zeit eine neue, dritte Auflage derselben nöthig geworden. Wie wir das Gesuch des Verlegers Sauerländer um ein K. Privilegium für die zweite Auflage zu gnädigster Gewährung seiner Zeit empfohlen haben, so empfehlen wir auch das gegenwärtige für die dritte Auflage, welche eine völlig umgearbeitete seyn soll."

Dabei wurde der Ladenpreis von ca. 1 Gulden ebenfalls gebilligt.

17. Auszeichnung besonderer Forschungsleistungen und verspäteter Nachdruck wegen der lateinischen Sprache

Im Jahre 1835 hatte der Studienrat noch über zwei wissenschaftliche Werke zu befinden, deren Forschungsleistungen er betonte und die er sogar auf zehn Jahre privilegieren wollte; allerdings senkte in beiden Fällen das Ministerium des Innern die Dauer auf acht Jahre ab, woran sich auch König Wilhelm I. in seiner höchstinstanzlichen Entscheidung orientierte.

Der Studienrat schenkte der glaubhaft gemachten Versicherung des Professors Dr. Söltl aus München für seine Geschichte der Deutschen in seinem Bericht vom 19. Januar 1835 ernsthaften Glauben, lobte das Buch als „die Frucht vierzehnjähriger ununterbrochener Forschung" des Verfassers und erklärte sich mit der beantragten Zehnjahresfrist einverstanden[904].

Interessanterweise findet sich im Bericht des Ministeriums des Innern an den König vom 29. Januar 1835[905] noch die Antragstellung für ein Privileg auf die Dauer von zehn Jahren; der unterzeichnende Sachbearbeiter strich jedoch das Wort „zehn" durch und ersetzte es, offenbar weil ihm zehn zu viel waren und er die Regeldauer von sechs Jahren des Rescripts von 1815 vor sich liegen hatte, kompromissbereit durch acht Jahre.

Eine identische Absenkung von zehn auf acht Jahre unternahm er auch bei einem Gesuch, das einige Monate später vorlag, nämlich bei dem aus der Buchhandlung Nolke aus Wien stammenden Werk „principia pathologiae"[906].

Die Begründung des Studienrates ist erwähnenswert, weil sie sowohl Verfasser und Werk lobte als auch diesem deswegen einen besonderen Schutz zukommen lassen wollte, da das Werk gänzlich in lateinischer Sprache verfasst

---

[903] E 146/1 Nr. 5335, Teil 2.
[904] E 146/1 Nr. 5394, Teil 2.
[905] E 146/1 Nr. 5394, Teil 3.
[906] E 146/1 Nr. 5348, Teil 2.

war. Der Studienrat teilte die Befürchtung, dass es gerade deswegen schwerer abgesetzt werden könnte. Damit setzte er sich in Widerspruch zu Vorfällen, in denen gerade der zu erwartende hohe Absatz der Grund für einen Nachdruckschutz war, wenn man insbesondere die schon genannten historischen Romane von Caroline Pichler oder die theologischen Streitschriften des Professors Möhler damit vergleicht. Im vorliegenden Fall, bei dem ein nur schwacher Absatz absehbar war, charakterisierte die Privilegierung mehr eine Krönung des wissenschaftlichen Verdienstes denn einen Schutz vor unbefugtem Nachdruck, denn dieser war gerade wegen der gewählten lateinischen Sprache nicht zu erwarten[907]. Dem Studienrat ging es darum, dass lateinisch geschriebene Werke nach seiner Erfahrung später nachgedruckt würden als deutsch geschriebene und gewährte aus diesem Grunde eine Dauer von zehn Jahren. Das Ministerium des Innern, das an dieser Begründung nichts Besonderes auszusetzen hatte, wollte zwar erst zehn Jahre gewähren, doch strich der Sachbearbeiter wiederum „zehn" durch und beantragte, „die verlängerte Dauer von etwa acht Jahren zu ertheilen"[908].

Letztlich gewährte der König ebenfalls bloß acht Jahre. Dem Ministerium und dem König waren zehn Jahre offenbar zu viel, denn sie gingen von der Regeldauer von sechs Jahren aus und wollten augenscheinlich maßvoll mit der Privilegierung und deren Ausdehnung auf zu hohe Zeiten umgehen. Obwohl die Begründung des Studienrates für die Ausdehnung auf zehn Jahre plausibel ist, wenn er davon ausgeht, dass erfahrungsgemäß ein Nachdruck wegen der lateinischen Sprache später einsetzen würde, lag ein weiterer Grund für die Ausdehnung der Privilegiendauer in der Belohnung des wissenschaftlichen Werks und seiner Güte, so wie es der Studienrat und das Ministerium für Söltls „Geschichte der Deutschen" in ähnlicher Art und Weise ausgesprochen hatten[909].

18. Zwischenergebnis

In der Regel übernahm der Bericht des Ministeriums des Innern, der das königliche Dekret grundsätzlich vorbereiten sollte, die Argumente des Studienrates und fasste sie im Anschluss daran noch einmal zusammen.

---

[907] E 146/1 Nr. 5348, Teil 2 (Bericht v. 22. Mai 1835). Die Begründung des Studienrates lautete wie folgt: „Gnädigste Gewährung des Gesuchs im Allgemeinen steht kein gesetzliches Hinderniß entgegen, die Bitte um Erstreckung des Privilegiums auf zehn Jahre möchte darin eine Begründung finden, daß lateinisch geschriebene Werke, auch berühmter Verfasser (wie des unseres Wissens von Raimann in der medizinischen Welt ist) in unseren Tagen langsamer ein großes Publicum finden, somit erst später als deutsch geschriebene durch Hoffnung auf guten Absatz zum Nachdrucke neigen."

[908] E 146/1 Nr. 5348, Teil 3.

[909] E 146/1 Nr. 5394, Teil 2 und Teil 3.

Zahlreiche Gutachten des Studienrates konzentrierten sich voll und ganz auf Autor, dessen bisheriges und zu publizierendes Werk sowie auf Autoren- und Verlegerumfeld. Eine solche Beurteilung passte ohne Mühe unter die besonderen Umstände des § 1 des Rescriptes von 1815, die der Antragsteller darzulegen hatte, sobald er um ein Priveleg von länger als sechs Jahren Laufzeit nachsuchte.

Der Leser der Gutachten kommt nicht umhin zu sagen, dass der Studienrat sich als „Vor-Zensor" künftiger Neuerscheinungen sowie als wohlwollender Förderer aller die nach seiner Auffassung die richtige Volksbildung fördernder Werke zu Wort meldete. Der Rat ließ es auch nicht aus, wissenschaftliche Verdienste zu würdigen und geisteswissenschaftliche Debatten sowie den naturwissenschaftlichen Fortschritt durch entsprechenden raschen Schutz per Priveleg zu begünstigen. Dieser Befund passt in die liberale Politik Württembergs, denn König Wilhelm I. und sein Innen- und Kultusminister von Schlayer wollten die Wissenschaften, insbesondere die Naturwissenschaften fördern[910]. Der Ausbau der die „Realien" des Lebens vermittelnden Realschulen zulasten der Lateinschulen führte ferner gerade dazu, dass geistes- wie naturwissenschaftliche Schulbücher gedruckt und zur Verfügung gestellt werden mussten; dies sollte zusätzlich zu einem leserfreundlichen und erträglichen Preis möglich sein, worüber der Studienrat wachte.

III. Die Buchpreispolitik durch Privilegierung

Immer wieder liest man in den Gutachten des Studienrates Bemerkungen zu den möglichen Absatzchancen eines Werkes, dessen Preis diesem Gremium stets am Herzen lag und den er zusammen mit dem Ministerium des Innern kontrollierte. Bald gab der Rat sich mit geschätzten zukünftigen Ladenpreisen zufrieden, bald verlangte er Aufklärung beim Antragsuchenden und genaue Bezifferung des Preises.

1. Fehlen der „preislichen Bezifferung" (Fall Röthe)

Das Gesuch des Konsistorialrats und Superintendenten Röthe aus Allstadt um ein Priveleg zum Schutz seines Werkes „Für häusliche Erbauung" wurde abgelehnt, weil die exakte Angabe des Ladenpreises fehlte; dazu äußerte sich das Ministerium in seinem Schreiben an den König vom 26. Oktober 1820[911]:

„In ähnlichen Fällen, z.B. bei dem Privilegium für die Stunden der Andacht, wurde auf vorgängige Bestimmung eines billigen Preises bestanden, und es ist kein Grund vor-

---

[910] *Blattner*, Die von Innen- und Kultusminister (Fn. 141).

[911] E 146/1 Nr. 5132, Teil 6.

handen, hier davon abzusehen, und der Willkür des Verlegers zu überlassen, wie er den Preis umsetzen will. Nach meinem Dafürhalten müßte daher dem Bittsteller zu erkennen geben zu lassen seyn, daß so lange er die ihm abgeforderte bestimmte Erklärung über den Preis nicht bringe, sein Gesuch nicht berücksichtigt werden könne."

Die „Stunden der Andacht" waren in mehreren Auflagen erhältlich und galten als vielgelesenes Erbauungsbuch[912], weshalb der Rat ununterbrochen auf einem käuferfreundlichen Preis beharrte.

2. Großzügigkeit bei mangelnder Preisangabe in den Fällen Grillparzer und Hummel

In einem anderen Fall, nämlich dem Gesuch des K. österreichischen Hof-Konzipisten Grillparzer aus Wien für das von ihm im Verlag Wallishaeuser herauszugebende Trauerspiel „König Ottokars Glück und Ende", sah der Studienrat über mangelnde Preisangaben hinweg und behandelte das Gesuch recht großzügig.

Zunächst stellte er in Bezug auf die Qualität von Autor und Werk nur Positives fest: Im Fach der dramatischen Dichtkunst habe der sehr vorteilhaft bekannte Bittsteller Grillparzer schon einige früher herausgegebene dramatische Werke publiziert. Der Studienrat vermeldete für eine Privilegierung des angemeldeten Werkes keine Bedenken, obwohl die österreichische Zensur die Aufführung dieses Trauerspiels auf den dortigen Bühnen untersagt hatte. Da der Studienrat keine Kritik am Inhalt des Stücks übte und für ihn sich Bühnenaufführung und Druckwerk kaum wesentlich voneinander unterschieden, sah er auch beim Preis über mangelnde Angaben hinweg und schlug eine Privilegierung auf die gewöhnliche Zeit von sechs Jahren vor[913]:

„Daß – wie der Bittsteller selbst angiebt – die K. österreichische Censur die Aufführung dieses Trauerspiels auf der Bühne untersagt hat, dürfte unseres Erachtens keinen Anstand bringen, um für dasselbe das nachgesuchte diesseitige Privilegium zu ertheilen, denn im Druck erscheint es doch nicht anders, als mit österreichischer Censur-Genehmigung, und es kann nicht seyn, daß ein Schauspiel (besonders bei einem Stoff aus der Nationalgeschichte) zur Aufführung auf einer gewissen Bühne sich nicht eignet, welches als Druckschrift ohne besonderes Bedenken dem Publikum übergeben werden kann. Der Preis, um welchen die Schrift werde verkauft werden, ist nicht angegeben; wir glauben aber auch, daß es bei Schriften dieser Art nicht sehr viel hierauf ankommen dürfte; nur möchte das Privilegium nicht auf längere als die gewöhnliche Zeit von 6. Jahren zu ertheilen seyn!"

---

[912] Vgl. auch in Baden das Privileg für Sauerländer, in: GLAK 236/191 sowie Fn. 839 ff.

[913] E 146/1 Nr. 5150, Teil 2 (Bericht v. 6. Oktober 1824).

Dem Studienrat in seiner Besetzung mit Direktor von Süskind, von Flatt, Jaeger (als Bericht erstattender Referent), Krause[914] und Sinz widersprach auch das Anbringen des Ministeriums an den König vom 21. Oktober 1824 nicht[915], woraufhin der König das Privileg antragsgemäß unterzeichnete[916].

Beim Gesuch des großherzoglich-sächsischen Hofkapellmeisters Hummel entpuppte sich der königliche Studienrat als gleichermaßen großzügige Prüfstelle hinsichtlich des Wertes von Autor und Schrift sowie bezüglich des Preises. In seinem Bericht vom 8. November 1826 über das zum Druck bereit liegende Werk „Ausführliche, theoretische, praktische Anweisung zum Spielen des Pianoforte, vom ersten Elementar-Unterricht an bis zur vollkommensten Ausbildung" lobte der Studienrat, dass sich Hummel als Klavierspieler und als Komponist längst einen ausgezeichneten Namen erworben habe und dass man nicht bezweifeln dürfe, dass sein Werk von dem Kunst liebenden Publikum mit allgemeinem Interesse aufgenommen werden würde. Sicherlich nicht ganz unwesentlich war, dass Hummel von der Großherzogin von Nassau-Weimar besonders aufgefordert worden war, dieses Werk herauszugeben, woran er beinahe fünf Jahre ununterbrochen gearbeitet hatte. Obwohl der Studienrat durchaus einige Kritikpunkte andeutete, drückte er immerhin sein Wohlwollen für das Werk aus[917]:

> „Zu gönnen wäre ihm ohne Anstand, daß durch Sicherstellung gegen den Nachdruck der Verleger in Stand gesetzt würde, ihm für seine mühevolle Arbeit ein desto anständigeres Honorar zu entrichten. Von des Königs von Preußen Majestät und des Großherzogs von Darmstadt Königliche Hoheit hat er, wie er anführt, bereits Privilegien gegen den Nachdruck erhalten. Der Verleihung eines gleichen Privilegiums für die Königl. Staaten steht nach den diesfalls in Württemberg bestehenden Rechtsgrundsätzen nichts im Wege, und es hängt demnach hier alles lediglich von der höchsten Gnade ab."

Die Bitte, auch Auszüge aus dem Werk gegen Nachdruck zu schützen, lehnte der Studienrat indes ab, weil die Bearbeitung eines Auszugs aus einer Schrift weder einer Umarbeitung noch einer Herausgabe einer Übersetzung gleichstehen könne. § 7 des Gesetzes von 1815 ermögliche nicht den Schutz eines Auszugs und verbiete mithin den Nachdruck eines Auszugs nicht. Sollte der Verfasser selbst einen Auszug aus seinem Werk herausgeben wollen, so bleibe ihm unbenommen, um die Erteilung eines besonderen Privilegs nachzusuchen.

So wie im Falle Grillparzer[918] sah der Studienrat auch im Fall Hummel darüber hinweg, dass der Verkaufspreis für die fragliche Schrift nicht angegeben

---

[914] Von Krause spricht der Verleger Sauerländer aus Aargau in seinem Beschwerdebrief von 1818, vgl. E 146/1 Nr. 5125, abgedruckt als Anlage zu dieser Arbeit, vgl. Fn. 1194.

[915] E 146/1 Nr. 5150, Teil 3.

[916] E 146/1 Nr. 5150, Teil 4 (Königliches Dekret vom 25. Oktober 1824).

[917] E 146/1 Nr. 5161 (Bericht v. 8. November 1826).

[918] E 146/1 Nr. 5150 (Bericht v. 6. Oktober 1824).

worden war. Hier lagen die Interessen anders als im Fall Röthe[919], bei dem es in erster Linie um volkstümliche Glaubensbildung ging. In Anbetracht der Konkurrenz gegen weitere Lehr- und Lernbücher über das Klavierspiel überließ der Studienrat die Preisbildung sogar dem Verlag, weil er der Auffassung war, dass dieser Hummels Werk wegen der Konkurrenzprodukte am Markt zu einem wettbewerbsfähigen Preis anbieten musste[920]:

> „Er hat nicht angegeben, welcher Verkaufs-Preis für die fragliche Schrift werde gesezt werden. Es scheint nur aber auch in dem vorliegenden Falle weniger nothwendig, die Ertheilung des Privilegiums an eine besondere Bedingung wegen des Preises zu knüpfen. Da man noch manch andere Werke über das Clavierspiel hat, so läßt sich annehmen, werde der Capellmeister Hummel von selbst darauf den Bedacht nehmen, daß sein Werk sich auch durch einen möglichst billigen Preis dem Publikum empfehle."

3. Konkordanz von Wert und Preis (Lehrbuch der Mathematik)

Besonders bei Schulbüchern lag dem Studienrat das Kriterium der Preisgünstigkeit am Herzen, obwohl er je nach Güte des Werkes dem Verfasser zweifelsohne ein anständiges Honorar gönnte, etwa beim Gesuch der Metzlerschen Buchhandlung für ein Privileg der in ihrem Verlag erscheinenden Schrift des Professors Pope über die Volksgrößenlehre. Der Studienrat rühmte, dass dieses Lehrbuch der Mathematik für jedermann im Selbstunterricht und Schulgebrauch nützlich sei[921]. Der Verfasser hatte schon durch mehrere ähnliche Arbeiten

> „eine ganz eigenthümliche Gabe bekundet, abstraktere oder mehrfache Vorkenntnisse erfordernde Wissenschaften auf eine dem größeren Publikum leicht verständliche, dasselbe anziehende Weise vorzutragen, und seine Unterrichtsbücher über Physik, Astronomie, Technologie sind eben so beliebt, als vielfach verbreitet. Eben dafür aber weil sie einem großen Publikum zusagen, sind sie auch, wie denn bisher schon die Erfahrung bei ihnen gezeigt hat, dem Nachdruck desto mehr ausgesetzt. Die Metzlersche Buchhandlung, welche die fragliche neueste Schrift von ihm in Verlag nehmen will, würde allerdings auch bald einen Nachdruck von derselben zu besorgen haben, durch Privilegierung gegen den Nachdruck aber in Stand gesetzt werden, ihm ein desto anständigeres Honorar zu bezahlen, daß dem um die Verbreitung nützlicher Kenntnisse so sehr verdienten Verfasser sehr zu gönnen ist. Der Preis, welchen die Verlagshandlung für die Schrift bestimmt, 5 f. bei einem Umfang von 50 Druckbogen in Groß-Octav, wozu noch 16 Steindrücke kommen, erscheint nicht übertrieben, und wir nehmen unter diesen Umständen keinen Anstand, auf die Verwilligung des nachgesuchten Privilegium für die Dauer von sechs Jahren den Antrag zu stellen."[922]

---

[919] E 146/1 Nr. 5132, Teil 6; s.o. unter III. 1.

[920] E 146/1 Nr. 5150 (Bericht v. 6. Oktober 1824).

[921] E 146/1 Nr. 5156, Teil 2.

[922] Ibid. (Bericht v. 2. Oktober 1826).

Nachdem das Ministerium in seinem Anbringen an den König vom 9. Oktober 1826 den hohen pädagogischen Wert der Wissensvermittlung durch Verfasser und Werk herausgestrichen hatte[923], kam auch der König nicht umhin, das Privileg antragsgemäß zu gewähren[924].

4. Keine „unmäßige Vertheuerung der Bücher" zugunsten der Verleger und zulasten der Leser (Fall Schleiermacher)

Dass Studienrat und Ministerium sehr darauf achteten, dass die Bücher auf dem württembergischen Markt dem Publikum nicht zu teuer zur Verfügung gestellt wurden und dass die Verleger nicht allzu hohe Gewinne einfahren konnten, beweist auch der Fall, bei dem Obertribunalprokurator Schott wiederum im Namen der Reimerschen Buchhandlung aus Berlin für ein Privileg gegen den Nachdruck der Schrift „Der christliche Glaube nach den Grundsätzen der evangelischen Kirche" von Dr. Schleiermacher in zweiter bearbeiteter Ausgabe plädierte.

In seinem Gutachten vom 10. Oktober 1827 führte der Studienrat über die Zulässigkeit solcher Privilegien aus, dass der vom Rescript von 1815 aufgestellte Grundsatz der Umarbeitung deswegen erfüllt sei, weil die im Verlag der Reimerschen Buchhandlung früher ohne württembergischen Schutzbrief herausgekommene Dogmatik von Schleiermacher mit der zu begutachtenden Schrift nicht identisch, sondern eine umgearbeitete sei. Dann erteilte der Studienrat noch folgende Lektion über den Preis[925]:

„Übrigens war der Preis der ersten Ausgabe für den Umfang des aus zwei Bänden bestehenden Werks von der Verlagshandlung hoch gestellt, indem es auf 9 f. zu stehen kam, und in sofern Privilegien gegen den Nachdruck zwar den Zweck haben sollen, dem Verfasser und Verleger einen billigen Gewinn zu sichern, aber nicht ihnen unmäßige Vertheuerung der Bücher zu erleichtern: Glauben wir, Ursache zu haben, darauf anzutragen, die Verlagshandlung noch über den Preis, welchen sie für die neue Ausgabe haben wolle, und über den Bogengehalt derselben befragen zu lassen, und hierauf um so mehr erst weitere Entschließung zu fassen, als ihr schon der schnelle Debit der ersten Ausgabe einen nicht unbedeutenden Gewinn abgeworfen haben muß. Der hohe Preis, welcher für die erste Ausgabe gesagt war, hat bereits auch das Unternehmen eines Nachdrucks derselben veranlasst. Da jedoch vielleicht schon durch das diesseitige Ministerium der auswärtigen Angelegenheiten mit der preußischen Regierung besondre Verhandlungen in Nachdruck-Sachen angeknüpft sind, welche hier zu berücksichtigen wären, so müssen wir für alles lediglich höchstem Ermessen anheim stellen."

---

[923] E 146/1 Nr. 5156, Teil 3.

[924] E 146/1 Nr. 5156, Teil 4 (Königl. Dekret an das Ministerium v. 12. Oktober 1826).

[925] E 146/1 Nr. 5220, Teil 2 (Bericht v. 10. Oktober 1827).

Privilegien sollten es danach dem Verleger ermöglichen, sich und dem Autor ein angemessenes Honorar bezahlen zu können. Keinesfalls durften die Leser, also die württembergischen Untertanen, die Bücher verteuert kaufen!

5. Offene Kritik des Studienrates an der Preispolitik Sauerländers

Die Mahnung, die Preise niedrig zu halten, praktizierte der Studienrat in Sonderheit bei Schulbüchern, über die er als Schulbehörde gleichzeitig zu wachen und über deren Einsatz er in den Schulen zu bestimmen hatte. Diese Stellung nutzte er auch in seinem Bericht vom 17. Oktober 1821, in dem es um das Gesuch des Stuttgarter Buchhändlers Metzler namens des Buchhändlers Sauerländer aus Aarau ging, weil dieser um ein Privileg gegen den Nachdruck zweier Sprachlehrbücher bzw. Wörterbücher nachgesucht hatte. Der Studienrat zitierte § 1 des Rescriptes von 1815, um die Anführung und Bescheinigung besonderer Umstände herauszuarbeiten, die der Bittsteller glaubhaft machen sollte. Er insistierte zudem darauf, dass nicht nur eine Erklärung für die Ausdehnung der Sechsjahresfrist vom Bittsteller geliefert werden müsse, sondern auch für die Regeldauer,

„wie denn überhaupt die Natur der Sache mit sich bringt, daß derjenige, welcher zu seinen Gunsten eine Ausnahme von dem Gesetz, von der allgemeinen Regel, verlangt, sein Gesuch durch die Nachweisung bei ihm eintretender besonderer Umstände begründe. Solche besonderen Umstände sind in Beziehung auf Privilegien gegen den Nachdruck, daß der Verleger es glaublich mache, daß er ohne das Privilegium ein gemeinnütziges Werk nicht ohne Schaden, oder wenigstens nicht ohne angemessenen billigen Gewinn würde herausgeben können, und daß er selbst den möglichst billigen Verkaufs-Preis setze." [926]

Von dem allgemeinen Grundsatz ausgehend, dass die Verleger grundsätzlich freiwillig einen billigen Preis anbieten und mithin die Behörden lediglich korrigierend eingreifen sollten, baute der Rat seine Argumentationsstrategie für die schroffe Ablehnung und die offene Kritik an Sauerländers maßloser Preispolitik auf[927]:

„Von allem diesem ist in der Bittschrift nichts angeführt; und die Beschaffenheit der Schriften, von deren einer Hirtzels französische Grammatik, der Verleger bereits eine ganze Auflage verschloßen hat, macht es auch nicht wahrscheinlich, daß er, um sich eines hinreichenden Verschlußes zu versichern, eines Privilegiums bedürfe, wenn er anders einen billigen Preis hält. Aber Sauerländer scheint, wie aus dem Beispiel der von ihm verlegten Stunden der Andacht allgemein bekannt ist, gerne die Preise viel höher zu steigern, als seinem eigenen Aufwande entsprechend."

---

[926] E 146/1 Nr. 5136, Teil 2 (Bericht v. 17. Oktober 1821).
[927] Ibid.

6. Berücksichtigung von Mehrkosten und -arbeit für Verfasser
und Verleger bei Neuauflagen (Schulbücher von Werner)

Im Gegensatz zu Sauerländer, gegenüber dem die „Prüfstelle" das Preisargument dazu verwandte, das gesamte Gesuch abzulehnen, unterstützte der Rat ein anderes Mal ein Nachdruckprivileg zugunsten des Oberpräzeptors Werner wegen des billigen Preises von dessen Schulschriften in neuerer Auflage. Der Vorteil der niedrigen Preise dieser Schulbücher wurde schon im Bericht der königlichen Stadtdirektion Stuttgart, die an das Ministerium berichtete, deutlich[928], worüber sich der Studienrat in seinem Bericht sehr ausführlich äußerte, nämlich über die „Practische Anleitung zur lateinischen Sprache, erster Teil für Anfänger sowie zweiter Teil für mittlere Klassen" und die „Anleitung zum Übersetzen aus der deutschen in die griechische Sprache". Hier wird um so plastischer, dass der Studienrat als Schulaufsichtsbehörde arbeitete, weil er Brauchbarkeit und Preis genau verifizierte[929]:

> „Die Herausgabe der befragten Schulschriften ist nun dem Verfasser nicht etwa in Auftrag der ehemaligen Aufsichtsbehörde über das lateinische Schulwesen dem Consistorium besorgt worden, sondern sie ist bloßes Privat-Unternehmen gewesen, die Schriften selbst aber sind nachdem sie, besonders die practische Anleitung zum Lateinischen, ihre Brauchbarkeit erprobt hatten, in den lateinischen Schulen theils durch ausdrückliche Vorschrift theils durch eigene Wahl der Lehrer beinahe allgemein eingeführt. Ein bestimmter Preis, um welchen der Verfasser sie zu erlassen habe, ist ihm auch bis jetzt nicht anbedungen, er hat ihn eben seither von selbst sehr billig gesetzt."

Der Rat sprach sich dafür aus, die Privilegierung zugleich dazu zu benutzen, eine aktive Preispolitik insbesondere für Schulbücher zu gestatten. Hier zog er die Originalausgabe einer nachgedruckten Ausgabe, die im allgemeinen nur kleinere Unterschiede aufweise, vor[930]:

> „Da Schulschriften dieser Art ein bestimmtes Publikum haben, welches sie nothwendig kaufen muß, zugleich aber sehr daran gelegen ist, sie eben diesem Publikum in möglichst wohlfeilen Preisen in die Hände zu liefern: so müssen die Unterzeichneten die Privilegierung von dergleichen Büchern gegen den Nachdruck unter der Voraussetzung immer für sehr zweckmäßig ansehen, wenn die Ertheilung des Privilegiums zugleich benutzt wird, um den Preis fest und möglichst niedrig zu bestimmen.
>
> Es kommt hiebei noch in Betrachtung, daß es immer gut ist, wenn in den Schulen nur eine einzige Ausgabe gebraucht wird, während zwischen der Original-Ausgabe und einem Nachdruck sich unvermeidlich immer kleine Verschiedenheiten im Druck einschleichen."

Der Studienrat ergriff die Gelegenheit auszusprechen, dass § 9 des Rescriptes von 1815 sich nicht nur auf Schriften beziehe, für deren frühere Ausgaben schon ein Privileg erteilt worden war, was der Auffassung der Stadtdirektion

---

[928] E 146/1 Nr. 5135, Teil 5 (Bericht v. 15. Dezember 1821).
[929] E 146/1 Nr. 5135, Teil 3 (Bericht v. 7. November 1821).
[930] Ibid.

Stuttgart entsprach. Es sei in § 9 nur gesagt, dass es von der Beschaffenheit der Veränderungen und ihrer Wesentlichkeit abhänge, ob für die neue verbesserte Ausgabe ebenfalls ein Privileg auf kürzere oder längere Dauer gegeben werden könne. Auch wenn für eine frühere Ausgabe ein Privileg erteilt und dieses erloschen sei, bestehe kein Grund, wieder ein neues für eine neue Ausgabe zu erteilen, sofern nicht bedeutende Veränderungen, die dem Verfasser und Verleger neue erhebliche Arbeit und Kosten verursachten, vorgenommen worden seien. Sollte der Nachweis erheblicher Mehrarbeit und Kosten von Verfasser und Verleger nicht geführt werden können, so müssten sich beide mit dem schon erhaltenen Privileg begnügen. Im konkreten Fall gab Werner nicht an, ob und welche Veränderungen die neuen Auflagen erhalten sollten. Mit großer Rücksichtnahme auf die mehrfache Einsetzbarkeit der Schulbücher und den Zwang der Schüler, sich immer neue Schulbücher anschaffen zu müssen, führte der Studienrat Folgendes aus[931]:

„Es scheint wenige oder keine und wenn sie einigermaßen von Bedeutung wären, so daß den Schülern, welche Exemplarien der früheren Ausgaben besitzen, diese unbrauchbar würden, hätte man nicht Ursache sein Vorhaben zu unterstützen. Die gehorsamst Unterzeichneten glauben daher, daß ihm zu erkennen zu geben seyn möchte, wie man zwar nicht abgeneigt sey, ihm das nachgesuchte Privilegium für diese neue Auflagen unter der Bedingung, daß er die seitherigen Preise beibehalte, und unter der Voraussetzung zu ertheilen, daß die neuen Auflagen keine solchen Veränderungen enthalten, wodurch der Gebrauch der älteren neben der neuen Auflage in den Schulen gestört würde, und man ihm unter diesen Umständen zu bedeuten gebe, ob das Privilegium für ihn noch wünschenswerth sey, da durch dasselbe ein Nachdruck nach den älteren Ausgaben nicht gehindert wäre, und daß er in jedem Fall die etwa vorzunehmenden Veränderungen vorher dem Studienrath vorzulegen habe, worauf erst – nach zuvor von den Unterzeichneten an das Ministerium des Innern und des Kirchen- und Schulwesens erstatteten Antrag des weitern beschlossen werden werde."

Der Studienrat lehnte konsequenterweise eine Privilegierung „nach rückwärts" ab, d.h. für vorhergehende Auflagen, die schon erschienen waren. Obwohl er den brauchbaren und wertvollen Schulbüchern positiv und wohlwollend gegenüberstand, musste er dennoch den Grundsatz anwenden, dass bereits erschienene Auflagen nicht mehr in den Genuss von Privilegien kommen konnten. Das Gutachten liest sich aufgrund der Empfehlungen des Rats als Anleitung und Ratgeber für zukünftige Privilegiengesuche. Der Antragsteller zog sein Gesuch letztlich zurück, denn auch ein Widerspruch hätte äußerst wenig Aussicht auf Erfolg gehabt.

---

[931] Ibid.

7. Preis als Bedingung der Einführung von Schulbüchern an den dem Studienrat untergeordneten Schulen (Hoelders Grammatiken der französischen Sprache)

Das Preis-Leistungs-Verhältnis beherrscht auch das Gutachten, das der Studienrat für das Gesuch des Professors Hoelder aus Stuttgart für dessen französische Sprachlehre abgeben musste. Vorab erörterte der Rat die besonderen Gründe der Privilegierung: Professor Hoelder, Lehrer am Stuttgarter Gymnasium, habe sich schon seit längerer Zeit mit der Ausarbeitung einer französischen Sprachlehre beschäftigt, welche er nunmehr in zwei verschiedenen Ausgaben drucken lassen wolle, nämlich zum einen abgekürzt als kleinere Schulgrammatik mit dem Titel „Praktische französische Sprachlehre für Anfänger" und zum zweiten als vollständigere Sprachlehre für vorgerückte Schüler mit dem Titel „Praktische französische Sprachlehre für den Unterricht und das Privatstudium". Hoelder hatte seine Manuskripte dem Studienrat mit der Bitte vorgelegt, sie in den diesem Kollegium untergeordneten Lehranstalten (je nach der Stufe der letzteren in der einen oder anderen Ausgabe) einzuführen und ihm ein Privileg gegen den Nachdruck bei der Ausgabe zu erteilen. Der Studienrat, der das Manuskript genau hatte prüfen lassen, erklärte, dass es genau den Erwartungen entspreche, welche man sich von den vorzüglichen Kenntnissen des Professors in der fraglichen Sprache, die er in vieljährigem Unterricht in derselben und zugleich durch seine Teilnahme an der Herausgabe eines Lexikons erzielt habe sowie von seiner sonstigen Bildung machen konnte. Die Grammatiken seien insbesondere in derjenigen Gattung von Lehranstalten zu gebrauchen, die dem königlichen Studienrat untergeordnet seien, d.h. Gymnasien, Seminarien, Lateinschulen und Realanstalten[932]. Daher fasste der Studienrat bereits den Beschluss, die beiden Werke in diesen Anstalten einzuführen, und unterstrich, dass diese Einführung nur nach und nach stattfinden dürfe, „um diejenigen Schüler, welche sich bereits eine andere Grammatik angeschafft und nach dieser ihren Unterricht begonnen haben, zu berücksichtigen"[933].

Was die Dauer der Privilegierung betraf, bejahte der Studienrat die Regeldauer, da diese sich für Schulbücher bewährt habe[934]:

> „Öffentlich eingeführte Schulbücher eignen sich namentlich in dem Land, in welchem sie erscheinen und in den Schulen eingeführt sind, vorzugsweise vor andern Schriften zu Ertheilung von solchen Privilegien. Auf der einen Seite hat bei dergleichen Bücher der Verfasser am meisten den Nachdruck zu besorgen, denn da sie einen sicheren Absaz gewähren, so würden sie, ehe er noch Gelegenheit gehabt hätte, von der Original-Ausgabe einen ihn lohnenden Verschluß zu machen, sogleich nachgedruckt werden, und auf der andern Seite hat man gerade bei dieser Gattung von Büchern es ohnehin ganz in der Gewalt (auch ohne die Erneuerung eines Nachdrucks) einer ungebührli-

---

[932] *Blattner*, Die von Innen- und Kultusminister (Fn. 141), 1. Kapitel.

[933] E 146/1 Nr. 5155, Teil 1 (Bericht v. 3. Juli 1826).

[934] Ibid.

chen Steigerung des Preises der Originalausgabe zu begegnen, indem ein billiger Preis zugleich als Bedingung der öffentlichen Einführung festgesetzt wird."

Obwohl der Verfasser sich über die exakte Höhe des Preises nicht erklärt hatte, weil er die Anzahl der Bogen noch nicht zuverlässig berechnen lassen konnte, gab sich der Studienrat mit der Erklärung zufrieden, dass Hoelder den Preis so fixieren wolle, dass bei gutem Papier und für den Schulgebrauch angemessenen Druck der Bogen wenigstens nicht höher als zu 3 Kreutzer berechnet werde, so dass nach Verhältnis des wahrscheinlichen Umfangs der Seitenzahl die kleinere Sprachlehre ungefähr 48 kr., die größere etwas mehr als 1 fl. kosten würde. Diesen ganz billigen Preis qualifizierte der Rat als Bedingung der Gewährung des Gesuchs um öffentliche Einführung und Privilegierung gegen den Nachdruck.

8. Preisobergrenze bei Büchern auch für Gymnasiasten und Schullehrer (Religions- und Lehrerhandbuch)

Etwas vorsichtiger rapportierte der Studienrat das Gesuch des Buchhändlers Perthes aus Gotha um einen Gnadenbrief gegen den Nachdruck des in seinem Verlag erscheinenden „Lehrbuch[s] der christlichen Religion für die oberen Classen der Gymnasien". Dieses Lehrbuch komme vorzüglich in Betracht, weil es in den evangelischen Seminarien und Gymnasien als Lehrbuch eingeführt worden und sehr darauf zu achten sei, dass die Schüler dieses Buch „um einen möglichst billigen Preis" erhalten könnten. Sodann setzte der Studienrat die Angabe des Verlegers, den Preis auf 1 fl. 21 kr. zu setzen, in Relation zu den 14 Bogen und urteilte lakonisch[935]: „Nach Verhältniß der sonstigen Bücher-Preise kann dieser Preis keineswegs unbillig genannt werden."

Mit seiner Formulierung „keineswegs unbillig" hatte der Studienrat noch einen Hintergedanken, denn er wollte den Verleger dazu bringen, den Verkaufspreis aufgrund des zu erwartenden größeren Absatzes auf 1 fl. abzusenken[936]:

„Inzwischen bei einem Schulbuch, das, wenn es einmal Eingang in den öffentlichen Lehranstalten findet, auch einen besonders großen Absatz gewährt, kann es leicht noch etwas niedriger gestellt werden. Wir glauben daher, daß dem Buchhändler Perthes mit der Ertheilung des Privilegiums, gegen welche übrigens an und für sich kein Anstand vorliegt, zur Bedingung gemacht werden könnte, daß er den Verkaufs-Preis für das Königreich Württemberg auf 1 fl. das Exemplar von gutem Druck-Papier setze, und die Vorkehr treffe, daß man um diesen Preis das Buch in den württembergischen Buchhandlungen geben könne."

Bezüglich der Schrift des Oberkonsistorialrats Rebe über „Der Schullehrerberuf nach dessen gesamtem Umfange" setzte der Studienrat ebenfalls eine

---

[935] E 146/1 Nr. 5152, Teil 3 (Bericht v. 9. August 1824).
[936] Ibid.

Preisobergrenze auf höchstens 4 kr. pro Stück fest, die er sich außerdem vom Verleger garantieren ließ. Bei dem Werk handelte es sich um ein „vorzüglich brauchbares Handbuch", das gleich nach seinem Erscheinen im Mai 1825 mit großem Beifall aufgenommen worden sei. Der Beweis dafür liege schon darin, dass der Verleger bereits nach einem knappen Jahr eine neue Ausgabe herausgeben wollte. Der Studienrat kritisierte nichtsdestoweniger den hohen Preis, nämlich 3 fl. 30 kr. für insgesamt 33 Bogen auf gewöhnlichem Druckpapier. Hinzu kam ein von Maecken aus Reutlingen veranstalteter Nachdruck, der für 2 fl. verkauft wurde und der ersten Ausgabe des Originals erhebliche Konkurrenz bereitete. Der Privilegierung der zweiten Ausgabe versperrte nichts mehr den Weg, da diese eine vermehrte werden sollte. Nach § 8 des Rescripts sei es unschädlich, dass die erste Ausgabe nicht privilegiert worden sei und auch ein Privileg für die zweite Auflage nicht vonnöten, da der Verleger einen hinlänglich hohen Absatz haben werde, um seine Verluste auszugleichen. Sofern er aber, wie er angab, bei seinem Gesuch beabsichtige, in den Stand gesetzt zu werden, das Buch in einem möglichst niedrigen, die allgemeine Verbreitung unter den Schullehrern möglichst förderlichen Preis herausgeben zu können, sei ihm die erbetene Privilegierung zu gönnen. Misstrauisch merkte der Studienrat trotzdem an[937]:

„Nur wird es räthlich, zugleich darauf zu sehen, daß der Preis, welchen er für die neue vermehrte Auflage sezt, jener vorgegebenen Absicht auch wirklich entspreche, nicht vielmehr das Privilegium gegen den Nachdruck bloß zum Mittel werde, das Buch möglichst theuer, statt möglichst wohlfeil, zu verkaufen. Wir tragen darauf an, ihm das nachgesuchte Privilegium unter der Bedingung auf 6 Jahre zu ertheilen, die Einrichtung zu treffen, daß das Buch in Württemberg in den Buchläden um einen solchen Preis zu erhalten sey, wo für den einzelnen Bogen höchstens 4 kr. gerechnet werde. Das ist bei Käufern dieser Art, bei dem Absaz, den sie haben, ein Preis bei dem der Original-Verleger sehr wohl bestehen kann."

Nicht nur zum Wohle der Schulkinder, sondern gleichermaßen für Schullehrer übte der Studienrat seine Aufsicht über die Relation von Wert und Preis der ihm vorgelegten Bücher aus. Kraft seiner Autorität konnte er den Verleger zu einer Preissenkung zwingen und die Privilegierung als Steuerungsinstrument des Ladenpreises wirksam einsetzen. Die Entschuldigung der Verleger, nicht genau den Ladenpreis bestimmen zu können, weil die Anzahl der Bogen noch nicht feststand, umging der Studienrat insofern, als er direkt den Bogenpreis, hier höchstens 4 kr. pro Bogen, von vorneherein festsetzte.

---

[937] E 146/1 Nr. 5157, Teil 2 (Bericht v. 17. Juli 1826).

9. Eigenverantwortung des Verlegers für zu hoch angesetzten Preis (Fall „Rasender Roland")

In einem anderen Fall, der nicht die Schulbücher betraf, war der Studienrat wiederum großzügiger, ja er hielt sogar das Stellen einer Bedingung für den Verkaufspreis für überflüssig: Einer Privilegierung stand nicht entgegen, dass die erste Auflage des Buches „Rasender Roland" des Ludovico Ariosto in Württemberg nicht privilegiert worden war. Infolge § 8 des Gesetzes von 1815 war entscheidend, dass die zweite Ausgabe zugleich eine Umarbeitung war. Obwohl der Studienrat keine Zweifel daran hegte, dass kein Privileg nötig war, weil hinreichender Absatz und entsprechende Kostendeckung des Verlegers zu erwarten waren, wollte er den Nachdruck verhindern und den Verleger in die Lage versetzen, den Verfasser des Werkes angemessen zu honorieren. Dabei würdigte er die Leistungen des Verfassers Gries, namentlich dessen Übertragung vorzüglicher Werke ausländischer Dichter ins Deutsche, die diesen erst einer solchen Berücksichtigung würdig machten. Eine Rolle spielte sicherlich auch, dass Hofrat Gries, ein geborener Hamburger, bereits seit ein paar Jahren seinen Aufenthalt in Stuttgart genommen hatte und seine neuesten und in Stuttgart besorgten literarischen Arbeiten sich vorzugsweise zu einer Begünstigung vonseiten der königlich-württembergischen Regierung eigneten. Aus diesen Gründen stellte der Studienrat es dem Verleger frei, einen geeigneten Preis für das Werk zu bestimmen.

10. Kumulierte Prüfung der Motive

Die Entscheidung „Rasender Roland" bezeugt, dass der Studienrat nur dort in die Preisgestaltung der Verleger eingreifen wollte und sich dazu verpflichtet fühlte, wo es wirklich notwendig war, um insbesondere ein gerechtes Preis-Leistungs-Verhältnis sicherzustellen. Ähnliches ist bei Werken zu beobachten, bei denen der Markt selbst den Preis regulieren sollte, denn wären die Bücher zu teuer gewesen, hätten die Leser auf den Kauf verzichtet bzw. sich billigere Nachdrucke angeschafft. Ganz andere Akzente setzten der Studienrat und das sich in der Regel ihm anschließende Ministerium des Innern bei Büchern, die an öffentlichen Schulen bzw. Universitäten gebraucht wurden; denn dort war der Rat als Schulaufsichtsbehörde, die ja zugleich Brauchbarkeit und Geeignetheit der Werke für den Unterricht prüfen musste, bemüht, durch aktive Preispolitik die Verleger zur Mäßigung aufzurufen, um Schülern wie Lehrern den Erwerb preisgünstiger Schul- und Studienbücher zu ermöglichen. Die Ausweitung der Schulpflicht und die Gründung neuer Schulen (Vermehrung der Realschulen) in der ersten Hälfte des 19. Jahrhunderts forderten diese Eingriffe in gesteigertem Maße[938].

Stets zeigt sich, dass die behandelten Hauptmotive als „Umstände" im Sinne des § 1 des Rescriptes von 1815 zumeist im Verbund bzw. kumulativ geprüft wurden. Erst die Gutachterpraxis von Studienrat, Ministerium des Innern und später des Geheimen Rates, der als Rekursbehörde fungierte, füllten diesen Begriff mit Inhalt aus.

B. Auslegung problematischer Merkmale des Rescriptes vom 25. Februar 1815 betreffend den Büchernachdruck

Das Rescript von 1815 war nicht nur das erste württembergische Regelwerk gegen den Nachdruck, sondern blieb dies bis zur bundeseinheitlichen Regelung im Deutschen Reich, obwohl es in Württemberg 1836 ein provisorisches Gesetz und 1838 und 1845 zwei weitere Gesetze mit gleicher Thematik gab. Infolge zahlreicher Verweisungen dieser Gesetze auf das Rescript von 1815 erfreute sich letzteres häufiger Anwendung in Gesetzes- und Verwaltungspraxis bei der Erteilung der Privilegien. Daher empfiehlt es sich, die Auslegung wesentlicher Merkmale dieses Gesetzes anhand der Privilegienerteilungspraxis darzustellen.

Unter den zahlreichen Auslegungsproblemen des Rescripts von 1815 tauchen in den Berichten des königlichen Studienrates und des Ministeriums des Innern vor allem drei große Fragenkomplexe auf. Zum einen wurde darum gestritten, was debitieren bedeutete und wann der Zeitpunkt für den Beginn des Debits im Sinne von § 2 anzusetzen war (I). Die Praxis versuchte, Maßstäbe zu entwickeln, um die Vermehrung und Verbesserung bzw. Veränderung einer Neuauflage im Vergleich zur Vorauflage zu definieren sowie bewerten zu können, worauf sich ein einmal erteiltes Privileg genau erstrecken konnte; gemäß § 7 bezog es sich nämlich auf jedwede unveränderte Auflage, die in der gewährten Privilegienzeit erschien. Problematisch war zum zweiten, wie Teile des Werkes vom Schutz erfasst werden sollten (II). Ob auch Werke aus Kunst und Musik in den Schutzbereich des Gesetzes fielen, barg weiteren Diskussionsstoff (III).

I. Das Merkmal des Debitierens (§ 2)

Ab wann galt ein Werk als debitiert; schon mit der Ankündigung in einem Buchmesskatalog oder mit dem Erscheinen eines ersten Probeheftes?

---

[938] *Blattner*, Die von Innen- und Kultusminister (Fn. 141), 1. Kapitel.

1. Das Erscheinen eines Probeheftes (Fall Söltl)

Im schon erwähnten Privilegiengesuch des Professors Söltl aus München für seine Geschichte der Deutschen waren sich Studienrat und Innenministerium darin einig, dass obwohl bereits ein Probeheft dieses Werks erschienen war, das Werk als Ganzes im Sinne von § 2 noch nicht als debitiert bewertet werden durfte. Der Studienrat schrieb dazu wörtlich[939]:

„Von des Professor Dr. Söltls in München Geschichte der Deutschen ist ein Probeheft und zwar aus dem vierten Bande, enthaltend das zweiundzwanzigste Buch oder Friedrich II. und Joseph II. vor wenigen Wochen erschienen, welches mehrfache Anerkennung in öffentlichen Blättern gefunden hat. Da nun ausser diesem bloßen Probehefte von diesem Werke noch nichts erschienen ist, das Werk selbst aber, nach der glaubhaften Versicherung des Verfassers die Frucht vierzehnjähriger ununterbrochener Forschung bildet, so glauben wir, das Gesuch um gnädigste Gewährung eines K. Privilegiums gegen Nachdruck auf zehen Jahre verbindlichst unterstützen zu dürfen."

Obwohl man im Ministerium des Innern mit dieser Sicht einverstanden war, äußerte man auch Unverständnis hierüber; so nahm man zwar zur Kenntnis, dass

„von dem fraglichen Werke vor einigen Wochen ein Probeheft ausgegeben worden ist; ich bin jedoch mit dem Studienrath einverstanden, daß in diesem Umstande, sofern jenes Heft nur einen Theil eines Bandes enthält, und nur zur Probe, nicht zum Debit ausgegeben worden ist, ein Hinderniß gegen das Gesuch nicht zu erkennen sey."[940]

Der Sachbearbeiter im Innenministerium strich nachträglich in seinem Bericht die Zeile „und zwar aus dem vierten Bande", weil er augenscheinlich nicht wusste, in wie viel Bänden das Werk erscheinen sollte und woraus das Probeheft überhaupt bestand. Die Angabe des Studienrates „und zwar nur aus dem vierten Bande, enthalten das zweiundzwanzigste Buch oder Friedrich II. und Joseph II." war nämlich nicht sehr klar, weil damals wie heute nicht nachvollziehbar war, inwiefern zwei zu ganz unterschiedlichen Zeiten in der Geschichte auftretende Herrscher wie Friedrich II. (13. Jh.) und Joseph II. (18. Jh.) im zweiundzwanzigsten Buch zusammen behandelt werden konnten. Darüber sehr erstaunt ging auch der Berichterstatter des Innenministeriums nicht mehr genau darauf ein und strich seine Erwähnung des vierten Bandes aus.

Alles in allem zeigt dieser Fall, dass ein bereits publiziertes Probeheft, das der Veröffentlichung des Gesamtwerkes vorausgegangen war, nicht als Debit dieses Werkes angesehen wurde und ein Privileg mithin noch möglich war.

---

[939] E 146/1 Nr. 5394, Teil 2 (Bericht v. 19. Januar 1835).
[940] E 146/1 Nr. 5394, Teil 3 (Bericht v. 29. Januar 1835).

2. Ausgabe des Manuskripts bzw. Teile davon in einer Vorlesung: Der Fall der unerlaubten Weitergabe an Verleger durch Studenten des Heidelberger Professors Geiger

Die Streitfrage, ob ein Debitieren bereits anzunehmen war, sobald der Verfasser das Manuskript bzw. Teile davon im Rahmen seiner Vorlesung an die Studenten verteilt und ein Student dieses an eine Konkurrenzbuchhandlung weitergegeben hatte, ohne den Dozenten gefragt zu haben, warf ebenfalls eine Auslegungsfrage zu § 2 der Königlichen Verordnung von 1815 auf.

Zur Erhellung dieses Sachverhaltes dient der Schriftsatz des Prokurators Dr. Schott aus Stuttgart vom 5. Februar 1830, der im Namen des Professors Geiger aus Heidelberg und der dortigen Winterschen Buchhandlung um Erläuterung des Ministerialdekrets vom 16. Januar 1830 bat, in dem es um das Privileg gegen den Nachdruck der dritten Auflage des Geigerschen Handbuchs der Pharmazie und um eine schützende Verfügung gegen den Buchdrucker Wolter aus Stuttgart ging, welcher dem Vernehmen nach behauptet hatte, einen Nachdruck der achten Abteilung dieses Werkes vor Erteilung des Privilegs unternommen zu haben[941]. In der Ministerialverfügung vom 16. Januar 1830 wurde bezüglich des Handbuchs, dessen erste Abteilung für diejenigen, die diese für ihr Anfangsstudium der Pharmazie benützen wollten, bereits ausgegeben worden war, angeführt, dass einem Unternehmer, der bereits einen Nachdruck im Königreich unternommen bzw. angefangen haben sollte, „sein etwaiger Anspruch auf ungehinderte Vollendung des Drucks vorbehalten" werde. Dieses wohlerworbene Recht (*ius quaesitum*), das erstmals im Fall Brockhaus beim Namen genannt worden war[942], wurde auf den Grundsatz der Nachdruckfreiheit gestützt, den das Rescript von 1815 statuierte.

Der vom Gesetzgeber nicht bedachte, zwar unwahrscheinliche, jedoch mögliche Fall wurde von Schott in seinem Schriftsatz so konkretisiert: Durch die Indiskretion eines Studenten, in dessen Hände die einzelnen Bogen der für die Vorlesungen Geigers jeweils abgegebenen ersten Abteilung gekommen waren, seien diese dem Buchdrucker Wolter „zugefallen", wonach letzterer sogleich mit dem Nachdruck begonnen habe. Dazu Schott weiter[943]:

> „Gesetzt nun, daß Wolter wirklich erweisen könnte, vor der Ertheilung des Privilegiums den Nachdruck schon begonnen zu haben, so entsteht für den Verfasser Dr. Geiger und den Buchhändler Winter die sehr wichtige Frage, ob nach dem erwähnten Zusatz in dem Ministerialdecret Wolter befugt sey, den Druck der ersten, zehn Bogen haltenden Abtheilung des ersten Bandes oder selbst des ganzen Handbuchs zu vollenden, und seinen Nachdruck zu verkaufen."

---

[941] E 146/1 Nr. 5264, Teil 9 (Entschluss vom 13. Januar 1830).

[942] E 31 Nr. 574 (Bericht v. 1. Januar 1817).

[943] E 146/1 Nr. 5264, Teil 9.

Sodann problematisierte Schott die Frage des Umfangs des Nachdruckanspruchs. Eingangs stellt er fest, dass das Ministerialdekret zumindest nicht jeden Unternehmer eines Nachdrucks der ersten Abteilung des Geigerschen Handbuchs meine und diesem einen etwaigen Anspruch auf Vollendung dieses Drucks gewähre. Aus der Stelle „Sein etwaiger Anspruch" im Ministerialdekret folgerte Schott, dass auch als möglich gedacht werden könne, dass ein Nachdruck unter Umständen unternommen worden wäre, dem kein Anspruch auf Vollendung des Drucks zugestanden werden könnte. Die Bestimmung des § 2, der die Privilegierung eines Werks, von dem einzelne Bände debitiert worden seien, ausschließe, gehe ganz davon aus, dass,

„was einmal zum Gemeingut geworden, auch dem Nachdruckgewerbe verfallen sei. Gemeingut kann nun ein schriftstellerisches Werk erst dann werden, wenn es im Ganzen oder wenigstens in einzelnen Bänden in den Buchhandel gegeben ist. Diesen Sinn kann auch wohl allein der Ausdruck ‚einzelne Bände dibitieren' haben, dessen sich die Verordnung bedient.

Wollte man es anders machen, so könnte gar kein Privilegium mehr nachgesucht und ertheilt werden, denn man könnte nie sicher sein, daß nicht ein Nachdrucker auf irgend einem Schleichwege sich das Manuskript verschafft und mit dem Nachdruck begonnen hätte, ehe der Schriftsteller oder Verleger selbst den Druck angefangen oder vollendet, und sich in den Stand gesetzt haben, ihr Werk dem Buchhandel zu übergeben."[944]

Schott war der Meinung, dass in diesem Falle von einem Debitieren noch gar nicht die Rede sein konnte und legte Zeugnisse Stuttgarter Buchhandlungen bei, die bekräftigten, dass weder das ganze Handbuch des Dr. Geiger noch die erste Abteilung des ersten Bandes bis dato in den Buchhandel gekommen waren. Allein zum Gebrauch bei den Vorlesungen seien den Zuhörern Geigers die Bogen der ersten Abteilung einzeln mitgeteilt worden, was nach Schotts Meinung einem Debitieren noch nicht gleichkomme: Das Austeilen

„ist offenbar mehr der Mittheilung von Abschriften eines Manuskripts des Lehrers zum Gebrauche bei seinen Vorlesungen, als einem buchhändlerischen Verkauf gleichzustellen. Doch es ist nicht bloß die Mittheilung an das Publikum durch den Buchhandel selbst bei einem Teile des gedachten Werks noch nicht erfolgt; es ist sogar bei der Verlagshandlung selbst der erste Band desselben noch nicht einmal im Druck vollendet. Wollte man nun auch das Ausgeben der ersten 10 Bogen im einzelnen ein Debitieren heißen, so ist doch wenigstens, – was die Verordnung weiter ausdrückt, und was wohl streng ausgelegt werden muß, wenn nicht gegen den Zweck der Verordnung die Erteilung von Privilegien gegen den Nachdruck bloß derisorisch werden soll, – das Debitieren wenigstens eines einzelnen Bandes noch nicht erfolgt."[945]

Rechtsanwalt Schott zog also die teleologische Auslegung des Gesetzes heran, denn es wäre das Gesetz lächerlich („derisorisch") gemacht, wenn man

---

[944] Ibid.
[945] Ibid.

schon die ersten zehn Bogen als die Debitierung eines gesamten Bandes ansehen würde; dies vertiefte Schott noch folgendermaßen[946]:

> „Denn wenngleich die 10 Bogen, welche die erste Abteilung bilden, die Einleitung in
> die Pharmazie umfassen, so bilden sie doch keinen abgesonderten Band, sondern sind
> nur der Anfang, und dem Umfang nach etwa der dritte Theil des ersten Bandes des
> Handbuchs."

Schott kam zum Schluss, dass dies das Ministerium ebenfalls so gesehen
hatte, denn sonst hätte es das Privileg nie erteilt. Der Anwalt kämpfte gegen die
Ansicht an, schon die erste Abteilung des Bandes als etwas für sich selbststän-
dig Bestehendes zu qualifizieren. Hilfsweise, also wenn das Ministerium dies
dennoch so sehen sollte, zog er daraus die Konsequenz, dass ein Nachdrucker,
der vor der Erteilung des Privilegs etwas nachgedruckt hatte, lediglich den
Nachdruck dieser ersten Abteilung vollenden dürfe. Der Abschluss des Druckes
des Gesamtwerkes blieb indessen versagt!

Gegen den Anspruch Wolters, den Nachdruck zu vollenden, führte Schott
zudem ein Argument ins Feld, welches er auf § 3 des Gesetzes von 1815 stützte. Diese Bestimmung, nach der ein erteiltes Privileg dem Buch oder jedem
einzelnen Band eines Werks zur Bekanntmachung vorangesetzt werden sollte,
gebe ganz deutlich zu erkennen, dass die Verordnung den Nachdruck nur solcher Bücher zulasse und schütze, welche ohne die Bekanntmachung eines Privilegs öffentlich erschienen seien. Daher könne es unmöglich die Absicht des
Gesetzgebers sein, auch solche Nachdruckunternehmungen zu schützen, die
gemacht würden, „ehe das Original öffentlich und in einer Gestalt erschienen,
daß ihm die Bekanntmachung eines Privilegiums gegen den Nachdruck hätte
vorgesezt werden können". Solche voreiligen Nachdruckunternehmungen könne das Gesetz wohl nicht zulassen, denn sie stellten eine Gefahr für jeden Verleger und Schriftsteller dar mit der Folge, dass ein einmal gewährtes Privileg
auch solche Fälle umfassen müsse, bei denen das Manuskript anderen Verlegern schon vor Bekanntmachung des Nachdruckprivilegs im Werk bzw. in einem einzelnen Band in die Hände gefallen sei.

Dem sechzehnseitigen Gutachten des Dr. Schott standen gerade einmal der
knapp über zwei Seiten lange Bericht des Innenministeriums gegenüber, das die
Ansichten des Anwalts überhaupt nicht teilte[947] und feststellte, dass „Professor
Geiger gegen den von Wolter unternommenen Nachdruck der bis jetzt erschienenen und debitirten ersten und zweiten Ausgabe des ersten Bandes sowie die
erste Ausgabe des zweiten Bandes des Handbuchs nicht zu erinnern vermöge"[948]. Der Antrag Schotts im Namen seines Mandanten Geiger wurde mit der
Folge abgelehnt, dass dem Nachdruck Wolters kein weiteres Hindernis in den

---

[946] Ibid.

[947] E 146/1 Nr. 5264, Teil 17 (Bericht nach Verhandlung im Kollegium v. 23. März
1830).

[948] E 146/1 Nr. 5264, Teil 17.

Weg gelegt werden konnte. Allerdings wurde Wolter aufgegeben, auf dem Titel ausdrücklich die ältere Ausgabe, die er nachdruckte, als solche zu bezeichnen.

Ferner hieß es, dass das zugunsten von Geigers Handbuch der Pharmazie erteilte Privileg als Ganzes in Kraft bleibe, ohne auf dessen genauen Schutzumfang, so wie von Schott gefordert, einzugehen. Dem Buchdrucker Wolter sollte mitgeteilt werden, dass er bei einem unerlaubten Nachdruck die im Rescript von 1815 gesetzten Strafen zu spüren bekommen könne. Das Ministerium ließ es in diesem Fall jedoch bei einer bloßen Verwarnung bewenden, so dass Geiger und seine Buchhandlung Winter aus Heidelberg leer ausgingen.

Erkennbar ist, dass dem Ministerium die Auslegung des Dr. Schott zu weit ging, denn man wollte in keinem Falle das Nachdruckgewerbe beschneiden und mit dieser Entscheidung um so mehr den Grundsatz der Nachdruckfreiheit zementieren. Etwaige Verstöße wie etwa, dass das Manuskript einem anderen Verleger im Vorfeld in die Hände fiel und von diesem bis zur Publikation des Privilegs im Regierungsblatt nachgedruckt würde, wurden billigend in Kauf genommen. Schriftsteller und Verleger mussten des Weiteren sehr vertrauensvoll zusammenarbeiten, um zu verhindern, dass das ganze Manuskript oder Teile davon in fremde Hände fielen. Öffentlich gehaltene Vorträge bzw. Vorlesungen konnten mitgeschrieben werden. Sie galten zwar im Sinne des Rescripts von 1815 als noch nicht debitiert, waren indes der Gefahr ausgesetzt, durch schnelles Nachschreiben und Nachdrucken zu nicht mehr schützenswerten, weil zum Gemeingut gewordenen Werken zu werden. Abhilfe bei Predigten und Vorlesungen schuf bekanntlich erst das Gesetz von 1845 mit seinem Art. 2.

Hatte das Ministerium des Innern 1830 für die dritte Auflage des Handbuchs sowohl Schriftsteller als auch Verlagsbuchhandlung barsch zurückgewiesen, so ereilte die „Geschädigten" zwei Jahre später doch noch eine wohlwollende Entscheidung, denn das Ministerium gewährte nunmehr der vierten Auflage ein sechsjähriges Privileg gegen den Nachdruck. Der Studienrat bescheinigte der vierten Auflage mit Bericht vom 27. Januar 1832 mehrfache Veränderungen und Umarbeitungen. Die vielfachen Entdeckungen der neuesten Zeit hätten zu diesen Verbesserungen des vorzüglich erklärten Handbuchs und einem noch höheren Wert geführt. In seinem Bericht an den König kam der Minister des Innern nicht herum, die Lobrede des Studienrates zu wiederholen und beim König die Gewährung der Privilegierung auf sechs Jahre anzutragen[949].

3. Die Niederlegung beim Verlag und die Ankündigung in Buchmesskatalogen (Fall Didier)

Eine Hilfe für die Auslegung des Begriffes „debitieren" bieten außerdem Privilegienverfahren, die sich auf Buchmessen bzw. Buchmesskataloge bezo-

---

[949] E 146/1 Nr. 5264, Teil 22 (Bericht v. 10. Juli 1832).

gen. Im ersten Gesuch befasste sich der Studienrat mit dem Werk „Historisch-chronologische Gallerien" von dem ihm unbekannten Herausgeber Didier, der einen Schutz gegen den Nachdruck und Nachstich beantragt hatte. Das Werk sollte lediglich zwei Hefte von Bildnissen berühmter Männer und Frauen, nach Jahrhunderten geordnet, sowie einen kurzen geschichtlichen Kommentar, der die Hauptzüge ihres Lebens und ihrer Zeit enthielt, aufweisen. Die Bilderreise, deren Ziel der Geschichts- und Geographieunterricht war, begann 500 Jahre vor Christus und sollte bis ins 19. Jahrhundert geführt werden[950]. Bevor sich der Studienrat überhaupt mit den Bedingungen des § 2 des Gesetzes von 1815 auseinandersetzte, würdigte er zunächst das Werk und dessen Inhalt für die Tauglichkeit; bemerkenswert ist sein Kommentar[951]: „So durchgeführt ist die Idee unseres Wissens neu, und da Didier für sein Werk in den vorzüglichsten Antiken- und Kunst-Cabinetten den Stoff gesammelt haben will, so verdient er allerdings den ausgesprochenen Schutz gegen Nachmacher und Nachdrucker."

Erst dann kam der Rat darauf zu sprechen, dass die erste Lieferung zwar bereits fertig sei, „allein noch nicht zum Verkauf gebracht, ja nicht einmal in den neuesten Messkatalogen angekündigt, sondern bloß bei der Metzlerschen Buchhandlung mit dem ausdrücklichen Auftrage niedergelegt, dieselbe erst nach Ertheilung eines königl. Privilegiums auszugeben."

4. Bereits erschienenes Werk (Fall Nelkenbrecher)

Im Privilegiengesuch des Buchhändlers Mäcken für Nelkenbrechers Taschenbuch der Münz-, Maß- und Gewichtskunde entschied der Studienrat in seinem Bericht vom 27. Februar 1824 konsequent, als er schrieb, dass die erste Lieferung, die Mäcken selbst angeschlossen habe, bereits im Umlauf sei, „wodurch allein schon nach den Bestimmungen der Königlichen Verordnung vom 25. Febr. 1815, § 2 das Gesuch als unstatthaft erscheint."[952]

Obwohl der Studienrat seine Prüfung hier hätte abbrechen und das Privilegiengesuch ablehnen können, untersuchte er den Fall weiter, weil er noch andere Gründe eruiert hatte, das Gesuch zurückzuweisen. Im Fall des letztgenannten Taschenbuchs störte ihn, dass der Buchhändler Mäcken das Privileg nur für „die Verbesserungen und Vermehrungen dieser sechzehnten Ausgabe" verlangte und er die zwölf Bogen, aus welchen diese Verbesserungen und Vermehrungen bestehen sollten, als etwas nicht Zusammenhängendes und nur einen selbstständigen Anhang Bildendes ansah. Die Verbesserungen ständen wenigstens größtenteils (wie aus der ersten Lieferung zu erkennen sei) in dem Nel-

---

[950] E 146/1 Nr. 5412, Teil 2 (Bericht v. 26. April 1832).
[951] Ibid.
[952] E 146/1 Nr. 5293, Teil 2.

kenbrecherschen Werk selbst und müssten auch in diesem, wenn es einen Vorzug vor der Originalausgabe haben solle, stehen.

Als Grundsatz notierte der Studienrat: „Auf bloße Verbesserungen und Vermehrungen aber in einem anderen, von demselben untrennbaren Werke, für welches kein Privilegium nachgesucht wird, wird nirgends ein Privilegium gegeben."[953] Damit kehrte der Studienrat ein neues Prinzip hervor, nämlich hinsichtlich von Anträgen, die nur Zusätze privilegiert haben wollten. Doch hätte er das Gesuch schon genauso gut mit bloßem Verweis auf die bereits erschienene erste Lieferung ablehnen können. Im Fall Didier war die erste Lieferung zwar ebenfalls fertig, jedoch noch nicht im Verkauf, so dass die Grenze zum Debitieren noch nicht überschritten war.

5. Die weite Auslegung: Erste Lieferung noch kein Band nach § 2

Als der Studienrat sich dann in seinem Gutachten vom 2. Juni 1834 selbst zu widersprechen drohte, korrigierte ihn das Ministerium des Innern unverzüglich. Zunächst blieb der Rat seiner Linie treu, wonach das Erscheinen der ersten Lieferung bereits als Debitieren im Sinne von § 2 des Gesetzes von 1815 ausreichen sollte.

Der Buchhändler Carl Focke aus Leipzig hatte nämlich für den in seinem Verlag herauskommenden Index zum Corpus juris civilis ein Privileg erbeten. Die erste Lieferung war jedoch schon erschienen und auf der Osterbuchmesse 1834 ausgegeben worden. Dies feststellend lehnte es der Studienrat ab, das Privileg zu befürworten, weil es „beim Anfange eines Werkes, ehe noch einzelne Bände debitiert sind" nachgesucht wurde. In der nächsten Zeile wagte sich der Studienrat jedoch zu einer Ausnahme hin, da er die erschienene erste Lieferung noch nicht als Band qualifizieren wollte[954]:

„Indessen bildet die erschienene erste Lieferung noch keinen Band, in dem jeder der 2 Bände, auf welche der ganze Index berechnet ist, aus 5-6 Lieferungen bestehen solle, und dann möchte das Unternehmen selbst schon in Hinsicht auf die in dem angeschlossenen Probebogen sich herausstellende gute Einrichtung und würdige Ausstattung eine minderstrenge Anwendung der oben berührten Paragraphen begründen [...]".

Die neu geschaffene Ausnahme des Studienrates, diese Lieferung doch nicht als Band zu sehen und den § 2 sehr weit auszulegen, kann man nur verstehen, wenn man die Subskriptionsanzeige dieses Werkes liest, von dem der Rat augenscheinlich sehr angetan war, denn sonst hätte er sich nicht zu einer Ausnahme durchringen wollen[955]:

---

[953] Ibid.

[954] E 146/1 Nr. 5301, Teil 2 (Bericht v. 2. Juni 1834).

[955] E 146 Nr. 5301; dort auch folgender Zusatz: „Als Verleger habe ich nur hinzuzufügen, dass das Werk in 2 Bänden zu 5-6 Lieferungen erscheinen, deren jede (Druck und

„Subscriptions-Anzeige,
Druck- und Papiermuster
eines
für jeden Juristen
höchst wichtigen und unentbehrlichen Werkes;
das zugleich ein
Supplement zu jedem Corp. Jur. civ. ist.
Index
Omnium Rerum et Sententiarum,
quae in
Corpore Iuris Iustinianei
et in Glossa
Continentur
Quem ad Exemplum
Stephani Daoyz,
Pampilonensis,
Verborum Ordine Observato,
edidit
Robertus Schneider,
Ph. Doctor et Ius in Academ. Lips. Privatim Docens.
Duo Volumina in X-XII Fasciculis.
Lipsiae
Sumtibus Caroli Focke.
MDCCCXXXIV.

Es hatten mehrere bedeutende Gelehrte meinen Herrn Verleger zu einer neuen Ausgabe des – jetzt selten gewordenen – **Index ad Corpus Juris civilis** von **Stephan Daoyz** aufzufordern. Derselbe übertrug mir deren Besorgung und ich unterzog mich dieser Arbeit um so lieber, je mehr ich erkannte, dass sie keineswegs einem gründlichen Quellenstudium in den Weg treten, sondern vielmehr ein, auch neben einer sorgsamen Beschäftigung mit den Quellen, bestehendes Bedürfnis befriedigen würde. Denn es unterliegt keinem Zweifel, dass auch derjenige, welcher sich anhaltend mit dem Studium der Justinianischen Rechtsbücher beschäftigt, eine Bekanntschaft mit allen in eine einzelne Lehre einschlagenden Stellen derselben ohne besondere Sammlungen, zu deren Veranstaltung ein grosser Aufwand von Zeit und Mühe erforderlich ist, nicht erreichen kann. Es ist daher vorzüglich dem Geschäftsmann, aber auch dem Theoretiker, gewiss ein

---

Papier genau wie diese Anzeige) im Subscriptionspreise 16 gr. (20 sgr.) und auf starkem Velin-Papier 1 Thlr. kosten wird. Mit dem Erscheinen des ersten Heftes (nächste Ostermesse) tritt aber unwiderruflich der Ladenpreis von resp. 1 Thlr. und 1 ½ Thlr. ein. Die Lieferungen werden so schnell auf einander folgen, als es sich mit der Gediegenheit des Werkes selbst vereinbaren lässt; dass übrigens dafür kein Opfer von mir gescheut worden ist, glaube ich dadurch auf das überzeugendste darzuthun: dass ich zwei bereits gedruckte – von Hrn. D. Höpfner ausgearbeitete – Bogen, die dem ersten Hefte zur Vergleichung beigegeben werden sollen, aber auch jetzt schon gratis bei mir zu haben sind, unbenutzt liess. Ob ich daran recht that, stelle ich dem Ausspruche der Kritik anheim und bemerke nur noch, dass mich Hr. D. H. selbst, durch seine ‚Erklärung‘ in der Jenaer und Hall. Lit.-Zeitung, zu dieser Maassregel nöthigte. Alle Buchhandlungen Deutschlands und der Nachbarländer nehmen Bestellungen an.

Leipzig im Januar 1834.   Carl Focke.“

Werk sehr willkommen, in welchem er die, einen und denselben Gegenstand betreffen, Stellen des **Corpus juris civilis** gesammelt und in einer übersichtlichen Ordnung zusammengestellt findet. Ich überzeugte mich jedoch bald, dass, wenn dieser Zweck vollständig erreicht werden sollte, ein bloss revidirter Abdruck des Werkes von **Daoyz** nicht hinreichend seyn würde, theils weil eine nähere Prüfung desselben ergab, dass es keineswegs ganz vollständig und genau sey, theils weil in den einzelnen in alphabetischer Ordnung auf einander folgenden Artikeln, besonders in den reichhaltigeren unter denselben, für eine leichte Uebersicht nicht genug gesorgt ist. Ich entschloss mich daher, nur den Zweck, welchen **Daoyz** vor Augen gehabt, beizubehalten, im Uebrigen aber e i n s e l b s t ä n d i g e s n e u e s W e r k mit Hülfe einer sorgfältigeren Sammlung aus den Justinianischen Rechtsbüchern auszuarbeiten. Die Eigenthümlichkeiten dieses Werkes lassen sich in folgende Punkte zusammenfassen:

1. Es soll ein v o l l s t ä n d i g e s R e p e r t o r i u m über die Justinianischen Rechtsbücher seyn, in welchem alle Sätze und Vorschriften desselben, gleichviel ob sie das Civil- oder Criminal-, das Staats- oder Kirchenrecht betreffen, auch diejenigen, welche geschichtlichen Inhalts sind, m i t d e n W o r t e n d e r Q u e l l e s e l b s t und mit steter Verweisung auf dieselbe enthalten seyn werden.

2. Neben den Justinianischen Rechtsbüchern selbst, soll auch die G l o s s e benutzt werden, und da eine Auswahl immer von subjectiven Ansichten abhängt, so scheint es zweckmässiger, alle Sätze derselben aufzunehmen, da sie jeden Falls ein literarhistorisches Interesse gewähren. Uebrigens werden die Citate in der Glosse nach der neueren Citirart gegeben werden.

3. Auch aus den v o r j u s t i n i a n i s c h e n Rechtsquellen werden namentlich die Stellen, welche zum Verständnis des Justinianischen Rechts wesentlich beitragen, benutzt und wörtlich mitgetheilt werden.

4. In den Fällen, in welchen die an und für sich zweifelhafte Stellung eines Satzes unter eine gewisse Rubrik nach einer besonderen Erklärung des einen oder des anderen Gelehrten geschehen ist, so wie bei scheinbaren oder wirklichen Widersprüchen zwischen Stellen der Quellen, werden k u r z e l i t e r a r i s c h e N o t i z e n, welche auf die Hauptschriften über die fraglichen Stellen verweisen, beigegeben werden.

5. Die Ordnung der Artikel wird eine alphabetische seyn, in den einzelnen Artikeln selbst aber wird eine dem jedesmaligen Gegenstande entsprechende systematische Ordnung befolgt werden.

6. Diese Eigenthümlichkeiten werden sich auch in der beifolgenden Probe wieder erkennen lassen. Doch bemerke ich, dass dieselbe nicht sowohl eine Probe der V o l l s t ä n d i g k e i t als vielmehr der A r t u n d W e i s e d e r A u s f ü h r u n g seyn soll, da ich sie vor der gänzlichen Vollendung meiner Sammlungen, dem Wunsche des Herrn Verlegers gemäss, für diese Anzeige ausgearbeitet habe.

L e i p z i g, an dem dreizehnten Seculartage des Anfangs der gesetzlichen Kraft von Justinian's Institutionen und Pandecten, d. 30. December 1833.

R o b e r t S c h n e i d e r"

Das Innenministerium pfiff den Studienrat mit seinem Erlass an die königliche Stadtdirektion Stuttgart vom 4. Juni 1834 schnellstens zurück und schlug ihn mit seinen eigenen Waffen[956]:

„Da jedoch nach seiner eigenen Angabe die erste Lieferung dieses Werks bereits erschienen und in der jüngst verflossenen Ostermesse ausgegeben worden ist, mithin diesem Gesuch der § 2 der K. Verordnung v. 25. Febr. 1815, Privilegien gegen den Büchernachdruck betr., entgegensteht, so erhält die königliche Stadtdirektion Stuttgart hiermit den Auftrag, dem Focke zu erörtern, daß das Ministerium des Innern unter diesen Umständen dem vorgebrachten Gesuche eine Folge zu leisten nicht im Stande sey."

Mit diesem Rapport blieb das Ministerium bei seiner strengen Auslegung des § 2 und erteilte dem Studienrat eine entsprechende Lektion zu dessen großzügiger Auslegung.

6. Divergenzen zwischen Studienrat und Ministerium des Innern

Auch bei nachfolgenden Privilegiengesuchen differierten Studienrat und Innenministerium bei der Subsumtion der Sachverhalte unter das Merkmal „Debit". Insgesamt erwies sich der Studienrat stets großzügiger als das um Eindämmung der Privilegiengewährung und deren Dauer bemühte Ministerium. Während der Studienrat den Antrag der Hallbergerschen Buchhandlung für Rottecks Lehrbuch des Vernunftrechts und der Staatswissenschaften antragsgemäß befürwortete und allein auf Absatzfragen einging, die die Dauer des Privilegs beeinflussen sollten, urteilte das Ministerium differenzierter, indem es die einzelnen Auflagen und deren Bände unter § 2 des Gesetzes von 1815 subsumierte. Dabei stellte sich heraus, dass der vierte Band der ersten Auflage bereits debitiert war. Da dies von niemandem bestritten wurde, musste das Ministerium, wenn es dem Wortlaut des § 2 folgen wollte, den Privilegienschutz in diesem Punkt ablehnen.

Band eins bis drei der zweiten verbesserten Auflage stellten indes keine Schwierigkeit dar. Der Studienrat übersah dieses Problem und setzte sich nur mit der Privilegiendauer auseinander, die er auf sechs Jahre befürwortete, obwohl der Antrag auf „die gesetzlich längste Dauer von Jahren" lautete[957]. Entgegen dem Antrag, der den Inhalt des Werkes als für das Publikum weniger bedeutend charakterisierte und daher einen schnellen und bedeutenden Absatz für unwahrscheinlich hielt, schloss der Studienrat einen eher langsamen Verkauf aus und trug aus diesem Grund nur auf die gewöhnliche Zeit von sechs Jahren

---

[956] E 146/1 Nr. 5301, Teil 4.
[957] E 146/1 Nr. 5346, Teil 2.

an[958]. Diese Einschätzung teilte auch das Innenministerium in seinem Antrag an den König[959].

Ebenso wenig widerspruchsfrei mutet der Bericht des Studienrates vom 23. September 1835 an. Dort bat nämlich der Buchhändler Drechsler aus Heilbronn um ein königliches Privileg gegen den Nachdruck von „Enzyclopädisch-pädagogisches Lexikon" des Ulmer Elementarlehrers Wörle. Vorsichtig formulierte der Studienrat, dass der Gewährung dieses Gesuchs nichts im Wege gestanden hätte, sofern es nach § 2 des Rescripts vom 25. Februar 1815 „beim Anfange des Werkes, ehe noch einzelne Bände debitirt sind" vorgebracht worden wäre. Da der Bittsteller aber seiner Eingabe nicht nur selbst die bereits fertigen Hefte beigefügt hatte, sondern letztere seit etlichen Monaten im Buchhandel erhältlich waren, wäre die Prüfung schon zu Ende und der Antrag abzulehnen gewesen. Im Gegensatz zum Studienrat ging so das Ministerium des Innern vor, das kategorisch § 2 anwendete und den Antrag daher zu Recht zu Fall brachte. Der Studienrat hingegen trat irrtümlicherweise in eine inhaltliche Wertung ein[960]:

„So wenig aber dieses Lexicon im strengen Sinne ein ‚vollständiges Hand- und Hilfsbuch der Pädagogik und Didactik' zu nennen sein möchte, so ist doch kaum zu zweifeln, daß es bei der großen Zahl jüngerer und älterer Schulmänner, für welche es bestimmt ist, ein ziemlich starkes Publicum finden, und eben darum vielleicht auch der Gefahr des Nachdrucks ausgesetzt ein möchte."

Widersprüchlich und voller Zweifel mutet sodann der letzte Satz des Berichtes des Studienrates an[961]: „Jedenfalls glaubten wir das Gesuch zu höherer Entscheidung ehrerbietigst vorlegen zu müssen."

Im Unterschied zur Verfügung des Innenministeriums argumentierte der Studienrat in seinem Bericht vom 8. November 1834 ebenfalls lückenhaft; der Stuttgarter Buchhändler Balz hatte um Privilegierung zweier Werke gebeten. Beim ersten gab es zwischen Ministerium und Studienrat keine Meinungsverschiedenheiten über die Anwendung des Rescripts von 1815. Danach war das wirtschaftliche Haus- und Lesebuch von Anna Fürst, das demnächst im Verlag Balz erscheinen sollte, unstreitig und hinderungslos gegen den Nachdruck auf sechs Jahre privilegiert, was auch mit königlichem Dekret vom 19. November 1834 erfolgte[962].

Problematisch gestaltete sich indes die Privilegierung der von mehreren Gelehrten und Erziehern unternommenen periodischen Schrift „Beschäftigungen für die Jugend aller Stände", von welcher nach Verlagsangaben zu jenem Zeitpunkt bereits drei Hefte erschienen waren. Ohne § 2 des Rescripts vom 25. Feb-

---

[958] E 146/1 Nr. 5346, Teil 2 (Bericht v. 19. Januar 1835).
[959] E 146/1 Nr. 5346, Teil 3 (Bericht v. 29. Januar 1835).
[960] E 146/1 Nr. 5355, Teil 9.
[961] Ibid.
[962] E 146/1 Nr. 5316, Teil 4.

ruar 1815 direkt anzuwenden, merkte der Studienrat lediglich an, dass nach diesen Bestimmungen ein Privileg nachgesucht werden solle, d.h. „beim Anfang eines Werkes, ehe noch einzelne Bände debitiert sind". Der Studienrat fuhr daraufhin fort, indem er sich auf die Kriterien der Nützlichkeit und Preisgünstigkeit stützte, um wenigstens noch eine Privilegierung für die noch zu veröffentlichenden Hefte antragen zu können, und schrieb[963]:

> „Indessen ist das Unternehmen nützlich und verdient Aufmunterung, auch ist der Preis der Hefte, je 27. kr., sehr billig. Aus diesen Gründen möchten wir uns den ehrerbietigsten Antrag erlauben, daß, wo nicht für das ganze Werk von Anfang an, so doch für die erst nachfolgenden Hefte der königl. Schutz gegen Nachdruck gnädigst wolle gewährt werden."

Dagegen sprach sich das Ministerium in seinem Bericht an den König vom 13. November 1834 knallhart für die Anwendung von § 2 des Rescripts vom 25. Februar 1815 aus, indem es das Erscheinen dreier Hefte als debitiert im Sinne der Vorschrift interpretierte und den Antrag daher folgerichtig ablehnte.

Allerdings fand auch im Ministerium eine Diskussion darüber statt, ob einzelne Hefte etwas Zusammengehöriges, d.h. einen einzigen abgeschlossenen Band bildeten, oder ob jedes Heft der periodisch erscheinenden Zeitschrift für sich gesehen ein Einzelwerk darstellte. Dieser Gesinnungswandel ergibt sich aus unserer Rekonstruktion des geänderten und durchgestrichenen Textes, der folgendermaßen gelautet hatte[964]:

> „Da jedoch das Werk in der Form einer periodischen Zeitschrift erscheint, deren Hefte in keinem nothwendigen Zusammenhange unter sich stehen, sondern auch jedes einzelne Heft, oder mehrere zusammen als ein ganzes angenommen werden können, so habe ich kein Bedenken im Einverständnis mit dem hierüber auf Gesuch vernommenen königlichen Studienrath das Werk, mit Ausnahme der bereits ausgegebenen Hefte, unter den gewohnten Bedingungen der Entrichtung der gesetzlichen Sporteln und der Abgabe der Freiexemplare für die K. Bibliotheken auf die Dauer von sechs Jahren anzutragen."

Nachdem diese Zweifel endgültig erloschen waren, konnte das Ministerium in seiner Verfügung an die königliche Stadtdirektion Stuttgart vom 21. November 1834 die gefestigte Auffassung mitteilen, dass, weil bereits drei Hefte der periodischen Zeitschrift erschienen waren, das Privileg als Ganzes gestützt auf § 2 des Gesetzes vom 25. Februar 1815 nicht gewährt werden konnte[965]. Die Abweisung dieses Privilegs wurde im Regierungsblatt nicht bekannt gemacht. Dort publizierte man lediglich die Gewährung des sechsjährigen Privilegs für das bei Balz erscheinende, oben genannte Haus- und Lesebuch von Anna Fürst[966]. Auch in diesem Fall zeigt sich, dass der Studienrat sich dazu berufen

---

[963] E 146/1 Nr. 5316, Teil 2.

[964] E 146/1 Nr. 5316, Teil 3 (Rekonstruktion der korrigierten Handschrift durch den Verfasser).

[965] E 146/1 Nr. 5316, Teil 4.

[966] E 146/1 Nr. 5316, Teil 4 (am Ende).

fühlte, neben einer gesetzlichen Wertung stets auch eine inhaltliche abgeben zu wollen. Das Innenministerium dagegen bemühte sich, ein Privilegiengesuch mit einer strikten Anwendung des Gesetzes von 1815 zu verhindern bzw. einzuschränken.

Diese Divergenz in der praktischen Handhabung wird noch deutlicher an einem Fall, in dem es um die Privilegierung gegen den Nachdruck eines in Stein gravierten Bildes ging. Das königliche Oberamt Geislingen legte dem Ministerium das Gesuch eines Künstlers mit der Bemerkung vor, dass es dieses Produkt für eine Privilegierung nicht geeignet erachte[967]. Die knappe Antwort des Ministeriums beweist einmal mehr, dass es zunächst das Rescript von 1815 strikt anwendete und sodann die mangelnde Eignung des Bildes für ein Privileg gegen den Nachdruck feststellte[968]:

> „Auf den Bericht des königlichen Oberamts Geislingen vom 19. d. M. wird dem Antragsteller zu erkennen gegeben, daß das Ministerium dem vorgebrachten Gesuch keine Folge zu geben weiß, da, abgesehen davon, daß sich dieses Bild bereits im Debit befindet, das Produkt selbst sich nicht zur Auszeichnung durch ein Privilegium eignet, worauf der Bittsteller zu bescheiden ist."

Hingegen behandelte der Studienrat das Privilegiengesuch des Buchhändlers Seger aus Ehingen für dessen Konstanzer Gesang- und Andachtsbuch mit Bericht vom 7. Juli 1834 sehr ausführlich. Dass sich das Buch längst im Handel und im Gebrauch des Publikums befand, stellte der Studienrat erst zur Mitte des Berichtes fest. Dazu im Vergleich lehnte es das Innenministerium ab, ein Privileg zu gewähren, da die beabsichtigte neue Ausgabe dieses Gesangbuchs nichts anderes sei als ein Abdruck der Konstanzer Ausgabe[969]. Für den Studienrat dagegen war hier in erster Linie das Preisargument wichtig: Er schilderte in seinem Bericht, dass der viel verdiente ehemalige Bistumsverfasser, Freiherr von Wessenberg aus Konstanz, dem Buchdrucker und Buchhändler Seger aus Ehingen gestattet habe, von dem durch ihn veranstalteten und besorgten Konstanzer Bistümer Gesang- und Andachtsbuch eine Auflage für das katholische Württemberg zu machen, sofern Seger kein Exemplar dieser Auflage nach Baden verkaufe, jedes Exemplar in Württemberg nicht höher als 30 Kreutzer anbiete und diesen Preis niemals erhöhe. Diese Bedingungen sollten ausdrücklich, so der Wunsch des Freiherrn, in ein etwaiges königliches Privileg aufgenommen werden, welches gewissermaßen als Publizitätsakt dieser Abmachung dienen sollte, um im Streitfall als Beweismittel zu dienen.

Der Studienrat bemerkte positiv, dass für die Bitte Segers die Erlaubnis des Verfassers, Ordners und Sammlers des Gesang- und Andachtsbuches spreche. Allerdings enthielten die Bestimmungen des Rescripts vom 25. Februar 1815 keine Zusage für einen neuen Abdruck einer längst im Buchhandel und im

---

[967] E 146/1 Nr. 5377 (Bericht v. 19. April 1836).

[968] Ibid. (Antwort v. 23. April 1836).

[969] E 146/1 Nr. 5309, Teil 3 (Bericht v. 12. Juli 1834).

Gebrauch des Publikums befindlichen Buchausgabe, wozu das Gesangbuch zähle. Der Studienrat wörtlich weiter[970]:

„Ein königl. Privilegium für diesen neuen Abdruck würde auch einen etwaigen Nachdruck der Konstanzer Ausgabe wirklich nicht hindern, und eben so wenig den Debit letzterer Ausgabe in Württemberg; nicht einmal ein Nachdruck der Segerschen Auflage ließe sich, im Falle der Klage, als ein solcher erkennen und erweisen."

Im letzten Abschnitt erörterte der Rat noch ein Argument, das letztlich auch vom Innenministerium beachtet und als Ablehnungsgrund aufgegriffen wurde, nämlich die fehlende Besorgnis des Nachdrucks, da ein einheitliches katholisches Landesgesangbuch in Arbeit war und bald erscheinen sollte[971]. Der Studienrat lieferte dieses Argument nach folgenden Recherchen[972]:

„Wenn wir nun nicht absehen, wie ein königl. Privilegium dem Unternehmer Seger zu einigem Schutze gereichen könnte, so glauben wir auf der anderen Seite auch, daß keine große Gefahr für ihn obwalte. Denn es haben, dem Vernehmen nach, die katholischen Kirchenbehörden des Vaterlandes den Vorsatz, ein allgemeines katholisches Landesgesangbuch erscheinen zu lassen, und die Erscheinung desselben soll demnächst, vielleicht noch innerhalb Jahresfrist, zu erwarten seyn. Bei solchen Aussichten wird sich wohl kein zweiter mit einer besonderen Auflage des Konstanzer Gesangbuches befassen, welches nur in einem Theile des kathol. Württembergs gebraucht wird, während andere Gemeinden andere Liederbücher haben."

Erstaunlich ist, dass auch dem Innenministerium letztgenanntes Argument erwähnenswert erschien, obwohl doch der Debit eindeutig festgestellt war und es sich bei der Neuausgabe nur um den Abdruck einer bereits bekannten, im Buchhandel veröffentlichten Ausgabe handelte.

Bei einem anderen Gesuch war zwar laut Studienrat wieder keine Nachdruckgefahr zu befürchten, dennoch divergierten Studienrat und Ministerium einmal mehr in ihren Einschätzungen. Dem Studienrat fiel offenbar sehenden Auges nicht auf, dass eine Wiederauflage einer bereits bekannten Auflage gegen die Bestimmungen des Gesetzes von 1815 verstieß. In seinem Bericht schilderte der Rat, dass der katholische Schullehrer Martin Oesterle in Gmünd um ein Privileg gegen den Nachdruck der vierten, demnächst von ihm zu veranstaltenden Auflage eines „ersten Lesebüchleins nach der Lautmethode" bat und stellte explizit fest, dass die vierte Auflage mit der dritten, von welcher ein Exemplar vorliege, nicht abweichen solle. Eine Sorge wegen des möglichen Nachdrucks bestehe nicht[973]: „Wir können nun zwar kaum glauben, daß dieses Produkt großer Gefahr vonseiten der Nachdrucker ausgesetzt sei, indessen steht seinem unterthänigsten Gesuche um gnädigsten Schutz für dasselbe kein gesetzliches Hindernis entgegen [...]".

---

[970] Ibid.

[971] E 146/1 Nr. 5309, Teil 3 (Bericht v. 12. Juli 1834).

[972] E 146/1 Nr. 5309, Teil 2 (Bericht v. 7. Juli 1834).

[973] E 146/1 Nr. 5285, Teil 2 (Bericht v. 24. Oktober 1833).

Für das Ministerium des Innern stand der Sachverhalt unzweifelhaft fest. Denn es brachte auf den Punkt, dass die vierte Auflage dieses Büchleins nach den eigenen Angaben des Bittstellers ein unveränderter Abdruck der dritten, im Jahre 1831 erschienenen Auflage sein solle und diese dritte Auflage jedoch nach der Bestimmung des Art. 2 des Gesetzes von 1815 gegen den Nachdruck durch Privileg nicht mehr geschützt werden könne. Hier wurde evident, dass das Ministerium den Fehler des Studienrates zielgerichtet erkannte. Die dritte Auflage konnte deshalb nicht mehr geschützt werden, weil sie schon lange debitiert war und die vierte Auflage nicht mehr, weil sie einen unveränderten Abdruck der dritten darstellte. Auch hier hatte der Bericht des Studienrates vom 24. Oktober 1833 gewissermaßen das Thema verfehlt.

In einem Gesuch, das der Studienrat sorgfältiger behandelte, stellte sich heraus, dass letztlich geringe Verbesserungen einzelner Zitate einem bloßen Abdruck gleich standen und deswegen eine Privilegierung nicht mehr in Frage kommen konnte: Der Buchbinder Belser aus Stuttgart bat um ein Privileg für Starks „Morgen- und Abendandachten", welche letzterer mit einem Anhang von Gebeten für besondere Lebens- und Zeitverhältnisse mit teilweise verbesserter Schreibart herausgeben wollte. Der Studienrat holte in gewohnter Weise weiträumig aus, indem er Stark zunächst als in Frankfurt a.M. lebenden Prediger der ersten Hälfte des 18. Jahrhunderts vorstellte. Seine Morgen- und Abendandachten seien erstmals in zwölf Auflagen im Jahre 1707, von 1728 an in acht Auflagen und zwar in der Brönnerschen Buchhandlung erschienen, welche seitdem mehrere Auflagen, die letzte nur mit etwas verändertem Titel 1828, veranstaltet habe. Nach der Auskunft Stuttgarter Buchhändler habe es viele Nachdrucke gegeben, sogar einen kaiserlich privilegierten von Reutlingen habe Belser selbst genannt. Jedenfalls seien selbst Ausgaben der rechtmäßigen Verlagshandlung z.B. bei dem Stuttgarter Buchhändler Löffler zu haben und das Andachtsbuch sei mithin nicht, wie Belser vortrage, längst im Buchhandel vergriffen. Der Studienrat konkludierte mit negativer Tendenz[974]:

> „Wie dem aber auch sey, so finden wir keine gesetzliche Bestimmung zugunsten von Privilegien für bloße neue Abdrücke oder Nachdrücke fremder Verlagsartikel, wozu im vorliegenden Falle noch der Umstand kommt, daß Belser unseres Wissens nicht einmal Buchdrucker, sondern Buchbinder ist. Wir glauben daher nicht, auf Gewährung des Gesuches anzutragen zu können."

Das Ministerium stürzte sich sogleich auf § 1 des Gesetzes von 1815, das nur den Schriftstellern oder ihren Verlagen die Möglichkeit, ein Privileg zu erhalten, gewährte, wozu eben einfache Buchbinder nicht gehörten und kein Raum für Ausnahmen blieb[975]. Auf weitere Fragen ging dieser Bericht nicht mehr ein und lehnte schließlich aus genanntem Grund die Privilegierung konsequent ab.

---

[974] E 146/1 Nr. 5260, Teil 2 (Bericht v. 14. Juni 1832).

[975] E 146/1 Nr. 5260, Teil 2 (Nachricht an die Königliche Stadtdirektion Stuttgart v. 16. August 1832).

*7. Werbung für unveränderte Neuauflage in Zeitungen
(Buchhandlungen Winter aus Heidelberg und Marcus aus Bonn)*

Aus Anlass des Privilegiengesuchs des Prokurators Schott für Chr. Martins Lehrbuch des Bürgerlichen Prozesses im Auftrag der Buchhandlung Winter aus Heidelberg konnten Studienrat und Innenministerium herausarbeiten, dass eine bloße Titeländerung des Buches keine Verbesserung im Sinne des Gesetzes von 1815 bedeutete.

Der Prokurator gab selbst an, dieses Werk bilde einen integrierenden Teil der „Vollständige[n] Darstellung des deutschen gemeinen Civil-Prozesses", für welche durch höchste Entschließung vom 8. Mai 1830 (RegBl 1830, S. 201) ein königliches Privileg für die Dauer von sechs Jahren bewilligt worden war. Die Buchhandlung Winter gedenke jedoch, das Lehrbuch auch als abgesondertes Werk mit besonderem Titel zu verkaufen. Konsequent replizierte der Studienrat, dass dies nicht eine neue, erst jetzt erscheinende und noch nicht ausgegebene Auflage sei, wofür ein Privileg nachgesucht werde, sondern es sich um den Teil einer schon seit vier Jahren im Handel befindlichen Veröffentlichung handele, welche bloß einen besonderen Titel erhalten solle, um auch für sich allein abgesetzt werden zu können. Der Studienrat fand abschließend eine zufriedenstellende Lösung, indem er feststellte, dass einerseits die Privilegien für neue vermehrte und verbesserte Auflagen gewährt werden könnten, doch schütze andererseits das oben erwähnte Privileg von 1830 das gesamte Werk noch bis Mai 1836, da es sich um eine unveränderte Ausgabe handelte. Die neue und besondere Titelwahl sei dabei unbeachtlich. Obendrein gab der Studienrat zu erkennen, dass ihm nicht entgangen war, dass der Verlag in öffentlichen Blättern, z.B. in der außerordentlichen Beilage zur Allgemeinen Zeitung Nr. 441 vom 17. November mit dem Neudruck „als neu erschienen und durch alle guten Buchhandlungen zu erhalten" geworben hatte[976]. Der Studienrat durchschaute offenbar das Machwerk der Winterschen Verlagsbuchhandlung. Ihm entging die Werbung für die unveränderte Neuauflage nicht. Er wendete daher das Rescript von 1815 strikt an und nahm seine Rolle, durch Privilegien Neuauflagen und Verbesserungen in den bereits vorhandenen Werken herbeizuführen, aufs Genaueste wahr.

Ganz anders konnte der Studienrat das Gesuch des Buchhändlers Marcus aus Bonn für ein Nachdruckprivileg der siebten Auflage des Wolterschen Lehrbuchs des Kirchenrechts aller christlichen Konfessionen beurteilen, da diese Auflage eine gänzliche Umarbeitung darstellte und noch keine vorläufigen Anzeigen in Literatur oder anderen Blättern geschaltet worden waren[977]:

„Daß das Woltersche Lehrbuch des Kirchenrechts aller christlichen Konfessionen, ein stark gelesenes und gebrauchtes Buch sey, beweist schon die Unternehmung einer

---

[976] E 146/1 Nr. 5411, Teil 2 (Bericht v. 19. November 1834).

[977] E 146/1 Nr. 5375, Teil 5 (Bericht v. 7. Mai 1836).

siebenten Auflage desselben. Daß diese Auflage völlig umgearbeitet worden sey, gibt der Verleger, der Buchhändler Marcus in Bonn in seiner nachträglichen Erklärung an, welche wenigstens durch den Leipziger Ostermeß-Catalog bestätiget wird.

Andere Beweise dieser Angabe konnten wir nicht auffinden und es wurde uns versichert, daß von dieser siebenten Auflage keine vorläufige Anzeige in literarischen oder anderen Blättern gemacht worden sey, was ohnehin bei neuen Auflagen und Umarbeitungen häufig nicht zu geschehen pflege.

Wir nehmen daher um so weniger Anstand, dem königlichen Rescript Nr. 8 (RegBl 1815, S. 75) gemäß, auf die nachgesuchte gnädigste Ertheilung eines Privilegiums gegen den Nachdruck dieser neuen Auflage des Lehrbuchs von Professor Wolter anzutragen, als dieses Privilegium dem Verleger nichts nüzen würde, wenn gegen alle Wahrscheinlichkeit die Angabe falsch wäre, daß die siebente Auflage jener Schrift umgearbeitet oder wesentlich verbessert sey."

In seinem Bericht an den König wiederholte das Ministerium alle Argumente des Studienrates und bemerkte, dass das Gesuch mit dem Gesetz im Allgemeinen vereinbar sei. Offenbar und ohne das Übereinkommen zwischen Württemberg und Preußen von 1828 zu nennen bezog es dieses gleichwohl mit ein[978]. Auch die Notiz im Regierungsblatt verwies lediglich auf die königliche Verordnung vom 25. Februar 1815, ohne die Übereinkunft Württembergs mit Preußen von 1828 zu erwähnen[979]. Aus dem Bericht des Studienrates erliest sich ein großes Vertrauen in die Angaben, die der Bittsteller über die Ankündigung der Umarbeitung gemacht hatte. Da bereits die siebte Auflage erschienen war, hielt es der Studienrat für sehr wahrscheinlich, dass nach oder auch vor dem Ablauf von sechs Jahren dieses Buch wieder, wenn nicht umgearbeitet, so doch wesentlich verbessert, erscheinen könnte. Diese von Direktor von Flatt selbst referierte Angelegenheit wurde im Ministerium jedoch mit der gesetzlich vorgesehenen Privilegiendauer von sechs Jahren beantwortet und nicht abgesenkt.

Während es in den Vorfällen um Fragen der Debitierung von bereits erschienenen Werken oder die Umarbeitung derselben ging, problematisierten Studienrat und Ministerium außerdem die Frage, inwieweit Auszüge Nachdruckschutz beanspruchen durften.

II. Der Schutz von Ausgaben und Auszügen (§ 7)

Mit Schreiben vom 12. August 1833 legte der Berliner Verlag Duncker & Humblot dem württembergischen Ministerium des Innern ein Gesuch vor, in dem der Verlag den „Briefwechsel zwischen Goethe und Zelter in den Jahren 1796 bis 1832, in sechs Bänden" gegen den Nachdruck schützen wollte. Carl

---

[978] E 146/1 Nr. 5375, Teil 6 (Bericht v. 10. Mai 1836).
[979] E 146/1 Nr. 5375, Teil 7 (Königliches Dekret an das Innenministerium v. 18. Mai 1836).

Friedrich Zelter (1758-1832) war Gründer der ersten „Liedertafel" in Berlin im Jahre 1809, Förderer der Bachpflege sowie Freund und musikalischer Berater Goethes.

1. Absage an ein Privileg gegen einen „widerrechtlichen Auszug"

Duncker & Humblot verwiesen auf die in der königlich-preußischen Gesetzsammlung vom 19. Februar 1828 publizierten Vereinbarung der königlich-württembergischen Regierung und der königlich-preußischen zum Schutze der beiderseitigen Untertanen gegen den Büchernachdruck. Das Werk sollte bis zur Michaelsmesse des Jahres 1833 erscheinen und nicht nur als Ganzes, sondern zugleich gegen einen widerrechtlichen Auszug daraus privilegiert werden, denn „das Eigenthum zweier so gefeierter Deutschen wie Goethe und Zelter" sollte für deren Erben sichergestellt sein. Bevollmächtigte Buchhandlung am Ort waren die Stuttgarter Loeflund & Sohn[980].

In dem Bericht des Studienrates vom 24. August 1833 trat dem Antragsteller zwar Wohlwollen entgegen, doch war der Rat nicht bereit, sämtliche Auszüge zu privilegieren. Seiner Bewertung nach gestaltete sich der Briefwechsel zwischen Goethe und seinem Freund Zelter sogar noch interessanter als der viel gelesene Briefwechsel zwischen Goethe und Schiller oder derjenige zwischen Goethe und Wilhelm von Humboldt. Daher habe die Verlagshandlung wohl guten Grund dazu, in der Eingabe um ein Privileg gegen Nachdruck zu bitten, wogegen der Studienrat kein gesetzliches Hindernis fand und auf dessen Gewährung er antrug. Lediglich mit der Bitte um ein Privileg gegen einen „widerrechtlichen Auszug" sträubte sich das Gremium[981]:

„Was ein widerrechtlicher Auszug sey, finden wir in den auf den Nachdruck bezüglichen Verordnungen nicht bestimmt. Vielmehr sagt die königl. Verordnung vom 25. Februar 1815, § 7 das Verbot des Nachdrucks einer Schrift bezieht sich nicht auf die Herausgabe eines Auszugs nur derselben. Gleichwohl dürfte gerade bei einem Goetheschen Briefwechsel das Privilegium, wenn es den Verleger schützen soll, auch auf einen Auszug auszudehnen seyn. Dann wird nach den bisherigen Vorgängen bei Goethes Werken, namentlich auch bei seinem Briefwechsel mit Schiller, Alles und Jeder, was vorhanden ist, aufgenommen, und auch das Unbedeutendste als eine heilige Reliquie verkauft, so liegt die Versuchung wie der Wunsch sehr nahe, eine andere Ausgabe zu unternehmen und zu besitzen, welche bloß die wirklich interessanten und lehrreichen Briefe enthalte und das Nebenwerk auslasse. Eben hiedurch erhielten alle, die nicht Goethomanen sind, dem Wesen nach das ganze Buch. Und ein solcher Auszug möchte namentlich bei Briefen, die so nicht jeder für sich oder das paarweise ein für sich bestehendes Ganze bilden, als widerrechtlich anzusehen sein; nicht aber ein Auszug aus den einzelnen Briefen selbst, ein sogenannter ‚Geist' aus Goethes und Stuttgart Briefwechsel, auch wenn es große Stellen wörtlich gäbe."

---

[980] E 146/1 Nr. 5363, Teil 1 (Schreiben v. 12. August 1833).
[981] E 136/1 Nr. 5364, Teil 2 (Bericht v. 24. August 1833).

Nach alledem hielt der Studienrat ein Privileg gegen einen Auszug für mit dem Buchstaben des Gesetzes nicht vereinbar. Erst nach dem wirklichen Erscheinen eines Auszugs könne gewöhnlich beurteilt werden, ob dieser einem Nachdruck gleichzusetzen sei. Der Antrag an den König vonseiten des Ministeriums des Innern problematisierte die Frage des Auszugs unter Analyse der §§ 1, 4 und 7 des Rescripts von 1815; es hieß dort[982]:

> „Da nach § 7 des Gesetzes vom 25. Februar 1815 ein einer Schrift ertheiltes Privilegium gegen den Nachdruck sich weder auf eine veränderte Auflage, noch auf eine Umarbeitung, noch auf einen Auszug dieser Schrift erstreckt, ein Abdruck der bedeutenderen Briefe dieses Werkes mit Auslassung der minder bedeutenden aber, wie es in dem Bericht des Studienrates als möglich bezeichnet ist, auf jeden Fall – wenn man auch einen doch wohl schwer zu begründenden Zweifel darüber erheben wollte, ob derselbe unter dem vom Gesetz nicht näher normierten Begriff des Auszugs falle, – als eine veränderte Auflage, oder eine Umarbeitung zu betrachten wäre, gegen welche gleichfalls das Gesetz vom 25. Februar 1815 keinen Schutz erteilt wissen will, so bedarf es diesfalls allerdings einer besonderen Bestimmung. So wie es daher dem Verleger unbenommen bleibt, einen solchen Auszug selbst fertigen zu lassen, und für denselben – als für ein besonderes Werk – auch ein besonderes Privilegium nachzusuchen, so wird doch jetzt, da er einen solchen zu beabsichtigen nicht behauptet, für denselben nach § 1 des Gesetzes auch ein Privilegium nicht erteilt werden können.
>
> Noch könnte die Frage erhoben werden, ob nicht der § 7 – indem er festsetzt, daß ein Privilegium nicht auf einen Auszug sich erstrecke, – dennoch zulasse, daß ein solches Privilegium erteilt werden könne? Allein durch Zusammenfall von § 1, 4, 7 möchte sich ergeben, daß ein Auszug für ein neues Werk gehalten wird, ein Privilegium aber nur für ein herauszugebendes Werk erteilt, und somit, – da Duncker & Humblot einen solchen Auszug selbst nicht beabsichtigen, – im Sinn des Gesetzes auch kein Privilegium hiergegen erteilt werden kann."

Erwähnenswert ist der Beschluss des hohen Kollegiums, sich vorerst nicht für den Schutz von Auszügen auszusprechen und den Schutz des Rescripts von 1815 nicht zu weit auszudehnen. Denen, die sich durch einen teilweisen Nachdruck eines Werkes in ihrem Privileg beeinträchtigt fühlten, sollten sich erforderlichenfalls bei der zuständigen Behörde beschweren[983]. Infolgedessen wurde im königlichen Dekret an das Innenministerium vom 13. September 1833 der Briefwechsel Goethes und Zelters unter den gewöhnlichen Bedingungen auf die Dauer von sechs Jahren privilegiert, ohne diesen Schutz selbstverständlich auf das ganze Werk zu beziehen, geschweige denn, eine explizite Erwähnung des Schutzes der Auszüge eigens aufzuführen[984].

---

[982] E 146/1 Nr. 5364, Teil 3 (Bericht v. 9. September 1833).
[983] Ibid.
[984] E 146/1 Nr. 5364, Teil 4.

2. Kein Nachdruck, sondern neues Werk

Als die Buchhandlungen Duncker & Humblot aus Berlin und die Cottasche Buchhandlung aus Stuttgart gegen die von Julius Wunder in Leipzig verlegte Schrift „Goethes Briefe in den Jahren 1767-1832, herausgegeben von Heinrich Doering" eine Beschwerde einlegten, hatte der königliche Studienrat Gelegenheit, seine Sicht des Schutzes gegen den widerrechtlichen Auszug aus einem Werk zu bestätigen. In seinem Bericht vom 2. Januar 1837 vertrat der Rat die Auffassung, dass Doerings Ausgabe kein Nachdruck im Sinne des Rescripts von 1815 darstelle, sondern ein neues Werk[985]. Es seien in der von Doering herausgegebenen Schrift sämtliche 310 Briefe von Goethe und Zelter nachgedruckt. Obwohl der Studienrat diese Behauptung nicht in Zweifel zog, sah er dies keineswegs als Nachdruck im Sinne des Rescriptes von 1815[986]:

„Die von Doering herausgegebene Schrift enthält offenbar einesteils weit weniger, anderenteils aber auch wieder weit mehr als die von Duncker & Humblot verlegte. Diese enthält nicht nur neben den 310 Briefen von Goethe, welche in der Doeringschen abgedruckt sind, auch 40 in dieser nicht abgedruckte Billete, sondern auch die sehr zahlreichen Briefe von Zelter an Goethe. Sie enthält überhaupt in den sechs Bänden, aus denen sie besteht, insgesamt 855 Briefe oder Billete, und Duncker & Humblot zählen doch selbst nur insgesamt 310, die aus ihrem Werk in dem Doeringschen abgedruckt seyen. Daß das Doeringsche Werk anderteils wieder mehr als das von Duncker & Humblot verlegte, enthalte, geht sodann schon daraus hervor, daß die Cottasche Buchhandlung sich darüber beschwert, daß aus dem von ihr verlegten Briefwechsel zwischen Schiller und Goethe in den Jahren 1794-1805 aufgenommen seyen. Aber nicht bloß aus diesem von Cotta verlegten Werk und aus dem von Duncker und Humblot verlegten müssen sich in dem Doeringschen Briefe befinden, sondern noch mehrere anders woher entlehnte, denn der Zeitraum, aus welchem es Briefe von Goethe mittheilt, beginnt mit dem Jahre 1768 und erstreckt sich bis zu Goethes Todesjahr 1832. Die beiden anderen Werke aber sind, das eine auf den Zeitraum von 1794-1805, das andere auf den von 1796-1832 beschränkt. Die Doeringsche Schrift erscheint hienach in Vergleichung mit dem Duncker & Humblot verlegten Werk keineswegs als Nachdruck im Sinne der Verordnung vom 25. Februar 1815. Sie giebt nicht eben dasselbe, was dieses Werk giebt, sie ist sogar nur teilweise Auszug aus derselben, und wegen dessen, was sie weiter enthält, wird sie ein mit Benützung verschiedener Schriften bearbeitetes neues Werk."

Die Duncker & Humblotsche Buchhandlung berief sich auf das Privileg für den Briefwechsel zwischen Goethe und Zelter sowie auf das Ministerium des Innern. Letzteres verwies auf den Beschwerdeweg, sobald sich ein Verleger in dem Nachdruck eines Auszugs aus dem Gesamtwerk beschwert fühlen sollte. Weiterhin enthielten die Ministerialakten nichts weiter Schutzspezifisches und daher sei § 7 des Rescripts von 1815 strikt anzuwenden. Da das Werk bereits in den Jahren 1828 und 1829 erschienen war, half auch das provisorische Gesetz

---

[985] E 146/1 Nr. 5364, Teil 7.

[986] E 146/1 Nr. 5364, Teil 7 (Bericht des Studienrates v. 2. Januar 1837).

von 1836 wider den Büchernachdruck nicht weiter, so dass die Beschwerde letztlich verworfen wurde[987].

3. Bezug des § 7 nur auf unveränderte Auflagen

Gelegenheit, die Schutzbereiche der §§ 7 und 8 herauszuarbeiten und anzuwenden, hatte der Studienrat bei der Begutachtung des Gesuchs der Herderschen Buchhandlung aus Freiburg um ein Nachdruckprivileg zugunsten der achten und folgenden Auflagen der in ihrem Verlag erschienenen „Allgemeinen Geschichte" von Carl von Rotteck"[988]. Der Rat verdeutlichte, dass nach § 7 ein Privileg für die angeordnete Jahreszahl allein die unveränderten Auflagen umschließe. Für eine neue und für weitere abermals verbesserte oder vermehrte Auflagen hingegen habe nach § 8 die Herdersche Buchhandlung ein neues Privileg „auch vor Verfluß von sechs Jahren abermals nachzusuchen"[989].

4. Verbesserung von bereits erschienenen Auflagen

Sehr großzügig mit dem Adjektiv „verbessert" verfuhr der Studienrat bei der Beurteilung des Gesuchs der Halbergerschen Buchhandlung um ein Privileg gegen den Nachdruck der bei ihr erscheinenden „Briefe eines Verstorbenen". Aus seinem Bericht vom 15. Oktober 1831 ging hervor, dass der Verfasser erst dann, nachdem Band 1 und 2 vergriffen waren, sich entschlossen hatte, das Werk auf vier Bände auszudehnen und die beiden ersten Bände in verbesserter Gestalt erscheinen zu lassen. Für den Studienrat reichte es offenbar aus, dass die Buchhandlung angab, dass die erste Auflage der Briefe mit Band 1 und 2 abschloss. Dass nunmehr die beiden ersten Bände in zweiter verbesserter und mit zwei neuen Bänden vermehrten Auflage erscheinen sollten sowie diese neue Auflage bei sämtlichen Bänden auch den Titel „zweite vermehrte und verbesserte Auflage" vorangesetzt bekommen sollte, reichte dem Studienrat für die Anwendung des Rescripts von 1815 vollkommen aus[990]. Auffällig ist, dass der Studienrat nicht auf den Umfang der Verbesserung der beiden ersten, schon erschienenen Bände einging. Die Aussage, die schon vergriffenen Bände einfach zu verbessern und mit zwei neuen in einer neuen Auflage erscheinen zu lassen, genügte, eine entsprechende „Vermehrung" gemäß § 8 des Rescripts von 1815 anzunehmen.

---

[987] E 146/1 Nr. 5363, Teil 8 (Schreiben des Innenministeriums an die Stadtdirektion Stuttgart v. 16. Januar 1837).

[988] E 146/1 Nr. 5236, Teil 2 (Bericht v. 23. Juli 1831).

[989] Ibid.

[990] E 146/1 Nr. 5247, Teil 4 (Bericht v. 15. Oktober 1831).

Der Rat musste unterdessen klarstellen, dass die Königliche Verordnung von 1815 auf keinen Fall bereits noch erscheinende Auflagen in der Zukunft schützen könne. Die Herrmannsche Buchhandlung aus Frankfurt hatte für Dr. Beckers Schulgrammatik der deutschen Sprache in dritter Auflage ein entsprechendes Privileg beantragt. Zunächst würdigte der Studienrat, dass diese in den preußischen Staaten allgemein eingeführt sei und auch in Württemberg in mehreren Schulen gebraucht werde. Hinsichtlich der Vermehrung der neuen Auflage merkte er Folgendes an[991]:

„Die dritte, gänzlich umgearbeitete Auflage derselben von welcher zunächst die Rede ist, verdient auch daher den königlichen Schutz. Die weitere Bitte aber, daß dieses Privilegium schon jezt auch auf fernere, etwa noch erscheinende Auflagen möge ausgedehnt werden, findet wenigstens in der auf Nachdruck von Privilegien sich beziehenden Verordnung keine Unterstützung.“

Hart urteilte der Studienrat im Unterschied zum Ministerium in seinem Bericht vom 25. Juni 1832, in dem er über ein Privilegiengesuch des Buchhändlers Walther aus Dinkelsbühl für die „Stunden der Andacht für Israeliten“ zu befinden hatte[992]. Der Studienrat hob hervor, dass in der gedruckten Ankündigung, welche Walther seinem Gesuch beigelegt hatte, dieser angegeben habe, dass die in seinem Verlag demnächst erscheinenden „Stunden der Andacht für Israeliten“ eine bloße Bearbeitung der viel verbreiteten „Stunden der Andacht“ in der Art seien, daß alle dogmatischen Beziehungen auf das Christentum gestrichen, dafür passender mit Rücksicht auf die europäische Religion eingeschaltet, das Ganze aber, wegen Weglassung alles Christlichen auf vier Bände beschränkt werden solle. Der Studienrat ärgerte sich augenscheinlich nicht nur über die inhaltliche Entscheidung der Verfasser, den Band so zu kürzen, dass die Beziehungen zum Christentum weggelassen worden waren, sondern auch über die formelle Präsentation[993]:

„Dabei machten es sich die Bearbeiter so leicht (was wirklich für diejenigen, welche in den bekannten Stunden der Andacht das christliche Element vermissen, als ein starker Beweis für ihre Behauptung gelten könnte), daß sie nicht einmal ein eigenes Manuskript verfertigen, sondern bloß in einem gedruckten Exemplar der gewöhnlichen Stunden der Andacht einzelne Stellen streichen und berichtigen.“

Dieses Mal formulierte der Studienrat nicht, dass kein gesetzliches Hindernis dem Gesuch entgegenstehen könnte, sondern dass er keine stützende Norm gefunden habe, ein Privileg zu gewähren, das im Übrigen wegen des geringen Absatzes überhaupt nicht nötig sei[994]:

„Wir finden in den vorhandenen Verordnungen nichts, was einer solchen Bearbeitung eines bereits vorhandenen, mit K. Privilegium gegen Nachdruck versehenen Wer-

---

[991] E 146/1 Nr. 5307, Teil 2 (Bericht v. 19. Juni 1834).

[992] E 146/1 Nr. 5258, Teil 2.

[993] E 146/1 Nr. 5258, Teil 2 (Bericht v. 25. Juni 1832).

[994] Ibid.

kes Anspruch auf ein gleiches Privilegium gegen Nachdruck gäbe, dessen sie wohl auch, obschon der Gedanke an sich nicht übel ist, um so weniger bedürfen wird, als, wie der Bittsteller selbst bemerkt, ihr Publikum beschränkt seyn wird."

In seinem Antrag an den König teilte das Ministerium des Innern die Beobachtung des Studienrates, dass ein Nachdruckprivileg wegen des zu erwartenden kleinen Publikums nicht unbedingt notwendig sei. Doch warf das Ministerium dem Studienrat vor, die Gewährung des Privilegs vorschnell abgelehnt zu haben[995]:

„Allein abgesehen davon, dass das Privilegium gegen den Nachdruck der christlichen Punkte der Andacht nach Ablauf der bestimmten Dauer erloschen ist, scheint der K. Studienrath übersehen zu haben, daß nach § 7 der K. Verordnung vom 25. Febr. 1815, Privilegien gegen den Bücher-Nachdruck betr., das durch das Privilegium begründete Verbot des Nachdrucks nur auf diejenige Ausgabe, der das Privilegium erteilt wurde, und auf eine unveränderte neue Auflage derselben während der bewilligten Dauer sich bezieht, nicht aber auf die Herausgabe einer Umarbeitung der privilegierten Schrift oder eines Auszugs aus derselben.

Da nun die in Frage stehende Schrift wirklich eine Umarbeitung der christlichen Punkte der Andacht zum Gebrauche der Israeliten ist, so weiß ich, wenn auch das vorliegende Gesuch bei dem beschränkten Publikum und dem geringen Reize zum Nachdruck der Schrift überflüssig seyn dürfte, keinen Hindernißgrund ..."

Mit Königlichem Dekret an das Innenministerium vom 16. Juli 1832 wurde das Gesuch des Buchhändlers Walther auf die Dauer von sechs Jahren unter den gewöhnlichen Bedingungen uneingeschränkt erteilt[996].

5. Der Schutz von Periodika und deren noch nicht erschienenen Jahrgängen

Studienrat und Ministerium eröffnete sich die Gelegenheit, über die Privilegierung von Periodika zu streiten, wozu das Privilegiengesuch der Metzlerschen Buchhandlung namens des oberrheinischen Comtois für Kunst und Literatur im Großherzogtum Baden zugunsten der vollständigen Jahrgänge als auch der einzelnen Tafeln des noch im Jahr 1833 beginnenden und sodann sofort periodisch erscheinenden Werks „Quelle nützlicher Beschäftigungen zum Vergnügen der Jugend, von Carl Wilhelm Döring" lehrreich ist[997].

Vorab berichtete der Rat am 7. Oktober 1833, die Metzlersche Eingabe habe „das Eigenthümliche, daß sie um königl. Schutz für ein Unternehmen ansucht, welches möglicher Weise, wie zum Beispiel das bekannte Bartuchsche Bilderbuch, eine lange Reihe von Jahren fortgehen durfte."[998] Das Gremium war be-

---

[995] E 146/1 Nr. 5258, Teil 3 (Bericht „in Collegio" beim Ministerium des Innern an den König v. 5. Juli 1832).

[996] E 146/1 Nr. 5258, Teil 4.

[997] E 146/1 Nr. 5286.

[998] E 146/1 Nr. 5286, Teil 2.

müht, möglichst viel des periodisch erscheinenden Werks unter eine mögliche Schutzfrist von sechs Jahren zu fassen und daher bereit, diese auch auf zukünftige, also zu erwartende Jahrgänge zu erstrecken, wobei er in Kauf nahm, dass diese noch gar nicht konzipiert waren bzw. konzipiert sein konnten[999]:

> „Würde nun das erbetene Privilegium ohne weitere Bestimmung ertheilt, so stände auf dasselbe § 4 der königl. Verordnung vom 25. Febr. 1815 Anwendung, und zum Beispiel der Jahrgang 1839 wäre dem Nachdruck alsbald, der Jahrgang 1838 nach wenigen Monaten Preis gegeben.

> Wir stellen daher ehrerbietigst anheim, ob nicht das Privilegium in der Art gnädigst gewährt werden wolle, daß die Ertheilung für jeden der zu erwartenden Jahrgänge mit der zu derselben gehörigen Tafel je für sechs Jahre giltig sey."

Um den in § 4 des Rescripts von 1815 postulierten Bestimmtheitsgrundsatz zu umgehen, dehnte der Studienrat die Privilegierung sogar auf zukünftige Jahrgänge aus, wogegen sich das Ministerium des Innern stellte und 1833 das Privileg letztlich nur für die schon existierenden gewährte[1000].

III. Fälle analoger Anwendung der Regeln über den Büchernachdruck in Kunst und Musik

Bei der Fülle von Anträgen, die das Ministerium und der Studienrat zu bearbeiten hatten, nimmt es nicht Wunder, dass ihnen Zweifelsfälle vorgelegt wurden, die nicht eindeutig unter ein Nachdruckprivilegiengesuch zu subsumieren waren. Darunter gehören die Fälle, bei denen Bildmaterial oder Musiknoten geschützt werden sollten. Diese Sachverhalte hatten die Entwurfsverfasser des Rescriptes von 1815 zwar im Ansatz erkannt, doch fallen lassen, um sie letztlich der rechtlichen Praxis zur Klärung zu überlassen[1001].

1. Text mit Lithographien (Fall des Kunstverlegers Schulz betr. die Geschichte Württembergs von Pfaff)

Der Stuttgarter Kaufmann und Kunstverleger Schulz bat um Erteilung eines Privilegs gegen den Nachdruck der Geschichte Württembergs von Pfaff, die lithographische Bilder enthielt. Nach dem Bericht der Stadtdirektion Stuttgart wollte der Verleger Text und Bilder immer zusammen verkaufen und wünschte, zugleich gegen den Nachdruck des Textes und gegen die Nachzeichnung sowie den Nachdruck der lithographischen Bilder privilegiert zu werden[1002]. Der Stu-

---

[999] Ibid.

[1000] RegBl Württemberg 1833, S. 590.

[1001] E 31 Nr. 573 (Teile 4, 5); siehe zur Entstehungsgeschichte des Rescripts in unserem 3. Teil, C. II., ab Fn. 670.

[1002] E 146/1 Nr. 5149, Teil 3 (Bericht v. 28. August 1824).

dienrat sah in Bezug auf den Text keinen Hinderungsgrund, der Privilegierung nachzukommen und problematisierte deren Erstreckung auf eine Nachzeichnung lithographischer Bilder, was er in seinem Gutachten vom 6. September 1824 als ungewöhnlich und bedenklich bezeichnete, denn er schrieb[1003]: „Wird der Bittsteller auch zunächst nur in Beziehung auf den Nachdruck des Textes privilegiert, so ist er damit schon gesichert, daß nicht mit dem verlegten Werk ein demselben ganz gleiches nämlich, eines mit Text und Bildern, in Berührung komme."

Auch das Ministerium des Innern teilte diese Ansicht, indem es in seinem Antrag an den König vom 23. September 1824 den besonderen Schutz der Bilder neben dem Text für nicht gut hieß und als bisher nicht da gewesen bezeichnete. Letztlich schütze das Privileg, das für den Text des Werks gewährt worden sei, das Gesamtwerk und komme dem Antrag des Bittstellers insofern entgegen, dass mit dem verlegten Werk kein gleiches mit Text und Bildern in Konkurrenz kommen könne[1004]. Während das Ministerium in seinem Bericht an den König die Erteilung des Privilegs ohne Zusätze und Klarstellung, dass dieses sich nur auf den Text des Werkes beziehe, nachsuchte, setzte sich der Studienrat noch mit der für ihn wichtigen Preisfrage auseinander, denn der Verleger hatte den Ladenpreis nicht angegeben. Indes sah es der Studienrat aber nicht als bedeutend an, dass der Antrag keine Preisvorstellung enthielt, denn dadurch, dass die Bilder die Hauptsache des Werkes darstellten, sei das Werk als Luxusartikel einzustufen, so dass großer Absatz nicht zu erwarten sei und es gerade im Interesse des Verlegers liege, den Preis möglichst niedrig zu halten, um beim Publikum erfolgreich anzukommen[1005].

Der Studienrat schloss seinen Bericht nicht mit einer Empfehlung ab, wohingegen sich das Ministerium mit der konkreten Bezifferung der Dauer auf sechs Jahre vorwagte. Ohne weitere Begründung wies das königliche Dekret an das Ministerium vom 26. September 1824 das Gesuch jedoch zurück[1006].

2. Umschreiben von Musiknoten in Ziffern

In dem schon unter der Rubrik „Versorgungsfälle" besprochenen Privilegiengesuch der Metzlerschen Buchhandlung zugunsten eines evangelischen vierstimmigen Choralgesangbuchs musste der Studienrat ebenso thematisieren, ob das Verbot des Nachdrucks nicht nur die Neuveranstaltung einer Ausgabe durch Nachdruck umfasste, sondern sich darüber hinaus gegen das Umschreiben der Noten in Ziffern richtete. Der Studienrat teilte die Sorge, dass eine

---

[1003] E 146/1 Nr. 5149, Teil 4 (Bericht v. 6. September 1824).
[1004] E 146/1 Nr. 5149, Teil 3a.
[1005] E 146/1 Nr. 5149, Teil 4.
[1006] Ibid.

Ausgabe, in der die Noten durch Ziffern ersetzt würden, eine erhebliche Konkurrenz zum geschützten Werk darstellen könnte. War die Ziffernumschrift ein eigentlicher Nachdruck bzw. genau so zu behandeln? Der Studienrat fühlte sich zu einer Auslegung des Rescripts, das hierüber keine explizite Angabe machte, ermuntert[1007]:

> „Richtig ist, bei einer solchen Ausgabe wird im Wesentlichen auch nur fremde Arbeit wiedergegeben, aber dies geschieht doch mit einer Veränderung, infolge deren die eine Ausgabe nicht ganz gleiche Dienste für den Gebrauch leistet, wie die andere. Das in neuern Zeiten zum Theil aufgekommene Übertragen der musikalischen Noten in Ziffern, geschieht um die Erlernung von Melodien solchen Personen zu erleichtern, welche keine oder beschränkte Kenntnisse in der Ordnung des Noten-Satzes (der Tonleiter) haben. Man könnte es gewissermaßen jedoch auch nur gewissermaßen mit der Übersetzung eines Werks in eine andere Sprache vergleichen; und Übersetzungen sowie ähnliche Umarbeitungen einer Schrift stellt das Gesetz vom 25. Febr. 1815 nach dessen § 7. nicht in die Classe der Nachdrucke."

Im Vergleich zur Übersetzung stufte der Studienrat die Übertragung von Noten in Ziffern in der Summe als minderwertiger ein[1008]:

> „Übrigens ist nicht nur mit einer Übersetzung einer Schrift in eine andere Sprache immer noch mehr eigene und neue Leistung verbunden, als mit dem bloßen Übertragen eines in Noten herausgegebenen musikalischen Werks in Ziffern, sondern es ist auch der Unterschied für den Gebrauch lange nicht gleich groß, wie zwischen zwey in verschiedenen Sprachen erschienenen Ausgaben einer Schrift, und für Leute, welche singen lernen wollen, hat es keine bedeutend größere Schwierigkeit, sich mit den eigentlichen musikalischen Noten bekannt zu machen, als sich blos nach Ziffern einüben zu lassen."

Da nun das Rescript von 1815 nicht entschied, ob das Übertragen eines in musikalischen Noten herausgegebenen Werkes in Ziffern als Nachdruck anzusehen war, schlug der Studienrat vor, nicht nur den Nachdruck des in Rede stehenden Werks zu privilegieren, sondern ausdrücklich auch die Übertragung der Melodien in Ziffern den Schutzbereich einzubeziehen. Dabei spielte für den Rat keine Rolle, dass es zwischen einer Ausgabe in Noten und einer in Ziffern keinen bedeutenden Unterschied gab und mit dem Übertragen in Ziffern beinahe keine eigene Leistung verbunden war. Nach seiner Meinung sollte das nur unvollkommene Hilfsmittel der Ziffern statt Noten nicht begünstigt werden und verdiente aus diesem Grunde keinen eigenständigen Schutz. Zudem bringe gerade das Übertragen in Ziffern der Verlagshandlung am meisten Nachteile bei ihrem nützlichen Unternehmen[1009].

Der Studienrat hatte also die Gefahr der Umschreibung von Noten in Ziffern, ähnlich wie er dies für die Übersetzung in eine Fremdsprache bedachte, erkannt, die der Gesetzgeber von 1815 noch nicht berücksichtigt hatte. Die weit

---

[1007] E 146/1 Nr. 5195, Teil 3 (Bericht vom 18. November 1824); vgl. hierzu Fn. 274 sowie Fn. 1098.
[1008] Ibid.
[1009] Ibid.

verbreitete Umschrift der Noten in Ziffern war für die Verlagsbuchhandlungen besorgniserregend und geschäftsschädigend, so dass diesen „Machenschaften" und der zu großen Nachstich- bzw. Nachdruckfreiheit ein Riegel vorgeschoben werden musste; dazu war die Subsumtion des Umschreibens von Musiknoten in Ziffern unter das bereits für Musiknoten erteilte Privileg ein geeignetes Schutzmittel.

5. Teil

Württemberg und die Urheberrechtsentwicklung im Deutschen Bund

Gegen die nach und nach stärker um sich greifende Aktivität des Deutschen Bundes sowie die Bemühungen einiger prominenter Mitgliedsstaaten wie Preußen und Sachsen um einen einheitlichen Nachdruckschutz in allen Staaten versuchte Württemberg zwar aufzubegehren, konnte jedoch letzten Endes seinen zäh verteidigten Grundsatz der Nachdruckfreiheit, eingebettet in sein Privilegiensystem, nicht durchhalten. Dieser Konflikt wird anhand von Anträgen von bundesweit bekannten Schriftstellern (vor allem Schiller, Goethe, Wieland, Herder) auf Gewährung bundesweit geltender Privilegien veranschaulicht (B).

Württemberg stand mit der Verteidigung seines Privilegiensystems insoweit immer noch isoliert da, als die übrigen Staaten nach und nach zur Anerkennung des Urheberrechts überliefen. Dieser Druck von außen hatte auch Einfluss auf die württembergische Privilegienerteilungspraxis (A).

A. Die Entwicklung des Urheberrechts in württembergischer Privilegienpraxis und Rechtsprechung

Alle Gesetze, die dem Rescript von 1815 in Württemberg zeitlich nachfolgten, bezogen sich auf diese Grundnorm, so das provisorische Gesetz von 1836 (III) und die Gesetze von 1838 und 1845 (IV).

Um 1835 taucht in den Gutachten des Studienrates und den Akten des Ministeriums des Innern zum ersten Mal die Auseinandersetzung mit dem „Eigentum" des Verfassers an seinem Werk auf. Immer wieder ist die Rede von der Abwägung zwischen diesem Eigentum einerseits und dem „Gemeingut der Nation" an weit verbreiteten Schriften andererseits. Studienrat und Ministerium gingen dabei sehr vorsichtig mit dem Begriff des Eigentums zugunsten der Verfasser um, weil sie die Nachdruckfreiheit keineswegs gefährden wollten; dabei schwelte stets ein Konflikt zwischen dem Einzel- und dem Gemeineigentum an Schriftwerken (II).

1828 anerkannte Württemberg durch das mit Preußen abgeschlossene Übereinkommen das Urheberrecht unter der Voraussetzung der Reziprozität bei der gegenseitigen Behandlung der jeweiligen Untertanen an; dies war der erste greifbare Versuch eines anderen Staates, nämlich Preußen, die württembergische Haltung im Hinblick auf die Anerkennung des Urheberrechts zu beeinflussen (I).

I. Die Auswirkung des preußisch-württembergischen Übereinkommens von 1828: Bedingung der Reziprozität in der gegenseitigen Behandlung der Untertanen

Einige Privilegiengesuche konnten sehr schnell per einfachem Verweis auf die preußisch-württembergische Vereinbarung vom 19. Februar 1828 erledigt und den Bittstellern ein entsprechendes Privileg erteilt werden.

1. Der Inhalt der Übereinkunft

Württemberg versprach in der Gegenseitigkeitserklärung vom 10. Februar 1828, preußische Untertanen wie Inländer zu behandeln; auffällig ist, dass lediglich Verleger gegenseitig wirksame rechtliche Zusagen erhielten[1010]:

„Das Königlich-Preußische Ministerium der auswärtigen Angelegenheiten erklärt hierdurch, in Gemäßheit der von Seiner Königlichen Majestät ihm ertheilten Ermächtigung:

nachdem die Königlich-Würtembergsche Regierung die Zusicherung ertheilt hat, daß vorläufig und bis es in Gemäßheit des Artikels 18. der deutschen Bundesakte zu einem gemeinsamen Beschlusse zur Sicherstellung der Rechte der Schriftsteller und Verleger wider den Bücher-Nachdruck kommen wird, den Verlegern in den Königlich-Preußischen Staaten, wenn sie bei der Königlich-Würtembergschen Regierung um ein Privilegium wider den Nachdruck nachsuchen, ganz dieselbe günstige Behandlung, welche in einem solchen Falle die Königlich-Würtembergschen Unterthanen genießen, zu Theil werden und das Privilegium namentlich ohne eine andere Gebühr, als welche die letzeren, nach der im Königreich Würtemberg bestehenden Gesetzgebung zu entrichten haben, ertheilt werden soll; daß das Verbot wider den Bücher-Nachdruck, so wie solches bereits im ganzen Bereiche der Preußischen Monarchie, zum Schutze der inländischen Verleger, nach den in den einzelnen Provinzen geltenden Gesetzen besteht, auch auf die Verleger des Königreichs Würtemberg Anwendung finden, mithin jeder durch Bücher-Nachdruck oder dessen Verbreitung gegen letztere begangene Frevel, nach denselben gesetzlichen Bestimmungen beurtheilt und geahndet werden solle, als handele es sich von beeinträchtigten Verlegern in der Preußischen Monarchie selbst.

[1010] Ministerial-Erklärung vom 19ten Februar 1828, über die mit dem Königreich Württemberg getroffene Vereinbarung, die Sicherstellung der Rechte der Schriftsteller und Verleger in den beiderseitigen Staaten wider den Bücher-Nachdruck betreffend, in: RegBl Württemberg 1828, S. 23-24. Die Erklärung erwähnt zwar im Titel die Schriftsteller noch vor den Verlegern, doch kommen die Schriftsteller im Vertragstext nicht vor, sondern lediglich die Verleger!

Gegenwärtige Erklärung soll, nachdem sie gegen eine übereinstimmende, von dem Königlich-Würtembergschen Ministerio vollzogene, Erklärung ausgewechselt worden seyn wird, durch öffentliche Bekanntmachung in den diesseitigen Staaten Kraft und Wirksamkeit erhalten.

Berlin, den 19ten Februar 1828.

(L.S.)

Königl. Preuß. Ministerium der auswärtigen Angelegenheiten.

v. Schönberg.

Vorstehende Erklärung wird, nachdem solche gegen eine übereinstimmende, von dem Königlich-Würtembergschen Ministerio der auswärtigen Angelegenheiten unterm 27sten Februar d.J. vollzogene Erklärung ausgewechselt worden ist, unter Bezugnahme auf die Allerhöchste Kabinetsorder vom 16ten August 1827 (Gesetzsammlung pro 1827. No. 17. Seite 123.), hierdurch zur öffentlichen Kenntniß gebracht.

Berlin, den 11ten März 1828.

Ministerium der auswärtigen Angelegenheiten.

v. Schönberg."

2. Gesuche der Buchhändler Nikolai (Berlin) und Marcus (Bonn)

Sehr einfach ging es etwa am 16. Februar 1833 im Gutachten des königlichen Studienrates[1011]:

„Wenn die Nikolaische Buchhandlung in Berlin in der wieder angeschlossenen Eingabe um ein Privilegium gegen den Nachdruck der bei ihr demnächst erscheinenden sämtlichen Schriften von Theodor Körner [...] bittet, welche nicht allein den bereits erschienenen Nachlaß des Dichters [...] umfassen, sondern auch noch Ungedrucktes enthalten solle, so stützt dieselbe sich hiebei mit Recht auf die Vereinbarung der k. württembg. Regierung mit der k. preußischen vom Jahr 1828. zum Schutze der gegenseitigen Unterthanen gegen den Bücher-Nachdruck, und wir tragen auf gnädige Gewährung des Gesuches für die gewöhnliche Dauer von 6. Jahren ehrerbietigst an."

Ebensolches Glück hatte der Buchhändler Marcus aus Bonn, der wegen eines Privilegs für das „Deutsch-lateinische[s] Wörterbuch für Medicin-Studierende von D. Leviée" anklopfte. Hier meldete sich der Studienrat mit der Antwort, dass nach seinem Ermessen diesem Gesuch im Allgemeinen nichts im Wege stand. Darüber hinaus könne das Gesuch noch durch die Übereinkunft mit der preußischen Regierung zu gegenseitiger Sicherstellung der Schriftsteller und Verleger gegen den Nachdruck von 1828 begünstigt werden[1012]. Weder im königlichen Dekret an das Ministerium vom 29. Mai 1833[1013] noch in der Mitteilung an die königliche Stadtdirektion Stuttgart vom 30. Mai 1833 noch in der Eintragung im Regierungsblatt[1014] war von dem preußisch-württembergi-

---

[1011] E 146/1 Nr. 5314, Teil 2 (Bericht v. 16. Februar 1833).

[1012] E 146/1 Nr. 5272, Teil 2 (Bericht v. 21. Mai 1833).

[1013] E 146/1 Nr. 5272, Teil 4.

[1014] Ibid.

schen Übereinkommen die Rede; stattdessen wurde allein auf die königliche Verordnung von 1815 hingewiesen.

3. Routinierte Bearbeitung der Gesuche Dumont-Schauberg (Köln), Duncker & Humblot (Berlin) und Wesener (Paderborn)

Schon nahezu routiniert wurde das Gesuch des Buchhändlers Dumont-Schauberg aus Köln für Joseph Siegls Buch „Gott ist die Liebe. Ein Gebet- und Erbauungsbuch für gebildete katholische Christen" behandelt. Der Studienrat brauchte nur noch seinen Text, den er schon zugunsten des Buchhändlers Marcus am 21. Mai 1833 verfasst hatte, zu übertragen[1015]. Dies konnte man im Ministerium gleichermaßen gestalten und sich auf das Abkommen zum gegenseitigen Schutz der Schriftsteller und Verleger in den beiden Ländern stützen[1016].

Auch Duncker & Humblot aus Berlin hatten binnen weniger Wochen Privilegien für drei beantragte Werke; darunter das Handbuch der allgemeinen Arithmetik von P. N. C. Egen, das Lehrbuch der französischen Sprache für den Schul- und Privatunterricht von F. Herrmann sowie den Leitfaden zur Geschichte der deutschen Literatur von F. A. Pischon[1017].

Erwähnenswert ist schließlich noch der Erfolg des Privilegiengesuchs des Buchhändlers Wesener aus Paderborn für den viel bekannten und viel gebrauchten „Kinderfreund von Rochow, nun umgearbeitet von A. Mieter, zehnte Auflage mit einem Anhange über die Giftpflanzen und mit einem vollständigen Cursus, Denkübungen, vermehrt". Wie bei Duncker & Humblot arbeitete der Studienrat mit der Formel, „daß dem Gesuch um so weniger etwas im Wege stehen dürfte, als die Übereinkunft mit der preußischen Regierung zu gegenseitiger Sicherstellung der Rechte der Schriftsteller und Verleger gegen den Nachdruck von 1828 den Verlegern in den k. preußischen Staaten, wenn sie bei der k. württembergischen Regierung um ein Privilegium" nachsuchten, dieselbe günstige Behandlung zusicherte, die in einem solchen Fall die württembergischen Untertanen genießen durften[1018].

4. Prüfung der Reziprozität

Die Garantie der Reziprozität wurde stets hervorgehoben und geprüft. Da es keine Beanstandungen dieser Voraussetzung für württembergische Untertanen in Preußen gab, gewährte das Ministerium nach Befragung des Studienrates das

---

[1015] E 146/1 Nr. 5275, Teil 2 (Bericht v. 1. Juli 1833).

[1016] E 146/1 Nr. 5275, Teil 3 (Antrag an den König v. 9. Juli 1833).

[1017] E 146/1 Nr. 5282.

[1018] E 146/1 Nr. 5304, Teil 2 (Bericht v. 9. Juni 1834).

nachgesuchte Privileg für die preußischen Verleger. Die Schriftsteller hatten hiervon nur mittelbaren Nutzen, obwohl die Sicherstellung ihrer Rechte explizit im Titel der Vereinbarung beider Staaten stand.

Die preußisch-württembergische Übereinkunft war noch bis zum provisorischen Gesetz von 1836 von hoher Wichtigkeit. Es konnte der württembergische Grundgedanke behauptet werden, dass der Nachdruck grundsätzlich erlaubt war und nur im Einzelfall begründete Privilegien davon eine Ausnahme statuieren konnten, etwa um ausreichend preiswerte Bücher auf den Markt zu bringen oder die Rechtsverletzung von Verlegern wie Schriftstellern einzudämmen, bevor ihre Werke nach Ablauf der Privilegiendauer zu „Gemeingut" wurden; diese Vokabel verwendeten die württembergischen Behörden um so mehr, als sie den Nachdruckschutz zur gegenläufigen und sich ausbreitenden Meinung in ein positives Licht zu stellen bestrebt waren.

II. Die Auseinandersetzung um Gemeingut und Eigentum an Druckwerken

In den Jahren von 1826 bis 1835 äußerte sich der Studienrat des Öfteren darüber, wessen Gut die Druckwerke waren oder es nach einer gewissen Zeit wurden.

1. Privateigentum der Buchhändler versus Gemeineigentum (Gesuch der Erben Schillers von 1826)

Das Gesuch der Hinterbliebenen Friedrich von Schillers um Erteilung eines Privilegs gegen den Nachdruck der Werke ihres verstorbenen Vaters bezeugt sehr eindrucksvoll den in Württemberg geltenden Grundsatz der Nachdruckfreiheit und deren Beschränkung durch Privilegierung, bis sich das Werk nach Ablauf der Schutzzeit in „Gemeingut" verwandelte. Die Erben Schillers wandten sich konkret sowohl gegen den Nachdruck der Schriften Schillers als auch gegen den Verkauf nachgedruckter Werke. Ausgehend davon, dass in sehr vielen Ausgaben bald die gesammelten Werke, bald einzelne Schriften Schillers bereits verbreitet waren, stufte der Studienrat die Herausgabe neuer Ausgaben teils der ganzen Sammlung, teils einzelner Schriften als nötig ein. Obschon dem Debit des Vorrats an Exemplaren der bereits gedruckten Ausgaben nichts in den Weg gelegt werden könne, hätten die Hinterbliebenen Schillers einen wohl sehr ansehnlichen Nutzen, wenn ohne ihre Einwilligung keine neue Ausgabe veranstaltet und verkauft werden dürfe. Der Erteilung eines Privilegs hierüber ständen allerdings die Rechte derjenigen Buchhändler entgegen, welchen Schiller zu seinen Lebzeiten von ihm verfasste Werke selbst in Verlag gegeben ha-

be; gerade diese Buchhändler müssten Schutz ihres Privateigentums verdienen[1019]:

> „Diese könnten, ohne die durch Vertrag erworbenen Rechte zu verlezen, ohne in das
> Privateigenthum einzugreifen, nie gehindert werden, neue Auflagen dieser ihrer Ver-
> lagsartikel zu veranstalten und wo es ihnen gefällig, zu verkaufen. Dies trifft übrigens
> seine Schriften bloß im einzelnen, eine ganze Sammlung derselben hat Schiller selbst
> nie unternommen und einem Buchhändler in Verlag gegeben. Die bis jetzt erschienenen
> Sammlungen sind unseres Wissens alle bloß so entstanden, daß Buchhändler die einzeln
> erschienenen Schriften durch einen willkührlich angenommenen Redacteur ordnen lie-
> ßen und herausgaben. Ein Verbot des Nachdrucks einzelner Schriften würde auf diese
> Weise zunächst zum Vortheil derjenigen Buchhändler gereichen, welche ehemals diese
> einzelnen Schriften von dem Verfasser in Verlag genommen haben; aber indirect könnte
> die Zusicherung eines solchen Verbots auch den Hinterbliebenen von Schiller insofern
> nützlich werden, als diese ehemaligen Original-Verleger wohl sehr geneigt seyn würden,
> einen nicht unbedeutenden Abtrag ihnen zu machen, wenn aus Rücksicht auf sie das
> Verbot ertheilt werden wollte. Allein wir wenigstens sind der Ansicht, daß es den beste-
> henden Rechtsgrundsätzen entgegen wäre, jetzt noch ein solches Verbot zu geben. Die
> fraglichen Schriften sind einmal ohne Privilegium gegen den Nachdruck erschienen, o-
> der wenn auch, was uns jedoch nicht bekannt ist, ehedem für die eine oder andere ein
> Privilegium gegeben worden wäre, so ist die Zeit der Dauer derselben schon längst ab-
> gelaufen, und die betreffenden Schriften kommen nun als Gemeingut des Publikums in
> Betrachtung, von welchem Jeder zu beliebigem Zweck namentlich auch zu dem der
> Vervielfältigung durch weitere Abdrücke freien Gebrauch machen kann."

Aus dem Grundsatz, dass das Publikum Gemeingut erwerbe, schlussfolgerte
der Studienrat, dass dieses Prinzip auch auf die Veranstaltung einer Neu- oder
Wiederauflage bereits gemachter Sammlungen der Schillerschen Schriften anzuwenden sei. Der Studienrat war lediglich bereit, den Hinterbliebenen Schillers so viel zu gewähren, dass ihnen in Bezug auf das, was sie selbst neu veröffentlichten, Schutz- bzw. Abwehrrechte erwachsen könnten[1020]:

> „Unseres Erachtens wird also den Hinterbliebenen von Schiller wegen entgegenste-
> hender rechtlicher Hindernisse nur so viel gewährt werden können, daß ihnen in Bezie-
> hung auf das, was sie etwa dem Publikum neu geben werden, Sicherung gegen den
> Nachdruck ertheilt wird, also a) in Beziehung auf einzelne Schriften und deren Inhalt, so
> fern sie solche mit Veränderungen gegen die seitherigen Ausgaben namentlich etwa mit
> Zusäzen aus handschriftlichem Nachlaß herausgeben und b) in Beziehung auf eine
> Sammlung der bereits erschienenen Schriften, nur etwa rücksichtlich der Form und Ord-
> nung, in der von ihnen eine solche Sammlung veranstaltet werden wird, so daß Niemand
> einen Nachdruck der Sammlung in der Form, wie sie von ihnen redigirt würde, veran-
> stalten dürfte.

Nur eine Privilegierung in diesem Maße scheint uns mit dem Inhalt und dem Geiste
des Gesetzes, betr. die Privilegien gegen den Büchernachdruck vom 25. Febr. 1815 namentlich dessen §§ 7. und 8. vereinbar; sie erforderte aber, daß die Schillerschen Hinterbliebenen eine bestimmte erst noch zu veranstaltende Ausgabe einzelner oder der ge-

---

[1019] E 146/1 Nr. 5367, Teil 5 (Bericht v. 8. Juni 1826).
[1020] Ibid.

sammelten Schriften ihres Vaters angeben, für welche das Privilegium zu ertheilen wäre."

Ein retroaktiver Schutz des bereits ohne Privileg erschienenen Schillerschen Schrifttums war nach Meinung des Studienrates nicht mehr mit einem sich auf das Rescript von 1815 stützenden Einzelpriveg, sondern nur noch mit Zustimmung der Stände zu einem entsprechenden Gesetz gemäß § 31 der württembergischen Verfassung erlaubt[1021]:

> „Ein Verbot des Nachdrucks, dessen was bereits von Schillerschen Schriften ohne Privilegium im Druck erschienen ist, und (in unveränderter Gestalt) so wie es erschienen ist, würde eigentlich ein nach der Verfassungs-Urkunde § 31. nur vermöge eines unter ständischer Zustimmung gegebenen Gesetzes zulässiges Monopol mit einem seither dem freien Verkehr anheim gegeben gewesenen Gegenstand enthalten, während dagegen die vermöge der Privilegierung (Patentierung) neu oder in veränderter Gestalt erschienenen Werke von Seite der Regierung von Anfang an nur unter der Bedingung und Beschränkung, daß sie nicht nachgedruckt werden dürfen, in Verkehr kommen."

Erwähnenswert ist die synonyme Verwendung von „Privilegierung" und „Patentierung"!

2. Fortführung der Praxis des Ober-Censur-Collegiums durch den Studienrat nach 1817

Etwas umständlich hatte der Studienrat im Fall der Schillerschen Erben noch einmal herausgearbeitet, dass sich niemand durch eine Gesamtausgabe zu einem Monopolisten an einem literarischen Gut aufschwingen dürfe. In Fortsetzung der Entscheidungspraxis des dem königlichen Studienrat vorangehenden Ober-Censur-Collegiums, in dem Direktor Süskind und Referent Jaeger ebenfalls Mitglied waren, wiederholte der Studienrat die schon 1813 aufgestellten Grundsätze[1022]:

> „Im Jahr 1813. hatte auch schon die Cottasche Buchhandlung um ein Privilegium gegen den Nachdruck der Schillerschen Werke, von denen sie damals eine Sammlung veranstaltete, sowohl für die Sammlung im Ganzen, als für die einzelnen Bestandtheile gebeten, wie der unterzeichnete Director und der Referent von ihrer Anstellung bei dem vormaligen Ober-Censur-Collegium her sich erinnern. Letzteres Collegium trug in Übereinstimmung mit der damaligen Section der inneren Administration auf die Abweisung dieses Gesuchs, welche hierauf auch durch höchste königl. Entschließung erfolgte, zunächst aus dem Grunde an, weil ein solches Privilegium, nachdem einmal die Schillerschen Schriften bereits allgemein verbreitet seyen, eigentlich die Einräumung eines Monopols enthielte. Daneben kam freilich bei jenem Gesuch der Cottaschen Buchhandlung noch in Betrachtung, daß sie selbst nur von einzelnen Werken Schillers das Verlagsrecht von dem Verfasser an sich gebracht hatte, die meisten in anderwärtigem Original-Verlag erschienen waren, und sie bei einem Abdruck der letztern im Grunde nur das

---

[1021] Ibid.
[1022] Ibid.

Gewerbe des Nachdrucks trieb. Wir haben uns die betreffenden Acten von dem Ministerium des Innern, zu welchem sie von dem vormaligen Ober-Censur-Collegium gekommen sind, geben lassen, und schließen sie hier an."

Dem Studienrat oblag es schließlich noch zu betonen, dass sich der vorliegende Fall von dem der Privilegierung der Schriften Goethes und Richters unter dem Aspekt der Bestimmtheit unterscheide[1023]:

„Die beiden neuerlichen Fälle mit der Privilegierung der Schriften des Freiherrn v. Goethe und des Legationsraths Jean Paul Richter gegen den Nachdruck sind (bis jetzt wenigstens) von dem vorliegenden Fall des Gesuchs der Hinterbliebenen Friedrichs von Schiller in so fern verschieden, als jene Schriftsteller für eine bestimmte und mit Veränderungen erscheinende Ausgabe als diejenige angegeben hatten, für welche sie sich das Privilegium nachsuchen."

Die Schillerschen Hinterbliebenen hatten also den Inhalt der geplanten Ausgabe nicht genau skizziert. Dem Studienrat wichtig blieb dabei die gesetzliche Kluft zwischen Preußen und Württemberg, mit der er rechtfertigte, dass im Unterschied zu Württemberg der König von Preußen das Privileg aufgrund der gesetzlichen Lage in seinem Land erteilen konnte, was die Rechtslage vor Inkrafttreten des preußisch-württembergischen Übereinkommens versinnbildlichte[1024]:

„Was endlich noch das den Schillerschen Hinterbliebenen von des Königs von Preußen Majestät für die Schriften ihres verstorbenen Vaters ohne Bezeichnung einer bestimmten Ausgabe ertheilte Privilegium betrifft: So sind in so fern die Verhältnisse in den preußischen Staaten (S. Allg. Landrecht für die preußischen Staaten 1. Th. XI. Titel § 996 flg. II. Th. XX. Titel § 1294) anders als in Württemberg, als in jenen der Nachdruck ohnehin in der Regel verboten ist, und nur ausnahmsweise als Retorsion gegen diejenigen Staaten, welche den Nachdruck gestatten, oder wenn die Buchhandlung welche den Originalverlag halte, erloschen ist, zugelassen wird."

Auch das Ministerium des Innern betonte in seinem Anbringen an den König vom 10. Juli 1826 die großen Unterschiede in den Gesetzgebungen Preußens und Württembergs. In Württemberg musste Gegenstand eines Privilegs regelmäßig eine neue Ausgabe sein[1025].

3. Einräumung eines mittelbaren Interesses des Verfassers an der Privilegierung (Fall des Professors Pfister von 1828)

Zwei Jahre später, im Jahre 1828, sprach der Studienrat explizit auch dem Verfasser einer Schrift ein mittelbares Interesse an der Erteilung von Druckprivilegien zu. Es ging um das Gesuch des Buchhändlers Perthes aus Hamburg für das in seinem Verlag in drei Bänden erscheinende Werk des Pfarrers Pfister aus Untertürkheim zugunsten von dessen „Geschichte der Deutschen". Einziger

---

[1023] Ibid.

[1024] Ibid.

[1025] E 146/1 Nr. 5367, Teil 6 (Bericht v. 10. Juli 1826).

Diskussionspunkt bei diesem Antrag war die Bestimmung der Dauer des Privilegs, denn der Buchhändler hatte eine Schutzfrist von zehn Jahren erbeten. In seinem Bericht vom 28. April 1828 rief der Rat die Regeldauer von sechs Jahren in Erinnerung, ohne gleichzeitig besondere Umstände für einen längeren Zeitraum im Sinne von § 1 des Rescriptes von 1815 zu erwägen. Dabei gaben das unmittelbare Interesse des Verlegers, das mittelbare des Verfassers sowie die Anerkennung von dessen Verdiensten um das historische Schrifttum den Ausschlag für die Bewilligung des Privilegs auf zehn Jahre[1026]:

> „Insofern bei der Ertheilung solcher Privilegien nicht nur der Verleger, sondern mittelbar wenigstens auch der Verfasser der Schrift interessiert ist, würde es für den Pfarrer Pfister ein Merkmal der höchsten Anerkennung seiner Verdienste im Fache der geschichtlichen Literatur seyn, wenn Seine Königliche Majestät gnädigst geruhen wollten, nach der von ihm in seiner Eingabe vorgetragenen Bitte dem Privilegium eine 10.jährige Dauer zu geben."

Da sich das Ministerium in seinem Antrag an den König vom 8. Mai 1828 mit dem Studienrat einverstanden erklärte[1027], kam auch der König nicht umhin, Perthes eine Woche später antragsgemäß das Privileg auf zehn Jahre auszustellen[1028].

4. Erste Erwähnung einer Form von literarischem Eigentum des Verfassers (Fall Gehring von 1829)

In seinem Bericht vom 5. Januar 1829 anerkannte der Studienrat zum ersten Mal literarisches Eigentum des Verfassers, nachdem der Bittsteller in seiner Eingabe über die Geschichte der Entstehung des Werkes und die damit verbundenen Streitigkeiten über sein literarisches Eigentum mit einem anderen Verfasser sehr detailliert berichtet hatte. Die Bittschrift stammte vom Schulmeister Gehring aus Rottenacker (Oberamt Ehingen), der seine von ihm verfassten naturhistorischen Tabellen gegen Nachdruck schützen lassen wollte.

Gehring stritt sich mit Heinrich Rebau um sein literarisches Eigentum. Rebau hatte am 25. April 1827 ein Nachdruckprivileg für seine „Naturgeschichte für die deutsche Jugend" erwirkt und schon Jahre zuvor für den Schulgebrauch bestimmte Tabellen verfasst, die er dem königlich-evangelischen Konsistorium und dem katholischen Kirchenrat vorgelegt hatte und die auch die Billigung dieser Kollegien erhielten. In ihrer damaligen Gestalt waren diese Tabellen indes nicht gedruckt worden, weil Gehring den Entschluss gefasst hatte, sie mit neueren Hilfsmitteln zu überarbeiten. Bei dieser Umarbeitung benutzte er auch die Rebausche Naturgeschichte, was Rebau zu einer im Schwäbischen Merkur

---

[1026] E 146/1 Nr. 5313, Teil 2.

[1027] E 146/1 Nr. 5313, Teil 3.

[1028] E 146/1 Nr. 5313, Teil 4 (Königliches Dekret an das Ministerium des Innern v. 14. Mai 1828).

von 1828 (S. 1519) eingerückten Erklärung veranlasste, dass er selbst Tabellen und einen Auszug für Volksschulen aus seiner Naturgeschichte herausgeben werde. Diese Erklärung brachte wiederum den Verleger Gehrings, den Steindrucker Mäcken aus Reutlingen, dazu, im Schwäbischen Merkur von 1828 (S. 1542) eine eingerückte „Protestation" gegen das Rebausche Vorhaben zu veröffentlichen, weil dieses sein abgetretenes Verlagsrecht verletze. Gehring wollte mit seinem Privilegiengesuch zunächst die Anerkennung seiner naturhistorischen Tabellen als eigenständige literarische Arbeit, um für sein „literarisches Eigenthum" einen ausreichenden Schutz gegen Nachdruck zu erlangen. Der Studienrat gab dazu folgende positive Stellungnahme ab[1029]:

> „Unseres Erachtens hat es keinen Anstand, sie in der Gestalt, wie sie vorliegen, auch wirklich *als sein literarisches Eigenthum* [Hervorhebung durch Verfasser] zu behandeln, und für dieselben somit das erbetene Privilegium zu ertheilen. Möchte es auch noch so viel zunächst bloß aus Rebaus Naturgeschichte geschöpft haben (er behauptet übrigens die häufige Übereinstimmung rühre vorzüglich auch daher, daß er und Rebau gleiche Hülfsmittel benützt haben) so giebt er doch keineswegs geradezu das, was das Rebausche Werk enthält, auch das seinige könnte keineswegs in die Cathegorie der Nachdrücke, sondern nur in die der Auszüge gesezt werden, wobey aber das seinige sich noch von dem Rebauschen durch die tabellarische Form der Darstellung unterscheidet, und diese Vorstellungsart kommt in jedem Fall als eigene literarische Arbeit von ihm in Betrachtung."

Dem Studienrat und dem Ministerium genügte es also, im Falle Gehring ein neues schützenswertes Werk zu unterstellen. Nahezu zur selben Zeit sprach sich der Studienrat aber nicht nur für die Interessen von Verleger und zugunsten des literarischen Eigentums des Schriftstellers aus, sondern nahm gleichermaßen seine Kontrollfunktion und „Filtertätigkeit" zum Schutze der Leserschaft wahr.

5. Fortsetzung der Zensurtätigkeit durch den Studienrat (Fall des Zauberbuches von Eschenmayer von 1834/35)

Im Namen der Buchhandlung Braun aus Karlsruhe bat die Metzlersche Buchhandlung aus Stuttgart um ein Privileg gegen den Nachdruck der zweiten vermehrten Auflage von „D. Kerners Geschichten der Besessenen nebst einigen Reflexionen über Besessenseyn und Zauber" von Professor Dr. von Eschenmayer. Obwohl sich Studienrat und Ministerium sehr kurz über das Werk äußern, spürt man deren Abneigung gegenüber der Publikation dieses Magie- und Zauberbuches. Dennoch musste der Studienrat feststellen, dass ein gesetzliches Hindernis dem Gesuch jedenfalls nicht entgegenstand, und schrieb[1030]: „Insofern Privilegien gegen Nachdruck nicht allein den Verleger schützen, sondern

---

[1029] E 146/1 Nr. 5281, Teil 9 (Bericht v. 5. Januar 1829).
[1030] E 146/1 Nr. 5325, Teil 2 (Bericht v. 29. Dezember 1834).

auch die allgemeinere Verbreitung einer Schrift wenigstens einigermaßen hindern können, möchten wir dieses Gesuch besonders zu gnädigster Gewährung ehrerbietigst empfehlen."

Der entsprechende Antrag des Ministerium des Innern an den König vom 3. Januar 1835[1031] sowie das königliche Dekret an dieses Ministerium vom 7. Januar 1835[1032] befürworteten ein Privileg auf die Dauer von sechs Jahren, so dass das danach übliche Verfahren, d.h. Schreiben an die Stadtdirektion Stuttgart, den Bittsteller aufzufordern, die Sportel und die beiden Freiexemplare an die königliche Bibliothek zu entrichten sowie die Veröffentlichung im Regierungsblatt, ablaufen konnten. In diesem Falle wurde das Privileg nicht verwandt, um hauptsächlich Verleger oder gar den Schriftsteller vor Nachdruck seines Werks zu schützen; im Gegenteil: der Studienrat sah in der Privilegierung auch ein Mittel, die Publikation dieses Werkes zu kontrollieren, denn es gab innerhalb der Schutzfrist von sechs Jahren nur eine Originalausgabe, von denen Belegexemplare von der königlichen Bibliothek vereinnahmt werden konnten. Noch wichtiger war, dass das Gedankengut und der offenbar missliebige Inhalt dieses Buches nicht durch Nachdruck in Württemberg hätten zirkulieren und die Untertanen „verderben" können[1033].

Während im Falle des Zauberbuchs die Rolle des Studienrates als Zensurorgan und dies in der Tradition des ihm vorangehenden Ober-Censur-Collegiums (!) vorherrschte, ging es diesem Gremium hauptsächlich darum, zwischen der Position des Verlegerschutzes einerseits und den Interessen des lesefreudigen Publikums andererseits zu vermitteln. Dabei taucht immer wieder die Formel vom „Gemeingut" auf, in das sich Schriften nach einer gewissen Schutzfrist (Privilegierungsdauer) verwandelten.

6. Vorrang der Gemeingutthese
(Fälle Fleischmann/Stilling und Roos von 1834/35)

Aus dieser Überlegung heraus wurden die Gesuche des Buchhändlers Fleischmann aus Nürnberg allesamt abgelehnt. Was Fleischmanns Antrag zu sämtlichen Werken von Johann Heinrich Jung, genannt Stilling, betraf, ärgerte den Studienrat, dass Fleischmann sich so ausdrückte, dass man hätte glauben können, er sei Verleger aller Werke des schon damals seit wenigstens zehn Jahren verstorbenen Geheimen Hofrats Jung, der in Karlsruhe Schriftsteller, Arzt und Professor der Ökonomie, Kameral- und Staatswissenschaft gewesen war.

[1031] E 146/1 Nr. 5325, Teil 3.

[1032] E 146/1 Nr. 5325, Teil 4.

[1033] E 146/1 Nr. 5325, Teil 3 (Bericht v. 3. Januar 1835 an den König) und Teil 4 (Königl. Dekret an das Ministerium des Innern v. 7. Januar 1835).

Dieser allzu verwegenen Darstellung widersprach der Studienrat entschieden[1034]:

„Gerade das Beste, so wie unseres Wissens früheste, von Jung, nämlich Heinrich Stillings Jugend, Jünglingsjahre und Wanderschaft, welche im Jahr 1777 erstmals in drei Theilen, und in einer neuen Gestalt und fortgesezt unter dem Titel ‚Lebensbeschreibung‘ in fünf Theilen 1806 in Berlin erschien, ferner Jung Stillings Theobald der Schwärmer, der Volkslehrer, und wohl auch noch etliche andere Schriften finden sich nicht in dem Verzeichnisse der Fleischmannschen Verlagsartikel und können sich nicht in demselben finden, weil sie bei andern Verlagshandlungen erschienen sind. Es ist daher auch nicht abzusehen, wie Fleischmann die Ankündigung der hiesigen Buchhandlung von Fr. Henne von Jung Stillings sämtlichen Schriften zum ersten Male vollständig gesammelte eine Unwahrheit und Täuschung des Publikums nennen mag.“

Hier endet dann die Argumentation des Studienrates und wendet sich dem als dreist aufgefassten Antrag zu, ein Werk zehn und mehr Jahre zu bevorteilen[1035]:

„Jedenfalls aber bittet Fleischmann um ein königl. Privilegium gegen den Nachdruck der längst – zum Teil vor zehn und mehr Jahren – erschienenen Werke Jungs, was ganz gegen die Bestimmung des königl. Rescripts vom 25. Febr. 1815. streitet.“

Dasselbe war der Fall mit dem hauptsächlich in Württemberg, aber auch in anderen deutschen Ländern damals noch immer viel gebrauchten christlichen Hausbuch des ehemaligen Prälaten Roos, der dieses erstmals im Jahr 1782 herausgebracht hatte. Der Studienrat stellte fest, dass die neue fünfte, ein Jahr vor Antragstellung, d.h. im Jahr 1833, schon bei Fleischmann erschienene Auflage des christlichen Hausbuchs unverändert und nur mit einer empfehlenden Vorrede des Professors Schubert aus München neu ausgestattet gewesen sei, was ihn angetrieben habe, sich unverzüglich dafür auszusprechen, dass lange publizierte und gebrauchte Werke kein ewiges Eigentum der Verfasser, sondern „Gemeingut“ darstellten[1036]:

„Es kann wohl bei allem Schutze, den auch wir den Schriftstellern und Verlegern gegen den Nachdruck zugesichert wünschen, niemals die Absicht der Regierungen seyn, daß Schriften ein ewiges Eigenthum, sey es der Familie ihres Verfassers oder, was im vorliegenden Falle ohne Zweifel Statt fände, ihres Verlegers bleiben, und auch diejenigen Regierungen, welche keinen Nachdruck überhaupt dulden, haben eine Zeit festgesezt, nach deren Ablauf ein Werk Gemeingut wird, und freie Wiederauflage jedem freisteht, der sich damit befassen will.“

Dieses wichtige Zitat beweist, dass dem Studienrat die großen Rechtsunterschiede in den einzelnen deutschen Ländern bekannt waren und er die württembergische Rechtsposition durchsetzen wollte, mit der er sich im Recht glaubte. Zwar sprach der Rat vom Eigentum, welches Schriftstellern und Verlegern zugesichert werden sollte, doch müsse nach einer gewissen Schutzfrist

---

[1034] E 146/1 Nr. 5328, Teil 2 (Bericht v. 27. Oktober 1834).
[1035] Ibid.
[1036] Ibid.

mit dem Privateigentum Schluss sein, weil dann das Interesse der Leserschaft überwiege und das Werk zu „Gemeingut" werde.

Schon drei Monate später hatte der Studienrat wiederum Gelegenheit, seine Ansicht in aller Deutlichkeit zu wiederholen. Der Buchhändler und Buchdrucker Friedrich Henne hatte mit Schreiben vom 8. Januar 1835 noch einmal um ein Privileg gegen den Nachdruck sämtlicher Werke des Johann Heinrich Jung, genannt Silling, gebeten[1037]:

„Eurer Königlichen Majestät wage ich es, in Betreff der in Rubro bezeichneten Angelegenheit folgendes unterthänigst vorzutragen. Vor einiger Zeit habe ich den Entschluß gefasst, Johann Heinrich Jungs, genannt Stilling, Doktor der Arzneikunde und der Weltweisheit, großherzoglich-badischer Geheimer Hofrat, sämtliche Schriften in Druck und Verlag zu übernehmen, und dieselben in namentlichen Heften erscheinen zu lassen, zu welchem Ende ich mich mit den früheren Verlegern abgefunden und alle dießfallsigen Hindernisse beseitigt habe.

Um nun nicht mich einem unvorgesehenen großen Nachtheile auszusezen, der, wenn es Jemand einfallen sollte, diese Werke sämmtlich oder einzeln nachzudrucken, unausbleiblich seyn würde, so wage ich an Eure Königl. Majestät die unterthänigste Bitte mir, gegen Entrichtung der gewöhnlichen Sporteln das Privilegium gegen den Nachdruck sowohl sämmtlicher als jedes einzelnen Werkes des oben genannten Verfassers allergnädigst ertheilen zu wollen.

Euer gnädigsten Gewährung dieser meiner aller unterthänigsten Bitte hoffnungsvoll entgegensehend ersterbe ich ehrfurchtsvollst

Eurer Königlichen Majestät
aller unterhänigstem Friedrich Henne"

Dieses noch so untertänig und demütig formulierte Gesuch lehnten Studienrat und Ministerium ohne langes Überlegen mit dem Gemeingutargument ab. Dabei kam im Bericht des Studienrates vom 12. Januar 1835 zum ersten Mal die Dauer von dreißig Jahren, die bereits seit der ersten Herausgabe der Schriften Jungs verstrichen war, zur Sprache[1038]:

„Unter dem 27. Oktober v. J. berichteten wir über ein Gesuch der Ramschen Buchhandlung in Nürnberg, worin dieselbe um Schuz gegen Nachdruck der Jung-Stillingschen Schriften, von welchen der hiesige Buchhändler Henne eine Gesamtausgabe angekündigt habe, durch ein Privilegium bittet und wiesen nach, daß jene Buchhandlung nicht die einzige Verlegerin dieser zum Theil schon vor dreißig Jahren und drüber herausgekommenen Schriften sey. Wenn nun Henne in der wieder angeschlossenen Eingabe behauptet, er habe sich mit den früheren Verlegern von Jungs Schriften abgefunden, so hätte er hierfür die Beweise vorlegen sollen. Solange er dieses nicht thut, erscheint kein Unternehmen diesen Verlegern und ihrem angeblich noch bestehenden Eigenthumsrechte gegenüber als Nachdruck, welcher ihm zwar nach den in Württemberg bestehenden Gesetzen erlaubt seyn mag, wofür jedoch keine k. Verordnung ein Privilegium verheißt. Werden aber die Schriften Jungs, der schon ein paar Jahrzehnde gestorben ist, und werden namentlich die älteren, besten, unter denselben, wie seine Lebensge-

---

[1037] E 146/1 Nr. 5328, Teil 4.
[1038] E 146/1 Nr. 5328, Teil 5 (Bericht v. 12. Januar 1835).

schichte, als Gemeingut betrachtet, was jede Schrift wenigstens nach längerer Zeit wird, so erscheint uns Hennes Bitte um ein Privilegium für hin wiederum als nicht begründet."

Auch beim Ministerium des Innern machte man sich über den Antrag Gedanken; interessant ist, dass der Sachbearbeiter dort erst einen Entwurf für die Ablehnung erstellte, den er auf § 2 und die erfolgte Debitierung stützte, diesen durchstrich und durch das Gemeingutargument ersetzte, das der Studienrat bereits bemüht hatte. Zunächst hieß es[1039]:

„Da jedoch nach der Bestimmung der k. Verordnung vom 25. Febr. 1815 ein solches Privilegium nur dann gegeben werden kann, wenn es beim Anfang eines Werkes, ehe noch einzelne Bände debitirt sind, nachgesucht wird, die oben gen. Schriften aber schon längst erschienen sind, überdies das Unternehmen des Schriftstellers selbst in der That nichts anderes als ein Nachdruck ist, für welchen, wenn es auch nach württembergischen Gesetzen nicht verboten ist, kein Privileg gegen den Nachdruck ertheilt zu werden pflegt, so erhält die k. Stadtdirektion Stuttgart den Auftrag, denselben zu bescheiden, daß das Ministerium des Innern seiner Bitte keine Folge zu geben wisse."

Dieser Text wurde durch folgenden ersetzt[1040]:

„Nun ist zwar [...] eine Gesamtausgabe der Jung-Stillingschen Werke bis jetzt noch nirgends erschienen, und das Hennesche Unternehmen daher in seiner Art das erste. In so fern jedoch dieses Unternehmen lediglich im Wiederabdruck längst erschienener Werke eines schon vor mehr als zehn Jahren verstorbenen Verfassers besteht, weiß das Ministerium des Innern dem Gesuch um ein Privilegium für dasselbe, das ohnehin nur gegen den Wiederabdruck der Gesamtausgabe, nicht gegen den einzelner [...] Schriften wirken könnte, um so weniger eine Folge zu geben, als selbst nach den meisten auf dem directen Verbot des Nachdrucks beruhenden Gesetzgebungen anderer Staaten die Jung-Stillingschen Werke bereits zum Gemeingut geworden sind."

Auch das Ministerium des Innern wollte sich nicht allzu weit von den übrigen deutschen Gesetzgebungen entfernen, weil es betonte, dass der Fall weder nach württembergischem Recht ein Privileg verdiene noch nach denjenigen Gesetzgebungen, die ein generelles Nachdruckverbot aussprächen. Insofern unterlag die württembergische Praxis zumindest dem mittelbaren Einfluss der Staaten, die sich zu jenem Zeitpunkt mehrheitlich für ein Nachdruckverbot entschlossen hatten. Württemberg, das mit Argusaugen die Gesetzgebungstätigkeit der übrigen Staaten beobachtete, konnte sich trotz seiner Verweigerungshaltung der Denkweise der Anhänger des geistigen Eigentums nicht mehr länger verschließen.

[1039] E 146/1 Nr. 5328, Teil 6 (Schreiben an die k. Stadtdirektion Stuttgart v. 20. Januar 1835).
[1040] Ibid.

7. Die Übertragung der Gemeingutthese auf den Fall Seume (1835)

Kurze Zeit später, am 27. Februar 1835, brauchte der Studienrat die im Fall Jung-Stilling entwickelten Prinzipien zum Gemeingut lediglich zu übertragen, als die Herausgabe der vollständigen Ausgabe von Seumes sämtlichen Werken in einem Band, erbeten vom Buchhändler Hartknoch aus Leipzig, zur Beratung anstand.

Der Studienrat stellte fest, dass Seume seit dem Sommer 1810 „fort" sei. Seine erste Schrift, die Übersetzung eines englischen Romans, sei 1788 erschienen. Die dem Studienrat bekannte letzte Schrift „Mein Sommer im Jahr 1805" sei 1806 erschienen und seine bekannteste „Der Spaziergang nach Syracus" habe schon 1811 die dritte Auflage erlebt. Dies veranlasste den Studienrat zu dem Ergebnis zu kommen, dass Seumes Schriften Gemeingut geworden seien und neue Zugaben habe auch Hartknoch nicht anbieten können. Zudem spreche dagegen, dass die Schriften Seumes nicht bei einem einzigen Verleger und schon gar nicht bei Hartknoch allein erschienen seien und dieser ein besonderes Recht auf dieselben nicht nachgewiesen habe[1041]. In voller Übereinstimmung mit dem Ministerium des Innern[1042] verlieh der Rat seiner Einschätzung Ausdruck, dass die geplante vollständige Ausgabe von Seumes Werken wohl kaum einer Nachdruckgefahr unterliegen werde. Der Fall Seume zeigt nicht zuletzt, dass Studienrat und Ministerium des Innern davon ausgingen, dass nach mehr als zwei Jahrzehnten nach dem Tod eines Schriftstellers dessen Werke zum Gemeingut würden. Dabei diente ihnen die Gesetzgebung anderer deutscher Staaten als Argument zur Absicherung ihrer eigenen Position, die zwar im Ergebnis, doch nicht in der Begründung zum selben Ergebnis kam.

8. Das Paradebeispiel für die Gemeingutthese: Die Bibel

Das Paradebeispiel für das Entstehen von Gemeingut an Schriften lieferte die Bibel. Der Stuttgarter Buchhändler Liesching wollte nämlich für die „Perlen der Heiligen Schrift, eine tägliche Quelle christlicher Erbauung" um ein Nachdruckprivileg bitten, das, obwohl die Bibel nach Auffassung von Studienrat und Ministerium jedermanns Eigentum sei, schließlich doch deswegen gewährt wurde, weil das Werk durch seine Auswahl und Anordnung eine ausreichende Originalität besaß[1043]:

„Die Perlen der Heiligen Schrift, [...] sind, (Vorrede, Eingang und Schluß abgerechnet) durchaus nur auserlesene Stellen, alten und neuen Testaments, nach der Lutherischen Übersetzung, theils historischen, theils dogmatischen und moralischen Inhaltes,

---

[1041] E 146/1 Nr. 5336, Teil 2 (Bericht v. 27. Februar 1835).

[1042] E 146/1 Nr. 5336, Teil 3 (Schreiben an die k. Stadtdirektion Stuttgart v. 2. März 1835).

[1043] E 146/1 Nr. 5354, Teil 2 (Bericht v. 11. September 1835).

nach der Ordnung der Bücher aneinander gereiht. Es wäre vielleicht zu wünschen gewesen, daß der Titel noch bestimmter angäbe, daß diese Perlen einzig und allein eine Sammlung biblischer Kernstellen, eine chrestomatia biblica seien. Eigen ist sonach dem Herausgeber und Verleger nur die Auswahl und dessen Anordnung; der Stoff selbst liegt in der Bibel, die Jedermanns Eigenthum ist. In so fern jedoch auch für ein Spruchbuch ein Privilegium gegen Nachdruck gegeben wird, halten wir auch dieses Gesuch für zulässig."

Herausgearbeitet wurde in Sonderheit das „Eigene" bzw. „Eigentümliche" des Werkes und dessen Authentizität dank der Unverwechselbarkeit in der Anordnung der bekannten, in jedermanns Eigentum stehenden Bibelstellen; damit war das Kapitel Nachdruck erledigt und die „Perlen der Heiligen Schrift" zur Privilegierung geeignet.

In seinem Antrag an den König stellte das Ministerium des Innern die Übereinstimmung mit den Argumenten des Studienrates fest und trug abschließend auf eine Dauer von sechs Jahren an[1044].

9. Definition der eigenen Aufgaben: Studienrat kein Zensor, sondern Schützer des Schriftstellereigentums (Fall Elsner von 1835)

1835 schließlich lag dem Studienrat daran, Restfunktionen eines Zensurkollegiums abzulegen und sich zum Bewahrer des Schutzes des literarischen Eigentums aufzuschwingen. Diesen Entwicklungsschritt äußerte er in seinem Bericht über das Privilegiengesuch des Buchhändlers Scheible zugunsten Heinrich Elsners „Befreiungskampf der nordamerikanischen Staaten. Mit den Lebensbeschreibungen der drei Haupthelden: Washington, Franklin, Lafayette. Nach den besten Quellen historisch-biographisch bearbeitet und sechs Stahlstichen"[1045]:

„Diese Geschichte soll einen starken Band in Gr. 8. – nach der beiliegenden Ankündigung von 48 Bogen bilden. Die politischen Grundsätze der Verfasser sind bekannt, und Lafayette ist reingeschichtlich wohl nicht der 3te Hauptheld jenes Kampfes. Da jedoch die Ertheilung eines Privilegiums nicht Billigung der Tendenz und des Inhaltes einer Schrift, sondern Zusage des Schutzes für Eigenthum ist, so tragen wir, auf bloße Vermuthung hin, Bedenken, auf Versagung anzutragen, und haben übrigens Alles höherem Ermessen anheim zu stellen."

Der Bericht mutet lückenhaft an, da der Studienrat auf bloße Vermutung hin und ohne genaue Bedenken zu konkretisieren am liebsten auf die Ablehnung des Gesuchs angetragen hätte, es aber nicht konnte. Der Zwang, nicht für Versagung zu plädieren, ist im Bericht deutlich erkennbar, der die Unterschrift des Direktors Flatt trägt, wobei sämtliche Mitglieder mit Ausnahme des Oberstudienrats Jaeger anwesend waren und Oberstudienrat Klaiber den Fall referierte. In seinem Antrag hatte Scheible versichert, dass er mit dem Verfasser Verträge

---

[1044] E 146/1 Nr. 5354, Teil 3 (Antrag an den König v. 13. September 1835).

[1045] E 146/1 Nr. 5337, Teil 2 (Bericht v. 26. Januar 1835).

abgeschlossen habe, so dass er nun die Manuskripte als sein Eigentum betrachte. Er fuhr folgendermaßen fort[1046]: „Damit jedoch diese Schriften mein rechtmäßiges Eigenthum bleiben und nicht von irgend einem Nachdrucker mir dasselbe theilweise entzogen werden kann, so wage ich an Eure Königliche Majestät die allerunterthänigste Bitte [...]".

Auch das Ministerium schien seine Probleme mit der Argumentation des Studienrates zu haben; dies sieht man wiederum an der Textänderung. Zunächst stand im Antrag an den König[1047]:

„Ein gesetzliches Hindernis liegt gegen die Gewährung dieses Gesuchs nicht vor; dagegen hat der k. Studienrath in Ansehung des Werks von D. Elsner die bekannten politischen Grundsätze des Verfassers berührt, dabei übrigens jedoch bemerkt, daß, da die Ertheilung eines Privilegiums gegen den Nachdruck keineswegs die Billigung der Tendenz und des Inhalts einer Schrift begreife, sondern Zusage des Schutzes für Eigenthum sey, er Anstand nehmen müsse, auf bloße Vermuthung hin, die Versagung der dießfallsigen Bitte in Antrag zu bringen. Ich theile diese Ansicht, und erlaube mir nun, der k. Entschließung anheim zu stellen [...]".

Hier ließ sich der Sachbearbeiter die Formulierung seiner Verfügung noch einmal durch den Kopf gehen und änderte den Text. Darin hieß es zwar im Grundtenor, dass Tendenz und Inhalt einer Schrift nicht der Überprüfung unterlägen, sondern dass die Zusage des Eigentumsschutzes vorherrsche. Doch wollte der Bearbeiter dem Gesuch letztlich stattgeben, weil er einfach sowohl dem Buchhändler als auch dem Verleger des Werkes die Vorteile seiner Arbeitsmühen gönnte; der Antrag, den der König letztlich erhielt, lautete[1048]:

„Ein gesetzliches Hindernis liegt gegen die Gewährung dieses Gesuchs nicht vor; der k. Studienrath bemerkt in Ansehung des Werkes von D. Elsner, daß, da ein Privilegium gegen den Nachdruck keineswegs die Billigung der Tendenz und des Inhalts einer Schrift begreife, sondern nur Schutz des Eigenthums gewähre, ein Grund zur Versagung der dießfallsigen Bitte nicht vorliege. Ich glaube dieser Ansicht um so mehr beitreten zu können, als das Privilegium nicht von Elsner, sondern von dem Buchhändler Scheible als dem Verleger des Werks und zu seinem Vortheil nachgesucht wird, und erlaube mir nun, den Antrag zu stellen, daß Majestät dem Buchhändler Scheible dafür das erbetene Privilegium gegen den Nachdruck [...] auf die Dauer von sechs Jahren zu bewilligen gewähren wollen."

Obwohl Studienrat und Ministerium und letztlich auch der König zum Prinzip übergegangen waren, die Privilegierung nicht als Zensur, sondern als Verfahren zum Schutze des Eigentums zu qualifizieren, entschied das Ministerium

---

[1046] E 146/1 Nr. 5337, Teil 1 (Schreiben v. 21. Januar 1835); in der Ankündigung des Buches heißt es weiter: „Dieses Werk erscheint in sechs Lieferungen à 8 Bogen, deren jede elegant broschirt und mit einem Stahlstiche geschmückt ist. Jede Lieferung kostet im Subscriptionspreise 36 kr. Rhein. oder 9 ggr. sächs. – Druck und Papier sind sehr schön; die Stahlstiche (Portraits von Franklin, Washington, Lafayette, Burke, Georg III. und Adams darstellend) von Meisterhand."; vgl. ibid.

[1047] Ibid.

[1048] Ibid.

anders als der Studienrat. Bemerkenswert ist, dass nicht konkretisiert wird, wessen Eigentum geschützt werden sollte. Der Rat sprach allgemein vom Eigentumsschutz, während das Ministerium das Gesuch unterstützte, weil Buchhändler Scheible als Verleger und nicht Elsner als Autor Nachdruckschutz beantragt hatte. Daraus kann man ablesen, dass es dem Ministerium noch nicht auf das literarische Eigentum, sondern auf das vom Verleger erworbene wirtschaftlich zu nutzende Eigentum ankam. Der Schutz des geistigen Eigentums lag immer noch fern.

Wenngleich weder Studienrat noch Ministerium nicht mehr Zensurbehörden sein wollten, erreichten sie durch die Gewährung des sechsjährigen Privilegs, dass die Verbreitung dieses missliebigen Buches von Elsner weiterhin unter Kontrolle stand. Denn zum einen kamen wiederum zwei Pflichtexemplare in die königlichen Bibliotheken und nicht zuletzt war essentiell, dass durch die Privilegierung das unerwünschte Buch nicht durch Nachdruck bei den württembergischen Untertanen verbreitet wurde, eine Beobachtung, die der Studienrat bereits bei Kerners „Geschichte von Besessenen"[1049] gemacht hatte, um dessen allgemeiner Verbreitung einen Riegel vorschieben zu können. Letztlich hatten Studienrat und in Sonderheit das Ministerium zum einen die Förderung des ansässigen Buchdruckergewerbes im Sinn, zum andern brauchten sie trotz Beteuerung des Gegenteils ihre Berufung als Wächter über Wert und Brauchbarkeit der Veröffentlichungen und damit als Vorzensoren nicht vollständig abzulegen[1050].

III. Die Anwendung des provisorischen Gesetzes vom 22. Juli 1836

Als man im Innenministerium am 18. Juli 1836, also vier Tage vor Inkrafttreten des provisorischen Gesetzes, wieder einmal über ein Privilegiengesuch zu entscheiden hatte, entschloss man sich, dem Antragsteller mitzuteilen, seinen Antrag wegen des bevorstehenden Gesetzes und dessen Änderungen zu überdenken respektive als erledigt zu betrachten[1051].

1. Erledigungserklärung des Verfahrens Perthes
dank des provisorischen Gesetzes von 1836

Als erledigt zu betrachten war das Gesuch des Buchhändlers und Verlegers Perthes zugunsten der Schrift des königlich-preußischen Konsistorialrats und

---

[1049] E 146/1 Nr. 5326, Teil 2 (Bericht v. 29. Dezember 1834).

[1050] Das königliche Dekret an das Ministerium erging in üblicher Form am 4. März 1835, ehe die Publikation im württembergischen Regierungsblatt in gewohntem Verwaltungsgang angeordnet wurde; vgl. hierzu E 146/1 Nr. 5337, Teil 4.

[1051] E 146/1 Nr. 5397, Teil 8.

Professors in Halle D. Tholuck mit dem Titel „Glaubwürdigkeit der evangelischen Geschichte". Das Gutachten des Studienrates vom 14. Juli 1836 erwähnte das provisorische Gesetz vom 22. Juli desselben Jahres noch nicht, sondern sprach nur davon, dass der Verfasser das Werk zwar schon vor mehreren Wochen angekündigt habe, dieses jedoch noch nicht erschienen sei und der Gewährung des Gesuchs kein Hindernis entgegenstehe[1052]. Demgegenüber konnte das Innenministerium der königlichen Stadtdirektion Stuttgart den Auftrag mitteilen, dem Bittsteller zu eröffnen, dass man sein fragliches Gesuch als durch das am selben Tag im Regierungsblatt erscheinende provisorische Gesetz wider den Büchernachdruck als erledigt ansehe[1053].

2. Problem der Anwendung des Gesetzes auf Ausländer
(Sauerländer aus Aarau)

Schon am 4. August 1836 war der Studienrat mit der Anwendung des provisorischen Gesetzes konfrontiert. Dabei stand er vor dem Problem der Geltung dieses Gesetzes für Ausländer, denn die Sauerländische Verlagsbuchhandlung in Aarau hatte für zwei Werke durch Vermittlung der Stuttgarter Metzlerschen Buchhandlung eine Eingabe an das Ministerium des Innern für eine Privilegierung getätigt. Sauerländer hatte für Hirtzels französische Grammatik, die in vielen württembergischen Schulen neben der Hoelderschen gebraucht wurde, sowie für die „Stunden der Andacht" bereits in den Vorjahren gleiche Privilegien erhalten. Dazu führte der Rat aus[1054]:

> „Da das provisorische Gesetz wider den Büchernachdruck vom 22. v. M. nur auf Schriften sich erstreckt, welche von Angehörigen eines im deutschen Bunde begriffene Staates verfaßt oder verlegt sind, so bedarf diese auswärtige Verlagshandlung jedenfalls für Hirtzels französische Grammatik eines königlichen Schutzes. Die Stunden der Andacht aber rühren zwar, einer allgemein verbreiteten Sache nach, nicht von einem Schweizer, sondern von einem vor etlichen Jahren verstorbenen katholischen Geistlichen im Großherzogtum Baden her; sie scheinen jedoch, abgesehen davon, daß ihr Verfasser unseres Wissens niemals von der Verlagshandlung bestimmt und entschieden angegeben worden ist, so ganz in das Eigenthum der letzteren übergegangen zu seyn, daß auch sie als Schweizerisches Product betrachtet werden müssen."

Dieser Fall ist aus zwei Gründen bemerkenswert, einmal dafür, dass ein Zürcher Professor, nämlich Hirtzel, eines Privilegs bedurfte, da das provisorische Gesetz von 1836 ihm nicht automatisch einen Schutz gewährte, denn dieser erstreckte sich nur auf Angehörige des Deutschen Bundes. Für das zweite Werk fand der Studienrat dergestalt eine Lösung, dass er auf den Autor, nämlich einen Geistlichen aus Baden, abstellte, um so vorab einen direkten Schutz herzu-

---

[1052] E 146/1 Nr. 5395, Teil 7 (Bericht v. 14. Juli 1836).

[1053] E 146/1 Nr. 5395, Teil 8 (Schreiben v. 1. August 1836).

[1054] E 146/1 Nr. 5393, Teil 2 (Bericht v. 4. August 1836).

leiten. Letztlich betrachtete der Studienrat die „Stunden der Andacht" aber als „Schweizerisches Product", da nach seiner Auffassung das Eigentum an diesem Werk vom Autor auf die Verlagshandlung übergegangen sei. Für den Studienrat war mithin eine Eigentumsübertragung an dem Druckwerk möglich und auch erfolgt. Da kein Anknüpfungspunkt an die Zugehörigkeit zum Deutschen Bund gegeben war, musste das Privileg den Ausländerschutz, den das Gesetz von 1836 nicht gewährte, sicherstellen und damit eine gesetzliche Lücke füllen.

3. Beginn der Schutzfrist mit Erscheinen des Werkes

Das provisorische Gesetz von 1836 gewährte einen Nachdruckschutz ab dem Erscheinungsdatum des Werkes, wobei sich der Schutz in der Regel, wie es auch das Rescript vom 25. Februar 1815 vorgesehen hatte, auf sechs Jahre erstreckte.

Anlässlich eines Rekurses der Cottaschen Buchhandlung zu Stuttgart gegen ein Erkenntnis der Kreisregierung aus Ludwigsburg in der Klagsache gegen die Gaußmannsche Antiquariatshandlung aus Ludwigsburg konnte das Ministerium klarstellen, dass das Gesetz vom 22. Juli 1836 die Dauer des einer Schrift gewährten Schutzes gegen den Nachdruck auf die Zeit von sechs Jahren von ihrem Erscheinen an bemisst. Im konkreten Fall war die Schrift, von welcher der Nachdruck im Jahre 1835 herausgegeben wurde, 1827 erschienen, so dass die Schutzfrist im letztgenannten Jahr zu laufen begann und kein Schutz mehr im Jahr 1835 herzuleiten war. Das Ministerium bemerkte, dass das Gesetz von 1836 auf der Königlichen Verordnung von 1815 aufbaue und deren §§ 7 und 8 anzuwenden waren[1055].

Am 27. August 1838 bestätigte die Stadtdirektion Stuttgart in ihrem Bericht an das Ministerium den Grundsatz, dass auch nach dem provisorischen Gesetz von 1836 der Schutz von sechs Jahren erst nach Erscheinen des letzten Bandes eines Werkes beginnt. Nach § 8 des Rescripts von 1815 sei weiterhin zu bestimmen, ob auch eine veränderte Ausgabe Nachdruckschutz genieße[1056].

Daneben führte das Ministerium seine Auffassung dahingehend weiter, wonach bildliche Darstellungen nach wie vor zu den schützenswerten Gegenständen der Gesetzgebung gehörten, obwohl die Gesetze von 1836 und 1815 die bildlichen Darstellungen nicht explizit beim Namen nannten[1057].

[1055] E 146/1 Nr. 5405, Teil 2 (Bericht der K. Regierung für den Neckarkreis an das Ministerium des Innern v. 21. Juli 1837).

[1056] E 146/1 Nr. 5416, Teil 21 (27. August 1838).

[1057] E 146/1 Nr. 5407 (Bericht des Ministeriums an die K. Regierung des Neckarkreises v. 15. Dezember 1837).

4. Kein Privilegierungszwang für nichtwürttembergische Mitglieder des Deutschen Bundes

In diesem Fall musste das Ministeriums klarstellen, dass ein Berliner Verlag keines Privilegs bedurfte, da das Gesetz von 1836 direkten Schutz für Verlage im Deutschen Bund gewährte und ein Antrag auf ein besonderes Privileg nicht mehr erforderlich war. Das Gesetz von 1836 verlangte für die Berechnung der automatisch geltenden Frist von sechs Jahren dieselbe Prüfung, die auch die Verordnung von 1815 vorgesehen hatte[1058]:

> „Die Stadtdirektion Stuttgart wird angewiesen, der Frankelschen Buchhandlung daher zu eröffnen, daß in Gemäßheit des provisorischen Gesetzes vom 22. Juli 1836 der Nikolaischen Buchhandlung der gesetzliche Schutz wider den Nachdruck des oben bezeichneten Verlags auf die vor dem für die einzelnen Privilegien bewilligte Dauer von sechs Jahren zukomme, die Einholung eines besondern Privilegiums somit nicht erforderlich sey."

5. Zusammenspiel der Gesetze von 1836 und 1815 bei Stempelung der bereits nachgedruckten Exemplare

Der Rekursbeschluss des „Königlichen Geheimen Raths" vom 31. Mai 1838 beweist das enge Zusammenspiel zwischen dem Gesetz von 1836 und dem von 1815. Bemerkenswert ist, dass das Gesetz von 1836 das Rescript von 1815 explizit in seinem Art. 1 als „Gesetz" bezeichnet.

In der Rekursbeschwerde des Kaufmanns Saillet aus Stuttgart ging es um die von der Regierung des Neckarkreises erlassene Konfiskation der von der Hausmannschen Antiquariatsbuchhandlung nachgedruckten Schrift „Eichhorns Einleitung in das deutsche Privatrecht". Der Rekurs verband die Artikel 2 des Gesetzes von 1836 sowie § 5 des Rescripts von 1815. Nach Art. 2 konnten die zur Zeit der Verkündung des Gesetzes von 1836 bereits hergestellten Nachdrucke von Werken während der Dauer des Nachdruckschutzes zwar abgesetzt werden, jedoch bedurften die einzelnen Exemplare ausnahmslos der polizeilichen Stempelung. § 5 des Rescripts von 1815 zielte darauf ab, dass alle noch vorrätigen Exemplare des unbefugten Nachdrucks zum Vorteil des Schriftstellers oder ersten Verlegers konfisziert würden und überdies für die bereits abgegebenen Exemplare dem Geschädigten der Ladenpreis der Verlagsausgabe erstattet werden sollte.

In seinem Bericht stellte das Ministerium fest, dass der Nachdruck dieser Schrift noch in erlaubter Weise veranstaltet und nur die Stempelung der nachgedruckten Exemplare versäumt worden war. Aus diesem Grund sah das Ministerium keine Veranlassung für die Anwendung des § 5 des Gesetzes von 1815

[1058] E 146/1 Nr. 5410 (Schreiben v. 15. Mai 1837).

und hob die Konfiskation auf[1059]. Der Geheime Rat bestätigte diese Note des Ministeriums mit folgendem Beschluss[1060]:

„Da anerkanntermaßen ungestempelte Exemplare dieses im Jahre 1835/36 erschienen Nachdrucks nach Ablauf des durch den Art. 2 des provisorischen Gesetzes wider den Bücher-Nachdruck vom 22. Juli 1836 (Rbl. S. 314) festgesetzten Stempelungs-Termins zum Absatz gebracht worden seyen, mithin die Bestimmung des Gesetzes vom 25. Febr. 1815 Nr. 5 (Rbl. S. 75) auf den vorliegenden Fall Anwendung finde, so werde Rekurrent mit seiner, von dem K. Ministerium des Innern an den Geheimen Rath als dahin gehörig zur Entscheidung gebrachten Beschwerde gegen das Erkenntniß der Kreisregierung vom 29. Dec. 1837 abgewiesen, und das Ministerium ersucht, ihm dieses auf seine Eingabe vom 29. Januar 1838 zu erkennen geben zu lassen."

Im Ergebnis wurde § 5 des Gesetzes von 1815 analog angewandt, obwohl im vorliegenden Sachverhalt kein unerlaubter Nachdruck stattgefunden hatte und nur die Stempelung fehlte. Da eben kein unerlaubter Nachdruck stattgefunden hatte, war auch die Konfiskation unrechtmäßig, so dass Ministerium wie Geheimer Rat folgerichtig entschieden, die Konfiskation aufzuheben bzw. die Entscheidung, die Konfiskation aufzuheben, bestätigten[1061].

In der anschließenden Privilegienpraxis zeigte sich des Näheren das bewährte Zusammenspiel aus Art. 2 des Gesetzes von 1836 und § 5 des Gesetzes von 1815. Die Kröhlsche Universitätsbuchhandlung aus Landshut war 1831 und 1832 für je eine Schrift auf sechs Jahre privilegiert worden. Trotzdem druckte die Mäckensche Buchhandlung im Jahre 1833 die Schriften nach. Zwar wollte Mäcken diese gesetzeswidrige Handlung damit entschuldigen, dass diese Nachdrucke von einer im Jahre 1832 aus einer in der Schweiz erschienenen Ausgabe abgedruckt worden seien. Die königliche Regierung des Schwarzwaldkreises hielt diese unstichhaltige Ausrede für nicht berücksichtigungsfähig, worauf die Mäckensche Buchhandlung Rekurs einreichte[1062]. Der Geheime Rat beschloss am 21. Juni 1837, dass die Mäckensche Buchhandlung aus Reutlingen durch den Nachdruck der beiden Schriften zuwider gehandelt habe, weil die beiden Privilegien Schutz gewährten. Somit bestätigte der Geheime Rat die Entscheidung der Kreisregierung, indem er sich gleichfalls auf § 5 des Rescriptes von 1815 stützte, mit der Konsequenz, dass die noch vorrätigen Exemplare des unbefugten Nachdrucks zum Vorteil der Kröhlschen Universitätsbuchhandlung konfisziert werden mussten. Darüber hinaus hatte die Mäckensche Buchhandlung den Ladenpreis der Verlagsausgabe für die bereits abgegebenen Exemplare an die Kröhlsche Buchhandlung zu erstatten[1063].

[1059] E 146/1 Nr. 5418, Teil 10 (Antrag an den König v. 28. August 1838).

[1060] E 146/1 Nr. 5418, Teil 7 (Auszug aus dem Protokoll des K. Geheimen Rates v. 31. Mai 1838).

[1061] E 146/1 Nr. 5418, Teil 7 (31. Mai 1838).

[1062] E 146/1 Nr. 5404, Teil 2 (Schreiben an das Ministerium v. 8. Mai 1837).

[1063] E 146/1 Nr. 5404, Teil 4.

Wieder einmal war der Rekurs des nachdruckenden Verlegers vergeblich; das Sanktionensystem bei Verletzung eines Privilegs funktionierte also in Württemberg.

Ebenso erfolglos schnitt die Hausmannsche Antiquariatshandlung ab; dies resultiert aus dem Beschluss des Geheimen Rats vom 20. September 1837[1064]. Der Rat war der Auffassung, dass die Beschwerde gegen das von der Kreisregierung gefällte Straferkenntnis im Rekurswege nicht geltend gemacht werden könne. Das Gesuch um Restitution gegen die Versäumung des durch Art. 2 des provisorischen Gesetzes wider den Büchernachdruck von 1836 festgesetzten Stempelungstermins war im Ergebnis unzulässig. Mit dieser Entscheidung zum Zusammenspiel der Gesetze von 1815 und 1836 schnitt der Rat auch das Problem der Trennung zwischen Zivil- und Strafrekurs an.

6. Zur Vorfrage im Rekurs: Zivil- oder Strafrekurs?

Der Geheime Rat hatte bei seinen Rekursentscheidungen des Öfteren über die Zulässigkeitsfrage zu entscheiden, d.h. ob der Streitgegenstand in Nachdrucksachen zivil- oder strafrechtlicher Natur war.

Im Rekurs des Buchdruckereibesitzers Arnold aus Stuttgart gegen eine Entscheidung des Ministeriums in der Klagsache des Buchhändlers Steinkopf aus Stuttgart wegen Nachdrucks des in diesem Verlag erschienenen Löfflerschen Kursbuchs beschloss der Geheime Rat am 7. September 1839 über die Vorfrage, ob ein Zivil- oder Strafrekurs anzunehmen sei, das Ministerium des Innern um genauere Darlegung seiner Position anzuhören. Das Ministerium hatte sich nämlich in vorangehenden Entscheidungen zweideutig geäußert.

In seiner Note vom 23. August 1839 hatte das Ministerium entschieden, dass weil es keine Strafrekursbehörde bilde und gegen ein Erkenntnis in Strafsachen kein Rekurs stattfinde, der Rekurrent seine in erster Instanz abgewiesenen Ansprüche gegen den Nachdrucker „vor Gericht" verfolgen könne; welches Gericht jedoch zuständig sein sollte, sagte der Sachbearbeiter mit keinem Wort.

Neben der Befriedigung dieser Ansprüche finde eine besondere Strafe gegen den Nachdrucker nach der bestehenden Gesetzgebung allerdings nicht statt. Damit habe sich das Ministerium – so der Geheime Rat – unter anderem gegen die eigene Note vom 24. März 1838 gesetzt, in der es über den Rekurs des Saillet aus Stuttgart gegen ein Erkenntnis der Regierung des Neckarkreises wegen des von der Hausmannschen Antiquariatsbuchhandlung veranstalteten Nachdrucks der Schrift „Eichhorns Einleitung in das deutsche Privatrecht, vierte verbesserte Auflage" zu entscheiden hatte. Dort nämlich hatte das Ministerium

---

[1064] E 146/1 Nr. 5417, Teil 7.

die an es gerichtete Beschwerdeschrift dem Geheimen Rat zur weiteren Verfügung mit folgenden Gründen vorgelegt[1065]:

„Da die erkannte Confiscation und Ersatzleistung, wenn gleich der Ertrag derselben dem beschädigten Originalverleger nach Vorschrift des Gesetzes vom 25. Febr. 1815. §. 5. zufließen soll, unter den Gesichtspunkt einer Strafe der unerlaubten Handlung des Nachdrucks sich stelle, da unter diesem Gesichtspunkte der Geheime Rath die von dem Antiquar Kraft gegen ein ähnliches Erkenntniß der Regierung des Neckarkreises eingelegte Beschwerde vermöge seiner Beschlüsse vom 24. Mai und 20. Sept. 1837 nicht in die Instanz des Ministerium zurückgewiesen, vielmehr von Letzterem die Mittheilung des Berichts und der Akten der Strafbehörde verlangt und das Anbringen des Kraft sofort nur darum zurückgewiesen habe, weil derselbe das gegen ihn gefällte Straferkenntniß im Rekurswege nicht angefochten, sondern nur um Restitution gegen die Versäumung der durch Art. 2. des Gesetzes vom 22. Juli 1836 bestimmten Frist für Stempelung des Nachdrucks gebeten habe."

Für das Ministerium lag die Trennung zwischen Zivil- und Strafprozess also klar fest. Die Bestrafungen, die § 5 des Gesetzes von 1815 bei der unerlaubten Handlung des Nachdrucks vorsah, gehörten in den Rekurswege, d.h. vor den Geheimen Rat als nächsthöhere Instanz, die Wiedereinsetzung in den vorigen Stand (Restitution gegen die Versäumung der Stempelungsfrist nach Art. 2 des Gesetzes von 1836) jedoch nicht. In einer anderen Note dagegen (vom 26. August 1837), so der Vorwurf des Geheimen Rats an das Ministerium, habe letzteres seine Entscheidung über den Rekurs gegen ein Straferkenntnis der Kreisregierung und ein Restitutionsgesuch desselben aber aussetzen zu müssen geglaubt und sich deshalb in Widersprüche verwickelt.

Während letztere Klagsache laut Aktenlage nicht bis zum Schluss geklärt werden konnte, sprach der Beschluss des Geheimen Rats vom 11. Mai 1844 zum Thema der Entschädigungsleistung für Exemplare aus dem Nachdruck eine sehr deutliche Sprache, denn dieser Rekurs wurde an den Zivilrichter verwiesen.

7. Zivilrichter: Entschädigungsleistung wegen nachgedruckter Exemplare

Konkret ging es um den Rekurs des Buchhändlers Saillet aus Stuttgart gegen das in der Klagsache des Buchhändlers Mauritius aus Greifswald wegen Nachdrucks des Werks von Mühlenbruch „Cession der Forderungsrechte" gegen Saillet gefällte Ministerialerkenntnis[1066]. Der Geheime Rat traf am 11. Mai 1844 den Beschluss, dass Entschädigungsfragen als zivilrechtliche Materie auch in den Zivilrechtsweg gehörten[1067]:

[1065] E 146/1 Nr. 5427, Teil 10 (Auszug aus dem Protokoll des königlichen Geheimen Rates v. 7. September 1839).

[1066] E 146/1 Nr. 5439, Teil 12.

[1067] Ibid.

„Da in der Entscheidung des k. Ministeriums des Innern vom 20. Nov. 1843. die Verbindlichkeit des Recurrenten zur Entschädigungs-Leistung für die zwei in Frage stehenden Exemplare des Nachdrucks des Mühlenbruchschen Werkes von der ‚Cession der Forderungsrechte‘ nicht ausgesprochen, sondern die Frage von der Entschädigungs-Verbindlichkeit des Saillet überhaupt an den Civilrichter verwiesen worden sey; so habe die im Beschwerdewege gegen das Ministerial-Erkenntniß vorgetragene Bitte des Rechtsconsulenten Ditzinger um Entbindung des Saillet von der Verbindlichkeit, die zwei Exemplare zu ersetzen, keinen Gegenstand, und wurde daher zurückgewiesen.“

In der Sache der Entschädigungsleistung für nachgedruckte Exemplare stimmten Ministerium des Innern und Geheimer Rat überein, so dass sich danach das königliche Stadtgericht in München mit der Frage auseinander zu setzen hatte. Der Rechtsstreit dauerte noch bis 1848, bis er dort durch Vergleich seine Erledigung fand und die Akten an das Ministerium des Innern zurück gegeben werden konnten[1068].

Dass Schadenersatzansprüche in Nachdruckangelegenheiten vor den Zivilrichter gehörten, arbeitete die Regierung für den Neckarkreis in ihrem Bericht an das Ministerium des Innern vom 15. Dezember 1841 heraus. Die Schweizerbartsche Buchhandlung aus Stuttgart hatte sich gegen eine Verfügung der Kreisregierung in ihrer Klagsache gegen sämtliche Sortimentshandlungen in Stuttgart beschwert. Diese Buchhandlung war als Vertreterin der Buchhandlung Dennig, Fink & Cie. in Pforzheim aufgetreten wegen Nachdrucks der in ihrem Verlag erschienenen Schrift „Unsere Zeit oder geschichtliche Übersicht der merkwürdigsten Ereignisse 1789-1830“, gedruckt bei C. F. Walters 1826. Der Prozessbevollmächtigte der Schweizerbartschen Buchhandlung hatte die Anträge gestellt, sowohl die bei den Sortimentshandlungen in Stuttgart befindlichen Exemplare des fraglichen Nachdrucks einstweilen unter polizeiliches Siegel zu legen und sofort die Konfiskation der vorrätigen Exemplare zugunsten des rechtmäßigen Verlegers anzuordnen als auch die Verfügung einzuleiten, dass dem Verleger für die bereits abgesetzten Exemplare Geldersatz in Höhe des Ladenpreises geleistet werde. Bis dato war der angebliche Nachdruck der Schrift in sechs Heften erschienen, unter dem Titel „Allgemeine Geschichte der letzten 50 Jahre 1789-1840, von Carl Strahlheim, Verfasser des Werks Unsere Zeit, des Jahres 1830, Pforzheim, Verlag von Dunnik, Fink & Cie. 1841“.

Am 27. August 1841 fasste die Stadtdirektion den Entschluss, dem klägerischen Anwalt zu eröffnen, dass man seinem Antrag auf vorläufige polizeiliche Beschlagnahme des Werks keine Folge zu geben und eben damit auch seinen Antrag auf Konfiskation bei der höheren Behörde nicht zu stellen wisse. Es bleibe ihm überlassen, aufgrund des Vertrages vom 15. Dezember 1829 etwaige Schadenersatzansprüche an den Verfasser vor dem Einzelrichter zu verfolgen sowie auch gegen die vorliegende Verfügung unter etwaiger Einholung eines Expertengutachtens bezüglich des Nachdrucks bei der höheren Behörde

---

[1068] E 146/1 Nr. 5439, Teile 15 und 16 (Schreiben des Königl. Stadtgerichts an das Ministerium v. 4. April 1848 sowie v. 15. Mai 1848).

Beschwerde zu erheben. Der klägerische Anwalt erklärte hierauf zu Protokoll, dass er gegen die Verfügung der Stadtdirektion Beschwerde zu erheben gedenke und dass zu diesem Zweck die Akten der Rekursbehörde vorgelegt werden müssten. Die Verfügung der Stadtdirektion vom 27. August 1841 war hauptsächlich auf § 7 des Rescripts von 1815 gestützt. Hiernach bezog sich das durch das Privileg auf eine bestimmte Zeit begründete Verbot des Nachdrucks nur auf den Nachdruck derjenigen Ausgabe, der das Privileg erteilt wurde und auf eine unveränderte neue Auflage derselben während dieser Zeit, nicht jedoch auf die Herausgabe einer Übersetzung oder einer Umarbeitung der privilegierten Schrift oder eines Auszugs aus derselben.

Ohne dass es eines Sachverständigengutachtens bedurfte, sah die Regierung „aufs Unzweideutigste", dass der angebliche Nachdruck „Allgemeine Geschichte" keine unveränderte Auflage der bei Schweizerbart erschienenen Schrift „Unsere Zeit" war, vielmehr sei die allgemeine Geschichte, obwohl einzelne Stellen aus „Unsere Zeit" in ihr wörtlich abgedruckt seien, um so mehr als eine Umarbeitung zu betrachten, weil die in der Schrift „Allgemeine Geschichte" wörtlich abgedruckten Stellen in einem ganz anderen Zusammenhang als in „Unsere Zeit" dargestellt seien; dies ergebe ein Vergleich der beiden Schriften. Hier musste konsequenterweise eine Anwendung von § 7 des Rescripts von 1815 folgen, wodurch der klägerische Anspruch auf Beschlagnahme der bei den Sortimentshandlungen vorrätigen Exemplare der in Frage stehenden Schrift zurückgewiesen wurde.

Gegen die Verfügung legte die Schweizerbartsche Buchhandlung Beschwerde ein, die das Ministerium mit der Bitte um Berichterstattung an die Regierung für den Neckarkreis in Ludwigsburg weiterleitete, welche ausführte, dass die bei Dunnik, Fink & Cie. erschienene Schrift „Allgemeine Geschichte" weder als eine Umarbeitung noch als ein Auszug der Schrift „Unsere Zeit" angesehen werden könne. Aus diesem Grunde hielt die Regierung die vom Beschwerdeführer nach Maßgabe der Analogie der württembergischen und der preußischen Gesetzgebung beantragte Einholung eines Gutachtens von Sachverständigen über die Frage, ob die vermehrte Schrift als eine Umarbeitung oder als ein Auszug der Schrift „Unsere Zeit" zu erkennen sei, nicht für erforderlich[1069]. Das Ministerium schloss sich mit Kollegialverfügung vom 29. Dezember 1841 dieser Sichtweise an und wies die Beschwerde, gestützt auf § 7 des Rscripts von 1815, als unbegründet ab[1070].

[1069] E 146/1 Nr. 5434, Teil 2.
[1070] E 146/1 Nr. 5434, Teil 3.

8. Zivilrichter: Auslegung eines Vergleichs

Dem Zivilrichter wies der Geheime Rat mit Beschluss vom 26. November 1842 einen weiteren Rechtsstreit zu. Der Buchdrucker Carl Friedrich Mayer aus Stuttgart war wegen Übertretung des Nachdruckverbots beschuldigt und legte gegen das gegen ihn ausgesprochene Erkenntnis des Ministeriums des Innern vom 22. August 1842 Rekurs ein; da es um Rechtswirkungen des zwischen den Parteien geschlossenen Vergleichs ging, präferierte der Geheime Rat, anstatt den Streit selbst zu entscheiden, auch in diesem Fall die Verweisung an den Zivilrichter[1071]:

> „Da in der Klagsache des Kunsthändlers Autenrieth gegen den Buchdrucker Mayer, wegen Nachbildung einer lithographischen Zeichnung des Festzugs am 28. September 1841 in kleinerem Maasstabe, unter Vermittlung der k. Stadtdirektion Stuttgart am 6. November 1841 ein Vergleich zwischen beiden Theilen zu Stande gekommen und die Klage dadurch amtlich als erledigt angesehen sey, daß durch diesen Vergleich die Betheiligten in ein privatrechtliches Verhältniß gegen einander getreten seyen, und so viel die Behauptung des Buchhändlers Autenrieth, daß der Vergleich für ihn nicht mehr eine bindende Kraft habe, betreffe, hierüber und über die fortwährende Wirksamkeit des Vergleichs vor allen Dingen der Civilrichter zu erkennen habe; so werden die Erkenntnisse der Kreisregierung vom 4. Febr. und des Ministerium des Innern vom 22. Aug. 1842 wegen Unzuständigkeit ausser Wirkung gesetzt; wobei es jedoch bei der schon von der k. Stadtdirektion verfügten vorläufigen Beschlagnahme der noch vorhandenen Exemplare der Meierschen Lithographie bis zu Austrag der Sache sein Bewenden behalte.

> Das k. Ministerium des Innern werde ersucht, hievon den Betheiligten und insbesondere dem Buchdrucker Mayer auf dessen Eingabe an den Geheimen Rath vom 5. Okt. 1842 gefällig Eröffnung machen zu lassen."

Der Geheime Rat klopfte seine Rechtsposition fest, nach der zwar die Privilegienerteilung und die Bestrafung bei Nichtbeachtung des Nachdruckverbots eindeutig in seine Zuständigkeit fielen, jedoch schufen die Parteien via Vergleich, der nur zwischen ihnen wirkte, ein privatrechtliches Verhältnis, worüber allein der Zivilrichter befinden konnte. Darüber hinaus betrachtete die Verwaltung das Eigentumsrecht an den nachgedruckten Schriften als eigenes Recht von Schriftsteller und Verleger; Streitigkeiten hierüber unterfielen ebenfalls dem Zivilrichter.

9. Zivilrichter: Eigentumsfrage und Kosten

Das württembergische Ministerium stellte „in collegio" mit Bericht vom 9. Oktober 1854 an die Regierung in Ellwangen klar, dass, gestützt auf § 5 des Rescripts vom 25. Februar 1815, in dem von einer Konfiskation der Nach-

---

[1071] E 146/1 Nr. 5436, Teil 6.

druckexemplare zum Vorteil des Schriftstellers oder ersten Verlegers die Rede ist, sowohl dem Schriftsteller bzw. seinen Erben oder dem Verleger ein Eigentumsrecht zustehe. Um indes das bestrittene Eigentumsrecht festzustellen, musste diese Vorfrage vom Zivilrichter geklärt werden, „da es sich hier um einen privatrechtlichen Streite handelt"[1072].

Ganz konkret drehte es sich darum, ob die von Philipp Nicolaus Zink verfasste Schrift „Sechs Schulmeßgebete für Kinder" unbeschränktes Eigentum des Buchdruckers Johann Schönbrod geworden war[1073]:

„Da nun im vorliegenden Fall der Buchdrucker Joh. Schönbrod zu Hause im Königreich Bayern behauptet, daß die von dem Erblasser der Kläger verfaßte Schrift sein unbeschränktes Eigenthum geworden sei, so will das Ministerium die Entscheidung der k. Regierung in Ellwangen vom 11. Oktober 1853 unter Verweisung der dagegen erhobenen Beschwerde dahin bestätigt haben, daß die Zinkschen Erben mit ihrer gegen den Buchdrucker Kaupert erhobenen Konfiskationsklage wegen fehlenden Beweises der Sachlegitimation zur Zeit abgewiesen seien, ihnen jedoch die Erneuerung ihrer Klage für den Fall unbenommen bleibe, daß der zwischen ihnen und dem Schönbrod bestehende Streit gerichtlich zu ihren Gunsten entschieden werden sollte."

Eine weitere Akte beweist, dass der Zivilrichter ebenfalls über die Kosten des Rechtsstreits entscheiden sollte.

Die Regierung für den Neckarkreis hatte am 9. Februar 1869 die Klage des Schriftstellers Paul Wöhrle aus Stuttgart gegen den Buchdruckereibesitzer Greiner, ebenfalls aus Stuttgart, wegen Nachdrucks der in dem siebten Heft der Zeitschrift „Für Stadt und Land" von 1864 erschienenen Erzählung „Der Schützen-König zu Cöln Hans Sindelfinger, Schneider aus Stuttgart" in dem illustrierten Kalender für das Jahr 1869 zurückgewiesen und den Kläger verurteilt, die Sportel des Streits zu zahlen. Der Schriftsteller Wöhrle wandte sich gegen dieses Erkenntnis und meldete am 20. April 1869 den Rekurs an, so dass die Regierung für den Neckarkreis die Akten dem Ministerium des Innern zusandte, das noch am 26. April 1869 kurz und bündig entschied. Es stellte nämlich fest, dass das Verlagsrecht des Rekurrenten Wöhrle bezüglich des in Frage stehenden literarischen Erzeugnisses und eben damit seine Legitimation zur Klageerhebung wegen Nachdrucks keine Stütze in den Akten finde. Das Gesuch des Wöhrle um Verurteilung des Greiner sozusagen im „Verwaltungsrechtswege", eine von ihm bezeichnete Entschädigungssumme zu zahlen (gestützt auf § 5 des Rescripts von 1815), lehnte das Ministerium als unstatthaft ab. Der Rekurrent hatte darüber hinaus die Sporteln in Höhe von 4 fl. 24 kr. zu zahlen. Trotz Zurückweisung seines Antrags wurde ihm die Möglichkeit eröffnet, sich an den Zivilrichter zu wenden[1074]. Der Schriftsteller Wöhrle hatte nur

[1072] E 146/1 Nr. 5446, Teil 3.
[1073] Ibid.
[1074] E 146/1 Nr. 5467, Teil 2.

ungenau seine Stellung als solcher bzw. als Urheber der nachgedruckten Schrift geltend gemacht. Diese Legitimation sollte er beim Zivilrichter feststellen lassen.

Der nächste Fall wich indes ab vom gefundenen Prinzip, dass der Zivilrichter zuständig sein sollte.

10. Eigentumsfrage als Nebenfrage ohne Verweisung an Zivilrichter

Wer Eigentümer an Vorräten von Nachdruckexemplaren war bzw. geworden war, spielte bei der Beschwerde des Antiquars und Buchhändlers Autenrieth aus Stuttgart gegen eine Verfügung der Kreisregierung für den Neckarkreis eine Rolle. Dabei wurde aber die Eigentumsfrage nicht in die Zivilgerichtsbarkeit verwiesen, sondern von der Verwaltung selbst detailreich beantwortet.

Im Bericht der Regierung an das Ministerium des Innern vom 28. Februar 1843 erörterte diese das bestehende Rechtsverhältnis hinsichtlich des Eigentums an den durch ihr Erkenntnis vom 7. September 1841 konfiszierten Nachdruckvorräten des Beschwerdeführers. Das Gutachten widmete sich der Frage, ob und unter welchen Bestimmungen diese Vorräte in das Eigentum des Beschwerdeführers Autenrieth übergegangen waren. Letzterer gab bei seiner Vernehmung an, dass er nie der wahre Eigentümer der Vorräte geworden sei. Nach dem von ihm schon früher zu den Akten gereichten Verhandlungsprotokoll des Stadtgerichts Stuttgart mit dem Gläubigerausschuss des verschollenen Buchhändlers Kraft vom 11. April 1838 habe der Rechtskonsulent Höfer als Bevollmächtigter des Kraft dessen ganzes Vermögen, darunter auch die Nachdrucke, an ihn verkauft, wogegen er die den Gläubigern versprochene Zahlung an diese zu leisten gehabt habe. Überdies sei vor Gericht zu dem Nachdrucksvorrat des Kraft nichts bestimmt worden. Die verwitwete Dr. Lenz aus Stuttgart habe das Geld zur Befriedigung der Kraftschen Gläubiger allein vorgeschossen und sei damit Eigentümerin des Büchervordrucks geworden. Der Beschwerdeführer erscheine gleichsam nur als ein von Witwe Lenz beauftragter Kommissionär für diese Bücher, weil diese nicht zum Buchhandel konzessioniert war. Er selbst habe eine Entschädigung von 15 Prozent des Erlöses zugesichert bekommen, worüber ein „Privatgesellschaftsvertrag" zwischen der Witwe Lenz, ihm und dem Rechtskonsulenten Höfer abgeschlossen worden sei. Niemand wusste, wo Buchhändler Kraft sich aufhielt; dem Vernehmen nach in Frankreich.

Nachdem sich Rechtskonsulent Höfer dagegen ausgesprochen hatte, dass der Beschwerdeführer Autenrieth die Vertragsurkunde der Regierung vorlegte, weil die Herausgabe an die Zustimmung aller Vertragsbeteiligten geknüpft war, beschloss die Regierung, eine härtere Gangart einzulegen und sogar Strafprozessrecht anzuwenden[1075]:

„In so fern wir von der Ansicht ausgingen, daß, wenn in einer Nachdrucks-Klagsache die amtliche Hülfe angerufen wird, die Grundsätze des strafrechtlichen Untersuchungs-Verfahrens in Anwendung zu bringen sind, haben wir die Stadtdirektion mittelst Erlasses vom 13. September v. J. angewiesen, die Ausfolge des fraglichen Gesellschafts-Vertrags, [...] den Buchhändler Autenrieth mit dem Bedrohen, dass diese Urkunde ihm nöthigenfalls auch von Amts wegen abgenommen werden, anzusinnen."

Die Lektüre des Vertrags ergab, dass dieser zur Bereinigung des Debitwesens des Kraft geschlossen worden war: Nach § 3 des Gesellschaftsvertrages sollte Autenrieth das Eigentum an den in Frankfurt a.M. liegenden Büchern erwerben, d.h. ihm sollte das Eigentumsrecht an diesem Büchervorrat eingeräumt und belassen werden, bis die an die Kraftschen Gläubiger zu begleichende Summe samt Zinsen zu fünf Prozent sowie allen auf die Verwaltung der Masse gemachten Aufwendungen bar und vollständig getilgt waren (§ 3 des Gesellschaftsvertrages). Da die Summe bei weitem nicht erreicht wurde, war Autenrieth immer noch als Eigentümer zu betrachten. Dafür sprach auch, dass er sich bei allen Verhandlungen der Insolvenz als Eigentümer verhalten habe. Im Gutachten wird zusätzlich erwogen, ob Autenrieth nicht als allgemeiner Rechtsnachfolger des Kraft gelten könne und, weil die Witwe Lenz schließlich die Summe gezahlt habe, diese selbst das Eigentum an der gesamten Masse, also auch an den Büchern, letztlich erworben habe. Dies war aber durch den expliziten Wortlaut des § 3 des Gesellschaftsvertrages ausgeschlossen, so dass Autenrieth Eigentümer des gesamten Büchervorrats geworden war.

Nach der Stempelung der Nachdrucke gemäß Art. 2 des Gesetzes von 1836 und dem Ablauf der Dreißigtagesfrist, die laut Abs. 2) der Verfügung zu diesem Gesetz eingerichtet worden war, ging es um die Frage der Wiedereinsetzung in den vorigen Stand, um die Nachteile dieser Frist zu vermeiden. In diesem Zusammenhang musste die Regierung für den Neckarkreis in ihrem Bericht an das Ministerium vom 15. Dezember 1841 die Grundsatzfrage beantworten, welches Verfahren in Nachdrucksachen zu befolgen sei[1076]:

„Wenn man auch annimmt, daß in Nachdruck-Sachen nicht das gleiche Verfahren, wie bei gewöhnlichen Polizeiübertretungen, einzuhalten sei, und daß es sich hiebei allein um Privatansprüche der Original-Verleger gegen den Nachdrucker handle, so schließt dies doch nicht aus, daß die Administrativ-Behörde von Amts wegen für die Herbeischaffung der erforderlichen Beweismittel thätig ist, wie denn in dieser Beziehung eine Hinweisung auf den § 106. des 10.ten Edicts für die Rechtspflege vom 31.ten Dec. 1818. und auf den § 9. der k. Verordnung von 22. September 1819, betreffend den Rechtsgang in Civilsachen bei den hohen Gerichten genügen dürfte. Überdies hat der

---

[1075] E 146/1 Nr. 5437, Teil 5.
[1076] E 146/1 Nr. 5437, Teil 2 (Bericht der Regierung für den Neckarkreis an das Ministerium v. 15. Dezember 1841).

klägerische Anwalt in seiner Erklärung vom 19.ten Novbr. 1838 die erkennende Behörde ausdrücklich darum requirirt."

Die Regierung sprach sich im Ganzen für den Amtsermittlungsgrundsatz bei der Beschaffung der Beweismittel aus. Sie erkannte den Zwiespalt zwischen den privaten Ansprüchen des Verlegers gegen den Nachdrucker einerseits und der polizeilichen Aufgabe des Staates andererseits, entschied sich letztlich aber, augenscheinlich wegen der Wichtigkeit der Beweise und des öffentlichrechtlichen Charakters der polizeilichen Stempelung der Nachdrucke, dafür, dass die Behörde gewissermaßen „Herrin des Verfahrens" sein sollte und von Amts wegen die Beweise ermitteln und beibringen musste. Hier wird wieder einmal deutlich, dass die Nachdruckprivilegienpraxis Württembergs, obschon sie auch eine Angelegenheit zwischen Verleger und Nachdrucker darstellte, in erster Linie öffentlichrechtlichen Charakter in sich trug. Ihre ordnungsrechtliche bzw. polizeirechtliche Seite offenbarte sich hierbei sehr deutlich.

Ungeachtet dessen kann festgehalten werden, dass für Entschädigungsleistungen und zwischen den Parteien geschlossene Vergleiche der Zivilrichter zuständig sein sollte, sodass die Verwaltung in diesem Bereich nicht zu agieren hatte.

IV. Die Anwendung der Gesetze von 1838 und 1845 im Spiegel der Auslegung durch Ministerium des Innern und Geheimen Rat

Im Unterschied zum Rescript von 1815, das in- und ausländischen Schriftstellern auf besonderes Ansuchen ein Privileg gewähren konnte, bezogen sich die Gesetze von 1836, 1838 und 1845, die allesamt im Fahrwasser der Beschlüsse der Deutschen Bundesversammlung standen, bloß auf die von Angehörigen eines im Deutschen Bunde begriffenen Staates verfassten oder verlegten Schriften.

Schützte das Gesetz von 1836 Schriftsteller und Verleger auf die reguläre Dauer von sechs Jahren ohne Privileg, gewährte die Norm von 1838 diesen eine ab Erscheinen des Werkes laufende Zehnjahresfrist gegen den Nachdruck. Zusätzlich schaffte der württembergische Gesetzgeber die Sportel 1838 ab. Das Gesetz von 1845 ging noch darüber hinaus und bevorrechtete den Urheber eines Werkes ein Leben lang sowie dreißig Jahre nach seinem Tod. War der Verfasser ungenannt bzw. unbekannt, so begann die Dreißigjahresfrist automatisch mit dem Erscheinen des Werkes zu laufen.

1. Bezug des Gesetzes von 1838 auch auf vorher erschienene
und bereits erloschene Privilegien

Als der Buchhändler Georg Westermann aus Braunschweig mit Schreiben vom 25. März 1841 beim Ministerium des Innern um ein Privileg für Carl von

Rottecks „Allgemeine Geschichte, von Anfang der historischen Kenntnis bis auf unsere Zeiten in neun Bänden" sowohl für die übernommenen Vorräte der bisherigen Auflagen als auch für die neue fünfzehnte Originalausgabe, welche nach den letzten Revisionen der dreizehnten und vierzehnten Auflage in unverändertem Abdruck erscheinen sollte, bat, konnte das Ministerium das Gesuch mit den Bestimmungen des Gesetzes vom 12. Oktober 1838 schlichtweg ablehnen[1077]. Denn das Gesetz von 1838 gewährte auch solchen Werken Schutz, die vor seinem In-Kraft-Treten erschienen und für die inzwischen erloschene Privilegien erteilt worden waren.

Aber wie sollte der Nachdruckschutz greifen, sofern privilegierte Werke nicht erschienen waren? Der nächste Fall zeigt, dass dies erst möglich war, sobald das Buch auch in Wirklichkeit auf dem Büchermarkt war, gleichgültig zu welchem Zeitpunkt das Privileg gewährt wurde.

2. Zwingende Voraussetzung: Erscheinen des privilegierten Werks

Am 11. Juli 1836 ließ König Wilhelm I. dem Ministerium des Innern ein Dekret übermitteln, um darin der Schulbuchhandlung Vieweg aus Braunschweig das von ihr nachgesuchte Privileg gegen den Nachdruck einer fünften Auflage von Hildebrands „Handbuch der Anatomie des Menschen" auf die Dauer von sechs Jahren unter den gewöhnliche Bedingungen zu erteilen[1078]. Zuvor hatte sich der Studienrat des Gesuchs angenommen und die fünfte vermehrte und verbesserte Auflage in vier Bänden als sehr verdienstvoll gelobt und eine Regelprivilegierung von sechs Jahren vorgeschlagen[1079]. Am 1. August 1836 legte die Registratur des Ministeriums die Akten dem dort zuständigen Sachbearbeiter vor, weil die Freiexemplare bis dato noch nicht vorlagen, woraufhin das Ministerium des Innern beim Stuttgarter Buchhändler Paul Neff anfragte, ob das Buch schon erschienen sei[1080]. Es folgten mehrere Terminanzeigen, in denen festgestellt wurde, dass das Buch bislang noch nicht erhältlich war[1081]. Am 17. August 1839 wandte sich Paul Neff selbst an die Stadtdirektion Stuttgart, um anzuzeigen, dass das Werk in der fünften Auflage immer noch

---

[1077] E 146/1 Nr. 5430, Teil 3 (Anweisung des Ministeriums an die Stadtdirektion Stuttgart v. 6. April 1841).

[1078] E 146/1 Nr. 5425, Teil 3.

[1079] E 146/1 Nr. 5425, Teil 2 (Bericht des Studienrates an das Ministerium v. 1. Juli 1833).

[1080] E 146/1 Nr. 5425, Teil 4 (Schreiben des Ministeriums an die Stadtdirektion Stuttgart v. 11. September 1836).

[1081] E 146/1 Nr. 5425, Teil 5 (Terminanzeige v. 30. März 1837) sowie Teil 6 (Terminanzeige v. 13. August 1837) sowie vom 1. September 1838 (Teil 8) sowie vom 9. August 1839 (Teil 10).

nicht auf dem Büchermarkt zu haben sei[1082]. Am 19. August 1840 schließlich sah sich das Ministerium veranlasst, wegen der noch rückständigen Freiexemplare die Akten wegzulegen; dazu die Notiz des Sachbearbeiters im Ministerium vom 25. August 1840[1083]:

> „Durfte lediglich ad acta zu nehmen sein, da das Privilegium vermöge Urkunde vom 11. Juli 1833 für sechs Jahre ertheilt worden ist, und noch unterm 17. August 1839, von demselben noch kein Gebrauch gemacht worden war.

> Das Privilegium wird somit als erloschen zu betrachten sein, und es werden aus demselben hinsichtlich eines jetzt erst erscheinenden Werkes (das ohnehin durch die neuere Gesetzgebung, was freilich irrelevant ist, bestens geschützt ist) weder Rechte noch Verbindlichkeiten abgeleitet werden können."

Ob das Handbuch der Anatomie je erschienen ist, geht aus den Akten nicht mehr hervor. Wie das Ministerium richtig feststellte, unterlag es wie jedes andere Werk auch der Zehnjahresschutzfrist des Gesetzes von 1838 bzw. der späteren noch günstigeren Gesetzgebung ab 1845.

3. Verzahnung der Gesetze von 1838 und 1815: Nur pekuniäres, nicht urheberrechtliches Interesse des Verfassers an seinem Werk

Dass Gesetz von 1838 und Rescript von 1815 eng miteinander verzahnt waren, veranschaulicht die Rekurssache des Adolph Lubrecht als Inhaber der Drechslerschen Buchhandlung aus Heilbronn in der Nachdruck-Klagsache des Buchhändlers Carl Kollmann aus Augsburg; in dieser Sache musste der Studienrat an das Ministerium Bericht erstatten, was er auch am 11. Oktober 1845 tat.

Der Studienrat legte einen Bericht über das von ihm eingezogene Gutachten einer aus Buchhändlern und Gelehrten zusammen gesetzten Expertenkommission vor, ohne dabei seine eigene Ansicht über die Frage zu enthüllen, ob durch die in der Drechslerschen Buchhandlung erschienene Schrift das gesetzlich bestehende Nachdruckverbot verletzt worden war.

Der Rat zitierte vorab die Gesetze von 1838, 1836 und 1815, um in erster Linie an den Grundsatz dieser Normen zu erinnern, die auf dieselbe Weise einen Nachdruckschutz verliehen, wie wenn den Werken nach dem Rescript von 1815 ein besonderes Privileg erteilt worden wäre. Damit war der Geist von 1815 sogar bis nach dem Gesetz von 1845 perpetuiert. Der Studienrat führte im

---

[1082] E 146/1 Nr. 5425, Teil 11.
[1083] E 146/1 Nr. 5425, Teil 12.

selben Bericht die für ihn neueren Rechtsansichten über geistige Erzeugnisse und das Eigentum daran an[1084]:

„Wenn hienach die Erörterung zunächst auf das eben gedachte Gesetz [das von 1815] sich zu gründen haben wird, so müssen wir vor allem darauf aufmerksam machen, daß dasselbe bei seinen Normen von ganz andern Rechtsansichten ausgeht, als diejenige sind, welche seit einiger Zeit gegen die Zulässigkeit des Nachdrucks und für das gesetzliche Verbot desselben geltend gemacht werden.

Von einem Eigenthum an geistigen Erzeugnissen, oder, wie ein Aufsatz über den bekannten Schelling-Paulusschen Streit in Nr. 30 und 31 der deutschen Vierteljahresschrift begründen will, von einem Eigenthum des einzelnen an die ‚konkrete Form seiner Gedanken‘, weiß unser Gesetz von 1815 nichts. Nach ihm soll vielmehr, wie es in seinem Eingange heißt, ‚das Interesse der Schriftsteller, welche eine von ihnen verfaßte Schrift entweder selbst oder durch einen anderen herausgeben, mit dem Interesse der Unterthanen in Absicht auf die Beförderung der Geistesbildung, und mit der ihnen gebührenden Gewerbsfreiheit vereinigt werden‘. Während hierin ausdrücklich der Nachdruck als ein Ausfluß der Gewerbsfreiheit im Allgemeinen für rechtmäßig anerkannt wird, – wie dann natürlich schon der Mangel an einem allgemeinen Verbot desselben dies beweist, soll durch die zu ertheilenden Privilegien (nun durch das Gesetz selbst) das ‚Interesse‘ des Schriftstellers eine billige Berücksichtigung finden. Unter diesem Interesse des Schriftstellers (oder seines Verlegers) hat aber der Gesetzgeber offenbar kein anderes, als das pecuniäre Interesse verstanden, die keiner weiteren Ausführung bedürfen wird, da die durch einen Nachdruck vermehrte Verbreitung eines Werkes den Zweck des Schriftstellers, abgesehen von seinem pecuniären Interesse, nur befördern kann.“

4. Weite Interpretation der Nachdruckfreiheit bzw. allgemeinen Gewerbefreiheit

Nach württembergischer Auffassung sollte das Interesse des Schriftstellers allein auf Geld zum Zwecke der Entlohnung für seine Kosten gerichtet sein. Ein geistiges Eigentum des Verfassers an seinem Werk lag immer noch in weiter Ferne. Der Studienrat sah im vorliegenden Fall durch die bei Drechsler erschienene Schrift die Nachdruckfreiheit als Ausfluss der allgemeinen Gewerbefreiheit, wie sie Württemberg zu jener Zeit gewährte, nicht als verletzt an und führte dazu folgende Gründe ins Feld[1085]:

„Am einfachsten und sichersten wird man wohl verfahren, wenn man die Frage dahin struirt: ob Kollmann, wenn er selbst die angeschuldigte Gegenschrift in Verlag genommen hätte, gegen den Nachdruck derselben durch ein für die erste Schrift (das Haassche Sendschreiben), erhaltenes besonderes Privilegium nach Maaßgabe des Gesetzes von 1815 geschützt worden wäre, oder aber, um den Schutz wider Nachdruck für die zweite Schrift zu erlangen, ein neues Privilegium hiefür hätte ersuchen müssen? Im ersteren Falle muß die angeschuldigte Schrift als Nachdruck angesehen werden, da die Koll-

---

[1084] E 146/1 Nr. 5440, Teil 4 (Bericht des Studienrates an das Ministerium v. 11. Oktober 1845).
[1085] Ibid.

mannsche Schrift denselben Schutz, der sie nach dem Gesetze von 1815 durch ein besonderes Privilegium erhalten hätte, nunmehr von selbst Kraft des Gesetzes von 1838 genießt; – im andern Falle kann ein Nachdruck nicht angenommen werden, da das Gesetz von 1838 das nach dem Gesetz von 1815 nöthig gewesene besondere Privilegium nicht supplirt aus dem einfachen Grunde, weil die fragliche Schrift nicht bei Kollmann erschienen ist."

Wiederum stützte sich der Studienrat auf die §§ 7 und 8 des Gesetzes von 1815[1086]:

„Nach den Bestimmungen Nr. 7. und 8. des Gesetzes von 1815 bezieht sich nun der durch ein Privilegium gewährte Schutz nur auf diejenige Auflage, wofür dasselbe ertheilt worden ist, und auf eine unveränderte, d.h. (nach Nr. 8) nicht wesentlich veränderte Auflage derselben, und insbesondere nicht auf eine Übersetzung, Umarbeitung, oder einen Auszug; für eine wesentlich veränderte Auflage muß ein neues Privilegium eingeholt werden, wenn sie geschützt sein soll."

Speziell für diesen Fall lautete die Fragestellung des Studienrates, ob die bei Drechsler erschienene Schrift als eine „unveränderte, oder nicht wesentlich veränderte Auflage" der Kollmannschen Schrift zu betrachten sei, was der Rat im Endergebnis verneinte, weil die Hälfte der Drechslerschen Schrift etwas Neues, also etwas „Eigentümliches" bildete und zudem in einem Geist der Widerlegung geschrieben worden sei; dies stelle ein wichtiges Indiz für eine wesentliche Veränderung im Sinne des Gesetzes dar[1087]:

„Denn wenn sie auch nicht unter den Begriff der in Nr. 7. des Gesetzes von 1815 ausdrücklich gestatteten Konversionen (Übersetzung, Umarbeitung, Auszug) fällt, so ist sie dennoch, und noch weit weniger, als in solchen Fällen keine wesentlich unveränderte Auflage der Kollmannschen Schrift, da diese letztere durch dieselbe kritisirt und widerlegt werden soll, da somit beide Schriften einen direct entgegenstehenden Zweck verfolgen und in die spätere Schrift (bei Drechsler) solche Bestandtheile aufgenommen sind, welche den Zweck und Erfolg der anderen Schrift aufheben und verhindern sollen. Diese in einer entgegen gesetzten Tendenz verfaßten Zusätze füllen (außer der Vorrede) 437 Zeilen, durchschnittlich zu 20 Silben, während das in die Schrift aufgenommene Sendschreiben 631 Zeilen, durchschnittlich zu 15 Silben einnehmen; was ein Verhältniß von ca. 87 zu 94 bildet, so daß also nahezu die Hälfte der Drechslerschen Schrift aus etwas Neuem, von einem anderen verfaßten, besteht. Würde Kollmann selbst die Gegenschrift in Verlag genommen haben, so würde wohl Niemand einfallen, zu behaupten, er habe dadurch eine ‚wesentlich unveränderte Auflage' der zuerst bei ihm erschienenen Schrift veranstaltet, und wenn schon eine Umarbeitung durch den gleichen Verfasser, die in der Regel im gleichen Geiste und zu dem gleichen Zwecke erfolgt, als eine wesentliche Veränderung erscheint, auf welche sich der Schutz des Privilegiums nicht erstreckt, so muß eine Widerlegung durch einen anderen Verfasser, noch weit mehr als eine solche wesentliche Veränderung betrachtet werden."

Der Studienrat führte indes noch einen anderen Grund an, um den Nachdruck zu verneinen und rekurrierte dabei auf die damals aktuelle Gesetzge-

---

[1086] Ibid.
[1087] Ibid.

bungsdiskussion und den Entwurf eines umfassenden Nachdruckgesetzes von 1838[1088]:

„Wenn nämlich der Art. 6. des Entwurfs eines umfassenden Nachdruck-Gesetzes von 1838 bestimmt, daß alsdann, wenn die zu einer Schrift verfaßten Anmerkungen oder Erläuterungen den Hauptinhalt eines neuen Werkes ausmachen, mit denselben auch der Text, auf welchen sie sich beziehen, vollständig oder auszugsweise abgedruckt werden könne (Verhandlung der Abgeordneten von 1838 IV. Beil.Heft S. 240), so sollte hiedurch nach der ganzen Tendenz jenes Entwurfs der bisherige Schutz gegen den Nachdruck nicht vermindert, sondern es sollte derselbe überhaupt vermehrt werden: daher man zurück zu schließen berechtigt ist, daß das, was nach jenem Entwurf gestattet ist, der Gesetzgeber noch und vielmehr nach dem Gesetze von 1815 für zulässig angesehen hat."

Obwohl sich die Mehrzahl der Experten zwar dahingehend ausgesprochen hatte, dass die zu dem Haasschen Sendschreiben verfassten Anmerkungen nicht als der Hauptinhalt der bei Drechsler erschienenen Schrift zu betrachten sei, bezog der Studienrat eine ganz andere Position. Er räumte zwar ein, dass die Anmerkungen nicht den größeren Teil der in Streit stehenden Schrift ausmachten, doch sei es wichtig, nicht nach dem äußeren Verhältnis zu gehen, sondern auf den Inhalt abzustellen. Denn dem Verfasser der Anmerkungen wäre es ein leichtes gewesen, diese so sehr auszudehnen, dass sie platzmäßig gesehen die größere Hälfte gebildet hätten, d.h. größer als der nachgedruckte Text gewesen wären. Der Verfasser hätte das Sendschreiben in einem Stück oder, was im Ergebnis gleich gekommen wäre, seine Anmerkungen je zwischen den Text des Sendschreibens einschieben oder in einzelnen Abschnitten den Anmerkungen voranstellen bzw. in Fußnoten abdrucken können; immer wieder wäre das ganze Sendschreiben, in welcher Form auch immer, abgedruckt worden und für die Besitzer der neuen Schrift die frühere entbehrlich geworden.

Dessen ungeachtet kam es nach Meinung des Studienrates auf die Frage an, ob die Anmerkungen die Hauptsache ausmachen, d.h. ob der Zweck derselben hauptsächlich darin bestand, dem Publikum die Ansichten ihres Verfassers vorzutragen, so dass der Abdruck der fremden Schrift nur als Mittel zu diesem Zweck gebraucht wurde oder ob die Hauptabsicht auf die Reproduktion der fremden Schrift gerichtet war und die beigefügten Erläuterungen lediglich als Nebensache bzw. als gelegentliche Zugabe zu betrachten seien. Der Rat ließ keinen Zweifel daran erkennen, dass der Verfasser der Anmerkungen hauptsächlich die Widerlegung der in dem Haasschen Sendschreiben enthaltenen Behauptungen und Ansichten erstrebte und dass er das Vordrucken des Sendschreibens nur als ein bequemes Mittel wählte, um Einwendungen und Widerlegungen in Kürze darauf beziehen zu können. Die Mitglieder des Studienrates (Direktor von Knapp[1089] als Referent, von Schedler, von Klaiber, Schwab und

---

[1088] Ibid.

[1089] Hermann von Knapp (1801-1859). Seit März 1839 Oberkonsistorialrat und Oberstudienrat in Stuttgart. Ab Juni 1842 provisorischer, seit Oktober 1843 Direktor des Kö-

Zeller) gaben zu, dass diese Frage eine willkürlich zu beantwortende war, weil sie einen großen Spielraum ließ, doch beriefen sie sich auf ihren „Totaleindruck".

Auf die von einem Experten geltend gemachte geringe Preisdifferenz bei beiden Schriften war nach bestehender Rechtslage kein Gewicht zu legen, obgleich es der Studienrat für nötig hielt, bei einer künftigen Gesetzgebung darauf einzugehen, damit der Absatz des Originals nicht gefährdet würde. Ebenso wenig bedeutungsvoll war die Wahl des Titels bei der von Drechsler verlegten Schrift, worauf sich ein Experte bezogen hatte, da dieser Titel sich wesentlich von dem Titel der bei Kollmann erschienenen Schrift unterschied, so dass eine Täuschung über die Identität nicht möglich gewesen wäre[1090]. Im Ministerium schloss man sich der Ansicht des Studienrates gänzlich an und subsumierte die Diskussion, ob die Erläuterungen ein neues Werk bildeten, unter § 7 des Rescripts von 1815 (Umarbeitung der Kollmannschen Verlagsschrift)[1091], ehe man ergänzend die Frage problematisierte, ob der Debit der Originalschrift in Bayern einen Nachdruck in Württemberg verhindern könne; dazu der eindeutige Wortlaut der Kollegiumsentscheidung[1092]: „So wenig das baierische Verbot den Verleger Kollmann hindert, seine Schrift in Württemberg zu verkaufen, so wenig kann es ihn an der Verfolgung eines württembergischen Nachdrucks hindern."

Studienrat und Ministerium waren ersichtlich darum bemüht, den Geist des Gesetzes von 1815 und dessen weite und großzügige Sichtweise der Umarbeitung eines Werks (§ 7) beizubehalten und fortzuführen. Damit sollte die Messlatte für ein neues Werk niedrig angesetzt werden, um die Druckfreiheit nicht zu gefährden und die geistige Auseinandersetzung mit Hilfe der Druckschriften zu beflügeln, was einem Hauptcharakteristikum des aufgeklärten württembergischen Staatswesens entsprach. Eine Widerlegung setzte die Bezugnahme auf das zu Widerlegende voraus, so dass der Rat beim Abdruck des Originals recht großzügig vorging.

Mit ihren Entscheidungen grenzten sich Studienrat und Ministerium auch von anderen Staaten des Deutschen Bundes, hier Bayern, ab, denn ein Nachdruckverbot in Bayern hieß noch lange keines in Württemberg. Die Konkurrenz der im Rescript von 1815 genannten Interessen des Gewerbes einerseits und der

---

niglichen Studienrates. Von Knapp veröffentlichte 1848 eine Schrift, in der er sich zur Reorganisation des Deutschen Bundes und zur Volksvertretung beim Bundestag äußerte. Ferner plädierte er für ein einheitliches Recht, Zoll, Maße und Post, ein Bürgerheer und ein vereinfachtes Gerichtsverfahren; ausführlich dazu: *Raberg*, Biographisches Handbuch (Fn. 167), S. 452-453.

[1090] E 146/1 Nr. 5440, Teil 4 (Bericht des Studienrates an das Ministerium v. 11. Oktober 1845).

[1091] E 146/1 Nr. 5440, Teil 2 (Schreiben an die Regierung des Neckarkreises v. 15. Dezember 1845).

[1092] E 146/1 Nr. 5440, Teil 3.

Schriftsteller andererseits wurde zugunsten der ersteren beantwortet, um das württembergische Druckgewerbe zu fördern und in seiner Blüte nicht zu gefährden. Im Ergebnis zeitigte die Rekurssache keinen Erfolg.

5. Ist die Aufnahme eines Einzelwerks in eine Gesamtausgabe als Nachdruck zu bewerten?

Die soeben beschriebene Position beeinflusste auch die Antwort auf eine anwaltliche Anfrage beim Ministerium, nämlich ob die Aufnahme eines Einzelwerks in eine Gesamtausgabe einen Nachdruck darstellte.

Rechtskonsulent Wagner als Anwalt der Gattin des vormaligen Oberamtmanns Hammer aus Öhringen war mit deren in der Oberappellationsinstanz beim königlichen Obertribunal anhängigen Rechtssache gegen die Brodhagsche Buchhandlung betraut. Die Brodhagsche Buchhandlung hatte Julius Webers nachgelassene Schrift „Demokritos" von der Mandantin Wagners als der Erbin Webers in Verlag erhalten, während später Buchhändler Hallberger das Verlagsrecht einer Gesamtausgabe der Weberschen Schriften an sich brachte und dafür ein Privileg für Württemberg erlangt hatte. Wegen des durch den Abdruck des „Demokritos" in der Hallbergerschen Gesamtausgabe entstandenen Verlustes machte die Brodhagsche Buchhandlung daraufhin Entschädigungsansprüche gegen Wagners Mandantin geltend. Der Anwalt führte zugunsten seiner Mandantin an, dass das Ministerium beim Bestehen des Brodhagschen Verlagsrechts für das Einzelwerk dem Buchhändler Hallberger kein Privileg zu einer Gesamtausgabe erteilt hatte, da es in der Württemberger Privilegienerteilungspraxis nicht üblich war, die Einverleibung eines Einzelwerks in eine Gesamtausgabe für erlaubt anzusehen, sobald sich eine andere Buchhandlung im Besitze des Verlagsrechts des Einzelwerks befinde. Diese Ansicht ergebe sich aus dem den ständischen Kammern vorgelegten Entwurf zu einem Nachdruckgesetz, worauf eine solche Aufnahme des Einzelwerks in die Gesamtausgabe neben bestehenden Rechten des Verlags des Einzelwerks keinen Nachdruck bilden sollte. Der Anwalt stellte in seiner Beschwerdeschrift an das Obertribunal den Antrag, das Ministerium um Auskunft zu ersuchen über die Frage, ob seither zu Gesamtausgaben Privilegien erteilt worden seien, obschon Einzelausgaben bei anderen Buchhandlungen erschienen waren. Das Gericht gab dem Beschwerdeführer indes auf, sich selbst an das Ministerium des Innern zu wenden[1093], woraufhin letzteres lakonisch antwortete, dass die Frage in der bisherigen Praxis noch keine Beantwortung gefunden habe[1094].

[1093] E 146/1 Nr. 5441, Teil 14 (Schreiben des Rechtskonsulenten Wagner v. 20. April 1845).

[1094] E 146/1 Nr. 5441, Teil 15 (Schreiben v. 25. April 1845).

Das Ministerium hatte offenbar nicht viel Geschmack an der Frage gefunden, ob Gesamtausgaben trotz vorangegangener Privilegierung von Einzelwerken noch einmal ein Privileg genießen durften; zentral war für das Ministerium die Frage, ob durch eine neue Kombination von Einzelwerken bzw. Zusätzen eine geistige Umarbeitung im Sinne von § 7 des Rescripts von 1815 vorlag oder nicht.

6. Kombination von Einzelwerken oder Zusätzen als geistige Umarbeitung im Sinne von § 7 des Rescripts von 1815?

Dieser Problemkonstellation ging der Geheime Rat auch in einer Klagsache vom Mai 1853 nach und stellte unstreitig, dass der Druck eines Auszugs einer Druckschrift nicht unter das Verbot des Nachdrucks fiel und dass nach dem unzweifelhaften Sinn des Rescripts von 1815 auch solche Druckschriften, die den Hauptinhalt einer anderen Schrift durch aneinander gereihte einzelne Abschnitte oder Stellen derselben wiedergeben, als Auszüge aus solchen Schriften und damit als nicht verbotene Nachdrucke zu beurteilen waren[1095].

In der Kollegiumsentscheidung des Ministeriums vom 17. Februar 1853 hatte man den § 7 des Rescripts von 1815 so ausgelegt, dass der Gesetzgeber mit der Stelle „auf die Herausgabe einer Umarbeitung der privilegierten Schrift oder eines Auszugs aus derselben" keinen Pleonasmus, sondern den Begriff des Auszugs als selbstständigen meinte[1096]. Dieser weiten Auslegung hatte sich auch die Beschwerdeinstanz angeschlossen, die das Aneinanderreihen einzelner Abschnitte unter das Merkmal „Auszüge" subsumierte, womit ein Nachdruckverbot ausgeschlossen war.

7. Reichweite des Begriffs „Auszüge" im Sinne von § 7 des Rescripts von 1815

Der selbstständige Begriff des Auszugs nach § 7 des Rescripts von 1815 erfasste nicht nur Druck-, sondern auch Musikwerke.

In einer Beschwerdesache des Inhabers der Metzlerschen Buchhandlung, Heinrich Erhard aus Stuttgart, in der Nachdruckklagsache gegen den Schulmeister Auberlen aus Fallbach (Oberamt Cannstatt) kam es zu folgendem Beschluss des Geheimen Rats[1097]:

[1095] E 146/1 Nr. 5445, Teil 9 (Auszug aus dem Protokoll des k. Geheimen Rates v. 6. bzw. 25. Mai 1853).

[1096] E 146/1 Nr. 5445, Teil 7 (Schreiben des Ministeriums an die Regierung in Ludwigsburg v. 17. Februar 1853).

[1097] E 146/1 Nr. 5442, Teil 10 (Auszug aus dem Protokoll des k. Geheimen Rates v. 24. Juli 1847).

„Da die in Frage stehende aus der Noten- in die Ton-Zifferschrift übertragene erste Stimme von Choral-Melodien als ein Auszug aus dem im Verlage der Metzlerschen Buchhandlung im Jahre 1844 herausgekommenen Choral-Buche im Sinne der Ziffer 7 der k. Verordnung vom 25. Febr. 1815 erscheine und demnach dem Nachdruckverbot nicht unterliege; so werde die Beschwerde der Recurrenten gegen die Verfügung des k. Ministerium des Innern vom 27. Mai 1847 als rechtlich nicht begründet abgewiesen."

Der knappe Beschluss ist zwar nachvollziehbar, doch enthält er keine exakte Begründung, warum genau die Übertragung der ersten Stimme von der Noten- in die Tonzifferschrift unter „Auszug" zu subsumieren war. Dass diese Übertragung von Noten in Ziffern eine Umarbeitung im Sinne von § 7 hätte darstellen können, problematisierte der Geheime Rat ebenso wenig. Das Ministerium hatte in einem anderen Fall bereits herausgestellt, dass es die Übertragung von Noten in Ziffern nicht als Umarbeitung ansah und hatte aus diesem Grunde ein Privileg verweigert[1098].

8. Herabsetzung der Tonart als Umarbeitung?

Sehr dürftige Begründungen lieferte der Geheime Rat auch in seinem Beschluss vom 1. Juli 1854 betreffend die Nachdruckklagsache des Buchhändlers Göpel aus Stuttgart gegen den Schulmeister Sanzenbacher aus Siebeneich im Oberamt Weinsberg. Es ging darum, dass der Kläger ein durch Franz Abt vertontes Lied von Herloßsohn namens „Luise", nachdem dasselbe schon im fünften Band des vom Kläger verlegten „Orpheon, Album für Gesang mit Piano forte" unter Ziff. 166, S. 8 erschienen war, im Jahre 1846 auch in einem Einzelabdruck herausgegeben hatte. Das Verlagsrecht war ihm vom Tonsetzer eingeräumt worden. Der Beklagte ließ im Jahr 1848 ein Tonstück unter dem Titel „Kind: wie bist du so schön, Gedicht von E. Herloßsohn, Musik von F. Abt, läuft in C-Dur, bearbeitet von G. F. Sanzenbacher" in seinem Selbstverlag erscheinen, und es stellte sich heraus, dass sich dieses Tonstück als Herabsetzung der Tonart und, wenig bedeutende sonstige Veränderungen abgerechnet, als die im Verlag des Klägers veröffentlichte Komposition entpuppte. Sehr knapp hieß es hierzu im Beschluss[1099]:

„Daß das gedachte Musikstück, so wie es jetzt vorliegt, wenn auch zu seiner Umgestaltung nur ein geringer Grad von musikalischer Kenntniß erforderlich gewesen seyn mag, doch nach der bestehenden Gesetzgebung (k. Rescript v. 25. Febr. 1815. Ziff. 7.) nicht als Nachdruck sich auffassen läßt [...]"

Im Endergebnis bestätigte der Geheime Rat die Entscheidung des Ministeriums vom 30. Mai 1853. Schon in der Entscheidung des Ministeriums kam es darauf an, dass das Werk mit lediglich geringem Aufwand und geringen Musikkenntnissen verändert werden konnte, so dass keine Nachbildung, sondern

---

[1098] Vgl. E 146/1 Nr. 5195; siehe auch Fn. 274 und Fn. 1007.
[1099] E 146/1 Nr. 5447, Teil 10.

eine echte Umarbeitung der in Frage stehenden Komposition nach § 7 des Rescripts von 1815 anzunehmen war, die konsequenterweise keinem Nachdruckverbot unterliegen durfte[1100].

9. Nachbildungsverbot in der Kunst

Auch in der bildenden Kunst genügten dem Ministerium wie dem Geheimen Rat geringe Unterschiede, um eine eigenständige Umarbeitung zu charakterisieren und infolge dessen ein Nachbildungsverbot in Analogie zum Nachdruckverbot des § 7 des Rescripts von 1815 zu verneinen. Wegen Nachbildung eines Kupferstichs hatte etwa der Kunsthändler Buddeus aus Düsseldorf gegen Siegmund Sachs aus Stuttgart 1857 geklagt[1101]:

> „In Erwägung erstens, dass der bei Siegmund Sachs als früherer Inhaber einer literarisch-artistischen Anstalt dahier herausgekommene Nachstich mit der Unterschrift ‚Das schlafende Brüderchen' zwar einem im Verlag des Kunsthändlers Buddeus zu Düsseldorf erschienenen Kupferstich mit der Unterschrift ‚Das jüngste Brüderchen' nachgebildet sey, die Nachbildung jedoch von dem Urbild wesentlich, namentlich in Beziehung auf die Größe, verschieden und von solcher Beschaffenheit sich darstelle, daß sie dem Verleger des Kupferstichs in dem Verkauf der letzteren keinen Abbruch thun könne;
>
> Zweitens, daß das Gesetz vom 17. Oktober 1838 auch hinsichtlich des Thatbestands der unerlaubten Nachbildung künstlerischer Erzeugnisse einfach auf das Gesetz vom 25. Februar 1815 Beziehung nehme, indessen Sinne es liege, daß bei Abweichungen von dem Originale, durch welche die Concurrenz im Handel als ausgeschlossen zu betrachten, die neue Hervorbringung nicht als unerlaubte Vervielfältigung gelten könne [...]"

Insofern bestätigte der Rat die Erkenntnisse der Kreisregierung zu Ludwigsburg, die bereits durch Entscheidung des Ministeriums gebilligt worden waren, und verwarf letztlich die Beschwerde. An dieser Entscheidung ist die deutliche Begründung auffällig, die bei den letztbehandelten Entscheidungen zur Musik fehlte: Das neue Werke wurde nicht als unerlaubte Vervielfältigung des zuvor entstandenen qualifiziert, was insbesondere auf die Unterscheidbarkeit aufgrund von Größe oder Beschaffenheit von Nachbildung zum Original zurückzuführen war.

Der starre Charakter der württembergischen Gesetzgebung manifestierte sich in den behandelten Fällen, da das Gesetz von 1838, das unter erheblichem inländischem wie ausländischem Einfluss zustande gekommen war, den Geist von 1815 durch einfache Verweisung auf den Tatbestand der unerlaubten Nachbildung bewahren konnte.

[1100] E 146/1 Nr. 5447, Teil 9 (Schreiben des Ministeriums an die Regierung in Ludwigsburg v. 30. Mai 1853).

[1101] E 146/1 Nr. 5449, Teil 25 (Auszug aus dem Protokoll des Geheimen Rates v. 6. August 1857).

10. Anwendung auf photographische Nachbildungen

Wenig mehr als ein Jahr später, nämlich am 24. November 1858, knüpfte der
Geheime Rat in der Klagsache des Buchhändlers Kuntze aus Dresden gegen
den Maler und Photographen Lorenz aus Stuttgart wegen photographischer
Nachbildung einer im Verlag Kuntze erschienenen Lithographie an seine
Rechtsprechung von 1857 (Buddeus)[1102] insofern an, als es zu folgendem Be-
schluss kam[1103]:

> „In Erwägung erstens, daß zwar der Beklagte zu den von ihm hergestellten, in der
> Klage als unerlaubte Nachbildung bezeichneten Lichtbildern eine im Verlag des Klägers
> erschienene lithographische Darstellung mit der Unterschrift: ‚Die erste Vorlesung der
> Räuber von Schiller' benützt habe,
>
> zweitens, daß jedoch durch die Anwendung der Photographie auf dieses Kunstblatt
> eine von letzterem wesentlich, namentlich in Beziehung auf die Größe verschiedene
> Nachbildung erzielt worden sey, die auch ihrer Beschaffenheit nach dem Verleger des
> Kunstblattes in dem Verkauf des letzteren keinen Abbruch thun könne, und
>
> drittens, daß es im Sinne des Gesetzes vom 25. Februar 1815 liege, auf daß sich im
> Gesetze vom 17. Oktober 1838 auch hinsichtlich des Thatbestands der unerlaubten
> Nachbildung künstlerischer Erzeugnisse einfach bezogen wurde, daß bei wesentlichen
> Abweichungen von dem Originale, namentlich solcher, durch welche die Besorgniß ei-
> ner Concurrenz im Handel als ausgeschlossen zu betrachten, die neue Hervorbringung
> nicht als unerlaubte Vervielfältigung aufzufassen sey, [...]"

Der Rekurs des Buchhändlers Kuntze gegen das Erkenntnis der Kreisregierung in Ludwigsburg sowie die dazu bestätigende Entscheidung des Ministeriums wurde vom Geheimen Rat in fast schon gewohnter und geübter Manier
abgewiesen. Die Begründungen der letztbehandelten Dossiers sind in Inhalt
und Aufbau nahezu identisch, was sich auch in nachfolgender Rekurssache bestätigt findet.

In der Beschwerdesache der Kunsthändler Piloty und Löhle aus München
gegen Albert Lindenmayer aus Tübingen wegen dessen photographischer
Nachbildung von Lithographien und Stahlstichen knüpfte der Geheime Rat erneut an seine vorgehende Rechtsprechung an. Das Neue an dieser Entscheidung
vom 7. August 1862 war jedoch, dass er ähnliche Fälle nannte und einen anderen Aufbau seines Beschlusses wählte[1104]:

> „Nach der zur Zeit in Württemberg geltenden Gesetzgebung, insbesondere der Ziff. 7
> des k. Rescripts vom 25. Februar 1815, auf welches sich das Gesetz vom 17. October
> 1838 hinsichtlich des Thatbestandes der unerlaubten Nachbildung künstlerischer Er-
> zeugnisse beziehe, können, wie der Geheime Rath auch schon früher in gleicher Weise
> bei ähnlichen Fällen sich ausgesprochen habe, solche Lichtbilder wie die in der Klage

---

[1102] Vgl. Fn. 1101.

[1103] E 146/1 Nr. 5455, Teil 5 (Auszug aus dem Protokoll des k. Geheimen Rates v.
24. November 1858).

[1104] E 146/1 Nr. 5457, Teil 6.

näher bezeichneten nicht als unerlaubte Vervielfältigung der im Verlage der Kläger erschienenen Lithographien und Stahlstiche aufgefaßt werden, da durch die Anwendung der Photographie auf diese Kunstblätter eine von den letzteren wesentlich, namentlich in Beziehung auf die Größe, verschiedene Nachbildung erzielt worden sey, die auch ihrer Beschaffenheit nach den Verlegern der Kunstblätter in dem Verkaufe dieser keinen erheblichen Abbruch thun könne."

Fast schon wie ein Standardformular bzw. ein vorformulierter und beliebig häufig einsetzbarer „Textbaustein" mutet dann die Abweisung der Beschwerde und die Bestätigung der beiden Vorentscheidungen an[1105]:

„Die Beschwerde der Recurrenten gegen die das Erkenntniß der Kreis-Regierung in ihrer Klagsache gegen A. Lindenmayer zu Tübingen bestätigende Entscheidung des k. Ministerium des Innern vom 11. April 1862 sei daher unter Verurtheilung der Beschwerdeführer in eine Sportel von neun Gulden als unbegründet abgewiesen und das genannte Ministerium zu ersuchen, diese Entscheidung den Parteien verkünden zu lassen."

Das Ministerium des Innern hatte in seiner Entscheidung bereits darauf insistiert, dass Lindenmayers Drucke als selbstständige Kunstdrucke resp. Originale angesehen werden könnten[1106].

11. Pauschale Beantwortung dank der gesetzlichen Vereinfachungen von 1838 und 1845

Mit Verweis auf die geänderte Gesetzeslage, d.h. die Gesetze von 1838 und 1845, wies das Ministerium zwei Gesuche um Nachdruckprivilegien pauschal ab. Die Antragsteller wussten offenbar von der neuen Gesetzeslage, nach der eine besondere Privilegierung nicht mehr nötig war, strebten aber trotzdem eine besondere Ehrung und Gratifikation mittels Privilegienerteilung durch den württembergischen König an.

Aus dem Bittbrief der Rudolf Kuntzeschen Verlagsbuchhandlung aus Dresden springt die Willkür des Gesuchs förmlich ins Auge[1107]:

„Obschon im Bereich sämmtlicher deutscher Bundesstaaten die in diesen erschienenen literarischen Erzeugnisse und Werke der Kunst gegen Nachdruck und unbefugte Nachbildung gesetzlich geschützt sind, nimmt unterzeichnete Verlagsbuchhandlung Gelegenheit, sich für das in ihrem Verlage soeben erschienene Kunstblatt: Weimars goldene Tage nach Th. v. Ow, lithogr. von Fischer, worüber von der königl. Kreis-Direction zu Leipzig unter Nr. 466. ein Verlagsschein ausgestellt wurde, noch speciell den gesetzlichen Schutz gegen unbefugte, namentlich photographische Nachbildung in den dorti-

---

[1105] Ibid.

[1106] E 146/1 Nr. 5457, Teil 4 (Schreiben an die Regierung des Schwarzwaldkreises v. 11. April 1862).

[1107] E 146/1 Nr. 5456, Teil 1 (Schreiben Kuntzes an das Ministerium des Innern, Dresden den 29. September 1860).

gen Staaten zu erbitten und überreicht zu diesem Behufe mit Gegenwärtigem Expl. desselben."

Kurz und bündig beschied das Ministerium diesen besonderen Schutz erheischenden Buchhändler wie folgt[1108]:

„Die Stadtdirektion Stuttgart wird beauftragt, der Verlagsbuchhandlung unter Rücksendung der beigelegten Exemplare zu eröffnen, daß das Ministerium ihrem Gesuch eine entsprechende Folge nicht zu geben wisse, da durch die bestehenden Gesetze vom 17. October 1838 und dem 24. August 1845 den schriftstellerischen und künstlerischen Erzeugnissen der erforderliche Schutz gegen unbefugte Vervielfältigung gewährt sey und ein besonderer gesetzlicher Schutz für ein einzelnes Verlagswerk nicht erteilt werde."

Das Gesuch des Buchhändlers Autenrieth um gesetzlichen Schutz gegen den Nachdruck der in seinem Verlag erschienenen, von Professor Willmann gezeichneten und gravierten neuen Ansicht von Stuttgart war ebenfalls nach wenigen Tagen abgelehnt. Im Gegensatz zum Gesuch des Kuntze artikulierte das Ministerium jedoch sein Verständnis über die Unwissenheit des Antragstellers hinsichtlich der neueren württembergischen Gesetzgebung[1109]:

„Nach der nämlichen Erläuterung des Bittstellers ging er von der Voraussetzung aus, daß behufs der Erlangung des gesetzlichen Schutzes gegen Nachdruck ein Exemplar des Verlagswerks bei dem Ministerium des Innern hinterlegt werden müsse. Da diese Voraussetzung auf einem Irrthum beruht und da es dem Bittsteller keineswegs um Erlangung eines Zeugnisses über die Originalität seines Verlagswerks zu thun ist, so wird, nachdem derselbe bereits von dem Untz. mündlich verteidigt worden, gegenwärtige Eingabe einfach zu den Acten zu legen, das ang. Exemplar der Lithographie aber dem Verleger auf Verlangen zurückzugeben seyn."

Bedeutung maß das Ministerium der Tatsache zu, dass der Irrtum des Bittstellers nicht vorgetäuscht war, um zusätzlich zum gesetzlichen Schutz einen weiteren Schutz bzw. eine Auszeichnung vonseiten des Königs anzustreben. Durch mündliche Erläuterung konnte das Verfahren allerdings besprochen und mithin wesentlich abgekürzt werden. Wie im Vorfall boten die Gesetze von 1838 und 1845 auch hier eine wesentliche Vereinfachung in der Schutzpraxis von Werken.

12. Ausdehnung des Schutzbereichs der Autoren infolge großzügiger Lösung der Gesetzeskonkurrenz

Ob der lebenslängliche Urheberschutz zugunsten des Verfassers (Gesetz von 1845) auch auf die Zeit von vor 1818 (Gesetz von 1838) auszudehnen war, bildete Diskussionsstoff im Fall Cotta gegen Henne über die Uhlandschen Ge-

---

[1108] Ibid. (Schreiben des Ministeriums an die Stadtdirektion Stuttgart v. 15. Oktober 1860).

[1109] E 146/1 Nr. 5465, Teil 1 (Schreiben des Ministeriums an den Bittsteller v. 25. Januar 1868).

dichte. Das Ministerium befürwortete eine Ausdehnung des Schutzbereichs zugunsten des Autors, wobei der Nachdruckschutz zu Lebzeiten des Urhebers, der im zeitlich gesehen jüngsten Gesetz ausgesprochen worden war (Gesetz von 1845), vorging vor dem zeitlich gesehen älteren Gesetz (Gesetz von 1838), das die im Zeitraum von 1818-1837 erschienenen Schriften protegierte; so hieß es in der Entscheidung des Ministeriums an die Regierung des Neckarkreises vom 20. Oktober 1856[1110]:

> „In Erwägung: erstens daß es nach der Fassung des Art. 1 und 3 des Gesetzes vom 24. Aug. 1845, betr. den Schutz schriftstellerischer und künstlerischer Erzeugnisse gegen unbefugte Vervielfältigung, und nach der diesen Gesetzesbestimmungen zu Grunde liegenden Absicht des Gesetzgebers, wie solche in den ständischen Verhandlungen über den Gesetzesentwurf klar ausgesprochen ist, keinem begründeten Zweifel unterliegen kann, daß der hiedurch auf die Dauer des Lebens des Verfassers und weitere 30 Jahre nach seinem Tod ausgedehnte Schutz gegen den Nachdruck auch solchen Werken, welche vor dem 1. Jan. 1818, erschienen sind, verliehen worden ist [...]"

Aus diesem Grunde kam der Cottaschen Buchhandlung ein Nachdruckschutz für die vor dem 1. Januar 1818 verlegten Originalausgaben der Gedichte Uhlands zuteil. Das Ministerium stellte daneben fest, dass diese Originalausgabe in der von Henne angeblich 1848 besorgten Auflage der Gedichte Uhlands vollständig enthalten war und dass die in Hennes Auflage einbezogenen „Vaterländischen Gedichte" letztlich eine spätere Originalausgabe bildeten, auf welche der gesetzliche Schutz gegen den Nachdruck sich in gleicher Weise erstreckte. Durch den fraglichen Abdruck hatte Henne gesetzeswidrig nachgedruckt und musste nach Maßgabe des § 5 des Rescripts von 1815 Cottas Schaden wieder gut machen.

In den Überlegungen des Ministeriums findet sich außerdem folgende rechtssystematische Begründung für die Ausdehnung des Schutzes auf die Zeit vor 1818[1111]:

> „Was die hier entscheidende Frage, ob das Gesetz vom 24. Aug. 1845 auch auf die vor dem 1. Jan. 1818 erschienenen Werke Anwendung finde, betrifft, so ergibt sich die Richtigkeit der diese Frage bejahenden Ansicht schon aus der Fassung des Art. 1 vergl. mit Art. 3 [...]"

Aber auch aus den ständischen Verhandlungen folge diese klar ausgesprochene Absicht des Gesetzgebers. Darüber hinaus habe der Minister in einem Vortrag zu Art. 1 zum Ausdruck gebracht, dass die Fristen in die Vergangenheit tiefer zurückgreifen müssten als die Bestimmungen des Gesetzes von 1838. Im Kommissionsbericht sei schließlich noch bemerkt, dass z.B. eine im Jahr 1814 erschienene Schrift im Jahre 1845 nicht nachgedruckt werden dürfe, wenn

---

[1110] E 146/1 Nr. 5451, Teil 6.
[1111] E 146/1 Nr. 5451, Teil 5.

der Verfasser noch lebe, weil die Schriften zu Lebzeiten des Verfassers geschützt seien[1112].

13. Nachbildung künstlerischer Erzeugnisse vom Gesetz von 1845 zwar umfasst: Privilegien jedoch nur mit Beschluss der Stände

Infolge des Gesetzes vom 24. August 1845, das klar und deutlich bereits in
seinem Titel auch künstlerischen Erzeugnissen Schutz gegen Nachbildung bot,
musste das Ministerium die Bitte der Osianderschen Buchhandlung aus Tübingen ablehnen, die einen besonderen Schutz gegen Nachbildung für die Photo-
graphien der Tübinger Universität beantragt hatte. Nach dem Inhalt ihrer Eingaben zu urteilen war die Buchhandlung davon ausgegangen, dass Kunsterzeugnisse nach den bestehenden Gesetzen gegen unbefugte Nachbildung durch
Dritte nicht geschützt seien und dass dieser Schutz lediglich im Wege eines besonderen Privilegs erteilt werden könnte. Darauf die keinen Zweifel mehr aufkommen lassende Kollegialentscheidung des Ministeriums[1113]:

„Diese Voraussetzung ist jedoch eine irrige, so fern der Art. 1 des Gesetzes vom 24.
Aug. 1845 nicht bloß den schriftstellerischen, sondern auch den künstlerischen Erzeugnissen Schutz gegen Nachdruck oder sonstige durch mechanische Kunst bewirkte Vervielfältigung gewährt.

Das Ministerium befindet sich daher um so weniger in dem Falle, dem angebrachten
Gesuche um Verleihung eines besonderen Privilegiums gegen Nachbildung des genannten Albums eine entsprechende Folge zu geben, als ein solches Privilegium, wenn es einen nicht schon im Gesetze begründeten Schutz gewähren sollte, nur mit besonderer Bestimmung der Stände ertheilt werden könnte."

Aus dieser Entscheidung wurde deutlich, dass die Privilegierung neben den
ausländischen Bittstellern nur noch solche Petenten aus dem Deutschen Bund
erhalten konnten, die sich auf einen entsprechenden Beschluss der ständischen
Versammlung Württembergs stützen konnten. Damit war das Privileg zur kost-
baren Ausnahme geworden, weil die Gesetze genügenden Nachdruckschutz
gewährten.

14. Zwei späte Auslegungsfälle des Rescripts von 1815

Zur Klarstellung der Auslegung des § 5 des Rescripts von 1815 trug auch die
Klagsache des Kunstverlagshändlers Caelius aus Urach bei, denn dort stellte
das Ministerium klar, dass sich dieser Paragraph bloß auf Nachdruck und nicht

---

[1112] Ibid.

[1113] E 146/1 Nr. 5459, Teil 3 (Kollegiumsentscheidung des Ministeriums des Innern
an das Königliche Oberamt Tübingen v. 22. Dezember 1863).

auf gewerbsmäßigen Einzelverkauf bezog und mithin eine Entschädigungsklage als unstatthaft abzuweisen war[1114]:

„Nach der Bestimmung d. Ziff. 5 des Rescripts vom 25. Febr. 1815 ist nun im Falle eines Nachdrucks bloß der Nachdrucker doch derjenige, welcher einen Nachdruck veranstaltete, nicht aber auch der gewerbsmäßige Detail-Verkäufer von Nachdrucksexemplaren zu der dort festgesetzten Entschädigung des Verlegers des Originals zu verurteilen."

Dass sich das Rescript von 1815 bis weit in die 1860er Jahre beständiger Anwendung erfreute, belegt die Klagsache des Buchhändlers Müller gegen seinen Kollegen Nitzschke, in der der Geheime Rat am 11. Juli 1865 zu beschließen hatte und den Schutzumfang der Nachdruckgesetze ausdrücklich auf das Rescript von 1815 stützte[1115]:

„Der Beschwerdeführer erschien durch das von ihn angegriffene Erkenntniß des k. Ministerium des Innern vom 9. Mai 1865, wie solches von diesem Ministerium begründet worden, rechtlich nicht beschwert, da namentlich demjenigen, was er hingegen aus den späteren Gesetzen geltend zu machen suche, entgegenstehe, daß die Letzteren hinsichtlich des Umfangs des Schutzes ausdrücklich auf das Rescript vom 28. Febr. 1815 verweisen, die Auslegung aber, welche dieses bei dem k. Ministerium des Innern gefunden, nach weitem durch die über die Entstehung desselben vorliegenden Akten als nichtig bestätigt wurde."

15. Internationales Urheberrecht: Anwendung des Gesetzes von 1845 in Sachsen (Antrag Cottas von 1868)

Eine besprechenswerte Entscheidung zum Gesetz von 1845, die das Ende einer selbstständigen Gesetzgebungskompetenz und Verwaltungspraxis auf dem Gebiete des Nachdruckschutzes vor der Gründung des Deutschen Reichs 1871 bedeutete, belegt einmal die Verweisungspraxis einer anderen Rechtsordnung des Deutschen Bundes, nämlich der sächsischen auf die württembergische Gesetzgebung und zum anderen den unterschiedlich dicken Schutzmantel, den das Gesetz von 1845 ausbreitete, je nachdem, ob der Verfasser bekannt war oder unbekannt blieb.

Ausgangspunkt war ein Schreiben mit der Bitte um Rückäußerung des sächsischen Gesandten und Ministers an das württembergische Ministerium des Innern[1116]:

„Der ergebenst Unterzeichnete k. sächsische außerordentliche Gesandte und bevollmächtigte Minister ehrt sich die sehr gefällige Vermittlung Seiner Excellenz des könig-

---

[1114] E 146/1 Nr. 5460, Teil 2 (Kollegiumsentscheidung des Ministeriums des Innern an die Regierung des Neckarkreises v. 19. Dezember 1865).

[1115] E 146/1 Nr. 5461, Teil 5 (Auszug aus dem Protokoll des Geheimen Rates v. 11. Juli 1865).

[1116] E 146/1 Nr. 5466, Teil 1 (Brief des Gesandten Koeneritz v. 13. März 1868).

lich-württembergischen Herrn Staatsministers der auswärtigen Angelegenheiten Freiherrn von Varnbüler ergebenst in Anspruch zu nehmen, um nachstehende Auskunft zu erhalten.

Die Cottasche Buchhandlung in Stuttgart hat neuerdings bei den zuständigen sächsischen Verwaltungsbehörden den gesetzlichen Schutz gegen den Nachdruck der im Jahr 1834 in ihrem Verlage erschienenen Gedichte Nicolaus Lenaus unter der Behauptung in Anspruch genommen, daß Nicolaus Lenau wegen der Notorietät seines Familiennamens, und da sein Schriftstellername lediglich eine Abkürzung des letzteren sei, nicht als pseudonymer Verfasser im Sinne der einschlagenden Bestimmungen zu betrachten und deshalb im vorliegenden Falle die geordnete dreißigjährige Schutzfrist nicht von der Zeit des Erscheinens des Werks, sondern erst von der Zeit des Todes des Verfassers, des im Jahre 1850 verstorbenen Nicolaus Himbsch Edlen von Strehlenau zuzurechnen sei.

Nach den maßgebenden Vorschriften der sächsischen Gesetzgebung – § 11 des durch die Verordnung vom 16. August 1845 in seinem ganzen Umfange aufrecht erhaltenen Gesetzes, den Schutz von litterarischen Erzeugnissen und Werken der Kunst betreffend, vom 22. Februar 1844 ist der, der Cottaschen Buchhandlung im Kgr. Sachsen zustehende Rechtsschutz denjenigen Beschränkungen der Dauer unterworfen, welche er nach der Gesetzgebung ihres Landes unterliegt.

Nach Artikel 1 des königl. württembergischen Gesetzes in Betreff des Schutzes schriftstellerischer und künstlerischer Erzeugnisse vom 24. August 1845, genießen aber Werke ungenannter oder ‚nicht mit ihrem wahren Namen' genannter Verfasser den fraglichen Schutz nur 30 Jahre lang von dem Ablaufe des Jahres ihres Erscheinens an gerechnet.

Man ist nun diesseits nicht im Zweifel darüber, daß Lenaus Gedichte als das Werk eines nicht mit seinem wahren Namen genannten Verfassers im Sinne der vorstehenden Bestimmungen anzusehen sind, und daß deßhalb der Cottaschen Buchhandlung der gegenwärtig beanspruchte Schutz wegen Ablaufs der Schutzfrist zu versagen ist. Da jedoch diese Auffassung von der Antragstellerin bestritten wird, und es sich in der Sache selbst im Wesentlichen nur darum handelt, der Cottaschen Buchhandlung nicht in Sachsen einen Schutz zuzugestehen, welchen sie in ihrem Heimathstaate nach dortiger Gesetzgebung nicht mehr beanspruchen kann, so ist der Unterzeichnete beauftragt, sich darüber noch besonders zu vergewissern, daß auch die Königlich-württembergische Regierung der diesseitigen Auffassung beipflichtet, eventuell auf Grund welcher Erwägungen von ihr, der betreffenden Bestimmung der königlich-württembergischen Gesetzgebung eine entsprechende Auslegung und Anwendung gegeben wird [...]"

Das württembergische Ministerium des Innern, das mit der Rechtsposition Sachsens konformging, billigte den Verweis des sächsischen Urhebergesetzes auf die württembergische Nachdruckgesetzgebung und hielt die Anwendung von Art. 1 Abs. 2 des Gesetzes von 1845 für geboten. Der Sachverhalt unterfiel nämlich dem Merkmal „oder nicht mit ihrem wahren Namen genannte Verfasser", die denjenigen gleichzustellen waren, die als unbekannt galten. Nach dem Wortsinn sollte dieser Passus auf all diejenigen Werke bezogen werden, deren Verfasser überhaupt nicht oder nicht mit ihrem wirklichen Familiennamen im Werk genannt wurden. Denn wäre es die Absicht des Gesetzgebers gewesen, den offenkundigen Schriftstellernamen dem wahren, d.h. dem Familiennamen des Verfassers gleichzustellen, so hätte dies ausdrücklich im Gesetz ausgesprochen werden müssen, wie solches z.B. in dem späteren Gesetz vom 29. Dezember 1861 (RegBl 1862, S. 1) betreffend den Schutz dramatischer und musikalischer Werke gegen unbefugte Aufführung (Art. 2 und 3) geschehen war.

Nach Auffassung des württembergischen Ministeriums des Innern stellte die Notorietät des Schriftstellernamens keine Ausnahme dar, um diesem Werk einen lebenslänglichen Schutz nach Art. 1 Abs. 1 einzuräumen. Dass der Name des Schriftstellers lediglich eine Abkürzung des richtigen gewesen war, d.h. Nicolaus Lenau statt Nicolaus Himbsch Edler von Strehlenau, sprach ebenso wenig für die Gleichstellung mit einem genannten Verfassernamen. Dazu das Ministerium in Originaltext[1117]:

> „Die Notorietät des Schriftstellernamens ist daher auch nach diesseitiger Auffassung ebenso wenig geeignet, die Anwendung der gedachten Gesetzesbestimmung auszuschließen als der Umstand, daß der Schriftstellername durch Abkürzung des Familiennamens gebildet wurde, wenn diese Abkürzung, wie in diesem Falle, von der Art ist, daß sich der Familienname als solcher nicht mehr erkennen lässt. Dagegen könnte eine bloße Ausschließung wohl dann sich rechtfertigen, wenn der Schriftsteller im Laufe der Zeit seinen Schriftstellernamen an der Stelle seines Familiennamens im gewöhnlichen Leben gebraucht haben würde."

Das Ministerium hatte also auf den Punkt gebracht, dass, wenn der Gesetzgeber eine Gleichstellung der Pseudonyme mit den wahren Namen gewollt hätte, er dieses auch positiv-rechtlich zum Ausdruck gebracht hätte. In diesem Falle war die Schutzfrist im Jahre 1864 abgelaufen, da die Gedichte Lenaus 1834 erschienen waren und ab jenem Jahr die dreißigjährige Schutzfrist zu laufen begann. Das sächsische Ministerium konnte demzufolge den Antrag Cottas im Jahre 1868 mit guten Gründen abweisen.

Das württembergische Ministerium des Innern hatte zunehmend mit Anfragen von anderen Staaten des Deutschen Bundes sowie ausländischen Schriftstellern bzw. deren Erben zu tun und musste dabei seine isoliert gebliebene Position der weiten Nachdruckfreiheit zulasten des Urheberrechts des Verfassers an seinem Werk verteidigen; dieser Kampf wird Hauptthema des letzten Kapitels sein.

B. Württembergs Kampf gegen die Urheberrechtsvereinheitlichung im Deutschen Bund

Die Hartnäckigkeit Württembergs im Kampf gegen die Bemühungen anderer Staaten des Deutschen Bundes um eine Urheberrechtsvereinheitlichung kann an mehreren Beispielen der Nachdruckprivilegienpraxis in Württemberg deutlich gemacht werden. Dadurch wird zugleich ein wesentliches Stück Außenpolitik

---

[1117] E 146/1 Nr. 5466, Teil 2 (Note des Ministeriums des Innern an das Ministerium der auswärtigen Angelegenheiten v. 23. März 1868).

Württembergs im Rahmen seiner Aktivitäten im Deutschen Bund beschrieben (II). Denn die Denkweise und Praxis Württembergs war in der Bundesversammlung bekannt, was folgender Aufruf zur Gründung eines Vereins gegen Nachdrucker des Verlegers Heyer aus Gießen aus den frühen 1830er Jahren sehr eindrucksvoll belegen kann (I).

I. Die Bildung eines Vereins gegen Nachdrucker

Heyer führte die Länder Österreich und Württemberg nicht bloß als „Bedenkenträger" gegen eine allgemeine Urheberrechtsgesetzgebung[1118], sondern explizit als Blockierer der Anerkennung der Rechte von Verfasser und Verleger vor.

1. Die Motive zur Gründung des Vereins

Im Aufruf Heyers heißt es[1119]:

„Meine im November v. J. erlassene Aufforderung zur Bildung eines Vereins gegen *Nachdrucker* und ihre Gehülfen hat zur Folge gehabt, daß drei Viertheile der aufgeforderten Buchhandlungen sich zum Beitritt bereit erklärt, und durch Stimmenmehrheit

a)   Herrn *J. A. Barth* in Leipzig mit 45 Stimmen
b)   *Friedr. Perthes* in Gotha mit 38 Stimmen
c)   *G. F. Heyer*, Vater, in Giessen mit 56 Stimmen

zum Ausschusse dieses Vereins erwählt haben. Der Verein wäre sonach unter den sich theilnehmend ausgesprochen habenden Buchhandlungen zwar als *geschlossen* zu betrachten, und die Einverstandenen brauchten nicht länger zu zögern, um ihre beschlossenen Maßregeln in Ausübung zu bringen. Indem ich jedoch unter denen sich *nur bedingt* zum Beitritt geneigten Handlungen *Viele* finde, deren Bedenklichkeit achtbare *Gründe* für sich hat, zu deren Beseitigung uns seitdem aus Oesterreich und Würtemberg erfreuliche Nachrichten zugekommen sind, so glaubte ich nicht nur Anstand nehmen zu dürfen, diese Handlungen jetzt schon zu nennen, sondern auch darauf antragen zu müssen, den Termin zu einem definitiven Beschlusse noch bis zur J. M. *1830* zu verlängern.

Ohne Zweifel dürfen wir übrigens hoffen, daß auf *diesem* bezeichneten Wege die letzte Spur des Nachdrucks innerhalb weniger Jahre aus den Gränzen der deutschen Bundesstaaten verdrängt und die Blüthen der Literatur heiterer entsprießen werden. Ich lebe der sicheren Erwartung, daß die Zurückgebliebenen unserer Herren Collegen sich alsbald anschließen und die Redlichkeit Aller es verhüten werde, daß wir je Veranlassung finden, ein Glied des Vereins auszuschließen.

[1118] Siehe unter Fn. 133.
[1119] E 146/1 Nr. 5358; Zusatz am Ende: „Hierbei zugleich 2 Exempl. von Remitt. Fakturen zur gefälligen Benuzung".

So weit rede ich hier zunächst für das Interesse des *Verlagshändlers*. Gelingt es uns, unsere *Rechte* von den hohen Regierungen anerkannt und geschützt zu sehen, so halte ich es um so mehr für heilige Pflicht, uns dem *thätigen, rechtlichen Sortimentsbuchhändler*, mit dessen Interesse das unsrige so eng verwebt ist, nur *freundlich* und *fördernd* zur Seite zu stellen. Lassen Sie uns erwägen, daß ihm solcher Staatsschutz gar nicht oder doch nur sehr unvollkommen gewährt ist; Buchbinder, Juden, Postofficianten, selbst Schriftsteller, beeinträchtigen sein mühevolles und kostspieliges Geschäft empfindlich, und die Behörden sind nur zu geneigt, seine Beschwerden als gegen Gewerbfreyheit anstößig, oder für Brodneid anzusehen."

2. Der Anstieg der Bücherpreise

Speziell die Folgen für die Bücherpreise interessierten den Verein und trieben ihn um, konkrete Maßnahmen gegen diesen Preisverfall vorzuschlagen[1120]:

„Unverkennbar haben sich während der letzten Zeit mehrere Gebräuche bey uns eingeführt, deren Beibehaltung dem Gedeihen der Literatur und unserem eigenen Vortheile nicht angemessen seyn kann, und deren Abstellung gewiß Allen Billigdenkenden am Herzen liegen muß. Ich rechne dahin:

1. Das Vertreiben des eigenen Verlags an *Nichtbuchhändler zu Preisen, die ohne Schaden der Sortimentsbuchhändler nicht gewähren kann.*
2. Das *Herabsetzen* der Bücherpreise, *ohne* den Sortimentshändler zeitig davon in Kenntniß zu setzen, und für wirklich vorräthige, im Laufe des Jahres fürs Lager bezogene Exemplare, billige Vergütung zu leisten.
3. Das, wie ich sagen möchte, *ängstliche* Verheimlichen der Erscheinung neuer Auflagen.

Jeder aufmerksame Verleger wird zu bemerken Gelegenheit gehabt haben, daß keine dieser Maßregeln den gehofften Erfolg geliefert, sondern im Gegentheil die Erwartungen im hohen Grade *getäuscht* hat. Wie verderblich aber dieselben auf das Publikum und den Geist unseres Geschäfts einwirken, darüber ist wohl nur Eine Stimme."

3. Die Vereinsgrundsätze

Heyer zog aus dem Missstand eine konkrete Handlungsmaxime, die er wie folgt ankündigte[1121]:

„Ich halte es hier am unrechten Orte, mich darüber weiter zu verbreiten, sondern erlaube mir dagegen als Vereinsgrundzüge in Vorschlag zu bringen:

1. Daß kein Verleger dem Publikum seinen Verlag zu Preisen anbiete, die nicht jeder Sortimentshändler mit einem Bruttogewinne von 25, oder mit einem Nettogewinne von 15 % zu bewilligen im Stande ist.

[1120] Ibid.
[1121] Ibid.

2. Daß jeder Verleger bei Preisesherabsetzungen entweder die vorräthigen Exemplare des herabgesetzten, im Laufe des Jahres bezogenen Buches vom Sortimentshändler zum ersten Preise zurücknehme, oder die Differenz baar, oder in, von diesem zu wählenden, Verlagsbüchern vergüte.

3. Daß die Erscheinung neuer Auflagen mindestens ¼ Jahr vorher durch das B. W., oder durch gedruckte Zettel angezeigt und die vorräthigen Exempl. der gegenwärtigen Aufl., falls man sie nicht fest zu behalten wünscht, zurückverlangt werden.- Diese Maßregel muß jedoch einer *strengen Beachtung* unterliegen.

So wie die Vereinigung gegen den Nachdruck den Vortheil der Verleger hauptsächlich bezweckt und nur durch den *Beitritt der Sortimentshändler* wirksam werden kann, so zielt der Verein gegen die eben erwähnten Missbräuche auf den Vortheil hauptsächlich des *Sortimentshändlers*, und nur durch die Bedrohung derselben mit gleicher Strafe, öffentlicher Rüge und Rechnungsaufhebung, erhält unser Verein die Gegenseitigkeit und dadurch Bürgschaft für seine Dauer."

4. Verkauf der gelagerten Nachdruckexemplare

Die Stempelung von gelagerten Nachdruckexemplaren sollte maßgeblich eine effektive Kontrolle des Nachdrucks mit sich bringen, so wie dies auch später im provisorischen Gesetz von 1836 stand[1122]:

„Ein Hauptpunkt dünkt mir indessen bey der Sache noch nicht zur Sprache gekommen zu seyn. Ich meine *den Verkauf der auf den Sortimentslagern dermal befindlichen Nachdrücke*.

Denselben *streng* bedrohen zu wollen, würde gegen die meisten unserer leider dazu gezwungen gewesenen Herren Collegen ungerecht und dem Zwecke des Vereins sehr hinderlich seyn. Auf der andern Seite dagegen würden dem Nachdruck durch die Erlaubniß zum Verkauf etwa noch vorhandener Exemplare alle Schleichwege gebahnt. Beide Abwege zu vermeiden, scheint mir durch die Vorschrift möglich, daß jedem Mitgliede des Vereins aufgegeben werde, seine *vorhandenen* (natürlich nicht etwa *selbst veranstalteten*) Nachdrücke durch den Staat, dem er angehört, auf eine kenntliche, anzuzeigende Weise *stempeln zu lassen*, und nur die so *gestempelten Nachdrücke* zum Verkaufe zuzulassen.

Die gegenwärtige Mittheilung lasse ich so eben an alle mir bekannten activen Buchhandlungen abgehen. Ich ersuche Sie, dieselbe in Beachtung und Berathung zu nehmen und mich von Ihren abweichenden oder beistimmenden Ansichten auf dem Wege des Buchhandels recht bald, jedenfalls *noch vor* der nächsten Jubilatemesse, in Kenntniß zu setzen.

Schlüßlich bringe ich noch in Vorschlag, daß wir bis zur nächsten Leipz. J. M. den Erfolg unserer Verhandlungen im B. W. bekannt machen, und einem Rundschreiben die Listen derjenigen Handlungen beifügen, welche sich bis dahin *für* oder *gegen* den Beitritt zu unserm Verein erklärt haben werden.

[1122] Ibid.

Ich empfehle die Sache Ihrer Theilnahme und mich Ihrem freundschaftlichen Wohlwollen in achtungsvoller Ergebenheit.

Georg Friedrich Heyer, Vater."

II. Privilegien mit längerer Laufzeit zugunsten
der Gesamtwerke prominenter Schriftsteller

Schon seit dem Jahre 1825 wurde Württemberg mit den Gesuchen prominenter Schriftsteller und Wissenschaftler konfrontiert, die in anderen Ländern
Privilegien von langjähriger Dauer durchgesetzt hatten und ebensolche Pläne in
Württemberg verfolgten. Bei Hegel, Goethe und Hebel (zwölf Jahre) sowie
Richter (15 Jahre) rang sich Württemberg zu Ausnahmen durch, weil die Regeldauer von sechs Jahren, die das Rescript von 1815 vorgeschrieben hatte,
verdoppelt bzw. mehr als verdoppelt wurde. Das flexible Instrument der Privilegierung verhalf zu einer Kompromissposition: Württemberg konnte seine
Nachdruckfreiheit, begrenzt durch eine gesteuerte und kontrollierte Privilegierungspraxis, im Grunde aufrechterhalten sowie per Verlängerung der Dauer die
Gesuche nach besonderem Schutz der Prominenten befriedigen.

1. Zwölfjähriges Privileg für Hegels Gesamtausgabe (1832)

Unter ausdrücklichem Bezug auf die preußisch-württembergische Vereinba-
rung vom 19. Februar 1828 erbaten Duncker & Humblot aus Berlin am 24.
Februar 1832 unter Beifügung einer gedruckten Einladung zur Subskription ein
Privileg „für die in Druck begriffene in unserem Verlage erscheinende gegenwärtig laut der beiliegenden Anzeige in Druck begriffene Gesamt-Ausgabe von
G. W. F. Hegels Werken"[1123]. Obwohl das Verlagshaus es vermied, die Laufzeit des gewünschten Schutzes näher zu beziffern, wies es darauf hin, dass die
Ausgabe im Interesse der Familie Hegels, eines Württembergers, liege, zu de-
ren Wohl die Ausgabe veranstaltet werde.

In seinem Gutachten vom 12. März 1832 griff der Studienrat dieses Argument auf und erbat vom Ministerium mit Rücksicht auf den berühmten Namen
des verstorbenen Philosophen und auf Hegels Eigenschaft, geborener Württemberger zu sein, die Dauer des Privilegs statt auf bloß sechs Jahre auf die doppelte Frist auszudehnen. Ein weiteres Argument war, dass man so auch unter anderem bei der Schrift des Dr. Paulus aus Heidelberg („Das Leben Jesu") vorge-
gangen sei[1124]; Paulus war der erste in Württemberg, dem der König diese Gnade im Jahre 1827 zuteil kommen ließ[1125]. Nachdem das Ministerium in seinem

---

[1123] E 146/1 Nr. 5423, Teil 1.

[1124] E 146/1 Nr. 5423, Teil 2 (Gutachten des Studienrates v. 12. März 1832).

[1125] E 146/1 Nr. 5180; RegBl Württemberg 1827, S. 594.

Antrag an den König vom 26. März 1832 kein Hindernis in der zwölfjährigen Privilegierung sah, kam auch der König nicht umhin, am 28. März 1832 antragsgemäß zu dekretieren[1126].

2. Zwölfjähriges Privileg für Goethes vollständige Ausgabe seiner Werke (1825)

Auch im Falle des seinerzeit bereits berühmten Goethe pochte Württemberg darauf, dass es als Land seine Privilegierungspraxis so regeln und ausgestalten konnte wie es wollte. Dies geht aus einer Note des Ministers der auswärtigen Angelegenheiten vom 29. Juli 1825 an das Ministerium des Innern hervor, in der es um den beantragten Schutz Goethes gegen den Nachdruck einer vollständigen Ausgabe seiner Werke ging[1127]:

„Der großherzogl. Sachsen-Weimarische Staatsminister von Goethe hat sich im März dieses Jahres in einer Eingabe an die Bundesversammlung gewandt, worin er eine Bewilligung eines Privilegiums gegen den Nachdruck einer beabsichtigten neuen Ausgabe seiner sämtlichen Werke innerhalb des Landesgebiets durch Beschluß der Bundesversammlung ansuchte.

Bei der über dieser Angelegenheit erfolgten Berathung erklärte sich die Mehrheit der Stimmen für den Grundsatz, daß die Ertheilung eines Privilegiums gegen den Nachdruck keineswegs Gegenstand einer Beschlußnahme der Bundesversammlung, sondern einzig und allein der inneren Verwaltung jedes einzelnen Bundesstaats seyn könne.

Von demselben Gesichtspunkte ausgehend, haben Seine königl. Majestät ihrer Bundestagsgesandtschaft zu erkennen geben lassen, daß Höchst Sie vollkommen geneigt seyen, der beabsichtigten Gesamtausgabe der Werke dieses geschätzten Schriftstellers den Schutz gegen den Nachdruck im Königreiche durch ein Privilegium, unter den für vergleichbare Fälle durch bestehende Verordnungen vorgesehenen Bestimmungen, angedeihen zu lassen, zu welchem Ende es uns eines Vortrags dieses Wunsches bei der geeigneten Behörde, welche das Kgl. Ministerium des Innern sey, bedürfe.

In gleichem Sinne und unter derselben Zusicherung, daß die zu bewirkende wirkliche Ertheilung des Privilegiums nur auf einer an das Kgl. Ministerium des Innern zu richtenden Eingabe beruhe, wurde auch ein von Seiner Königlichen Hoheit dem Großherzog von Sachsen-Weimar an Seine Majestät den König wegen dieser Angelegenheit gerichtetes Schreiben beantwortet.

Die kgl. Bundestags-Gesandtschaft hat nunmehr ein ihr auf jene abgegebenen Erklärungen übergebenes Gesuch des Staatsministers von Goethe an das kgl. Ministerium des Innern um Bewilligung des ihm vorläufig zugesicherten Privilegiums vorgelegt, welches der Unterzeichnete demselben in der Anlage mit dem Ersuchen um gefällige Verfügung des Weiteren mitzutheilen die Ehre hat."

[1126] E 146/1 Nr. 5423, Teil 3 (Antrag an den König v. 26. März 1832) und Teil 4 (Auszug aus dem k. Dekret v. 28. März 1832).

[1127] E 146/1 Nr. 5365, Teil 1 (Note v. 29. Juli 1825).

Mit der Überzeugung, dass das Gesuch Goethes wie in vergleichbaren Fällen durch das bestehende Rescript von 1815 geschützt werden sollte, wandte sich das Ministerium mit Schreiben vom 4. August 1825[1128] an den Studienrat, der sich am 19. September 1825 darüber zu äußern hatte, wobei er das Hauptargument aufgriff, dass der König von Württemberg sich im Allgemeinen bereits höchster Geneigtheit für dieses Gesuch erklärt habe und sich direkt dem Problem zuwandte, dass Goethe darum bat, das Privileg ihm, seinen Erben und „Erbnehmern" auf unbestimmte Zeit zu bewilligen. Der Rat präzisierte, dass diese Zeitspanne so lange laufen müsse wie von Goethe abgeleitete Rechte von ihm selbst oder seinen Erben nachgewiesen werden könnten, also im Grunde genommen für alle Zeit. Gerade dies hatte Goethe augenscheinlich auch so beabsichtigt, denn er besaß überdies die Kühnheit, den Nachdruckschutz „wenigstens auf einen Zeitraum von 50 Jahren" zu erbitten. Dem stellte der Rat aber schroff die Regeldauer des Rescripts von 1815 entgegen, nämlich den Zeitraum von sechs Jahren als den gewöhnlichen Zeitraum, auf welchen dergleichen Privilegien zu erteilen waren, jedoch mit dem Vorbehalt, dass nach Beschaffenheit etwaiger besonderer, in den Gesuchen anzuführender und zu bescheinigender Umstände die Dauer auch auf weitere Jahre erstreckt werden könne. Dazu das Gremium im Originalton[1129]:

„Wenn wir nun davon ausgehen, wovon wir glauben ausgehen zu müssen, daß der Zweck aller dergleichen Privilegien sey, dem Verfasser einer literarischen Arbeit sowohl die Entschädigung für den eigenen (oder von seinem Verleger übernommenen) Aufwand für den Druck als eine angemessene Belohnung (einen angemessenen Gewinn) von seiner Arbeit und dem Publikum nützlichen Unternehmen zu sichern, daß aber, wenn dieser Zweck erreicht ist, kein weiterer Grund mehr vorliege, ein Werk, welches zum allgemeinen Nutzen, zum allgemeinen Gebrauch des Publikums bestimmt seyn soll, dem freien Verkehr und der Concurrenz, um es in möglichst wohlfeilen Abdrücken dem Publikum zu liefern, zu entziehen. Wenn wir hievon ausgehen, so glauben wir, nicht nur nicht auf eine unbestimmte, sondern auch nicht auf eine Dauer von dem langen Zeitraum von 50 Jahren antragen zu können.

Es handelt sich hier in Beziehung auf die Leistungen des Verfassers nicht etwa von einem erst neu auszuarbeitenden Werke, sondern hauptsächlich nur von einer Revision, neuen Ordnung, Ausfeilung und Vervollkommnung schon früher ausgearbeiteter und im Druck herausgegebener Schriften, für deren erste Bearbeitung der Verfasser schon früher seine Honorare bezogen hat, und die in ihrer seitherigen Gestalt bereits Gemeingut des Publikums sind. Es ergiebt sich hieraus von selbst, daß der Verfasser für das, was er mit der neuen Ausgabe leistet, sich auch mit mässigeren Vortheilen für belohnt ansehen dürfe. Gerade so dann, ja mehr v. Goethe unter die geschätztesten Schriftsteller gehört, desto mehr läßt sich mit Bestimmtheit annehmen, daß die von ihm selbst noch redigirte und revidirte letzte Ausgabe seiner Werke auch schon in einer Zeit von wenigen Jahren so viele Abnehmer finden werde, daß sein Verleger nicht nur wegen der Druckkosten gesichert, sondern auch sehr wohl in Stand gesetzt seyn muß, an ihn ein bedeutendes Honorar abzugeben. Dies besonders dann, wenn das Privilegium nicht nur gegen den

---

[1128] E 146/1 Nr. 5365, Teil 2.
[1129] E 146/1 Nr. 5365, Teil 3 (Gutachten des Studienrates v. 19. September 1825).

Nachdruck der neuen Ausgabe als Sammlung aller Goetheschen Werke, also für das Ganze, sondern auch für die einzelnen Schriften, welche diese neue Ausgabe enthält, gegeben würde. v. Goethe hat zwar in seiner Eingabe nicht ausdrücklich um diese Ausdehnung des Privilegiums gebeten, allein ohne Zweifel lag sie in seiner Absicht, und er mag angenommen haben, daß wenn ihm das erbetene Privilegium für die ganze Sammlung seiner Werke letzter Hand gegeben werde, von selbst auch der Nachdruck einzelner in dieser Sammlung begriffener Schriften als verbothen anzusehen sey. Nothwendig folgte dies zwar hieraus noch nicht, und es könnten immer in der Folge Zweifel und Streitigkeiten darüber entstehen: Ob das Privilegium bloß die Sammlung als solche, oder auch die einzelnen Bestandtheile betreffe, besonders da in dem Gesetz vom 25. Febr. 1815, § 7 selbst erwähnt ist, daß das für ein Werk gegebene Nachdruckprivilegium der Herausgabe von Auszügen aus demselben nicht entgegenstehe. Eben daher halten wir eine ausdrückliche Bestimmung hierüber für räthlich, glauben aber, daß sie zu Gunsten des Verfassers und dahin zu geben seyn dürfte, daß während der Dauer des Privilegiums auch einzelne der v. Goetheschen Schriften nicht nach der fraglichen Ausgabe der letzten Hand im Königreich nachgedruckt oder anderwärts nachgedruckt im Königreich verkauft werden dürfen."

Vorliegendes Gutachten arbeitet systematisch alle bis dato entwickelten Kriterien für die besonderen Umstände der Überschreitung der Regeldauer von sechs Jahren im Sinne von § 1 des Rescriptes von 1815 ab; zunächst kommt der Aspekt der Versorgung des Autors wie seiner Angehörigen, sodann Wert und Preis sowie damit im Zusammenhang das Honorar, mit dem der Autor seine Mühen vom Verleger abgegolten erhält resp. schon erhalten hat. Damit wird das Werk zum „Gemeingut" und gehört nach württembergischer Auffassung gewissermaßen dem allgemeinen Lesepublikum bzw. zum nationalen Schrifttum.

Sehr kritisch erörterte der Rat, dass Goethe bereits eine über die gewöhnliche Zeit von sechs Jahren hinausgehende Schutzfrist, also einen Zeitraum von zehn bis zwölf Jahren, nicht genüge. Diese Sonderbehandlung sei doch gerade der Beweis der gnädigsten Auszeichnung vonseiten der württembergischen Regierung gewesen, was Goethe auch anzuerkennen hätte. Ein fünfzigjähriges Privileg sei „auch etwas ganz Ungewöhnliches, und so wie selbst in denjenigen Ländern, wo der Nachdruck gesetzlich verboten ist, dieses gesetzliche Verbot sich gewöhnlich auf weit kürzere Zeit beschränkt"[1130]. Dem Rat war kein Schriftsteller bekannt, der auf eine derart lange bemessene Schutzfrist für seine Schriften einen Antrag gestellt hätte. Im Hinblick auf die beiden württembergischen Schriftsteller Schiller und Wieland, die im selben Fach wie Goethe zu Hause waren, sei allenfalls ein Privileg von zwölf Jahren erteilt worden. Die Nichtprivilegierung hätte sogar auf der anderen Seite den Vorteil einer besseren Verbreitung, wie der Studienrat hartnäckig behauptete[1131]:

„Für die Werke der beiden im Fache der schönen Literatur einen so gefeierten Nahmen habenden, aus dem Württembergischen gebürtigen Schriftsteller Schiller und Wie-

---

[1130] Ibid.
[1131] Ibid.

land ist kein württembergisches Privilegium gegen den Nachdruck gegeben (bloß für die vier Bände ausgewählter Briefe von Wieland wurde im Jahr 1815 eines auf zwölf Jahre ertheilt), ihre Schriften aber sind wohl gerade deswegen desto mehr verbreitet und gelesen, weil der Debit derselben nicht Monopol einer einzelnen Buchhandlung ist."

In seinem Antrag an den König erklärte sich das Ministerium mit der Argumentationslinie des Studienrates einverstanden, wobei eine Nachdruckfrist von zehn bis zwölf Jahren sowie eine Tax- und Pflichtexemplarbefreiung vorgeschlagen wurde[1132]. Diese Ausnahme wurde insbesondere damit begründet, dass Goethes Ausgabe letzter Hand etwa 40 Bände füllte und noch weitere in unbestimmter Zahl folgen sollten. In seinem Dekret an das Ministerium gewährte der König zugunsten Goethes eine Schutzfrist von zwölf Jahren und erklärte sich ebenfalls mit der Tax- und Pflichtexemplarbefreiung einverstanden[1133].

3. Zwölfjähriges Privileg für Hebel: Festhalten Württembergs an eigener Position (1829) – im Gegensatz zu Baden (30jähriges Privileg)

Württemberg ließ sich keinesfalls von bereits in Baden erworbenen dreißigjährigen Privilegien beeindrucken, was am Beispiel des großherzoglich-badischen Prälaten Hebel gezeigt werden kann.

In seinem Gutachten über die Eingabe der Hofbuchhändlerin Müller aus Karlsruhe um Erteilung eines Privilegs gegen Nachdruck für die neue Ausgabe von Hebels Schriften in acht Bänden vom 22. Juni 1829 lobte der Studienrat den zu jener Zeit bereits verstorbenen Hebel, der bekanntlich einer der originellsten, meist gelesenen und beliebtesten deutschen Nationalschriftsteller gewesen sei. Seine während seines Lebens einzeln herausgegebenen Schriften seien zum Teil in mehreren Auflagen erschienen, auch nachgedruckt und später mit Privilegien gegen den Nachdruck herausgegeben worden wie namentlich die berühmten alemannischen Gedichte. Bei Cotta in Stuttgart seien außerdem Hebels biblische Erzählungen vor nicht langer Zeit erschienen.

Die Müllersche Buchhandlung aus Karlsruhe wollte eine Sammlung von Hebels sämtlichen Schriften herausbringen, welche nicht bereits einzeln erschienen waren. Die Sammlung sollte nicht zuletzt die unter dem Nachlass des Verstorbenen gefundenen Verbesserungen und Zusätze sowie noch ungedruckte Schriften enthalten. Hebels Erben hatten für diese Sammlung von der großherzoglich-badischen Regierung bereits ein dreißigjähriges Privileg gegen den

---

[1132] E 146/1 Nr. 5365, Teil 4 (Antrag an den König v. 30. September 1825).

[1133] E 146/1 Nr. 5365, Teil 5 (Dekret v. 3. Oktober 1825) sowie Schreiben des Ministeriums des Innern an das Ministerium der auswärtigen Angelegenheiten v. 7. Oktober 1825, Teil 6.

Nachdruck erhalten, was die Müllersche Verlagshandlung auch für Württemberg beantragte. Der Studienrat gab sich zwar der Idee hin, doch wollte er in Anbetracht der Regelschutzzeit von sechs Jahren des Rescripts von 1815 eine zu weitgehende Ausdehnung verhindern[1134]:

„Wir glauben, daß der anerkannte Werth der Schriften des verdienten Verfassers und die Kostspieligkeit des Unternehmens von Seite der Verlagshandlung für die Bewilligung dieser Bitte im Allgemeinen sprechen, zumal, da es dabey den rechtmäßigen Verlegern der einzelnen Schriften unbenommen bleibt, diese noch ferner zu verkaufen. Was die Dauer des Privilegiums betrifft, so werden solche Privilegien gewöhnlich auf die Dauer von sechs Jahren ertheilt; ein dreißigjähriges ist, unseres Wissens nach nie, wohl aber sind schon mehrmals nicht nur inländischen, sondern auch auswärtigen Schriftstellern und Verlegern solche auf zwölf Jahre ertheilt worden, wie für Goethes Werke (Reg.Blatt 1825, S. 659) für Jean Paul Richters Werke (Reg.Blatt 1826, S. 4) für den Roman Sidonia von Johanna Schopenhauer (Reg.Blatt 1827, S. 238).

Wir glauben, daß wenigstens mit gleichem, wo nicht mit größerem Rechte als im letzteren Fall, im gegenwärtigen das Privilegium auf zwölf Jahre ausgedehnt werden dürfte.“

In seinem Antrag an den König vom 26. Juni 1829[1135] schloss sich das Ministerium der Anwendung des Rescripts von 1815 durch den Studienrat gänzlich an, so dass der König in seinem Dekret vom 28. Juni der Müllerschen Hofbuchhandlung das zwölfjährige Privileg zugunsten von Hebels sämtlichen Werken in acht Bänden antragsgemäß erteilen konnte[1136].

4. Fünfzehnjähriges Privileg zugunsten von Richters Werken (1840)

Zehn Jahre später musste Württemberg wegen des außenpolitischen Drucks auf seine Politik ein großzügigeres Verhalten an den Tag legen; dies kann am Fall des Jean Paul Richter durchgespielt werden. Zugunsten von Richters Witwe und den zwei Töchtern machte sich der Studienrat nämlich für eine Privilegierung auf 15 Jahre stark.

Wie andere Schriftsteller auch beabsichtigte Richter eine neue Ausgabe seiner sämtlichen Werke, woran der Rat keinen Anstand nahm. Anfangs wollte Richter mit seinem Werk auf der Ostermesse 1826 auftreten. Infolge seines Todes hatte sich indes der Zeitplan verschoben, und es war weder klar, wie weit von ihm selbst die Sammlung vorbereitet werden konnte, noch in welchem Verlag und mit welchem handschriftlichen Nachlass die Gesamtausgabe bestückt werden würde. Sollte hingegen die Herausgabe des Bandes zustande kommen, und zwar zum Vorteil der Hinterbliebenen, wie der Studienrat beton-

---

[1134] E 146/1 Nr. 5211, Teil 2 (Berichtliche Äußerung des Studienrates v. 22. Juni 1829).

[1135] E 146/1 Nr. 5211, Teil 3.

[1136] E 146/1 Nr. 5211, Teil 4.

te, sowie mit Benützung des handschriftlichen Nachlasses, so hätte der Studienrat beim König um ein Privileg zum Beweis der Anerkennung der Verdienste Richters um die deutsche Literatur nachgesucht. Obwohl der Rat noch nähere Auskünfte erbeten hatte, zeigte er sich dem Gesuch sehr gewogen[1137].

15 Jahre später berichtete das Ministerium der auswärtigen Angelegenheiten an das Ministerium des Innern über den Antrag der bayrischen Regierung in der Bundesversammlung, die Ausdehnung der Privilegierung von Richters Werken auf bereits veranstaltete Ausgaben zu erstrecken, was für Württemberg jedoch gemäß § 31 seiner Verfassung das Erfordernis ständischer Zustimmung mit sich brachte. Da sich in der Bundesversammlung bis zu jenem Zeitpunkt bereits 14 Regierungen für eine zwanzigjährige Bewilligung zu Protokoll erklärt hatten, war absehbar, dass Württembergs favorisierter Schutzzeitraum von lediglich fünfzehnjähriger Dauer wohl kaum Unterstützung finden würde[1138]. Der König persönlich hatte darauf bestanden, dass seine Bundestagsgesandtschaft angewiesen wurde, bei den bevorstehenden Besprechungen des Themas die ihr an die Hand gegebenen Gründe vorbehaltlich der nachträglichen Einholung der ständischen Zustimmung zu vertreten. Die Gesandtschaft musste dabei auf eine Beschränkung des Zeitraums der Privilegierung auf 15 Jahre hinwirken. Sollte diese letzte Beschränkung nicht durchsetzbar sein, war die Gesandtschaft beauftragt, Folgendes zu Protokoll zu erklären[1139]:

> „Daß die diesseitige Regierung einer allseitigen Vereinbarung über die angetragene Privilegierung der Jean Paul Richterschen Werke auch ihrer Seits beizutreten geneigt sey, damit jedoch der Vorbehalt wohl erworbener Rechte Dritter, so wie nachträgliche Einholung der, nach diesseitiger Verfassung und Gesetzgebung bei so ausgedehnten, sowohl bereits veranstalteten als noch zu veranstaltenden einzelnen oder Gesamtausgaben umfassenden, Privilegierungen früher schon erschienener Werke erforderlichen ständischen Zustimmung verbinden müsse."

Trotz der Bestrebungen im Deutschen Bund, das geistige Eigentum der Autoren anzuerkennen und eine möglichst lange Privilegierungszeit zu gewähren, schlug sich Württemberg immer noch auf die Seite der Nachdrucker, um deren Gewerbefreiheit nicht zu gefährden. Die Gesandtschaft sollte die wohl erworbenen Rechte dieser „Lobby-Gruppe" wirksam vertreten. Darüber hinaus sollte die Dauer der Privilegierung auch bei bekannten Schriftstellern immer noch beschränkt werden, denn diese waren nach württembergischer Auffassung nach Ablauf der Privilegienzeit in ihren Honoraransprüchen entlohnt und mussten mit ihren Interessen hinter den Allgemeininteressen zurückstehen. Württemberg konnte sich immer noch nicht mit einer generellen Anerkennung des Urheberrechts der Autoren anfreunden und blieb dem Denken in zeitlich begrenzten Privilegien tief verhaftet und treu!

[1137] E 146/1 Nr. 5366 (Bericht des Studienrates v. 21. November 1825).
[1138] E 146/1 Nr. 5366, Teil 14 (Note des Ministers der auswärtigen Angelegenheiten v. 10. September 1840).
[1139] Ibid.

Dass Württemberg dabei lediglich über die Dauer der Privilegierung mit sich reden ließ, beweisen die Extreme Heun (sechs Jahre) und von Savigny (20 Jahre).

III. Von sechs auf 20 Jahre: Das Spiel mit der Privilegiendauer

Während Württemberg im Falle Heun sein Ermessen so ausschöpfte, dass es nur die Regeldauer von sechs Jahren gewährte, drückte es bei von Savigny mit einem 20jährigen „Gnadenbrief" seine Sympathie für dessen Werke aus.

1. Der Fall Heun (Privileg auf sechs Jahre)

Als der Geheime Hofrat Carl Heun aus Berlin um ein Privileg gegen den Nachdruck seiner Schriften auf die Dauer von 25 Jahren nachsuchte, konnte der Studienrat in seinem Gutachten vom 12. Dezember 1826 nicht zuletzt auf das Gesuch Goethes verweisen, der 50 Jahre verlangt und nur zwölf Jahre erhalten hatte.

Heun beabsichtigte, eine Sammlung der von ihm seit einer Reise, die 15 Jahre gedauert hatte, „im schöngeistigen Fache" herausgegebenen Schriften zusammenzustellen und bat außerdem darum, das Privileg für die Sammlung sowohl im Ganzen als auch für die einzelnen von ihm verfassten Schriften auszustellen. Der Studienrat verwies indessen auf seine bewährte Begutachtungspraxis[1140]:

„Für die Würdigung dieses Gesuchs kommen im Ganzen die gleichen Rücksichten in Erwägung, welche wir aus Anlaß der ähnlichen Gesuche des Freiherr v. Goethe, Jean-Paul Richter, sowie der Hinterbliebenen Heinrich Voss und Friedrichs v. Schiller um Privilegierung von Sammlungen der von ihnen oder bezüglich ihrer Erblasser [...] ausgeführt haben.

Von den bisher von dem Geh. Hofrath Heun herausgegebenen Schriften ist keine (wir wissen wenigstens nicht anders) mit einem württembergischen Privilegium gegen den Nachdruck versehen, erschienen. Eine nachfolgende Privilegierung derselben kann also nach den dießfalls gesetzlich bestehenden Grundsätzen (Verordnung vom 25. Febr. 1815, § 2. 7. 8. Reg.Blatt S. 75) nicht mit der Wirkung statt haben, daß man gehindert wäre, sie, so sie einmal bereits in Debit gebracht sind, einzeln oder zusammen in einer Sammlung nachzudrucken. Nun so weit Geheimer Hofrath Heun der neuen Ausgabe seiner Schriften etwas gegen die vorigen Ausgaben Neues, Verändertes, Eigenthümliches liefert, dürfte sich diese neue Ausgabe zur Privilegierung, sey es für die Sammlung im Ganzen, oder für einzelne darunter begriffene Schriften, eignen [...] Die Sammlung der Schriften v. Goethe und J. P. Richter, für welche diese Schriftsteller Privilegien gegen den Nachdruck nachsuchten, und vermöge der höchsten Resolutionen vom 3. Oct.

[1140] E 146/1 Nr. 5173, Teil 2 (Gutachten des Studienrates v. 12. Dezember 1826).

und 8. Dez. (Reg.Blatt v. 1825. S. 259 und 1826. S. 4.) erhielten, bilden auch zugleich eine revidirte und verbesserte Ausgabe dessen, was früher (ohne Privilegium) im Druck erschienen war."

Der Rat konnte sich ob der Anmaßung des Antrags Heuns nur noch wundern und trug allein auf die Regeldauer von sechs Jahren an, die Heun letztlich auch vom König bekam[1141]:

> „Was noch die Zeitbestimmung für das Privilegium, welches Geh. Hofrath Heun nachsucht betrifft, so scheint uns die Bitte, wenn es auf die Dauer von 25 Jahren ertheilt werden möchte, nicht frei von der Anmaßlichkeit, durch eine ausgezeichnete Privilegierung gleichsam auch die höhere Anerkennung eines ausgezeichneten schriftstellerischen Werths zu erhalten. Die Schriften des Geh. Hofraths Heun gehören zwar unter diejenigen, welche den Liebhabern einer unterhaltenden leichten Lektüre sehr zusagen, aber einen vorzüglich bedeutenden, einen sehr vortheilhaften Einfluß auf die deutsche Literatur wird man ihnen doch nicht zuschreiben. Wir finden keinen Grund, auf eine längere, oder wenigstens auf eine bedeutend längere Dauer des Privilegiums (sofern überhaupt eines gnädigst ertheilt würde) als die gewöhnliche von sechs Jahren anzutragen, während für die Schriften v. Goethe und J. P. Richter die Privilegien auf zwölf Jahre gegeben wurden."

Von Heun wurde also verlangt, dass er etwas Eigentümliches, etwas Neues abliefere, damit überhaupt eine Prüfung seines Antrags stattfinden durfte. Dabei grenzte der Studienrat in der Werteskala genau zwischen Heun einerseits und Goethe oder Richter andererseits ab, weil Letztgenannte wegen ihrer prominenten Rolle für die deutsche Literatur jeweils zwölf Jahre Schutz zugesprochen bekommen hatten.

2. Der Ausnahmefall von Savigny (Privileg auf 20 Jahre)

Es mussten jedoch nur einige Jahre vergehen, bis in Württemberg Bereitschaft herrschte, auch Privilegien für längere Zeit als auf zwölf Jahre zu gewähren, obwohl das Ministerium des Innern zugleich bemüht war, mit zu ausgedehnten Privilegienfristen zu geizen. Dabei schöpfte es, wie im Fall Heun gesehen, die unterschiedlichen Zeiträume reichlich aus.

Die königlich-preußische Gesandtschaft am Hofe Württembergs hatte eine Eingabe mitgeteilt, in der zugunsten des Geheimen Revisionsrats Professor von Savigny aus Berlin für sein Werk mit dem Titel „System des heutigen römischen Rechts" ein dreißigjähriges Privileg gegen den Nachdruck von der Zeit der Vollendung des Werks an nachgesucht wurde[1142]. In der Mitteilung der Gesandtschaft vom 25. Juli 1839 wurde betont, dass Savigny das Resultat mehrjähriger Forschungen in einem ausführlichen Werk in mehreren Bänden he-

---

[1141] Ibid.

[1142] E 146/1 Nr. 5419, Teil 1 (Note des Ministers der auswärtigen Angelegenheiten v. 27. Juli 1839).

rauszugeben beabsichtige und wünsche, für dieses Werk einen möglichst gleichförmigen Schutz gegen den Nachdruck in sämtlichen deutschen Ländern zu erlangen. Daher wandte er sich auch mit einem Gesuch für ein dreißigjähriges Privileg an den König von Württemberg, um die jahrelangen Bemühungen auf dem Gebiet der Rechtswissenschaft und seine nationalen Verdienste schützen zu lassen.[1143] Das württembergische Ministerium des Innern blieb indes hart, ohne die Verdienste von Savigny schmälern zu wollen. Es gab im Ergebnis grünes Licht für ein Privileg von zwanzigjähriger Dauer, das allerdings vom Erscheinen des letzten Bandes des Werks an beginnen sollte, falls die einzelnen Bände in Zeiträumen von höchstens drei Jahren nacheinander erscheinen würden[1144]. Damit wandte man konsequent Art. 1 des Gesetzes von 1838 an.

IV. Das Einlenken Württembergs im Deutschen Bund infolge des beharrlichen Kampfes der Erben Schillers, Goethes und Wielands ab 1837

Ein Jahr später schon vermochte Württemberg seine jahrzehntelang gezeigte Härte nicht mehr aufrecht zu erhalten. Württemberg konnte nur noch durch Vorbehaltserklärungen in Frankfurt sein Gesicht wahren, obwohl die Niederlage greifbar war. Die Erben Schillers, Goethes und Wielands setzten die anderen Staaten und die Bundesversammlung beträchtlich unter Druck, für ihre Erbenrechte einzutreten. Dabei war der Beschluss der Bundesversammlung vom 9. November 1837 maßgebend[1145].

1. Diplomatische Kunststücke: Württembergs Alleingang gegen Nachdruckprivilegien für Schillers Erben

Obwohl Württemberg durch beharrliches Taktieren Zeit schinden wollte, um die Gewerbefreiheit der Nachdrucker so wenig wie möglich einzuschränken, knickte es letztlich ein, weil es keinerlei Gefolgschaft vonseiten der übrigen Staaten im Deutschen Bund hatte. Dies beweist der Notenwechsel zwischen dem Minister der Auswärtigen Angelegenheiten und dem Gesandten Württembergs beim Deutschen Bund in Frankfurt a.M. vor dem Bundesbeschluss vom 23. November 1838, der dem Antrag der Erben Schillers inhaltlich entsprach. Dabei hatte der königlich-preußische Appellationsgerichtsrat Ernst von Schiller

---

[1143] E 146/1 Nr. 5419, Teil 1 (Schreiben der preußischen Gesandtschaft v. 25. Juli 1839).

[1144] E 146/1 Nr. 5419, Teil 2 (Ministerium des Innern v. 15. Juli 1839 und Auszug aus dem k. Dekret an das Ministerium des Innern v. 8. August 1839).

[1145] Vgl. dazu im Detail Fn. 63 f.

aus Köln, Sohn des verstorbenen Dichters[1146], im eigenen und im Namen seiner
Geschwister in seiner Eingabe vom 26. Dezember 1837 bei der Bundesversammlung die Bitte vorgetragen, es möchte der in dem Bundesbeschluss gegen
den Büchernachdruck vom 9. November 1837 zugunsten der literarischen Erzeugnisse festgesetzte zehn- und nach Umständen zwanzigjährige Schutz gegen
den Nachdruck im Wege einer „authentischen Auslegung" auf die gesamten
Schillerschen Werke für anwendbar erklärt werden[1147].

Schillers Sohn hatte sich mit Schreiben vom 15. Februar 1837 bereits direkt
an den württembergischen König gewandt, um das beschriebene Anliegen
durch die württembergische Bundestagsgesandtschaft bei der Bundesversammlung unterstützen zu lassen. Die Cottasche Buchhandlung als alleinige rechtmäßige Verlegerin der Schillerschen Werke sollte bundesweit dadurch geschützt werden, dass jeglicher Nachdruck der dort erschienenen und erschie-
nenden Werke auf die Dauer des Bundesbeschlusses oder einer noch weiter
ausgedehnten Dauer verboten würde.

Württemberg ging indes auf das letzte Gesuch nicht ein, da weder die bestehende Landes- noch die Bundesgesetzgebung ein solches Schutzmittel verbieten konnten. Nach württembergischer Auffassung reichte der Bundesbeschluss
vom 9. November 1837 nur zwanzig Jahre zurück und es sei die neueste im
Jahre 1837 veranstaltete Ausgabe der Schillerschen Werke mit Privileg vom 7.
September 1837[1148] bis 1847 noch geschützt. Das Außenministerium war der
Meinung, dass es hinsichtlich des erstgenannten, an die Bundesversammlung
gerichteten Gesuchs Schillers bei Beratung dieses Gegenstandes in der Bundesversammlung lediglich bei dem Beschluss vom 9. November 1837 bleiben
könne. Dieser gehe in Beziehung auf die vor dem Beschluss erschienenen Werke bereits sehr weit. Auf keinen Fall dürfe er auf Werke erstreckt werden, die
von einem Verfasser wie Schiller stammten, der schon 33 Jahre tot sei. Dies
überschreite die Grenzen der meisten bestehenden Gesetzgebungen mit der
Folge, dass ein derartiges Nachdruckverbot nicht in dieser Weise erteilt werden
könne. Voller Optimismus, Gleichgesinnte unter den anderen Staaten zu finden,
eröffnete der württembergische Außenminister von Beroldingen[1149] seiner Ge-

---

[1146] *Karl Schmidt*, Schillers Sohn Ernst. Eine Briefsammlung mit Einleitung, Paderborn 1905.

[1147] E 65 Nr. 68, Teil 1 (Schreiben des königlichen Ministeriums der auswärtigen
Angelegenheiten an die königliche Bundestagsgesandtschaft v. 15. März 1838). Hierzu
auch *Thomas Gergen*, Das württembergische Privilegiensystem gegen den Büchernachdruck im 19. Jahrhundert und die Privilegien zugunsten der Schiller-Erben, in: UFITA
I/2006, S. 189-227.

[1148] RegBl Württemberg 1837, S. 440.

[1149] Josef Ignaz Graf von Beroldingen (1780-1868), als Staatsminister am 2.10.1823
ernannt, schloss 1828 mit Bayern und 1829 mit Preußen Zollverträge, die wesentliche
Grundlagen zur Herstellung des späteren Zollvereins schufen. Am 6.3.1848 Eintritt als

sandtschaft in Frankfurt, dass sicherlich auch von anderer Seite derselbe Gesichtspunkt moniert und dem Gesuch von Schillers Erben nicht entsprochen werde[1150].

Allerdings musste die württembergische Regierung in Stuttgart die Enttäuschung verdauen, dass sie mit ihrer Position alleine stand. Das Gesuch der Schillerschen Erben kam in der vierten Sitzung der Bundesversammlung vom 2. April 1838 zum Vortrag. In der Hauptsache ging das Gutachten der Reklamationskommission dahin, dass gemäß Art. 1 und 2 des Beschlusses vom 9. November 1837 die vor dem Beschluss innerhalb von zwanzig Jahren bundesweit erschienenen Ausgaben der Schillerschen Werke mindestens während eines Zeitraums von zehn Jahren, vom Tage des Beschlusses an gerechnet, auch den bundesweiten Schutz gegen den Nachdruck genießen könnten. Wollten jedoch die Schillerschen Erben bzw. die Cottasche Buchhandlung einen noch längeren Schutz nach Art. 3 des Beschlusses, so hätten sie sich mit dieser Bitte an die jeweiligen Landesregierungen wenden müssen.

Ohne die in der Zukunft anstehenden Auslegungsprobleme zu erahnen, berichtete der württembergische Gesandte Staatsrat, Freiherr von Trott an seinen Minister in Stuttgart den weiteren Verlauf der Sitzung wie folgt[1151]:

„Bei der eröffneten Discussion äußerte der kgl. preußische, zur Führung der oestreichischen Stimme substituirte Gesandte, daß er beauftragt sey, wenn dieses Gesuch während der Abwesenheit des Hofr. von Münch zum Vortrage kommen sollte, für Oestreich auf Instruktionseinholung zu stimmen. Hierdurch fand man sich veranlaßt, den Vortrag fürs erste nur als vertraulich zu betrachten, u. dessen Reproduktion nach der Rückkehr des Grafen von Münch zu verabreden, während aus den eventuellen Abstimmungen schon soviel sich ergab, daß, ohne jenen Aufschub, der Beschluß sofort auf den Antrag der Commission gefaßt worden wäre."

Insgesamt enthalte die etwas undeutlich gefasste Eingabe der Schillerschen Erben zwei voneinander getrennt zu behandelnde Anträge: nämlich einmal, dass sämtliche Schillerschen Werke den in Art. 1 und 2 des Beschlusses vom 9. November 1837 festgesetzten Schutz gegen den Nachdruck genießen, sowie zum zweiten, dass die auf Art. 3 des Beschlusses zulässige außerordentliche Verlängerung dieses Schutzes den Werken zuteil werde. Hinsichtlich des ersten Antrags befürwortete die Kommission gemäß Art. 1 und 2 des Beschlusses eine rückwärts gerichtete Schutzfrist von zwanzig Jahren zugunsten der bereits erschienenen Schillerschen Werke, ohne danach zu fragen, ob diese in einer oder in mehreren Auflagen erfolgt seien. Da die Erben obendrein die Begünstigung

---

Staatsminister in den Ruhestand, siehe *Raberg*, Biographisches Handbuch (Fn. 167), S. 59-60.

[1150] E 65 Nr. 68, Teil 1.

[1151] E 65 Nr. 68, Teil 2 (Schreiben v. 4. April 1838).

von Art. 3 des Beschlusses in Anspruch nehmen könnten, entspreche der Antrag der Kommission gänzlich den Bestimmungen des Beschlusses[1152].

Das Ministerium der auswärtigen Angelegenheiten in Stuttgart ließ das Komissionsgutachten allerdings nicht unkommentiert. Obwohl es sich mit der Beurteilung der Gutachter grundsätzlich einverstanden erklärte, meinte es, dass es[1153]

„voraussetze, daß die Reclamations-Commission nicht gemeint sey, Ausgaben Schillerscher Werke, die mehr als 20. Jahre vor dem gedachten Bundesbeschlusse erschienen sind, darum unter den Schutz des Letzteren zu stellen, weil dieselben Werke auch innerhalb der 20. Jahre vor dem 9. Novbr. 1837. Ausgaben erlebt haben, die dem Inhalte nach, mit jenen ältern Ausgaben identisch sind.“

Schon bald stellte sich heraus, dass gerade hier ein großes juristisches Problem lag, denn in der Sitzung vom 31. Mai 1838 kam das Präsidium vertraulich auf das Gutachten der Reklamationskommission zurück. Es wurde bemerkt, dass es nicht zweifelhaft sei, dass Art. 1 und 2 des Beschlusses vom 9. November 1837 dahin gingen, dass nicht nur neue Werke, die innerhalb der letzten zwanzig Jahre vor dem Beschluss erschienen seien, einen zehnjährigen Schutz gegen den Nachdruck vom Tage des Beschlusses an beanspruchen könnten. Darüber hinaus schließe dies auch die neuen Ausgaben ein, die vor mehr als zwanzig Jahren herausgekommen seien, so dass neue Auflagen älterer Werke den neuen Werken gleichgestellt werden müssten[1154].

Nach Meinung des Präsidiums war es nicht anstößig, dem Antrag zuzustimmen, dass den Schillerschen Erben von Bundes wegen der Schutz gegen den Nachdruck auch für die innerhalb der letzten zwanzig Jahre vor dem Beschluss vom 9. November 1837 erschienenen neuen Auflagen der bereits vor zwanzig Jahren in den Druck gelegten Werke Schillers zugute komme. Dies sollte in Anerkennung der Verdienste ihres Vorfahren eine besondere Vergünstigung sein. Auch hier fand sich vom Urheberrechtsgedanken keine Spur. Dennoch wehrte sich das Präsidium dagegen, dass diese Vergünstigung schon in den Bestimmungen des Beschlusses liege, mithin als sich von selbst verstehend und für allgemein anwendbar angesehen werden solle. Die Mitglieder der Reklamationskommission äußerten hierauf, dass diese Auslegung ihres Vortrags allerdings die richtige sei und dass sie die in den letzten zwanzig Jahren vor dem Beschluss erschienenen neuen Auflagen als unter gleichem Schutz mit den neuen Werken stehend ansähen.

[1152] Ibid.

[1153] E 65 Nr. 68, Teil 3 (Schreiben des Ministeriums der auswärtigen Angelegenheiten an die königliche Bundestagsgesandtschaft v. 18. April 1838).

[1154] E 65 Nr. 68, Teil 4 (Schreiben der königlichen Gesandtschaft an den Minister der auswärtigen Angelegenheiten v. 2. Juni 1838).

Sie änderten ihren Vortrag allerdings dahingehend ab, dass in diesem Einzelfall der Schutz den in den letzten zwanzig Jahren erschienenen neuen Auflagen älterer Werke als eine besondere Vergünstigung gewährt werden könnte. Der württembergische Gesandte bemerkte daraufhin, dass seine Regierung die Position des Präsidiums teile und nicht ohne besondere Ermächtigung zustimmen werde. Der Gesandte bat um Bedenk- und Beratungszeit, da er Württemberg isoliert sah[1155]; er beschrieb die Situation als festgefahren, da sich für die Erteilung einer Vergünstigung für die Erben Schillers eine allgemeine Geneigtheit gezeigt habe. Da er es zu vermeiden wünschte, gerade als württembergischer Gesandter, in einem den Nachlass des aus Württemberg stammenden Schillers betreffenden Fall, allein mit einer ungünstigen Ansicht hervorzutreten, bat er erneut um Fristverlängerung, um Instruktionen beim Minister des Auswärtigen einzuholen[1156].

Eine brisante Wende trat mit dem Engagement Preußens ein. Da der Vortrag der Reklamationskommission über das Gesuch der Schillerschen Erben, die Art. 1 und 2 des Bundesbeschlusses vom 9. November 1837 auf sämtliche Schillerschen Werke einschließlich der neuen Ausgaben für anwendbar zu erklären, auf Kritik stieß, nahm die preußische Regierung das Heft in die Hand und stellte das Gesuch der Schillerschen Erben als eigenen Antrag, woraufhin der bayerische Gesandte sofort erklärte, dass er zur Zustimmung von seiner Regierung ermächtigt sei[1157]. § 153 des Protokolls enthielt folgenden königlich-preußischen Antrag auf Schutz gegen den Nachdruck der Werke Friedrichs von Schiller[1158]:

„Preussen. Der Gesandte ist, in Folge eines an seine allerhöchste Regierung gerichteten Gesuchs der Erben Friedrichs von Schiller zu dem Antrage ermächtigt worden, daß den Werken Friedrichs von Schiller, in allen davon bereits veranstalteten oder noch zu veranstaltenden Ausgaben, auf dem Grund des 3. Artikels des Bundesbeschlusses vom 9. November v.J., von Bundeswegen der Schutz gegen den Nachdruck auf zwanzig Jahre, vom Tage des jetzt zu fassenden Beschlusses ab, gewährt werden möge[1159].

Auf Präsidialantrag wurde
beschlossen:
den eben vernommenen Antrag an die höchsten und hohen Regierungen mit der Bitte einzusenden, sich darüber binnen sechs Wochen zu erklären."

In Württemberg schlug dieses preußische Gesuch als sehr unerwünscht ein. Das königliche Ministerium der auswärtigen Angelegenheiten setzte sich in seiner Note an die Bundestagsgesandtschaft vor allem mit dem Problem auseinan-

---

[1155] Ibid.

[1156] Ibid.

[1157] E 65 Nr. 68, Teil 5 (Bericht der Gesandtschaft an den württembergischen König v. 3. Juli 1838 über die 12. Sitzung der Bundesversammlung v. 21. Juni 1838).

[1158] Ibid.

[1159] E 65 Nr. 68, Teil 5a.

der, dass das Gesuch nicht in die Kompetenz der Bundesversammlung gehöre, sondern allenfalls durch Übereinkommen aller Landesregierungen durchgeführt werden könnte[1160]:

„Aus dem von der kgl. Bundestagsgesandtschaft unterm 2. v.M. erstatteten Bericht über das Gesuch der Schillerschen Erben um einen den Werken ihres Vaters von Bundeswegen zu ertheilenden Schutz gegen den Nachdruck hat man ersehen, daß auf die Erklärung des Grafen von Münch Bellinghausen:

‚den Schillerschen Erben als eine besondere Vergünstigung den Schutz gegen den Nachdruck von Bundeswegen auch für die in den letztverflossenen 20. Jahren erschienenen neuen Auflagen solcher Schillerschen Werke zusichern zu wollen, welche schon vor den letztverflossenen 20. Jahren erstmals in den Druck gelegt waren,‘

der Bundestagsausschuß seine Bereitwilligkeit erklärte, hienach seinen Vortrag abzuändern, wenn nur überhaupt dem angebrachten Gesuche entsprochen, somit ausnahmsweise der erbetene ausgedehntere, auch auf die in den letzten 20. Jahren erschienenen neuern Auflagen sich beziehende Schutz gewährt werden wolle.

Auch dieser Antrag auf eine von Bundeswegen den Schillerschen Erben zuzugestehende besondere Begünstigung würde aber mehrfachen Bedenken unterliegen. Denn es kann nach diesseitigem Erachten ein den Schillerschen Erben zu ertheilendes, in dem Bundesbeschlusse vom 9. Novbr. v.J. nicht vorgesehenes Druckprivilegium nicht als innerhalb der Kompetenz der Bundesversammlung als solcher gelegen, betrachtet werden, sondern dieses kann vielmehr nur in der Form einer Gesammt-Maaßregel der Bundesregierungen nur durch ein Übereinkommen der Letzteren, bei welcher jede derselben nach der besonderen Verfassung und Gesetzgebung ihres Landes sich zu richten hat, zu Stande kommen. Bei dem Stande der diesseitigen Gesetzgebung, wonach nicht etwa bloß die Frage von den Rechten der Schriftsteller und Originalverleger unentschieden gelassen, sondern der Nachdruck von Werken, für welche das ertheilte Druckprivilegium abgelaufen oder seit deren Erscheinen sechs Jahre verflossen sind, ausdrücklich für erlaubt erklärt ist, wurde die gewünschte Schutzmaßregel zugunsten der Schillerschen Erben unter den Gesichtspunkt eines Handels- und Gewerbsprivilegiums sich stellen, deßen Ertheilung nach § 31. der Verfassungsurkunde durch die Beistimmung der Stände bedingt wäre.

Nur auf dem letzteren Wege könnte daher dem Gesuche der Schillerschen Erben im Einklange mit der diesseitigen Verfassung und Gesetzgebung entsprochen werden."

Wenngleich die württembergische Regierung die gewünschte Vergünstigung ausnahmsweise gewährte, hatte sie immer noch die von ihr zu schützenden Nachdrucker und deren gewerbliche Interessen im Auge[1161]:

„Unter Berücksichtigung der hieraus sich ergebenden Schwierigkeit der Form würde indeß die diesseitige Regierung sich geneigt finden lassen, auf die gewünschte Vergünstigung einzugehen, durch welche übrigens natürlich der Debit der im Einklange mit der bestehenden Gesetzgebung bereits veranstalteten Nachdrucksausgaben Schillerscher Werke nicht gehindert werden könnte.

[1160] E 65 Nr. 68, Teil 6 (Schreiben v. 4. Juli 1838).
[1161] Ibid.

Die in dem Berichte der kgl. Gesandtschaft angeordnete allgemeine Geneigtheit zur Ertheilung der den Schillerschen Erben zugedachten besonderen Begünstigung wird indeß wohl noch nicht für so entschieden vorliegend angenommen werden können.

Die unhaltbare Ansicht, daß das Verlangen der Schillerschen Erben in dem Bundesbeschlusse vom 9. Novbr. v.J. begründet sey, wird als beseitigt zu betrachten seyn. Geht man aber von dem Satze aus, daß keine bundesgesetzliche Bestimmung dem vorliegenden Gesuche zur Seite stehe, so ist doch sehr zu bezweifeln, daß die Bundesgesandtschaften ohne spezielle Instruction von Seiten ihrer Regierungen sich zur Beschließung eines Privilegiums für ermächtigt halten werde, daß wohl mit den meisten deutschen Landesgesetzgebungen über den Büchernachdruck, namentlich auch mit dem neuesten preußischen Gesetze, nach welchem der Schutz gegen den Nachdruck mit dem Ablauf von 30. Jahren nach dem Tode des Schriftstellers aufhören soll, im Widerspruch steht, während andererseits eine den Landesgesetzgebungen widersprechende Instructionsertheilung von Seiten der Regierungen doch auch wenigstens nicht die Vermuthung für sich hat."

Der württembergische Außenminister besprach die Angelegenheit mit seinem Innenministerkollegen, um dem Gesuch mit der bestehenden Verfassung und Gesetzgebung auf wirksame Art und Weise entgegen zu gehen und wenigstens eine isolierte Stellung der württembergischen Regierung zu vermeiden[1162].

Wenige Tage später gab das württembergische Außenministerium seiner Bundestagsgesandtschaft in Frankfurt zu erkennen, dass seines Erachtens die Gewährung eines Schutzes zugunsten der Schillerschen Werke gegen den Nachdruck in der beantragten Ausdehnung durch Art. 3 des Beschlusses vom 9. November 1837 deswegen nicht begründet sei, weil jene Werke, mit ganz unbedeutenden Ausnahmen einiger Nachträge, schon seit mehr als zwanzig Jahren erschienen seien, jener Art. 3 aber nur solche Werke vor Augen habe, denen nach Art. 2 des Bundesbeschlusses das Minimum eines von ihrem Erscheinen an laufenden zehnjährigen Schutzes zugute komme. Die Gewährung eines noch innerhalb der Grenzen des Vorbehalts des Art. 3 sich haltenden ausgedehnteren Schutzes könne nur Gegenstand einer freien Vereinbarung sämtlicher deutscher Regierungen zu einer „Gesammt-Maaßregel" sein. Umso weniger könnten bei der angetragenen weitergehenden Bewilligung die dabei in Anwendung kommenden Bestimmungen der Landesverfassung und Gesetzgebung einzelner Staaten unbeachtet bleiben.

Nach württembergischer Verfassung und Gesetzgebung, welche den Nachdruck derjenigen Werke gestatteten, deren auf Privileg oder Gesetz beruhender Schutz erloschen war, fiel die ausgedehntere Schutzmaßregel unter den Gesichtspunkt eines Handels- und Gewerbsprivilegs, dessen Erteilung nach § 31 der Verfassungsurkunde Württembergs die Zustimmung der Stände bedingte. Das Ministerium gab der Bundestagsgesandtschaft die Instruktion, Verhand-

---

lungsbereitschaft mit den übrigen Regierungen zu signalisieren und mit den württembergischen Ständen in Verhandlungen zu treten; allerdings machte es zur Bedingung, dass durch die Privilegierung der Schillerschen Werke der Debit der im Einklang mit der Gesetzgebung bereits veranstalteten Nachdrucksausgaben von Schillerschen Werken nicht gehindert werden dürfte. Abschließend wurde die Gesandtschaft mit Schreiben vom 11. August 1838 aufgefordert, wieder einmal Zeit zu schinden[1163]:

> „Die Bundestagsgesandtschaft hat übrigens mit einer, in diesem Sinne zu Protokoll abzugebenden Erklärung noch so lange zurückzuhalten und nur auf vertrauliche Mittheilung der Richtung dieser Instrucktion sich zu beschränken, bis der Beitritt der übrigen Regierungen zu dem k. preussischen Antrag ausser Zweifel gesetzt seyn wird."

Als in der Sitzung der Bundesversammlung vom 14. September 1838 die noch ausstehenden Erklärungen der Regierungen in der Schillerschen Sache zur Sprache kamen, standen die württembergische und die 13. Stimme[1164] gegen die übrigen als Neinsager isoliert da. Der württembergische Bundestagsgesandte, der, wenn es nach ihm gegangen wäre, ebenfalls gerne zugestimmt hätte, jedoch die Position seiner Regierung vertreten musste, schilderte seinem Außenministerium die Außenseiterrolle Württembergs und fragte an, wie er sich verhalten sollte[1165]:

> „Da jedoch die Zustimmung von Braunschweig bereits eingegangen ist, so wird die für die 13. Stimme[1166] voraussichtlich in der nächsten Sitzung erfolgen u. mithin alsdann nur noch die diesseitige fehlen, um, wenn diese ebenfalls beipflichtend ausfallen sollte, den entsprechenden Beschluß zu ziehen.
>
> Unter diesen Umständen, erlaube ich mir die Anfrage, ob ich nunmehr die mir durch Erlaß vom 11. August d.J. vorgeschriebene Erklärung förmlich zu Protocoll geben solle, in welchem Falle die Beschlußziehung bis zu erlangtem Einverständniß mit den diesseitigen Ständen ausgesetzt werden müßte, wenn nicht die übrigen Stimmen, was wahrscheinlich ist, vorziehen sollten, die unter ihnen bestehende Übereinstimmung schon jezt auszusprechen, oder ob vielleicht vorgezogen werden wolle, eine solche förmliche Erlärung zu Protocoll zu unterlassen, dagegen die gegenwärtige Versammlung der Stände zu einem sofortigen Benehmen mit derselben zu benützen u. die Bundesversammlung nur vertraulich von dem Grunde des Aufschubes, den die diesseitige Erklärung erleidet, in Kenntniß zu setzen."

Offensichtlich verstand der württembergische Bundestagsgesandte selbst nicht die ablehnende Position seiner Regierung, d.h. die Notwendigkeit, laut

---

[1163] E 65 Nr. 68, Teil 8 (Schreiben des königlichen Ministeriums der auswärtigen Angelegenheiten an die Bundestagsgesandtschaft v. 11. August 1838).

[1164] Nach der Deutschen Bundesakte (BA) vom 8. Juni 1815, Art. VI, abzugebende Stimmen: Württemberg war an 6., Braunschweig an 12. und Mecklenburg-Schwerin an 13. Stelle aufgelistet.

[1165] E 65 Nr. 68, Teil 9 (Schreiben des Bundestagsgesandten an das Ministerium der auswärtigen Angelegenheiten v. 15. September 1838).

[1166] Also die Stimmen von Mecklenburg-Schwerin (2 Stimmen) laut Art. VI der BA.

§ 31 der Verfassung ein Privileg bei den Ständen einzuholen, obwohl der König bislang in ständiger Praxis aufgrund des Generalrescriptes von 1815 alle Nachdruckprivilegien konzediert hatte. Die Verblüffung des Gesandten schlug sich in folgender Anfrage nieder[1167]:

„Endlich aber darf ich, um etwaigen Anfragen begegnen zu können, um Belehrung darüber bitten, warum zur Bewilligung des in diesem Falle erforderlichen Privilegiums, ein Einvernehmen mit den Ständen erforderlich sei, da die Regierung doch bis jezt ganz unbeschränkt in der Ertheilung von Privilegien gegen den Nachdruck lediglich nach ihrem Gutbefinden verfahren ist."

Bis sich das Ministerium der auswärtigen Angelegenheiten zur Anfrage der württembergischen Gesandtschaft äußerte, gingen nahezu zwei Monate ins Land. Nachdem die württembergische Gesandtschaft vom preußischen Vertreter in Frankfurt in dieser Sache noch einmal angesprochen worden war, reagierte das Ministerium in Stuttgart[1168], indem es forsch auf sein Schreiben vom 11. August 1838 und die dort aufgeführte Bestimmung des § 31 der Verfassungsurkunde sowie auf das Rescript vom 25. Februar 1815 und dessen §§ 1, 7 und 8 verwies. Das Ministerium rekurrierte des Weiteren auf die schon aufgelöste Ständeversammlung, die auf ihrem letzten außerordentlichen Landtag nicht mehr die Zeit zur Beratung des Anliegens gefunden hatte. Denn die Sitzung war für die Beratungen des neuen Strafgesetzbuches verwandt worden, so dass die Angelegenheit Schiller auf die bevorstehenden ordentlichen Landtage verschoben werden musste. Wiederum zeitgewinnend gab das Ministerium der Frankfurter Gesandtschaft zu erkennen[1169]:

„Sollte inzwischen mit der Beschlußziehung über den preussischen Antrag noch vor der bevorstehenden Vertagung der Bundesversammlung vorangegangen werden, so will man, bei der vorauszusetzenden Wahrscheinlichkeit ständischer Zustimmung zu einer, bereits von allen übrigen Landesregierungen zugesicherten Begünstigung der von Schillerschen Werke, die Kgl. Bundestagsgesandtschaft hiemit ermächtigen, nach ihrer Seits einer allseitigen Vereinigung über den preussischen Antrag unter der Erklärung beizutreten, daß man, und zwar, (wie auch schon Baden bewertete) den Art. 3. des Bundestagsbeschlusses vom 9. Novbr. 1837. nicht auf Werke anwendbar erachte, welche, wie die von Schillerschen, mit unbedeutenden Ausnahmen einiger Nachträge, schon seit länger als 20. Jahren erschienen (in den Druck gelegt) sind, übrigens nicht gemeint seyn können, einer dießfalligen ausnahmsweisen allseitigen Vereinbarung den Beitritt zu versagen, damit jedoch die sich von selbst verstehende Voraussetzung verbinden müsse, daß durch diese Begünstigung der von Schillerschen Werke der Debit, der im Einklange mit der bestehenden Gesetzgebung bereits veranstalteten Nachdrucksausgaben der v. Schillerschen Werke nicht gehindert werden könne und solle."

[1167] Ibid.

[1168] E 65 Nr. 68, Teil 10 (Schreiben aus Frankfurt v. 10. November 1838).

[1169] E 65 Nr. 68, Teil 11 (Schreiben des Ministeriums der auswärtigen Angelegenheiten an die Bundestagsgesandtschaft v. 9. November 1838).

In der 33. Sitzung der Bundesversammlung wich Württemberg auf die Erklärung und die Antragstellung einer allseitigen Vereinbarung aus, so dass die schon debitierten Ausgaben der Schillerschen Werke ungestört vermarktet werden konnten; dieses Ziel lag der württembergischen Regierung durchgehend am Herzen[1170].

Auch 15 Jahre später ließen die Schillerschen Erben in ihrem Eifer zugunsten der Privilegierung der Werke ihres Ahnen nicht nach und beantragten eine zwanzigjährige Verlängerung, worüber sich das Außenministerium in Stuttgart verärgert zeigte und dies folgendermaßen in seinem Bericht an die württembergische Gesandtschaft zum Ausdruck brachte[1171]:

„Euer Hochwohlgeboren
haben in dem Berichte an Seine königliche Majestät über die 32te Bundestagssitzung vom 8. l.Mts. angezeigt, es befinde sich unter den bei der Bundesversammlung neu eingelaufenen Eingaben ein Gesuch der Friedrich von Schillerschen Erben um Verlängerung des ihnen für die Herausgabe der Schillerschen Werke gewährten Privilegiums für weitere zwanzig Jahre, wovon mit allseitigem patriotischem Interesse Kenntniß genommen worden sey.

Indem ich hierauf Euer Hochwohlgeboren erwidere, dass die Schillerschen Erben in einer unmittelbaren Eingabe an Seine Majestät den König vom 15/17ten August d.J. höchst dieselbe um Mitwirkung zu einem ihrem Interesse entsprechenden Bundesbeschlusse gebeten haben, verweise ich Euer Hochwohlgeboren in Betreff der hier zur Sprache kommenden Grundsätze auf die Instructionen, welche in Betreff der Ertheilung eines solchen Privilegiums am 15ten März 1838, 18ten April 1838, 4ten und 5ten Juli 1838, insbesondere aber am 11ten August 1838 und endlich auch am 9ten November 1838 an die k. Bundestagsgesandtschaft erlassen worden sind."

Das Ministerium plädierte wiederum dafür, von einer Mehrheitsentscheidung der einzelnen Regierungen abzusehen und eine allseitige Vereinbarung anzustreben[1172]:

„Nach solchen kann – wie dies auch im Jahre 1838 bei der ersten Verleihung des den Schillerschen Werken gewährten Schutzes anerkannt worden ist – auf die Verlängerung dieses Schutzes (der übrigens jetzt noch 5 volle Jahre währt!) nicht durch Stimmenmehrheit, sondern nur durch eine freie Vereinbarung sämmtlicher Bundesglieder erfolgen, wobei für Württemberg, wie früher in Betreff der Zustimmung zu der Ertheilung des Privilegiums, so auch jetzt bei der Verlängerung desselben eine Verhandlung mit den Ständen des Königreichs nöthig werden dürfte."

In gleich bleibender Position sprach sich Württemberg erneut dafür aus, den Privilegienschutz nicht ausufern zu lassen, um insbesondere anderen Erben

---

[1170] E 65 Nr. 68, Teil 12 (undatierte Notiz).
[1171] E 65 Nr. 68, Teil 13 (Schreiben v. 14. Dezember 1853).
[1172] Ibid.

bzw. Erbengemeinschaften berühmter Schriftsteller die Tore für ähnliche Anträge zu versperren[1173]:

> „Da sodann weiter in Betracht kommen muß, daß in gleicher oder ähnlicher Weise wie den Werken Schillers, auch dann von Göthe, Jean Paul Richter, Wieland und Herder ein zwanzigjähriger Schutz gegen Nachdruck durch Bundesbeschluß aus den Jahren 1840-1842 zugesichert worden ist, und daß, wenn im Bundestage auf die neueste Bitte der von Schillerschen Erben eingegangen wird, ähnliche Bitten von Seiten der Erben der weiter genannten Schriftsteller nicht ausbleiben werden, und man in dem vorausgesetzten Falle wohl nicht umhin könnte, auch ihnen einen verlängerten Schutz zu gewähren, so erscheint bei diesen weit greifenden Consequenzen eine sorgfältige Erwägung aller in Betracht kommenden Rücksichten unabweislich geboten, in welcher Beziehung Euer Hochwohlgeboren vorläufig auf die württembergische Abstimmung im Bunde aus Anlaß der Privilegierung der von Herderschen Werke im Jahre 1841 (Bundestagsprotocoll von 1841, S. 118 und 119) aufmerksam gemacht werden."

Der Gesandte in Frankfurt sollte durch Befragung anderer Regierungen und ihrer Vertreter herausfinden, wie diese auf die Bitte der Schillerschen Erben und die Tatsache, dass der 1838 gewährte Schutz noch fünf Jahre lang wirken würde, reagierten. Nachdem der württembergische Gesandte vor Ort Gespräche geführt hatte, konnte er berichten, dass keine Regierung ihren Gesandten Instruktionen in der Sache erteilt hatte[1174]. Der großherzoglich-oldenburgische Gesandte teilte als Referent der von ihm befürworteten Verlängerung des Privilegs mit, dass er seinen Antrag nachdrücklich auf die Schillerschen Werke beschränkt wissen wolle, wofür patriotische Gründe sprächen[1175]. Am 30. April 1854 informierte das Stuttgarter Außenministerium den Bundestagsgesandten mit folgenden Worten[1176]:

> „Hierauf beehre ich mich Euer Hochwohlgeboren vorläufig vertraulich zu benachrichtigen, daß von mir in Gemeinschaft mit dem Herrn Minister des Innern an Seine königl. Majestät die Bitte um Ermächtigung gestellt worden ist, im Bundestage unter Vorbehalt ständischer Zustimmung die Geneigtheit erklären zu lassen, den durch Bundesbeschluß vom 23. November 1838 den Werken Schillers auf zwanzig Jahre erteilten Schutz gegen den Nachdruck um weitere zwanzig Jahre zu verlängern, daß aber hierüber, eben weil nach diesseitiger Gesetzgebung ständische Zustimmung zu einer solchen Privilegierung nöthig ist, noch der k. Geheime Rath zum Gutachten aufgefordert werden müßte.
>
> Indem ich bemerke, daß ich für Beschleunigung der Abgabe des gedachten Gutachtens Sorge tragen werde und somit Euer Hochwohlgeboren in bälde die noch ausstehende Instruction zugehen wird, erneuere ich demselben die Versicherung meiner ausgezeichneten Hochachtung."

[1173] Ibid.

[1174] E 65 Nr. 68, Teil 14 (Schreiben des Bundestagsgesandten an das Ministerium der auswärtigen Angelegenheiten v. 19. Januar 1854).

[1175] Ibid.

[1176] E 65 Nr. 68, Teil 15 (Schreiben des Ministeriums der auswärtigen Angelegenheiten an den Bundestagsgesandten, Herrn v. Reinhard, v. 30. April 1854).

Nachdem die württembergischen Kammern gemäß § 31 der Verfassung zugestimmt hatten, konnte das Privileg per Bundesbeschluss vom 6. März 1856 bis zum 9. November 1867 verlängert werden. Ersichtlich ist hieraus, dass Württemberg bis zuletzt den Nachdruck und die bereits auf dem Markt vorhandenen nachgedruckten Exemplare schützen wollte. Dabei konnte es folglich das Recht der Erben auf ständige Verlängerung ihrer Privilegien nicht mittragen, obwohl es wusste, dass es mit seiner Position eine einsame Minderheit darstellte.

2. Goethes Erben: Erheblicher Druck in der Bundesversammlung

Obschon sich in der Bundesversammlung im Jahre 1840 bereits 14 Staaten bereit erklärt hatten, die neueste Ausgabe der Goetheschen Werke auf alle binnen 20 Jahren erst noch erscheinenden Ausgaben zu privilegieren, wollte Württemberg nicht nachgeben und durch eigene Erklärung die Handschrift seiner Gesetzgebung unterstreichen. Das Ministerium der auswärtigen Angelegenheiten hatte die Bundestagsgesandtschaft in Kenntnis des wesentlichen Inhalts des Antrags der Cottaschen Buchhandlung über die in der Bundesversammlung gemachte Anmerkung hinsichtlich der bisher ungedruckten Bestandteile der in Frage stehenden Ausgabe der Goetheschen Werke in Kenntnis gesetzt[1177]. In seiner Note vom 18. Dezember 1840 an das Ministerium des Innern erklärte das Außenministerium dazu Folgendes[1178]:

„Aus dem Protokoll der 26. Sitzung der Bundesversammlung vom 19. v. M. § 30 b wird das k. Ministerium des Innern ersehen haben, daß die großherzoglich-sachsenmeiningensche Regierung auf Ansuchen der v. Goetheschen Erben darauf angetragen hat:

Der in der 6. Sitzung der Bundesversammlung vom 4. Apr. v. J. (Prot. § 83) bewilligten Privilegierung der neuesten in 4 Bänden oder 2 Abtheilungen in den Jahren 1836 und 1837 erschienenen Ausgabe der v. Goetheschen Werke, welchem dieselbe während den dießfälligen Verhandlungen der Bundesversammlung fast gänzlich abgesetzt worden, die Ausdehnung auch auf eine dermalen beabsichtigte und in den nächsten Monaten erscheinende anderweite Ausgabe innerhalb 20 Jahren vom 4. Apr. d. J. an gerechnet, von den dazu Berechtigten zu veranstaltenden Ausgaben zu geben.

Wenn gleich diesem Antrag die Form einer allein erbetenen günstigen Auslegung der bereits bewilligten Privilegierung gegeben werden wollte, so stellt sich derselbe doch von selbst als ein viel weiter, nämlich auf alle binnen 20 Jahren erst noch erscheinenden Ausgaben gerichtetes Gesuch dar.

[1177] E 146/1 Nr. 5365, Teil 29 (Note des Ministers der auswärtigen Angelegenheiten an das Ministerium des Innern v. 17. Juni 1840).

[1178] E 146/1 Nr. 5365, Teil 30 (Note des Ministers der auswärtigen Angelegenheiten v. 18. Dezember 1840).

Indessen haben sich für dessen Bewilligung bereits 14 Stimmen erklärt und es ist anzunehmen, daß auch die ausser der diesseitigen, noch ausstehenden 2 Stimmen in gleichem Sinn sich äußern werden.

Es wird daher nicht wohl umgangen werden können, auch diesseits sich in gleicher Weise wie bei dem Antrag auf ebenso ausgedehnte Privilegierung der J. P. Richterschen Werke geneigt zu erklären:

Einer allseitigen Vereinigung über die nun angetragene ausgedehntere Privilegierung der v. Goetheschen Werke beizutreten mit dem Beifügen, es müsse jedoch damit der Vorbehalt wohl erworbener Rechte Dritter, so wie nächst möglicher Einholung der nach der württembergischen Verfassung und Gesetzgebung bei so ausgedehnten, so wohl bereits veranstalteten als noch zu veranstaltenden Ausgaben umfassenden Privilegierungen früher schon erschienener Werke erforderlichen, ständischen Zustimmung verbunden werden.

Indessen beehrt sich der Unterzeichnete vor Instruirung der k. Bundestagsgesandtschaft das k. Ministerium des Innern um gefällige baldige Mittheilung seiner Auffassung sowohl hierüber als über die damit in Verbindung stehende Frage hinsichtlich der Zeit einer öffentlichen Bekanntmachung der voraussichtlich zu Stande kommenden Vereinigung zu ersuchen, da ohne Zweifel von Seite der v. Goetheschen Erben auf möglichste Beschleunigung der Bekanntmachung angetragen werden wird, diese jedoch vor erhaltener nächstmöglicher Zustimmung der Stände Bedenken finden dürfte und daher nöthig seyn würde, auch in dieser Beziehung die k. Bundestagsgesandtschaft vorläufig zu verständigen."

In seiner Stellungnahme beharrte das Ministerium auf den Schranken der württembergischen Gesetzgebung, die ein Privileg allein für zukünftig erscheinende Ausgaben gewähren konnte[1179]. Der Bund genehmigte schließlich das Gesuch der Goetheschen Erben[1180], welche im Bund so viel Druck ausgeübt hatten, dass auch die württembergische Position fallen musste. Württemberg war in der Außenseiterposition!

3. Verlängerungsantrag zugunsten von Wielands Erben: Der Konflikt zwischen Württemberg und Sachsen-Weimar

Nachdem die vom Bundestag ausgedehnten Bevorrechtungen zugunsten der von Schillerschen[1181], von Goetheschen[1182] und Richterschen[1183] Werke auf dem Wege allseitiger Vereinigung bewilligt worden waren, stellte die großherzoglich-sachsen-weimarische Regierung zugunsten der Kinder und sonstigen Erben des im Jahr 1813 verstorbenen Hofrats Wieland in der 23. Sitzung vom

---

[1179] E 146/1 Nr. 5365, Teil 30 (Bericht des Ministeriums des Innern v. 23. Dezember 1840).

[1180] E 146/1 Nr. 5365, Teil 31 (Aktennotiz v. 1841, keine präzisere Zeitangabe).

[1181] RegBl Württemberg 1839, S. 319.

[1182] RegBl Württemberg 1840, S. 289.

[1183] RegBl Württemberg 1842, S. 478.

22. Oktober 1840 einen Antrag auf gleichmäßige Privilegierung dieses Schrift-stellers, der – was der Studienrat auch betont hatte – in Württemberg geboren worden war.

Die Note des württembergischen Ministers der auswärtigen Angelegenheiten lässt den Umschwung der Mehrheit der Stimmen ans Licht treten und die Be-fürchtung Württembergs, mit seiner Rechtsposition und der Privilegierung wohl erworbener Rechte Dritter allein zu stehen[1184]:

„Bereits haben sich 11 Stimmen hiefür erklärt und es läßt sich eine gleiche Erklärung der übrigen nicht wohl bezweifeln.

Unter dieser Voraussetzung wird auch die diesseitige Regierung nicht zurückbleiben können, übrigens mit ihrer beitretenden Erklärung dieselben Voraussetzungen und Vor-behalte zu verbinden haben, unter welchen jenen frühern Privilegierungen, namentlich derjenigen der J. P. Richterschen Werke beizutreten, die Geneigtheit erklärt worden ist."

Das Privileg für Wieland[1185] erschien im Jahre 1842 im Regierungsblatt des Königreiches im Verbund mit demjenigen zugunsten von Herder[1186].

Dass Württemberg bis zum Schluss zäh blieb und mit Stehvermögen die Po-sition vertrat, dass nach einer gewissen Zeit selbst die Werke verdienter und be-rühmter Schriftsteller Gemeingut der Nation werden sollten, beweisen nicht zu-letzt die Stellungnahmen der württembergischen Ministerien an ihre Bundes-tagsgesandten. 1863 standen sich die beiden konträren Positionen Sachsens und Württembergs gegenüber: Sachsen forderte eine möglichst lange Privilegierung berühmter Schriftsteller, um gerade deren Wert herauszustreichen, wohingegen Württemberg, ohne diesen Wert im geringsten schmälern zu wollen, die Auf-fassung vertrat, dass die Berühmtheit dieser Autoren und just die Größe ihrer Leserzahl es verlangten, dass die Werke als Gemeingut jedermann zugänglich sein müssten. Der Brief der großherzoglichen und herzoglich-sächsischen Häu-ser für Sachsen-Weimar-Eisenach belegt deren Position sehr plastisch[1187]:

„Die hohe Bundesversammlung hat durch ihre Beschlüsse vom 23. November 1838, 4. April 1840, 11. Februar 1841 und 28. Juli 1842, den Schriften Schillers, Goethes, Wielands und Herders den Schutz gegen den Nachdruck in allen zum deutschen Bunde gehörenden Staaten gewährt und hierdurch den Beweis geliefert, wie sehr die sämmtli-chen höchsten und hohen Bundesregierungen die Bedeutung derselben zu würdigen wis-sen. Diese speziellen auf 20 Jahre ertheilten Privilegien erlöschen nach den späteren all-gemeinen Bestimmungen des Bundesbeschlusses vom 6. November 1856 mit dem 9. November 1867; die großh. Sächsische Staatsregierung glaubt aber sich für ihre noch-malige ausnahmsweise Verlängerung verwenden zu sollen. Das Zusammenwirken der 4 genannten Weimarschen Herren hat auf die deutsche Geistesbildung einen ganz beson-

---

[1184] E 146/1 Nr. 5366, Teil 15 (Note des Ministers der auswärtigen Angelegenheiten v. 18. Dezember 1840).

[1185] RegBl Württemberg 1842, S. 479.

[1186] Ibid.

[1187] WüHStA E 165 Nr. 68 D VII.

ders hervorragenden Einfluß, nach Umfang wie nach Tiefe geübt, indem dieselben nicht bloß eine mächtige Einwirkung auf die Bildung der deutschen Sprache gehabt, nicht bloß durch unsterbliche Dichtungen fort und fort der ganzen deutschen Nation ein hohes geistiges Gemeingut und eine bedeutungsvolle Stütze des Gefühls ihrer Zusammengehörigkeit gegeben, sondern auch durch den anregenden Gedanken den Reichthum ihrer Schriften, die Fachwissenschaften vielfach neu belebt und in neue Bahnen gelenkt haben. Das Zusammenwirken dieser vier Autoren in naher gegenseitiger Berührung und Förderung steht so einzig in der Geschichte der deutschen Geistesentwicklung da, daß eine Berufung auf dieses Ziel zugunsten weiterer Ausnahmen von der gesetzlichen Regel nicht wohl denkbar und zu besorgen ist, und während den Familien der gedachten Autoren durch solch ein Privilegium auch ferner eine werthvolle Vergünstigung zu Theil würde, kann hierin eine Benachtheiligung der möglichst weiten und hohen Verbreitung der fraglichen Schriften um so weniger erblickt und erkannt werden, als denselben seither schon, also unter der Herrschaft des Privilegiums, diejenige Verbreitung zu Theil worden ist, welche nach Maßgabe der größeren oder geringeren Allgemeinfaßlichkeit ihres Inhalts erwartet werden [...] konnte."

Sachsen hatte sich seit geraumer Zeit vom Privilegiensystem verabschiedet; sein Gesandter war jedoch angewiesen, den Antrag auf Erteilung eines Bundesprivilegs zu stellen[1188]: „Daß ausnahmsweise den Werken Goethes, Schillers, Herders und Wielands auch über den 9. November 1867 hinaus ein zehnjähriger Schutz gegen den Nachdruck durch spezielles Bundesprivilegio gewährt werden möge."

Württemberg blieb dessen ungeachtet rechthaberisch bei seiner Privilegienbegünstigung und der Leugnung der Existenz des geistigen Eigentums des Verfassers an seinem Werk; dies ergibt sich für den Fall der vier großen Autoren und der Diskussion im Bundestag aus folgender Note des Ministeriums der auswärtigen Angelegenheiten an die Bundestagsgesandtschaft Württembergs[1189]:

„Man hat aus dem Berichte der k. Bundestagsgesandten über die 34. diesjährige Bundestagssitzung den Antrag ersehen, welchen Sachsen-Weimar dahin gestellt hat, daß ausnahmsweise den Werken von Schiller, Goethe, Wieland und Herder noch über den 6. November 1867 hinaus ein zehnjähriger Schutz gegen den Nachdruck durch spezielles Bundesprivilegium gewährt werden möge, so wie das auf Präsidialvorschlag beschlossen worden ist, diesen Antrag zur Kenntniß der einzelnen Regierungen mit dem Ersuchen zu bringen, über denselben binnen 2 Monaten sich äußern zu wollen.

In Erwiderung hierauf wird dem k. Bundestagsgesandten eröffnet, daß nach diesseitigem Einschätzen den Interessen der Erben von Schiller, Goethe, Wieland und Herder durch das in Folge des Bundesbeschlusses vom 6. März 1856 bis zum 6. Nov. 1867 erstreckte Privilegium für die Werke jener Autoren vollständig Genüge geleistet worden ist und daß daher dem von der großherzogl. sächsischen Regierung in der Bundestags-

---

[1188] Ibid.; *Birgit Sippel-Amon*, Die Auswirkungen der Beendigung des sogenannten ewigen Verlagsrechts am 9.11.1867 auf die Editionen deutscher „Klassiker", in: Archiv für Geschichte des deutschen Buchhandels (= Publikationen des Börsenvereins Deutscher Buchhändler, Neue Folge) AGB 14 (1974), Sp. 349–414.

[1189] WüHStA E 165 Nr. 68 D VII (Schreiben v. 19. Dezember 1863).

sitzung vom 5. v. Mts. gestellten Antrage auf wiederholte Verlängerung des gedachten Bundesprivilegiums um weitere 10 Jahre von Seiten der königl. Regierung um so weniger beigetreten werden kann, als höhere Rücksichten erfordern, daß die genannten Werke endlich einmal Gemeingut der Nation werden und dem Volke der Zutritt zu jenen Bildungsmitteln nicht länger vertheuert bleibe.

Hierauf hat der k. Bundestagsgesandte in der Bundesversammlung, unter Andeutung der hier angegebenen Gründe, zu erklären, daß die kgl. Regierung dem gedachten Antrag von Sachsen-Weimar nicht beizutreten vermöge."

Zum Schluss kann Folgendes festgehalten werden: Die Gegenüberstellung der Extrempositionen von Sachsen einerseits und Württemberg andererseits macht sehr deutlich, dass bis in die sechziger Jahre des 19. Jahrhunderts hinein, also bis unmittelbar vor der Reichsgründung, im Urheberrecht immer noch sehr konträre Positionen bezogen wurden. Für Sachsen bedeutete der hohe Wert des Schrifttums Anreiz und Aufgabe zum besonderen Schutz gegen die Nachdrucker per Privilegierung eines Werks, für Württemberg das Fallenlassen des Nachdruckverbots, damit dieses wertvolle Schrifttum sich zu erschwinglichen und volkstümlichen Preisen verbreiten konnte, weil es inzwischen zum Allgemeingut der deutschen Nation gehöre.

Württemberg zögerte zwar resigniert, doch noch einmal erfolgreich auch das In-Kraft-Treten des Gesetzes vom 11. Juni 1870 auf seinem Territorium hinaus. Erst nachdem die Reichsverfassung von 1871 die Gesetzgebung für „den Schutz des geistigen Eigenthums" dem Reich zugewiesen hatte, konnten endlich Reichsgesetze eine für ganz Deutschland einheitliche Rechtsentwicklung sichern und sich die jahrzehntelang ausgefochtene Streitfrage über Autorenrechte und Nachdruckfreiheit entscheiden: dieses Mal zulasten Württembergs[1190].

[1190] *Gieseke*, Vom Privileg zum Urheberrecht (Fn. 54), S. 247.

Fazit

Der *sehr langsame* Abschied Württembergs
von den Nachdruckprivilegien

1. Um es gleich vorweg zu sagen: Die Untersuchung hat die isolierte und eigensinnige Nachdruckprivilegienpraxis Württembergs durch das ganze 19. Jahrhundert hindurch bis zur einheitlichen Gesetzgebung im Deutschen Reich ab 1871 anhand der einschlägigen Quellen belegen können; sie bestätigt, präzisiert und nuanciert aber auch infolge der Quellenanalyse die Forschungen von Ludwig Gieseke, Martin Vogel und Elmar Wadle. Als Primärquellen fungierten die Akten der Antragsverfahren für ein Nachdruckprivileg, die beim Ministerium des Innern geführt wurden (Württembergisches Hauptstaatsarchiv Stuttgart E 146/1, Büschel-Nrn. 5120-5468) sowie die des Königlichen Geheimen Rates (E 31, Büschel-Nrn. 573 und 574). Für die Beziehung zwischen Württemberg und dem Deutschen Bund waren überdies heranzuziehen die Akten der württembergischen Bundestagsgesandtschaft (E 70b, Büschel-Nr. 306) und die des Ministeriums für auswärtige Angelegenheiten (E 65, Büschel-Nr. 68). Die Akten des Kultusministeriums waren leider 1944 bei einem Bombenangriff unwiederbringlich verbrannt. Als Sekundärquellen dienten dieser Studie die Staats- und Regierungsblätter und Landtagspublikationen sowie das einschlägige Schrifttum des 18. und 19. Jahrhunderts.

Die bereits bekannte These hat sich bewahrheitet, dass Württemberg im Vergleich zu seinen Nachbarstaaten Baden und Bayern sowie zu Preußen eine besondere Stellung dahingehend eingenommen hatte, dass das Königreich sich vehement gegen die Anerkennung des geistigen Eigentums des Verfassers stemmte, indem es das für es günstige, da flexible Instrument der Privilegierung besonders schützenswerter Druck-, aber auch Musik- und Kunstwerke zur Protektion des in Württemberg blühenden Nachdruckgewerbes, als auch zur Förderung der Allgemeinbildung einzusetzen wusste. Das „Generalrescript" vom 25. Februar 1815, das bis 1871 qua Bezug der nachfolgenden Gesetze gegen den Nachdruck von 1836, 1838 und 1845 weiter gelten konnte, sah in seiner Präambel vor, die Nachdruckfreiheit als Ausfluss der Gewerbefreiheit sowie die Volksbildung zu stärken, worunter letztlich das Urheberrecht von Schriftstellern und Verlegern zu leiden hatte. Das Rescript von 1815 konnte König Friedrich I., der seit 1805 Alleingesetzgeber war, ohne die Stände in Kraft setzen.

Privilegien wurden als „Freyheit" bezeichnet oder ebenso mit der „Patentierung" gleichgesetzt. Die meisten der erteilten Privilegien liefcn auf sechs Jahre, sehr wenige auf fünf, einige auf zehn und zwölf Jahre. Eine Ausnahme bildete bloß das 1839 erteilte zwanzigjährige Privileg für das Lehrbuch zum römischen Recht von Savigny. Die Überschreitung der vom Rescript von 1815 vorgezeichneten Regeldauer von sechs Jahren unterstand besonderem Ermessen des Königs, der sich von seinem Ministerium des Innern und dieses wiederum vom Studienrat beraten ließ. Festzuhalten bleibt, dass mit der unterschiedlichen Privilegiendauer oftmals eine Wertschätzung für Autor und Preis verbunden war. Gleichwohl wollte die württembergische Regierung den Werken, denen kurzfristig kein großer Absatz beschieden war, durch eine entsprechend längere Privilegiendauer die Vermarktung in Württemberg ermöglichen.

2. Nach Auffassung der Regierung waren Privilegien in ihrer Wirkungsweise nicht retroaktiv angelegt, sondern wie Gesetze für die Zukunft zu erteilen. Sie sollten einstweilen sogar allgemeine Gesetze ersetzen, bis es zu einer gemeinschaftlichen Übereinkunft aller deutscher Staaten kommen würde; dieses Ziel wurde jedoch im Deutschen Bund nie erreicht. Die Nachdruckprivilegien wurden in Württemberg als Ausfluss der gesetzgebenden Gewalt verstanden. Mit dieser „Rechtswohltat" schuf der König eine Beschränkung des vom Rescript von 1815 und den folgenden Gesetzen perpetuierten Grundsatzes der Nachdruckfreiheit. Denn nur ein Privileg konnte dieses Grundprinzip, das eng mit der Gewerbefreiheit verwoben gesehen wurde, für eine gewisse Dauer und mit hoher Abwehrkraft einschränken: Mit einem einmal ausgesprochenen Privileg durfte der Begünstigte sowohl ein Recht gegenüber dem Staat als auch ein Recht gegen die jeweiligen Nachdrucker beanspruchen.

Die Gesetze gegen den Büchernachdruck von 1836, 1838 und 1845 bezeichneten das Rescript von 1815 durchgehend als „Gesetz". Die auf diesem aufbauenden Einzelprivilegien mussten nicht von den Ständen verabschiedet werden, wie dies § 31 der Verfassung von 1819 vorschrieb. Da die Privilegien aber seit der Existenz der Verfassung regelmäßig im Staats- und Regierungsblatt bekannt gemacht wurden, rückten sie trotz ihres Einzelfallcharakters wieder in die Nähe der allgemein gültigen Gesetze. Mit der Publikation von nahezu 300 erteilten Privilegien im Württembergischen Staats- und Regierungsblatt von 1820 bis 1842 (vgl. unsere Auflistung in Annex 1) sollte die grundsätzlich garantierte Gewerbefreiheit des Nachdruckes zugunsten von Verlegern und Autoren bzw. deren Erben eingeschränkt werden. Ein solcher Eingriff in eine „Freyheit" konnte nur auf „gesetzlicher" Grundlage erfolgen, die das präkonstitutionelle Rescript von 1815 bilden konnte.

Privilegien und Gesetz, die aufgrund der württembergischen Verfassung beide auf der *potestas legislatoria* des Königs beruhten, standen auf gleichem Rang, wobei das Privileg in Württemberg wegen seiner großen Flexibilität und raschen Wirkungsweise im Vergleich zur allgemeinen Gesetzgebung als Instrument staatlicher Wirtschaftsförderung, hier des Nachdruckgewerbes, im Einsatz war. Württemberg hatte sich zwar durch das Recript von 1815 recht früh eine gesetzliche Grundlage für ein eigenes Privilegiensystem erteilt. Dieses systematisierte Vorgehen der Erteilung von Einzelprivilegien muss bei der Entwicklung „Vom Privileg zum Gesetz" (Gieseke) berücksichtigt werden, ja macht sogar aus der zweistufigen eine dreistufige Entwicklung: Zunächst wurden Einzelprivilegien in einem ungeordneten Verfahren je nach der Gnade des Landesfürsten ausgegeben. Danach, in Württemberg greifbar seit dem „Generalrescript" von 1815, wurde eine gesetzliche Grundlage geschaffen, aufgrund derer der König Einzelprivilegien gewährte. Von eigentlichem Urheberrecht, der dritten Stufe, war Württemberg seit dem Gesetz von 1836 noch entfernt. Zwar durfte seit 1836 im Gegensatz zum Rescript von 1815 auch der Autor ein Privileg beantragen, doch erhielten die Autoren dadurch keinen originären urheberrechtlichen Schutz, denn es wurde bei der Antragsprüfung lediglich auf die gewerblichen Interessen von Druckern und Nachdruckern sowie die Interessen der Leserschaft auf preiswerte Bücher abgestellt. Die Untersuchung der Anträge ergab, dass allein die Verleger bzw. einige wenige Autoren, die Selbstverleger waren, ein Privileg zugesprochen bekamen. Württemberg hielt auch nach den Gesetzen von 1836 und 1838 am Grundsatz der Nachdruckfreiheit fest. Dabei konnte es getrost mit zunehmender Erweiterung der Privilegiendauer eine verleger- und autorenfreundliche Position einnehmen, ohne aber das Urheberrecht dem Grunde nach anerkennen zu müssen. Es blieb bei der Abwägung der Interessen, die das Rescript 1815 bereits vorgezeichnet hatte: die Gewerbefreiheit der (Nach-)Drucker und das Recht der württembergischen Bevölkerung auf allgemeinbildende Bücher zu erschwinglichen Preisen.

Für die „Umbruchzeit" in der Rechtsentwicklung vom Nachdruckprivileg (Einzelprivileg, sodann Privilegiensystem) zur Ausbildung des Urheberrechts behielt sich Württemberg dank des Privilegienwesens vor, unter Beibehaltung seiner Ermessensfülle flexibel zu reagieren, wobei das Preis-Leistungs-Verhältnis der Werke ausführlich geprüft werden konnte. Württemberg, das am Bücheraufschwung der Messeorte Frankfurt und vor allem Leipzig nicht partizipierte, konnte lediglich durch Nachdruck sicherstellen, dass die entsprechenden Druckwerke auf seinem Territorium zu erschwinglichen Preisen zugunsten der württembergischen Untertanen zirkulieren konnten. Gleichzeitig behielt es die Oberhand über den Inhalt dieser Druckwerke. Die Untersuchung der Berichterstattungstätigkeit des Studienrates, der seit 1817 der Nachfolger des früheren Ober-Censur-Collegiums wurde und dessen Mitglieder Süskind und Jaeger sowohl in dem einen als auch in dem anderen Gremium Dienst taten, beweist, dass Kontrolle des Schrifttums und Prüfung des Privilegiengesuchs Hand in Hand gingen.

Die Nachdruckprivilegien entpuppten sich überdies als Einnahmequelle für den Staat, weil durch die Taxe (Sportel) eine nur sehr selten dispensierte Abgabe geschaffen wurde. Hier zeigt sich die spätmerkantilistische Wirtschaftspolitik Württembergs, die darauf aus war, aus Gewerbe und Wirtschaft Staatseinnahmen zu gewinnen. Mit der Pflicht, zwei Exemplare den königlichen Bibliotheken zur Verfügung zu stellen, wurde ferner sichergestellt, dass die Regierung den Büchermarkt überblicken konnte. Der Ablauf der Privilegierung erfolgte in der Regel durch Zeitablauf. Verzicht, Nichtgebrauch oder Widerruf konnten laut Quellen lediglich als Ausnahmen konstatiert werden.

3. Drei Hauptziele der Bevorrechtung konnten anhand der Analyse der Antrags- und Bescheidungspraxis der Druckprivilegien ausfindig gemacht werden: Versorgungsfälle, Wert und Brauchbarkeit der Werke sowie der Preis und das mit den letzten beiden Aspekten verbundene Preis-Leistungs-Verhältnis. Die Privilegierung sollte nicht bloß die Hinterbliebenen der verdienten Schriftsteller versorgen helfen, sondern auch allgemeinen wohltätigen Zwecken dienen, wie etwa den „Armen" im Lande. Ein berichtenswerter Fall für ein fünfjähriges Privileg, das im Übrigen in dieser Länge sehr selten erteilt wurde, sollte nicht nur die vermögenslose Gattin eines Schriftstellers bedenken, sondern darüber hinaus dessen Rehabilitation nach Verbüßung einer Gefängnisstrafe dienen.

Grundsätzlich würdigte der Studienrat die Persönlichkeit des Autors und die Güte der bislang publizierten Werke, anhand derer er mitunter Rückschlüsse auf das jeweils vorgelegte Werk zog. Der Studienrat betätigte sich als Vor-Zensor künftiger Neuerscheinungen und wohlwollender Förderer aller die seiner Meinung nach rechte Volksbildung fördernde Lehr- und Studienliteratur sowie belletristischer Werke. Damit tritt die staatsfürsorgliche (paternalistische) Ausrichtung der württembergischen Regierung zutage, die auf wirtschaftlichem Gebiet den Liberalismus praktizierte, der allerdings durch die Staatsfürsorge wiederum eingeschränkt war; zurecht fallen daher die Begriffe der „konservativ-pragmatischen Politik" oder des „paternalistischen Liberalismus".

Spezielles Augenmerk richteten Ministerium des Innern und der als Schulaufsichtsbehörde und Gutachter der vorgelegten Werke zuständige Studienrat auf Schul- und Lehrbücher, deren Wert, Brauchbarkeit und Preis einer hinlänglichen Prüfung unterzogen wurden. Den Schülern und Lehrern an allen dem Studienrat unterstehenden Schulen (insbesondere Volksschulen und Gymnasien) sollten für alle Schulfächer preisgünstige Bücher zugänglich sein. Es bedurfte schon einer wesentlichen Umarbeitung, bis der Rat die Neuauflage eines Schulbuches zur Privilegierung empfahl, denn er wollte, dass die Bücher so lange als möglich benützt werden konnten, so dass die Bücher den nachkommenden Klassen ebenfalls zur Verfügung standen. Im Unterschied zum Vorgehen bei belletristischer Literatur überließen weder Rat noch Ministerium den Preis der Schulbücher dem freien Spiel der Kräfte des Marktes, sondern schrieben vielmehr den Verlegern klare Preisobergrenzen vor, deren Einhaltung sie zur Bedingung für die Erteilung eines „Gnadenbriefes" einforderten.

Dass dem Studienrat ferner Schulbücher über typische „Realschulfächer" wie Landes- und Weltkunde, Geschichte, Naturwissenschaften (insbesondere Biologie und Chemie) sowie Französisch am Herzen lagen, kann auch als Folge des von Innen- und Kultusminister Johannes von Schlayer erstrebten und von König Wilhelm I. (1816-1864) ebenfalls befürworteten Schulentwicklungsplanes von 1835 gesehen werden. Dieser Plan zielte auf die Errichtung eines Realschulnetzes, welches sich zulasten württembergischer Lateinschulen etablieren sollte und die berufs- und gewerbenahen Fächer in den Mittelpunkt rückte, weswegen entsprechendes Lehrmaterial zur Verfügung stehen musste. Gleichzeitig enthüllt diese den Büchernachdruck stimulierende Praxis, dass Vor-Zensur und Privilegierung bis weit in die zweite Hälfte des 19. Jahrhunderts hinein in Württemberg ein Junktim bildeten.

Dass es dem Studienrat auch um einen schnellen Austausch neuer wissenschaftlicher Erkenntnisse ging, beweist seine Praxis bei der Privilegierung der Werke der Tübinger Professoren Möhler und Bauer, deren Theologenstreit an den bekannten Konflikt zwischen Schelling und Paulus erinnert. These und Antithese sollten sehr schnell an die Öffentlichkeit geraten, um so den wissenschaftlichen Diskurs zu beflügeln und die Teilnahme der Leser daran zu ermöglichen; mit Hilfe der raschen Erledigung der Privilegierungsanträge war ein Nachdruckschutz der schnell hintereinander erscheinenden Neuauflagen gesichert.

4. Die Privilegienerteilungspraxis durch Ministerium des Innern und Studienrat einerseits und die Rekurstätigkeit des Geheimen Rats dienten dazu, durch das Gesetz umschriebene Merkmale zu konkretisieren. Gelegenheit bot sich, das Debitieren (§ 2) als auch die Begriffe von Ausgaben und Auszügen (§ 7) näher zu analysieren. Das Erscheinen dreier Hefte eines Periodikums betrachtete das Ministerium bereits als Debit im Sinne von § 2 des Rescripts von 1815, d.h. das Angebot auf dem Büchermarkt. In der Diskussion mit dem Studienrat ging es um die Frage, ob jedes Heft einer periodisch erscheinenden Zeitschrift für sich gesehen ein Einzelwerk oder einen einzigen abgeschlossenen Band darstellte. Da sich das Ministerium für letztere Variante entschied, sah es die Publikation der ersten drei Hefte als im Sinne von § 2 „angefangen" an, bejahte den Debit und musste konsequenterweise das Privileg ablehnen. Diese Interpretation, die die „Sparsamkeit" des Königreichs in der Gewährung von Sonderrechten belegt, begünstigte natürlich die Nachdrucker und ihr blühendes Gewerbe.

Das preußisch-württembergische Übereinkommen von 1828 führte zu einer Vereinfachung in der Beurteilungspraxis, da nach Feststellung der Reziprozität der Behandlung der Untertanen das Privileg automatisch gewährt werden musste. Dank des provisorischen Gesetzes vom 22. Juli 1836 konnte das Ministerium weitere Erledigungserklärungen aussprechen, weil das Gesetz die Privilegienerteilung für Angehörige eines Staates aus dem Deutschen Bund für überflüssig erklärte.

Bei seinen Rekursentscheidungen setzte sich der Geheime Rat vorab mit der Zulässigkeitsfrage des Streitgegenstands auseinander. Unstreitig wurden Entschädigungsleistungen für nachgedruckte Exemplare sowie die Feststellung der Eigentumsposition und der Kosten des Verfahrens dem Zivilrichter zugewiesen, der fortan über Schadenersatzansprüche in Nachdruckangelegenheiten befinden sollte.

Das Gesetz von 1838, das ab Erscheinen eines Werkes eine Zehnjahresfrist gegen den Nachdruck einräumte und zusätzlich die Taxe für die Bearbeitung des Gesuchs abschaffte, sollte sich auch auf vor seinem Inkrafttreten zuerkannte Privilegien beziehen und konnte somit den Schutzbereich zugunsten der Schriftsteller erweitern, ohne deren originäres Urheberrecht an ihrem Werk anzuerkennen. Auffällig ist die Praxis, dass Ministerium wie Geheimer Rat bereits geringe Unterschiede gelten ließen, um eine Umarbeitung iSv §§ 7 und 8 des Rescripts von 1815 anzunehmen und infolge dessen ein Nachbildungsverbot (dies bezog sich sowohl auf Schrift- als auch auf Musik- und Kunstwerke) zu verneinen, womit die Nachbildungsfreiheit als Grundprinzip in Württemberg eindrucksvoll unterstrichen wurde.

Zwar sprach der Studienrat bereits 1835 deutlich aus, dass das Privileg gegen den Nachdruck keineswegs „Billigung der Tendenz und des Inhalts einer Schrift" bedeute, sondern nur Schutz des Eigentums gewähre (Fall Elsner), doch blieb diese Position ein Einzelfall, weil sich Württemberg auch danach gegen ein eigenes Urheberrecht des Autors aussprach bzw. nur schwerlich damit einverstanden erklären wollte. Es wurde auch nicht angegeben, *um wessen* Eigentum man sich sorgte, um das des Autors, das des Verlegers oder das Gemeineigentum („Gemeingut") am Schriftwerk, auf welchem Württemberg stets insistierte. In Württemberg lag der Schwerpunkt auf der Feststellung des „Eigentümlichen", womit die Neuheit und der Grad der Umarbeitung eines Werkes und nicht die Rechte von dessen Urheber gemeint waren.

5. Württemberg blieb bis zuletzt standhaft, obwohl sich in Deutschland wie auch im Königreich eine erhebliche Opposition gegen die weitgehende Nachdruckfreiheit formierte und der privilegienfeindliche Wind aus anderen Staaten, deren Wille in den Beschlüssen der Bundesversammlung seit 1832 zugunsten der Urheber und Verleger einging, sich immer häufiger gegen das Königreich erhob. Gerade hier manifestiert sich, dass Württemberg das Instrument der Privilegierung flexibel einzusetzen wusste, um einerseits mit dem Grundsatz der Nachdruckfreiheit nicht zu brechen und andererseits das Prinzip des geistigen Eigentums nicht anerkennen zu müssen. Mit diesem Sonderweg konnte es für lange Zeit seine Praxis rechtfertigen und nach Belieben die Nachdruckfreiheit

einschränken, mitunter dann, wenn missliebige Schriften und Kunstwerke in Rede standen.

Dass Württemberg die Zahlenleiter der Privilegierungsdauer unterschiedlich handhabe, beweisen die Entscheidungen in den Fällen Heun (sechs Jahre) und von Savigny (zwanzig Jahre). Hegel, Goethe, Schiller und Hebel bzw. ihre Erben konnten für deren Werke hingegen nur zwölfjährige Privilegien beanspruchen. Die Beharrlichkeit der Schillerschen, Goetheschen und Wielandschen Erben führte jedoch dazu, dass Württemberg sich in Frankfurt mit Hilfe seines dortigen Bundestagsgesandten immer neue Verzögerungstaktiken ausdenken musste. Württemberg schob § 31 seiner Verfassung von 1819 und die zwingend notwendige Anhörung der Stände vor, um die Gesuche der Erben nach Verlängerung ihrer Privilegien zu torpedieren. Zwar erkannte Württemberg, ohne prinzipiell den Grundsatz des geistigen Eigentums zu billigen, dass dem Autor ein gewisser Schutz für die Dauer des Privilegs und dessen eventuell gewährter Verlängerung zukommen sollte. Gleichwohl vertrat es ununterbrochen die Auffassung, dass nach Ablauf des „Gnadenbriefes" aus dem Eigentum des Verfassers volles Gemeineigentum des Lesepublikums bzw. der Nation werden müsse. Damit sollten auch die Ansprüche der Schriftsteller erlöschen, weil diese bis zum Ablauf der Privilegiendauer in ausreichender Form honoriert worden seien.

Einerseits konnte gezeigt werden, dass Württemberg im eigenen Land als auch auf Bundesebene die Vereinheitlichung des Urheberrechts so gut es konnte behinderte. Auf der anderen Seite engagierte sich – wie Gabriele Mayer darlegte – das Königreich stark bei der Vereinheitlichung von Zivil- und Verfahrensrecht, denn dort war die württembergische Rechtsordnung unzulänglich. Ferner stellte Württemberg Anträge auf Vereinheitlichung im Wirtschaftsrecht wie etwa der Einführung einer gemeinsamen Pharmakopöe und eines einheitlichen Medizinalgerichtes. Auch im Patentrecht legte Württemberg der Bundesversammlung einen eigenen Gesetzentwurf vor, der eigens als Grundlage für künftige Beratungen über ein gemeinsames deutsches Patentgesetz konzipiert worden war. Ebenso ablehnend wie im Urheberrecht verhielt sich Württemberg bei den Bestrebungen zur Errichtung eines Bundesgerichts. Im Unterschied zum Urheberrecht stand es dabei allerdings an der Seite Preußens und Bayerns, die mächtige Bundesgenossen hinsichtlich der Erhaltung ihrer Eigenständigkeit darstellten.

Beim Urheberrecht stand das Königreich dagegen letztlich allein als Befürworter der Privilegienpraxis da. Auf diese Weise schaffte es so lange wie möglich den Spagat zwischen den lautstarken Forderungen der Befürworter des Urheberrechts und der für die württembergische Wirtschaft notwendigen weit reichenden Nachdruckfreiheit. Ein wirksames rechtliches Mittel, welches in seiner Effizienz genauso angelegt war wie ein Gesetz, jedoch viel flexibler zu handhaben und zu steuern war, ging Württemberg dabei jahrzehntelang zur Hand: das Nachdruckprivileg.

Annex 1

Publikation der Privilegien im württembergischen Regierungsblatt (anhand der jährlich zusammengestellten Inhaltsverzeichnisse)

Jahr	Angaben zu Autoren und privilegierten Werken im veröffentlichten Privileg	RegBl Seite
1820	F. C. Kraft Neues deutsch-lateinisches Lexicon	470
	Gabriel Eith Lehr- und Lesebuch für die katholischen Volksschulen	523
1822	Tiedemann Abbildungen der Puls-Adern des menschlichen Körpers und deren Erklärungen	560
1824	Dekan Bahnmaier Zwei Schriften	3
	Zschokke Schweizerlands-Geschichte	229
	Hirzel Französische Sprachlehre	229
	Witschel Morgen- und Abendopfer	693
	Reinhard Reformations-Predigten	693
	Dr. Bretschneider Lehrbuch der christlichen Religion	777
	Grillparzer Trauerspiel „König Ottokars Glück und Ende"	849
	Vierstimmige Choral-Melodien der evangelischen Kirche	926
1825	Buttmann Griechische Schul-Grammatik, 7. Aufl.	128
	Buttmann Mittlere griechische Grammatik, 11. Aufl.	128
	Lateinische Chrestomathie (bei Metzler in Stuttgart verlegt)	142

	Goethe Werke	659
1826	Jean Paul Richter Werke	4
	Canz Arithmetische Hülfstabellen	198
	Hölder Französische Sprachlehre	356
	Buttmann Mittlere griechische Grammatik	390
	Buttmann Schul-Grammatik	456
	Rebe Schullehrer-Beruf, 2. Ausgabe	391
	Poppe Volks-Größenlehre	457
	D. Boisserée Lithographische Werke	471
	Helwig Lithographirtes Bildniß des Prälaten v. Bengel	487
	Ernst Wagner Werke	488
	Hummel Anweisung zum Spielen des Pianoforte	489
1827	Stuttgart und seine Umgebungen	7
	Topographische Karte des Königreichs	109
	Grieß Uebersetzung von Aristo's rasendem Roland	110
	Rebau Naturgeschichte	133
	Johanna Schopenhauer Roman „Sidonia"	238
	Bildnis Friedrichs v. Schiller (Nachguss)	332
	Paulus Das Leben Jesu	574
1828	Choralbuch (bei Metzler in Stuttgart verlegt)	19
	Hördt Ueber die Pferde-Hufbeschlag-Kunst	116
	Vorschriften für das Verhalten der K. württembergischen Infanterie	148
	Heinsius Encyklopädisches Wörterbuch	149
	Schleiermacher Der christliche Glaube	230

	Becker Welt-Geschichte, 6. Ausgabe	296
	Witschel Morgen- und Abend-Opfer	343
	Pfister Geschichte der Deutschen	355
	Oberst v. Witzleben (v. Trommlitz) Gesamt-Ausgabe der Schriften	355
	Kraft Deutsch-lateinisches Lexicon, 3. Ausgabe	355
	W. Hauff Fantasien und Skizzen	426
	W. Hauff Sammlung sämtlicher Schriften	426
	C. Pichler Die Wieder-Eroberung von Ofen	626
	Tzschirner Predigten	627
	Frieß Das Lehrbuch der hochdeutschen Sprache	631
	„Aufrichtiger Kalendermann", 8. Ausgabe	632
	Zenneck Physicalisch-chemische Hülfstabellen	686
	Verschiedene Schriften (bei Enslin in Berlin)	722
	Waizmann Gedichte	801
	L. Tiek Sämtliche Werke	802
	Unterricht über das Sacrament der Firmung	802
	Tzschirner Vorlesungen über die christliche Glaubenslehre	862
1829	Schulmeister Gehring Naturhistorische Tabellen	48
	Rebau Natur-Geschichte, 2. umgearb. Ausgabe	58
	v. Sailer, Coadjutor des Hochstifts Regensburg Neue Ausgabe seiner Schriften	153
	Lithographirtes Bildnis Ihrer Königlichen Hoheit der Herzogin von Nassau	192
	Kloker Lateinisch-deutsches und deutsch-lateinisches Hand- wörterbuch	193
	Ferdinand Ries Zwei musikalische Compositionen (Nachstich)	193

	Heinsius Kleine theoretisch-praktische deutsche Sprachlehre, 12. Ausg.	244
	Ludwig Börne Sammlung der Schriften	244
	Bredow Umständliche Erzählung der merkwürdigen Begeben- heiten aus der allgemeinen Welt-Geschichte, 10. Auf- lage	249
	Sammlung der seit 1819 erschienenen und künftig er- scheinenden Finanz-Gesetze	258
	Tzschirner Vermehrte Ausgabe der Predigten	266
	Hebel Neue Ausgabe seiner sämtlichen Schriften	274
	J. D. Gries Gedichte	327
	Biblische Feierstunden	354
	Garten-Kalender (bei Kunsthändler Schulz)	468
	D. Leo Lehrbuch der Geschichte des Mittelalters	515
1830	Stadtpfarrer Dittenberger Geographie für Mittelschulen, dritte vermehrte Aus- gabe	61
	Professor Dr. Geiger Handbuch der Pharmacie, dritte vermehrte Ausgabe	61
	Nägele Lehrbuch der Geburtshülfe	75
	Schubert Decimal-Tarif	109
	Hueffel Ueber das Wesen des evangelischen Geistlichen	125
	Johanna Schopenhauer Mehrere Schriften	159
	Professor Leopold Gmelin Handbuch der theoretischen Chemie, dritte verbesser- te Ausgabe	160
	H. U. Kamp Drei Jugendschriften	200
	Tiedemann Handbuch der Physiologie des Menschen	200
	Martin Vollständige Darstellung des deutschen gemeinen Ci- vil-Processes	200

	Wild Practischer Universal-Rathgeber für den Bürger und Landmann	200
	Weitershausen Liederbuch für deutsche Krieger	234
	Eichhorn Handbuch über die Behandlung und Verhütung der contagids-fieberhaften Exantheme	234
	Philipp Kauffmann Uebersetzung von Shakespeare's Schauspielen	234
	Schleyermacher Verlängerung der Dauer des Privilegiums für „Der christliche Glaube"	281
	Hochstetter Populäre Botanik	304
	Mäller Tugendbilder	305
	Caroline Pichler Friedrich der Streitbare	335
	Caspar Hirzel Neue praktische französische Grammatik, neue Auf- lage	336
	Stunden der Andacht, neue Auflage	336
	Stern und Gersbach Lehrgang der deutschen Sprache für Volksschulen, zweite Auflage	353
	Schenck Das Bedürfnis der Volks-Wirthschaft	359
1831	Kriegsstoetter Theoretisch-praktische Anleitung zur schriftlichen Geschäftsführung für das bürgerliche und Gewerbe- Leben	13
	Kinderbriefe, Schriftchen zum Gebrauche für Schule und Haus	68
	D. Spindler Gesammelte Schriften	68
	Glyptothek treffender Bilder aus dem Leben	224
	D. v. Wagenmann Volks-Anatomie	226
	Caroline Pichler (geb. v. Greiner) Henriette von England	252
	D. v. Weishaar Handbuch des württembergischen Privatrechts, dritte umgearb. Aufl.	252

	Von Rotteck Allgemeine Weltgeschichte. In einem Auszuge aus dem größeren Werke mit neuer Bearbeitung und Fortsetzung bis auf die gegenwärtige Zeit	349
	Von Rotteck Allgemeine Geschichte, achte, verbesserte Auflage	349
	Verwaltungs-Edikt mit Zusätzen, neue Ausgabe	350
	Brunner Gebetbuch für aufgeklärte katholische Christen, 14. Auflage	413
	Hofer Kurze Anleitung zum schriftlichen Gedanken-Vortrag für Elementarschulen	423
	Müller Handbuch bei seelsorglichen Funktionen	423
	Schmid Schwäbisches Wörterbuch	459
	Schacht Vorschule der Geographie mit Berücksichtigung der Geschichte (Nachträgliche Bekanntmachung des Privilegs)	468
	„Von dem Verfasser der Ostereier" Die Hopfenblüthen (Kinderschrift)	524
	Briefe eines Verstorbenen, zweite verbesserte und vermehrte Aufl.	525
	D. C. F. Becker Schul-Grammatik der deutschen Sprache, zweite Auflage	603
1832	Professor D. Vogt Lehrbuch der Pharmakodynamik, dritte vermehrte und verbesserte Ausgabe	16
	Malchus Handbuch der Militär-Geographie	37
	Chelius Handbuch der Chirurgie, vierte Auflage	37
	Beck Handbuch der Augenheilkunde, zweite Auflage	37
	C. F. B. Hoffmann Die Erde und ihre Bewohner	92
	G. W. F. Hegel Gesamtausgabe seiner Werke	95
	M. L. Hofacker Predigten für alle Sonn-, Fest- und Feiertage, zweite verbesserte Aufl.	116

	Wegweiser für die Haupt- und Residenzstadt Stuttgart, neue Auflage	120
	Weitbrecht Ornamenten-Zeichnungs-Schule	143
	Dethier Historisch-chronologische Gallerie	179
	Geographisch-statistisch-topographisches Lexikon von Württemberg	205
	Oken Allgemeine Naturgeschichte	226
	Canz Arithmetische Hülfstabellen, umgearbeitete neue Auflage der zweiten Abtheilung	237
	Christoph Schmid Neue Erzählungen für Kinder und Kinderfreunde, zweites Bändchen	244
	D. Ferdinand Walter Lehrbuch des Kirchenrechts aller Confessionen, sechste vermehrte Auflage	265
	Professor Geiger Handbuch der Pharmacie, vierte vermehrte und verbesserte Auflage des ersten Bandes	266
	Stunden der Andacht für Israeliten	266
	Christoph Bopp Lehrbuch der praktischen Arithmetik	326
	Friedrich v. Raumer Geschichte Europas seit dem Ende des fünfzehnten Jahrhunderts	419
	D. C. G. Rau Lehrbuch der politischen Oekonomie	420
	Dr. Busch Lehrbuch der Geburtskunde, zweite Auflage	438
1833	Schreiblehrer Nädelin Anleitung zu einer schnellen, jedoch gründlichen Erlernung der Schönschreibekunst	39
	Professor D. Wöhler Grundriß der Chemie, zweite verbesserte Auflage	40
	Theodor Körner Gesamtausgabe seiner Schriften	48
	Möhler Symbolik, zweite Auflage	48
	Ph. v. Walther System der Chirurgie	75
	Glocke der Andacht, ein Erbauungsbuch für gebildete Katholiken, zweite Auflage	89

Poppe Ausführliche Volks-Gewerbslehre etc.	92	
K. F. Vollrath Hoffmann Allgemeine Erdbeschreibung für Schulen	92	
Darstellungen aus Moses Leben und Wirken, 18 Blätter aus der lithographischen Anstalt von Löwenstern	130	
D. Müller Lehrbuch der Physiologie	130	
Hartig Handbuch der christlichen Kirchengeschichte, 3. Aufl.	142	
Specialkarte von Württemberg, Baden und beiden Hohenzollern (bei Kunstverleger Ebner erschienen)	143	
D. Levié Deutschlateinisches Wörterbuch für Medicin Studierende	151	
Anekdoten für Christen	151	
D. L. G. Blanc Handbuch des Wissenswürdigsten aus der Natur und Geschichte der Erde und ihrer Bewohner, zweite verbesserte Auflage	163	
Joseph Siegl Gott ist die Liebe, zweite Auflage	194	
Friedrich Hildebrand Handbuch der Anatomie des Menschen, fünfte Auflage	194	
D. Chelius Handbuch der Augen-Heilkunde	199	
D. J. N. Müller Erbauungsbuch für Gefangene in Straf-Anstalten	208	
Allioli Deutsche Übersetzung der heiligen Schrift	212	
Heinrich Rebau Naturgeschichte für die deutsche Jugend, dritte umgearbeitete Ausgabe	218	
D. Becker Lehrbuch für den ersten Unterricht in der deutschen Sprache	247	
D. Witting Grundzüge der Chemie	247	
P. N. C. Egen Handbuch der allgemeinen Arithmetik	249	
Fr. Herrmann Lehrbuch der französischen Sprache	249	
S. U. Pischon Leitfaden zur Geschichte der deutschen Literatur	249	

	Poppe Neue ausführliche Volks-Naturlehre, zweite vermehr- te und verbesserte Auflage	250
	Domdekan v. Jaumann Größerer und kleinerer Catechismus der christ- katholischen Lehre	271
	Pharmacopoea Borussica, übersetzt u. erläutert von Dulk, dritte verbesserte Auflage	272
	Choulant Anleitung zur ärztlichen Receptirkunst, zweite ver- besserte Auflage	272
	Choulant Lehrbuch der speciellen Pathologie und Therapie des Menschen, zweite verbesserte Auflage	272
	Göthes und Zelters Briefwechsel in sechs Bänden	272
	Hofrath Weber Sämtliche Schriften dieses Verstorbenen	339
	D. Möhler Symbolik, dritte Auflage	339
	E. W. Döring Zeitschrift: Quelle nützlicher Beschäftigungen zum Vergnügen für die Jugend	360
	„Von dem Verfasser der Briefe eines Verstorbenen" Tutti Frutti	361
	Hartig Forstliches Conversations-Lexikon	368
	Domdekan v. Jaumann Größerer und kleinerer Catechismus der christ- katholischen Lehre, zweite Ausgabe	380
	Michael Desaga (Heidelberg) Zwei Schulbücher	404
1834	K. Fr. Vollr. Hoffmann Deutschland und seine Bewohner	12
	Hand-Ausgaben württembergischer Gesetze (bei Steinkopf in Stuttgart erschienen)	101
	Desaga Schulbuch (Berichtigung des erteilten Privilegs, vgl. RegBl 1833, S. 404)	120
	Pözzig Reise in Chile etc.	160
	Pfarrer M. Kapff aus Kornthal Gebetbuch	225
	Wolfgang Menzel Geschichte der Deutschen, zweite umgearb. und er- weiterte Aufl.	233

Hölder Praktische französische Sprachlehre, zweite Aufl.		296
Prof. Dr. Möhler Neue Untersuchungen der Lehrgegensätze zwischen den Katholiken und Protestanten		296
Belehrung des K. Medicinal-Collegiums über die Na- tur und Behandlung der Schafraude, besondere Aufl.		314
Dr. Katerkamp Kirchengeschichte des Mittelalters		344
Dr. Heinsius Kleine deutsche Sprachlehre, 13. Auflage		345
Professor Kunth Anleitung zur Kenntniß der in der pharmacopoea Bo- russica aufgeführten officinellen Gewächse		345
Prof. Gérard/Abbé Mozin Französische Grammatik		363
J. J. Littrow Der Himmel, seine Welten und seine Wunder		363
Prof. Staudenmaier Encyklopädie der theologischen Wissenschaften		363
Ökonomisches Handbuch für Frauenzimmer, neue Ausgabe		372
Prof. Mohl System der Präventiv-Justiz		390
Hirscher Katechetik, dritte Auflage		390
Hellmuth Volks-Naturlehre, achte Auflage		411
Professoren Liebig und Poggendorf Handwörterbuch der Chemie		411
Gérard et plusieurs autres Grammairiens Grammaire pratique etc.		417
Oberamtsarzt Dr. Bodenmüller Schrift		417
Das Hauslexikon		432
Rochow Kinderfreund, zehnte Auflage		432
Dr. Becker Dritte Auflage der Grammatik der deutschen Sprache		446
Dr. Schacht Kleine Schul-Geographie		446
L. Uhland Gedichte, achte Auflage		446
Dr. G. Schilling Universal-Lexikon der Tonkunst etc.		447

	Die Uebung in der Schule des Lebens	467
	J. R. Wurst Das erste Schulbuch für Elementarschulen	468
	Linde Lehrbuch des Civil-Prozesses, vierte Auflage	546
	Theodor Körner Gesammt-Ausgabe aller Werke, zweite Auflage	546
	Glocke der Andacht, dritte Auflage	547
	Der verlorene Sohn	547
	Das Thal von Almeria	547
	Friedrich Rückert Gesammelte Gedichte	554
	Entdeckungs-Reise des Capitäns John Roß	555
	Die Uebertretungen der Finanz-, Polizei- und Regiminal-Gesetze, nebst den Strafbefugnissen der Verwaltungs-Behörden (Gesetzessammlung)	555
	Vom Verfasser der „Glocke der Andacht" Louisens Morgen- und Abendfeier	561
	Anne Fürst Marianne Strüf etc.	578
	Möhler Symbolik, vierte Auflage	586
	J. E. Fürst Der wohlberathene Bauer Simon Strüf	586
	Chr. Martin Anleitung zum Referiren	586
	Chr. Martin Lehrbuch des Criminal-Prozesses, vierte Auflage	586
	Musterlehrer Dreher in Gmünd Elementar-Unterricht für das Leben	593
	U. K. Christliche Gedichte	593
1835	Dr. Schwarz Lehrbuch der Erziehungs- und Unterrichtslehre, dritte Auflage	5
	Geiger Pharmacopoea universalis etc. (lateinische u. deutsche Ausgabe)	5
	Statistische Uebersicht der evangelischen Kirche im Königreiche Württemberg	6
	Uebersicht über die Ankunft und den Abgang sämmtlicher Frachtfuhrleute, Stadt- und Landboten etc.	6
	Knapp Ältere christliche Gedichte, neue verbesserte Auflage	29

	Israelisches Spruch- und Gesangbuch	54
	Dr. J. C. Hundeshagen Encyklopädie der Forstwissenschaft, dritte Auflage	54
	Dr. Kerner Geschichten der Besessenen, zweite Auflage	54
	Dr. Ferdinand Mackeldey Lehrbuch des heutigen römischen Rechts, elfte Auflage	54
	Caroline Pichler Elisabeth von Guttenstein	54
	Schiller Sämtliche Werke	55
	Dr. Textor Grundzüge zur Lehre der chirurgischen Operationen	55
	Dr. Kubyß Die Cholera oder Brechruhr	66
	Dr. v. Rotteck Lehrbuch des Vernunftrechts und der Staatswissenschaften, zweite Auflage (vgl. aber RegBl 1835, S. 220)	66
	Dr. Söltl Geschichte der Deutschen	66
	J.P. Silbert Geistlicher Seelentempel etc.	86
	Martin Handbuch des bürgerlichen Prozesses	86
	Dr. Phöbus Handbuch der ärztlichen Verordnungen	92
	Prof. Dr. Lauth Neues Handbuch der praktischen Anatomie	92
	Goethes Briefwechsel mit einem Kinde	106
	Dr. Hilpert/ fortgesetzt v. Süpfle Deutsch-englisches Wörterbuch	107
	Langbein Sämtliche Schriften	108
	Dr. H. Elsner Befreiungskampf der nordamerikanischen Staaten etc.	108
	Von Knebel Literarischer Nachlaß und Briefwechsel	108
	M.W. Götzinger Deutsche Sprachlehre für Schulen	108
	J. Müller Handbuch der Physiologie des Menschen, zweite Auflage	128

L. Uhland Gedichte, neunte Auflage	142
Dr. D. Fr. Strauß Das Leben Jesu	142
Dr. Möhler Neue Untersuchungen der Lehrgegensätze zwischen den Katholiken und Protestanten, zweite Auflage	143
Dr. F. U. Staudenmaier Der Geist des Christenthums	143
Dr. K. H. Baumgärtner Handbuch der besonderen Krankheits- und Heilungs- lehre	143
Die irländische Hütte	152
Dr. Hirscher Die christliche Moral	219
Dr. v. Rotteck Zurücknahme des Privilegiums für die zweite Aufla- ge, Lehrbuch des Vernunftrechts und der Staats- Wissenschaften (vgl. RegBl 1835, S. 66)	220
Raimann Principia pathologiae ac therapiae etc.	243
Jugend-Wanderungen und vorletzter Weltgang von Semilasso etc.	243
Döllinger Grundzüge der Physiologie	279
Dr. M. Menzel Die deutsche Literatur, zweite Auflage	286
Peter Schleyer Würdigung der Einwürfe gegen die alttestamentlichen Weissagungen etc.	291
Dr. Becker Die deutsche Sprachlehre, zweite Auflage	351
Dr. Jörg Handbuch der speciellen Therapie für Aerzte am Ge- burtsbette	351
Dr. Schelle Allgemeine Geographie etc.	355
Perlen der heiligen Schrift	381
E. Coursier Handbuch der französischen und deutschen, engli- schen und deutschen, italienischen und deutschen Conversationssprache	381
Feuerbach Lehrbuch des peinlichen Rechts, zwölfte Auflage	381

	Gustav Schwab Buch der schönsten Geschichten und Sagen etc.	404
	Prof. H. Schmid Vorlesung über das Wesen der Philosophie etc.	404
	Gustav Pfizer Martin Luthers Leben	404
	G. L. Hartig Das Lexikon für Jäger und Jagdliebhaber etc.	404
	Puchelt System der Medicin, zweite Auflage	404
	Dr. Hüffell Ueber das Wesen und den Beruf des evangelisch- christlichen Geistlichen etc., dritte Auflage	418
	Dr. Paulutzky Anleitung für Landleute zu einer vernünftigen Ge- sundheitspflege etc., achte Auflage	418
	J. Löwenberg Historisch-geographischer Atlas	424
	„Vom Verfasser der Beatushöhle" Die heilige Sage etc.	443
	Schleiermacher Sämtliche Werke	469
1836	Prof. Dr. Braun Neue Bibliothek des Frohsinns etc.	7
	Prof. Dr. Hirscher Betrachtungen über sämtliche Evangelien der Fasten etc., fünfte verbesserte Auflage	7
	Professoren Walther, Jäger, Radius Handwörterbuch der gesammten Chirurgie und Au- genheilkunde	7
	Dr. Schott Musterpredigten der jetztlebenden ausgezeichneteren Kanzelredner etc.	8
	Ober-Consistorialrath Stirm Apologie des Christenthums	29
	Prof. L. Bauer Allgemeine Geschichte der Staaten und Religionen	46
	M. Fries Vollständige Anleitung zur französischen und deut- schen Conversationssprache	46
	E. W. Hufeland Enchiridium medicum etc.	79
	J. C. G. Jörg Handbuch zum Erkennen und Heilen der Kinder- krankheiten etc., zweite Auflage	79

	Schiebe Universal-Lexikon der Handelswissenschaften	82
	Dr. Riecke Columbus etc.	98
	Prof. Dr. Friedr. Kortum Geschichte des Mittelalters	99
	Dr. Becker Leitfaden für den ersten Unterricht in der deutschen Sprachlehre, zweite Auflage	110
	Spitta Psalter und Harfe, vierte Auflage	129
	Dr. H. Bayer Theorie des Conkurs-Prozesses	153
	Becker's Weltgeschichte, neu bearbeitet von J. W. Löbell, siebte Auflage	153
	Rust Helkologie	153
	Blasius Handwörterbuch der Chirurgie	153
	Finckh (Hg.) Strafkodex für die Württembergischen Ortsvorsteher	187
	Dr. Burdach Der Mensch etc.	199
	Walther Lehrbuch des Kirchenrechts, siebte Auflage	209
	Chr. G. Barth Christliche Gedichte	239
	Prof. Dr. Rau Worin ist die unnatürliche Sterblichkeit der Kinder in ihrem ersten Lebensjahre begründet etc.	243
	Lang Lehrbuch des Justinianeisch-römischen Rechts, zweite Auflage	278
	Hirzel Französische Grammatik, zehnte Auflage	438
	Stunden der Andacht, neunzehnte Auflage	438
1837	Fr. v. Schiller Neue vermehrte Ausgabe aller Werke	440
1839	v. Savigny System des heutigen römischen Rechts	532
1840	Göthe Neue vollständige Ausgabe der prosaischen und poe- tischen Werke	289
1842	Christoph Martin Wieland Gesammelte Schriften	479

	Joh. Gottfried v. Herder Schriftstellerische Werke	479
1844	Erteilung der Staatsgenehmigung für den Verein der Buchhändler zu Stuttgart „Rechte einer moralischen Person"	161

Verteilung der Privilegien auf die Jahre zwischen 1820 und 1842

1820: 2

1821: 0

1822: 1

1823: 0

1824: 8

1825: 4

1826: 10

1827: 7

1828: 22

1829: 16

1830: 22

1831: 18

1832: 22

1833: 39

1834: 45

1835: 52 (50, da ein Privileg erteilt und eines zurückgenommen)

1836: 25

1837: 1

1838: 0

1839: 1

1840: 1

1841: 1

1842: 2

Annex 2

Beilagen zu dem Protokolle der vierten Sitzung vom 11. Februar 1819[1191]

6. Commissions-Bericht

über die Abfassung gleichförmiger Verfügungen zur Sicherung der Rechte der Schriftsteller und Verleger gegen den Nachdruck

Da der Schutz, den die Bundesacte Schriftstellern und Verlegern gegen den Nachdruck zusichert, durch gleichförmige Verfügungen in allen Bundesstaaten geleistet werden soll; so hat die Commission sich für verpflichtet gehalten, diesen Gegenstand in allen den Beziehungen zu bearbeiten, welche der Gesetzgeber dabei zu berücksichtigen haben kann. Eingriffe in die Eigenthumsrechte der Verfasser oder Verleger können nicht bloß von Dritten, sondern auch von dem Verleger gegen den Verfasser, und von diesem gegen jenen unternommen werden. Soll das Eigenthum der Schriftsteller und Verleger vollständigen Schutz erhalten; so muß das Gesetz jedem Eingriff, woher er auch komme, entgegen treten, gleichviel, ob die Vorzeichnung der schützenden Grenzen dem bürgerlichen oder peinlichen Rechte, oder der Polizei angehöre.

Die Uebersicht der deutschen Gesetzgebungen über den Büchernachdruck, welche dieser hohen Versammlung in der 34. Sitzung vorigen Jahres vorgelegt ist, hat die große Verschiedenheit derselben gezeigt. Die Vereinigung Aller zum Schutz der Eigenthumsrechte der Schriftsteller und der Verleger, welche die Stifter des Bundes bezwecken, ist nur durch die Verfolgung gleicher Grundsätze in allen Bundesstaaten möglich, und zu diesem Ende hat die Commission geglaubt, eine Verordnung, wie sie von sämmtlichen Gliedern des Bundes in ihren Staaten erlassen werden konnte, in Vorschlag bringen zu müssen. Sie hat daher einen Entwurf verfaßt, den sie der Prüfung dieser hohen Versammlung hiermit unterwirft, indem sie zugleich die Gründe näher entwickelt, welche sie zu der vorliegenden Abfassung der einzelnen Artikel bestimmt haben.

Art. 1. Die Gegenstände, worauf sich der Schutz gegen den Nachdruck bezieht, sind nicht bloß Druckschriften. Einige Gesetzgebungen nennen überhaupt: Werke der Wissenschaft und Kunst, wie z.B. das Königlich-Niederländische Gesetz vom 25. Januar 1817, Art. 1, das Königlich-Baierische Strafgesetzbuch Thl. 1, Art. 397 u.a.m. Das französische Strafgesetzbuch (Tit. 2 Cap. 2 Art. 425) verbietet den Nachdruck, Nachstich usw. aller Druckschriften, musikalischen Compositionen, Zeichnungen, Gemälde, oder sonst eines Werkes; es mag nun ganz oder zum Theil gedruckt oder gestochen seyn.

Die Commission hat geglaubt, daß das Verbot auf Gemälde und Kupferstiche nicht auszudehnen sey, weil deren Copien doch nie den Originalien gleich werden, sondern immer eine ihrem Urheber eigenthümliche Arbeit bleiben, der Werth des Originals aber für sich besteht. Anders verhält es sich offenbar bei musikalischen Werken, Landcharten

---

[1191] Nach den Protokollen der deutschen Bundesversammlung, 1819, S. 68-78.

und topographischen Zeichnungen, wo die künstlerische Darstellung nicht der Haupt-
zweck ist, sondern die Brauchbarkeit, welche auch durch einen getreuen Nachdruck oder
Nachstich erreicht werden kann. Diese sind daher in das Verbot aufgenommen worden.

Ein Verbot des Nachdrucks ausländischer Werke vorzuschlagen, hat die Commission
für bedenklich gehalten, nicht nur aus Gründen der Reciprocität, sondern auch, weil in
der Regel dem ausländischen Verleger durch solche Nachdrücke kein wesentlicher
Schade zugefügt wird.

Da die unerlaubte Vervielfältigung eines Werkes auch durch andere Mittel, als durch
die Druckerpresse, bewirkt werden kann; so hat es nöthig geschienen, diese näher zu bezeichnen, ohne jedoch durch zu allgemeine Ausdrücke eine an sich sehr beschränkte Art
von Vervielfältigung, welche billig nicht verboten werden kann, wie das Abschreiben
und Abzeichnen, auszuschliessen.

Art. 2. Die Dauer des Eigenthumsrechts an Geisteswerken ist sehr bestritten. Die
Commission ging von dem ihr am richtigsten scheinenden Grundsatze aus, daß das Eigenthumsrecht nicht auf die Erben übergehe, da sie den Geist, aus welchem ein Werk
hervorgegangen und durch welchen es nach seiner Eigenthümlichkeit allein vervoll-
kommnet werden kann, nicht erben können. Sie hat aber die Billigkeit nicht verkannt,
den Nachkommen und Erben eines Schriftstellers die Früchte seiner Arbeiten zu sichern,
die durch seinen Tod nicht selten ganz verloren seyn könnten, und sie hat überdieß geglaubt, daß es für die Schriftsteller und für das Publikum gleich vortheilhaft sey, das
Verlags-Geschäft durch eine angemessene Bestimmung zu erleichtern, indem es, bei der
Beschränkung des Verlagsrechts auf das Leben des Schriftstellers, Manchem, besonders
bei großen Unternehmungen, zu gewagt erscheinen könnte, in welchem Falle der
Schriftsteller vergeblich einen Verleger suchen und das Publikum ein vielleicht wichtiges Werk entbehren würde.

Die Commission hat dafür gehalten, daß in einem Zeitraum von zehn Jahren der Absatz, auch einer sehr beträchtlichen Auflage, als wahrscheinlich anzunehmen sey, und
sie schlägt daher eine Erstreckung des Eigenthumsrechts an Geisteswerken über den Tod
ihrer Urheber hinaus, auf jenen Zeitraum vor, jedoch mit einer Ausnahme zum Vortheil
der Schriftsteller, welche ihre Werke selbst verlegt haben, weil der Selbstverlag immer
mit Schwierigkeiten in Ansehung des Absatzes verbunden ist, und öfters durch den
Zweck der Gemeinnützigkeit veranlaßt wird.

Art. 3 u. 4. Der Inhalt dieser Artikel bedarf keiner Erörterung, da die Absicht derselben keinem Zweifel unterworfen seyn kann.

Art. 5. Mannigfaltige Gründe; worunter wir nur die Schwierigkeit, einen Verleger zu
finden, die Nothwendigkeit von Vorbereitungen des Verlegers bei Werken von Umfang,
oder solchen, wozu Zeichnungen u. dgl. gehören, nennen wollen, können die Erscheinung eines nachgelassenen Werkes verzögern.

Solche Hindernisse müssen billig berücksichtigt werden. Das Urtheil darüber, steht
aber zunächst der Regierung zu, unter welcher ein solches Werk erscheinen soll, und
diese wird für einen allgemeinen Schutz gegen den Nachdruck bei den übrigen Bundesgliedern sich gewiß gern verwenden. Die Commission hält es für billig, daß Alle sich zu
dessen Gewährung im Voraus gegenseitig verpflichten.

Art. 6. Bei Werken, welche durch Mehrere bearbeitet werden, läßt sich nur ein, dem
Unternehmer zustehendes Eigenthum denken. Sind mehrere Unternehmer, so versteht
sich, daß die im Art. 2 und 4 bestimmte Zeit, von dem Tode des Letztlebenden an, zu
rechnen ist, und zwar nach Maasgabe des im Art. 2 festgesetzten Unterschiedes.

Art. 7. Die Commission hat geglaubt, daß bei Schriften, welche gar kein Zeichen eines bestimmten Eigenthums an sich tragen, eine Uebergabe an das Publikum zur freien Verfügung und eine Verzichtleistung auf das ausschliessende Verlagsrecht anzunehmen sey.

Art. 8 u. 9. Wenn das Eigenthumsrecht der Schriftsteller und Verleger völlig geschützt werden soll; so darf, auch unter dem Vorwand zu veranstaltender Sammlungen, kein Eingriff in dasselbe gestattet werden. Man sagt zwar, der Verleger einzelner Werke eines Schriftstellers habe nur auf den ausschliessenden Verkauf dieser einzelnen Werke ein Recht, welches hinreichend gedeckt sey, wenn von einer Sammlung kein einzelner Theil verkauft werden dürfe. Allein nicht zu gedenken, daß es kaum möglich ist, den Verleger auch nur hiergegen sicher zu stellen; so leuchtet von selbst in die Augen, daß schon der Verkauf der Sammlung den Verlegern einzelner Werke Nachtheil bringen muß, und daß doch diese insgesammt ein Recht gegen den Nachdruck ihrer Verlagsartikel haben, wonach also jede Sammlung dieser Art rechtlich verhindert werden kann, so bald der Nachdruck überhaupt verboten ist.

Die in der Natur der Sache gegründeten Ausnahmen werden die Strenge der Regel hinreichend mildern, und bewirken, daß Sammlungen, deren Nutzen übrigens im Allgemeinen nicht zu verkennen ist, nicht allzu lang unterbleiben müssen.

Bei Schriften, die durch Beiträge Mehrerer entstanden sind, kann der Verleger ein ausschliessendes Verlagsrecht nur an diesen Schriften selbst haben. Die einzelnen Beiträge gehören entweder dem Publikum, oder den Verfassern. Die Commission hat aus Billigkeitsgründen das Letztere angenommen, da der Schriftsteller gewiß ein näheres Recht an seiner Arbeit hat, als ein Dritter, und da, nach Ablauf der Zeit, der Heimfall an das Publikum doch eintritt.

Art. 10. Die Commission hat diesen Artikel für nothwendig gehalten, um in Ansehung der Uebersetzungen keinen Zweifel übrig zu lassen. In einigen Staaten, z.B. in dem Königreich der Niederlande, bezieht sich das Gesetz gegen den Nachdruck nur auf Uebersetzungen ausländischer Werke. In Deutschland scheint die Uebersetzung deutscher Werke in eine fremde Sprache, und inländischer, in fremder Sprache geschriebener Schriften den Absatz der Originale mit einem wesentlichen Nachtheile nicht zu bedrohen. Ueberdieß ist jede Uebersetzung eine eigenthümliche Arbeit ihres Urhebers, welche rechtmäsige Ansprüche auf den Schutz der Gesetze hat.

Die Concurrenz von Uebersetzern kann das Gesetz nicht hindern.

Art. 11. Da durch weitläufige Auszüge manches Werk entbehrlich gemacht und unter dieser Form ein eigentlicher Nachdruck leicht verborgen werden kann; so schien es nothwendig, solchem Mißbrauch auf die im Artikel angegebene Art vorzubeugen.

Art. 12. Gleiche Ansicht leitete die Commission bei der Abfassung dieses Artikels.

Art. 13. 14. Die Commission ist der Meinung, durch diese beiden Artikel die Regel, wonach Werke der Wissenschaft oder Kunst als Gemeingut dem Publikum heimfallen, und die Ausnahmen davon hinreichend bezeichnet zu haben. In verschiedenen Gesetzen werden die Werke der alten classischen Autoren, so viel wenigstens den Text betrifft, Bibeln, alte und neue Testamente, Psalter usw. ausdrücklich für Gemeingut erklärt. Da sie und andere ähnliche Schriften nicht in die Categorie der Werke, an welchen ein Eigenthumsrecht noch jetzt auf zehn bis fünfzehn Jahre nach dem Tode des Verfassers erstreckt werden könnte, gehören; so versteht sich dieß von selbst. Die erste Ausnahme im Art. 14 bezieht sich vorzüglich auf solche Schriften, wo durch critische Bearbeitung des Textes, oder durch Commentirung desselben ein besonderes Eigenthumsrecht entstehen kann. Die zweite Ausnahme entsprang aus der Betrachtung, daß ein Privilegium öfters die Verbreitung einer Schrift, die eigentlich Gemeingut ist, besonders, wenn dieselbe bei dem öffentlichen Unterricht gebraucht wird, gar sehr, und um wesentlichen Vortheil des Publikums, erleichtern kann.

Art. 15. Von diesem Artikel an, bis zum 19., werden eigentlich privatrechtliche Verhältnisse berührt, die aber mit dem Nachdruck in so genauer Verbindung stehen, daß die Commission geglaubt hat, sie nicht übergehen zu dürfen. Sie können jeder einzelnen Gesetzgebung anheim gestellt werden, schwerlich wird aber dieser Weg das Bedürfniß gleichförmiger Bestimmungen befriedigen.

Es kann übrigens auch hier von keiner Gesetzgebung des Bundes die Rede seyn, sondern nur von einer Vereinigung der Bundesglieder zur Befolgung gleicher Grundsätze.

Die Commission hat gesucht, die verschiedenen Verhältnisse möglichst genau zu unterscheiden, und nie die nächste Quelle – die Uebereinkunft der Interessenten – aus den Augen zu verlieren.

Sie glaubt, daß die Folgerungen, welche sie daraus gezogen hat, nothwendig sind, und daher keiner Rechtfertigung bedürfen.

Art. 20. Durch den Schutz, den Schriftsteller und Verleger gegen den Nachdruck erhalten, wird insonderheit auch diesen der Vorwand, sich auf eine unbillige Weise, zum Nachtheil des Publikums und der Literatur, zu bereichern, benommen, wenn sie durch hohe Bücherpreise sich gegen die Folgen der Unternehmungen der Nachdrucker sicher stellen zu müssen behaupten, und dabei ein billiges Maas nicht selten überschreiten. Es ist nie von der Beförderung und Begünstigung des Buchhandels die Rede gewesen, ohne daß zugleich die Herstellung billiger Bücherpreise in Anregung gekomen wäre, und so ist auch die Commission der Meinung gewesen, diesen Gegenstand nicht unberührt lassen zu dürfen. Sie fühlt aber vollkommen die Schwierigkeiten, welche einer zweckmäsigen Bestimmung entgegen stehen, wenn dem Publikum geholfen und dem Buchhandel nicht zu nahe getreten werden soll. Sie möchte in dem literarischen Verkehr nicht gern ein Taxsystem angewandt sehen, welches überhaupt vielen Bedenklichkeiten unterworfen ist. Indessen ist es bekannt, daß in den früheren und besseren Zeiten des deutschen Buchhandels die Schriften, in gewöhnlichen Ausgaben, einen Mittelpreis hatten, der nicht leicht überschritten wurde, und wobei die Buchhändler sich ganz gut standen. Sollten nun auch veränderte Umstände einen anderen Maasstab fordern; so ist wenigstens so viel erwiesen, daß bei dem Buchhandel ein solcher Maasstab möglich ist, und daß dessen Ueberschreitung, ohne besondere Ursache, als eine unbillige Steigerung betrachtet werden könnte. Der vorliegende Artikel ist jedoch dem Entwurfe mehr um deßwillen eingerückt, damit der Gegenstand nicht für vergessen gehalten, und nicht vergessen werde, als weil die Commission glaubt, ein dem Zwecke ganz entsprechendes Mittel vorgeschlagen zu haben. Sie wünscht vielmehr, daß insbesondere hierüber das Gutachten von Sachkundigen durch die einzelnen Regierungen eingezogen und demnächst bei den eingehenden Instructionen mitgetheilt werden möge.

Art. 21. 22. 23. Die hier gemachten Vorschläge sind nach der Beschaffenheit des deutschen Buchhandels ermäsigt. Sie können vielleicht nach Local-Verhältnissen einigen Modificationen unterworfen werden. Immer aber wird der Nachdruck und der Handel mit seinen Producten als ein Vergehen zu betrachten seyn, welches eine angemessene Strafe und die Verpflichtung zum Schadensersatz nach sich zieht. Die Confiscation der Nachdrücke ist hauptsächlich in der Absicht vorgeschlagen, damit die Wiederholung der Beschädigung durch diese gesetzwidrigen Abdrücke unmöglich gemacht werde; so ist es, nach dem Beispiel anderer Gesetzgebungen, am angemessensten erachtet worden, eine gewisse Ersatzsumme zu bestimmen, welche dem rechtmäßigen Verleger gebührt, so bald nur die Thatsache des Nachdruckes erwiesen ist.

Die Commission trägt nun darauf an, daß über gegenwärtigen Bericht und Entwurf Instruction eingeholt werde, damit auf den Grund derselben ein gemeinsamer Beschluß gefaßt werden könne, um in den sämmtlichen Bundesstaaten nach gleichförmigen Grundsätzen eine Verordnung zur Sicherstellung der Rechte der Schriftsteller und Verleger gegen den Nachdruck binnen einer zu verabredenden Frist zu publiciren und in Wirksamkeit zu setzen.

Frankfurt, den 9. Februar 1819.

Martens. Berckheim. Berg.

7. Entwurf einer Verordnung zur Sicherstellung der Rechte der Schriftsteller und Verleger gegen den Nachdruck

Nachdem in dem 18. Artikel der Bundesacte, wegen gleichförmiger Verfügungen zur Sicherstellung der Rechte der Schriftsteller und Verleger gegen den Nachdruck, Vorsehung getroffen, und dem zufolge dieser Gegenstand von der Bundesversammlung in Erwägung gezogen, auch ein Entwurf solcher gleichförmigen Verfügungen verfaßt worden ist; so haben sich die Mitglieder des Bundes wegen der deßhalb gemeinsam zu befolgenden Grundsätze vereinigt, und gegenseitig verpflichtet, in ihren Staaten Folgendes zu verordnen:

Artikel 1.

Jede Vervielfältigung der in den Staaten des deutschen Bundes erschienenen Druckschriften, musikalischen Werke, Landcharten und topographischen Zeichnungen, durch den Druck, so wie durch die Kupferstecher, Formschneider, Steinschreiber oder irgend eine andere ähnliche Kunst, ohne die Einwilligung ihrer Urheber, und derer, welche von ihnen das Recht der öffentlichen Bekanntmachung und Veräußerung erlangt haben, ist verboten. Jeder Eingriff dieser Art in die Eigenthumsrechte der Verfasser oder Verleger ist als strafbarer Nachdruck zu betrachten.

Artikel 2.

Das ausschließliche Recht der öffentlichen Bekanntmachung und Veräusserung eines Werkes, soll auch über die Lebenszeit seiner Verfasser hinaus sich erstrecken und zwar in folgender Maße:

auf funfzehn Jahre, von dem Todestage des Verfassers an, wenn derselbe sein Werk selbst verlegt hat;

auf zehn Jahre, von dem Todestage des Verfassers an, wenn sein Werk in dem Verlage eines Andern erschienen ist.

Artikel 3.

Die im Falle des Selbstverlages bestimmte Zeit soll unverändert bleiben, auch wenn die Erben des Schriftstellers die Abtretung des Verlagsrechts an einen Andern für gut finden.

Artikel 4.

Werke, oder Fortsetzungen von Werken eines Schriftstellers, welche in dem ersten Jahre nach dessen Tode herausgegeben werden, sollen zehn Jahre lang eines gleichen Schutzes gegen den Nachdruck geniessen, und funfzehn Jahre lang im Falle des Selbstverlags.

Artikel 5.

Wenn ein Schriftsteller Werke hinterlassen hat, welche in dem ersten Jahre nach seinem Ableben nicht bekannt gemacht werden können, auf Ansuchen der Erben oder ihrer Cessionäre, von deren Regierung und, auf den Antrag dieser, von den übrigen Bundesgliedern, ein Schutzbrief gegen den Nachdruck eines solchen Werkes auf gewisse Zeit verliehen werden.

Artikel 6.

Bei Werken, welche von mehreren Mitarbeitern verfaßt werden, sind die Unternehmer derselben als diejenigen zu betrachten, von deren Ableben an das ausschließende Verlagsrecht, während der oben im 2. und 4. Artikel bestimmten Zeit, fortdauert.

Artikel 7.

Druckschriften, auf deren Titel weder der Name des Verfassers, noch der des Herausgebers, oder Verlegers, oder Druckers angegeben ist, sind als Gemeingut zu betrachten, und demnach dem Verbot des Nachdrucks nicht unterworfen. Dieser kann jedoch durch Hinweglassung des auf der rechtmäßigen Ausgabe stehenden Namens des Verfassers, Herausgebers, Verlegers oder Druckers, nicht gerechtfertigt werden, vielmehr soll ein solcher Versuch, den Nachdruck zu verbergen, noch besonders als Betrug bestraft werden.

Artikel 8.

Innerhalb der oben im 2. und 4. Artikel bestimmten Zeit darf von den Werken eines Schriftstellers, die bei mehreren Verlegern erschienen sind, ohne deren Einwilligung, so wenig durch den Verfasser, als mit oder ohne dessen Zustimmung durch einen der Verleger oder einen Dritten, eine Sammlung veranstaltet werden, es sey denn, daß das Verlagsrecht, in Ansehung solcher einzelnen Schriften, nach dem darüber geschlossenen Vertrag erloschen oder aber eine Auflage gänzlich vergriffen wäre, und der dazu berechtigte Verleger eine neue nicht veranstalten zu wollen, auf gehörig beglaubigte Weise, erklärt habe, oder der Verfasser denselben, wenn die Auflage nicht vergriffen ist, wegen der noch vorräthigen Exemplare zu entschädigen bereit wäre. Eine Sammlung solcher Arbeiten eines Gelehrten, welche sich in Schriften, die durch Beiträge Mehrerer entstanden sind, befinden, darf nur mit Einwilligung des Verfassers, oder, während der oben festgesetzten Zeit, seiner Erben, veranstaltet werden.

Artikel 9.

Innerhalb derselben Zeit und nach denselben Grundsätzen ist auch die Aufnahme der Werke eines Schriftstellers in Sammlungen der Werke mehrerer Schriftsteller, wie z.B. deutscher Dichter, deutscher Geschichtsschreiber u. dgl., als unerlaubter Nachdruck zu betrachten.

Artikel 10.

Uebersetzungen einheimischer wie ausländischer Werke herauszugeben, steht Jedermann frei, und die in Deutschland erschienenen dürfen nicht nachgedruckt werden. Dadurch aber, daß Jemand zuerst die Uebersetzung eines Werkes unternimmt oder bekannt macht, erhält er kein ausschliessendes Recht, anderweit erscheinende Uebersetzungen zu hindern.

Artikel 11.

Auszüge eines Werkes, welche als besondere Schriften ausgegeben werden sollen, sind dem Nachdruck gleich zu beurtheilen, übrigens aber in critischen oder andern periodischen Werken und in Sammlungen erlaubt.

Artikel 12.

Abdrücke des ganzen Textes oder eines vollständigen Auszuges eines Originalwerkes mit unwesentlichen Veränderungen, Hinweglassung oder Hinzufügung von Kupferstichen, Charten u. dgl., sind als verbotene Nachdrucke zu betrachten.

Artikel 13.

Nach Ablauf der im 2. Artikel bestimmten Zeit ist Jedermann zur Vervielfältigung eines nunmehr zum Gemeingut gewordenen Werkes berechtigt. Durch ein solches Unternehmen erwirbt aber Niemand ein ausschließliches Verlagsrecht.

Artikel 14.

Dieses kann jedoch erlangt werden, entweder 1) durch eigenthümliche Bearbeitung eines als Gemeingut zu betrachtenden Werkes, oder 2) durch Verleihung eines landesherrlichen Privilegium, welches aber nur innerhalb des Staates, von dessen Regierung es ertheilt ist, Wirkung haben kann.

Artikel 15.

Wenn ein Schriftsteller das Verlagsrecht eines von ihm verfaßten Werkes an einen Andern abgetreten hat; so darf dieser das Werk nicht weiter vervielfältigen, als durch den über den Verlag abgeschlossenen Vertrag festgesetzt worden ist; widrigenfalls macht er sich eines strafbaren Nachdrucks schuldig. Ist aber eine Handschrift einem Verleger entweder ausdrücklich oder auf eine die Absicht des Schriftstellers klar und unverkennbar bezeichnende Weise, ohne allen Vorbehalt, gänzlich und für immer überlassen; so steht jenem jede Vermehrung der Abdrücke frei, und sein Verlagsrecht erlischt nur nach dem Todes des Verfassers in der oben festgesetzten Zeit. Wenn hingegen das Verlagsrecht auf eine gewisse Zeit oder für e i n e Auflage, jedoch ohne Bestimmung der Zahl der Abdrucke, überlassen ist; so darf zwar der Verleger die Auflage so groß machen, als er es für gut findet; allein es ist unerlaubt, ohne Wissen und Einwilligung des Verfassers, nach Ablauf der in dem Vertrag festgesetzten Zeit, oder nachdem die gemachte Auflage vergriffen ist, aufs Neue Abdrücke zu veranstalten. Ist endlich in dem Verlagsvertrage die Zahl der abzudruckenden Exemplare bestimmt; so macht sich der Verleger eines unerlaubten Nachdrucks schuldig, wenn er die Auflage über die bestimmte Zahl erstreckt, oder heimlich eine neue Auflage veranstaltet.

Artikel 16.

Wenn aus einem Verlagsvertrage die unbeschränkte Abtretung einer Handschrift nicht hervorgeht, und doch auch nicht deutlich ausgedrückt ist, auf wie viele Auflagen er sich erstrecken soll; so ist anzunehmen, daß das Verlagsrecht nur für e i n e Auflage abgetreten sey, und es ist in diesem Falle die eigenmächtige Veranstaltung mehrerer Auflagen durch denjenigen, welcher in solcher Art das Verlagsrecht erworben hat, als Nachdruck zu betrachten. Dem Verfasser und, innerhalb der oben bestimmten Zeit, seinen Erben, steht es frei, nachdem die erste Auflage vergriffen ist, wegen einer neuen nach Belieben Verfügung zu treffen.

Artikel 17.

Es darf aber auch kein Schriftsteller, welcher sein Werk einem Verleger entweder überhaupt, ohne allen Vorbehalt, oder ausdrücklich für alle künftigen Auflagen überlassen hat, wider des Verlegers Willen eine neue Ausgabe, weder einzeln, noch in einer Sammlung seiner Werke, veranstalten, so fern nicht eine der im 8. Artikel bestimmten Ausnahmen statt findet.

Artikel 18.

Wenn ein Verleger ein Werk nach einem von ihm vorgelegten Plane hat verfassen lassen; so steht ihm das Eigenthum an demselben gänzlich zu, welches nur nach seinem Tode in der in Artikel 2 bestimmten Frist erlischt.

Artikel 19.

Wenn der Verfasser einer Schrift oder, innerhalb der oben bestimmten Zeit, sein Erbe, nach beendigter Verlagszeit seines Verlagsrechts weder selbst, noch durch Abtretung an einen Andern sich bedienen zu wollen, erklärt; so ist seine Schrift als Gemeingut, und die Vervielfältigung derselben, welche alsdann Jedem frei steht, nicht als Nachdruck anzusehen. Die Beendigung der Verlagszeit hängt aber von den Bedingungen des Verlagsvertrags, und, wenn der Schriftsteller sein Recht für eine oder mehrere Auflagen abgetreten hat, von dem Absatze der vertragsmäsig gemachten Auflage ab.

Artikel 20.

Der gesetzliche Schutz gegen den Nachdruck geht durch unbillige Steigerung der Bücherpreise verloren, und der Nachdruck jeder Schrift ist erlaubt, für welche der Verleger einen offenbar unbilligen Preis angesetzt hat. Für offenbar unbillig ist aber der Preis gewöhnlicher Druckschriften zu achten, welche für den Bogen
Druckpapier [...] ggl.
Schreibpapier [...] -
Velinpapier [...]
übersteigt. Ein ausserordentlicher Aufwand durch Kupferstiche, wohin aber Titel-Kupfer und Vignetten nicht zu rechnen sind, macht hiervon billig eine Ausnahme. Allezeit muß aber der Preis auf dem Titel des Werkes angegeben seyn.

Artikel 21.

Der Nachdruck wird mit Confiscation der nachgedruckten Exemplare und mit einer Geldbuße von 25 bis 1000 Rthlr. bestraft werden. Der Nachdrucker ist überdieß dem Verleger einen Schadensersatz, welche dem Verkaufspreis von 500 Exemplaren der nachgedruckten Schrift gleich kommt, zu leisten schuldig. Ein Verleger, welcher, nach Artikel 14 und 15, gegen den Verfasser, und ein Schriftsteller, welcher nach Artikel 16, gegen seinen Verleger sich vergeht, soll dem Nachdrucker gleich behandelt werden.

Artikel 22.

Der Verkauf nachgedruckter Werke ist verboten. Wer sich desselben schuldig macht, soll, neben der Confiscation der in seinem Besitz befindlichen Nachdrücke, mit einer Geldstrafe von 10 bis 100 Rthlr. belegt werden.

Artikel 23.

Das wiederholte Vergehen des Nachdrucks, oder des Verkaufs nachgedruckter Werke, wird mit zeitlicher oder beständiger Untersagung des Buchhändler- oder Buchdrucker-Gewerbes bestraft werden.

Annex 3

Württembergische Rechtsgrundlagen zum Nachdruck: Zeitleiste

1815	Königliches Rescript, Privilegien gegen den Büchernachdruck betreffend vom 25. Februar (RegBl 1815, S. 74-76)
1828	Gegenseitigkeitserklärung Württembergs mit Preußen, publiziert am 11. März (RegBl 1828, S. 115 ff.)
1832	Bundesbeschluss vom 6. September: Gegenseitigkeitsprinzip zwischen allen Staaten des Bundes
1833	Bekanntmachung des Bundesbeschlusses vom 6. September 1832 (RegBl 1833, S. 205)
1836	Provisorisches Gesetz wider den Büchernachdruck vom 22. Juli 1836 (RegBl 1836, S. 313-314)
1837	Bundesbeschluss vom 9. November 1837: Gleichförmige Grundsätze im gesamten Bundesgebiet
1838	„Königliches Gesetz, betreffend abgeänderte provisorische Bestimmungen gegen den Bücher-Nachdruck" vom 17. Oktober 1838; zugleich Verkündung des Bundesbeschlusses vom 9. November 1837 (RegBl 1838, S. 547-548) Verfügung des Innenministeriums vom 19. Oktober 1838, betreffend das Gesetz vom 17. Oktober 1838 (RegBl 1838, S. 550)
1845	Gesetz, in Betreff des Schutzes schriftstellerischer und künstlerischer Erzeugnisse gegen unbefugte Vervielfältigung vom 24. August 1845 (RegBl 1845, S. 355) Vollziehungs-Verordnung vom 1. September 1845 zum Gesetz vom 24. August 1845: Normierung der Stempelung und des Vertriebs der vorhandenen Nachdruckexemplare (RegBl 1845, S. 356)
1861	Gesetz, betreffend den Schutz dramatischer und musikalischer Werke gegen unbefugte Aufführung vom 29. Dezember 1861 (RegBl 61, S. 1-3)
1865	Vertrag zwischen Württemberg und Frankreich (RegBl 1865, S. 350)

1870	Gesetz betreffend das Urheberrecht an Schriftwerken, Abbildungen, musikalischen Kompositionen und dramatischen Werken vom 11. Juni 1870
1871 1876 1901 1907	Reichsgesetze[1192]
1965	Urheberrechtsgesetz[1193]

[1192] Dazu *Martin Vogel*, Die Geschichte des Urheberrechts im Kaiserreich, in: GRUR 1987, S. 873-883 sowie in: Archiv für Geschichte des deutschen Buchhandels (= Publikationen des Börsenvereins Deutscher Buchhändler, Neue Folge) AGB 31 (1988), S. 203-219 sowie jüngst diese Genese ausführlich nachzeichnend: *Kai Bandilla*, Urheberrecht im Kaiserreich. Der Weg zum Gesetz betreffend das Urheberrecht an Werken der Literatur und Tonkunst vom 19. Juni 1901, Frankfurt a.M. 2005 (Rechtshistorische Reihe 308).

[1193] Vgl. dazu *Catharina Maracke*, Die Entstehung des Urheberrechtsgesetzes von 1965, Berlin 2003 (Schriften zur Rechtsgeschichte Bd. 99).

Annex 4

Beschwerdebrief des Sauerländer aus Aargau aus dem Jahre 1818[1194]

„An das deutsche Publikum.

Es freute mich, von vielen edeln Freunden in der Nähe und Ferne Beweise von Theilnahme zu empfangen, als sie von der durch den Nachdrucker Mäcken in Reutlingen begonnenen unrechtlichen Unternehmung Kunde erhielten, und ich halte mich verpflichtet, dafür meinen wärmsten Dank öffentlich abzulegen. Es fanden sich selbst biederherzige Freunde in der Schweiz, die sogar von dem durch jenes Unrecht – mir abgerungenen niedern Preis der Andachtsstunden Gebrauch zu machen sich weigern, und das Werk nur in dem bisherigen Ladenpreis annehmen wollten. Ein solches natürliches Gefühl für Rechtlichkeit, das sich mir bei diesem Unfall unter allen Ständen offenbarte, verdient öffentliche dankbare Erwähnung. Auch aus vielen Gegenden Deutschlands erhielt ich dafür die unzweideutigsten Beweise, indem selbst aus der Nähe des Nachdruckerorts sich wackere Männer an mich wandten, um meine Originalausgabe zu beziehen. Es haben insbesondere auch alle solide Buchhandlungen in Würtemberg und in allen Gegenden Deutschlands sich dafür auf eine biedere und kollegialische Weise verwendet, so daß meine Originalausgabe überall einen über alle Erwartung schnellen Abgang findet.

Seitdem hat sich der Nachdrucker Mäcken neuerdings unterfangen, einige Worte gegen meine Anzeige im Publikum zu verbreiten, um sich damit vor demselben über sein sträfliches Beginnen zu beschönigen, und gegen mich mit frecher Dreistigkeit Unwahrheiten auszustoßen. Er bemühte sich zugleich, diese in öffentliche deutsche und schweizerische Blätter einrücken zu lassen, worin ihm jedoch nirgends willfahrt wurde. Schon diese Verweigerung hätte dem unbesonnenen Manne das Unrechtliche seiner Schritte und Handlungen einleuchtend darthun können. Er setzte aber seine Bemühungen fort, und trachtet nun an verschiedenen Orten seine Bemerkungen von Hand zu Hand lesen und verbreiten zu lassen. So wenig ich dessen bisher achtete, so bin ich es doch nun meiner Ehre und dem Publikum schuldig, desfalls folgende Erklärung zur Berichtigung der Urtheile zu ertheilen, um selbst den Unkundigen in den Stand zu setzen, die Wahrheit zu erkennen.

Ich bin Buchdrucker, Verleger und Buchhändler, oder wie man will, Fabrikant und Handelsmann; die Wahl in meinen Unternehmungen richtet sich auf Gegenstände, wovon ich überzeugt bin, daß damit in der Welt Gutes gestiftet, oder Nützliches verbreitet, oder diese und jene Wissenschaft erweitert werden könne. Es wendet sich ein ausgezeichneter Gelehrter an mich mit dem Antrag: ‚Ich übermache Ihnen ein Manuskript, auf das ich einen hohen Werth setze, weil ich meine schönste Zeit des Lebens und während zehn Jahren einen rastlosen Eifer auf dessen Ausarbeitung verwendete, und zum Theil selbst meine Gesundheit durch allzu große Anstrengung dabei einbüßte. Die Welt wird dieser Geistesfrucht ihren Beifall nicht versagen, und sie mit Freuden empfangen, denn es werden Tausende darin neue Beseligung im verstärkten Glauben an eine alles leitende

---

[1194] E 146/1 Nr. 5125.

göttliche Vorsehung finden.' – Ich überzeuge mich durch nähere Einsicht selbst von dem seltenen Werth des Manuskripts, und fasse den Entschluß, das Unternehmen zu beginnen, und mit dem Eigenthümer desfalls eine Uebereinkunft festzusetzen.- Ich verwende auf Papier, Druck und Honorar beträchtliche Kapitalien, arbeite sechs Jahre fort, um es nur einigermaßen in Aufnahme zu bringen, und doch zeigt sich nur ein schwacher, langsamer Absatz; es brachen indessen neue Kriege aus, und mit diesen erfolgten Verluste und langer Stillstand in den Geschäften. – Ich versuche neuerdings die Verbreitung des Buchs mit aller Mühe und Anstrengung, setze den Preis von 4 fl. für 52 Bogen, (man vergleiche diesen Preis mit jedem andern Buche von gleicher Bogenzahl, um sich von der Billigkeit desselben zu überzeugen) auf 2 fl. 45 kr. herab, und schliesse mit dem Verfasser einen neuen Vertrag über eine zweite wohlfeile Ausgabe. Durch Herabsetzung des Preises und bei eingetretenem Friedenszustand wird das Buch nun gesuchter und dessen vorzüglicher Werth allgemein verkannter. so wie dieser Umstand eintrat, war es schon genug, die Raubgierde eines Nachdruckers zu erwecken. Die neue Auflage war kaum vollendet, so streckt Mäcken seine Hand darnach aus, besudelt nach verübtem Diebstahl noch mit namenloser Frechheit meine Ehre, behauptet keck, der Büchernachdruck sei eine erlaubte Handlung, und ich hätte das Publikum mit unersättlicher Habsucht gebrandschatzt und das Mark meiner Mitmenschen an mich gezogen!

Es mag hier der seltene, vielleicht der einzige Fall sein, daß ein Geschäftsmann öffentlich den Kalkul seines Unternehmens vorlegt; aber ich thue es mit allem Gefühl für Rechtlichkeit und Geradheit, um dem ganzen deutschen Publikum den sonnenklaren Beweis zu führen, welch verworfenes Metier das eines Nachdruckers ist.

Von den ersten Auflagen der Andachtsstunden war der Absatz durch eingetretene Zeitumstände, besonders in den Jahren 1811 bis 1815, sehr verschieden und abweichend; dabei verursachte die blattweise Versendung der wöchentlich erscheinenden Stücke eine nicht unbedeutende Zahl defekter Exemplare am Ende eines Jahrgangs; es mußten daher die neuen Auflagen der verschiedenen Jahrgänge, je nach dem sich noch ergebenden Vorrath einzelner Jahrgänge von der ersten Auflage, verschieden in der Stärke der Anzahl von Exemplaren veranstaltet werden, um so viel möglich von dieser zweiten Auflage 2000 Exemplare vollständig zu erhalten. Die gedruckte Bogenzahl derselben beläuft sich auf 365 ½, und die Druckkosten eines Bogens auf 20 fl. – Herr Wilhelm Haas in Basel, und die S. Flicksche Buchhandlung daselbst, welche den Druck von einzelnen Bogen besorgte, können dies mit ihren Büchern darthun. – Für das Ries[1195] Druckpapier zahlte ich mit der Fracht bis hierher 8 fl. 15 kr.; die Papiermacher Gebrüder Blettler in Unterwalden, Gebrüder Meyenberg in Baar bei Zug, und Brosy in Mümliswyl, welche die Papierlieferungen machten, geben die Beweise dafür ebenfalls laut Rechnungen. Das Honorar für jeden gedruckten Bogen berechne ich äusserst moderat mit 3 Karolin. Ich frage die ersten Verleger Deutschlands, die Cottasche Buchhandlung in Stuttgart, die Realschulbuchhandlung in Berlin, die Hahnsche Verlagsbuchhandlung in Leipzig, die Weidmannische Buchhandlung und andere angesehene Verleger in Leipzig, Berlin, Frankfurt, Weimar, Heidelberg, Jena u .s. w., ich frage sie alle hiermit laut und öffentlich an, ob sie nicht für ein solches Werk von so ausgezeichnetem Werth gern vier fünf Karolins per Bogen Honorar entrichten würden? Freilich sind Honorarzahlungen für den Nachdrucker spanische Dörfer, und wie sollte er davon einen richtigen Begriff haben, der in verwilderter Roheit nur nach dem greift, was fertig gedruckt vor ihm liegt, und dadurch beweiset, daß alles Gefühl für heiliges Eigenthumsrecht in ihm durchaus erloschen ist.

[1195] 1 Ries Papier = 500 Bogen Druckpapier.

[...]

Für jeden Sachkundigen, so wie für das gesammte Publikum, erhellet daraus also der offenbarste Beweis, daß der Nachdruck ein R a u b a n f r e m d e m E i g e n t h u m und somit ein v e r w o r f e n e s G e w e r b e ist. Was dem natürlichen und gesunden Menschenverstand einleuchtend und klar vor Augen liegt, darin spricht sich eine überzeugende Wahrheit aus, die jede sophistische Vertheidigung einer an sich schlechten Sache zunichte macht, und wenn sie der beste Kopf übernommen hätte. In England, Frankreich, Italien, Preussen, Sachsen und Norddeutschland ist der Nachdrucker als eine niederträchtige Handlung gesetzlich untersagt, und es erregt Erstaunen, wie man ihn bis dahin in einem zivilisirten Staate noch dulden mochte. – Der Verbrecher aus Noth und Verzweifelung wird wegen weit unbedeutendern Diebstahls mit Ketten belastet, und muß für seine That, wodurch er die öffentliche Sicherheit gefährdete, nach der Strenge der Gesetze büßen. Aber dieser eben so öffentliche als sträfliche Raub durch den Nachdruck darf noch heute, und nur allein in einigen deutschen Staaten noch, und sonst nirgends in Europa, ungeahndet ausgeübt werden! – Mag Hr. Regierungsrath Krause[1196] mit aller Belesenheit und allem Aufwand von Scheingründen für die Nachdrucker das Wort führen, so bleibt seine Vertheidigung, gleichwie jene des talentreichsten Rechtsgelehrten, die er für den schweren Verbrecher führt, vor dem unbefangenen Richter ohne Kraft und Eindruck, da die Thatsache, das Faktum, und die Beweise hell und klar der Welt vor Augen liegen, und den Verbrecher für schuldig erklären.

Es wird Jedermann nun wohl begreiflicher werden, wie es möglich ist, daß der Nachdrucker um die Hälfte wohlfeiler drucken und sich noch brüsten kann, er wolle auf milchweißes Papier drucken, nachdem er eine schmutzig schwarze That begangen. Aber ohnedem ist es natürlich möglich, in Reutlingen um mehr als ein Dritttheil wohlfeiler zu drucken, als in der Schweiz, wo die Preise aller Lebensbedürfnisse diesen Unterschied unvermeidlich hervorbringen müssen.

Doch noch mehr gibt sich dieser Nachdrucker als ein unerreichbares Original von grenzenloser Unverschämtheit zu erkennen, indem er die dummdreiste Drohung ausspricht, er werde ein Exemplar seines milchweißen Nachdrucks an die h o h e d e u t s c h e B u n d e s v e r s a m m l u n g einsenden, um die Wohlthätigkeit, Nützlichkeit und Rechtmäßigkeit des Nachdrucks vorzudemonstriren! – Zuletzt hofft er wohl noch auf einen Nachdruckerorden an einem milchweißen Strick! – Wenigstens äussert er seine frohen Hoffnungen sehr naiv dahin, daß diese hohe Versammlung ein so nützliches, die Kultur förderndes, Prellereien hemmendes Gewerbe nicht so augenblicklich vertilgen werde, und in seinen Augen sind es demnach l e e r e W o r t e , die im Art. 18 der deutschen Bundesakte also lauten:

d) ‚Die B u n d e s v e r s a m m l u n g w i r d s i c h b e i i h r e r e r s t e n Z u s a m m e n - k u n f t m i t A b f a s s u n g g l e i c h f ö r m i g e r V e r f ü g u n g e n ü b e r d i e P r e ß f r e i - h e i t u n d d i e S i c h e r s t e l l u n g d e r R e c h t e d e r S c h r i f t s t e l l e r u n d V e r l e g e r g e g e n d e n N a c h d r u c k b e s c h ä f t i g e n .‘

Wohl sind Jahre darüber verflossen, und noch ist davon nichts in Erfüllung gegangen, und darauf scheint diese Nachdruckerhoffnung sich zu stützen; aber unser Glaube steht fester gegründet auf der Jahrhunderte alten Wahrheit, daß deutsche Fürsten das feierlich gegebene Wort, auch wenn jahrelange Hindernisse dazwischengetreten, auf ächte deutsche Weise dennoch lösen werden. – Der Gedanke, das offenbarste Unrecht, dessen sich einzelne Unterthanen an fremdem Eigenthume schuldig machen, zu dulden, ist so unver-

---

[1196] Vgl. zu Krause als Mitglied des Königlichen Studienrates Fn. 914.

träglich mit der allerhöchsten Würde und der Majestät der Könige, daß wir in unsern Tagen bei den erleuchteten Ansichten und den gerechtesten Grundsätzen deutscher Fürsten mit der festesten Zuversicht auf Abhilfe dieser Ungerechtigkeit hoffen dürfen, wie solches bereits durch die Wiener Bundesakte ausgesprochen worden ist.

In welchem Zustande würden wir heute die Wissenschaften erblicken, wenn nicht zuerst in Preussen und Sachsen diesem abscheulichen Unfug des Nachdrucks ein Ziel gesetzt worden wäre? – Dürfte der Gelehrte von den Resultaten seines Forschens die Früchte seines oft so schwer errungenen Fleißes zu erwarten haben? Könnte der Verleger ohne allen Schutz seines Eigenthums es wagen dürfen, sein ganzes Vermögen zu literarischen Unternehmungen zu verwenden? Sollen nicht auch Beide gleiche Ansprüche auf den Schutz der Gesetze für das Eigenthumsrecht machen dürfen? Kann es eine rechtliche Handlung genannt werden, wenn man sich an dem Eigenthum des Nächsten vergreift, unter dem Vorwand, er habe schon genug Nutzen von seiner Unternehmung gezogen? Wer wollte sich erlauben, die Comptoirs, Waarenlager und Fabriksäle der Kaufleute zu durchwandern, um ihnen vorzurechnen, daß sie an diesem oder jenem Artikel zuviel Vortheile gezogen hätten? Sind nicht schon, wie bei allen kaufmännischen Unternehmungen, eben so bei dem Bücherverlage, Tausende verloren gegangen und zu Makulatur geworden? Ist es nicht das allgemeine Loos des Handelsstandes, sich bei einem erworbenen Gewinn schon auf den nächsten Verlust gefaßt zu machen? – Wie viele Verleger haben nicht schon mit schwerem Verluste kostbare Erfahrungen bei ihren Unternehmungen machen müssen, bis ihnen eine ganz gelungen ist? Und wenn nun nach rastlosem Streben ein Verlagswerk allgemein gute Aufnahme findet; ist darum der Verleger desselben der Habsucht, der Gewinnsucht, der Brandschatzung, der Prellerei zu beschuldigen, besonders wenn er aus eigenem Antrieb bei vermehrtem Absatz seine Preise selbst um ein Drittheil herabsetzt? Hat der Nachdrucker solche schwere Opfer zu bringen, oder sich einem Risiko auszusetzen? Er druckt nur das, wovon er sichern, guten und reichlichen Absatz sich versprechen darf, da er um mehr als die Hälfte wohlfeiler drucken, und folglich auch desto wohlfeiler verkaufen kann. Mit dieser gepriesenen Wohlfeilheit würde es indessen ganz anders aussehen, sobald er ein kostbares Honorar würde zahlen müssen. Wenn nun aber rechtliche Leute diese erste Kapitalschuld bezahlt haben, und folglich das Verlagsrecht ihr Eigenthum geworden ist, so wollen sich diese Nachdrucker dennoch ereifern, wenn man sie wegen ihrer schlechten Handlung öffentlich beim rechten Namen nennt, und sie laut des Diebstahls beschuldigt; oder kann es vor Gott und den Menschen eine rechtliche Handlung geheißen werden, wenn man Jemanden offenbar um seine Summe von 16,000 Gulden in Schaden versetzt hat?

Es wäre in der That wünschenswerth, daß sich einmal der Fall ereignen möchte, daß z. B. ein Gelehrter, oder gerade selbst der Herr Regierungsrath Krause, ein klassisches Werk in mehreren Bänden schriebe, dasselbe aber gleich nach dessen Vollendung nachgedruckt würde; sein Verleger, durch diesen Unfall in Zahlungsunvermögenheit gebracht, würde ihm dann erklären: ich bin ein durch den Nachdruck unglücklich gewordener Handelsmann, der Ihnen das Honorar nun nicht zahlen kann; halten sie sich jetzt an den Nachdrucker, der macht nun gute Geschäfte mit ihren Werken! – Da dürfte der Herr Regierungsrath Krause wirklich am geschicktesten den ersten Versuch eines Prozesses der Art gegen den Nachdrucker führen, den er kürzlich so ehrenvoll zu vertheidigen sich vergebens bemühte; dann dürfte er wohl eine ganz andere Sprache führen, wenn er sich plötzlich um die Früchte eines vieljährigen Fleißes und seines Vermögens beraubt sähe. Selbst erlittene Unfälle, eigener schmerzhafter Verlust, das sind die Erfahrungen im praktischen Leben, die uns die Begegnisse von der gründlichen, richtigen und wahren Seite beurtheilen lehren; auf einen Schlag plötzlich und unerwartet durch die einzige schlechte, tückische und schaden frohe Handlung eines Nachdruckers alle vieljährige Arbeit und Mühe vergebens angewandt und sammt Vermögen noch einbüßen müssen, das ist die offenkundige Thatsache, die durchaus keinerlei Rechtfertigung finden kann, und die einzig und allein von weisen Gesetzgebern und von gerechten Fürsten in Erwägung gezogen werden sollte. Es wird auch kein Nachdrucker ganz überzeugend von seinem Unrecht sich überwiesen fühlen, so lange ihm nicht gleiches mit Gleichem vergolten worden, und er nicht gleich wieder s e i n e n Nachdrucker findet, durch den er in ähnlichen Verlust von Tausenden gebracht worden ist; dann mögen ihm wohl die Augen aufgehen, um sein begangenes Unrecht und seine Schandthat einzusehen. – Allerdings hat Hr. Reg. Rath Krause manche gegründete und gerechte Klage über mehrere Mißbräuche im deutschen Buchhandel erhoben, und ich behalte mir vor, auch darüber gehörigen Orts meine unumwundene Meinung offen und rücksichtslos zu äussern. Aber es bleibt bei dem Allem eine unumstößliche Wahrheit, daß zuvörderst dem Unfug des Nachdrucks auf gesetzliche Weise gesteuert werden muß, und dann werden zuverlässig viele dieser Klagen von selbst aufhören, und sich rechtliche, wackere und brave Männer des Buchhandels dahin vereinigen, den Gang dieses Handels auf eine solide, feste und geregelte Bahn zu bringen, wie es die Würde und Wichtigkeit des Geschäfts in unsern Tagen absolut erfordert.

Noch muß man aber nicht unerwähnt lassen, daß der unübertreffliche Nachdrucker Mäcken sein Unternehmen hauptsächlich in der Absicht bewerkstelliget, damit künftig nicht mehr bei ihm das baare Geld ausser Landes gehe. – Und welche große Summen sind dann seit zwanzig Jahren nur auf dem Wege des Buchhandels durch die äusserst bedeutenden Unternehmungen einer der dasigen vornehmsten Verlagshandlungen in das Königreich Würtemberg gekommen? Hätten darum Preussen und Sachsen Lizenzen für den Nachdruck der jener Handlung eigenthümlichen Verlagswerke ertheilen sollen, damit aus ihren Ländern das Geld nicht nach Würtemberg geführt werde?

Und wie wäre es dann zuletzt möglich, Jemanden bei eigenem freiem Willen zu z w i n g e n , ein Buch zu kaufen, um, nach Mäckens einfältiger Aeusserung, das Mark der Mitmenschen an sich zu ziehen? – Im Besitz eines solchen Arkanums wäre ich freilich schon längst ein Millionär, hätte es mir in meinem ganzen Leben nicht so sauer werden lassen müssen, und die Schlösser würden mir im Schlafe zufliegen, die mich der Nachdrucker Mäcken in der Wirklichkeit bauen läßt, und die ihm wahrscheinlich selbst, bei dem süßen Gedanken an die himmlische Gabe, welche ihm sein Nachdruck meines Eigenthums bescheeren werde, schon im Träume vorgeschwebt sind.

Aus diesem Träume dürfte er jedoch, ehe wenige Monate vergehen, ungern erwachen, indem er sein ganzes herrliches Unternehmen von Grund aus vereitelt erblicken wird. An seinem unvermeidlichen Schaden werde ich keine Freude haben können, denn ich warnte ihn früher wohlmeinend noch; aber er möge sich an das, was ich ihm heute voraussage, und was sich auf eine bereits vorläufig mir zugekommene Erklärung von Seiten des würdigen Verfassers der Andachtsstunden gründet, er möge sich alsdann an diese meine Voraussagung erinnern, und er wird vielleicht noch zu der endlichen Ueberzeugung gelangen, daß es keinen Segen bringt, sich an fremdem Eigentum zu vergreifen, und nach vollbrachter Missethat sich mit frechem Hohngelächter hinstellen wollen, um den Mann, den man beraubt hat, noch mit Koth zu bewerfen, und ihn seiner Ehre, und somit des Werthvollsten auf Erden, auch noch berauben zu wollen, wenn dies einem Nachdrucker gelingen könnte.

Uebrigens würde man irren zu glauben, ich hätte hier aus Haß, Eigennutz und Leidenschaft nur gegen die Nachdrucker schreiben wollen; wahrlich das verdiente diese Mühe nicht. Das Ungerechte und Verwerfliche durch Thatsachen und Beweise darzuthun, und es in einem Zeitpunkt zur Sprache zu bringen, wo dafür gemeinsame Schrit-

te neuerdings geschehen, damit endlich das rechtmäßige Eigenthum Schutz finden möge, das ist hier meine einzige Absicht, und dafür öffentlich zu reden halte ich mich verpflichtet.

Aarau, am 6 Hornung 1818

H. R. Sauerländer

Allerlei

Das Privilegium.
Die Fürstenknechte peitschen blutig
Und zogen kühn und drükten mutig,
Bis zu dem tiefsten Unsinn dumm,
Und sammeln sich noch jetzt in Heeren,
Das Mark des Landes zu verzehren –
Das ist das Privilegium.

Sie müssen frei das Land besizen;
Das Hundepak mag zieh'n und schwizen,
Sie kümmern wenig sich darum –
Sie sind geboren, flott zu leben,
Die Andern büffeln nur und geben –
Das ist das Privilegium.
Der Dolche beschüzt, was er sich raubet.
Und wehe dem, der anders glaubet,
Zieht er den Mund nur etwas krumm!
Der Dummkopf wird ein Mann im Staate;
Denn sein Herr Vater saß im Rathe –
Das ist das Privilegium.

Der Städter und der Landmann fahren
Dem Feind den Fleiß von vielen Jahren;
Die fetten Hechte liegen stumm,
Steht im Ruin des Vaterlandes
Nur fest das Vorrecht ihres Standes:
Das ist ihr Privilegium.

Der Aberglaube hilft mit Lügen
Das Volk mit Fug und Recht betrügen
Und räuchert dem Palladium;
Und Griblerbuben steh'n an Eken,
Despotenspeichel aufzuleken,
Und kröhlen: Privilegium!

Nun herrscht denn auch bei uns der Fremde,
Und fodert blizend Rok und Hemde,
Und herrscht gebiet'risch rund herum.
Daß man den Athem uns erlaube,
Fleh'n wir mit Demut in dem Staube –
Das macht das Privilegium.

(Quelle: Sigmaringer Volksblatt „Der Wächter", Nr. 41 vom 13. April 1836, in: WüHStA E 146/1 Nr. 5376)

Quellen- und Literaturverzeichnis

A. Quellen

I. Ungedruckte Quellen

Generallandesarchiv Karlsruhe (= GLAK)

Büschel-Nrn. 233/163, 233/3100, 233/27594: Ministerium des Innern und Kriegsministerium (Großherzogtum Baden)

236/189, 236/191, 236/192: Ministerium des Innern und Kriegsministerium (Großherzogtum Baden)

Generalstaatsarchiv (GStA) Berlin

PK, III. HA 2.4.1.I., Nrn. 1095 und 1735

Württembergisches Hauptstaatsarchiv (=WüHStA) Stuttgart

E 31, Büschel-Nr. 573: Königlicher Geheimer Rat I (Vorarbeiten für das Rescript vom 25. Februar 1815 über das Verbot des Büchernachdrucks)

E 31, Büschel-Nr. 574: Königlicher Geheimer Rat I (Ansuchen einzelner Autoren und Verleger um Privilegien gegen den Büchernachdruck sowie Klagen gegen Büchernachdrucker)

E 65, Büschel-Nr. 68: Ministerium der auswärtigen Angelegenheiten

E 70b, Büschel-Nr. 306: Württembergische Gesandtschaft in Wien (Vorstellungen der Bevollmächtigten der deutschen Buchhändler beim Wiener Kongress um Pressefreiheit in Deutschland und Verbot des Nachdrucks)

E 146/1, Büschel-Nr. 5112: Ministerium des Innern (Gemeinsame Bemühungen der deutschen Bundesstaaten und des deutschen Bundestags gegen den Nachdruck und die unbefugte Nachbildung)

E 146/1, Büschel-Nrn. 5120-5199: Ministerium des Innern (Einzelne Privilegiengesuche)

E 146/1, Büschel-Nrn. 5200-5299: Ministerium des Innern (Einzelne Privilegiengesuche)

E 146/1, Büschel-Nrn. 5300-5399: Ministerium des Innern (Einzelne Privilegiengesuche)

E 146/1, Büschel-Nrn. 5400-5468: Ministerium des Innern (Einzelne Privilegiengesuche)

II. Gedruckte Quellen

Acten des Wiener Congresses in den Jahren 1814 und 1815, Johann Ludwig Klüber (Hg.), 9 Bde., 1815-1835, Neudruck 1966

Adelung, Johann Christoph, Grammatisch-kritisches Wörterbuch der Hochdeutschen Mundart, mit beständiger Vergleichung der übrigen Mundarten, besonders aber der Oberdeutschen, Wien 1811

Badisches Regierungs-Blatt, 5. bis 16. Jg. (1807-1818)

Brockhaus, Friedrich Arnold, Darf Macklot in Stuttgart mir das Konversationslexikon zum zweiten Mal nachdrucken? Leipzig 1818

Bundesrat Drucksachen (BR), 1869

Eisenlohr, Ch. F. M. (Hg.), Sammlung der Gesetze und internationalen Verträge zum Schutze des literarischen-artistischen Eigenthums in Deutschland, Frankreich und England, Heidelberg 1856

Fichte, Johann Gottlieb, Beweis der Unrechtmäßigkeit des Büchernachdrucks, 1793

Fredersdorff, Leopold Friedrich, System des Rechts der Natur auf bürgerliche Gesellschaften, Gesetzgebung und das Völkerrecht angewandt, Braunschweig 1790

Gesetzsammlung für das Königreich Preußen, 1828

Glück, Christian Friedrich, Ausführliche Erläuterung der Pandecten nach Hellfeld, Erlangen 1797

Gönner, Nicolaus Thaddäus, Teutsches Staatsrecht, Landshut 1804

Griesinger, Carl Theodor, Universal-Lexicon von Württemberg, Hechingen/Sigmaringen, Stuttgart/Wildbad 1841

Griesinger, Ludwig Friedrich, Der Büchernachdruck unter dem Gesichtspuncte des Rechts, der Moral und der Politik betrachtet, Stuttgart 1822

Gros, Karl Heinrich, Lehrbuch der philosophischen Rechtswissenschaft oder des Naturrechts, 4., verbesserte Auflage, Stuttgart und Tübingen 1822

Klein, Ernst Ferdinand, Grundsätze der natürlichen Rechtswissenschaft nebst einer Geschichte derselben, Halle 1797

Klüber, Johann Ludwig, Oeffentliches Recht des Teutschen Bundes und der Bundesstaaten, Frankfurt a.M. 1817

– Acten des Wiener Congresses in den Jahren 1814 und 1815, 9 Bde., 1815-1835

Kohler, Joseph, Urheberrecht an Schriftwerken und Verlagsrecht, Stuttgart 1907

Königlich-württembergisches Hof- und Staats-Handbuch, Stuttgart, 1835 und 1847

Königlich-Württembergisches Staats- und Regierungs-Blatt, Stuttgart, ab 1807

Leist, Justus Christoph, Lehrbuch des Teutschen Staatsrechts, Göttingen 1803

Lobethan, Friedrich Georg August, Abhandlung über die Lehre von Privilegien überhaupt und Buchhändlerprivilegien insbesondere, Dispensationen und Immunitäten, Leipzig 1796

Martini, Karl Anton von, Lehrbegriff des Natur-, Staat- und Völkerrechts, Bd. 3, Wien 1783

Mohl, Robert von, Das Staatsrecht des Königreichs Württemberg, 2 Theile, Tübingen 1829 und 1831

Moser, Johann Jakob, Von der Landeshoheit in Gnaden-Sachen, Frankfurt und Leipzig 1773

– Neues Teutsches Staatsrecht, 5. Teil, Frankfurt 1772

– Teutsches Staatsrecht, 4. Teil, Leipzig und Ebersdorf 1741

Protokolle der Deutschen Bundesversammlung (= ProtBV), Frankfurt a.M., 1816-1847

Pütter, Johann Stephan, Der Büchernachdruck nach ächten Grundsätzen des Rechts, Göttingen 1774

– Kurzer Begriff des Teutschen Staatsrechts, 2. verbesserte Auflage, Göttingen 1768

Redigirtes Staatsgrundgesetz für das Großherzogtum Oldenburg vom 22. November 1852

Reyscher, August Ludwig, Württemberg. Geschichte und Übersicht seiner Verfassung und Gesetzgebung, Tübingen 1861

– Vollständige, historisch und kritisch bearbeitete Sammlung der württembergischen Gesetze, 11. Bd., 2. Abtheilung, enthaltend die Gesetze für die Mittel- und Fachschulen, Tübingen 1847

– Das gesamte württembergische Privatrecht, Bd. 2, Tübingen 1843

– Vollständige, historisch und kritisch bearbeitete Sammlung der württembergischen Gesetze, 3. Bd., enthaltend den dritten Theil der Sammlung der Staats-Grund-Gesetze, Stuttgart u. Tübingen 1830

Rotteck, Carl von, Lehrbuch des Vernunftrechts und der Staatswissenschaften, 2. Bd.: Lehrbuch der allgemeinen Staatslehre, Neudruck der 2. Auflage, Stuttgart 1840, Aalen 1964

Schletter, Hermann Theodor, Handbuch der deutschen Preß-Gesetzgebung, Sammlung der gesetzlichen Bestimmungen über das literarische Eigenthum und die Presse in allen deutschen Bundesstaaten nebst geschichtlicher Einleitung, Leipzig 1846

Schmid, Karl Ernst, Der Büchernachdruck aus dem Gesichtspunkt des Rechts, der Moral und Politik, mit Berücksichtigung der wichtigsten in- und ausländischen Gesetzgebungen, gegen L. Fr. Griesinger. Der deutschen Bundesversammlung zugeeignet, Jena 1823

Schürmann, August, Die Entwicklung des deutschen Buchhandels zum Stande der Gegenwart, Halle/Saale 1880

Sedlmayer, Georg, Bemerkungen über den Staatsverein, Salzburg 1809

Sibeth, Friedrich Wilhelm, Versuch eines Entwurfs des Vernunft-Rechts, Rostock 1790

Sigmaringer Volksblatt, „Der Wächter" vom 13. April 1836

Thomas, Anton, Lehrbuch der natürlichen Rechtswissenschaft, Frankfurt a.M. 1803

Treichel, Eckhardt (Bearb.), Die Entstehung des Deutschen Bundes 1813-1815, Bd. 1, Halbbd. 1 und 2 (Quellen zur Geschichte des Deutschen Bundes), München 2000

Verfassungsurkunde für das Kurfürstentum Hessen vom 13. April 1852

Verhandlungen in der Kammer der Abgeordneten des Königreiches Württemberg (= ProtKdA) 1820

Wächter, Oscar, Das Verlagsrecht mit Einschluß der Lehren von dem Verlagsvertrag und Nachdruck nach den geltenden deutschen und internationalen Rechten. Mit besonderer Rücksicht auf die Gesetzgebungen von Österreich, Preußen, Bayern und Sachsen, systematisch dargestellt, Stuttgart 1857/1858

Weishaar, Jacob Friedrich von, Handbuch des Württembergischen Privatrechts, 3 Bde., 3. Auflage Stuttgart 1831-1833

Zöpfl, Heinrich, Grundsätze des gemeinen deutschen Staatsrechts, mit besonderer Rücksicht auf das allgemeine Staatsrecht und auf die neuesten Zeitverhältnisse, Bd. II, 5. Auflage 1863 (Nachdruck Kronberg/Taunus 1975)

B. Sekundärliteratur

Arnold, Paul/*Küthmann*, Harald/*Steinhilber*, Dirk, Großer deutscher Münzkatalog von 1800 bis heute, München 1980

Bandilla, Kai, Urheberrecht im Kaiserreich. Der Weg zum Gesetz betreffend das Urheberrecht an Werken der Literatur und Tonkunst vom 19. Juni 1901 (Rechtshistorische Reihe 308), Frankfurt a.M. 2005

Bappert, Walter, Wege zum Urheberrecht. Die geschichtliche Entwicklung des Urheberrechtsgedankens, 1962

Barber, Giles/*Fabian*, Bernhard (Hg.), Buch und Buchhandel in Europa im 18. Jahrhundert, Hamburg 1981

Becht, Hans-Peter, Vom Ständesaal zur Revolution? Kontinuitäten und Diskontinuitäten in der badischen Geschichte von 1815 bis 1848/49, in: Otto Borst (Hg.), Aufruhr und Entsagung. Vormärz 1815-1848 in Baden und Württemberg, Stuttgart 1992 (Stuttgarter Symposion 2), S. 44-64

Behrens, Klaus, Der Buchdrucker Ludwig Bernhard Friederich Gegel und der Nachdruck in Südwestdeutschland Ende des 18. Jahrhunderts, Speyer 1989 (Pfälzische Arbeiten zum Buch- und Bibliothekswesen 14)

Beier, Friedrich Karl, Gewerbefreiheit und Patentschutz. Zur Entwicklung des Patentrechts im 19. Jahrhundert, in: Coing, Helmut/Wilhelm, Walter (Hg.), Wissenschaft und Kodifikation des Privatrechts im 19. Jahrhundert, IV: Eigentum und industrielle Entwicklung. Wettbewerbsordnung und Wettbewerbsrecht, Frankfurt a.M. 1979

Bergdolt, Wilhelm, Mannheimer Verleger, in: Badische Heimat 14 (1927), S. 174-180

Blattner, Tanja, Die von Innen- und Kultusminister Johannes von Schlayer erstrebte Umwandlung württembergischer Lateinschulen in Realschulen (1835-1848). Erfolge und Misserfolge eines der württembergischen Schultradition zuwiderlaufenden Reformvorhabens, phil. Diss. Tübingen, 2003

Blumenauer, Elke, Journalismus zwischen Pressefreiheit und Zensur. Die Augsburger „Allgemeine Zeitung" im Karlsbader System (1818-1848), Köln/Weimar/Wien 2000 (Medien in Geschichte und Gegenwart 14)

Borst, Otto (Hg.), Aufruhr und Entsagung. Vormärz 1815-1848 in Baden und Württemberg, Stuttgart 1992 (Stuttgarter Symposion 2)

Breitenbruch, Bernd, Der Karlsruher Buchhändler Christian Gottlieb Schmieder und der Nachdruck in Südwestdeutschland im letzten Viertel des 18. Jahrhunderts, in: Archiv für Geschichte des deutschen Buchhandels (= Publikationen des Börsenvereins Deutscher Buchhändler, Neue Folge) AGB 9 (1969)

Breuer, Dieter, Geschichte der literarischen Zensur in Deutschland, Heidelberg 1982 (Uni-Taschenbücher 1208)

Bröhmer, J./*Bieber*, R./*Callies*, C./*Langenfeld*, C./*Weber*, S./*Wolf*, J. (Hg.), Internationale Gemeinschaft und Menschenrechte. Festschrift für Georg Ress zum 70. Geburtstag am 21. Januar 2005, Köln 2005

Bürger, Thomas, Der Zürcher Verlag „Orell, Geßner, Füßli & Comp." in der zweiten Hälfte des 18. Jahrhunderts und seine Bedeutung für den deutschen Buchhandel, Köln 1980 (Hausarbeit zur Prüfung für den höheren Bibliotheksdienst)

Buschmann, Arno, Estor, Pütter, Hugo – Zur Vorgeschichte der Historischen Rechtsschule, in: Thomas Gergen (Hg.), Vielfalt und Einheit in der Rechtsgeschichte. Festgabe für Elmar Wadle zum 65. Geburtstag (Annales Universitatis Saraviensis, Rechts- und Wirtschaftswissenschaftliche Abteilung Bd. 136), Köln/Berlin/München 2004, S. 75-102

Chiner, Maria Jesus Montoro/*Schäffer*, Heinz (Hg.), Musik und Recht. Symposion aus Anlass des 60. Geburtstages von Detlef Merten (Schriften zum Öffentlichen Recht 771), Berlin 1998

Coing, Helmut/*Wilhelm*, Walter (Hg.), Wissenschaft und Kodifikation des Privatrechts im 19. Jahrhundert, IV: Eigentum und industrielle Entwicklung. Wettbewerbsordnung und Wettbewerbsrecht, Frankfurt a.M. 1979

Dann, Otto, Die Lesegesellschaften des 18. Jahrhunderts und der gesellschaftliche Aufbruch des deutschen Bürgertums, in: Herbert Göpfert (Hg.), Buch und Leser, Hamburg 1977 (Wolfenbütteler Schriften zur Geschichte des Buchwesens Bd. 1)

Dehlinger, Alfred, Württembergs Staatswesen in seiner geschichtlichen Entwicklung bis heute, Bd. 1, Stuttgart 1951; Bd. 2, Stuttgart 1953

Demel, Walter, Der aufgeklärte Absolutismus in mittleren und kleinen deutschen Territorien, in: Helmut Reinalter/Harm Klueting (Hg.), Der aufgeklärte Absolutismus im europäischen Vergleich, Wien/Köln/Weimar 2002, S. 69-112

– Vom aufgeklärten Reformstaat zum bürokratischen Staatsabsolutismus, München 1993 (Enzyklopädie Deutscher Geschichte XXIII)

Dilcher, Hermann, „Reskript, Reskriptprozeß", in: Erler/Kaufmann (Hg.), Handwörterbuch zur deutschen Rechtsgeschichte (HRG) IV, Berlin 1990, Sp. 933-937

Dittrich, Robert (Hg.), Woher kommt das Urheberrecht und wohin geht es? Wurzeln, geschichtlicher Ursprung, geistesgeschichtlicher Hintergrund und Zukunft des Urheberrechts, Wien 1988 (Österreichische Schriftenreihe zum Gewerblichen Rechtsschutz, Urheber- und Medienrecht = ÖSGRUM Bd. 7)

Dölemeyer, Barbara, Wege der Rechtsvereinheitlichung. Zur Auswirkung internationaler Verträge auf europäische Patent- und Urheberrechtsgesetze des 19. Jahrhunderts, in: Aspekte europäischer Rechtsgeschichte. Festgabe für Helmut Coing zum 70. Geburtstag (Ius Commune Sonderheft 17), Frankfurt a.M. 1982

Dölemeyer, Barbara/*Mohnhaupt*, Heinz (Hg.), Das Privileg im europäischen Vergleich II, Frankfurt a.M. 1999 (Ius Commune. Sonderhefte, Studien zur Europäischen Rechtsgeschichte 125)

– Das Privileg im europäischen Vergleich I, Frankfurt a.M. 1996 (Ius Commune. Sonderhefte, Studien zur Europäischen Rechtsgeschichte 93)

Dorn, Franz/*Schröder*, Jan (Hg.), Festschrift für Gerd Kleinheyer zum 70. Geburtstag, Heidelberg 2001

Duchkowitsch, Wolfgang, Die verhinderte Pressefreiheit: Privileg und Zensur als Instrumente von Kommunikationspolitik vor 1848, in: Franz Ivan/Helmut W. Lang/Heinz Pürer (Hg.), Zweihundert Jahre Tageszeitung in Österreich 1783 bis 1982. Festschrift und Ausstellungskatalog Wien 1983, S. 55-86

Dürr, Otto, Die Einführung des Neuhumanismus in Württemberg, Stuttgart 1930

Eisenhardt, Ulrich, Zur Entwicklung des Grundrechtsverständnisses in Deutschland in der ersten Hälfte des 19. Jahrhunderts, in: Gerhard Köbler/Meinhard Heinze/Wolfgang Hromadka (Hg.), Europas universale rechtspolitische Aufgabe im Recht des dritten Jahrtausends. Festschrift für Alfred Söllner zum 70. Geburtstag, München 2000, S. 255-272

– Der Deutsche Bund und das badische Pressegesetz von 1832. Ein Schritt auf dem Wege zur Pressefreiheit im 19. Jahrhundert, in: Gerd Kleinheyer/Paul Mikat (Hg.), Beiträge zur Rechtsgeschichte, Gedächtnisschrift für Herrmann Conrad, Paderborn/München/Wien/Zürich 1979 (Rechts- und Staatswissenschaftliche Veröffentlichungen der Görres-Gesellschaft N.F. Heft 34), S. 103-124

– Die Garantie der Pressefreiheit in der Bundesakte von 1815, in: Der Staat 1971, S. 339-356

– Die kaiserliche Aufsicht über Buchdruck, Buchhandel und Presse im Heiligen Römischen Reich Deutscher Nation (1496-1806). Ein Beitrag zur Geschichte der Bücher- und Pressezensur, Karlsruhe 1970 (Studien und Quellen zur Geschichte des deutschen Verfassungsrechts A/3)

Elias, Otto-Heinrich, König Wilhelm I., in: R. Uhland (Hg.), 900 Jahre Haus Württemberg. Leben und Leistung für Land und Volk, 3. Aufl., Stuttgart 1985

Engelsing, Rolf, Die Perioden der Lesergeschichte in der Neuzeit. Das statistische Ausmaß und die soziokulturelle Bedeutung der Lektüre, in: Archiv für Geschichte des Buchwesens 10 (1970)

Engert, Markus, Die historische Entwicklung des Rechtsinstituts Verwaltungsakt, Frankfurt a.M. 2002 (Europäische Hochschulschriften II, 3479)

Erler, Adalbert/*Kaufmann*, Ekkehard, Handwörterbuch zur deutschen Rechtsgeschichte = HRG, Bd. 3 und 4, Berlin 1984 und 1990

Fabry, Jacques, Johann Heinrich Jung-Stilling (1740-1817). Esotérisme chrétien et prophétisme apocalyptique (Contacts: Serie 3, Etudes et documents. Bd. 62), Bern/Berlin/Brüssel/Frankfurt a.M./New York/Oxford/Wien 2003

Fenske, Hans, Allgemeine Geschichte Südwestdeutschlands im 19. Jahrhundert, in: Handbuch der baden-württembergischen Geschichte, 3. Bd.: Vom Ende des Alten Reiches bis zum Ende der Monarchien, Stuttgart 1992

– Der liberale Südwesten. Freiheitliche und demokratische Traditionen in Baden und Württemberg 1790-1933, Stuttgart/Berlin/Köln/Mainz 1981

Fröbe, Heinz, Die Privilegierung der Ausgabe „letzter Hand" Goethes sämtlicher Werke. Ein rechtsgeschichtlicher Beitrag zur Goetheforschung und zur Entwicklung des literarischen Urheberrechts, in: Archiv für Geschichte des Buchwesens 2 (1960), S. 187-229

Gaedertz, Karl Theodor, Bei Goethe zu Gast, Leipzig 1900

Gamm, Otto Friedrich Freiherr von, Urheberrechtsgesetz. Kommentar, 1968

Gehring, Paul, Das Wirtschaftsleben in Württemberg unter König Wilhelm I. (1816-1864), in: Zeitschrift für Württembergische Landesgeschichte (ZWLG) 9 (1949/50), S. 196 ff.

Gergen, Thomas, Das württembergische Privilegiensystem gegen den Büchernachdruck im 19. Jahrhundert und die Privilegien zugunsten der Schiller-Erben, Vortrag gehalten im Rahmen der Tagung des „Arbeitskreises zur Geschichte des Urheberrechts", Weimar vom 1.-4. September 2005, in: Archiv für Urheber- und Medienrecht (UFITA) I/2006, S. 189-227

– Le Code civil des Français, un modèle abandonné en Pays de Bade, in: Thierry Revet (Hg.), Code civil et modèles. Des modèles du Code au Code comme modèle (Université Paris 1 Sorbonne, Bibliothèque de l'Institut André Tunc Bd. 6), Paris 2005, S. 553-567

– Vom usus modernus pandectarum bis zur Weimarer Republik (Klausur zur Rechts- und Verfassungsgeschichte der Neuzeit), in: Juristische Schulung (JuS) 6 (2002), S. 557-560

– (Hg.), Vielfalt und Einheit in der Rechtsgeschichte. Festgabe für Elmar Wadle zum 65. Geburtstag (Annales Universitatis Saraviensis, Rechts- und Wirtschaftswissenschaftliche Abteilung Bd. 136), Köln/Berlin/München 2004

Giese, Ursula, Studien zur Geschichte der Pressegesetzgebung, der Zensur und des Zeitungswesens im frühen Vormärz. Aufgrund bisher unveröffentlichter Dokumente aus Wiener Archiven, in: Archiv für Geschichte des Buchwesens 6 (1966), S. 342-546

– Johann Thomas Edler von Trattner. Seine Bedeutung als Buchdrucker, Buchhändler und Herausgeber, in: Archiv für Geschichte des Buchwesens 2 (1961)

Gieseke, Ludwig, Günther Heinrich von Berg und der Frankfurter Urheberrechtsentwurf von 1819, in: UFITA 138 (1999), S. 117-151

– Vom Privileg zum Urheberrecht. Die Entwicklung des Urheberrechts in Deutschland bis 1845, Göttingen 1995

– Die geschichtliche Entwicklung des deutschen Urheberrechts, Göttingen 1957 (Göttinger Rechtswissenschaftliche Studien Bd. 22)

Goldfriedrich, Johann, Geschichte des deutschen Buchhandels vom Beginn der Fremdherrschaft bis zur Reform des Börsenvereins im neuen Deutschen Reiche (1805-1889). Im Auftrage des Börsenvereins der deutschen Buchhändler, hg. von der Historischen Kommission desselben, Bd. 4, 1913

– Geschichte des Deutschen Buchhandels vom Beginn der klassischen Literaturperiode bis zum Beginn der Fremdherrschaft (1740-1804), Leipzig 1909 (ND 1970)

Göpfert, Herbert (Hg.), Buch und Leser, Hamburg 1977 (Wolfenbütteler Schriften zur Geschichte des Buchwesens 1)

– Buch- und Verlagswesen im 18. und 19. Jahrhundert. Beiträge zur Geschichte der Kommunikation in Mittel- und Osteuropa, Berlin 1977

Grube, Walter, Der Stuttgarter Landtag (1457-1957). Von den Landständen zum demokratischen Parlament, 1957

Hagen, Waltraut, Artikel „Werkausgaben", in: Goethe Handbuch, Stuttgart/Weimar 1998, Bd. IV, 2

Hartmann, Julius, Regierung und Stände im Königreich Württemberg 1806 bis 1894, Sonderdruck der württembergischen Jahrbücher 1 (1894)

Hauser, Alexander, Die Gesetzgebung zur Herstellung unbeschränkten Grundeigentums und zur Aufhebung der Leibherrschaft – Der Württembergische Weg, Inaugural-Dissertation zur Erlangung der Doktorwürde der Juristischen Fakultät der Eberhard-Karls-Universität Tübingen, Tübingen 2003

Hertel, Karin, Der Politiker Johann Friedrich Cotta. Publizistische verlegerische Unternehmungen 1815-1819, in: Archiv für Geschichte des Buchwesens XIX (1978), S. 367-563

Hippel, Wolfgang von, Die Bauernbefreiung im Königreich Württemberg, 2 Bde., Boppart 1977

Höfer, Manfred, Die Kaiser und Könige der Deutschen, 5. Auflage, München 2001

Hoffmann, Fritz, Zur Geschichte des Zeichenschutzes in Württemberg, in: GRUR 1913, S. 8-11

– Die Bedeutung des Zollvereins für die Entwicklung des Zeichenschutzes in Deutschland, in: GRUR 1914, S. 5-8

Hofmeister, Herbert, Die Entwicklung des Urheberrechts in Österreich vom aufgeklärten Absolutismus bis zum Jahre 1895, in: Robert Dittrich (Hg.), Woher kommt das Urheberrecht und wohin geht es? Wurzeln, geschichtlicher Ursprung, geistesgeschichtlicher Hintergrund und Zukunft des Urheberrechts, Wien 1988 (Österreichische Schriftenreihe zum Gewerblichen Rechtsschutz, Urheber- und Medienrecht 7)

Huber, Ernst-Rudolf, Deutsche Verfassungsgeschichte seit 1789, Bd. I: Reform und Restauration (1789-1814), 2. Auflage, Stuttgart 1967

Ilse, Leopold Friedrich, Geschichte der deutschen Bundesversammlung, insbesondere ihres Verhaltens zu den deutschen National-Interessen, 2. Bd. Marburg 1861, S. 568-576

Ivan, Franz/*Lang*, Helmut W./*Pürer*, Heinz (Hg.), Zweihundert Jahre Tageszeitung in Österreich 1783 bis 1982. Festschrift und Ausstellungskatalog, Wien 1983

Jeserich, Kurt, G.A. (Hg.), Deutsche Verwaltungsgeschichte, Bd. 1: Vom Spätmittelalter bis zum Ende des Reiches, Stuttgart 1983.

Kaller, Paul, Druckprivileg und Urheberrecht im Herzogtum Nassau. Zur Bedeutung des Edikts über die Pressefreiheit von 1814, iur. Diss., Frankfurt a.M. 1992

Kapp, Friedrich/*Goldfriedrich*, Johann, Geschichte des deutschen Buchhandels, Bd. I-IV, Leipzig 1886-1913

Kiesel, Helmuth/*Münch*, Paul, Gesellschaft und Literatur im 18. Jahrhundert. Voraussetzungen und Entstehung des literarischen Markts in Deutschland, München 1977

Kleinheyer, Gerd, Die kaiserlichen Wahlkapitulationen. Geschichte, Wesen und Funktion, Karlsruhe 1968 (Studien und Quellen zur Geschichte des deutschen Verfassungsrechts A/I)

Kleinheyer, Gerd/*Mikat*, Paul (Hg.), Beiträge zur Rechtsgeschichte, Gedächtnisschrift für Herrmann Conrad, Paderborn/München/Wien/Zürich 1979 (Rechts- und Staatswissenschaftliche Veröffentlichungen der Görres-Gesellschaft N.F. Heft 34)

Klippel, Diethelm, Politische Freiheit und Freiheitsrechte im deutschen Naturrecht des 18. Jahrhunderts, Paderborn 1976

Klueting, Harm, Vom aufgeklärten Absolutismus zu den Reformen in Deutschland zu Beginn des 19. Jahrhunderts, in: Helmut Reinalter/Harm Klueting (Hg.), Der aufgeklärte Absolutismus im europäischen Vergleich, Wien/Köln/Weimar 2002, S. 331-360

Köbler, Gerhard/*Heinze*, Meinhard/*Hromodka*, Wolfgang (Hg.), Europas universale rechtspolitische Aufgabe im Recht des dritten Jahrtausends. Festschrift für Alfred Söllner zum 70. Geburtstag, München 2000

Krause, Hermann, Privileg, mittelalterlich, in: Erler/Kaufmann (Hg.), HRG III, Berlin 1984, Sp. 1999-2005

Krauß, Rudolf, Zur Geschichte des Nachdruckschutzes der Schiller'schen Werke, in: Württembergische Vierteljahreshefte für Landesgeschichte NF. XIII (1904)

Lehmann, Johannes, Die Staufer, Gütersloh 1978

Lehne, Friedrich, Zur Rechtsgeschichte der kaiserlichen Druckprivilegien. Ihre Bedeutung für die Geschichte des Urheberrechtes, in: Mitteilungen des Österreichischen Instituts für Geschichte (= MÖIG Bd. 53), 1938, S. 323-409

Lieb, Thorsten, Privileg und Verwaltungsakt. Handlungsformen der öffentlichen Gewalt im 18. und 19. Jahrhundert, Frankfurt a.M. 2003 (Rechtshistorische Reihe 280)

Lüke, Gerhard (Hg.), Grundfragen des Privatrechts. Vorträge anlässlich des Symposiums zum 65. Geburtstag von Günther Jahr, Köln/Berlin/ Bonn/München 1989 (Annales Universitatis Saraviensis, Rechts- und Wirtschaftswissenschaftliche Abt. Bd. 123)

Mann, Bernhard, Württemberg 1800 bis 1866, in: Handbuch der baden-württembergischen Geschichte, 3. Bd.: Vom Ende des Alten Reiches bis zum Ende der Monarchien, Stuttgart 1992

Mann, Roger, Die Garantie der Pressefreiheit unter der Kurhessischen Verfassung von 1831, Frankfurt a.M. 1993 (Europäische Hochschulschriften 2/1432)

Maracke, Catharina, Die Entstehung des Urheberrechtsgesetzes von 1965, Berlin 2003 (Schriften zur Rechtsgeschichte Bd. 99)

Mayer, Dietmar, Württembergs Beitrag zu den rechtsvereinheitlichenden Bemühungen des Deutschen Bundes auf dem Gebiete des Privatrechts (1848-1866), iur. Diss., Heidelberg 1974

Mayer, Gabriele, Württembergs Beitrag zu den rechtsvereinheitlichenden Bemühungen des Deutschen Bundes auf dem Gebiete des Privatrechts (1815-1847), iur. Diss., Heidelberg 1975

Mayer, Matthias, Geschichte des württembergischen Realschulwesens, Stuttgart 1923

Meyer, Steffen-Werner, Bemühungen um ein Reichsgesetz gegen den Büchernachdruck anläßlich der Wahlkapitulation Leopolds II. aus dem Jahre 1790 (Rechtshistorische Reihe Bd. 291), Frankfurt a.M. 2004

Mieck, Ilja, Preußische Gewerbepolitik in Berlin 1806-1844. Staatshilfe und Privatinitiative zwischen Merkantilismus und Liberalismus, Berlin 1965

Moersch, Karl, Sperrige Landsleute, Wilhelm I. und der Weg zum modernen Württemberg, Leinfelden-Echterdingen 1996

Möhler, Eugen, Entwicklung des Gewerblichen Rechtsschutzes in Württemberg, Stuttgart 1927

Mohnhaupt, Heinz, Die Unendlichkeit des Privilegienbegriffs. Zur Einführung in das Tagungsthema, in: Das Privileg im europäischen Vergleich I, Dölemeyer/Mohnhaupt (Hg.), Frankfurt a.M. 1997, S. 1-11

– Erteilung und Widerruf von Privilegien nach der gemeinrechtlichen Lehre vom 16.-19. Jahrhundert, in: Das Privileg im europäischen Vergleich I, Dölemeyer/Mohnhaupt (Hg.), Frankfurt a.M. 1997, S. 93-121

– „Privileg, neuzeitlich", in: Erler/Kaufmann (Hg.), HRG III, Berlin 1984, Sp. 2005-2011

– Untersuchungen zum Verhältnis Privileg und Kodifikation im 18. und 19. Jahrhundert, in: Ius Commune V (1975), S. 71-121

Müchler, Günter, „Wie ein treuer Spiegel". Die Geschichte der Cotta'schen Allgemeinen Zeitung, Darmstadt 1998

Müller, Ernst, Kleine Geschichte Württembergs mit Ausblicken auf Baden, Stuttgart 1963

Müller, R. A. (Hg.), Unternehmer, Arbeitnehmer. Lebensbilder aus der Frühzeit der Industrialisierung in Bayern (Veröffentlichungen zur Bayerischen Geschichte und Kultur 7/85)

Müller-Wirth, Christof/*Wagner*, Christina (Hg.), Code Napoléon – Badisches Landrecht – Wegbereiter deutscher Rechtsgeschichte. Ausstellung anlässlich des 200. Jahrestages der Gründung des Verlages C.F. Müller in der badischen Landesbibliothek, Heidelberg 1997

Nomine, Rainer, Der Königlich Preußische Literarische Sachverständigen-Verein in den Jahren 1838 bis 1870 (Schriften zur Rechtsgeschichte Bd. 84), Berlin 2001

Ogris, Werner, Verbietet mir keine Zensur! Goethe und die Preßfreiheit, in: Dieter Wilke (Hg.), Festschrift zum 125-jährigen Bestehen der Juristischen Gesellschaft zu Berlin, Berlin/New York 1984, S. 509-527

Olechowski, Thomas, Die Entwicklung des Preßrechts in Österreich bis 1918. Ein Beitrag zur österreichischen Mediengeschichte, Wien 2004

Olenhusen, Albrecht Götz von, „Ewiges geistiges Eigentum" und „Sozialbindung" des Urheberrechts in der Rechtsentwicklung und Diskussion im 19. Jahrhundert in Frankreich und Deutschland, in: Festschrift für Georg Roeber, Freiburg i.Br. 1982, S. 83-111

Pahlow, Louis, Justiz und Verwaltung. Zur Theorie der Gewaltenteilung im 18. und 19. Jahrhundert, Goldbach 2000

Pfister, Laurent, Etude historique de la propriété littéraire du XVIe siècle à la loi de 1957, thèse pour le doctorat en droit (nouveau régime), mention „Histoire du droit", 2 tomes, Université Robert Schuman Strasbourg III, 1999

Prys, Joseph, Das württembergische Nachdruckprivileg für Goethe, in: Württembergische Vierteljahrshefte für Landesgeschichte 39 (1933), S. 136-160

– Das bayerische Nachdruckprivileg für Goethe, in: Zeitschrift für bayerische Landesgeschichte 5 (1932), S. 140-162

– Das königlich sächsische Nachdruckprivileg für Goethe, in: Neues Archiv für Sächsische Geschichte und Altertumskunde 53 (1932), S. 112-126

Raberg, Frank (Bearb.), Biographisches Handbuch der württembergischen Landtagsabgeordneten 1815-1933, im Auftrag der Kommission für geschichtliche Landeskunde in Baden-Württemberg, Stuttgart 2001

Rehbinder, Manfred, Urheberrecht, 14. Aufl., München 2006

– Die geschichtliche Entwicklung des schweizerischen Urheberrechts bis zum ersten Bundesgesetz vom Jahre 1883, in: Elmar Wadle (Hg.), Historische Studien zum Urheberrecht in Europa, Berlin 1993, S. 67-80

Reinalter, Helmut (Hg.), Die Anfänge des Liberalismus und der Demokratie in Deutschland und Österreich (1830-1848/49), Frankfurt a. M. 2002 (Schriftenreihe der Internationalen Forschungsstelle „Demokratische Bewegungen in Mitteleuropa 1770-1850" Bd. 32)

Reinalter, Helmut/*Klueting*, Harm (Hg.), Der aufgeklärte Absolutismus im europäischen Vergleich, Wien/Köln/Weimar 2002

Revet, Thierry (Hg.), Code civil et modèles. Des modèles du Code au Code comme modèle (Université Paris 1 Sorbonne, Bibliothèque de l'Institut André Tunc Bd. 6), Paris 2005

Rosenstrauch, Hazel, Buchhandelsmanufaktur und Aufklärung. Die Reformen des Buchhändlers und Verlegers Ph. E. Reich (1717-1787). Sozialgeschichtliche Studie zur Entwicklung des literarischen Marktes, in: Archiv für Geschichte des Buchwesens 26 (1986), S. 1-129

Sauder, Gerhard, Sozialgeschichtliche Aspekte der Literatur im 18. Jahrhundert, in: Internationales Archiv für Sozialgeschichte der deutschen Literatur 3 (1978), S. 197-241

Sauer, Paul, Napoleons Adler über Württemberg, Baden und Hohenzollern. Südwestdeutschland in der Rheinbundzeit, Stuttgart 1987

Schack, Haimo, Urheber- und Urhebervertragsrecht, 3. neubearb. Aufl., Tübingen 2005

Scherner, Karl Otto/*Willoweit*, Dietmar (Hg.), Vom Gewerbe zum Unternehmen. Studien zum Recht der gewerblichen Wirtschaft im 18. und 19. Jahrhundert, Darmstadt 1982

Schmidt, Karl, Schillers Sohn Ernst. Eine Briefsammlung mit Einleitung, Paderborn 1905

Schroetter, Friedrich Freiherr von, Wörterbuch der Münzkunde, Berlin/Leipzig 1930

Sippel-Amon, Birgit, Die Auswirkungen der Beendigung des sogenannten ewigen Verlagsrechts am 9.11.1867 auf die Editionen deutscher „Klassiker", in: Archiv für Geschichte des deutschen Buchhandels (= Publikationen des Börsenvereins Deutscher Buchhändler, Neue Folge) AGB 14 (1974), Sp. 349-414

Stolleis, Michael, Geschichte des öffentlichen Rechts in Deutschland, Bd. 2: Staatsrechtslehre und Verwaltungswissenschaft 1800-1914, München 1992

Uhland, Robert (Hg.), 900 Jahre Haus Württemberg. Leben und Leistung für Land und Volk, 3. Aufl., Stuttgart 1985

Ungern-Sternberg, Wolfgang von, Christoph Martin Wieland. Schreiben eines Nachdruckers – An den Herausgeber des Teutschen Merkurs. Ein Beitrag zur Geschichte der Satire in der Spätaufklärung, in: Zwischen Aufklärung und Restauration. Festschrift für Wolfgang Martens, Tübingen 1989

– Wieland und das Verlagswesen seiner Zeit, in: Archiv für Geschichte des deutschen Buchhandels (= Publikationen des Börsenvereins Deutscher Buchhändler, Neue Folge) AGB 14 (1974), Sp. 1211-1534

Unseld, Siegfried, Goethe und seine Verleger, Frankfurt a. M./Leipzig 1991

Vogel, Martin, Die Geschichte des Urheberrechts im Kaiserreich, in: GRUR 1987, S. 873-883 sowie in: Archiv für Geschichte des deutschen Buchhandels (= Publikationen des Börsenvereins Deutscher Buchhändler, Neue Folge) AGB 31 (1988), S. 203-219

– Deutsche Urheber- und Verlagsrechtsgeschichte zwischen 1450 und 1850. Sozial- und methodengeschichtliche Entwicklungsstufen der Rechte von Schriftsteller und Verleger, in: Archiv für Geschichte des deutschen Buchhandels (= Publikationen des Börsenvereins Deutscher Buchhändler, Neue Folge) AGB 19 (1978), Sp. 1-190

Vogt, Ralf-M., Die urheberrechtlichen Reformdiskussionen in Deutschland während der Zeit der Weimarer Republik und des Nationalsozialismus (Europäische Hochschulschriften: Reihe 2, Rechtswissenschaft Bd. 3856), Frankfurt a.M. u.a. 2004

Wadle, Elmar, Privilegien für Autoren oder für Verleger? Eine Grundfrage des Geistigen Eigentums in historischer Perspektive, in: ZRG Germ. Abt. Bd. 124 (2007)

– Grundrechte in der Deutschen Bundesakte? Notizen zu „Preßfreiheit" und „Rechte der Schriftsteller und Verleger gegen den Nachdruck" (Artikel XVIIId), in: J. Bröhmer/R. Bieber/C. Callies/C. Langenfeld/S. Weber/J. Wolf (Hg.), Internationale Gemeinschaft und Menschenrechte. Festschrift für Georg Ress zum 70. Geburtstag am 21. Januar 2005, Köln 2005, S. 1333-1351

– Goethes Wünsche zum Nachdruckschutz außerhalb des Deutschen Bundes, in: Zeitschrift der Savigny-Stiftung für Rechtsgeschichte, Germanistische Abteilung (ZRG GA) 122 (2005), S. 301-316

– Rezeption durch Anpassung: Der Code civil und das Badische Landrecht – Erinnerung an eine Erfolgsgeschichte, in: Zeitschrift für Europäisches Privatrecht (ZEuP) 2004, S. 947-960

– Geistiges Eigentum. Bausteine zur Rechtsgeschichte II., München 2003

– Das Junktim zwischen Zensur und Nachdruckschutz und dessen Aufhebung im Jahre 1834, in: Reinalter (Hg.), Die Anfänge des Liberalismus und der Demokratie in Deutschland und Österreich (1830-1848/49), Frankfurt a. M. 2002, S. 229-249 (Schriftenreihe der Internationalen Forschungsstelle „Demokratische Bewegungen in Mitteleuropa 1770-1850" Bd. 32); und in: E. Wadle, Geistiges Eigentum II. Bausteine zur Rechtsgeschichte, München 2003, S. 241-256

– Württembergische Nachdruckprivilegien für einen Berliner Verlag. Eine Fallstudie zur Privilegienpraxis im 19. Jahrhundert, in: Dorn/Schröder (Hg.), Festschrift für Gerd Kleinheyer zum 70. Geburtstag, Heidelberg 2001, S. 523-537; und in: E. Wadle, Geistiges Eigentum. Bausteine zur Rechtsgeschichte II., München 2003, S. 207-218

– Privilegienpraxis in Preußen: Privilegien zum Schutz gegen Nachdruck 1815-1837, in: Dölemeyer/Mohnhaupt (Hg.), Das Privileg im europäischen Vergleich II, Frankfurt a.M. 1999, S. 335-362 (Ius Commune. Sonderhefte 125); und in: E. Wadle, Geistiges Eigentum. Bausteine zur Rechtsgeschichte II., München 2003, S. 165-184

– Goethes Gesuch um ein Nachdruckprivileg des Deutschen Bundes und die preußische Politik, in: NJW 1999, S. 2545-2551; und in: E. Wadle, Geistiges Eigentum. Bausteine zur Rechtsgeschichte II., München 2003, S. 117-130

– Das Scheitern des Frankfurter Urheberrechtsentwurfes von 1819 – Näheres zur Haltung einzelner deutscher Bundesstaaten, in: UFITA 138 (1999), S. 153-181 sowie in: Wadle, Geistiges Eigentum. Bausteine zur Rechtsgeschichte II, München 2003, S. 221-239

– Preußische Privilegien für Werke der Musik. Ein Kapitel aus der Frühzeit des Urheberrechts 1794-1837, in: Chiner/Schäffer (Hg.), Musik und Recht. Symposion aus Anlass des 60. Geburtstages von Detlef Merten, Berlin 1998, S. 85-112 (Schriften zum Öffentlichen Recht 771); und in: E. Wadle, Geistiges Eigentum. Bausteine zur Rechtsgeschichte II., München 2003, S. 185-204

– Der langsame Abschied vom Privileg: Das Beispiel des Urheberrechts, in: Dölemeyer/Mohnhaupt (Hg.), Das Privileg im europäischen Vergleich I, Frankfurt a.m. 1997, S. 377-399 (Ius Commune. Sonderhefte 93); und in: E. Wadle, Geistiges Eigentum. Bausteine zur Rechtsgeschichte II., München 2003, S. 101-116

– Geistiges Eigentum. Bausteine zur Rechtsgeschichte I., Weinheim (jetzt München) 1996

– Der Frankfurter Entwurf eines deutschen Urheberrechtsgesetzes von 1864. Eine Einführung zum Nachdruck, in: Archiv für Urheber-, Film-, Funk- und Theaterrecht (=UFITA) 120 (1992), S. 33-55; und in: E. Wadle, Geistiges Eigentum. Bausteine zur Rechtsgeschichte I., Weinheim (jetzt München) 1996, S. 309-326

– Der Bundesbeschluss vom 9. November 1837 gegen den Nachdruck. Das Ergebnis einer Kontroverse aus preußischer Sicht, in: Zeitschrift der Savigny-Stiftung für Rechtsgeschichte, Germanistische Abteilung (ZRG GA) 106 (1989), S. 189-237; und in: E. Wadle, Geistiges Eigentum. Bausteine zur Rechtsgeschichte I., Weinheim (jetzt München) 1996, S. 223-265.

– Friedrich Carl von Savignys Beitrag zum Urheberrecht, in: Lüke (Hg.), Grundfragen des Privatrechts. Vorträge anlässlich des Symposiums zum 65. Geburtstag von Günther Jahr, Köln/Berlin/ Bonn/München 1989, S. 95-145 (Annales Universitatis Saraviensis, Rechts- und Wirtschaftswissenschaftliche Abt. Bd. 123); und in: E. Wadle, Geistiges Eigentum. Bausteine zur Rechtsgeschichte I., Weinheim (jetzt München) 1996, S. 267-307

– Das preußische Urheberrechtsgesetz von 1837 im Spiegel seiner Vorgeschichte, in: Dittrich (Hg.), Woher kommt das Urheberrecht und wohin geht es? In: Österreichische Schriftenreihe zum gewerblichen Rechtsschutz, Urheberrecht und Medienrecht 7 (1988), S. 55-98; und in: E. Wadle, Geistiges Eigentum. Bausteine zur Rechtsgeschichte I., Weinheim (jetzt München) 1996, S. 167-222

– Der Deutsche Zollverein. Ein Überblick unter besonderer Berücksichtigung der rechts- und verfassungsgeschichtlichen Aspekte, in: Juristische Schulung (JuS) 1984, S. 586-592

Wagner, Christina, Der Verlag C.F. Müller und die badische Zensur. Von der Zensurverordnung 1797 bis zum badischen Pressegesetz von 1832, in: Christof Müller-Wirth/Christina Wagner (Hg.), Code Napoléon – Badisches Landrecht – Wegbereiter deutscher Rechtsgeschichte. Ausstellung anlässlich des 200. Jahrestages der Gründung des Verlages C.F. Müller in der badischen Landesbibliothek, Heidelberg 1997

Weber, Wilhelm, Der Deutsche Zollverein: Geschichte seiner Entstehung und Entwicklung, 1972 (Neudruck der Ausgabe Leipzig 1871)

Weech, Friedrich von, Badische Geschichte, 1890, Neudruck Stuttgart 1981

Weller, Karl/*Weller*, Arnold, Württembergische Geschichte im südwestdeutschen Raum, Stuttgart 1957, 9. Aufl. 1981

Westerkamp, Dominik, Pressefreiheit und Zensur im Sachsen des Vormärz, Baden-Baden 1999 (Juristische Zeitgeschichte I/III)

Widmann, Hans, Die Beschimpfung der Reutlinger Nachdrucker durch Christian August Vulpius. Mit einem Rückblick auf die württembergischen Verordnungen zum Nachdruck, in: Archiv für Geschichte des deutschen Buchhandels (= Publikationen des Börsenvereins Deutscher Buchhändler, Neue Folge) AGB 14 (1974), Sp. 1535-1588

Wilke, Dieter (Hg.), Festschrift zum 125-jährigen Bestehen der Juristischen Gesellschaft zu Berlin, Berlin/New York 1984

Wilkening, Catrin, Johann Friedrich von Cotta (1764-1832) – Verleger, Unternehmer, Politiker, Philantrop, in: R.A. Müller (Hg.), Unternehmer, Arbeitnehmer. Lebensbilder aus der Frühzeit der Industrialisierung in Bayern (Veröffentlichungen zur Bayerischen Geschichte und Kultur 7/85)

Willoweit, Dietmar, Gewerbeprivileg und natürliche Gewerbefreiheit, Strukturen des preußischen Gewerberechts im 18. Jahrhundert, in: K. O. Scherner/D. Willoweit (Hg.), Vom Gewerbe zum Unternehmen. Studien zum Recht der gewerblichen Wirtschaft im 18. und 19. Jahrhundert, 1982, S. 60-111

Wittmann, Reinhard, Der gerechtfertigte Nachdruck? Nachdruck und literarisches Leben im achtzehnten Jahrhundert, in: Barber/Fabian (Hg.), Buch und Buchhandel in Europa im 18. Jahrhundert, Hamburg 1981, S. 293-320

– Soziale und ökonomische Voraussetzungen des Buch- und Verlagswesens in der zweiten Hälfte des 18. Jahrhunderts, in: Göpfert (Hg.), Buch- und Verlagswesen im 18. und 19. Jahrhundert. Beiträge zur Geschichte der Kommunikation in Mittel- und Osteuropa, Berlin 1977, S. 5-27

Wittmann, Reinhard/*Hack*, Berthold (Hg.), Buchhandel und Literatur. Festschrift für Herbert G. Göpfert zum 75. Geburtstag, Wiesbaden 1982

Wohlhaupter, Eugen, Dichterjuristen, Bd. II, Tübingen 1955

Ziegler, Edda, Zensurgesetzgebung und Zensurpraxis in Deutschland 1819-1848, in: Reinhard Wittmann/Berthold Hack (Hg.), Buchhandel und Literatur. Festschrift für Herbert G. Göpfert zum 75. Geburtstag, Wiesbaden 1982, S. 185-220

Ziekow, Jan, Freiheit und Bindung des Gewerbes, Inaugural-Dissertation zur Erlangung des Grades eines Doktors der Rechte bei dem Fachbereich Rechtswissenschaft der Freien Universität Berlin (Schriften zur Rechtsgeschichte 54), Berlin 1992

Namens- und Sachregister